Hellmut Flashar
Inszenierung der Antike

HELLMUT FLASHAR

Inszenierung der Antike

Das griechische Drama auf der Bühne der Neuzeit 1585–1990

VERLAG C.H.BECK MÜNCHEN

Mit 36 Abbildungen auf 20 Tafeln

Die Deutsche Bibliothek – CIP-Einheitsaufnahme

Flashar, Hellmut:
Inszenierung der Antike : das griechische Drama auf der Bühne der Neuzeit 1585–1990 / Hellmut Flashar. – München : Beck, 1991
ISBN 3 406 35328 2

ISBN 3 406 35328 2

Gedruckt auf alterungsbeständigem (säurefreiem) Papier
gemäß der ANSI-Norm für Bibliotheken
Satz und Druck: Kösel, Kempten
Printed in Germany

Inhalt

Vorwort

Am 6. Dezember 1979 hat der Philologe, Literat und zeitweilige griechische Kultusminister Konstantinos Trypanis in der Britischen Akademie in London einen Vortrag mit dem Titel «Modern Productions of Ancient Drama» gehalten.[1] Er führt darin aus, daß es gänzlich unmöglich sei, das antike Drama heutzutage einigermaßen adäquat seinen ursprünglichen Produktions- und Rezeptionsbedingungen aufzuführen. Seine Argumente sind die folgenden: 1. Der antike Chor ist uns fremd. Er hat nicht gesprochen, sondern gesungen, die griechische Musik ist aber bis auf winzige Splitter verloren und nicht wiederherstellbar. Der antike Chor hat aber auch getanzt; wir haben zwar einige Informationen aus Texten und Vasendarstellungen über Tanzschritte und -bewegungen, die wir jedoch nicht adaptieren können, zumal es in der westlichen Welt keine Tradition religiöser Tänze gibt. 2. Die Verwendung der Maske hängt mit den religiösen Wurzeln prädramatischer Chöre zusammen und bedeutet keineswegs nur das Annehmen einer fremden Rolle, sondern eine bestimmte Haltung der Gottheit gegenüber. Für diese religiöse Wurzel der Maske haben wir kein Äquivalent. 3. Die Schauspielerlangrede (die sogenannte Rhesis), die sich in allen griechischen Tragödien findet, in denen eine Dramengestalt in unnatürlich langen Monologen mit relativ geringen gestischen Äußerungen der Emotion spricht, hängt mit der rhetorischen Tradition der Griechen, besonders der Athener im 5. und 4. Jahrhundert zusammen (lange Reden vor Gericht und in der Volksversammlung), ist uns aber fremd und wirkt auf der Bühne heute anders als damals (Trypanis: «sends the modern audience to sleep»). 4. Es gibt in großen Teilen der westlichen Welt keine Tradition der Klage, allenfalls in den mediterranen Ländern. Daher können wir die ausgedehnten Klagen in der griechischen Tragödie nicht angemessen rezipieren, insbesondere nicht die Klagen von Dramengestalten über ihr eigenes Geschick (Oedipus, Antigone), die in der antiken Tragödie stereotyp sind. 5. Die Verwendung von Übersetzungen bedeutet den Verlust von poetischem Kolorit, manchmal der Seele der Dichtung. 6. Das Verhältnis von Autor, Schauspieler und Zuschauer war in der Antike ein völlig anderes als heutzutage. Im antiken Dionysosfest waren alle vereinigt, man kannte sich weitgehend gegenseitig; das nicht anonyme Publikum war ganz anders in das Spiel einbezogen, insbesondere in der Komödie.

Aus all diesen Gründen, so folgert Trypanis, können wir niemals eine Art Auferstehung des antiken Dramas auf unseren Bühnen erleben, sondern nur Annäherungen, wie sie am ehesten im Griechischen Nationaltheater, auf den antiken Spielstätten, in neugriechischen Übersetzungen gelingen würden, wo ein großer Teil der Würde, der Erhabenheit und des ursprünglichen Geistes erhalten sei («in which a great part of the dignity, the nobility and the elevated didactic spirit of the originals was retained»). Dies gelte aber nur für die griechische Tragödie, während Produktionen der Alten Komödie «highly unsatisfactory» seien. Trypanis macht dann wenigstens implizit den Grad der erreichbaren Annäherung an die antiken Verhältnisse zur Norm für die Qualität moderner Aufführungen und fügt hinzu: «we should not use the ancient plays as a vehicle for presenting our own problems».

Mag die Analyse der Differenzen zwischen antikem Drama und den modernen Bedingungen seiner Rezeption zutreffend sein, so gehen doch die daraus abgeleiteten Folgerungen an der Wirklichkeit des europäischen Theaters völlig vorbei. Denn in einer jahrhundertelangen Entwicklung hat das Theater in der Präsentation des griechischen Dramas sich zwar immer wieder der Elemente des antiken Theaters bedient, sei es in archaisierender, historisierender oder auch nur zitierender Verfahrensweise, aber es folgt doch immer eigenen Gesetzen, die mit dem Gesamtphänomen Theater zusammenhängen, von dem das antike Drama nur ein quantitativ eher kleiner, aber doch bedeutender Teil ist. Das ist ja das Faszinosum, daß das antike Drama voll integriert ist in ein Theaterleben überhaupt, also in der Konkurrenz mit Shakespeare, den deutschen Klassikern und modernen Dramen aller Art steht und in dieser Konkurrenz seinen Platz behauptet. Diese Entwicklung kann man aber nicht oder kaum an den Aufführungen griechischer Dramen an den antiken Spielstätten ablesen, die Trypanis allein im Blick hat. Sie sind daher auch nicht Gegenstand dieses Buches, sondern werden nur gelegentlich herangezogen, soweit sie zur Abrundung des Gesamtphänomens Theater relevant sind. Aus dem gleichen Grund werden auch Schul- und Universitätsaufführungen aller Art durch Amateurgruppen in diesem Buch nicht behandelt. Abgesehen von der Schwierigkeit der Materialbeschaffung unterliegen diese Erscheinungen anderen Voraussetzungen, Bedingungen und Motivationen (vgl. auch S. 83; 215).

Gegenstand der folgenden Untersuchung ist also die öffentliche Bühne, und zwar in der Hauptsache das Repertoiretheater, weniger das Tourneetheater. Dabei liegt der Hauptakzent auf dem deutschsprachigen Theater, nicht nur wegen der besseren Zugänglichkeit des Materials und der höheren Kompetenz in der Beurteilung z. B. von für die Aufführungen benutzten Übersetzungen, sondern auch aus sachlichen Gründen. Denn die sogenannte Theaterlandschaft, in der es eine Vielzahl von relativ gleichwertigen, subventionierten Stadt- und Staatstheatern gibt, ist für den deutschsprachigen Raum charakteristisch (geradezu massiert z. B. im

Rhein-Ruhrgebiet), während in vielen anderen europäischen Ländern das Theaterleben auf die Hauptstadt konzentriert ist. So gibt es z. B. in Frankreich, Italien und Griechenland erst ganz neuerdings Bestrebungen, die auf eine Dezentralisierung auch der Theater zielen bzw. in der Provinz beachtenswerte Theater entstehen lassen. Gerade in diesen Ländern steht aber hinsichtlich des antiken Dramas der Typ des open-air-Theaters mit weitgehend klassizistischen Inszenierungen bis heute im Vordergrund. Gleichwohl wird die internationale Situation auf den öffentlichen Bühnen im Folgenden wenigstens exemplarisch stets mitbedacht.

Eine weitere Einschränkung ist die, daß in den folgenden Untersuchungen Aufführungen von antiken Dramen in Übersetzungen im Vordergrund stehen, während Bearbeitungen antiker Dramen nur insoweit eingeschlossen sind, als diese mit dem entsprechenden alten Drama und seinen Personen und Situationen noch auf vergleichbarer Grundlage stehen und auf dem Theater Bedeutung erlangt haben. So sind Stücke wie z. B. die *Antigone* von Hasenclever, Cocteau, Anouilh und Brecht einbezogen, nicht aber die *Fliegen* von Sartre und *Trauer muß Elektra tragen* von O'Neill. Wohl aber ist in relativer Ausführlichkeit von den großen musikalischen Gestaltungen der griechischen Tragödie die Rede, sowohl in der Form der Oper vor allem im 18. Jahrhundert als auch in den großen Ausprägungen der Schauspielmusik von Mendelssohn über Strawinsky, Enescu und Orff bis hin zu Aribert Reimann und Wolfgang Rihm. Denn da die antike Schauspielmusik nahezu vollkommen verloren ist, war gerade hier von vornherein ein durch Vorgaben nicht eingeengter Gestaltungsspielraum gegeben, so daß die Musik als unmittelbarer Ausdruck einer jeweiligen Gegenwart im Verhältnis zum antiken Drama gelten konnte. Zudem ist für die ältere Zeit, die weder Tonband noch Videoband kannte, das Hörbarmachen der Musik die einzige Möglichkeit, eine sinnliche Erfahrung von der Atmosphäre einer Theateraufführung zu gewinnen, zumal es in der älteren Zeit auch keine ausführlichen Programmhefte gab, aus denen die Intention der Inszenierung hätte deutlich werden können.

Es wird auch erkennbar sein, daß der Verfasser dieses Buches Philologe ist. Denn das Verhältnis von Text, Übersetzung und Aufführung, das in der Theaterwissenschaft ein oft weniger beachtetes Teilproblem ist, steht hier im Vordergrund, ebenso das jeweilige Verständnis, das ein Regisseur vom antiken Drama hat, im Verhältnis zu den Ergebnissen und Erkenntnissen der philologischen Wissenschaft. Eine solche Untersuchung hat es bisher nicht gegeben.[2]

Dabei läßt es sich nicht vermeiden, daß die entsprechenden Theaterereignisse aus einem größeren Kontext gleichsam herausgeschnitten werden. Denn gerade im Repertoiretheater sind die Regisseure antiker Dramen ja meist zum überwiegenden Teil mit ganz anderen Stoffen und Stücken beschäftigt. Die Inszenierungen z. B. des *Oedipus* und der *Orestie* durch Max Reinhardt bilden einen winzigen Teil seiner ganzen Regiearbeit; Peter Stein hat mit seiner zu Recht gerühmten Inszenierung der *Orestie* an der Berliner Schaubühne sich ein einziges Mal dem antiken Drama zugewandt. Was diese und andere Regisseure sonst gemacht haben, kann hier allenfalls angedeutet werden, um dem Eindruck entgegenzuwirken, sie seien ausschließlich mit dem antiken Drama beschäftigt und hätten allein daraus ihr interpretatorisches Profil gewonnen. Auch darin ist die Situation des Stadttheaters deutscher Prägung ganz anders als die des griechischen Open-air-Theaters. Der Grieche Karolos Koun ist eben nahezu ausschließlich Regisseur antiker Dramen gewesen.

Ferner können bei der Behandlung der Inszenierungen antiker Tragödien und Komödien diese selber nicht noch interpretiert werden. Hier muß auf die entsprechenden Hilfsmittel verwiesen werden; nur gelegentlich werden Hinweise zum Verständnis der Dramen selbst gegeben.

Bei der Beschaffung des Materials und in der Phase der Darstellung habe ich vielfältige Hilfe erfahren. Es ist mir ein Bedürfnis dafür insbesondere den folgenden Institutionen zu danken: dem Deutschen Theatermuseum (München), dem Archiv des Wiener Burgtheaters, der Max Reinhardt-Forschungs- und Gedenkstätte (Salzburg), dem Max von Schillings-Archiv (Düren), dem Institut für Theater-, Film und Fernsehwissenschaft der Universität Köln (Köln-Wahn), dem Schweizerischen Theaterarchiv (Bern), der Schaubühne am Lehniner Platz (Berlin), der Freien Volksbühne (Berlin), dem Stadttheater Chur (Schweiz), dem Theater der Stadt Essen und seinem Intendanten Hansgünther Heyme, dem Hessischen Staatstheater und der Hessischen Landesbibliothek Darmstadt. Ferner habe ich der Stiftung Volkswagenwerk zu danken für die Förderung durch ein einsemestriges Akademie-Stipendium; Reisemittel erhielt ich in der Phase der Materialbeschaffung außerdem durch die Fritz Thyssen Stiftung (Köln). Auch dafür sei herzlich gedankt.

Die zahlreichen Kollegen und Freunde, mit denen ich einzelne Fragen besprechen konnte, müssen sich mit einem pauschalen Dank begnügen. Hervorheben möchte ich, daß Günter Erken (München) die beiden letzten Kapitel durchgelesen und mir mit Kritik und Rat geholfen hat. Sehr profitiert habe ich von Gesprächen mit Kollegen bei den Tagungen des Europäischen Kulturinstituts in Delphi über das antike Drama.

Für sorgfältiges Lesen der Korrektur danke ich Dr. Manfred Kraus und den Hilfskräften Barbara Breitenberger, Barbara Heine und Sabine Vogt, die auch das Register erstellt haben. Für die Erstellung des Typoskriptes bin ich Gerda Hopfner und Dorothea Gisdakis sehr verbunden.

München, im Sommer 1991

I. Zur Erinnerung: die antiken Aufführungsbedingungen

Die Tatsache, daß wir heute nicht nur die *Antigone*, den *König Oedipus* und die *Orestie*, sondern auch zahlreiche andere griechische Tragödien und Komödien auf den Spielplänen unserer Theater finden, läßt uns möglicherweise vergessen, daß die antiken Produktions- und Rezeptionsbedingungen völlig anders waren. An sie zu erinnern mag auch im Hinblick auf das antike Drama auf der Bühne der Neuzeit nützlich sein.[1]

Die griechische Tragödie, deren Anfänge sich aufgrund der lückenhaften Überlieferung nur hypothetisch rekonstruieren lassen,[2] ist in ihrer produktivsten Phase an den Dionysoskult in Athen und an die athenische Demokratie im 5. Jahrhundert v. Chr. gebunden.[3] Die erste erhaltene Tragödie, die *Perser* des Aischylos von 472, reflektiert das Freiheitsbewußtsein der Griechen, wie es in dem acht Jahre zuvor errungenen Sieg über die Perser als panhellenische Tat manifest geworden war. Nach dem Tod des Euripides und kurz danach des Sophokles erklärte Aristophanes in den *Fröschen*, aufgeführt im Jahre 405, ein Jahr vor der völligen Niederlage Athens im Peloponnesischen Krieg, aufgrund der Situation der Polis die tragische Bühne für verwaist.

In der knappen Spanne dieses Zeitraums von weniger als einem Jahrhundert (Aischylos ist 499 das erste Mal aufgetreten) sind in Athen, wie sich aus den Aufführungsbedingungen berechnen läßt, fast 1000 Tragödien und etwa 500 Komödien entstanden, die zusammengenommen etwa 260 Bände im Format der heutigen Texteditionen füllen würden. Erhalten ist davon ein winziger Bruchteil (sieben Bände Tragödie und Alte Komödie zusammen): die sieben erhaltenen Tragödien des Sophokles machen gerade 5% seines Werkes aus. Von den etwa 50 Tragödien- und ebenso vielen Komödiendichtern des 5. Jahrhunderts neben der tragischen Trias Aischylos, Sophokles und Euripides sowie neben dem Komödiendichter Aristophanes sind nur zumeist recht spärliche Fragmente, jedoch kein ganzes Werk erhalten.[4]

Aber wir kennen aus den Siegerlisten zahlreiche Titel von verlorenen Dramen und wissen z.B., daß auch Aischylos einen *Oedipus*, auch Euripides eine *Antigone* geschrieben hat mit teilweise erheblichen Abweichungen von den entsprechenden erhaltenen Dramen, wie wir sie sonst nur bei den erhaltenen *Elektra*-Dramen der drei Tragiker beobachten können. Nur durch den Zufall unserer Überlieferung gibt es also eine ‹gültige› dramatische Fixierung eines Mythos wie den des Oedipus oder der Antigone. Der athenische Zuschauer sah dies als *eine* mögliche Ausformung eines ständig sich verändernden Stoffes der alten, meist schon im Epos gestalteten Heldensage an. Es ist im übrigen gar nicht auszudenken, wie unser Bild z. B. von Sophokles aussähe, wenn die sieben erhaltenen Tragödien zufällig verloren wären und wir dafür die dem Titel nach bekannten Stücke wie *Erigone, Tantalos, Aletes, Hermione,* die *Antenoriden, Prokris* usw. hätten.

Diese ungeheure Produktion an dramatischer Literatur, die sich ja ganz auf Athen mit einer um 432 (also am Vorabend des Peloponnesischen Krieges) etwa 40000 Bürger (ohne Frauen, Kinder, Metoeken und Sklaven) umfassenden Einwohnerzahl konzentriert, stirbt aber mit dem Ende des Jahrhunderts keineswegs. Das durch die *Frösche* des Aristophanes nahegelegte Wort vom Tod der Tragödie (das Nietzsche in der *Geburt der Tragödie* geprägt hat), trifft eigentlich nur im Hinblick auf unsere Überlieferung zu. Denn auch im 4. Jahrhundert wirkten über 40 dem Namen nach bekannte Tragödiendichter, von denen einzelne sehr produktiv waren. So soll Astydamas II. 140 Stücke (darunter eine *Antigone*) zur Aufführung gebracht haben, Karkinos sogar 160, Theodektes 50, Aphareus 35.[5]

Alle Tragödien und Komödien des 5. Jahrhunderts (mit ganz wenigen Ausnahmen) und die überwiegende Zahl der Dramen des 4. Jahrhunderts erlebten ihre Uraufführung auf einem der staatlichen Feste zu Ehren des Gottes Dionysos, die Tragödien fast ausschließlich auf den Großen oder Städtischen Dionysien (März/April), die Komödien auch an den Lenaeen (Januar/Februar). Dionysos, der nicht zu dem Kreis der ehrwürdigen 12 olympischen Götter gehört und in Athen erst relativ spät im 6. Jahrhundert zu kultischen Ehren gelangte, war wie kein zweiter Gott dazu angetan, herrschende Zwänge, Schranken und Bindungen zu durchbrechen. In Athen gewann er eine derartige Popularität, daß ihm zu Ehren im staatlichen Festkalender vier große Feste eingerichtet wurden (alle in den Winter- und Frühlingsmonaten). Er war der eigentliche Gott der demokratischen Polis, dem auch die dramatischen Agone galten.

Der Weg eines Dramas von der Konzeption bis zur Aufführung war der folgende: Gleich nach Beginn des attischen Jahres (im Spätsommer) hatte der höchste politische Beamte, der Archon Eponymos (er war für ein Jahr durch Los bestimmt worden), unter den sich für die Dionysien des folgenden Frühjahres bewerbenden Dichtern drei Tragiker und fünf Komödiendichter auszuwählen, deren Stücke für die Aufführung zugelassen wurden. Ob der Archon oder seine beiden Beisitzer die Dramentexte ganz, teilweise oder in Auszügen lasen oder wie sie sich sonst einen Eindruck von dem Angebot der Bewerber verschafften, wissen wir nicht. Jedenfalls mußten die Komödiendichter je eine Komödie, die Tragödiendichter eine Trilogie von drei (bei Aischylos häufig inhaltlich zusammenhängenden, bei den anderen Tragikern meist ohne Bezug zueinander stehenden) Tragödien und dazu ein Satyrspiel anbieten.

Die finanzielle Unterstützung für die Produktion – die unserer Subvention entspricht – übernahmen Privatleute, die der Archon zu bestellen hatte. Sie hießen Choregen, «Chorausstatter», und mußten mit ihrem persönlichen Vermögen für alle Kosten (Ausstattung, Masken, Kostüme, Unterhalt von Schauspielern, Statisten, Musikern und Chormitgliedern einschließlich Tagegeldern und Bewirtung) aufkommen. Ein beträchtliches Vermögen war dazu erforderlich, das einzusetzen als Ehre galt, aber auch als Mittel der Einflußnahme, weshalb wir gerade die berühmtesten Staatsmänner Athens (Themistokles, Perikles, Nikias, Alkibiades) unter den Choregen finden. Stellten sich nicht genug Freiwillige, mußte der Archon geeignete Personen aus dem Kreise der vermögenden Bürger benennen, die sich nur weigern durften, wenn sie einen ihrer Meinung nach reicheren Mitbürger namhaft machen konnten, der in Frage kommen könnte. War dieser nicht einverstanden, konnte er einen Vermögenstausch vorschlagen, d. h. die beiden Kandidaten mußten sofort ihr Vermögen tauschen, was man allerdings relativ selten durchgeführt hat. Aber man mußte für alle Eventualitäten vorsorgen, denn man brauchte jedes Jahr 28 Choregen, drei für Tragödie und Satyrspiel (die Tetralogie wurde als Einheit betrachtet), fünf für die Komödie und zwanzig für den Dithyrambos.

Sodann begannen die Vorbereitungen, die sich bis kurz vor Beginn des Festes und der Aufführungen erstreckten. Die komplizierte Einstudierung der Chöre übernahm meist der Dichter selbst; er konnte aber auch einen Chorleiter (Chorodidaskalos) engagieren. Bei den Lenaeen (Januar/Februar) war die Frist kürzer; hier war das Verfahren überhaupt etwas anders; zuständig war der höchste sakrale Beamte (Archon Basileus), und es betraf vor allem die Komödie, erst ab 430 auch die Tragödie. Das eigentlich politische Fest waren die Städtischen Dionysien.

Zwei Tage vor dem Fest fand im Theater (seit 444 im Odeion des Perikles) der sogenannte Proagon statt. Er diente der Vorstellung der Dichter und ihrer Stücke.[6] Jetzt erfuhren die Bürger offiziell, daß z. B. eine *Antigone*, ein *Oedipus* usw. gegeben werde, sofern sich dies nicht schon ohnehin herumgesprochen hatte. Auch für die Darstellung besonderer Vorkommnisse bot der Proagon Gelegenheit. Sophokles z. B. soll nach dem Tode des Euripides auf dem Proagon des Jahres 406 in weißem Gewand (zum Zeichen der Trauer) hervorgetreten sein, Chor und Schauspieler hätten die Kränze abgenommen, und das ganze Volk habe Euripides betrauert.[7]

Einen Tag später wurde das Kultbild des Dionysos in einem symbolischen Akt nach Einbruch der Dunkelheit aus einem kleinen Tempel außerhalb der Stadt bei Fackelschein in das Heiligtum gebracht. Dieses

Ritual der Wiederholung sollte an das ursprüngliche Erscheinen des Dionysos erinnern und suggerieren, daß der Gott jetzt wieder da sei. Die Kunde von der Erscheinung des Gottes leitete dann die eigentlichen Festtage ein.

Am folgenden Tag (es war der 9. Elaphebolion) fand zunächst die feierliche Prozession statt. An ihr nahmen alle Mitwirkenden der Agone teil, aber auch Frauen und Metoeken.[8] Die Choregen konnten hier der Öffentlichkeit ihre Großzügigkeit demonstrieren, die in Prunk und Farbenpracht der Gewänder und in den Opfergaben ihren Ausdruck fand. Wo der Prozessionszug begann, wissen wir nicht; er endete jedenfalls beim Tempel des Dionysos. Dann begaben sich die Menschen zu einer Volksversammlung in das benachbarte Theater, wozu auch zahlreiche Fremde kamen. Das Meer war ja wieder schiffbar geworden, und das Dionysosfest lockte viele Menschen von auswärts an. So war schon diese Volksversammlung ein Akt ‹nationaler› Selbstdarstellung mit allerlei Ehrungen, Bekränzungen für Bürger, Verleihung von Waffenrüstungen an die volljährig gewordenen Kriegswaisen. Bei dieser Gelegenheit mußten auch die Mitglieder des attischen Seebundes ihre Tributzahlungen leisten (Perikles hatte die Kasse des Seebundes 454 von Delos nach Athen verlegt). Bis etwa zum Beginn des Peloponnesischen Krieges konnten sich die Fremden auch von dem Wiederaufbau der durch die Perser zerstörten Akropolis überzeugen, wozu ja auch das Geld der Tribute benutzt wurde. Sie brauchten sich im Theater nur umzudrehen, um den Fortgang der Arbeiten zu sehen. Schon diese Rahmenbedingungen waren dazu angetan, die politische und kulturelle Überlegenheit Athens sichtbar zu machen, die dann in den Aufführungen ihren Höhepunkt fand.

Wohl noch am Nachmittag des gleichen Tages fanden die Aufführungen der Dithyramben statt. Dithyramben waren aus dem alten Kultlied des Dionysos hervorgegangen, strophisch gegliederte chorische «Heroenballaden» (Blume), deren Thematik nicht auf Dionysos beschränkt war (z. B. Herakles, Theseus usw.). Ihre Aufführung war eine Angelegenheit der 10 attischen Phylen (Verwaltungsbezirke); jede Phyle brachte wahrscheinlich zwei Dithyramben zur Aufführung, insgesamt also 20,[9] mit einer Aufführungsdauer von jeweils maximal 15 Minuten. Es wurden also jedes Jahr mehr Dithyramben aufgeführt als Tragödien, Satyrspiele und Komödien zusammen, und es ist sehr bedauerlich, daß von diesen Tausenden von Dithyramben kein einziger ganz erhalten ist. Nur aus wenigen Bruchstükken (zumeist auf Papyri) kann man sich eine ungefähre Vorstellung dieser im Laufe der Zeit auch Wandlungen unterworfenen Dichtung machen. Da die Dithyramben von jeweils aus 50 Knaben bzw. Männern bestehenden Chören vorgetragen wurden, brauchte man allein hierfür 1000 Chormitglieder. Rechnen wir die Chöre für Tragödie und Komödie sowie die Schauspieler, Chorleiter und sonstige Mitwirkende hinzu, so kommt man auf eine Zahl von über 1500 Mitwirkenden bei den dionysischen Agonen (die tragischen Chöre bestanden zur Zeit des Sophokles aus 15, die der Komödie aus 24 Mitgliedern). Sie alle waren an der Prozession beteiligt, zogen in das Theater ein und beschlossen den ersten Tag des Festes mit einem ausgelassenen Umzug (Komos, über den es keine Zeugnisse gibt).

Der zweite Festtag (der 11. Elaphebolion) gehörte der Komödie, jedenfalls seit es auf den Dionysien Komödien-Agone gab. Erst im Jahre 486 (etwa 50 Jahre nach Einführung der Tragödien-Agone) wurden die Komödien in das Programm aufgenommen. Nun wurden an diesem Tag fünf Komödien gespielt, bis im Peloponnesischen Krieg wohl aus Kostengründen eine Zeitlang nur drei Komödien aufgeführt wurden, die dann auf die drei Tage der Tragödien-Agone verteilt wurden, also jeweils eine Komödie am späten Nachmittag nach einer Tragödien-Tetralogie. Später ist der ursprüngliche Zustand wiederhergestellt worden.[10]

Die drei folgenden Tage waren dem Tragödienagon gewidmet, d.h. es wurden an jedem Tag drei Tragödien und ein Satyrspiel aufgeführt. Da nur eine einzige Trilogie vollständig erhalten ist (die *Orestie* des Aischylos) und sonst nur in einigen Fällen die Reihenfolge der Tragödien durch didaskalische Angaben (Inschriften oder Hypotheseis mit Angaben der Aufführungsdaten und Sieger) bezeugt ist, hat man mit viel Scharfsinn versucht, aus inneren Kriterien herauszufinden, welche Tragödie wohl vormittags, mittags oder nachmittags aufgeführt worden ist, indem man vor allem eine Korrespondenz zwischen den Gegebenheiten des Dramas (Zeitangaben) mit den natürlichen Licht- und Schattenverhältnissen zu den verschiedenen Tageszeiten gesucht hat.[11] Aber dies ist nur sehr begrenzt möglich, da ja die fiktive Zeitspanne der Tragödie nicht mit dem wirklichen Ablauf der Tageszeit identisch ist. Vollends versagt dieses Verfahren bei der Komödie, denn hier wurde die Reihenfolge im Tagesablauf durch das Los entschieden, und während der Zeit der Beschränkung im Peloponnesischen Krieg sind ja alle Komödien nachmittags aufgeführt worden.

Insgesamt waren die Athener und ihre Gäste im Theater an den fünf (bzw. vorübergehend vier) aufeinanderfolgenden Tagen einer enormen Anstrengung ausgesetzt, mußten sie doch außer den Dithyramben 17 (in der Zeit der Beschränkung 15) Dramen rezipieren.

Das Publikum bestand vor allem aus den freien Bürgern Athens, ferner den Festgesandtschaften von auswärts, die aus Anlaß der Dionysien in Athen weilten. Aber auch Kinder, Frauen und Sklaven waren nicht ausgeschlossen, nahmen aber in weit geringerer Zahl teil. Genaueres wissen wir nicht, da die Bezeugung durch die Texte sehr knapp ist. Das gleiche gilt für das sogenannte Theorikon, ein Theatergeld, das Perikles eingeführt haben soll, um den ärmeren Bürgern den Besuch des Theaters zu ermöglichen, also eine ‹Eintrittskarte›, für die man nichts bezahlte, sondern eine Art Tagegeld bekam.

Am Schluß der Komödien- und Tragödienaufführungen wurden die Sieger und die weitere Plazierung ermittelt und verkündet. Das Verfahren war ziemlich umständlich; die athenische Demokratie war ja in vielerlei Hinsicht einigermaßen bürokratisch. Der Hergang war der folgende:[12] Schon einige Zeit vor dem Fest wurde in einer Ratsversammlung (sie bestand aus 500 Mitgliedern) eine Kandidatenliste für die Schiedsrichter aufgestellt. Es werden angesehene Bürger gewesen sein, von denen die meisten wohl schon in irgendeiner Form an den Aufführungen in vergangenen Jahren teilgenommen haben werden. Anhand der Kandidatenliste wurden Täfelchen mit den Namen der gewählten Richter in Urnen geworfen. Dabei kam nun wiederum die Einteilung in die 10 Phylen zum Zuge. Schon die Ratsversammlung war ja aus je 50 Mitgliedern einer jeden Phyle zusammengesetzt. Entsprechend wurden nun 10 Urnen aufgestellt, in die die Tafeln mit den Namen derjenigen Bürger geworfen wurden, die eine Phyle als Richter beim Agon vertreten sollten. Die 10 Urnen wurden dann von den Prytanen und Choregen versiegelt und, von besonderen Beamten (Tamiai) bewacht, auf der Akropolis deponiert. Zu Beginn der Spiele wurden die Urnen ins Theater gebracht, und am Morgen vor jedem Agon zog der Archon Eponymos aus jeder Urne *ein* Täfelchen, d.h. es wurden 10 Richter erlost, und zwar getrennt für Dithyrambos, Komödie und Tragödie, also insgesamt dreimal. Die so ausgelosten Richter wurden aufgerufen und vereidigt; sie setzten sich auf Richterstühle und beobachteten die Aufführungen. Nach der Aufführung schrieben sie ihr Urteil auf ein Täfelchen, zuoberst den Sieger. Dann wurden die Täfelchen in eine Urne geworfen, aus der der Archon aber nur 5 herauszog und verlas; die anderen 5 Täfelchen blieben für die Entscheidung unberücksichtigt. Daraus wurde dann die Rangfolge bestimmt. Schließlich wurde der Sieger vom Herold ausgerufen und mit einem Efeukranz bekränzt.

Bei dieser komplizierten Prozedur wollte man neben einer eindeutigen Entscheidung offenbar ein Höchstmaß an Objektivität gewährleisten, das im wesentlichen auch erreicht worden ist. Nur selten hören wir von Einflußnahmen und Bestechungsversuchen, die übrigens am ehesten in der Zeit der kriegsbedingten Beschränkung auf je eine Komödie an drei Tagen nahelagen. Denn hier urteilten ja die Richter nicht sofort nach dem Ereignis, sondern 48 Stunden nach der ersten und 24 Stunden nach der zweiten Aufführung, und in der Zwischenzeit gab es genug Gelegenheit zu vielerlei Gesprächen mit Befürwortern und Gegnern der Dichter und ihrer Stücke.

Natürlich werden sich die Richter von den emotionalen Beifalls- und Mißfallensbezeugungen des Publikums nicht weit entfernt haben. In dem Umstand, daß Sophokles nie den dritten Platz erhielt (er erreichte stets den ersten oder zweiten Platz) und überhaupt viel öfter siegte als Euripides, hat man mit Recht einen konservativen Grundzug in der Urteilsbildung gesehen. Die große Menge der anderen Tragiker hatte es jedenfalls ungleich schwerer. Von evidenten Fehlurteilen hören wir indessen kaum; nur daß der *König Oedipus*, die Mustertragödie des Aristoteles, nicht den ersten Preis bekam, wird schon in antiken Berichten kritisiert.[13]

Ein bedeutsamer Unterschied zum heutigen Rezensionswesen liegt darin, daß vor allem über das Stück, nicht so sehr über die Inszenierung entschieden wurde. Niemals wird die gute Inszenierung eines schwachen Stückes oder umgekehrt hervorgehoben; vielmehr wurde beides als Einheit angesehen; der Dichter war ja auch in den meisten Fällen sein eigener Regisseur.

Grundlage dieses Systems war natürlich, daß es sich in aller Regel um Uraufführungen handelte, die zu beurteilen waren. Dies war zu Lebzeiten der drei großen Tragiker auch durchweg der Fall; hier waren Wiederaufführungen relativ seltene Ausnahmen.[14] Erst 386 wurde durch ein eigens erlassenes Gesetz die Wiederaufführung der «alten Tragödie» (gemeint waren damit die Tragödien von Aischylos, Sophokles und Euripides) bei den Dionysien offiziell zugelassen, zunächst noch außerhalb der Wertung und damit des Agons, ab etwa 341 auch im regulären Programm. Einige Jahrzehnte später brach jedoch das ganze System zusammen, zumal nun zahlreiche Theater auch im Gefolge des Alexanderzuges überall in der griechischsprechenden Welt erbaut wurden, wo vor allem Euripides gespielt wurde.[15]

Aber die Dichter des 5. Jahrhunderts konnten diese Entwicklung nicht voraussehen (schon gar nicht ihre Renaissance in unserer Zeit) und mußten zunächst davon ausgehen, daß ihre Stücke nur einmal aufgeführt würden, ähnlich wie heute bei einer Olympiade z. B. ein Eiskunstlauf nur einmal aufgeführt und sofort anschließend bewertet wird oder, um eine inhaltlich näherliegende Analogie anzuführen, ein Fernsehfilm nur für eine einzige Sendung geplant und dann allenfalls aufgrund sekundärer Entscheidungen in seltenen Fällen als Wiederholung gesendet werden kann. Man hat sich lange nicht klar gemacht, was diese institutionellen Rahmenbedingungen für unser Verständnis des griechischen Dramas bedeuten. Die Dichter wollten mit ihren Stücken keine Dokumente zeitlos gültiger Tragik oder Komik schaffen, sondern schrieben im Hinblick auf eine einzige Aufführung bei einem von der Polis eingerichteten Fest mit der Absicht, dort zu siegen. Die Lektüre der Dramen war ein sekundärer Vorgang. Gewiß konnte man die Dramentexte wohl das ganze 5. Jahrhundert hindurch auch lesen – und sie wurden auch gelesen (anders sind die Anspielungen z. B. in der Komödie auf die Tragödie nicht zu erklären) –, doch hat sich eine Lesekultur mit einem regelrechten Buchhandel erst in den letzten

Jahrzehnten des Jahrhunderts entwickelt und dann vollends im 4. Jahrhundert durchgesetzt.[16]

Im übrigen wurden die Dramen in einer für unsere Verhältnisse außerordentlich kurzen Zeit gedichtet. So hat Sophokles in einer Zeitspanne von etwas mehr als 60 Jahren 123 Tragödien gedichtet. Das entspricht im statistischen Durchschnitt einer Produktion von zwei Tragödien pro Jahr. In Wirklichkeit standen Sophokles aber nicht sechs Monate für die Ausarbeitung einer Tragödie zur Verfügung. Denn abgesehen von seiner Tätigkeit in politischen und sakralen Ämtern (Sophokles wurde 441 zum Strategen gewählt; er war 443 Hellanotamias, 411 Probule; ferner Priester eines Heilheros) mußte er ja in den Monaten vor der Aufführung selber drei Tragödien und ein Satyrspiel einstudieren, die Musik dazu komponieren und die Ausstattung koordinieren. In dieser Zeit wird es ihm kaum möglich gewesen sein, weitere Tragödien zu schreiben. Daher geht man neuerdings von der Annahme aus, daß Sophokles nicht an zwei aufeinanderfolgenden Jahren, sondern allenfalls im zweijährigen Rhythmus am tragischen Agon beteiligt gewesen sein kann.[17] Wie immer man rechnet, es kommt eine unglaublich kurze Zeit gerade auch für die Gestaltung der formal so komplizierten Chorlieder heraus, mag auch bei Aischylos, Euripides und Aristophanes (der des öfteren seine Stücke nicht selber einstudiert hat) die Relation etwas günstiger sein.

Gewiß wurde die Dramenproduktion durch die im wesentlichen vorgegebene formale Struktur erleichtert. Zur Zeit der voll ausgebildeten Tragödie des 5. Jahrhunderts war ein nur in Nuancen veränderbares Grundschema gegeben, wonach am Anfang ein Prolog stand, dann eine Parodos des Chores folgte, ferner 4–6 Chorlieder (Stasima) das Drama gliederten, zwischen denen «Auftritte» (Epeisodia) standen, am Schluß die Exodos des Chores, wobei der Dichter für jeweils 7–11 Rollen mit 3 (in der Komödie für entsprechend mehr Rollen mit 4–5) Schauspielern auszukommen hatte.[18] Auch daß die Sprechpartien meist in iambischen Trimetern gehalten, die Chorlieder in lyrischen Maßen strophisch gegliedert waren, daß ferner die sogenannten epirrhematischen Szenen (Klageszenen, sogenannte Kommoi) einen Wechsel zwischen Singvers des Chores bzw. Chorführers und Sprechvers eines Schauspielers vorsahen, war eine feste Konvention.[19] Diese Grundstruktur konnte nicht nach Belieben verändert werden; nur ganz allmählich vollzogen sich Entwicklungen in kleinen Schritten.

Zu den eingefahrenen Konventionen gehörten auch bestimmte typische Szenen (z. B. die Hikesie, der Botenbericht) mit festen Grundregeln und auch die Verwendung der Maske, die den Rollenwechsel ein und desselben Schauspielers innerhalb eines Stückes erleichterte. Denn die Masken (die wie ein Visierhelm den ganzen Kopf bedeckten) legten ihre Träger auf bestimmte Typen fest, auf den Typ des alten oder des jungen Mannes, des

Sklaven, der alten oder jungen Frau. Nur die Alte Komödie scheint Porträtmasken, jedenfalls individuelle Masken und Tiermasken gekannt zu haben,[20] die aber wieder verschwanden, als die Komödie selbst sich zum bürgerlichen Lustspiel bei Menander entwickelte. Ob und wie stark bei der Verwendung der Maske im 5. Jahrhundert bei Mitwirkenden und Publikum das Bewußtsein der Verwurzelung im Kult noch lebendig war, ist schwer zu sagen. Jedenfalls ist die Maske im Dionysoskult verwurzelt und hängt zusammen mit dem Ablegen der eigenen Individualität, dem ekstatischen Eingehen in eine zu verkörpernde Rolle, wie es für die Gefolgschaft des Dionysos typisch ist. Wenn irgendwo, ist hier im Spiel selbst die kultische Dimension spürbar gewesen. Im übrigen sind keine Masken aus klassischer Zeit erhalten; es gibt nur Darstellungen auf Vasen. Die klassischen Masken sind relativ einfach gewesen; die manchmal in modernen Freilichtaufführungen (z. B. im Theater von Augst bei Basel) verwendeten Masken mit starrem, furchterregendem Aussehen, aufgerissenem Mund und Augen, aufgetürmter Frisur und seitlich herabfallenden Haaren sind erst hellenistisch.

Der für eine Dramenfigur gewählte Maskentyp legt die Figur auch in ihrem emotionalen Habitus in gewisser Weise fest. Vorübergehende Gefühlsäußerungen wie Schmerz, Trauer, Scham, Entsetzen konnten nicht durch Mienenspiel dargestellt werden. Derartige Gefühle konnten zum Ausdruck gebracht werden durch lebhafte Gebärden (Abwenden, Verhüllen des Gesichtes usw.), vor allem aber durch eine Verbalisierung der emotionalen Äußerung. So werden im Text der griechischen Tragödie häufig Reaktionen wie Entsetzen, Verdüsterung des Blickes, Sträuben des Haares beschrieben, und vor allem finden wir die vielen (in den Übersetzungen meist abgeschwächten oder ganz weggelassenen) Interjektionen wie «Oimoi», «Otototoi» usw., die ihrerseits in der rituellen Klage ihren Ursprung haben.

Bei den Kostümen scheint es bereits im 5. Jahrhundert eine gewisse Vielfalt gegeben zu haben. Völlig einheitliche Vorschriften existierten offenbar nicht. Der Dichter (bzw. Chorege) konnte zwischen mehreren Varianten wählen und war nicht völlig festgelegt. Eines aber ist deutlich: Man spielte in zeitgenössischen, nicht historischen Kostümen; es gab in der Kostümierung kein Archaisieren in Richtung auf die mythische Dimension wie in manchen modernen Aufführungen antiker Tragödien. Aus den Texten und bildlichen Darstellungen sind für das 5. Jahrhundert folgende Möglichkeiten belegt oder erschließbar: 1. Der Chiton, das von Männern und Frauen getragene Alltagsgewand der klassischen Zeit, eine rechteckige Stoffbahn, die beim Tragen mit Spangen über den Schultern zusammengezogen und mit Hilfe eines Gürtels drapiert wird; er dient in verschiedenen, der Typik der Bühnengestalt angepaßten Variationen (z. B. Kassandra in der typischen Kleidung der Seherin, Elektra bei

Sophokles in schwarzem Kostüm usw.) als Bühnengewand. 2. Ein spezifisches, vom Alltagsgewand deutlich unterschiedenes, prunkvolles Tragödienkostüm, das nicht identisch war mit dem Festgewand des vornehmen Atheners. Auf bildlichen Darstellungen (allerdings erst vom Ende des 5. Jahrhunderts an) ist es als langes, farbenprächtiges Gewand dargestellt mit langen, um das Handgelenk geschlossenen Ärmeln, auffälligen geometrischen und figürlichen Mustern, Arme und Beine ganz bedeckend, an den Schultern zusammengenäht. Die Herkunft dieses Gewandes ist in der Forschung stark umstritten; es gibt verschiedene nicht eindeutig verifizierte Theorien (typisches Gewand des Dionysos, eleusinische Priesterroben, Festtracht aus dem 6. Jahrhundert). Wahrscheinlich war es ein Phantasiekostüm, in dem Anregungen verschiedener Provenienzen zusammenflossen, das jedenfalls als Bühnenkostüm sehr praktikabel war. Nach der literarischen Überlieferung soll Aischylos es eingeführt haben; der festliche Charakter dieses Kostüms würde gut zu seinen Tragödien passen. 3. In krassem Gegensatz dazu die Lumpenkostüme des Euripides, die in zahlreichen Tragödien als etwas Neues und Schockierendes zu sehen waren. Wir wissen davon im wesentlichen durch die parodistische Kritik des Aristophanes (in den *Acharnern* 414 ff. zeigt Euripides als Figur in der Komödie seine zerlumpte Theatergarderobe), aber selbst wenn man die komische Übertreibung abzieht und in Rechnung stellt, daß das Lumpenkostüm gelegentlich inhaltlich motiviert ist (der König Telephos erscheint als Bettler verkleidet), bleibt das Skandalon der bewußten Schokkierung des Publikums, vielleicht analog der Erscheinung antiker Helden in Jeans bei heutigen Aufführungen der griechischen Tragödie. Die Wahl der Kostüme bei modernen Aufführungen des antiken Dramas bleibt ein nahezu unlösbares Problem. Der Chiton war für die Athener des 5. Jahrhunderts ein Alltagsgewand, auf unserer Bühne bedeutet er ein klassizistisches Gräzisieren mit einer völlig anderen Wirkung.

Was den Kothurn angeht, so ist festzuhalten, daß der hohe Kothurn, also der Schuh mit mächtiger Sohle, der ja ganz unnatürlich wirkt, nicht für die klassische Zeit vorauszusetzen ist. Die bildlichen Darstellungen zeigen eine Entwicklung, wonach im Hellenismus die Sohle immer dicker wird und ihre volle Höhe erst in römischer Zeit erreicht. Es ist dies ganz analog den Verhältnissen bei der Maske und hängt vermutlich mit der Entwicklung der Bühnenverhältnisse zusammen. In klassischer Zeit war der Schuh der Schauspieler ein weicher, aus einem Stück gearbeiteter Schaftstiefel ohne besondere Sohle, der beliebig über den rechten wie über den linken Fuß gestülpt werden konnte, also das Gegenteil von dem, was man allgemein unter Kothurn versteht. Es ist demnach völlig ungriechisch, wenn in modernen Aufführungen der antiken Tragödie die Schauspieler auf hohen Kothurnen stolzieren.

Im Unterschied zum modernen Dichter und Übersetzer konnte und mußte der Tragödien- wie der Komödiendichter immer für dasselbe Theater sein Drama konzipieren und gestalten. Er mußte das Dionysostheater mit seinen 14000–17000 Zuschauerplätzen im Blick haben und sein Drama so anlegen und einstudieren, daß jede Einzelheit bis in die obersten Reihen verständlich und sinnfällig war. Wie das Dionysostheater in klassischer Zeit aussah, darüber ist neuerdings eine reiche Forschung im Gange, die wohl zur Aufgabe alter und eingefahrener Vorstellungen zwingt. Demnach müssen wir von der fast 100jährigen communis opinio, wie sie in allen Handbüchern bis heute festgehalten ist, Abschied nehmen, wonach die kreisrunde Orchestra den ältesten Bestandteil des Theaters gebildet habe. Das Dionysostheater bietet sich heute in der Gestalt dar, die es in römischer Zeit gefunden hat. Denkt man sich die römischen Elemente (Bema der Rednertribüne, Schutzmauern vor den Sitzen) weg und stellt man die kreisrunde Orchestra wieder her, so hat man aber nur die hellenistische Theateranlage, wie wir sie z. B. in Epidauros und zahlreichen Theatern finden und wie sie Vitruv als charakteristisch für das griechische Theater überhaupt (im Unterschied zum römischen) ansah. Der Grundtyp dieses Theaters besteht in einem einstöckigen Bühnenhaus, davor eine zehn bis zwölf Fuß hohe Oberbühne, auf beiden Seiten vorspringende Paraskenien (Flügelbauten), davor die kreisrunde Orchestra, ferner Sitzreihen, die etwas mehr als die Hälfte der kreisrunden Orchestra umfassen und die durch Treppen in Keile gegliedert sind. Diese Form hat das Dionysostheater zu Athen aber erst in einem großangelegten Umbau zwischen 338 und 324 unter dem Politiker und Finanzbeamten Lykurg erhalten, der in restaurativ-klassizistischer Tendenz im Dionysostheater die Statuen der drei klassischen Tragiker aufstellen und von ihren Werken einen authentischen Theatertext herstellen ließ, der von den Verwilderungen durch Schauspielerinterpolationen schützen sollte. Neueste Forschungen[21] haben es nun aber nahezu zur Gewißheit gebracht, daß das Dionysostheater zur Zeit der klassischen Tragödie anders aussah: Es hatte einen Spielplatz, der zwischen Bühne und Orchestra nicht trennte. Begrenzt wurde die Orchestra durch eine rectilineare Prohedrie (erste Reihe der Ehrensitze), hinter der sich weitere bevorzugte Sitzreihen aus Steinblöcken befanden, während die normalen Theaterbesucher auf einfachen Holzplanken saßen.[22] Offenbar gab es noch kein steinernes Bühnenhaus, sondern ein variables Kastenzelt mit Holzrahmen, einer Leinwand und ähnlichen Vorrichtungen. Das bedeutet, daß die Bühnenverhältnisse sehr viel einfacher, improvisatorischer und flexibler waren, als man es sich bisher mit dem Blick auf das steinerne Theater Lykurgs vorgestellt hatte.[23] Nun ist es eine reizvolle, gegenwärtig in Angriff genommene Aufgabe, die erhaltenen Dramen mit Hilfe der neuen Erkenntnisse, nach denen es keinen ausgezeichneten Zentralpunkt gibt und sich die Probleme des Ortswechsels, des Verhältnisses von Chor und

Schauspieler, der Auf- und Abgänge anders darstellen als bei der Annahme einer kreisrunden Orchestra, neu zu interpretieren.[24] Es zeigt sich jetzt auch, daß alle antikisierenden Bemühungen, die moderne Bühne den alten Verhältnissen anzupassen, im eigentlichen Sinne klassizistisch (und unzutreffend) sind, weil sie die Situation im Blick haben, die aus einer klassizistischen (weil die klassische Tragödie konservierenden) Haltung heraus zum steinernen Prachtbau Lykurgs geführt hat.

Indessen verfügte das Dionysostheater schon im 5. Jahrhundert über Theatermaschinen wie eine herausrollbare Plattform (Ekkyklema), mit der Vorgänge von drinnen nach draußen transportiert werden konnten, ferner Hebekran und Flugapparate, desgleichen über eine reiche Zahl bunter Requisiten. Gerade die Bühne des Aischylos bietet ein buntes Bild von Maschinen und Requisiten aller Art, über deren drastische, ja grausige Effekte wir uns kaum eine zureichende Vorstellung machen können.[25] Selbstverständlich sind auch die natürlichen Gegebenheiten (Sonne; das damals für die Zuschauer noch sichtbare Meer) nicht nur in die Inszenierung, sondern schon in die Konzeption des Dramas einbezogen worden. Zudem enthalten die Texte zwar keine regelrechten Regieanweisungen, aber doch zahlreiche immanente Hinweise auf Bewegungen der Schauspieler und des Chores, die Handhabung der Requisiten und die Spielorte, so daß die Tragödienforschung, die lange Zeit einer rein literarischen Rezeption verhaftet war, in der Kombination all dieser Gegebenheiten sich neuerdings mit Vorliebe imaginären ‹Inszenierungen› der antiken Dramen oder einzelner Szenen zuwendet.[26] Dies wird dadurch erleichtert, daß es bestimmte szenische Konventionen gibt. So ist der imaginierte Schauplatz aller antiken Tragödien und der meisten Komödien – in Übereinstimmung mit der Realität des antiken Theaters – immer ein Raum im Freien, vor einem Königspalast oder in anderen Gebäuden, bei einem Tempel oder im Feldlager, aber nie ein abgeschlossener Ort oder das Innere eines Hauses.[27] Wohl geben die Texte Hinweise auf andere, innere wie äußere Räume, auf die sich die Handlung ausweitet, aber der innere Raum gilt in der Regel als hinterszenisch. Vorgänge, die sich dort abspielen, werden dann berichtet.[28] Es ist dies eine völlig andere Situation als bei der Mehrzahl der modernen Dramen, die vielfach in geschlossenen Räumen spielen. Umgekehrt liegt ein besonderes Problem darin, bei modernen Aufführungen antiker Dramen in geschlossenen Theaterräumen mit Vorhang und sogenannter Guckkastenbühne den Spielort im Freien zu imaginieren.

Auf der anderen Seite bleibt vieles gänzlich ungeklärt. Dazu gehört vor allem die Musik. Wir wissen, daß die Chorlieder der Tragödie und Komödie, aber auch die Wechselgesänge der Schauspieler untereinander oder zwischen Schauspieler und Chor (die sogenannten epirrhematischen Szenen) gesungen und von Instrumentalspiel begleitet wurden. Aber diese

Musik ist – wie auch die ganze altgriechische Musik überhaupt – bis auf winzige Bruchstücke verloren. Aus dem Bereich des Dramas sind nur sieben Zeilen mit Noten und Rhythmuszeichen aus einem Chorlied des euripideischen *Orest* auf einem Papyrus des 3./2. Jahrhunderts v. Chr. erhalten.[29] Ob es sich überhaupt um die originale Vertonung des Euripides handelt, ist unsicher. Aber wir können die wenigen Noten nicht eindeutig lesen und auch mit Hilfe der teilweise erhaltenen griechischen Musiktheorie im Klang nicht wiederherstellen. Wiederholt unternommene Versuche, die teilweise auch auf der Schallplatte festgehalten wurden,[30] sind problematische Experimente; sie können allenfalls «einen Hauch der musikalischen Atmosphäre ... vermitteln».[31] Das Bewußtsein vom Verlust der originalen Musik hat dazu geführt, daß die neuzeitliche Musik zum antiken Drama, sofern sie mehr als die Untermalung anläßlich einer einzigen Aufführung bzw. Inszenierung war, relativ frei von dem Zwang war, die antike Musik etwa nachzuahmen, sondern entschlossen eigene Wege mit den Ausdrucksformen der jeweiligen Gegenwart gegangen ist.[32] Am ehesten hat wohl die griechische Musik der Gegenwart zum antiken Drama in der Kontinuität der Volksmusik über die byzantinische Musik Elemente der altgriechischen Musik im Rhythmus und im Toncharakter bewahrt.

Auch wissen wir nicht, wie sich der Chor bewegt hat. Er hat ja die Chorlieder nicht nur gesungen, sondern auch getanzt. Daß er sich gelegentlich in Halbchöre teilt, entnehmen wir dem Text einiger Dramen. Auch können wir aus dem Charakter des Versmaßes gelegentlich auf die Bewegungen des Chores schließen. So sind Anapaeste Marschrhythmen und in der Tat viele, aber keineswegs alle Einzugslieder (Parodoi) des Chores in Anapaesten gehalten. Die sogenannten Standlieder (Stasima) des Chores sind in ihrer Metrik (und wohl auch Musik) sehr kompliziert.

Der Chor nimmt in der Tragödie des 5. Jahrhunderts eine eigentümliche Mittelstellung ein. Er ist zweifellos die Keimzelle der Tragödie, also aus dem Kult erwachsen und vielfach, zumal in den frühen Tragödien, an kultische Begehungen und Situationen gebunden. In ganz eigentümlicher Weise ist er Mittler des Mythos, den er auf die Ebene des tragischen Geschehens transportiert. In den Tragödien des Sophokles und des Euripides, die nicht Glieder einer inhaltlich verbundenen Trilogie sind, wird der mythische Zusammenhang vielfach in Chorliedern transparent gemacht. Auch können ganz andere Mythen in die Tragödie hineingespiegelt werden, so z. B. in einem einzigen Chorlied der *Antigone* die Mythen von Danae, Lykurg, Kleopatra – im Sinne mythischer Paradeigmata, wie sie in der Chorlyrik üblich sind.

Zugleich ist im Chor der Tragödie und erst recht der Komödie ein Moment der Gegenwart des Dichters enthalten. Indem er das Geschehen auf die Ebene der Reflexion bringt, stellt er eine gedankliche Brücke zum

Publikum her.[33] In fundamentalem Unterschied zu modernen Versuchen bei Aufführungen antiker Tragödien, das Publikum durch verfremdende Effekte einzubeziehen (Plazieren von Schauspielern im Parkett, Chorlieder auf Plakaten oder durch Lautsprecher), ist der Zusammenhang bei den antiken Verhältnissen insofern ganz natürlich, als der Chor ja aus den Bürgern, nicht aus professionellen Kräften besteht, und angesichts der starken Beteiligung der Bürgerschaft an den Chören bei den Dionysien werden die Grenzen fließend. Die Choreuten des Vorjahres sitzen jetzt im Publikum und umgekehrt. In einigen Komödien des Aristophanes ist der Chor in der Fiktion mit Teilen des Publikums identisch (*Acharner, Ritter*, usw.). Wendungen an das Publikum sind hier keine ‹Fiktionsbrüche›, sondern Ausdruck der Zusammengehörigkeit der Gemeinschaft, die mit den Dramen-Aufführungen das wichtigste Fest der Polis feiert. Erst aufgrund der modernen, völlig gewandelten gesellschaftlichen Verhältnisse wird der Chor im Drama uns fremd, bei Aufführungen zum Problem, vielfach aufgelöst und verkürzt.

Darüber hinaus spiegeln sich die gesellschaftlichen Realitäten in mannigfaltiger Weise. Eine solche Spiegelung ergibt sich vor allem in der Tragödie durch die Weiterentwicklung, ja Umdeutung des der Tragödie in aller Regel stofflich zugrundeliegenden Mythos, den der Dichter in Form und Bedeutungsgehalt seinem Drama anpassen muß. Der Mythos reflektiert Verhältnisse einer vergangenen Zeit mit politischen und gesellschaftlichen Strukturen (Königtum, Spuren von Matriarchat), die von denen der Gegenwart des Dichters stark abweichen. Zudem ist der Mythos, sofern es sich um Göttermythen und Heldensage handelt, zunächst in epischer Form überliefert – bei den zahlreichen von Tragikern in zumeist verlorenen Tragödien aufgegriffenen Lokalmythen liegen die Verhältnisse etwas anders.[34] Die Umformung des Mythos betrifft neben der formalen Umgestaltung vor allem die Herauslösung des einzelnen Mythos aus dem epischen Zusammenhang, aus seiner Funktion in der alten Adelswelt, und die paradigmatische Einfügung in die Polis und deren neue Bezugssysteme. Dieser Prozeß gelingt dadurch, daß der Dichter in der Gestaltung des Mythos allgemeine Strukturen sichtbar macht, die sich auch auf seine eigene Gegenwart anwenden lassen. Vorgänge im Königshaus von Theben müssen auf die Angelegenheit der Polis des demokratischen Athen beziehbar sein. Tatsächlich sind dem Mythos, der ja keine feste Konstante, sondern in ständiger Entwicklung ist, derartige allgemeine Strukturen eigen, die sich nun unter gewandelten Bedingungen wiederfinden. Man kann dies bis in die Einzelheiten handgreiflich illustrieren. Zahlreiche Tragödien handeln z. B. von der Relation eines einzelnen zu einer Gemeinschaft (eines Hauses, einer Polis usw.). Um die gleiche Relation geht es aber der Polis selbst. Denn die rituellen Begehungen bei den Dionysien (Prozessionen usw.) und die damit verbundenen Akte der Polis (auf den

Volksversammlungen unmittelbar vor und nach den dramatischen Agonen) betreffen ebenfalls immer wieder die Integration der Einzelnen in die Polis und in deren Institutionen.

Da der Mythos vor allem Modelle des Scheiterns großer Menschen enthält, kann die Tragödie in der Form des Mythos immer wieder auf Gefährdungen der Polis, auf politische Extremsituationen sich beziehen. Fragen z. B. des politischen Mißbrauchs von Amtsautorität (Kreon in der *Antigone*), der Mißachtung religiöser Instanzen und Institutionen (vielfach bei Euripides); Fragen wie das Verhältnis von Rechtsordnung und Gewalt *(Orestie)*, von Macht und Wissen *(Prometheus)*, die Problematik des zivilen Ungehorsams in einer extremen Situation *(Antigone)*, die Freund-Feind-Ideologie *(Aias)*, sind zum ersten Mal in der Tragödie ‹durchgespielt› worden in einer Zeit, in der es eine attische Prosa noch gar nicht gab, die sich erst im letzten Drittel des 5. Jahrhunderts entwickelte.[35]

Das Verhältnis Mythos–Tragödie ist ein neuralgischer Punkt aller modernen Inszenierungen der griechischen Tragödie. Vielfach wird einfach der Mythos inszeniert, und man sucht aus der scheinbar zufälligen Gestaltung des Dichters zu den archaischen Verhältnissen der vorrationalen Welt des Mythos vorzudringen. Es ist aber durchaus unrichtig, die Tragödie nur als Mythos zu verstehen und nur aus dem Mythos heraus zu interpretieren. Es kommt vielmehr auf die Spannung von mythischem Substrat und Gestaltung aus einer Gegenwart heraus an, durch die der Zuschauer im Schein des mythischen Spieles – in dem neue Menschenbilder, neue Formen der Auseinandersetzung nach den Errungenschaften der aktuellsten Rhetorik in den alten Mythos hineinprojiziert sind – eine Wahrheit erkennt, die ihn betrifft und betroffen macht. Der moderne Regisseur hat es mit einer doppelten Applikation der mythischen Situation zu tun. Er hat ein Drama vor sich, in dem Begebenheiten einer Vorvergangenheit in der Gestaltung der Tragödie bereits einmal auf die Gegenwart des Dichters und seines Publikums appliziert worden sind, und er wiederholt durch seine Inszenierung diesen Vorgang für seine Gegenwart. Ist ihm dabei der Text nur ein Vehikel des Mythos, entgeht ihm die dem Drama selbst inhärente Vergegenwärtigung des mythischen Geschehens durch den Dichter. Nur wenn er jene erste Applikation auf die Polis des 5. Jahrhunderts einbezieht und sichtbar macht, hat er wirklich eine antike Tragödie inszeniert.

Bei der Komödie liegen die Verhältnisse etwas anders, handelt es sich doch hier um die Gattung eines so nur bei den Griechen entstandenen nicht-mythischen Dramas, das gleichwohl in den einzelnen Formelementen (Prolog, Parodos, Wechsel von Chorliedern und Schauspielerszenen, Exodos) und in den äußeren Rahmenbedingungen (Aufführung bei den Lenäen) eine der Tragödie ganz analoge Erscheinung darstellt. Auch der Bezug der Komödie des Aristophanes gerade auf die Gefährdungen der

Polis bedeutet eine Gemeinsamkeit mit der Tragödie. Es ist ja nach unserem Verständnis von europäischer Komödie nicht selbstverständlich, daß in ihr die Sorge um das Gerechte in der Stadt eine so zentrale Rolle spielt, wie dies in der politischen Tragödie des 5. Jahrhunderts der Fall ist. Das europäische Theater hat erst in den letzten Jahrzehnten gelernt, diese Dimension wahrzunehmen und auf der Bühne umzusetzen. Dieser unmittelbare Bezug des Dramas auf die Probleme der Polis ging freilich schon im 4. Jahrhundert verloren, jedenfalls in seiner ursprünglichen Intensität. Die griechische Tragödie war ja keineswegs dort, wo unsere Überlieferung abbricht, «tot». Sie blühte vielmehr mächtig im 4. Jahrhundert und wurde weit über Athen hinaus überall aufgeführt, wo man Griechisch sprach. Sie blieb auch politische Tragödie jedenfalls in Athen, wo sie nach wie vor in den kultischen Rahmen der Dionysien eingebettet war und sich nach dem Umbau des Dionysostheaters prächtig entfaltete. Aber die großen politischen Themen, die Aischylos, Sophokles und auch Euripides angerührt hatten, waren nun nicht mehr das Privileg der Tragödie, sondern wurden auch in der philosophischen und rhetorischen Prosa diskutiert. Zugleich stand die zur Wiederaufführung jetzt offiziell zugelassene Tragödie des 5. Jahrhunderts als klassische Norm und Herausforderung im Hintergrund. Mit ihrer Ausweitung über Athen hinaus setzt ein Prozeß der ‹Säkularisierung›, der endgültigen ‹Verschriftlichung› und damit Ablösbarkeit von der institutionellen Kommunikationssituation und der Entpolitisierung ein, der bei der Komödie, wo sich der Prozeß besser verfolgen läßt, wohl noch stärker gewesen ist. Anders als bei der Komödie war aber die Tragödie selbst und ihre öffentliche Aufführung vom Hellenismus an einem Schwund- und Auflösungsprozeß ausgesetzt. Reisende Schauspieler trugen gelegentlich nur einzelne Szenen bzw. Rollen vor; die Pantomime machte sich breit. Die einzelnen Stadien lassen sich nicht mehr hinreichend erkennen; ganz erloschen war die griechische Tragödie selbst in der römischen Kaiserzeit noch nicht. Aber was sie einst auf dem Theater des 5. und zum Teil auch noch des 4. Jahrhunderts bedeutete, war nicht mehr spürbar. So konnte das griechische Drama erst auf der Bühne der Neuzeit unter gewandelten Bedingungen wieder lebendig gemacht werden.

II. Oedipus in Vicenza

Die erste Aufführung einer griechischen Tragödie in einer neuzeitlichen Übersetzung auf einer öffentlichen Bühne ist gut dokumentiert und läßt sich daher genau bezeichnen. Am 3. 3. 1585 ist das berühmte und noch heute bespielte *Teatro Olimpico* in Vicenza mit einer Aufführung des *König Oedipus* in der ziemlich getreuen Übersetzung von Orsatto Giustiniani und mit der Bühnenmusik von Andrea Gabrieli eröffnet worden.[1] Diese Aufführung blieb ein singuläres Ereignis. Weder vorher noch in den etwa 250 Jahren danach stand die griechische Tragödie auf einer öffentlichen Bühne, abgesehen von den Schultheatern mit ihrem internen Charakter.

Das italienische Renaissance-Theater bevorzugte die Komödie und das Schäferspiel; man lebte ja in einer Zeit, in der das Heitere und Glanzvolle dominierte. Aber eine gewisse Tradition der Tragödienaufführung gab es gerade in Vicenza. Denn die erste italienische Renaissance-Tragödie entstand in dieser Stadt. Es ist die *Sofonisba* des Physikers, Architekten und Literaten Giangiorgio Trissino, in der Elemente der griechischen Tragödie (die ständige Anwesenheit des Chores, der Auftritt von nicht mehr als drei Schauspielern gleichzeitig) mit Bestimmungen der aristotelischen *Poetik* im damaligen Verständnis (die drei Einheiten: Ort, Zeit, Handlung) aufgenommen waren. Es ist bezeichnend, daß die 1515 fertiggestellte Tragödie zunächst im Druck erschien (1524) und erst zwölf Jahre nach dem Tode des Dichters aufgeführt wurde (1562), und zwar in der Basilica von Vicenza, mit großem Prunk inszeniert von Palladio, dem berühmten Architekten, der in gewissem Sinne als Schüler Trissinos bezeichnet werden kann.

Während dieses Drama in seiner Struktur durchaus von der griechischen Tragödie beeinflußt ist, stammt die Handlung aus einer Episode im Zweiten Punischen Krieg, die Livius (30,12–16) dargestellt hat. Die merkwürdige Dreiecksgeschichte von der schönen Sophonisba, der Tochter des Puniers Hasdrubal, ist tatsächlich in sich dramatisch. Von ihrem Vater dem König Syphax vermählt, gerät sie mit diesem in die Hände der Römer und damit in die Gewalt ihres ehemaligen Verlobten, des von Syphax vertriebenen, zu den Römern übergelaufenen Massinissa, der sie nun zu seiner Frau macht. Doch wird sie auf Betreiben des Scipio im Triumphzug als ‹Beute› nach Rom gebracht, wo Massinissa ihr einen Pokal mit Gift zukommen läßt, den sie ohne Klage trinkt. Diese dramatische Begebenheit wurde zur Vorlage für zahlreiche Bühnenstücke und Opern, unter denen nach der Trissinos die Versionen von Daniel Caspar von Lohenstein und Corneille herausragen. Als Symptom für den Untergang der karthagischen Zivilisation im aussichtslosen Kampf gegen die Einverleibung in das römische Weltreich ist die tragische Liebesgeschichte bis ins 19. Jahrhundert immer wieder literarisch gestaltet worden. Die älteren Dramen gerieten indes ganz in Vergessenheit, bis Hansgünther Heyme das Stück des Daniel Caspar von Lohenstein 1985 zu den Berliner Festwochen und anschließend in Essen (Premiere am 14. 12. 1985) herausbrachte.

Die erste glanzvolle Aufführung der Tragödie des Trissino in Vicenza hat nun die Überlegungen beflügelt, die man gerade um die gleiche Zeit mit dem Ziele anstellte, ein besonderes Theater in Vicenza zu errichten und dieses mit einer griechischen Tragödie zu eröffnen. Denn im Jahre 1555 wurde in Vicenza die «Accademia Olimpica» gegründet, eine (heute noch bestehende) auf 21 Mitglieder begrenzte gelehrte Humanistenvereinigung, unter deren Gründungsmitgliedern sich Palladio befand. Der Plan des Theaterbaus reifte rasch heran; 1580 wurde mit den Arbeiten begonnen, deren Abschluß der noch im gleichen Jahr gestorbene Palladio nicht mehr erleben sollte. Nach seinen Plänen und in seinem Geist errichtete Vicenzo Scamozzi den Bau.

Die Wahl des Stückes für die Einweihung wurde unter den Olympiern lange und kontrovers diskutiert. Einer von ihnen, Alessandro Massaria, Arzt und Literat, hatte die *Andria* des Terenz übersetzt und stellte diese für die Aufführung zur Verfügung. Andere schlugen eine «favola pastorale» vor, wieder andere wollten einer Tragödie den Vorzug geben, bis man sich schließlich auf eine griechische Tragödie einigte. Auf den *König Oedipus* ist man dann über die *Poetik* des Aristoteles gekommen, die in Italien schon in der ersten Hälfte des 16. Jahrhunderts in der lebhaftesten Diskussion war. Grundlage war die Edition mit lateinischer Übersetzung von Alessandro Pazzi (1536), die jahrzehntelang mehrfach nachgedruckt wurde, während der Höhepunkt der produktiven Auseinandersetzung mit Scaligers *Poetik* (1570) gegeben war. All dies war lebendig und präsent, als die Olympier für ein ideales Theater und eine ideale Aufführung *die* ideale Tragödie suchten und sie, dem Urteil des Aristoteles folgend, im *König Oedipus* fanden.

Keine Theaterpraxis also, keine öffentliche Zeittendenz, auch kein Zufall, sondern gelehrte, ja philologische Beschäftigung hat zur Auswahl dieser Tragödie geführt. Die Entscheidung fiel rein theoretisch; eine italienische Übersetzung (in der man spielen wollte) lag den Olympiern nicht vor. Einer von ihnen, Fabio Pace, der sich ursprünglich für die von ihm verfaßte «favola pastorale» *Eugenio* eingesetzt hatte, wurde mit der Übersetzung beauftragt, lehnte aber ab. Es entstand eine schwierige Situation für die Olympier. Da wandte man sich an den Venetianischen Gelehrten Orsatto Giustiniani, von dem man wußte, daß er sich mit der

Übersetzung griechischer Tragödien beschäftigte; erschienen war davon zu dieser Zeit noch nichts. So hat denn Giustiniani offenbar im Auftrage der Akademie die Übersetzung eigens für die Aufführung zur Eröffnung des Theaters angefertigt.

Die im Jahre der Aufführung im Druck erschienene Übersetzung – «in lingua volgare», wie es auf dem Titelblatt heißt – ist erstaunlich treu; nichts ist hinzugefügt oder weggelassen. Vor allem auch die politische Dimension der griechischen Tragödie ist gewahrt, wenngleich gelegentlich ins Allgemeine gewendet, so z. B. die Übersetzung von πᾶσι Καδμείοισι («allen Kadmeern» 1288) durch «a tutti i cittadini» («allen Bürgern»). Giustiniani war eben Politiker und Patrizier. Er trug das Seine dazu bei, daß die Aufführung eine politische Angelegenheit der ganzen Stadt wurde.

Die Chorlieder hatte Giustiniani – wie es dem griechischen Original entspricht – in Metrum und Sprachstil von den Dialogpartien scharf abgesetzt; er hatte ihnen die Überschrift «Choro» vorangestellt. Das Versmaß des Originals und die Gliederung der Strophen konnte er aber nicht übernehmen oder in der Übersetzung spürbar werden lassen, weil die metrische und formale Struktur den Editoren der von ihm vermutlich benutzten Ausgaben (Aldina, Venedig 1502; Juntina, Florenz 1522) und daher ihm selbst unbekannt waren. Die Ausgabe von Willem Canter (Antwerpen 1559), die unter Rückgriff auf bereits richtige Einsichten byzantinischer Scholiasten mit dem stolzen Anspruch: «carminum omnium ratio hactenus ignorata nunc primum proditur» (das bisher unbekannte System der Chorlieder wird jetzt zum ersten Mal mitgeteilt) in der Tat einen beträchtlichen Fortschritt auf diesem Gebiet brachte, war Giustiniani sicher unbekannt.

So hat denn Giustiniani dem Chorlied die Form der gerade in der italienischen Renaissance so beliebten, hier nun freilich sehr frei gehandhabten Canzona mit unregelmäßigem Wechsel von zumeist heptasyllabischen und hendekasyllabischen Versen gegeben; sie waren zu ungleich langen Gruppen zusammengefügt, deren Länge sich nach inhaltlichen Einschnitten richtete. Dies war die Grundlage für Andrea Gabrieli, den zur Zeit der Aufführung des *Oedipus* 52jährigen Onkel des bekannteren Giovanni Gabrieli. Die beiden Gabrielis verkörperten die überragende Bedeutung, die Venedig in der Musik (neben der Malerei) seinerzeit zukam. Andrea Gabrieli war Organist an San Marco, der Hauptkirche des Staates, die aufgrund vielfältiger Verflechtungen dem Dogenpalast nicht nur topographisch benachbart war. Man hatte also in Vicenza sich an einen der prominentesten Musiker der damaligen Zeit und zugleich an das politische Machtzentrum des venetianischen Staatsgebildes gewandt. Daß Gabrieli annahm, ist nicht selbstverständlich. Er war als Komponist von Motetten, Psalmen und Messen, aber auch von profaner Festmusik längst auf dem Höhepunkt seines Ruhmes, und es kann nur das völlig Neuartige, damals ganz Unerhörte gewesen sein, das ihn an dieser Aufgabe fesselte.

Die Musik Gabrielis zum *König Oedipus* ist nun das erste erhaltene Beispiel einer Schauspielmusik zum antiken Drama. Da ja die ursprüngliche, antike Musik verloren war und ist und ferner Gabrieli auch in seiner Zeit für diese Art Musik keine Vorbilder hatte – allenfalls musikalische Elemente im Zusammenhang mit Aufführungen italienischer Tragödien des Cinquecento – ist diese Musik etwas ganz Singuläres, «einsame Größe» nach dem Urteil der Musikwissenschaft.[2] Sie hat auch keine Nachfolge gefunden, da in der Folgezeit die Themen der griechischen Tragödie ganz von der Oper aufgesogen worden sind, die sich als musikalische Gattung gerade in dieser Zeit zu konstituieren begann. Insofern konnte Gabrieli nicht traditionsbildend wirken.

Da man auch damals schon wußte, daß in der griechischen Tragödie ursprünglich nur die Chöre und allenfalls die epirrhematischen Szenen, nicht aber die in iambischen Trimetern gehaltenen Schauspielerpartien mit Musik verbunden waren, hat auch Gabrieli nur die Chöre in klarer und einfacher Homophonie vertont. Offenbar hat es aber auch eine Art Introduktion gegeben, doch wohl nur einige Takte Blasmusik. Die Chöre waren a cappella gehalten, mit den Stimmen in der Bezeichnung Canto, Alto, Tenoro, Basso, Quinto und Sesto.

Seltsamerweise hat aber Gabrieli nicht alle Chorlieder vertont, sondern das 3. Stasimon (1086–1109) und die Exodos des Chores ausgelassen. Dabei fällt zunächst auf, daß das schwierige 3. Stasimon («Wenn ich Seher wäre...») stärker als die anderen Chorlieder direkt auf die Handlung der Tragödie bezogen ist. Oedipus wird namentlich genannt, ja sogar durchweg in der zweiten Person angeredet. Offenbar war Oedipus – und wohl auch der Bote aus Korinth – während dieses Chorliedes auf der Bühne. Ebenso ist es bei der Exodos, einem kurzen, in der Tat unlyrischen Chorstück, evident, daß der Chor nicht allein auf der Bühne sein konnte. Das Prinzip der Chorkomposition war offenbar dies, daß die Chorpartien nur dann gesungen wurden, wenn der Chor allein auf der Bühne und sowohl vom Stil der Übersetzung als auch von der Eigenart der Inszenierung her scharf abgesetzt vom Handlungsgeschehen war.

Denn Übersetzer und Komponist standen ganz offensichtlich mit dem Regisseur Angelo Ingegneri in Verbindung, der damals ersten Autorität auf dem Gebiete der Regie und Bühnentechnik. Er hat später die Summe seiner praktischen Regiearbeit in dem ersten neuzeitlichen Lehrbuch der Inszenierungsmethode (*Modo di Rappresentare le Favole Sceniche*, 1598) zusammengefaßt und dabei nahezu alle Beispiele dem *König Oedipus* entnommen. In dem theoretischen Teil seines Werkes hat er drei Grundelemente der Theateraufführung unterschieden, die «Aktion», die äußeren Bestandteile der Inszenierung («Apparato») und die Musik. Er hat sich damit grundsätzlich den antiken Verhältnissen angenähert, und so korrespondierte seine glanzvolle Inszenierung des *Oedipus* in jeder Beziehung den Vorstellungen der ‹Olympier› von einer griechischen Tragödie. Die Aufführung selbst ist in mancherlei Beziehung nach den Kategorien der aristotelischen *Poetik* (im damaligen Verständnis) gestaltet. Aus der Bestimmung des Aristoteles, daß der tragische Held von hohem Stande sein müsse, war für die Aufführung eine Abstufung in der Dignität der Personen abgeleitet. Oedipus hatte, so wurde berichtet, ein Gefolge von 28 (nach anderen Berichten 24) Personen (Diener, Pagen, Wachen) um sich, Jokaste 25 und Kreon 6. Auf die ‹Fallhöhe›, wonach der tragische Held von großer Höhe des Ansehens ins Unheil zu fallen habe, wurde besonders geachtet.

Auf einem der im Theatervorraum befindlichen Fresken ist eine Szene aus dieser Aufführung dargestellt mit Oedipus in königlichem Glanz mit Krone und Szepter, weiteren Gestalten (Kreon?) mit Gefolge neben Oedipus und Volk zur Linken. Alles war auf Glanz und Prunk abgestellt; zu den Worten: «Die Stadt ist von Weihrauch angefüllt» (Vers 4) soll echtes Parfum verspritzt worden sein. Die farbenprächtigen Kostüme, die anmutigen und würdevollen Bewegungen der Schauspieler sind in den zeitgenössischen Berichten in enthusiastischen Schilderungen ebenso hervorgehoben wie die Präzision der Inszenierung mit genauen Anweisungen zu Stellung und Bewegung der Figuren, die sich an den verschiedenen Farben der Marmorfliesen auf dem Boden der Bühne zu orientieren hatten.

Der Chor bestand, wie für die Tragödie des Sophokles überliefert (Sophokles-Vita § 4), aus 15 Personen, zweimal 7 und einem Chorführer. Beim Vortrag der Chorlieder nahm er im Sinne einer regelmäßigen geometrischen Figur Aufstellung, entweder in 5 Reihen zu je 3 oder in 3 Reihen zu je 5 Choreuten neben- und hintereinander.

Diese glanzvolle Aufführung galt aber zugleich dem Ruhme der Accademia Olimpica und ihrer Mitglieder. Dies wird besonders deutlich durch die allegorische Darstellung aller 21 ‹Olympier› als griechischer Heroen in den vielen kleineren und größeren Statuen im Theater, aber auch durch die Mitwirkung einzelner Akademiker und ihrer Familien als Billetverkäufer, Platzanweiser oder im Chor, ja sogar als Schauspieler selbst. So gab es unter den 21 Akademikern einen Blinden (Luigio Groto); er sollte zunächst den blinden Seher Teiresias spielen, wurde dann aber doch durch einen Berufsschauspieler ausgetauscht.

Über alles mußte in (zum Teil erhaltenen) Korrespondenzen und Entwürfen der Accademia Olimpica gegenüber schon vor der Aufführung Rechenschaft gegeben werden, so – nach dem Bericht des Regisseurs Ingegneri – über den (angeblich subjektiv unschuldigen) Charakter des Oedipus, über die Forderung, er müsse größer als alle anderen sein, stark und mit edlem, zugleich nachdenklichem Gesicht, nicht älter als etwa 35 Jahre, in prunkvoller Königsrobe mit einer Mütze aus karmesinrotem Samt, aus der – wie aus der Freskendarstellung noch erahnbar – die Spitze einer goldenen Krone ragte. Iocaste sollte mindestens 55 Jahre alt sein (wirkte aber bei der Aufführung jünger als Oedipus); die Schleppe ihres prachtvollen Gewandes wurde von einem Pagen getragen. Auch über Art, Aufteilung und Bewegung des Dienergefolges wurden in Absprache mit der Akademie genaue Anweisungen getroffen.

Die Aufführung begann übrigens um 1 Uhr nachts und wurde – mitten in der Nacht – durch Trompeten und Kanonenschüsse angezeigt, obwohl ein großer Teil des Publikums sich bereits seit 19 Uhr im Theater aufhielt. Am Beginn erklang eine (verlorene) Instrumentalmusik, die schon vor dem Aufziehen des Vorhanges eine weihevolle Stimmung erzeugt haben soll.

Die Bühne, von Scamozzi nach Entwürfen von Palladio gestaltet, war eine typische Vitruvbühne. Die Vorstellung, die man sich von den Theaterbauten der Antike machte, beruhte ganz wesentlich auf den Angaben, die Vitruv, der Architekt und Ingenieur aus augusteischer Zeit, im 5. Buch seines Werkes *De architectura* gegeben hatte. Dieses Werk erschien bereits 1487 im Druck und wurde im 16. Jahrhundert mehrfach, zum Teil mit Illustrationen herausgegeben.[3] Im Jahre 1542 wurde in Rom sogar eine Akademie, die Accademia della Virtù, gegründet, deren Aufgabe die Erforschung des Werkes von Vitruv und eine einwandfreie Textherstellung war. Schon ein Jahr vor der editio princeps war von Leo Baptista Albertus (= Alberti) postum (er war im Jahr vorher gestorben) das Werk *De re aedificatoria* erschienen. Alberti hatte Vitruv in einem Codex gelesen, benutzt und für sein Werk zugrundegelegt. So wurde Vitruv von verbindlicher Autorität für die Fragen des Theaterbaus im 16. Jahrhundert vor allem in Italien, und Palladio (bzw. Scamozzi) hielt sich streng an seine Anweisungen.

Zu dieser autoritativen Geltung gelangte Vitruv aber auch deshalb, weil er selbst seiner Darstellung weithin die Form von Anweisungen gegeben hatte. Vitruv wendet sich ja an Architekten seiner Zeit, denen er vorschreibt, wie man beim Bau öffentlicher Anlagen (Tempel, Märkte, Rathäuser, Bäder, Palaestren und eben auch Theater) vorzugehen hat; er stellt nicht die Geschichte des Theaterbaus in den einzelnen Phasen bei Griechen und Römern dar. Einen großen Raum in seiner Darstellung der Theaterarchitektur nehmen zudem Fragen der Akustik ein. Er schreibt für seine Zeit, nur ganz gelegentlich finden sich kurze Bemerkungen über von seinen Postulaten abweichende Formgebungen bei den Theatern der Griechen. Aus diesen ganz wenigen Hinweisen hat man lange Zeit die Unterschiede zwischen griechischen und römischen Theatern überhaupt herausgelesen. Nun kann kein Zweifel sein, daß Scamozzi für das Teatro Olimpico seltsamerweise gerade nicht den Eigenarten der griechischen

Bühne, wie sie Vitruv beschreibt, gefolgt ist, sondern den von ihm errechneten Proportionen (große Breite des Bühnenraumes, Dreigliederung der scaenae frons und komplizierte geometrische Berechnungen für alle Teile des Theaters in ihrem Bezug zueinander), die Vitruv für die Römer seiner Zeit vorgeschrieben hat. Offenbar war man von dem in der Tat sehr intensiv präskriptiven Stil Vitruvs so beeindruckt, daß man eben darin die Norm überhaupt und damit auch für die eigene Zeit gesehen hat. So ist denn im Grundsatz der Haupteinschnitt (Öffnung) in der Mitte der Bühne (frons scaenae) nach den Anweisungen Vitruvs für die römische Bühne gestaltet, aber in der konkreten Ausgestaltung ganz dem Teatro Olimpico eigen, indem speziell für das Ambiente des *Oedipus* der Haupteinschnitt hinter der Spielfläche die perspektivische Sicht freigibt für die Straße von Theben offenbar mit den sieben Toren, flankiert von Häusern, die wie Amtsgebäude von Vicenza in der Architektur Palladios (bzw. Scamozzis) aussehen. Diese Bühnenarchitektur spiegelte zugleich Vorstellungen wider, die man sich von einer città ideale in Korrespondenz zu der idealen griechischen Tragödie machte (Abb. 1).

Der Glanz der Aufführung des *Oedipus* in dem prächtigen Theater war das Resultat einer Verbindung von griechischer Tragödie, römischem Prinzipatsdenken, Überhöhung der Antike ins Idealische und Anwendung all dieser Ideen auf eine idealisierte Gegenwart. Diese war aber in Hinsicht auf die politischen Verhältnisse dadurch bestimmt, daß Vicenza – anders als das Athen des 5. Jahrhunderts – seine Glanzzeit längst hinter sich hatte. Schon im Jahre 1404 mußte sich die Stadt der Republik Venedig unterwerfen, ein Vorgang, der sich nach kurzer Rückeroberung durch Maximilian I. im Jahre 1516 wiederholte.

Und doch konnte sich Vicenza durch die denkwürdige Oedipusaufführung auch politisch noch einmal als Mittelpunkt fühlen. Jedenfalls sieht es sechs Jahre später so Marzari, der Historiker der Stadt,[4] wenn er hervorhebt, wie die ganze politische Prominenz der Region zu diesem Ereignis herbeiströmte. So hat denn tatsächlich diese Aufführung bis zu einem gewissen Grade in antikem Sinne die ganze Polis erfüllt. Das heben auch die lokalen Berichte hervor. Eindrucksvoll war der Andrang des Publikums schon Stunden vor Beginn der Aufführung, die Freude des Festes – es war der letzte Tag des Karnevals mit seiner damals etwas anderen Funktion als heute –, die sich allen mitteilte, deren Funke über die beiden öffentlichen Aufführungen am 3. und 5. März hinaus übersprang in die Paläste der Stadt, wo noch Wochen danach, auf Banketts und Festen einzelne Szenen des *Oedipus* rezitiert und Ausschnitte aus der Musik Gabrielis gesungen wurden. Der Höhepunkt war sicher das Bankett, das Capitano Alvise Mocenigo aus Anlaß der Aufführung den Olympiern gegeben hatte und zu dem er den großen Saal der Basilica in einen Ballsaal umwandelte, in dem mehr als 500 Tänzer auftraten.

Durch die immer belassene Bühnenarchitektur mit den sieben Toren Thebens strahlt etwas vom Glanze jener ersten neuzeitlichen *Oedipus*-Aufführung auf jeden, der das Teatro Olimpico in der Folgezeit besucht und besichtigt hat, auf Napoleon, auf Goethe und auch noch auf den Besucher heute. Das gleiche glanzvolle Ambiente scheint, weil die Bühnenarchitektur unverändert blieb, auch durch jedes andere in Vicenza aufgeführte Stück, sei es ein antikes, sei es ein modernes Drama, eine Oper von Mozart oder von Richard Strauß. Immer ist im Hintergrund der *Oedipus* des Jahres 1585.

Allerdings ist das antike Drama auch im Teatro Olimpico – wie überall in Europa – für zwei Jahrhunderte von der Bühne verschwunden, die ohnehin in der Folgezeit nur relativ selten bespielt wurde. Die nun in Venedig mächtig aufblühende Oper konnte jedenfalls in Vicenza nicht heimisch werden. Es war eben doch keine höfische Gesellschaft da, die gerade die Oper hätte tragen können. Das Teatro Olimpico diente fortan zu Festen für durchreisende Potentaten und Würdenträger, die *Oedipus*-Aufführung des Jahres 1585 blieb singulär. Erst 1847 begann wiederum mit einer Inszenierung des *König Oedipus* eine aktive, bis heute andauernde Phase im Theaterleben dieser Bühne.[5] In der Zwischenzeit war allenthalben das antike Drama auf den Bühnen Europas nur indirekt präsent.

III. Die mittelbare Präsenz des antiken Dramas

In den folgenden drei Jahrhunderten ist das antike Drama – mit Ausnahme der römischen Komödie – auf der Bühne nur mittelbar präsent, in Bearbeitungen, Umdichtungen und mit fremden Zutaten. Die Medien der Vermittlung sind im wesentlichen: das Schultheater, die Oper und die Dramen der französischen Klassik des 17. und frühen 18. Jahrhunderts. Diese Erscheinungen können hier nicht für sich dargestellt werden, sondern nur in strenger Beschränkung auf den Anteil des antiken Dramas, insbesondere der griechischen Tragödie.

Das Schultheater sowohl auf den weltlichen Gymnasialbühnen wie in den Anstalten des Jesuitenordens hat seine Zielsetzung naturgemäß in der schulischen Erziehung: Die mitspielenden und zuhörenden Zöglinge sollten im Deklamieren geübt werden – es sind sogar Reden Ciceros ‹aufgeführt› worden – sowie eine seelische Erschütterung und Läuterung bis hin zu Umkehr und Buße erfahren. In seltsamer Weise verschlingen sich gerade in der Frage der beabsichtigten affektiven Wirkung des Theaters Deutungen und Mißdeutungen der aristotelischen *Poetik* mit den Vorstellungen christlicher Moral.

Es dominierten speziell beim Schultheater zumeist von Lehrern geschriebene Stücke, zunächst vielfach in lateinischer Sprache, dann auch in den Landessprachen. Oft war der Lateinlehrer der Autor eines Dramas, dessen Aufführung die Krönung des Lateinunterrichtes darstellte. Biblische Stoffe herrschten vor, allegorische Gestalten waren auf der Bühne, auch Historiendramen spielten eine gewisse Rolle, für die die römische Geschichte als Quelle diente (Nero-Dramen).

Der Anteil der antiken Dramen war relativ gering. Plautus und vor allem Terenz wurden aufgeführt, dieser auch als Sprachmuster. Seneca war eher mittelbar präsent; die griechische Tragödie wurde selten aufgeführt.

Immerhin finden wir sie in den Zentren des Schultheaters, wo denn auch das Publikum vielfältig war und den Rahmen der Schule im engeren Sinne sprengte. Eines dieser Zentren war das berühmte Straßburger Schultheater,[1] das seit 1538 eine weithin beachtete Theaterarbeit leistete, die nach mehrjähriger Unterbrechung intensiviert wurde, als im Jahre 1583, also fast gleichzeitig mit dem Teatro Olimpico in Vicenza, das erneuerte und vergrößerte Theater mit der Aufführung einer Plautuskomödie eingeweiht wurde. Diese Maßnahmen wurden in engster Verbindung mit dem Magistrat der Stadt getroffen, der bald auch die Finanzierung der Aufführungen übernahm. Es war nun ein viele, auch auswärtige

Gäste anlockendes «Akademie-Theater», das ganz die Funktionen eines öffentlichen Theaters erfüllte. Entsprechend wurden prachtvolle Aufzüge veranstaltet; Kostüme und Dekorationen waren glanzvoll; man spielte mit großartigem Aufwand (magnifico apparatu).

Schon vor der Erneuerung von 1583 wurden 1575 die euripideische *Iphigenie* (welche der beiden, ist unbekannt) sowie der *Aias* des Sophokles aufgeführt, der sich in Straßburg besonderer Beliebtheit erfreute, zunächst in griechischer Sprache, dann in der lateinischen Übersetzung von Scaliger (1587 und 1608). Nach der Theatererneuerung kamen dann 1598 die euripideische *Medea* und der *Prometheus* des Aischylos (1609) hinzu. Die aristophanischen *Wolken* (aufgeführt 1613) sind ein ganz seltenes Beispiel für die griechische Komödie auf dem Straßburger Theater. Von den 28 Stücken, die in dem Zeitraum von 1583–1621 aufgeführt wurden, entfallen drei auf die griechische Tragödie, eine auf die griechische und zwei auf die römische Komödie, während 24 Stücke zeitgenössische Schuldramen im eigentlichen Sinne darstellen.

Die Berichte über den Hergang der Aufführungen lassen erkennen, daß zumindest die griechische Tragödie durch zahlreiche Zutaten verfremdet, ja geradezu umgeformt wurde. So wurde z. B. für die Aufführung der *Medea* des Jahres 1598 das Stück nicht nur streng in fünf Akte eingeteilt, vielmehr wurden zwischen die einzelnen Akte dem Drama völlig fremde Darbietungen eingestreut. Zunächst wurde die Vorstellung eröffnet mit einem dreistimmigen Lied der neun Musen, die mit den Worten «Salve divorum princeps» den anwesenden Pfalzgrafen Friedrich IV. priesen. Nach dem 1. Akt (also nach Vers 212) wurde als Einlage in prachtvoller Ausstattung das Schiff Argo auf die Bühne gebracht; auf dem Schiff stand Neptun mit dem Dreizack, neben ihm Matrosen und Meergötter, die zusammen einen (dem Drama fremden) Chor sangen. An den Schluß des 2. Aktes (nach Vers 445) schlossen sich Waffentänze und rhythmische Faustkämpfe an, von je sechs bewaffneten Männern, die sich in sechs verschiedene Abteilungen gruppierten, während ein Chor von Jungfrauen die erste Strophe des 11. olympischen Epinikions Pindars («Zu mancher Zeit bedürfen die Menschen der Winde am meisten») fünfstimmig vortrug. Nach dem 3. Akt (nach Vers 865) folgte dann, vorgeführt von Apoll als Choregen, den neun Musen und einem Chor von Jungfrauen und Jünglingen, die Epode aus dem gleichen Siegeslied Pindars. Zwischen dem 4. und 5. Akt (nach Vers 1115) erschien der Kriegsgott Mars mit Musketieren und Landsknechten, die ein Preislied auf Zeus sangen. Am Schluß der Tragödie traten allerhand österreichische, schwäbische und sächsische Soldaten auf.

Ähnlich wurde auch der *Aias* für die beiden Inszenierungen (1587 und 1608) zurechtgemacht und angereichert. Da offenbar die Kenntnis der mythischen Vorgeschichte nicht vorausgesetzt werden konnte, wurde ein erster Akt vorgeschaltet, in dem die Tötung Achills durch Paris berichtet, anschließend die Totenklage der Nereiden und schließlich der Streit zwischen Aias und Odysseus um die Waffen Achills sowie das Gericht der griechischen Heerführer mit den Reden der einzelnen Fürsten unter dem Vorsitz Agamemnons, der ebenfalls das Wort ergriff, dargestellt waren. Justitia (man spielte die lateinische Fassung von Scaliger) ist höchstpersönlich aufgetreten, neben ihr vier Jungfrauen, die Ruhe, Heiligkeit, Wahrheit und Treue symbolisierten und im Viereck um die Justitia aufgestellt waren. Auch bei den Aufführungen des *Aias* sind die Chorlieder wieder stark verändert worden. Mythologische Personen traten auf, ferner Göttinnen und Götter, dazu Gestalten wie Amor und Fortuna. Die Göttin Luna, die ebenfalls eingeführt wurde, trug eine ab- und zunehmende Mondscheibe auf der Bühne. Korrespondierend zur Darstellung der mythischen Vorgeschichte wurde am Schluß das Leichenbegängnis des Aias ausführlich dargestellt, um den Mythos harmonisch abzurunden. Ein Herold rief dreimal: «Aias ist tot», die Angehörigen versammelten sich am Grab, ein Priester richtete tröstende Worte an sie und vollzog die rituelle Totenspende. Schließlich verkündeten Herolde durch ein dreimaliges, aus der römischen Komödie zur Bezeichnung des Schlusses bekanntes Ilicet («es ist aus») das Ende der Trauerfeier und damit des Dramas.

All diese Änderungen und Zusätze gehen in ihrer Tendenz dahin, die griechische Tragödie anzugleichen an die Eigenarten des zeitgenössischen Schuldramas, in dem eben die gleichen oder vergleichbare allegorische und mythologische Gestalten auftreten. Die griechische Tragödie ist dabei so stark verändert und den spezifischen Zielen des Ergötzens und der Belehrung untergeordnet, daß ihre Präsenz auf der Bühne eine nur mittelbare genannt werden muß. Dabei bleiben Aufführungen der griechischen Tragödie die Ausnahme; für dic bedeutende Schulbühne des Elisabeth-Gymnasiums (und des Mathilden-Gymnasiums) in Breslau, auf dem die meisten Stücke von Andreas Gryphius und einige Dramen Daniel Caspar von Lohensteins ihre Uraufführung erlebten, sind Aufführungen der griechischen Tragödie nicht bezeugt.

Grundsätzlich unter den gleichen Rahmenbedingungen steht das antike Drama auch im Jesuitentheater,[2] das mit dem starken Anwachsen des Jesuitenordens insbesondere in den ersten Dezennien des 17. Jahrhunderts sich durch ständig neue Niederlassungen mit Internatsgymnasien mächtig ausbreitete. Auch hier spielte die lateinische Sprache auf dem Theater eine prononcierte Rolle; Aufführungen römischer Komödien waren nicht selten, die griechische Tragödie aber blieb dem deutschsprachigen Jesuitentheater gänzlich fern. Daß Martin Opitz mitten im Dreißigjährigen Krieg die sophokleische *Antigone* übersetzte[3] – die Dialogpartien in Alexandrinern, die Chorpartien in Reimversen –, war für die Bühne folgenlos. Aufführungen griechischer Tragödien sind nur für das französische Jesuitentheater bezeugt. So hat Melchior de Folard 1722 einen *Oedipe* nach Sophokles gedichtet, der von seinen Schülern aufgeführt und von seinem Mitbruder Bernardo Barbiere ins Lateinische übersetzt wurde. Wenn berichtet wird, daß die Aufführung unterbrochen werden mußte, weil die Schüler und die übrigen Zuhörer von der Handlung zu sehr erschüttert waren, so zeigt dies, wie stark gerade im Jesuitentheater die seelische Erschütterung als Komponente der Theateraufführungen ihren festen Platz hatte. Schließlich gehört auch der *Oedipe* des Jesuitenpaters Pierre Brumoy in den gleichen Zusammenhang, dessen dreizehnbändige Sammlung des *Théâtre des Grecs* (1730) eine bedeutende Wirkung entfaltet hat. Es handelt sich hier um Übersetzungen der meisten, wenn auch nicht aller griechischen Dramen, in einer ziemlich bunten Reihenfolge, beginnend mit dem *König Oedipus* des Sophokles. Auch einige Komödien des Aristophanes sind aufgenommen, merkwürdigerweise unter dem Titel *Théâtre des Grecs* auch der *Oedipus* des Seneca und ausgewählte Komödien von Plautus und Terenz. Jeder einzelnen Dramenübersetzung ist eine Vorrede vorangestellt; am Anfang des ersten Bandes indessen steht eine Abhandlung mit dem Titel «Discours sur le théâtre des Grecs», welche mit der Bemerkung beginnt, die griechischen Tragiker seien «peu connus». Dieses große Werk war ganz zweifellos mit der Intention verbunden, dem griechischen Drama zumindest in Frankreich den Weg auf die Bühne zu bereiten. Diese Erwartung hat sich allerdings nicht erfüllt, zumindest nicht in nennenswertem Umfang.

Es ist bemerkenswert, daß jene Formulierung, die griechischen Tragiker seien «peu connus», über ein halbes Jahrhundert nach der Blüte der sogenannten Französischen Klassik mit Corneille und Racine anzeigt, wie wenig sich das antike Drama auf der französischen Bühne durchsetzen konnte.

Offenbar sind die an der antiken Tragödie orientierten Dramen, die in den vorausgegangenen ca. 100 Jahren in Paris auf der Bühne standen, nicht so verstanden worden, als sei durch sie das ‹Théâtre des Grecs› der Vergessenheit wirklich entrissen worden. Die griechische Tragödie war nur mittelbar präsent, in stark bearbeiteter Form. Aber die Themen der griechischen Tragödie sind doch in erheblichem Umfang aufgenommen. Der Bogen ist gespannt von der 1638 aufgeführten *Antigone* von Jean de Rotrou (1640 gedruckt) bis zu dem *Oedipe* des Voltaire (1718 aufgeführt), der dann auch ins Deutsche übersetzt wurde und namentlich auf Friedrich den Großen stark gewirkt hat. Diese Zeit der französischen Klassik (einschließlich der Frühklassik und der schon beginnenden Aufklärung) ist zugleich eine Epoche der theoretischen Auseinandersetzung mit dem Drama, die sich weitgehend an der aristotelischen *Poetik* orientierte.[4] Aus ihr wurden die drei Einheiten abgeleitet, aus ihrer Neuinterpretation erwuchsen die Auffassungen von der moralischen Wirkung der Tragödie, von der Milderung der tragischen Leidenschaften, die dann in den Tragödien selbst wiederholt zur Einführung von Liebeshandlungen führten, wodurch die Elemente von Haß und Rache in der griechischen Tragödie in der Tat abgemildert wurden. Wie eng dabei Praxis und Theorie aufeinander bezogen sind, geht schon daraus hervor, daß die berühmten *Trois Discours* von Corneille, in denen die wichtigsten theoretischen Äußerungen über die Probleme des Dramas enthalten sind, Vorreden der drei Bände darstellen, in denen Corneille nach dreißigjähriger Bühnentätigkeit – bei allerdings siebenjähriger, durch Mißerfolge veranlaßter Unterbrechung – eine Gesamtausgabe seiner Werke vorlegte. Der Jesuitenzögling und daher auch mit den Erfahrungen des Jesuitendramas groß gewordene Corneille ist sicher im Zusammenhang mit der (angeblich aristotelischen) Theorie von den drei Einheiten zur antiken Tragödie geführt worden. Seine *Andromède* und *Médée*, insbesondere aber sein nach den Jahren des Schweigens 1659 (ein Jahr vor den *Trois Discours*) in Paris aufgeführter *Oedipe*, der 55 Jahre lang erfolgreich auf dem Spielplan stand, sind dafür beredte Zeugen.

Wenige Jahre später (1664) fand der königliche Stipendiat Racine mit seinem Erstlingswerk *La Thébaïde* durch die Vermittlung von Molière den Weg auf die Bühne (mit 15 Wiederholungen durchaus erfolgreich). Mit den Dramen *Andromaque*, *Iphigénie en Aulide* und *Phèdre* – immerhin ein Viertel der Tragödienproduktion Racines – kann Racine in gewisser Weise als der Wiederentdecker des Euripides (dessen Dramen er im Urtext lesen konnte) für die Bühne gelten. Allerdings gilt für all diese Dramen, daß Racine mehrere Quellen kontaminiert hat (neben Euripides vor allem Seneca, für die *Andromaque* auch Vergils *Aeneis*, gelegentlich Statius), daß er neue Handlungsstränge (insbesondere Liebeshandlungen) hinzuerfunden, daß er die Charaktere der Personen abgewandelt, die formale Struktur der Tragödie (Versbau) völlig verändert und das Ganze mit Palastdekorationen und leuchtenden Kostümen auf die Kulissenbühne derjenigen Pariser Theater gebracht hat, die bald nach dem Tode des Dichters zur «Comédie Française» (1689) zusammengefaßt wurden. Bedenkt man dies alles, so drängen sich die Zutaten und Veränderungen so stark in den Vordergrund, daß im Rückblick von einer wirklichen Präsenz der antiken Tragödie auf der Bühne nicht die Rede sein kann. Auch Voltaires *Oedipe*, 1717 in der Bastille vollendet, 1718 in der Comédie Française gegeben, von Heinrich Gottlieb Koch ins Deutsche übersetzt (in Reimversen) und 1765 im Wiener K.u.K. Stadt-Theater aufgeführt, läßt nicht mehr viel von Geist und Struktur der sophokleischen Tragödie ahnen. Aus Seneca ist der Name des alten Hirten, Phorbas, übernommen, nicht aber die Teiresiasszene, in deren Ausgestaltung sich Seneca ja erheblich von Sophokles unterscheidet. Vielmehr kommen weder Teiresias noch Kreon überhaupt bei Voltaire vor; auch fehlen alle Chorlieder. Dafür sind neue Gestalten und Handlungselemente eingeführt, insbesondere Philoctetes, Prinz von

Euböa, der sich als ehemaliger Geliebter der Jokaste zu erkennen gibt. Der Konflikt zwischen Pflicht und Neigung bei Jokaste wird ausgespielt. Sie mußte Oedipus aus Gründen der Staatsraison heiraten, weil dieser die Sphinx besiegt hatte. Philoctetes gerät aber in den Verdacht, Laios ermordet zu haben. «Mein Herz brennt auch noch», bekennt Jokaste, die übrigens von der ersten bis zur letzten Szene auf der Bühne ist. Ein Oberpriester, der schon im Prolog (ähnlich wie bei Sophokles) auftritt, übernimmt dann im zweiten Teil des Dramas die Funktion des Teiresias, indem er die Wahrheit offenbart und die Entdeckung in Gang setzt. Der Schluß erinnert an Seneca, insofern als noch eine letzte Zusammenkunft zwischen dem geblendeten Oedipus und Jokaste stattfindet, die sich auf offener Bühne mit dem Schwert den Tod gibt. Das alles ist von Sophokles weit entfernt.[5]

Zwei Jahre nach dem *Oedipe* Voltaires erschien in Paris ein anonym veröffentlichter Brief: *Lettre critique sur la nouvelle tragédie d'Oedipe.*[6] Er ist gegen Voltaire gerichtet, und als sein Verfasser gilt Melchior de Folard, dessen von den Jesuitenzöglingen aufgeführter *Oedipe* (1722) auf diese Weise als eine Reaktion gegen Voltaire zu verstehen ist. Aufführungen griechischer Tragödien auf der französischen Bühne blieben auch in der zweiten Hälfte des Jahrhunderts seltene Ausnahmen. So erfahren wir, daß am 16. 6. 1783 in Paris ein *Philoctète* von Jean François de la Harpe als Tragödie in 3 Akten (gedruckt: Paris 1822) aufgeführt wurde, wobei sämtliche Chorpartien gestrichen und die Sprechverse in klassischen Alexandrinern gehalten waren. Die Rolle des Kaufmanns ist ganz eliminiert; neu sind Soldaten eingeführt, und die zentrale Gestalt des Neoptolemos wurde entsprechend römischer Tradition durch Pyrrhus ersetzt. Die Änderungen insgesamt sind beträchtlich; das Elegante, Glatte und Epigonale des französischen Klassizismus prägt das ganze Stück und verhindert einen wirklichen Zugang zur griechischen Tragödie.

Im übrigen Europa wird das antike Drama nicht auf die Bühne gebracht. Indessen werden die Tragödien Corneilles und Racines auch außerhalb Frankreichs aufgeführt, insbesondere in Italien. Unter deren Einfluß hat sich dann vor allem Vittorio Alfieri in der zweiten Hälfte des 18. Jahrhunderts der antiken Thematik geöffnet. Entsprechend seiner politischen Programmatik – die politische Einigung Italiens, Kampf gegen Tyrannei und Absolutismus – liegen zwar Stoffe aus der römischen Geschichte nahe – seine erste Tragödie (1775) ist *Cleopatra* –, aber mit *Antigone* (1776) und *Polinice,* mit *Agamemnone,* mit *Oreste* (1776–78) und *Alceste* (1796–98) wird die Thematik der antiken Tragödie mit politischem Freiheitspathos verbunden. So bedeutsam es ist, daß das an den Griechen orientierte Drama hier wieder eine politische Dimension bekommt, so wird doch – nicht anders als in der Dramatik der französischen Klassik – die griechische Tragödie stark verändert durch die Einführung neuer Personen und Handlungsmomente, aber auch durch eine Radikalisierung der politischen Aussage. So ist in der *Antigone* Kreon – der bei der Uraufführung in Rom im Rahmen einer Dilettantengesellschaft auf einem Privattheater von Alfieri selbst gespielt wurde – als blutrünstiger Tyrann gezeichnet, der das Bestattungsverbot nur ausgesprochen hat, um Antigone, die als Helferin die Witwe des Polyneikes auf ihrer Seite hat, töten zu können. Die eindringlichen und packenden Gebärden der Schauspieler auf den erhaltenen bildlichen Darstellungen zeigen, daß hier Tragödie mit einer drastischen Leidenschaft gespielt wurde, wie sie weit über die Möglichkeiten des doch eher galanten französischen Theaters hinausging.

Im deutschsprachigen Bereich gibt es bis zum Ende des 18. Jahrhunderts nichts Vergleichbares. Weder Gottscheds ‹Theaterreform› noch die Theatergesellschaften des 18. Jahrhunderts (erst recht nicht die Schauspielerwandertruppen), noch die Bemühungen um ein Nationaltheater in Hamburg oder anderswo haben das antike Drama auf die Bühne gebracht, noch nicht einmal in bearbeiteten Fassungen französischer oder italienischer Machart, es sei denn in der Form der Oper.

Der dritte große Bereich, in dem in diesen Jahrhunderten die griechische Tragödie mittelbar auf der Bühne präsent ist, ist die Oper. Ihre Vor- und Frühphase fällt zeitlich zusammen mit der *Oedipus*-Aufführung in Vicenza und mit dem Höhepunkt der Schulaufführungen in Straßburg. Und die entstehende Oper war ja gerade von dem Bestreben geleitet, das antike Drama im Sinne eines Gesamtkunstwerkes in der Vereinigung von Wort, Musik (in der Einführung des Rezitativs und mit der Verwendung des Chores), Gestik und Spiel wiederherzustellen. Doch geschah dies hauptsächlich in der Anwendung des griechischen terminologischen Instrumentariums, das dazu benutzt wurde, die Ziele zu formulieren, die die neue Kunstgattung auf dem Wege der «renovatio» erreichen wollte. Es war dies die Wiedergewinnung der «effetti meravigliosi», das «commuovere l'animo», die Kunst, mit der Macht der Musik die menschliche Seele zu rühren. In diesem Sinne besann man sich auf die theoretischen Äußerungen vor allem Platons über die Wirkung der Musik. Die Musik als Träger der Gemütsbewegung von Personen war das zentrale Moment, das man von der Antike zu übernehmen trachtete.

Indessen ist ganz deutlich, daß die frühe Oper inhaltlich nicht an die griechische Tragödie anknüpfte. Es ist auffallend, daß die Themen der ersten Opern (1598 *Dafne* von Jacobo Peri; 1607 *Orfeo* von Monteverdi u. a.) der antiken Mythologie, aber nicht der griechischen Tragödie entnommen sind. Hier wirkt sich die Tradition der im 16. Jahrhundert besonders gepflegten Gattung des Pastoralspiels (favola pastorale) aus. Und so hat man dann die frühe Oper als eine musikalische Variante der Pastorale bezeichnet und in ihr «nichts anderes als eine Sonderform in einer reich differenzierten Menge musikalisch-dramatischer oder halb musikalischer und halb dramatischer Spektakel, die zur Ausstattung höfischer Feste gehörten»,[7] gesehen. Aber es kann kein Zweifel sein, daß mit Monteverdis *Orfeo* (1607) das Bewußtsein vom Rückgriff auf Form und Eigenart der antiken Tragödie verbunden war.[8] Hinzu kam die Eigenart der «Intermedien», die darin bestand, daß zwischen den Akten Schauspiele, oft mit Tanz und Musik verbunden, gegeben wurden, bei denen der mythologische Horizont der Antike in vielerlei Form sichtbar gemacht wurde. Hier liegt die thematische Anknüpfung seitens der frühen Oper. Man kann also formulieren: «Die Auseinandersetzung mit der Antike führte um 1600 zu einer neuen Form des Dramas und zu umwälzenden Neuerungen in der Musik, vorab zur Heraushebung der Person als musikalisch sprechendes und fühlendes Wesen, zur Befreiung des Individuums aus dem polyphonen Geflecht durch den Sologesang (die Melodie), und dies im Zeichen der in Musik verkörperten Redegebärde».[9] Und doch knüpft die Oper nicht an die Bemühungen in Vicenza an, die griechische Tragödie auf die Bühne zu bringen, wie denn überhaupt die Oper in ihrer weiteren Entwicklung sich auch von der Struktur der griechischen Tragödie eher wieder entfernt, insbesondere durch die Entwicklung zur Arien- und Ausstattungsoper, auch durch die Einführung der chorlosen Oper. Erst im 18. Jahrhundert öffnet sich die Oper in vollem Ausmaß den Themen, die stofflich der antiken Tragödie entsprechen.

Nun aber gibt es in der Tat im 18. Jahrhundert Hunderte von Opern, deren Titel mit denen einer griechischen Tragödie identisch sind, so daß man geradezu von einem Typ der «Antikenoper» sprechen kann. So gibt es über 20 Antigone-Opern von Komponisten wie Baldassare Galuppi, Giuseppe Scarlatti, Tommaso Traetta und anderen, etwa ebenso viele Oedipus-Opern, wobei sich der *Oedipus auf Kolonos* stärkerer Beliebtheit erfreut als der *König Oedipus*, ein gutes Dutzend *Elektra*-Opern, zahlreiche Opern, die von Orest und den Eumeniden handeln. All diese Opern, die heute fast völlig vergessen sind, haben aber als Quelle nicht die griechische Tragödie. Ihnen liegt vielmehr ein Libretto zugrunde, das oft nicht auf das antike Drama oder dessen Bearbeitung zurückgeht, sondern auf Auszüge von mythologischen Handbüchern, spätantike epische oder historiographische Quellen. Im einzelnen ist dieser Bereich noch wenig untersucht.[10]

Das Libretto dieser Art – der Bezugspunkt ist die antike Thematik – als ‹Textsorte› sui generis weist eine Reihe von spezifischen Eigenarten auf.[11] Zunächst muß der Librettist den Text der Quelle in die typischen Situationen der Oper umsetzen, in großräumige und kontrastreiche Schaubilder, zumeist mit einem der barocken Festoper gemäßen Schluß. Er muß vor allem den Text im Hinblick auf die ihm als Gattung vertraute Opernmusik gestalten; er muß also die typischen Gesangsnummern unterbringen, Arien, Duette u. a. m. Ferner ist in der Oper des 18. Jahrhunderts der glückliche Ausgang (lieto fine) eine in vielen antiken Tragödien nicht gegebene feste Konvention. Umgekehrt lassen sich bestimmte Eigenarten der griechischen Tragödie schwer in die Oper umsetzen. Dazu gehört die kaum komponierbare Stichomythie mit der Regelmäßigkeit des jeweiligen Wechsels nach einem Vers, in gewisser Weise auch der Botenbericht und insbesondere das Prinzip, über Ereignisse zu berichten, statt sie zu zeigen, während in der Oper das Sichtbare ganz anders im Vordergrund steht.[12]

Dies und insbesondere die Einführung des – in der antiken Tragödie kaum vorkommenden – gemischten Chores bedingt die Erfindung von Personen und Situationen, die dem griechischen Drama fremd sind. Das Opernlibretto ist auf diese Weise nach einer ganz bestimmten Typik gestaltet, und es handelt sich dabei für den Bereich der Oper mit antikem Stoff um eine ganz eigenartige Rezeption der Antike, die ohne jede Auseinandersetzung mit dem antiken Gedanken vor sich geht, aber doch so, daß das Opernlibretto ein ganz wichtiger Träger für die Übermittlung der antiken mythologischen Stoffe gewesen ist.

Nehmen wir als Beispiel eine der zahlreichen *Antigone*-Opern. Das meistverwendete Libretto, das allein zwölf verschiedenen *Antigone*-Opern des 18. Jahrhunderts als Text zugrunde lag, stammt von Gaetano Roccaforte. Die Uraufführung fand mit der Musik von Baldassare Galuppi 1752 in Mannheim statt, mit zahlreichen Wiederholungen.[13] Das Textbuch enthält Angaben über den Schauplatz, z. B.: «Ein herrlicher Ort in der königlichen Burg, wo sich die Großen des Reiches versammeln», oder «ein Lustschloß», «ein königliches Audienzzimmer» usw. Als Personen figurieren Antigone und Kreon, nicht Ismene und nicht Teiresias. Es gibt zwar das Bestattungsverbot für Polyneikes durch Kreon und die Übertretung dieses Verbotes durch Antigone, die den Bruder bestattet. Nun aber weicht die Handlungsführung von der des sophokleischen Dramas ab: Kreon will Antigone töten lassen durch seinen Sohn (nicht Haimon, sondern Eurysteon), der aber den Befehl nicht ausführt, sondern Antigone unter falschem Namen als Priesterin in einem Apollon-Tempel festhält. Es kommt zu allerlei Verwicklungen; nach fünfzehn Jahren kommt Antigone zum Königspalast zurück, gibt sich zu erkennen, gewinnt die Wache für sich, Kreon wird gestürzt, in Ketten Antigone vorgeführt, dann aber begnadigt. Antigone läßt Milde und Mitleid walten und herrscht als Königin über Theben. Der Schlußchor lautet: «So leb' vergnügt dann, edle Königin, du Wunder unserer Zeiten, regiere stets in Freuden, der Himmel nehm' zur Gnad' den treuen Wunsch dahin.» Die Transposition des antiken Rahmens in die Typik des Opernlibrettos mit der Einführung des gemischten Chores, mit dem untragischen Ausgang und dem Anflug an Milde und Humanität am Schluß ist hier besonders deutlich.

Daneben erfreute sich auch die zuerst 1772 in Petersburg aufgeführte *Antigone* von Tommaso Traetta großer Beliebtheit. Ihr liegt das Libretto von Marco Coltellini zugrunde, der schon früher in der Zeit seiner Wiener Tätigkeit (1763) eine ebenfalls von Traetta vertonte *Ifigenie in Tauride* verfaßt hatte. Zu dem gleichen Libretto hatte kurz darauf (1768) noch einmal Galuppi eine Musik geschrieben, und in dieser Form hatte die Oper einen triumphalen Erfolg, der bis nach Rußland reichte. So erhielt Coltellini in Petersburg die offizielle Stelle des Librettisten, nachdem er in Wien in Ungnade gefallen und mit Friedrich II. ergebnislos über eine Tätigkeit in Berlin verhandelt hatte. Die mit einer wortreichen Ode Katharina II. gewidmete *Antigone* ist im ganzen näher an Sophokles als das Libretto von Roccaforte. Aber merkwürdigerweise sind einzelne vermutlich aus der Orestsage stammende Motive eingeflochten. So verkleidet sich Haimon als angebliche Schwester der Antigone, die sich eine Locke ihres Haares abschneidet und auf den Scheiterhaufen wirft, auf dem Polyneikes verbrannt wird. Die erloschene Asche des Polyneikes wird dann in eine gläserne Urne gegeben, mit der Antigone und der verkleidete Haimon fliehen, um die Urne zum Grab des Laios zu bringen. Dabei werden sie von den Wachen ertappt, von Kreon zum Tode verurteilt und in eine Höhle eingesperrt. Der von der Konvention der Gattung geforderte optimistische Schluß ist hier ganz anders und viel einfacher als bei Roccaforte. Kreon triumphiert – keine Spur von später Selbsterkenntnis oder tragischer Gebrochenheit; er feiert im Königsschloß ein Fest, die Menge jubelt und ein großer, feierlicher Tanz beschließt die ganze Angelegenheit. Triumph des Monarchen, gegen dessen Gebot Antigone vergeblich rebelliert. Ihre Tat ist kein Symbol.

Wie derartige musikalische Gestaltungen des antiken Tragödienstoffes klangen und ob dabei etwas von dem Geist der antiken Tragödie spürbar wurde, wissen wir nicht, da diese Opern kaum noch aufgeführt werden.[14] Jedenfalls war dies das Bild, das der Zuschauer im Theater von Antigone erhielt.

Eine gewisse, wenn auch nur graduelle Annäherung an das antike Drama brachte dann die Reformoper Glucks. Von den 46 Opern Glucks entsprechen drei im Titel den Themen griechischer Tragödien, nämlich die beiden *Iphigenien* und die *Alceste.* Namentlich mit der letzteren ist die Reformidee eng verbunden, weil nun nach *Orfeo ed Euridice* mit der *Alceste* von 1767 der zweite große Schritt in dieser Reform erfolgte, auch äußerlich dadurch dokumentiert, daß schon im ersten Druck die italienische Vorrede vorangestellt wurde, die die Absage an die Mißbräuche und Eitelkeiten der gängigen Opernkonvention und die neuen Leitideen der Einfachheit, Wahrheit und Natürlichkeit (semplicità, verità, naturalezza) enthielt. Auf den Text hat dies insofern seine Auswirkung, als die Reformidee ja von dem Librettisten Ranieri Calzabigi stammt, jener schillernden Persönlichkeit, die in Neapel wegen eines Giftmordprozesses vor Gericht stand, in Paris als Literat und Theatermacher gefeiert wurde, als Lotterieunternehmer auftrat und schließlich Geheimrat der niederländischen Rechnungskammer in Wien war. Calzabigi, Verfasser zahlreicher Libretti, hatte sich von dem berühmten Metastasio losgesagt, in dessen Libretti das figurenreiche Intriguentheater mit der Rücksicht auf Koloraturarien, Kadenzen und dem Textsinn zuwiderlaufende musikalische Nummern seinen Höhepunkt erreicht hatte. Gluck beruft sich in seiner Vorrede zu *Alceste* ausdrücklich auf Calzabigi, dessen neue Form des Dramatischen von den gleichen Leitideen getragen sei, denen sich Gluck verpflichtet fühlte. Grundsätzlich ist auf diese Weise die Möglichkeit gegeben, Libretto und griechisches Drama wieder näher aneinander zu rücken.[15] Offensichtlich kannten Gluck und Calzabigi Euripides auch direkt; sein Drama ist Grundlage des Librettos. In der Tat ist in der Konzentration auf drei Akte und drei Hauptpersonen in der Abfolge Alceste – Admet – Herakles – der Kern des euripideischen Dramas bewahrt, wenn auch mit zahlreichen Änderungen im einzelnen, so z. B. in den langen Opferszenen des 1. Aktes, in dem Umstand, daß Herakles bei seiner Ankunft das Leid des Königshauses berichtet wird, in der gegenüber der euripideischen Version edelmütigeren Opferbereitschaft, in dem rauschenden Festballett am Schluß und natürlich in zahlreichen Arien und Chorpartien, wie sie nun einmal der Oper eigen sind. Aber mit der Devise Glucks von der Unterordnung der Musik unter die Handlung entsprechend einer Textvorlage, die ihrerseits auf die konsequente Handlungsführung konzentriert ist, war zugleich ein Beitrag zu dem Prinzip der Einheit der Handlung gegeben, die durch lange Haltepunkte in Form von Arien, Duetten usw. gefährdet gewesen wäre. Konkret bedeutet dies, daß nun doch das Drama des Euripides durchscheint, das auf diese Weise durch das Medium der Oper auf der Bühne wenigstens mittelbar präsent ist. Etwa das gleiche Verhältnis zwischen Libretto und Drama besteht auch zwischen den beiden Iphigenienopern und deren Vorlagen, die freilich bei der *Iphigénie en Aulide* (1774) die Tragödie Racines ist, die der Librettist Bailly du Roullet vereinfacht und komprimiert hat, während sich der Text von Nicolas-François Guillard für die *Iphigénie en Tauride* an Euripides anschließt, diesen aber mit einer Nachdichtung des Dramatikers Guymond de la Touche kontaminiert und in ein typisches Opernlibretto mit 25 Einzelnummern in 4 Akten, zusätzlicher Einführung eines Chores der Skythen und einer großen Ballettszene verwandelt hat. Gegenüber Euripides ist der Text sowohl der einzelnen Gestalten wie des Chores stark gekürzt; Athena als dea ex machina am Schluß fehlt ganz. Aber das Ganze war von großer dramatischer Wirkung, und man sieht: Es gibt eine gewisse Variationsbreite in der Vermittlung des antiken Dramas durch die Oper. Immerhin gehören die drei Opern Glucks mit den Themen der griechischen Tragödie zu den ca. 0,5% der gesamten Opernproduktion, die sich bis heute im Repertoire erhalten haben. Mit einiger Vorsicht kann man dazu noch die (freilich im 19. Jahrhundert noch beliebtere) *Medea* Cherubinis rechnen, die in der Annäherung an das tragische Kolorit der antiken Tragödie noch über die Reformbestrebungen Glucks hinausgeht. Es betrifft dies insbesondere die Beseitigung des für die Oper des 18. Jahrhunderts stereotypen glücklichen Ausganges. Das Libretto von François Benoit Hoffmann ist zwar eine Kontamination aus Corneille und Euripides, aber es betont die Härte und Grausamkeit, die düstere Glut der Raserei, die der Tragödie des Euripides eigen ist. Diese Merkmale sind von Cherubini noch verstärkt; seine Oper, 1797 im Klima der Französischen Revolution herangereift als sein Beitrag zu der nun entstandenen ‹Schrekkensoper›, stellt die schreckliche, durch keine rettende Macht gemilderte Tragik der großen, leidenschaftlichen Frau in den Mittelpunkt, von der gängigen Oper auch durch die Verwendung gesprochener Dialoge unterschieden, die Franz Lachner 1854 für Rezitative mit Orchesterbegleitung umschrieb und so der traditionellen großen Opernform annäherte. Aber es kann kein Zweifel sein, daß die antike Medea hier relativ unverfälscht auf der Bühne stand.

Keineswegs aber beherrschten Stoffe aus den Tragödien des Euripides die Opernbühne, sofern sie sich am antiken Drama orientierte. Eines der seltsamsten Phänomene ist in dieser Hinsicht die Oper *Oedipe à Colone* von Sacchini nach dem Libretto von Guillard (jenem Literaten, der für Gluck den Text der *Iphigénie en Tauride* nach Euripides verfaßt hatte), uraufgeführt am 4. 1. 1786 vor der Königin Marie Antoinette und dem ganzen Hof in Versailles, dann in Paris glanzvoll inszeniert. Das Libretto hat in typischer Manier das Drama des Sophokles stark verändert. Es beginnt etwa in der Mitte des sophokleischen Stückes mit der Auseinandersetzung zwischen Theseus und Polyneikes. Kreon und Ismene fehlen ganz, dafür werden als neue Personen eingeführt: Eriphile, die Tochter des Theseus, ein Oberpriester, dazu mehrere Chöre, darunter ein Frauenchor. Im Mittelpunkt des in 3 Akte eingeteilten Librettos steht die Auseinandersetzung zwischen Theseus, dem attischen König, und Polyneikes, dem Eindringling, der seinen Vater Oedipus wieder nach Theben auf seine Seite zu ziehen sucht. Am Schluß erfolgt die Versöhnung der erbitterten Gegner Oedipus und Polyneikes, der die Tochter des Theseus heiratet. Der schon bei Sophokles harmonische, das lange Leiden beendende Schluß (in dem Goethe den Inbegriff aller Tragik sah) wird in diesem Opernlibretto in noch milderes Licht getaucht.

Sacchini starb wenige Monate nach der Uraufführung in Versailles und konnte den triumphalen Erfolg der Pariser Inszenierung vom 1. 2. 1787 nicht mehr erleben. Hier wurde mit besonderem Szenenapplaus die vor dem Tempel der Eumeniden gesungene Hymne im 1. Akt bedacht, ferner das Duett zwischen Oedipus und Antigone, das Trio mit Theseus und schließlich im letzten Akt die Szene, in der der alte Oedipus, seine Tochter

Antigone liebevoll im Arm haltend, dem Flehen des reumütigen Polyneikes gegenüber taub bleibt. Am gleichen Abend wurde übrigens noch ein Ballett hinterhergegeben; es war *Le premier Navigateur* von Maximilian Gardel.

Für die Frage, wie signifikant eine solche Oper, eine derartige Vermittlung von antikem tragischem Stoff in der damaligen «Hauptstadt der zivilisierten Welt»[16] und darüber hinaus gewesen ist, mag es aufschlußreich sein zu erfahren, daß die Pariser Inszenierung sich über die Revolutionswirren bis in die Napoleonische Zeit und darüber hinaus auf der Bühne hielt. Bis zum 22. 9. 1803 wurden in Paris 316 Aufführungen gezählt; auch danach ist das Werk ununterbrochen bis zum Mai 1830 gespielt worden. Dann trat eine Pause ein; 1843 erfolgte eine Neuinszenierung, die bis zum 15. Mai 1844 lief; bis dahin erreichte der *Oedipe à Colone* allein in Paris die außerordentlich hohe Zahl von 583 Aufführungen. Als Hegel auf seiner Reise nach Paris im Herbst 1827 die Oper besuchen wollte, klagte er über den «Übelstand, daß viele Wochen, besonders in jetziger Jahreszeit, immer dasselbe gegeben wird».[17] Gemeint war der *Oedipe à Colone,* dessen «reine Musik», wie Hegel bemerkt, «noch immer gefällt». Aber auch in vielen anderen europäischen Städten ist diese Oper gegeben worden, in Berlin vom 16. 10. 1797 bis zum 31. 1. 1825 insgesamt 47mal.[18]

Antike Tragödie, vermittelt durch das Medium der Opernbühne, ist also keine Nebensächlichkeit. Die Oper ist in der Tat im 18. Jahrhundert die wichtigste Überlieferungsträgerin des antiken Mythos, wozu ja auch zahlreiche Opern gehören, die nicht den Themen der antiken Tragödie entsprechen, wohl aber auf antike mythische (gelegentlich historische) Stoffe zurückgehen. Die Aneignung des antiken Tragödienstoffes in der opernhaften Form mit den Willkürlichkeiten und Gesetzmäßigkeiten dieses Genos ist ein Vorgang, dem als Rezeptionshaltung die der Unterhaltung im Rahmen des höfischen Ambiente entspricht. Das Beispiel des *Oedipe à Colone* macht deutlich, daß sich diese Rezeptionshaltung über Jahrzehnte durchhält, auch wenn die Aura der ersten Aufführung längst vergangen ist. Denn auch als Hegel 1828 die Oper in Paris sah, wurde ein Ballett hinterhergegeben, dessen Inhalt nur als lächerlich bezeichnet werden kann.[19] Eine Somnambule klettert in das Schlafzimmer eines Herrn; der Bräutigam beruhigt sich erst wieder, als das Mädchen schlafwandelnd und unschuldig über eine Mauer herabsteigt. Hegel beschreibt den Theaterabend, bei dem «das Haus zum Drücken voll» war, ausführlich und amüsiert: «Zuerst *Oedipe* in 3 Akten, dann Ballett in 3 Akten ... Großes Applaudissement.»

Offenbar wurde diese Zusammenstellung nicht als störend empfunden; die griechische Tragödie wurde durch das Medium der Oper so präsentiert, daß die Anpassung an die Konventionen der eigenen Zeit ein Gefühl des Abstandes, der historischen Distanz nicht aufkommen ließ. Der griechische Mythos gehörte zu dem selbstverständlichen Arsenal an Stoffen, die man gefällig aufbereitete.

Nun ist gewiß die Aufbereitung des antiken Tragödienstoffes in der opernhaften Form mit allen Eigenarten dieser Gattung ein Vorgang, der sich in ähnlicher Weise auch später wiederholt und sich bis in die Gegenwart erstreckt. Aber mit der Entwicklung eines differenzierten historischen Bewußtseins im 19. Jahrhundert, mit der Entdeckung der griechischen Tragödie in unbearbeiteter Form für die Bühne und mit der Wandlung des Opernlibrettos zu einer Textform, die von Zwängen der höfischen Konvention unabhängig ist, wandelt sich auch der Charakter der Oper, die nun zum Zeugnis der Auseinandersetzung mit dem antiken Stoff werden kann. In gewisser Hinsicht markiert bereits die *Medea* von Cherubini den Übergang.

IV. Antikes Drama in Weimar

An der Wende zum 19. Jahrhundert bahnt sich ein neues Verhältnis zum antiken Drama ganz allgemein an, mit gewissen Auswirkungen auf die Theatersituation. Man sucht den Zugang zum antiken Drama unmittelbarer, nicht nur in der Bearbeitung und Neugestaltung antiker Stoffe, wie der *Iphigenie* Goethes, deren erste (Prosa)fassung ihre Uraufführung auf dem Weimarischen Liebhabertheater – Goethe selber spielte den Orest – am 6. 4. 1779 erlebte, oder der Umgestaltung der *Phaedra* Racines durch Schiller in ein deutsches Jambendrama, das am 30. 1. 1809 auf dem Hoftheater in Weimar aufgeführt wurde.

Die Gründe für diese neue Tendenz sind vielfältig. Ein stärkerer historischer Sinn kündigt sich an; es liegen ferner – um zunächst den deutschsprachigen Bereich ins Auge zu fassen – nun komplette Übersetzungen der drei griechischen Tragiker vor, während die gerade im Entstehen begriffene Altertumswissenschaft durch textkritisch gesicherte Editionen, durch die volle metrische Erschließung vor allem der Chorlieder und durch eine freilich noch sehr schwankende inhaltliche Interpretation sich der griechischen Tragödie wissenschaftlich zu bemächtigen sucht. Auch die von Winckelmann ausgehende klassizistische Antikerezeption findet ihren Niederschlag auf dem Theater.

Die Theatersituation begann sich zu stabilisieren; die Zeit der wandernden Schauspielertruppen hatte ihren Höhepunkt überschritten. In der praktischen Umsetzung werden diese Tendenzen nirgends deutlicher als im Weimarer Hoftheater unter der Leitung Goethes.[1] Goethe hatte die Leitung des Theaters am 17. 1. 1791 übernommen, es Schritt für Schritt vom Niveau der Wandertruppen (bis zum April 1791 gastierte dort die Bellomo-Truppe) wegbewegt, einen anspruchsvollen Spielplan durchzusetzen versucht und eine systematische Schauspielererziehung eingeleitet. Aufgrund dieser Bemühungen wurde ein Umbau des Theaters ermöglicht, das in nun vergrößerter Form am 12. 10. 1798 eingeweiht wurde. Am Eröffnungsabend wurden hintereinander Kotzebues *Korsen* und *Wallensteins Lager* von Schiller gespielt. Vielleicht ist schon diese Zusammenstellung symptomatisch dafür, daß die Wende zur Weltliteratur im Weimarer Hoftheater nur halb gelang. Goethe hatte ja die vielfältigsten Rücksichten zu nehmen auf die Weimarer Hofgesellschaft, das adlig-bürgerliche Publikum und die Formen seiner Geselligkeit.[2] So ist unter den über 600 Produktionen während Goethes 26jähriger Theaterleitung Kotzebue mit 88 Stücken vertreten; es folgten Iffland mit 31 Titeln und erst in weitem Abstand Schiller, Shakespeare und Goethe selber.[3]

Auf der anderen Seite hatte die Weimarische Bühne unter Goethe als einzige in ihrer Zeit einen gewissen Freiraum und war nicht ausschließlich vom Geschmack des breiten Publikums abhängig. So suchte Goethe seinerseits bildend auf das Publikum, aber auch auf die Schauspieler einzuwirken, und die Auswahl der zu spielenden Stücke war u. a. auch durch die Absicht bestimmt, die Schauspieler an das Sprechen von Versen zu gewöhnen. Wilhelm von Humboldts im Jahre 1800 in den «Propyläen» erschienener Aufsatz *Über die gegenwärtige französische Bühne*[4] hatte sowohl hinsichtlich der Schauspielerausbildung wie für die Öffnung zur Weltliteratur starke Impulse vermittelt.

Diese Bestrebungen führten nun auch dazu, das antike Drama in den Spielplan aufzunehmen. Seltsamerweise begann Goethe mit der heute aus dem Repertoire der öffentlichen Bühnen nahezu völlig verschwundenen römischen Komödie.

Schon 1780 war auf dem Liebhabertheater eine merkwürdige Veranstaltung vorausgegangen, eine Aufführung der von Goethe selbst durchgeführten Bearbeitung der *Vögel* des Aristophanes, versetzt in das (nicht ganz ernst genommene) Bestreben, der Enge Weimars so zu entfliehen, wie einst die beiden Athener Pisthetairos und Euelpides Athen verließen und in das Vogelreich emigrierten. Goethe selbst spielte den Euelpides, und mit den Kostümen hatte man sich viel Mühe gegeben. Goethe berichtet: «Die Vögel erschienen in pappenem, sehr natürlich gemaltem Federschmuck; die in den Vogelhüllen befindlichen Personen, unter denen ich auch war, konnten die Köpfe nach Gefallen wenden, die Flügel heben und die Schwänze vermöge eines Zugs hin und her bewegen; der Schuhu wie die Eule konnten sogar die Augen rollen lassen» (WA, IV. Abt., Bd. 16,335). Dies war nun gewiß nicht der Versuch, das antike Drama auf die Bühne zu bringen, sondern heitere Maskerade, die sich antiker Formen bediente.

Anders bei der römischen Komödie. Zwischen 1801 und 1803 brachte Goethe vier der sechs Komödien von Terenz auf die Bühne, zumeist in der Bearbeitung von Friedrich Hildebrandt von Einsiedel, des Kammerherrn der Herzogin Amalie, der als Dichter, Komponist, Sänger, Schauspieler und Cellist auf der Weimarer Bühne seine Vielseitigkeit unter Beweis stellen konnte. Es folgten zwischen 1806 und 1807 zwei Komödien des Plautus; das meistgespielte Stück waren die *Adelphen (Brüder)* des Terenz mit 15 Vorstellungen.[5] Die modernisierenden Bearbeitungen von Einsiedel und August Hermann Niemeyer hielten sich in engen Grenzen; nur in den Text des *Eunuchus* mußte Einsiedel stärker eingreifen, und zwar auf Betreiben Carl Augusts von Weimar selbst, der sich nicht vorstellen konnte, «wie mit unseren Gewohnheiten und Begriffen das Stück auf einem Hoftheater gegeben werden könne». Einsiedel änderte daraufhin vor allem den 1. und 4. Akt, wobei er insbesondere aus dem Eunuchus eine

Mohrensklavin machte – so hieß das Stück jetzt *Die Mohrin* –, eine Änderung, mit der Goethe «völlig einig» war (an Schiller 5. 2. 1803). Es galt wohl auch als anrüchig, daß der junge Soldat Chaerea im Gewande und Gehabe eines Eunuchen auf die Bühne kommt, eher war dies in der Verkleidung einer Mohrensklavin zumutbar.

Die Aufnahme der römischen Komödie in den Spielplan stellt eine ganz eigentümliche Antikerezeption dar, die letztlich von Winckelmann ausgeht, aber nicht von der monumentalen Antikerezeption, sondern von Winckelmanns Entdeckungen in Pompeji und Herculaneum. Dieser hatte sie in dem *Sendschreiben von den Herculanischen Entdeckungen* 1762 veröffentlicht, und von Heinrich Meyer, Professor und Direktor des von Carl August in Weimar gegründeten freien Kunstinstituts, wurden sie dann aufgegriffen. Meyer, der Goethe im Rom 1786 begegnet war und später eine dreibändige Geschichte der Bildenden Kunst bei den Griechen (1824, 1825, 1836) verfassen sollte, hat für die Aufführungen der römischen Komödie in Weimar die Dekorationen, Masken und Bühnenbilder entworfen, und zwar in Anlehnung an die Darstellungen der Herculanensischen Gemälde. Auf diesem Wege kam man auch zur Verwendung der Masken, wenn auch wegen der optischen und räumlichen Verhältnisse des Weimarer Theaters nur zur Maskierung von Stirn und Nase. In den *Adelphen* wurden die Masken des Kupplers Sannio und des Sklaven Syrus den Reliefs in der Villa Albani nachempfunden. Die Einführung der Masken war ein großer Erfolg, ihre Beibehaltung auch für ganz andere Stücke wurde von mehreren Seiten gefordert.

Mit der Aufnahme der römischen Komödie in diesem historischen Ambiente war nun aber eine so von Winckelmann noch nicht vollzogene Akzentverschiebung in der Antikerezeption verbunden. Mit einem Schlage gewann man einen Einblick in das häusliche und bürgerliche Leben der Antike und hatte so auch auf der Bühne ein Korrektiv zur erhabenen und monumentalen Form der Aneignung der Antike. Kritiker der Weimarer Aufführungen fühlten sich in das Privatleben der Alten zurückversetzt.

Entsprechend hat Goethe eine griechische Tragödie zuerst in einer Bearbeitung auf die Bühne gebracht, in der die politische Dimension der griechischen Tragödie zu einem Familiengemälde abgewandelt ist. Es handelt sich um die Bearbeitung des euripideischen *Ion* durch August Wilhelm Schlegel.

Schlegel, der in seinen Berliner *Vorlesungen über Schöne Literatur und Kunst* 1800–1803 Euripides als Vertreter des «tiefen Verfalls» scharf kritisiert, «das erstaunliche Talent» (II,314) allerdings gelten läßt, wollte hier nicht eine antike Tragödie dem modernen Publikum nahebringen, sondern Euripides verbessern, dessen «Ungeschicklichkeiten, Krücken, Laxitäten, Wiederholungen» und schließlich die «Lüge am Ende» eliminiert werden sollten.[6] Das heute in der Philologie wenig und auf dem Theater überhaupt nicht beachtete Stück war seinerzeit zunächst von Johann Jacob Bodmer, dann aber auch von Wieland, Schiller und Goethe hochgeschätzt. Die merkwürdige Fabel von Ion, dem heimlich geborenen Sohn Apolls und der Kreusa, einer Tochter des Königs Erechtheus von Athen, hat bei Euripides insbesondere mit dem Auftreten Athenas, mit dem vaticinium für Athen am Schluß durchaus eine starke politische Komponente.[7] Schlegel eliminiert den politischen Charakter ganz, ebenso die externen Handlungsbegründungen durch die Götter (so schon die Exposition der Götter im Prolog); die Dramenfiguren sind idealisiert und humanisiert, der Chor fehlt ganz. Herausgekommen ist «ein lebensunfähiges Artefakt der Vermischung zweier sich überschneidender Kulturen»[8], sichtlich beeinflußt von Goethes *Iphigenie*, in der Tendenz der Umformung und Umdeutung auch in der Tradition von Wielands *Alceste*-Bearbeitung stehend.

Goethe war von Schlegels Stück begeistert. «In dieser Lage mußte der Direction ein Schauspiel wie *Ion* höchst willkommen sein». «Eine Annäherung an das griechische Trauerspiel» sollte auch auf der Bühne erstrebt werden; «die beste Wirkung» konnte man sich versprechen, vermerkt Goethe nach der Aufführung.[9]

Indes kam es bei der Premiere am 2. 1. 1802 (Wiederholungen am 4. 1. und dann am 27. 7. und 9. 8. 1802), einer mit ungewöhnlichem Aufwand und großer Sorgfalt (die beiden älteren Männer waren mit tragischen Masken versehen; Apoll und Ion in Stellung und Darstellung nach dem Muster des Apoll von Belvedere gestaltet) vorbereiteten Aufführung, zu einem regelrechten Theaterskandal. Das Publikum war unruhig und störte; Goethe sah sich veranlaßt, mit donnernder Stimme aus seiner Loge ins Parkett zu rufen: «Man lache nicht». Böttiger bereitete eine bissige Rezension vor, deren Abdruck im «Journal des Luxus und der Moden» Goethe unter Rücktrittsdrohungen verhinderte. «Schon bey der ersten Vorstellung rannte dieser Tigeraffe im Parterre herum, durch pedantische Anmerkungen den Genuß einer Darstellung, wie sie Weimar noch nicht gehabt hat, zu stören.»[10] Nichtsdestoweniger ist der *Ion* im Frühsommer des gleichen Jahres am Königlichen Nationaltheater in Berlin unter Leitung und Mitwirkung von Iffland gegeben worden (am 14. und 15. 5. 1802). Im ganzen zeigt sich aber doch, daß Schlegels Stück nicht lebensfähig war, daß die neue Humanisierung und Privatisierung von der antiken Tragödie eher wegführte als einen Zugang zu ihr auf der Bühne zu eröffnen.

Auf einer etwas anderen Ebene liegen die um die Jahrhundertwende einsetzenden Bemühungen Schillers um den antiken Chor und das mit der *Braut von Messina* unternommene Experiment, diesen in das Drama zu integrieren und das Ganze auf die Bühne zu bringen.[11] «Der Gebrauch des

Chores, so wie er in der alten Tragödie vorkommt» – darauf war «die Hauptwirkung der Tragödie (Schillers) berechnet».[12]

Schiller hatte in seiner Studie *Über den Gebrauch des Chores in der Tragödie* näher ausgeführt, worin die Wirkung bestehe. Der Chor löst, so sieht es Schiller, die Reflexion von der Handlung ab, bringt Ruhe in die Handlung, ‹reinigt› das tragische Gedicht und bewahrt ein Moment der Freiheit auch für den Zuschauer. Der Chor ist auf diese Weise «ein allgemeiner Begriff, aber dieser Begriff repräsentiert sich durch eine sinnlich mächtige Masse». Allerdings sah sich Schiller schon nach den ersten Leseproben veranlaßt, diese «sinnliche Masse»... «in 5 oder 6 Individuen» aufzulösen.[13] Goethe hat bei der Aufführung der *Braut von Messina* am 19. 3. 1803 in Weimar daraus eine Tugend gemacht, indem er insbesondere im 3. Akt verschiedenfarbige Chorstimmen im einzelnen aus dem Volk herausholte. Die Aufführung war durchaus erfolgreich, und Schiller meinte, er habe damit «einen kleinen Wettstreit mit den alten Tragikern versucht»[14]. Durch den Bühnenerfolg ermutigt, sah sich Schiller zu dem Wunsch veranlaßt, «den Oedipus des Sophokles, genau so wie er ist, bloß allein die Chorstellen freier behandelt, auf die Bühne (zu) bringen».[15] Dazu ist es allerdings nicht gekommen.

An Goethe kann dies kaum gelegen haben, denn er hatte gerade um die gleiche Zeit den Plan gefaßt, eine Tragödie des Sophokles unter «möglichster Annäherung an die Darstellungsweise der Griechen» zur Aufführung zu bringen.[16] Schon ein halbes Jahr vor der Aufführung der *Braut von Messina* hatte Goethe sich an den Schriftsteller und Musikkritiker Friedrich Rochlitz gewandt, der bereits für die Weimarer Aufführung des *Don Giovanni* am 30. 1. 1792 die Dialoge umgearbeitet hatte. Aber eigentlich bekannt wurde er Goethe erst durch Karl August Böttiger, den Direktor des Weimarer Gymnasiums, bei dem sich Rochlitz 1797 um eine Stelle als Lehrer (wenn auch vergeblich) beworben hatte. Einen Namen machte sich Rochlitz dann mit der Herausgabe und Redaktion der neu gegründeten «Allgemeinen Musikalischen Zeitung» (die erste Nummer erschien am 3. 10. 1798).[17] Goethe hat von 1801 an mehrere Stücke von Rochlitz in Weimar zur Aufführung gebracht; das Lustspiel *Jedem das Seine* wurde im Laufe der Jahre immerhin 22mal aufgeführt.

Die Zusammenarbeit zwischen Goethe und Rochlitz in der Vorbereitung der Aufführung einer antiken Tragödie begann mit Studien über die Eigenart der antiken Theatermusik, die Rochlitz in der «Allgemeinen Musikalischen Zeitung» von 1802 vorgelegt und gleichzeitig in Briefen Goethe mitgeteilt hat[18]. Er erkennt den Unterschied zwischen Sprechszenen und lyrischen Gesangspartien der Chöre und findet die «Hauptsache ... einen Übergang von der Declamation zur eigentlichen Musik zu finden». Er hat sodann als Beispiel eine Szene des Sophokles mit Dialog, Strophe und Chor in Musik gesetzt. Kompositionskunst und Kontrapunkt hatte er an der Leipziger Thomasschule gelernt; Kantaten, Lieder und Chöre von ihm sind schon früh aufgeführt worden. So ist am Himmelfahrtstag des Jahres 1786 in den beiden Hauptkirchen Leipzigs die Kantate *Die Vollendung des Erlösers* des gerade 15jährigen zu hören gewesen.

Aus diesen ersten Überlegungen wurde dann der Plan entwickelt, Rochlitz solle die *Antigone* im ganzen für die Bühne bearbeiten. Obgleich Rochlitz selbst in seiner Zeitschrift (Nr. 34 vom 19. 5. 1802) beteuert, es könne «nicht allzu schwer werden, eine Tragödie (besonders des Sophokles) auf die angegebene Weise musikalisch zu bearbeiten», hat er offensichtlich für die Aufführung in Weimar nur den Text bearbeitet; von einer Musik wissen wir jedenfalls nichts.

Betrachtet man das ganze Unternehmen, so fällt eine Unentschiedenheit zwischen historisierend-antiquarischen Bemühungen und modernisierenden Bearbeitungstendenzen im Sinne herrschender Geschmackskonventionen auf.

Zunächst sind sich Goethe und Rochlitz darin einig, daß die Bearbeitung vor allem ein Ziel haben sollte: Das Stück solle sich «bey dem Hörer einschmeicheln».[19] Rochlitz bedauert, die Bearbeitung nicht noch genauer auf die Weimarischen Verhältnisse abstellen zu können: «Ich kenne aber Weimar viel zu wenig, um, was an Ort und Stelle besondere Würkung machen könnte, zu versuchen».[20]

Goethe hätte natürlich auch eine der vorhandenen *Antigone*-Übersetzungen nehmen können, diese aber waren nicht für das Theater gemacht, sondern – wie durchweg die Übersetzungen griechischer Tragödien in dieser Zeit – zum Lesen oder Vorlesen. Es gab ja ein großes Lesepublikum, und die uns heute kaum mehr geläufige Übung des öffentlichen und offiziellen Vorlesens hatte eine nicht geringe Bedeutung: Tieck las allabendlich in Dresden die Dramen der Weltliteratur öffentlich vor (nach 1840 war er «Vorleser des Königs» in Berlin). Immermann tat das gleiche in Düsseldorf.

Unter den vorhandenen *Antigone*-Übersetzungen wären die älteren von Tobler (1781) und Stolberg (1787) ohnehin nicht in Frage gekommen, auch nicht die im gleichen Jahr (1804) erschienenen, aber doch ganz gegensätzlichen von Ast und Hölderlin; diejenige von Ast war allzu papieren, und Hölderlins Übersetzung galt als das Produkt eines Wahnsinnigen.[21] Allein in Solger sah Goethe «einen schönen Übersetzer des Sophokles»,[22] doch als dessen Übersetzung der *Antigone* erschien (1808), wurde Rochlitz mit der Bearbeitung für die Bühne gerade fertig. Hölderlin hatte immerhin an das Theater gedacht; er hatte Schelling veranlaßt, seine Übersetzung «an das Weimarische Theater zu besorgen»,[23] eine Aufführung dort also ernsthaft für möglich gehalten. Aber für Goethe war ausgemacht, daß nur die Fassung von Rochlitz «auf dem Theater ... Glück machen» werde.[24]

Hand in Hand mit einer Bevorzugung dieser Bearbeitung ging eine seltsame Scheu und ein Gefühl der Ungewißheit, wie sich die Sache wohl auf der Bühne ausnehmen würde. «Ob und wie man eine solche Produktion auf die Bühne bringen könne, darüber läßt sich im voraus nichts entschieden aussprechen», schreibt Goethe an Rochlitz.[25] Rochlitz seinerseits bittet, daß man das Stück, falls es aufgeführt wird, ohne Nennung des Bearbeiters gibt. «Niemand, ohne Ausnahme, erfahre, woher es sey, bis über die Würkung öffentlich entschieden seyn wird».[26] «Bis jetzt weiß und vermuthet noch niemand den Autor», versichert Goethe acht Tage vor der Premiere.[27] Noch nach der Aufführung ist das Inkognito nicht völlig gelüftet: «Wer der Verfasser sey, ist bis jetzt ein Halbgeheimnis geblieben».[28]

Daß Goethe überhaupt eine Bearbeitung des Stückes zugrunde legte, ist weniger verwunderlich – er hat ja auch in den Text seiner eigenen Dramen für die Zwecke der Bühnenaufführung drastisch eingegriffen – als vielmehr sein völliges Einverständnis mit der seichten Bearbeitung von Rochlitz, an den er im Laufe einer dreißigjährigen freundschaftlichen Verbundenheit immerhin 63 Briefe gerichtet hat. Wie sah nun diese Bearbeitung aus?[29]

Rochlitz teilt die *Antigone* in drei «Abtheilungen» ein, wobei sich (mit einer Ausnahme) jeweils zwei Epeisodia in einer «Abtheilung» finden. Parodos und Prolog sind umgestellt, wodurch eine simple und ‹richtige› Chronologie hergestellt wird: Die Parodos handelt von der Vorgeschichte, der Prolog markiert den Beginn des neuen Konfliktes. Seltener als bei Sophokles spricht (bzw. singt) der gesamte Chor. Nach dem Vorbild von Schillers *Braut von Messina* erscheint er oft aufgelöst in einzelne Sprecher. So sprechen in der Parodos zwei Chorführer abwechselnd. Ferner neigt Rochlitz dazu, die Namen der Götter durch ihre Funktion zu ersetzen (Vers 148: «Nike» bzw. «Nika» – so in fast allen Übersetzungen beibehalten – bei Rochlitz: «Göttin des Sieges»; Vers 450f. «Es war nicht Zeus» – dafür Rochlitz: «Gab doch kein Gott ihm»). Die kleineren und größeren Streichungen und Änderungen von Rochlitz lassen sich sehr wohl als Ausdruck bestimmter Tendenzen verstehen. Die erste Tendenz betrifft die Erfüllung emotionaler Erwartungen des Publikums, wie Rochlitz es sich vorstellte. Dazu gehört z. B. eine dem Original gegenüber drastischere Schilderung des Grausamen (Vers 204 hat Rochlitz in dem Gebot des Kreon, den Leichnam des Polyneikes unbestattet zu lassen, hinzugefügt: «Ein Bild des Schreckens»); die Abwandlung des Liedes an die Allmacht des Eros (Vers 781–801) wiederum unter Beseitigung der Götternamen (statt «Eros» bei Rochlitz «Allmächtige Liebe») in eine situationsgerechte Bitte an Aphrodite zur Versöhnung der beiden zerstrittenen Familienglieder, wobei Rochlitz die Antistrophe 791–801 kurzerhand ausläßt; sodann die Wendung gefühlsbetonter Stellen ins Sentimentalische, wie es besonders kraß in dem Herzenserguß, der das hier durchaus schlichte Original (Antigone klagt Vers 876ff., daß sie unbeweint, ohne Freund und ohne Brautgesang ihren letzten Weg geht) überbietet, zum Ausdruck kommt: «Ich bring die Wonne einer jungen Braut, die Hoffnung reichen Eheglücks euch dar, und ach, der Mutterfreuden Himmelstraum.» Eine weitere Tendenz ist die Herstellung einer hierarchischen Ordnung und einer entsprechenden Dezenz der einzelnen Gestalten im politisch-gesellschaftlichen Gefüge, wo dies bei Sophokles auf dem Hintergrund der attischen Demokratie seiner Zeit nicht gegeben zu sein scheint. Dies führt zu einer Aufwertung Kreons und zu einer Abwertung seiner Umgebung. Die bloße Feststellung des Chores, es beliebe Kreon, entsprechend seinen Anordnungen zu verfahrten (211), wird durch Rochlitz in eine Zustimmung verwandelt: «Auch mir gefällt, mein König, dein Entschluß!» Aus der bloßen Aufforderung im Text, der Wachtmann solle endlich sprechen und sich dann davonmachen (244), wird bei Rochlitz ein feierliches Versprechen für die Unversehrtheit des Wachtmannes («Nimm mein königliches Wort...»). Überhaupt ist die Gestalt dieses Wachtmannes bei Rochlitz durch einige Änderungen anders konzipiert. Er tritt dem König nicht so selbstbewußt und kritisch gegenüber wie bei Sophokles, sondern viel demütiger. Die Willkür der Gewaltherrschaft, die ungestraft sagen und tun kann, was sie will (so in der Charakterisierung durch Antigone Vers 506f.), wird bei Rochlitz auf die bloße Meinungsfreiheit eingeschränkt und durchaus harmlos gewendet: «Denn freylich, nur dem König steht es zu, frey auszusagen, was das Herz gebietet!» Offenbar verstößt es für Rochlitz gegen königliche Dezenz, wenn Eurydike mit dem Schwert Kreons Selbstmord begeht (1295ff.); in seiner Version «... sank sie zu Boden, plötzlich starr und todt».

Die Bearbeitung von Rochlitz stellt sich im Ganzen trotz aller historisierenden Bemühungen als ein Unternehmen dar, das die Problematik der Sophokleischen Tragödie gerade in der politischen und religiösen Dimension auf die Konventionen der eigenen Zeit im Horizonte der Vorstellungen der Weimarer Gesellschaft abbiegt, in der Politik und Kunst getrennte Komponenten des Lebens sind.

Goethe hat die Bearbeitung von Rochlitz «gar wohl gefallen»; er ließ sie am 30. 1. 1809 aufführen und ein paar Mal wiederholen, im Juli im Sommertheater zu Lauchstädt und im September wieder in Weimar. Der Chor stand in zwei Abteilungen an den beiden Seiten des Theaters. Was er vorzutragen hatte, sprachen im Wechsel zwei Chorführer, manches wiederholte der gesamte Chor. Rochlitz hatte übrigens die iambischen Trimeter in wohlklingende fünffüßige Iamben verwandelt und die lyrischen Maße durch einfache, eingängige Rhythmen ersetzt.

Goethe hat sich die erste Wiederholung selbst nicht mehr angesehen. In das Tagebuch trägt er am 1. 2. 1809 ein: «Abends *Antigone*... Ich blieb zu Hause und las *Oedipus auf Colonus*.» Mit der *Antigone* war auch stets ein anderes Stück am gleichen Abend gekoppelt. Schon vor der Aufführung schreibt Goethe an Rochlitz (am 22. 1. 1809): «*Antigone* ist auf den 30. angesetzt. Leider füllt sie nicht den ganzen Abend und ich muß eine kleine Operette hinterhergeben.» Es war die Operette *Zum goldenen Löwen* von Seyfried, bei einer der Wiederholungen sinnigerweise das Lustspiel *Haß den Frauen* von Blümmer. Man fühlt sich an das Ballett im Anschluß an die Oper *Oedipe à Colone* erinnert. Hier wie dort fehlte das Gefühl für das ganz Andere der griechischen Tragödie; das Ganze war Unterhaltung, Ergötzen an der geschmackvoll dargebotenen Deklamation der Schauspieler nach dem Gesetz der «rhetorischen Schönheit» und daher eine kontinuierliche Fortsetzung und Weiterentwicklung der Theatertradition des 18. Jahrhunderts. So brachte Goethe nach der ersten Aufführung das Gefühl einer, wie er glaubte, allgemeinen Zufriedenheit zum Ausdruck: «Das Stück hinterließ einen sehr angenehmen erfreulichen Eindruck. Jedermann war zufrieden und halb erstaunt, indem man von dieser Klarheit und Einfalt kaum etwas kennt ... man konnte überhaupt völlig zufrieden seyn» (an Rochlitz 1. 2. 1809). Diese Zufriedenheit ist jedoch zumindest in der Welt der Philologie nicht geteilt worden. Passow, der Verfasser des bekannten Lexikons und damals Professor am Gymnasium in Weimar, schreibt an Frau von Voigt: «Daß Rochlitz nicht nur keinen griechischen Buchstaben lesen kann, sondern daß er auch von nichts so fern ist als von antikem Sinn, das ist wohl ziemlich ausgemacht. Nun unterfängt sich ein solcher Mann, aus deutschen Übersetzungen eine neue zusammen zu betteln, und scheut sich gar nicht, mit unverzagter Hand wegzuschneiden, was seiner Jämmerlichkeit zu gewaltig war: ja – was ärger ist – nach seinem besseren Leipziger Geschmack umzumodeln, was er nicht verstand, und mit großmüthiger Freygebigkeit aus eigenen Mitteln zuzubüßen, wo ihm der heilige Alte nicht poetisch genug war. Sie haben wirklich keine Idee davon, was das für Zeug ist. Gleichwohl triumphirte Sophokles recht sichtbarlich über den Rochlitz; denn es zeigte sich recht augenscheinlich, daß dieser Herkules die ganze Pleiße hätte durch das Stück leiten können, und daß es ihm gleichwohl nicht gelungen sein würde, seine Göttlichkeit hinauszuschwemmen». Ähnlich hat sich Abeken, der damals im Hause der Witwe Schillers als Erzieher ihrer Kinder lebte, in einem Brief an Solger geäußert, durch den sich dieser «amüsiert» zeigte[30]. Doch dürften derartige Äußerungen Goethe kaum bekannt geworden sein; sie zeigen aber, wie eingeschränkt bei diesem Versuch von einer wirklich überzeugenden Entdeckung der griechischen Tragödie für die deutsche Bühne gesprochen werden kann.

Auch ist Rochlitz auf dem gleichen Wege nicht fortgeschritten, obgleich Goethe dies schon vor der Aufführung der *Antigone* gewünscht hatte: «Eins scheint mir unerläßlich, daß Sie sich nun auch die gleiche Mühe mit *Oedipus* und *Oedipus auf Colonus* geben: denn eigentlich thut *Antigone* nur den vollkomnen Effect in Gefolg von jenen beyden Stücken. Sie könnten um sich ein Stück Arbeit zu ersparen, die Solgersche Arbeit zum Grunde legen und diese nur deutschen Ohren mehr annähern.»[31] Goethe leitete noch bis 1817 das Weimarische Hoftheater und stand die ganze Zeit über auch mit Rochlitz in Korrespondenz, aber zu einer weiteren Zusammenarbeit ist es nicht mehr gekommen.

Nur ein einziges Mal hat Goethe die Bearbeitung einer griechischen Tragödie danach noch einmal in Weimar auf die Bühne gebracht, nämlich im Jahre 1813 *Oedipus und Iokaste, Tragödie in fünf Acten frei nach Sophokles,* bearbeitet von August Klingemann.[32] August Klingemann hatte sich zu dieser Zeit – also vor der Gründung des Braunschweiger Nationaltheaters – als Theatermann einen Namen gemacht. Bereits 1803 waren von ihm *Einige Bemerkungen über den Chor in der Tragödie, besonders in Beziehung auf Schillers «Braut von Messina»* erschienen,[33] mit denen Klingemann sich an der Diskussion um die Aufführbarkeit der griechischen Tragödie beteiligt hat. Gleichzeitig hatte er eine Schrift *Welche Grundsätze müssen einen Theaterdirektor bei der Auswahl der aufzuführenden Stücke leiten* veröffentlicht.[34]

Seine Tragödie *Oedipus und Iokaste,* die 1812 schon zweimal im Königlichen Schauspielhaus in Berlin gegeben wurde,[35] entfernt sich weit stärker von Sophokles als die Bearbeitung der *Antigone* von Rochlitz, weil die Fabel umgestaltet wird und dabei auch Motive aus der *Oedipus*-Tragödie des Seneca aufgegriffen sind. Der Chor wird reduziert auf eine einzige Person, einen thebanischen Alten, dessen Rolle als Dialogpartner jedoch unbedeutend bleibt. Die Figur der Iokaste wird als Handlungsträgerin aufgewertet. Dies gilt insbesondere für das Aussetzungsmotiv, das – vielleicht in Erinnerung an das im Sturm und Drang beliebte Kindesmordmotiv – losgelöst vom Orakelmotiv eine eigene Schuld begründet. Zudem hat Iokaste selbst das Orakel eingeholt; auch der Mutterinzest ist ihr vorausgesagt worden. So sind es zwei Verbrechen, das des Oedipus und das der Iokaste, die nebeneinander aufgedeckt werden, Kreon wird (nach Seneca) durch Oedipus verhaftet, der nach der Selbstmordoffenbarung der Iokaste die weitere Aufklärung vergeblich aufzuhalten versucht. Die Frage der Schuld (im modernen Sinne) steht also im Vordergrund.

Bezeichnenderweise hat dann Klingemann in dem von ihm geleiteten Braunschweiger Nationaltheater keine griechische Tragödie auf die Bühne gebracht. Eröffnet hat er es am 23. 5. 1818 mit der *Braut von Messina;* in der Spielzeit 1818/19 wird das 1775 entstandene Melodram *Medea* von Gotter mit der Musik von Benda nur einmal aufgeführt, im Jahre 1824 mehrmals die *Medea* von Grillparzer.

Überblickt man die Weimarer Bemühungen um das antike Drama im ganzen, so drängt sich doch der Eindruck von Halbheiten, Unsicherheiten, Unentschiedenheiten in den Entwürfen, Konzeptionen und Realisierungen auf dem Theater auf. Einerseits liegen historisierende Bestrebungen zugrunde: Man will es so machen, wie es bei den Alten war; mit der Verwendung des Chores, der Masken und Kostüme will man sich den alten Bedingungen annähern. Auf der anderen Seite kommt es nur im Bereiche der römischen Komödie – und auch dort nur teilweise – zu Aufführungen, die in reinen Übersetzungen (allerdings mit völliger Umgestaltung der Versmaße) ohne Zutaten und Bearbeitungen vorliegen. Entgegen den erklärten Absichten kommt es nicht zu einer Aufführung einer griechischen Tragödie, die frei wäre von Umgestaltungen, welche ihren Grund in Rücksichten auf Geschmack der Zeit und Zumutbarkeiten gegenüber dem Publikum haben. Im Falle der *Antigone* ist das Erstaunliche das Einverständnis des Theaterleiters Goethe mit der alle Tragik nivellierenden Hand von Rochlitz.

Goethe stand mit den führenden Altertumswissenschaftlern seiner Zeit (Wolf, Ast, Hermann u. a.) in Verbindung. Aber in der Beurteilung der *Antigone* in der Fassung von Rochlitz hatte er die Philologie nicht auf seiner Seite. Theater und Philologie stehen bis heute oft in einem Gegensatz zueinander. Aber nicht immer hat die Philologie unrecht, auch wenn es um Fragen des Theaters geht. Was in Weimar nicht gelang, ist Jahrzehnte später erst in Potsdam und Berlin in einem neuen Impuls Wirklichkeit geworden, diesmal in einem Einklang zwischen Theater und Philologie.

V. Griechische Tragödie in Preußen

Die erste Aufführung einer griechischen Tragödie in einer deutschen Übersetzung, die frei von Zutaten und Bearbeitungen ist, war die berühmte Aufführung der *Antigone* 1841 in Potsdam und anschließend in Berlin. Sie ist erst in einer langen Inkubationszeit herangereift, die von dem besonderen geistigen und politischen Klima Preußens und namentlich Berlins getragen war. Vorangegangen war eine Zeit der mehr philosophischen als philologischen Deutungen der griechischen Tragödie, bei denen die Frage der Aufführbarkeit explizit gestellt wird oder implizit mitschwingt. In August Wilhelm Schlegels zwischen 1809 und 1811 erschienenen *Vorlesungen über dramatische Kunst und Literatur* sind nicht nur die drei großen Tragiker, sondern auch das Bühnenwesen der Griechen behandelt. In der Deutung der *Antigone* findet sich vor allem bei ihm das Grundmodell, wonach Antigone das schuldlose Opfer tyrannischer Willkür ist, eine Auffassung, die sich in unserer Zeit gegenüber der Hegelschen Deutung von dem Zusammenstoß (Collision) der beiden gleichberechtigten Sphären Staat und Familie weitgehend durchgesetzt hat.[1]

Zunächst jedoch hat für Jahrzehnte, ja für das ganze 19. Jahrhundert, die Deutung der griechischen Tragödie und insbesondere der *Antigone* durch Hegel ungeheuer stark gewirkt. Da Hegel seine Theorie vornehmlich an der *Antigone* demonstriert (in geringerem Maße an der *Orestie*), hat er wohl am meisten dazu beigetragen, daß zumindest im deutschen Bereich diese Tragödie des Sophokles ganz im Vordergrund steht, während in Frankreich im Grunde bis heute der *König Oedipus* unter den griechischen Tragödien den ersten Platz einnimmt.

Hegels Deutung, die sich in verschiedenen Stadien von den jugendlichen Übersetzungsversuchen über den *Naturrechts*-Aufsatz von 1802/03 (hier vor allem an der *Orestie* expliziert), die *Phänomenologie* (1807) und die einzelnen Stadien der *Ästhetik*-Vorlesungen zunächst des letzten Heidelberger Semesters und dann in Berlin 1820/21, 1826 und 1828/29 niederschlägt, kann hier nicht in extenso behandelt[2], sondern nur in ihrem Bezug zur Frage der Aufführung der griechischen Tragödie auf der modernen Bühne bedacht werden.

Sowohl in der gedruckten Fassung der *Ästhetik*, die bekanntlich das Ergebnis einer Redaktion der drei letzten von Hegel gehaltenen *Ästhetik*-Vorlesungen durch seinen Schüler H. G. Hotho darstellt, als auch nach im Bochumer Hegelarchiv vorliegenden unpublizierten Nachschriften[3] der Vorlesung von 1826 hat sich Hegel auch zur Frage der Aufführung und

Aufführbarkeit geäußert. Die entscheidenden Passagen in den verschiedenen Fassungen lauten: «Daß die klassischen griechischen Dramen bei uns nicht aufgeführt werden können, hat andere Ursachen; sie enthalten Voraussetzungen, die wir nicht zugeben können». Und: «Griechische Dramen werden nicht aufgeführt, doch finden wir diese unendliche Befriedigung in ihnen ... Daß die klassische griechische Tragödie vor uns komme, geht nicht an, kann nicht für uns etwas sein». In der gedruckten Fassung schließlich: «Den besten Beleg hierfür liefern die griechischen Tragödien, die wir zwar nicht mehr auf dem Theater vor uns sehen, welche uns aber, betrachten wir die Sache genauer, zum Teil deshalb gerade vollständige Befriedigung gewähren, weil sie zu ihrer Zeit schlechthin für die Bühne gearbeitet waren. Was sie von dem jetzigen Theater verbannt, liegt aber weniger in ihrer dramatischen Organisation, welche sich von der bei uns gewöhnlichen hauptsächlich durch den Gebrauch der Chöre abscheidet, als vielmehr in den nationalen Voraussetzungen und Verhältnissen, auf denen sie häufig ihrem Inhalte nach gebaut sind und in welchen wir uns ihrer Fremdheit wegen mit unserem heutigen Bewußtsein nicht mehr heimisch fühlen können» (*Ästh.* 3.512).

Diese Passagen enthalten zunächst die Feststellung, daß die griechische Tragödie zu jener Zeit nicht aufgeführt wird und darüber hinaus nach der Meinung Hegels auch nicht aufführbar ist. Hegel begründet dies mit den gänzlich anderen Voraussetzungen, auf denen die griechische Tragödie ruht. Dazu gehören Unwahrscheinlichkeiten im Stoff des Mythos (Opferung der Iphigenie, Krankheit des Philoktet), die besondere, nur bei den Griechen so gegebene Funktion des Chores und in Verbindung damit die unter den modernen Bedingungen nicht gegebene «vollständige Totalität» in der Präsentation der Tragödie auf der Bühne. «Wenn das Kunstwerk aber ganz vollständige Totalität ist, so hat es diese Vervollkommnung nur in der Oper. Das Drama der Alten war zugleich Oper, und dies ist die Autorität: sie hatten Musik, Tanz, Gesang. Der Chor sang und tanzte zur Begleitung von Instrumenten».[4] Die einzelnen Komponenten des Bühnengeschehens haben – so stellt es Hegel dar – in der Moderne eine andere Funktion. Sie streben in Desintegration auseinander, in der modernen Oper wird «die Rede» relativ «bedeutungslos», der Chor verliert seine Funktion, der Tanz verselbständigt sich zum Ballett, und der Schauspieler ändert durch den Wegfall der Maske und die hinzugewonnene Möglichkeit des Mienenspiels seine Eigenart.[5]

Schwerer zu beantworten ist die Frage, ob Hegel der Meinung war, daß auch Gehalt und Problematik der griechischen Tragödie unter den besonderen Bedingungen der Zeit ihrer Entstehung stehen und mithin nicht auf die eigene Gegenwart übertragbar seien. Für das Faktische der Handlung gilt dies zweifellos: «Daß Alceste für ihren Mann sterben will, das können wir in der Oper zugeben, aber nicht im Drama».[6] Wenn Hegel im gleichen

Zusammenhang formuliert: «Aristoteles fordert vom Drama, daß es Furcht und Mitleid errege; allein dies stimmt nicht (mit) unseren Forderungen überein», so mag er damit die Inkompatibilität zwischen Bühnengestalt und modernem Zuschauer in der emotionalen Relation zum Ausdruck bringen wollen. Wenn ferner nach Hegel der griechischen Tragödie das Moment der «Collision» eigen ist und diese sich in der *Antigone* vorzugsweise in dem Konflikt zwischen Staat und Familie äußert, so kann die abstrakte Darstellung dieser beiden Sphären (Staat und Familie), ihre konkrete Ausprägung in «Mann» und «Weib», ihre Zuordnung zum menschlichen und göttlichen Gesetz, ihre Funktion als Hauptstützen der Sittlichkeit, welche ihrerseits von Hegel als die «Mächte» des «wahren Geistes» angesehen werden, doch nur für die Welt der Griechen gelten, weil nur in ihr «die sittliche Staatsmacht» einerseits und «das sittliche Seyn der Familie» andererseits unmittelbar den in der Sittlichkeit verkörperten «wahren Geist» ausmachen.[7] Anderen geschichtlichen Epochen entsprechen nach der Auffassung Hegels andere Formen, in denen sich «die Sittlichkeit» manifestiert. «Das Prinzip der selbständigen in sich unendlichen Persönlichkeiten des einzelnen», so formuliert es Hegel in der *Rechtsphilosophie,* «ist geschichtlich später als die griechische Welt» (§ 185). Hegel führt ausführlich aus, daß mit dem Aufkommen der «bürgerlichen Gesellschaft» die Sphären Staat und Familie nicht mehr in ihrer reinen Form die Sittlichkeit verkörpern (wie er es bei den Griechen sieht), sondern sich in Gewerbe, Handel, in ein ganzes System von Bedürfnissen, in «die Befriedigung des Einzelnen durch seine Arbeit» (*Rechtsphilosophie* § 188), in Stände, Polizei und Korporation usw. auffächern und dadurch verselbständigen. Familie und Staat sind in ihrem Charakter gegenüber der Zeit der Griechen gewandelt: Der Familie wachsen andere und neue Funktionen zu, der Staat wird «zum einheitlich organisierten Staat unter anderen europäischen Staaten».[8]

Hegels Reserve gegenüber der Aufführbarkeit der griechischen Tragödie rührt offenbar daher, daß diese sowohl hinsichtlich der äußeren Realisation des Bühnengeschehens wie in der dargestellten Problematik – der Desintegration der Kunstmittel in der eigenen Zeit entspricht dabei eine ebensolche in den sittlichen Mächten wie Familie und Staat – nicht unter den Bedingungen ihrer eigenen Zeit auf die Bühne gebracht werden können. Auf der anderen Seite sei die Unmittelbarkeit des Bühnengeschehens in seiner Wirkung auf den Zuschauer aber so mächtig und verbindlich, daß die Tragödie dann verfälscht rezipiert würde, weshalb die mythische Handlung allenfalls in der unverbindlicheren Form der Oper – wie im Falle der Alkestis – hingenommen werden kann, wo der Zuschauer von vornherein unter einer anderen Rezeptionshaltung und -erwartung steht. Auf die völlig veränderten Reaktionsbedingungen gegenüber der griechischen Welt weist auch die Bemerkung Hegels in der

Ästhetik-Vorlesung von 1826: «Der Athener machte den Sophokles (sc. für die *Antigone*) zum Statthalter von Samos; heut zu Tage wäre das unpassend, wenn Einer für eine gute Tragödie zum Oberpräsidenten einer Provinz gemacht würde».[9]

«Griechische Dramen werden nicht aufgeführt, doch finden wir diese unendliche Befriedigung in ihnen.» Wenn dieser Text einer Nachschrift der Vorlesung von 1826 Hegels Worte richtig wiedergibt,[10] so muß Hegel an die Lektüre der griechischen Tragödie gedacht haben, die, wie es in der gleichen Nachschrift der Vorlesung heißt, «bis zu der ganz ausgebildeten Vorstellung» des Kunstwerkes führt, wenn wir «an das Abstractum des Lesens gewohnt» sind. In dieser Form läßt sich für Hegel offenbar die griechische Tragödie angemessen rezipieren. Dann wird in ihr die Totalität der Sittlichkeit bei den Griechen so erfahren, wie es Hegel in seiner Bildungskonzeption auch für das «humanistische Gymnasium» fordert:[11] Die Werke der Alten zeigen das Ideal der Schönheit in der Sittlichkeit, das die Jugend erfahren soll, um sich dann aus diesem inneren Kern heraus der komplizierteren, modernen Wirklichkeit zuzuwenden, in der die sittlichen Mächte Staat und Familie nicht mehr so sind wie in der Zeit der Griechen. Diese gleiche «pädagogische» Erfahrung läßt sich für Hegel durch die Aufführung einer Tragödie offenbar nicht gewinnen.

Demgegenüber ist es eine nicht unerhebliche Veränderung der Hegelschen Position, wenn man die Deutung der in der *Antigone* kollidierenden Sphären Familie und Staat aus den historischen Bedingungen der Entfaltung des Geistes bei den Griechen herauslöst und auf die eigene Zeit überträgt oder gar für zeitlos erklärt. Derartige Tendenzen finden sich aber hier (und auf anderen Gebieten) bereits bei den unmittelbaren Hegelschülern.

Im Jahre 1827 erschien das Buch *Das Wesen der antiken Tragödie in ästhetischen Vorlesungen durchgeführt an den beiden Oedipus des Sophokles im Allgemeinen und an der Antigone insbesondere* von H. F. W. Hinrichs, einem Hegelschüler, der wohl in Hegels letztem Heidelberger Semester dessen *Ästhetik*-Vorlesung gehört hat und dann als Professor in Halle wirkte. Das Buch ruht inhaltlich ganz auf den Vorstellungen Hegels, nur ist die Interpretation von *Oedipus* und *Antigone* ungleich breiter ausgeführt als es Hegel jedenfalls nach den Nachschriften der *Ästhetik* selbst getan hat. Aber es fehlt jede Einschränkung der Problematik auf die historischen Bedingungen der griechischen Welt und jede Einbindung in die dialektischen Bewegungen des Geistes, wie er sich nach der Konzeption Hegels historisch entfaltet. Am Schluß wird ausdrücklich die für Hegel so nur für die Griechen gültige Totalität des Lebens in Familie und Staat als den beiden Sphären der Sittlichkeit «völlig losgelöst» gesehen, «weil das menschliche Leben, das als Volksleben das Familienleben und

Staatsleben in sich vereint ... in Sitte, Liebe und Gesetz an und für sich ewig und unendlich ist» (120).

So wurde denn dieses Buch auch sofort so rezipiert, als sei die Analyse des griechischen Dramas und seiner Problematik für die Gegenwart des 19. Jahrhunderts gemacht worden. Dies läßt sich an der Reaktion Goethes besonders deutlich sehen, der auf das Buch von Hinrichs wohl deshalb aufmerksam geworden ist, weil dieser kurz zuvor ein (auf Vorlesungen beruhendes) Buch über Goethes *Faust I* herausgebracht hatte. Von Eckermann wiedergegebene Formulierungen wie: «Freilich leben wir alle in Familien und im Staat und es trifft uns nicht leicht ein tragisches Schicksal, das uns nicht als Gliedern von beiden träfe»[12] zeigen deutlich die distanzlose, so sicher unhegelianische, geradezu naive Übernahme der Elemente der griechischen Tragödie in die Wirklichkeit der Gegenwart jedenfalls in der Argumentation an. Daher kommt es hier nicht darauf an, daß Goethe in der Kritik der Interpretation der griechischen Tragödie durch Hinrichs (bzw. Hegel) weitgehend im Recht ist, so daß man nur bedauern kann, daß diese Diskussion so lange nach und daher losgelöst von den Goetheschen Bemühungen um das griechische Drama auf der Bühne liegt.

In die gleiche Richtung wie Hinrichs geht auch offensichtlich die Redaktion Hothos der drei letzten Berliner *Ästhetik*-Vorlesungen Hegels, die vier Jahre nach dem Tode Hegels als dessen eigentliche *Ästhetik* erschien, welche von da an nahezu kanonische Geltung erlangte. In ihr wird zunächst, wie in den beiden unpublizierten Nachschriften der Vorlesung von 1826, die Unaufführbarkeit der antiken Tragödie unter ihren eigenen Bedingungen mit dem Funktionswandel der einzelnen Elemente wie Chor, Schauspieler, Tanz, Musik, Gestik, Rezeptionshaltung usw. begründet. Abweichend von allen anderen bekannten Nachschriften der ästhetischen Vorlesungen Hegels enthält die Redaktion Hothos im Anschluß an die Darstellung der «Collision» von Staat und Familie in der *Antigone* folgenden Zusatz: «Dies ist ein für alle Zeiten gültiger Inhalt, dessen Darstellung daher aller nationalen Unterschiede zum Trotz auch unsere menschliche und künstlerische Teilnahme gleich rege hält.» Will man diese Passage nicht für einen Zusatz von Hotho halten (dessen Anteil an Weglassungen und Hinzufügungen sich überhaupt schwer abgrenzen läßt), so ist er doch eine verkürzte und schematisierte Formulierung, aus der man dann, über die Intention Hegels hinausgehend, die Darstellung der «Collision» in der *Antigone* als unmittelbar auf die eigene Zeit übertragbar ansah, wie dies im Falle von Hinrichs und dessen Rezeption im Verhältnis zu Hegel ebenfalls der Fall war. Daß Hotho überhaupt zu Glättungen und Schematisierungen neigt, könnte nicht nur ein stilistischer Vergleich seiner Version mit den anderen Nachschriften der *Ästhetik* – übrigens auch Nachschriften von anderen Vorlesungen Hegels – zeigen, sondern wohl auch mit den Formulierungen der Theorie Hegels selbst.

Ist so durch die Glättungen Hothos und die Interpretationen von Hinrichs zu der Deutung Anlaß gegeben, der in der *Antigone* dargestellte Konflikt (im Sinne Hegels) sei unmittelbar auf die Gegenwart anwendbar, so kann diese doch erst öffentliche Wirkung erlangen, wenn ihr ein staatliches Selbstverständnis, in diesem Falle Preußens, entspricht, wonach der Staat das «sittliche Leben in seiner geistigen Allgemeinheit» und die Familie die «natürliche Sittlichkeit» sei, beide aber die «vollständige Realität des sittlichen Daseins» ausmachten. Gerade das aber wollte Hegel selbst so nur auf die Welt der Griechen bezogen wissen (*Ästh.* 3,527ff.).

In der Geschichte Preußens trat in der Meinung vieler eben jene Situation ein, als der 45jährige Friedrich Wilhelm IV. im Jahre 1840 nach 43jähriger Herrschaft seines Vaters König von Preußen wurde. Bei aller Widersprüchlichkeit dieses «Romantikers auf dem Königsthron», der dann vor allem den Herausforderungen der Ereignisse von 1848 nicht gewachsen war, der schließlich 1861 in geistiger Umnachtung endete, schien doch in den ersten Jahren der Regentschaft eine neue Ära anzubrechen. Schon als Kronprinz war er ungewöhnlich aufgeschlossen für Kunst, Literatur und Wissenschaften; mit seinem Regierungsantritt eröffnete er ein stärkeres Maß an politischer Liberalität und Pressefreiheit; ein freieres intellektuelles Klima konnte sich durchsetzen. So wurde z. B. der Dichter und Publizist Ernst Moritz Arndt in seine Bonner Professur wiedereingesetzt, die er 20 Jahre zuvor im Zuge der Demagogen-Verfolgung verloren hatte; die Gebrüder Grimm, die zu den sieben im Jahre 1837 in Göttingen entlassenen Professoren gehörten, und Schelling (der sich in München aufhielt) wurden nach Berlin berufen. Die Pressezensur wurde gelockert; Juden, die Friedrich Wilhelm III. vom Staatsdienst und vom Offizierskorps ferngehalten hatte, wurden als gleichberechtigt anerkannt; eine allgemeine Amnestie für die Opfer der preußischen Reaktion wurde erlassen. Friedrich Wilhelm IV. berief sogar den 1819 unter Protest zurückgetretenen Heeresreformer Hermann von Boysen, der sich immer wieder für eine menschenwürdige Behandlung der Soldaten eingesetzt hatte, in den Staatsrat und ernannte ihn bald darauf zum Kriegsminister.[13]

Wollte man dieses neue Selbstverständnis des preußischen Staates philosophisch bestimmen und legitimieren, so konnte dies im Berlin dieser Zeit nur im Denkhorizont Hegels (auch nach dessen Tod) geschehen. Das hat mit aller Deutlichkeit der Hegelschüler Johann Eduard Erdmann in seinem Werk: *Philosophische Vorlesungen über den Staat* (1851) und dann in einer akademischen Rede auf den Geburtstag des Königs 1854 getan. Hier führt er in der Begrifflichkeit Hegels aus, daß der Staat «kein bloßes Rechtsinstitut», sondern «sittliche Gemeinschaft», «der höchste sittliche Organismus», sein Lebensprinzip die in unmittelbarer Sittlichkeit begründete Familie sei. Diese Übertragung hegelianischer Grundsätze auf die Wirklichkeit Preußens geht weit über die Intentionen Hegels (im Verhältnis zur politischen Realität *seiner* Zeit) hinaus,[14] aber sie zeigt, wie hier, in der Interpretation der Hegelschüler, der Meister nachträglich zum preußischen Staatsphilosophen stilisiert wird. Erdmann vollzieht dabei im Prinzip das Gleiche, was einige Jahre zuvor sein Hallenser Kollege Hinrichs mit der Interpretation der *Antigone* getan hat. Was Hegel im Prozesse des geschichtlich sich entfaltenden Geistes auf die Welt der Griechen bezieht, wird der Geschichtlichkeit enthoben (so bei Hinrichs) oder aufgrund einer den geschichtlichen Konstellationen der Griechen als analog empfundenen politischen Situation der Gegenwart (so bei Erdmann) für diese Gegenwart unmittelbar anwendbar. In bezug auf die Problematik der *Antigone*, wie Hegel sie sah (Staat und Familie als Komponenten der vollständigen Realität des Daseins), war nun ein geistiges Klima entstanden, in dem die Aufführung einer griechischen Tragödie und insbesondere der *Antigone* allen Reserven Hegels zum Trotz zu einem politischen Postulat der Gegenwart werden konnte. Tatsächlich sind die politischen Implikate der nun mit der *Antigone* beginnenden Reihe von Aufführungen der griechischen Tragödie unübersehbar. Dazu gehört, daß der Plan zu diesen Aufführungen offenbar vom König selbst ausging. Er verpflichtete den schon fast siebzigjährigen (und durch einen gerade überstandenen Schlaganfall und Gicht geschwächten) Ludwig Tieck aus Dresden, wo er als Dramaturg des sächsischen Hoftheaters wirkte und durch die Virtuosität in seinen abendlichen Lesungen beeindruckte, als «Vorleser des Königs» und trug ihm auf, die griechische Tragödie und Shakespeare auf die Bühne zu bringen.

Dies war ein Programm, das sich ganz deutlich gegen das gängige Repertoire auf den Bühnen richtete, auf denen neben französischer Klassik Lustspiel und seichte Posse heute gänzlich vergessener Dichter dominierten.[15] Und es kann kein Zweifel sein, daß in dieser Konzeption ein innerer Zusammenhang zwischen Staatsidee und Theaterproblematik besteht. Daß nun von Tieck und dem König als erstes aufzuführendes Stück die *Antigone* ausgewählt wurde, ergab sich in der von Hegel und den Hegelianern erfüllten geistigen Luft Berlins wie von selbst.

Man war sich sogleich in der Absicht einig, die Aufführungen mit aller Sorgfalt und mit Hilfe der Wissenschaft vorzubereiten, d. h. den antiken Aufführungsbedingungen (entsprechend dem damaligen Kenntnisstand der Wissenschaft) nahezukommen. Dies kann man nicht als Klassizismus oder ‹Graecomanie› abtun, es ist vielmehr der Versuch, eine unmittelbare Konfrontation mit der nicht zurechtgemachten antiken Tragödie herbeizuführen und alle Tendenzen auszuschalten, sich gängigen Geschmackskonventionen anzupassen, die noch bei der Aufführung der *Antigone* in Weimar eine so große Rolle spielten. Erst auf der Grundlage der halbherzigen Versuche der Weimarer, sich der griechischen Tragödie zu bemächtigen, mag man ermessen, welch ein Wagnis es bedeutete, eine ungekürzte und unbearbeitete, ganz wörtliche Übersetzung auf die Bühne zu bringen. Man wählte die gerade (1839) erschienene Übersetzung des Stuttgarter Gymnasialdirektors Johann Jakob Christian Donner,[16] der den ganzen Sophokles, Aischylos und auch Aristophanes übersetzt hat. Die «im Versmaß des Originals» gehaltenen Übersetzungen haben sich in zahlreichen Auflagen als Lesetexte, für Schulzwecke und auf der Bühne durchgesetzt; die *Antigone* ist im 19. Jahrhundert in keiner anderen Übersetzung häufiger aufgeführt worden.[17] Heute kommt uns diese Übersetzung antiquiert vor; schon Wilamowitz bemerkte abschätzig: «Was hat den ehrlichen Menschen die attische Tragödie mehr verekelt als die Hobelbank Donners?».[18] Aber wir müssen bedenken, daß hinter dem Prinzip der Nachbildung der antiken Metren in der deutschen Übersetzung die zuerst von Humboldt in seiner Einleitung zum *Agamemnon*[19] begründete theoretische Überlegung steht, man könne in der Gleichheit des Versbaus und damit des Wortkörpers in der gleichen Abfolge der Silben etwas vom Nationalgeist des fremden Textes in die eigene Sprache transponieren. Jedenfalls war diese Übersetzung auf dem neuesten philologischen Kenntnisstand und übertrifft zumindest die ganz ungewandte Version Solgers bei weitem.[20]

Als philologischer Berater in der Vorbereitung der Aufführung fungierte der damals 55jährige August Böckh, die größte Autorität in seinem Fach.[21] Böckh lehrte damals schon fast 30 Jahre an der Berliner Universität und war selbstverständlich Friedrich Wilhelm IV. schon aus dessen Kronprinzenzeit persönlich bekannt. Neben den grundlegenden Arbeiten zu Pindar, den griechischen Inschriften und den metrischen Studien ist es vor allem das bahnbrechende Werk *Die Staatshaushaltung der Athener* (1817), das von der neuen realistischen Sicht der Antike zeugt, indem Böckh z. B. anhand der Inschriften nachrechnet, was die Akropolis und damit die griechische Klassik gekostet hat. Untersuchungen über die Preise, Löhne, Zinsen und die Finanzverwaltung des Staates lassen die Antike nicht als fernes, unerreichbares Ideal, sondern in einer Alltagsproblematik erscheinen, die prinzipiell auch in der eigenen Gegenwart noch besteht. Über die *Antigone* hatte Böckh (außer in Sophoklesvorlesungen vom Wintersemester 1823/24 an) bereits in zwei Akademieabhandlungen der Jahre 1824 und 1828 gehandelt. Seine Ausführungen betreffen vor allem die mit viel Aufwand an historischem Detail betriebene Klärung des Datums der ersten Aufführung, sodann eine sehr viel kürzere Analyse der Handlung und schließlich die «Grundidee» ... «in welcher das Ganze als in seiner Einheit aufgeht». Böckh, der sich gelegentlich auf Schlegel und Solger beruft, Hegel aber nicht erwähnt, sieht die Idee des Stückes darin, daß sowohl Kreon als auch Antigone als Verkörperung von zwei Gegensätzen von ungemessenem und leidenschaftlichem Streben erfüllt und in der Maßlosigkeit zum Untergang bestimmt seien. «Ungemessenes und leidenschaftliches Streben, welches sich überhebt, führt zum Untergang; der Mensch messe seine Befugnis mit Besonnenheit». Diese Auffassung, nach der «auch Antigone von Sophokles nicht als völlig schuldlos gefaßt sei», ist trotz einer gewissen äußeren Ähnlichkeit mit der Position Hegels von dieser doch ganz unabhängig und unterscheidet sich von ihr vor allem darin, daß die beiden Hauptakteure nicht als Träger von Ideen oder Prinzipien (Familie, Staat) angesehen werden. Auch sind sie in der Auffassung Böckhs nicht ‹gleichberechtigt›, sondern nach «des Dichters geheimem Gange» gilt Kreon als «hart und tyrannisch», Antigone als «groß und edel», lediglich «des Maßes unkundig», im Sinne des antiken Hybrisgedankens.

Böckh mit seinem antiquarisch-realistischen Sinn für die antiken Aufführungsverhältnisse wußte natürlich, daß die Aufführung der griechischen Tragödie ursprünglich mit Musik verbunden war, die sich freilich nur auf die Chöre und zu einem gewissen Teil auf die epirrhematischen Szenen bezog, nicht aber auf die reinen Sprechpartien. Daher sollte auch für diese Aufführung eine Bühnenmusik eben dieser Teile der Tragödie geschaffen werden. In dem klaren Bewußtsein, daß die antike Musik verloren und trotz einiger Notensplitter auf Inschriften und Papyri nicht wiederherstellbar ist, sollte jeder Versuch eines Archaisierens unterbleiben zugunsten des entschlossenen Einsatzes der musikalischen Mittel der eigenen Zeit.

Für diese Aufgabe war niemand geeigneter als Felix Mendelssohn Bartholdy, der mit seinen nun 32 Jahren als Komponist auch von Chorwerken und Oratorien (*Paulus* 1826), ferner als Dirigent und Chorleiter (1829 die erste öffentliche Aufführung der *Matthäuspassion* von Bach unter Mendelssohn in Berlin) voll anerkannt war.[22] Mendelssohn, der seit 1835 in Leipzig wirkte, war natürlich in Berlin unvergessen; nicht nur dem König bzw. dem damaligen Kronprinzen, sondern auch Böckh und vielen anderen führenden Köpfen des geistigen Berlin war er persönlich bekannt. Im gleichen Jahr (1811), in dem Böckh nach Berlin berufen wurde, siedelte die Familie Mendelssohn von Hamburg nach Berlin über; dort wuchs er auf, erhielt von seinem zehnten Lebensjahr an bei Karl Wilhelm Ludwig Heyse Unterricht, der zuvor schon den Sohn Wilhelm von Humboldts unterrichtet hatte und nun als Hauslehrer zur Familie Mendelssohn kam. Er vermittelte Felix eine umfassende, auch philologische Bildung. Als Heyse sich 1827 an der Universität Berlin habilitierte,[23] kam für wenige Monate durch die Vermittlung von Böckh Johann Gustav Droysen, der Historiker des ‹Hellenismus›, der ja auch Aischylos und Aristophanes übersetzt hat, ins Haus, der Felix insbesondere in die griechische Sprache, Literatur und Kultur einführte und ihm dann zeitlebens freundschaftlich verbunden blieb.[24] Kurze Zeit darauf wurde Mendelssohn an der Berliner Universität immatrikuliert; als Befähigungsnachweis galt eine schon ein

Jahr zuvor (wenn auch anonym) publizierte metrische Übersetzung der *Andria* von Terenz.[25] Mendelssohn hörte Vorlesungen in verschiedenen Fächern, u. a. auch eine Ästhetik-Vorlesung bei Hegel, durch die ihm die Antigone-Problematik zusätzlich nahegebracht worden sein dürfte.

Die Bemühungen Friedrich Wilhelms IV., Mendelssohn schon 1840 zur Übersiedlung nach Berlin zu bewegen, waren zunächst von dem Wunsche geleitet, neben bedeutenden Wissenschaftlern auch Künstler nach Berlin zu ziehen, wobei Mendelssohn im Zuge einer geplanten Umgestaltung der Akademie der Künste eine musikalische Klasse leiten und ein Konservatorium aufbauen sollte. Mendelssohn, der sich in Leipzig sehr wohl fühlte und nicht als ‹Berliner› gelten wollte (zu tief saß die Verbitterung über die verfehlte Kandidatur als Nachfolger Zelters an der Singakademie 1833), ließ sich auf Verhandlungen ein, die sich unerfreulich in die Länge zogen. Schließlich akzeptierte er und übersiedelte im Sommer 1841 in das elterliche Haus (Leipziger Str. 3). Während aus den sehr viel weiter gehenden Plänen zum Ärger Mendelssohns nichts geworden ist, konnte doch die Arbeit an der Musik zur *Antigone* beginnen.

Und es ist seltsam: Diese Aufgabe allein fesselte ihn in Berlin, und es scheint so zu sein, als ob Mendelssohn nun gegenüber dem eher zögernden Tieck die treibende Kraft gewesen ist. So schreibt er eine Woche vor der Aufführung aus Berlin, wo er sich «gar zu wenig heimisch» fühlt, nach Leipzig an den Jugendfreund und Gewandhauskonzertmeister Ferdinand David am 21. 10. 1841: «...eben dieser Eindruck, den das Durchlesen (der *Antigone*) auf mich machte, ist eigentlich Schuld, daß die ganze Sache zu Stand kommt. Denn alles sprach hin und her darüber, und keiner wollte anfangen; sie wollten es aufs nächste Spätjahr verschieben und dgl.; und wie mich das Herrliche des Stücks so packte, da kriegte ich den alten Tieck an und sagte: jetzt oder niemals. Und der war liebenswürdig und sagte jetzt, und da componirte ich aus Herzenslust drauf los und jetzt haben wir täglich 2 Proben davon und die Chöre knallen, daß es eine wahre Wonne ist. Die Aufgabe an sich war herrlich, und ich habe mit herzlicher Freude daran gearbeitet. Mir war's merkwürdig, wie es so viel Unveränderliches in der Kunst gibt; die Stimmungen aller dieser Chöre sind noch heute so ächt musikalisch, und wieder so verschieden unter sich, daß sichs kein Mensch schöner wünschen könnte zur Composition. Mit den deutschen Worten (wir haben die Donnersche Übersetzung) hatte ich, und haben namentlich die Sänger freilich viel Noth. Es sind 16 Männer Stimmen, wie im damaligen Chor, in 2 Chöre abgetheilt, die wechselnd Strophe und Gegenstrophe singen, und den Schluß gewöhnlich 8stimmig; man hat die besten Stimmen aus dem Chor, und dazu die besten Solosänger genommen... Es macht mir große Freude zu sehn, mit welchem wüthenden animo sie alle dabei sind; in dem Bacchus Chor verüben sie einen Lärm, daß sich einem die Haare zu Berg sträuben. Natürlich ist ganzes Orchester dazu ... die eine Leseprobe die wir bis jetzt gemacht that auf mich größere Wirkung als ich mir je hätte träumen lassen ... Alle Stellen, wo Kreon und Antigone Strophe und Gegenstrophe zu sprechen haben sind melodramatisch, und der Chor antwortet singend. Außerdem wo die Trimeter sind, spricht der Chorführer alle die Worte, die der Chor zu sagen hat».[26]

Dieser optimistischen Schilderung ist kaum anzumerken, wieviel theoretische und philologische Arbeit auch vom Komponisten zu leisten war. Denn Mendelssohn war ja an die Übersetzung von Donner Wort für Wort gebunden, wobei insbesondere die darin zur Virtuosität gesteigerte Eigenart, in genauer Nachbildung der griechischen Versmaße die einzelnen Silben des griechischen denen des deutschen Textes entsprechen zu lassen, eine Vorgabe war, die einer freien musikalischen Entfaltung eher im Wege stand. Mendelssohn hat sich aber streng an dieses Prinzip gehalten und sich die Aufgabe nicht leicht gemacht. Denn er hat intensive metrische Studien getrieben und sogar angefangen, selbst die Chöre der *Antigone* zu übersetzen. Diese eher ‹philologische› Tätigkeit fand in engster Kooperation mit Böckh statt, der seit April 1840 das Erdgeschoß des Mendelssohnschen Hauses in der Leipziger Straße 3 bewohnte.[27] Es ist ein faszinierender Gedanke, sich vorzustellen, wie beide in jenem Spätsommer des Jahres 1841 zusammen den Text des Sophokles lasen und diskutierten.[28] Auch Böckh begann – seiner allgemeinen Abneigung gegen Übersetzungen zum Trotz[29] – eine Übersetzung der *Antigone* auf der Grundlage derjenigen von Donner anzufertigen, die aber für die Aufführung nicht mehr fertig wurde und dann zuerst zusammen mit dem Klavierauszug der Mendelssohnschen Musik mit gesonderter Seitenzählung vor dem Notentext 1843 in Leipzig gedruckt wurde und noch im gleichen Jahr in einer zweisprachigen Ausgabe erschien.[30] Für die Aufführung aber blieb es bei der Übersetzung von Donner, die nur an ganz wenigen Stellen leicht verändert wurde.[31]

Neben einer zuverlässigen Übersetzung und einer von den Willkürlichkeiten der Oper freien, metrisch adäquaten Schauspielmusik sollte eine den antiken Verhältnissen (nach dem damaligen Kenntnisstand) angenäherte Bühnenarchitektur entstehen. Das Hoftheater im Neuen Palais in Potsdam, das für die erste Aufführung vorgesehen war, kam mit der amphitheatralischen Anordnung der Sitzreihen diesem Bestreben ohnehin entgegen. Doch wurde die Bühne nach den Grundsätzen umgebaut, die der mit Tieck befreundete Architekt und Archäologe Hans Christian Genelli schon 1818 in seinem Buch *Das Theater zu Athen* aufgestellt hatte. Genelli war schon 1823 gestorben; sein Buch galt aber damals offenbar noch als verläßliche Grundlage. Es ist Friedrich August Wolf gewidmet und enthält in einer Art philologischer Archäologie rein aus der Literatur, besonders der *Orestie*, den *Fröschen* des Aristophanes, den antiken Grammatikern und namentlich aus Vitruv gewonnene Ergebnisse über die

Anlage des Theaters und die äußeren Verhältnisse. Dem Buch sind mehrere Tafeln beigegeben, die Grundriß, Quer- und Längsschnitt des griechischen Theaters zeigen. Es sind reine Konstruktionen im Sinne Vitruvs, denen bestimmte mathematische Maßverhältnisse zwischen der Tiefe des Prosceniums, der Orchestra, der Grenzlinie der Zuschauersitze zugrundeliegen. Natürlich war dies alles mit den gerade zu dieser Zeit einsetzenden Grabungen[32] bald völlig überholt; aber nach diesen Plänen wurde die Bühne in Potsdam eingerichtet. Die Orchestra war von allen Zuschauersitzen aus frei einsehbar, die vorhanglose Bühne war 5 Fuß über die Orchestra erhöht. Entsprechend waren auch die Schauspieler als handelnde Personen gegenüber dem Chor erhöht, der wie zu Sophokles' Zeiten aus nur 15 Choreuten (und einem Chorführer) bestand[33] und in der Orchestra aufgestellt wurde, in einer – wie wir heute wissen – für die Verhältnisse des Dionysostheaters im 5. Jahrhundert unzutreffenden Weise. Ganz und gar ungriechisch war es, daß man in die Thymele, den Altar des Dionysos, der in die Mitte der Orchestra postiert wurde, die Souffleuse versteckt hatte. An den Seiten des Prosceniums waren Ein- und Ausgänge (Parodoi) vorgesehen; in der Mitte befand sich der Königspalast von Theben. Durch Öffnen der Haupttür des Palastes wurde gegen Schluß der Aufführung der Leichnam der Eurydike sichtbar – was sehr wirkungsvoll gewesen sein soll.[34] Wie problematisch dies alles sein mag – der Verzicht auf das mit Bühnenmalerei und Vorhang arbeitende Illusionstheater zugunsten einer reinen Architekturbühne, die den antiken Verhältnissen, von der ganz unterschiedlichen Größe der Theater einmal abgesehen, nach dem damaligen Kenntnisstand entsprach, ist im Prinzip der gleiche Schritt, der von der dem gängigen Geschmack angepaßten Bearbeitung zur reinen Übersetzung und von der Oper zur streng textbezogenen Schauspielmusik führt (Abb. 2).

Die Premiere fand am 28. 10. 1841 vor geladenen Gästen statt, und zwar anläßlich der Herbstmanöver, also einer Demonstration des preußischen Staates. In einem Pressebericht wird ein Brief von «Wilhelm» (wer sich dahinter verbirgt, ist ungewiß) vom 11. 11. 1841 zitiert, der die Reise nach Potsdam schildert. Es fuhr ein Sonderzug; «als sich die Wagen in Potsdam ausleerten, war es, als ob ein Regiment Soldaten aus den Kasernen heraus sich drängt. Wenn ein Unglück geschehen wäre auf der Bahn, so wäre das ganze gelehrte und berühmte Berlin zu Grund gegangen». Es folgt dann eine Schilderung des Gedränges in Potsdam bis zur Rückfahrt: «... es war ein gewaltiger Zug, eine Lokomotive war nicht genug, wie wir uns ein wenig bewegt hatten, so mußten sie nach einer zweiten pfeifen, die hinten nachschob ...» (es war ja erst 6 Jahre nach der Eröffnung der ersten deutschen Eisenbahnlinie zwischen Nürnberg und Fürth). Tatsächlich waren das gesamte Königshaus und alle Minister anwesend. In einer Besprechung heißt es: «Unmittelbar dahinter so wie auf den Galerien ersten und zweiten Ranges hatten in buntem Gemisch die auf Befehl seiner Majestät geladenen Generale, Professoren (unter ihnen natürlich Böckh, aber auch Schelling), Minister, Dichter, Geheimräte, Theater-Directoren, Gesandte, Prediger, Künstler, Kammerherren, Bischöfe, Zeitungsredaktoren, Gymnasialdirektoren, Mitglieder der Akademien der Künste und Wissenschaften ihre Plätze eingenommen.»[35]

Über den Ablauf der Aufführung läßt sich naturgemäß nur eine ungefähre Vorstellung gewinnen. Eine Regie in unserem Sinne gab es noch nicht. Die Schauspieler wurden durch von Tieck geleitete Leseproben vorbereitet, die offensichtlich nicht die Zustimmung aller Betroffenen gefunden haben. «Darüber war Mendelssohn sehr verdrießlich. Es sei eine total falsche Maßregel, ermüde das Personal, verletze es und bessere gar nichts», berichtet Devrient.[36] Noch umstrittener war Tiecks Deutung der Tragödie. Er verstand Antigone als eine christliche Märtyrerin und verglich sie mit Maria Magdalena, die Jesus vom Kreuz abnahm und ihn mit Spezereien pflegte. In der Aufopferung des Lebens im Dienste der Bestattung ginge Antigone noch über Maria Magdalena hinaus. Böckh protestierte natürlich gegen eine solche Deutung, verwies auf seine eigene Interpretation und soll sich in dieser Situation sogar auf Hegel berufen haben.[37] Der ‹Regisseur› war K. Stawinsky, der aber doch nur in lediglich sechstägiger Probenzeit koordinierende Funktion hatte. Chor (bestehend aus Mitgliedern der Hofoper) und Orchester sind aber gründlich vorbereitet worden; Mendelssohn selber stand am Pult des Orchesters mit großer Besetzung (neben den üblichen Streich- und Blasinstrumenten drei Posaunen und Harfe).[38]

Es begann mit einer zweiteiligen Introduktion von insgesamt 101 Takten, einer wuchtigen andante-maestoso-Einleitung und einem schnellen Teil, «dessen nervöse 12/8-Bewegung sich bis zu scharfen Bläserakzenten steigert, um dann leise ausklingend unmittelbar in den Beginn des Dramas zu münden».[39] Dann traten Antigone und Ismene auf, um den Prolog zu sprechen. Es folgte die Parodos des Chores; das Einzugslied in C-Dur als ‹lichter› Tonart mit den ersten Worten «Strahl des Helios...» gibt, adäquat der Tragödie des Sophokles, die Erleichterung der den neuen Konflikt noch nicht ahnenden Bürger über den gerade überstandenen Kampf wieder. Es fällt besonders auf, daß das berühmte Chorlied: «Vieles Gewaltige lebt...» von der Größe und Gefährdung des Menschen so relativ ‹leicht› genommen und unpathetisch in A-Dur und 6/8-Takt bisweilen in bukolischer Stimmung gesetzt ist. Da Böckh gerade hierin «ganz die Anmut und Süßigkeit der Sophokleischen Muse» gesehen hat, wird man vermuten dürfen, daß eine bewußte Abkehr von dem klassizistischen Griechenbild Winckelmanns zugunsten der neuen, realistischen Sicht im Sinne Böckhs die Absicht Mendelssohns gewesen ist. Und so ist ausdrücklich für Böckh bezeugt, «er finde die Musik ganz übereinstimmend mit seinen Anschauungen vom griechischen Wesen und Leben».[40]

Der Wechsel zwischen Chören und Sprechszenen, dargestellt auf der (vermeintlich) attischen Bühne mit der Absonderung der Orchestra muß als eine wahre Befreiung von der Opernkonvention gewirkt haben. So berichtet Eduard Devrient: «Die Symbolik der Doppelszene ließ mich den Sinn der attischen Tragödie und aller ihrer Conventionen in einem gewaltigen Eindruck verstehen, und von der einfachen Hoheit dieser Poesie, der Schönheit der Musik in einen wahren Rausch der Erhabenheit versetzt, bestieg ich – in der Rolle des Haemon – die Stufen zum Logeion».[41] Das anschließende hochromantische Lied auf den Eros, in G-Dur, zum größten Teil a cappella gesungen, erinnert an die damals blühende Tradition des Männergesanges und der Liedertafel,[42] während die rauschende dithyrambische Hymne auf Dionysos mit dem dramatischen Ausruf: «Hör' uns Bacchus» – ein bedeutungsvoller Vorklang des «Baal, erhöre uns» aus dem *Elias* – mit so viel Szenenapplaus bedacht wurde, daß das Chorlied sogleich wiederholt werden mußte. Daß der Schluß der Tragödie in der musikalischen Gestaltung von sakralem Ernst – in einigen Einzelheiten an die *Matthäuspassion* erinnernd – getragen ist, war von Mendelssohn zu erwarten und trug zur Steigerung der Wirkung bei.

Mag man auch «mit den Tricot-Unterkleidern, mit der Frisur des Apolloknotens» bei Haimon nicht einverstanden gewesen sein[43] und gefunden haben, daß der Wächter «wie ein Feuerwehrmann aussah»,[44] im ganzen war die Wirkung gewaltig. Sie teilte sich unvermindert auch bei den anschließenden öffentlichen Aufführungen in Leipzig und Berlin[45] mit.

Will man aus den Kritiken, Besprechungen sowie aus späterer historischer Deutung die Relevanz dieser Aufführungen erfassen, so trifft man zunächst auf die undifferenzierte Charakterisierung, hier liege ein antiquarischer Klassizismus vor, mit dem sich aus der Rückschau die Vorstellung des Epigonalen, ja der naiven Imitierbarkeit einer antiken, also klassischen Welt verbindet. Diese Charakterisierung reicht aber bei weitem nicht aus, das Phänomen zu erfassen; sie führt sogar in die Irre. Vielmehr sind es insbesondere zwei Momente, die den geschichtlichen Ort dieser Aufführungen bestimmen. Das erste ist das ungeheure Wagnis, die antike Tragödie unbearbeitet auf die Bühne zu stellen. Daß dies etwas ganz Neues und völlig Ungewohntes gewesen ist, heben die Besprechungen hervor. Tieck selbst schreibt in den *Dramaturgischen Blättern:* «Für die große und aufgeregte Teilnahme wurde dies merkwürdige Schauspiel zu selten gegeben, da das ganze Theater bei jeder Aufführung gedrängt angefüllt war. So ist dieser gelungene Versuch als ein Fortschritt unserer Bühnenkunst anzusehen, als eine neue Erfindung».[46] Man muß bedenken, daß ja tatsächlich die *Antigone,* abgesehen von Opernfassungen und von der

Bearbeitung durch Rochlitz 1809 in Weimar,[47] überhaupt nicht auf der Bühne gestanden hatte. Im Rückblick formuliert Eduard Devrient in seiner grundlegenden *Geschichte der Schauspielkunst:* «Die antike Tragödie war mit dieser Aufführung aus dem engen Kreise des Bücherstudiums auf den frei zugänglichen Boden der lebendigen Kunstanschauung versetzt».[48] Dies ist in der Tat die Funktion der Aufführung. Verschwunden ist das für Geschmack und Konvention der Zeit Zurechtgemachte in der Bearbeitung des Textes, in der mit Vorhang und Kulissenmalerei arbeitenden illusionistischen Guckkastenbühne. Undenkbar, jetzt eine Operette oder ein Ballett am gleichen Abend hinterherzugeben. Auch die (aus unserer heutigen Sicht gewiß problematische) Verwendung der Versmaße des Originals trug dazu bei, ein Bewußtsein von der historischen Distanz zu wecken, das sich weder durch die Verwendung des eleganten Alexandriners in den französischen Sophoklesübersetzungen des 18. Jahrhunderts noch durch die willkürliche Mixtur der iambischen, elegischen und glyconeischen Metren bei Rochlitz einstellen konnte.

Prinzipiell der gleiche Schritt ist um die gleiche Zeit in der Präsentation der Kunstdenkmäler vollzogen worden. Die Einrichtung der öffentlichen Museen und ihre Zweckbestimmung, die Werke der bildenden Kunst aus der höfisch-privaten Verfügung heraus allgemein und öffentlich zugänglich zu machen, die Aufstellung der Kunstwerke nach historisch unterscheidbaren Schulen, die Befreiung nicht weniger Bildwerke von Zusätzen aus anachronistischen Mißverständnissen früherer Zeiten – das alles sind ganz analoge Vorgänge zu dem Prozeß der schrittweisen Entdeckung der griechischen Tragödie für die moderne Bühne. Ein so verstandener Klassizismus ist aber etwas ganz anderes, als in der klischeehaften Verwendung dieses Begriffes sichtbar werden konnte; vielmehr hat er die Funktion eines Kompensats zur distanzlosen Modernität.[49]

Gerade das Belassen des Fremdartigen in seiner Fremdartigkeit hat dazu geführt, die antike Tragödie nicht als unverbindliche Unterhaltung zu rezipieren, sondern als den Ausdruck einer Problematik zu verstehen, die auch noch den modernen Zuschauer unmittelbar betrifft. Damit ist das zweite Moment gegeben: die öffentliche und politische Dimension dieser Aufführungen und ihre philosophische Legitimierung.

Daß die *Antigone*-Aufführungen ein Stück Repräsentation des preußischen Staates darstellen sollten, ist evident. Dabei ist es aber gewiß nicht so, daß die Hegelsche Auffassung von den beiden Sphären Staat und Familie einfach übernommen worden wäre, und erst recht nicht so, daß dabei – wie es im Wilhelminischen Kaiserreich tatsächlich geschah – Kreon als Repräsentanten des Staates gar ein Übergewicht eingeräumt worden sei;[50] vielmehr ist im Bewußtsein der neugewonnenen Liberalität auch der Gedanke eingeschlossen, daß der Staat in der Sympathie mit der untergehenden Antigone sich Einschränkungen gefallen lassen muß, und zwar in einer von Staats wegen unternommenen Inszenierung, deren Wirkung «sich nicht blos auf die Bühne beschränken, sondern auch in den weiteren Kreisen der Gesellschaft geltend machen»[51] sollte. Sicher nicht intendiert, aber doch möglich geworden ist damit eine politische Demonstration während einer *Antigone*-Aufführung des Jahres 1848. Es sei – wie berichtet wird –, nun unter dem Eindruck der Revolution, die Rede des Sehers Teiresias (der Kreon zum Nachgeben bewegt) «von der demokratischen Partei zu Ausbrüchen von Beifallsstürmen benutzt» worden,[52] ein Vorgang, der wohl bei einer Aufführung der *Antigone* auf Goethes Theater undenkbar gewesen wäre. Vorerst aber bleibt es (im Verständnis von 1841) dabei, «daß der Genius Preußens sich selbst nicht untreu werden kann, und daß jenes Wort des delphischen Gottes, welches gegenwärtig nicht mehr an den einzelnen, auch nicht an das besondere Volk, sondern an den Weltgeist selbst gerichtet wird, hier bei uns seine Lösung und Offenbarung finden werde». Dies sind Worte von Friedrich Förster, dem Sprachrohr der Hegelschüler (der dann aber sich ganz Schelling angeschlossen hat), dem allein man die Deutung der *Antigone* in einer besonderen Schrift überlassen hatte, die anläßlich der ersten Aufführung herausgebracht wurde.[53]

Dieser lebendige Impuls des neuen, in die Öffentlichkeit wirkenden Anstoßes lebt sogar in einigen konzertanten Aufführungen der folgenden Jahre weiter. Droysen, der zur ersten Berliner Aufführung von Kiel (wohin er inzwischen berufen war) nach Berlin gekommen war,[54] hat sich um eine konzertante Aufführung in Kiel bemüht;[55] das gleiche tat der Balladenkomponist Carl Loewe in Stettin, der dort Musikdirektor an der Jacobi-Kirche war und als ausgebildeter Altphilologe (er bestand eine Lehramtsprobe in einem Stettiner Gymnasium mit einer Lektion aus Caesar) eine Aufführung mit dem griechischen Originaltext zustandebrachte, während die «akroamatisch-musikalische Aufführung» unter dem Violinvirtuosen Louis Spohr aus Anlaß der «Versammlung der Philologen und Schulmänner» 1843 in Kassel eine Notlösung war, da der Kurfürst von Hessen-Nassau eine szenische Aufführung nicht zuließ – auch dies ein Politikum.[56] Und wenn schließlich Devrient anläßlich der Karlsruher (szenischen) Aufführung berichtet: «Alles ist alarmiert davon... Die Ärzte versichern, durch alle Stände träfen sie auf diesen Eindruck»,[57] so ist damit der gleichen Stimmung Ausdruck gegeben. Inzwischen hatte in Berlin Friedrich Wilhelm IV. zu Ehren der Antigone-Aufführung eine Medaille schlagen lassen;[58] Mendelssohn wurde sodann zum Preußischen Generalmusikdirektor ernannt und schließlich zusammen mit Tieck, Böckh und Meyerbeer in den Orden Pour le mérite aufgenommen, und zwar in die jetzt im Zeichen der politischen Liberalität neu begründete «Klasse für Wissenschaft und Künste».[59]

Es konnte nicht ausbleiben, daß – wie sollte es gerade in Berlin anders sein? – Spott und Satire sich auch über die *Antigone*-Aufführung ergoß. Der Publizist und Literat Adolf Glasbrenner (Pseudonym: Brennglas), der übrigens auch eine Parodie auf Goethes *Faust* im Stile des Aristophanes (mit Parabase) verfaßt hat (*Kaspar, der Mensch* 1850), schrieb eine *Antigone in Berlin*. Es ist dies die Fiktion einer von zahlreichen Zwischenrufen in Berliner Dialekt unterbrochenen und schließlich ausgepfiffenen Aufführung von Donners Übersetzung der *Antigone*.[60] Spott und Parodie gab es auch in der Oper. Denn als am Silvester-Abend 1842 die Oper *Der Wildschütz* von Albert Lortzing (der mit Glasbrenner befreundet war) das erste Mal aufgeführt wurde, mochten wohl nur einige Zuhörer die Anspielung Lortzings (er verfaßte das Libretto selbst) auf das Vorlesen Tiecks und die Berliner Aufführung verstanden haben, als im 2. Akt die Gräfin dem Gesinde Teile der *Antigone* in der Übersetzung von Donner (!) vorlas, wobei einer nach dem anderen einschläft. Der Dienerchor antwortet: «Die Frau Gräfin liest vortrefflich, wunderschön; Tränen möchte man vergießen; schade, daß wir's nicht verstehn.» Man wird aber nicht ernsthaft die Berliner Theaterbemühungen von diesen Parodien her beurteilen und mit den lächerlichen Formen der Graecomanie und des affektierten Hellenismus auf eine Stufe stellen dürfen.[61]

Die offizielle Kritik jedenfalls war von eindeutiger Anerkennung bestimmt, und Mendelssohn blieb auch in den folgenden Jahren mit Böckh verbunden in der gemeinsamen Bemühung um den Text der *Antigone* und die metrischen Probleme.[62]

Der König seinerseits fühlte sich in seinen Absichten so gestärkt, daß er nun seine weitgespannten Theaterpläne weiterverfolgen konnte. Tiecks Mission wurde im Frühjahr 1842 in einer Kabinettsordre bekräftigt, in der es heißt: «Die Aufführungen der aus dem Griechischen übersetzten Stücke und die Shakespeare'schen Schöpfungen sollen in artistischer Hinsicht Gegenstand Ihrer Bemühungen seyn.» Die Schauspieler und der neue Generalintendant von Küstner waren an die Weisungen Tiecks gebunden, der nur dem König selbst verantwortlich war, von dem Tieck in Sanssouci sich ein Haus einrichten ließ.

Eine in der Reihe der griechischen Tragödien zunächst geplante Aufführung der *Medea* des Euripides kam erst nach einiger Zeit zustande, da sich sowohl Mendelssohn als auch Meyerbeer (der auch gefragt wurde) weigerten, eine Bühnenmusik zu schreiben. Zudem mußte die Premiere infolge des Todes von Prinz August verschoben werden. So wurde denn die *Medea* des Euripides erst am 9. 8. 1843 (sechs Wiederholungen bis 1862, die erste am Geburtstag des Königs am 15. 10. 1843) nach nur zwei Leseproben und zwei Bühnenproben mit der Bühnenmusik von Carl Gottfried Wilhelm Taubert als dessen opus 57 im Königlichen Schauspielhaus aufgeführt. Zugrundegelegt wurde wiederum die Übersetzung von Donner, die allerdings von Friedrich Heinrich Bothe bearbeitet wurde.[63]

Taubert war als Dirigent der Symphoniesoireen der Königlichen Kapelle mit Mendelssohn verbunden; durch die Vermittlung von Eduard Devrient wurde er «Leiter der Hofconcerte am Piano». Im Zusammenwirken mit Tieck komponierte er später eine Bühnenmusik zu Tiecks *Gestiefeltem Kater* (1844) und zu Shakespeares *Sturm* (1855). Weithin bekannt aber war er durch «das schönste Schlummerlied seiner Epoche»,[64] das damals in aller Munde war: «Schlaf in guter Ruh, tu die Äuglein zu...»

Die Musik zur *Medea* richtet sich nach den gleichen Kompositionsgesetzen wie Mendelssohns *Antigone*-Musik. Nach nur 52 Takten Introduktion in f-moll folgt im Anschluß an den gesprochenen Prolog sogleich ein erstes Melodram mit Medea, der Amme und dem Chor; sodann jeweils die Komposition der Chorlieder für zwei Halbchöre (beide Sopran). Taubert hatte seine Musik «Sr. Majestät Friedrich Wilhelm IV. König von Preußen ehrfurchtsvoll zugeeignet» und damit den Zusammenhang mit den Bestrebungen des Königs, die griechische Tragödie für die Bühne wiederzugewinnen, auch seinerseits betont. Denn es war ja tatsächlich die *Medea* des Euripides nun das erste Mal unbearbeitet auf der Bühne.

Das Berliner Theaterpublikum kannte damals den Stoff weniger durch die Oper Cherubinis oder das *Medea*-Drama Tiecks (1789) als vielmehr durch Friedrich Wilhelm Gotters *Medea* in einer stark gekürzten, auf Corneilles *Médée* zurückgehenden Bearbeitung mit der melodramatischen Musik von Georg Benda (einen Chor enthielt schon die Fassung Corneilles nicht mehr), die bis 1832 insgesamt 25mal auf der Berliner Bühne stand[65] und durch Grillparzers *Medea*, die nach der Uraufführung am Wiener Burgtheater (27. 3. 1821; einen Tag nach der Aufführung der beiden Dramen *Der Gastfreund* und *Die Argonauten*, die dann mit der *Medea* die Trilogie *Das goldene Vlies* bildeten) von 1822 an auch auf der Berliner Bühne häufig gegeben wurde.[66] Während Gotters Stück (jedenfalls in der Bühnenfassung) sich ganz auf die Darstellung des Rachemotivs beschränkt und unter Begleitung akustischer und optischer Effekte mit Ausbrüchen von Gefühl und Leidenschaft den Zuschauer in Rührung versetzen will, wird bei Grillparzer in einer im Grunde ganz anderen, milderen Anlage des Konflikts die Gestalt der Medea zu einer Art tragischen Vertreterin der Gerechtigkeit, welche in Tragen, Dulden und Büßen die aus einer (bürgerlichen) Gesellschaft Ausgestoßene ist.[67] Daß von diesen ganz unterschiedlichen Vorgaben der Weg zum Verständnis des Euripides schwierig sein muß, liegt auf der Hand. Auch läßt sich naturgemäß die *Medea* weniger sinnfällig in die kulturellen Bestrebungen Friedrich Wilhelms IV. integrieren, als dies bei der *Antigone* möglich war. «Der ungefällige Charakter der Medea ist für unsere prüde Zeit... zu herbe und auffallend», urteilt Tieck in den *Dramaturgischen Blättern*.[68] Die öffentliche Wirkung der Aufführung war gering; Mendelssohn war um die gleiche Zeit (neben seinen zahlreichen anderen Verpflichtungen) mit der Musik zu

Shakespeares *Sommernachtstraum* beschäftigt (die Ouvertüre war freilich schon 1826 fertiggestellt), die dann in Verbindung mit der Schlegel-Tieckschen Übersetzung am 14. 10. 1843 in Abwesenheit Mendelssohns aufgeführt wurde.

Die weitere Entwicklung der Aufführungen des griechischen Dramas im Berlin dieser Zeit ist durch einen merkwürdigen Zufall beeinflußt. Neun Tage nach der Aufführung der *Medea*, am Abend des 18. 8. 1843, brannte das Königliche Opernhaus bis auf die Grundmauern nieder. Bei der Aufführung des Balletts *Der Schweizer Soldat* wurde eine veritable Gewehrsalve abgefeuert: Sie schlug in einen Lattenverschlag ein, der sofort Feuer fing, das sich rasch ausbreitete, bevor die Feuerwehr anrükken konnte.[69] Bereits zwei Tage später verfügte der König den sofortigen Wiederaufbau des Opernhauses. Zugleich setzten die Überlegungen ein, wie das wiederaufgebaute Haus glanzvoll eingeweiht werden könne. Der König plante zu diesem Anlaß eine Aufführung der *Eumeniden* des Aischylos, wozu Mendelssohn die Chöre vertonen sollte. Man darf sich zunächst einmal über diesen kühnen Plan wundern; denn theatergeschichtlich gab es dazu keinerlei Anknüpfungspunkt. Nirgends wurde damals Aischylos aufgeführt oder für die Bühne ernsthaft in Betracht gezogen; auch die *Orest*-Dramen von Voltaire (1750) und Alfieri (1786) oder mehrere Opern der gleichen Thematik dürften kaum anregend gewirkt haben, zumal darin die aischyleische *Eumeniden*-Problematik nicht vorkommt. Erst durch Nietzsche und Wagner wurde die Bedeutung des Aischylos als Bühnendichter auch außerhalb der Philologie erkannt. Freilich, Droysen hatte Aischylos übersetzt, und es lagen gerade die *Eumeniden* in der zweisprachigen Ausgabe von Karl Otfried Müller vor (1834), die später auch Richard Wagner benutzt hat. Die beigegebenen «erläuternden Abhandlungen» enthalten Angaben über die Bühnenverhältnisse (Zeichnungen der Bühne, Skizze über die Aufstellung des Chores), aber auch Darlegungen über die Gerichtsszene vor dem Areopag und deren politische Bedeutung im Zusammenhang mit «der Absicht des Dichters, auf die Gegenwart einzuwirken» (157). In der Vorrede zu der Ausgabe stehen die berühmten Worte, es gebe «tiefere Fragen als Notengelehrsamkeit beantworten kann». Hier zeigt sich die geistige Nähe zu Böckhs umfassendem Konzept von Altertumswissenschaft im Gegensatz zu Gottfried Hermanns grammatisch-textkritisch ausgerichteter Wortphilologie.

Wer immer Friedrich Wilhelm IV. auf dieses letzte Stück der aischyleischen Trilogie hingewiesen hat,[70] es kann die Absicht des Königs mit dem Plan der Aufführung bei einem so repräsentativen Anlaß nur eine politische gewesen sein. Das Einsetzen einer Rechtsordnung in der Abkehr von dem alten Blutracheprinzip, das demokratische Element in der Prozedur der Abstimmung – das sind Zeugnisse eines politischen Denkens von nicht geringerer Symbolkraft als die Tat der Antigone im Rahmen der damaligen Deutungskategorien. Und es ist nicht auszudenken, was auch an politisch-liberalen Tendenzen im Vormärz sich auf dem Theater hätte spiegeln können, wäre es zu einer Aufführung der *Eumeniden* gekommen, an deren Inszenierung später sogar ein Max Reinhardt gescheitert ist. Aber der Plan kam nicht zur Ausführung, weil sowohl Mendelssohn als auch Meyerbeer sich weigerten, eine Bühnenmusik zu schreiben und vor allem die Chöre zu vertonen. Mendelssohn hat zunächst hinhaltend reagiert, stellte die ungeheure Schwierigkeit der Aufgabe vor Augen, an der er sich gleichwohl versuchen wolle.[71] Offenbar hat Mendelssohn ein Textbuch erhalten, das er aber über Graf Redern dem König zurückgab.[72] Dann kam der Gedanke auf, die ganze *Orestie* mit einer von Mendelssohn zu komponierenden Bühnenmusik aufzuführen, wozu Tieck offenbar eine verkürzte Textvorlage erstellt hat. Mendelssohn sah sich nun erst recht und definitiv außerstande. «Die Zusammenziehung in ein Stück vermehrt diese Schwierigkeit ganz außerordentlich und ich wage zu behaupten, daß kein jetzt lebender Musiker im Stande sei, diese Riesenaufgabe gewissenhaft zu lösen ...»[73] Als Mendelssohn diesen Brief schrieb, war bereits auch Meyerbeer vom König gefragt worden, der sogleich ebenso eindeutig wie elegant abzusagen verstand.[74]

Gleichwohl war Meyerbeer, dessen Einfluß in Berlin jetzt zunahm und der Mendelssohn sehr reserviert gegenüberstand, der Komponist des Werkes, mit dem nach dem raschen Wiederaufbau die Königliche Oper am 7. 12. 1844 wieder eröffnet wurde. Es war aber nun eine ganz andere Präsentation Preußens, die mit der glanzvollen Oper *Das Feldlager in Schlesien* in Szene gesetzt wurde, mit jener eher lächerlichen Episode aus dem Siebenjährigen Krieg als ‹Handlung›, wonach Friedrich II. in der Schlacht gegen die Ungarn abgedrängt wird, sich unter einer Brücke versteckt, die Nacht in einem Hauptmannshaus verbringt und den Ungarn als Flöte spielender böhmischer Musikant entkommt. Meyerbeer und dazu sein Librettist Eugène Scribe (der anonym bleibt, als offizieller Verfasser des Textbuches wird Ludwig Rellstab angegeben) im Dienste des preußischen Patriotismus führten einen grandiosen Erfolg herbei: «Das Haus tobt. Die Flöten-Nummer muß dreimal wiederholt werden».[75] Bis 1885 steht die ‹Preußische Nationaloper› 59mal auf dem Spielplan des Königlichen Opernhauses; dazu kommen noch 14 Sondervorstellungen nur des zweiten Aktes anläßlich diplomatischer Empfänge.[76]

Soweit politische Tendenzen und Intentionen sich in der kulturellen Problematik und der Wirklichkeit des Theaters widerspiegeln, ist durch dieses Ereignis eine Akzentverlagerung deutlich. Gleichwohl war der König weiterhin an den Aufführungen der griechischen Tragödie interessiert. Denn von dem Angebot Mendelssohns, drei Kompositionen für das Theater zu verwenden, nämlich die des *Oedipus in Kolonos*, der *Athalia*

Racines und des *König Oedipus* des Sophokles, machte der König durchaus Gebrauch. Mendelssohn hatte hinzugefügt: «Beide ersteren liegen in vollständig fertiger Partitur vor» ... «auch die letztere (der *König Oedipus*) ist im Entwurf fertig» (an Kabinettsrat Müller 12. 3. 1845). Dieser Entwurf scheint nur im Kopf Mendelssohns gewesen zu sein; die Musik zum *Oedipus in Kolonos* (so die Formulierung der Partitur) ist denn aber mit dem ganzen Drama in der nun schon gewohnten Weise am 1. 11. 1845 aufgeführt worden, und zwar zunächst wiederum im Theater des Neuen Palais in Potsdam und dann am 10. 11. 1845 im Königlichen Schauspielhaus in Berlin, beidemale unter der musikalischen Leitung von Mendelssohn selbst. Es gab insgesamt nur drei Vorstellungen, und auch später ist Mendelssohns Musik – anders als bei Aufführungen der *Antigone* – kaum noch gespielt worden. Auch scheint die Koordination zwischen Tieck und Mendelssohn nicht völlig funktioniert zu haben. Mendelssohn, der in den Vorbereitungsmonaten mehr in Leipzig als in Berlin war, hatte die Musik zu den Chören selbstverständlich auf den Text von Donner komponiert, während Tieck die Übersetzung seines Freundes, des Juristen Franz Fritze, zugrundegelegt hat, in dessen Version die Dialogpartien dann auch gesprochen wurden[77]. Die Musik selber – eine Schallplatteneinspielung liegt leider noch nicht vor – steht aber hinter derjenigen zur *Antigone* nicht zurück. Durch die zahlreichen Auflösungen einzelner Chorpartien zugunsten epirrhematischer Szenen in diesem sophokleischen Alterswerk hatte Mendelssohn sogar mehr Möglichkeiten zu der von ihm bevorzugten melodramatischen Ausgestaltung einzelner Partien. Wer diese Musik einmal gehört hat, wird indessen am stärksten beeindruckt sein von dem Chor Nr. 3 («Zur rosseprangenden Flur...»), jenem Lied von den Segnungen des attischen Landes, dem Mendelssohn geradezu bukolische Töne gab, und von dem Chor Nr. 6 («Wer ein längeres Lebenstheil wünscht...»), der den pessimistisch-tragischen Grundtenor (die Antistrophe beginnt mit den Worten: «Nie geboren zu sein, ist der Wünsche größter») insbesondere durch die Verwendung der Harfe großartig zum Ausdruck bringt.

Die gesamte Aufführung, bei der zum größten Teil die gleichen Schauspieler wie vier Jahre zuvor bei der *Antigone* mitwirkten,[78] ist zwar in der Tagespresse positiv besprochen worden,[79] löste aber eine relativ geringe öffentliche Wirkung aus. Tieck, der ja in seinen *Dramaturgischen Blättern* seine eigenen Bemühungen geradezu objektiviert besprochen hat, schreibt dazu, das Publikum müsse sich «an dergleichen große Erscheinungen erst gewöhnen»[80]. Die griechische Tragödie auf der Bühne war also noch nicht zu einem breiten geistigen Besitz geworden.

Aber auch sonst hatte sich das Klima geändert in Berlin. Mendelssohn selbst war der Berliner Verhältnisse überdrüssig und hatte schon vorher zu erkennen gegeben, «daß meines Bleibens unter so schwierigen Umständen nicht sein kann».[81] Er hatte dann in der Tat bei einer Privataudienz des Königs am 30. 9. 1844 seine Berliner Verpflichtungen zu einem großen Teil lösen können. Ende November 1844 verläßt Mendelssohn Berlin, läßt sich vorübergehend in Frankfurt nieder, um im August 1845 nach Leipzig, der von ihm geliebten Stadt, zurückzukehren. Als der *Oedipus in Kolonos* aufgeführt wurde, war er nur noch Gast in Berlin.

Aber auch Tieck zog sich mehr und mehr vom Theater zurück. Er hatte im Herbst 1842 einen zweiten Schlaganfall erlitten,[82] war dann 1849 so stark in wirtschaftlichen Schwierigkeiten, daß er einen Teil seiner Bibliothek verkaufen mußte; sein Gedächtnis litt, und in den beiden letzten Lebensjahren war er fast immer bettlägerig.[83]

Friedrich Wilhelm IV. enttäuschte mehr und mehr gerade diejenigen, die auf ihn gesetzt hatten. Selbst Böckh ging auf Distanz;[84] nur der kranke Tieck schickte alljährlich zum Geburtstag des Königs eine Ergebenheitsadresse. Jedenfalls wurde die Kluft zwischen Hoffnung und Realität allenthalben deutlich. All diese Umstände und Veränderungen trugen dazu bei, daß das antike Drama sich auf der Bühne Berlins nicht weiter entfalten konnte. Auch die Ergebnisse von 1848 vermochten der griechischen Tragödie keinen erkennbaren Impuls zu vermitteln. So war es eigentlich kaum zu erwarten, daß noch einmal, nun schon nach dem Tode Mendelssohns und ohne Beteiligung Tiecks (der ein Jahr später sterben sollte), eine griechische Tragödie in Berlin nach der gleichen Methode – wortgetreue metrische Übersetzung und Schauspielmusik vor allem der Chöre – auf die Bühne kam. Am 26. 5. 1851 wurde der euripideische *Hippolytos* in der Übersetzung von Fritze mit der Bühnenmusik von Adolf Schulz, dem königlichen Kammermusikus der Opernkapelle in Berlin und Komponisten einer Sinfonie, aufgeführt. Die Auswahl des Stückes erfolgte wohl noch unter dem Einfluß der das 18. Jahrhundert beherrschenden Tradition von Seneca *(Phaedra)* und Racine *(Phèdre)* sowie der musikalischen Bearbeitungen des Stoffes durch Rameau (*Hippolyte et Aricide,* 1733) und Gluck (*Fedra,* 1744). Aber die Berliner Aufführung ist kaum beachtet worden; es gab jedenfalls insgesamt nur zwei Wiederholungen. Einzelheiten darüber sind nicht mehr zu erfahren. So bleibt unter all diesen Bemühungen allein die *Antigone* auf der Berliner Bühne lebensfähig und wirkungsmächtig, und es mag doch auch von einer tiefen symbolischen Bedeutung sein, daß bei der Feier für den 1847 gestorbenen Mendelssohn den Trauerzug in der Leipziger Paulinerkirche auf der Orgel gespielte Musik aus der *Antigone* empfing.[85]

VI. Griechische Tragödie für das Bildungsbürgertum des 19. Jahrhunderts

Die in Berlin so hoffnungsvoll begonnene und nach wenigen Jahren steckengebliebene Etablierung der griechischen Tragödie auf der öffentlichen Bühne war ein Impuls, der doch nicht so weitergewirkt hat, wie man dies hätte erwarten können. Zwar liegen im Laufe des Jahrhunderts sämtliche griechischen Tragödien in Dutzenden von Übersetzungen vor, aber das Repertoire auf der Bühne wird eher enger als weiter. Es beschränkt sich – was die griechische Tragödie betrifft – von wenigen Ausnahmen abgesehen auf die beiden *Oedipus*-Dramen und die *Antigone* des Sophokles, die gelegentlich sogar als «Trilogie» mißverstanden werden. Die zahlreichen Übersetzungen sind offensichtlich in erster Linie Lesetexte; immerhin finden wir im Laufe des Jahrhunderts die ersten Übersetzungen antiker Dramen, die speziell für die Bühne gemacht sind. Die wortgetreuen Übersetzungen, die zumeist von Schulmännern stammen, können bis zu einem gewissen Grade mit den Erfordernissen des Humanistischen Gymnasiums erklärt werden, in dessen Glanzzeiten immerhin vier Tragödien des Sophokles, zwei des Euripides und auch einiges aus Aischylos und Aristophanes gelesen wurden.[1] Auch die Wörtlichkeit und Genauigkeit im Text und im Nachbilden der antiken Versmaße hängen wohl mit der pädagogischen Absicht zusammen, das Griechische im Deutschen in der grammatischen Konstruktion wiedererkennbar zu machen. Die Anzahl der Übersetzungen und Schulkommentare zeigt die Gewichtung: Allein von 1845 bis zum Jahrhundertende sind 58 neue deutsche *Antigone*-Übersetzungen erschienen (Neuauflagen der älteren von Donner, Solger, Böckh u. a. nicht mitgerechnet),[2] denen doch nur ca. 15–20 Übersetzungen von Tragödien des Aischylos und des Euripides aus der gleichen Zeit zur Seite stehen. Keineswegs lassen sich alle diese Übersetzungen mit Rücksicht auf den Schulgebrauch erklären. Unter- und Reihentitel wie «für ruhige Stunden» (Rochlitz 1828), «für gebildete Leser übersetzt» (Eyth 1854, 2. Aufl. 1856), «für deutsche Leser bearbeitet» (Gravenhorst 1856), «Deutsche Volks-Bibliothek» (Schöll 1866), «Sammlungen literarischer Meisterwerke» (Museum 1884) zeigen die Intention, auch auf ein großes Lesepublikum zu wirken. Die wiederholten Neuauflagen nicht weniger Übersetzungen (die Sophoklesübersetzung von Donner aus dem Jahre 1839 erschien genau 50 Jahre später bereits in 11. Auflage) machen deutlich, daß das griechische Drama ein breites

Lesepublikum auch erreicht hat. Dieser starken Verbreitung der Übersetzungen griechischer Tragödien im Druck korrespondiert keine adäquate Rezeption auf öffentlichen Theatern.

Anders mögen die Verhältnisse bei den zahlreichen Schulaufführungen sein, die wegen der unübersehbaren Fülle des Materials kaum zu erfassen sind und jedenfalls eine eigene Darstellung verlangen. Aber nachdem nun einmal das antike Drama auf die öffentliche Bühne gelangt ist, hat die Schulaufführung zumindest in Deutschland eine ganz andere, eingeschränktere Funktion als zur Zeit des Jesuitentheaters. Bei ihr ist zunächst die Motivation schulintern und nicht primär durch ein öffentliches Interesse gegeben. In der Regel ist eine Beschäftigung mit dem griechischen Drama vorausgegangen, das nun vor einem weitgehend bekannten Publikum (Eltern, Mitschülern, Lehrern, Freunden der Antike) aufgeführt werden soll. Es fehlt aber das Moment der Konkurrenz durch einen ganz anders strukturierten Spielplan, in dem das antike Drama sich durchsetzen und ein Publikum finden muß, das mit Theater ganz bestimmte Vorstellungen verbindet. Es fehlt vor allem die Integration in die allgemeinen Tendenzen des Theaters, in einen bestimmten, zeitbedingten Regiestil, dem das antike Drama auf der öffentlichen Bühne schutzlos ausgeliefert ist, von dem es aber auf Schulaufführungen weit weniger berührt wird. Daher wirken Schul- und Amateuraufführungen aller Art bis auf den heutigen Tag viel konventioneller im Verhältnis zu dem, was auf dem öffentlichen Theater gewagt wird, auch abgesehen von dem Abstand, der durch die fehlende Professionalität der Mitwirkenden selbstverständlich gegeben ist. Im übrigen haben Schulaufführungen in den einzelnen Ländern eine ganz unterschiedliche Relevanz entsprechend den von Land zu Land stark differierenden Rahmenbedingungen für das öffentliche und offizielle Theater. Wir kommen darauf noch zurück.

Am stärksten dürfte die Diskrepanz zwischen literarischer Verbreitung und szenischer Rezeption bei der Komödie des Aristophanes sein. Sie erscheint nirgends auf den Spielplänen der öffentlichen Bühnen im 19. Jahrhundert; gleichwohl gab es schon um die Mitte des Jahrhunderts mehrere Übersetzungen sämtlicher Komödien, unter denen diejenigen von J. G. Droysen (1835 ff.) und von L. Seeger (1844) die bekanntesten sind. Auch sind die meisten Aristophanesübersetzer von einem über das Philologische weit hinausgehenden Impetus bestimmt gewesen. Es sind vor allem politische Zustände der Gegenwart, die den Übersetzern, meist aus den Reihen der Liberalen oder Demokraten, eine dem Aristophanes adäquate Kraft der Leidenschaft eingegeben haben. Schon Wieland war von den Erfahrungen der Französischen Revolution zu seiner Übersetzung der *Ritter* inspiriert, die er 1798 unter dem bezeichnenden Doppeltitel *Die Ritter oder die Demagogen* in deutlicher Anspielung auf die politischen Zustände in Frankreich unter Robespierre drucken ließ. Die

Aristophanesübersetzer des 19. Jahrhunderts haben sich durchweg gegen politische Enge, Beschränkungen der Freiheit und zeitgenössische Autoritäten gewandt. Das alles hätte eigentlich zur Bühne drängen müssen, konnte den Weg dorthin aber gerade *wegen* der politischen Brisanz nicht finden, weil Zensur oder die Gefahr eines Prozesses wegen Majestätsbeleidigung dem entgegenstanden. Einen solchen Prozeß zog sich tatsächlich Robert Prutz mit seiner in aristophanischem Geist geschaffenen politischen Komödie *Die politische Wochenstube* (1845) zu, in der wie bei Aristophanes Politiker namentlich verspottet werden. Prutz wurde sogleich gerichtlich belangt und entging ein Jahr später einer Verurteilung nur durch eine Intervention des Prinzregenten von Preußen. Um derartige Schwierigkeiten zu vermeiden, hat der Philologe und Aristophanesforscher Julius Richter politische Zeitkomödien in aristophanischem Stil in griechischer Sprache gedichtet. Aber mit Komödien wie Ἶπες *(Würmer)*, geschrieben unter dem Eindruck des deutschen Sieges über Frankreich 1871, oder Χελιδόνες *(Schwalben)* als Kritik gegen das Bündnis zwischen Ultramontanen und Sozialdemokraten und schließlich mit den gegen das industrielle Gründertum gerichteten Κόκκυγες *(Kuckucke)* 1874 vermochte der gelehrte Dichter sich zwar politische Unannehmlichkeiten vom Halse zu halten, konnte aber natürlich kein breites Publikum und erst recht nicht eine öffentliche Bühne erreichen. Höchst merkwürdig ist auch die sehr freie Bearbeitung der aristophanischen *Frösche* durch Philander von Sittenwald den Jüngeren (Pseudonym), der das Thema dieser Komödie in das Ambiente der Berliner Theaterwelt seiner Zeit verlegt. Statt der Bühnenfiguren des Aristophanes werden moderne Äquivalente eingesetzt, für Euripides der (noch lebende, für die Kunst aber gestorbene) Raupach (dessen zahlreiche Dramen damals die Berliner Bühnen überschwemmten), für Aischylos Schiller, für Sophokles Kleist; der Chor der Frösche besteht aus Berliner Theaterkritikern. Auch dieses (in Braunschweig 1829 gedruckte) Stück wird wohl nie eine Bühnenaufführung erlebt haben.

Es bleibt also festzuhalten, daß Aristophanes mit seiner politischen Brisanz und unverblümten Komik nicht auf die Bühne des 19. Jahrhunderts gelangte, obwohl die kämpferischen Bewegungen der Zeit sowohl in politischer Hinsicht wie im philosophisch-literarischen Sinne sich ganz ausdrücklich mit dem Geist der aristophanischen Komödie verwandt fühlten und zudem reichlich auch für die Bühne geeignete Übersetzungen, Bearbeitungen und Adaptationen vorhanden waren.[3]

Betrachten wir nun die europäischen Verhältnisse im ganzen, so zeigen sich bei allen Differenzen in den einzelnen Ländern, die schon durch die unterschiedlichen kulturellen Voraussetzungen gegeben sind, grundsätzliche Übereinstimmungen. Sie bestehen zunächst darin, daß nirgends vor den Vierziger Jahren die antike Tragödie in der Übersetzung auf der Bühne steht, dann aber zum Durchbruch gelangt, vielfach unmittelbar durch die Berliner Vorgänge angeregt. Aber nur ganz zögernd kann sie sich auf der Bühne behaupten. Wir betrachten zunächst die Situation in den einzelnen Ländern, notgedrungen etwas summarisch, um dann ausführlicher auf die Verhältnisse im deutschen Sprachgebiet einzugehen.

Blicken wir zunächst nach Frankreich, so fällt auf, daß auf der französischen Bühne – d. h. praktisch in Paris – das antike Drama im ganzen 19. Jahrhundert sehr selten auf dem Spielplan steht.[4] Allerdings vermochte die Berliner *Antigone*-Aufführung eine solche Ausstrahlung zu entfalten, daß nun auch in Paris diese Tragödie mit der Musik von Mendelssohn gegeben wurde. Offenbar war es vor allem die Musik, die man hören wollte, während Überlegungen zu einem neuen historischen Verständnis der Antike oder zu der philosophischen Legitimation, die antike Tragödie auf die Bühne zu bringen, eine geringere Rolle spielten. Immerhin hatte man sich durch Stawinsky, den Regisseur der Berliner *Antigone*, über die Details von Bühneneinrichtung und Kostümen informieren lassen. So wurden auch hier einige antikisierende Garnierungen angebracht. Das Pariser Odéon wurde andeutungsweise, aber inkonsequent in eine griechische Bühne verwandelt: Eine Vorbühne, die als Orchestra dienen sollte, wurde errichtet; Olivenzweige und Efeu sollten eine dionysische Stimmung erzeugen. Auf den Vorhang verzichtete man nicht, aber er wurde nicht hochgezogen, sondern fiel nach unten, womit man sich an die Eigentümlichkeit des römischen Theaters anschloß.

In einem solchen Ambiente ist dann am 21. 3. 1844 die *Antigone* aufgeführt worden, und man kann wohl verstehen, daß Friedrich Hebbel, der die Aufführung gesehen hat, über die Musik Mendelssohns in sein Tagebuch schrieb: «Paßt zu Sophocles wie ein Walzer zur Predigt»,[5] womit er offensichtlich den in der Tat im ³⁄₄-Takt komponierten Chor Nr. 2 («Vieles Gewaltige lebt...») gemeint hat. Zugrunde lag die – wie es die Musik Mendelssohns erfordert – wörtliche Übersetzung der beiden Theaterleute Paul Meurice und Auguste Vacquérie,[6] die schon vorher unter dem gemeinsamen Pseudonym Léon Marcel eine französische Version von Shakespeares *Falstaff* herausgebracht hatten. Die Übersetzung ist übrigens – unter ausdrücklicher Anspielung auf die Berliner *Antigone* – Friedrich Wilhelm IV. gewidmet – eine ungewöhnliche hommage von französischer Seite. «L' homme est le grand prodige...», so beginnt in dieser Übersetzung das berühmte Chorlied von der Größe und Gefährdung des Menschen. Aber solche Worte, erstmals auf der französischen Bühne, führten nicht zu einer Reflexion über die Möglichkeiten und Probleme des antiken Wortes auf der Bühne der Gegenwart, sondern wurden rezipiert und beurteilt nach den Maßstäben einer beliebigen, in Paris gegebenen Theater- oder Opernvorstellung. Und so ist es kein Wunder, daß gleichzeitig ganz andere Formen der Darbietung antiken Tragödienstoffes in der französischen Metropole zu hören waren.

Da war der so erfolgreiche *Oedipe à Colone* von Sacchini gerade ein Jahr zuvor in einer Neuinszenierung herausgekommen und lief noch bis zum 15. 5. 1844 in Paris, also noch einige Wochen gleichzeitig neben der *Antigone*. Im gleichen Jahre konnten die Pariser noch eine ganz andere Gestaltung der gleichen Tragödie hören, nämlich den *Edipo a Colone* von Gioacchino Rossini, eine höchst merkwürdige Mischung von Oper, Oratorium und Schauspielmusik. Rossini hatte die Musik schon 30 Jahre zuvor für private Liebhaberaufführungen in italienischen Adelskreisen komponiert in einer Zeit, als er gerade Sacchini studierte, dessen *Oedipe à Colone* vom 14. 5. 1808 bis zum Sommer 1817 in Neapel gegeben wurde. Zugrunde liegt die Übersetzung von Giambattista Giusti, einem Ingenieur, der in gewisser Weise als Privatlehrer Rossinis bezeichnet werden kann, diesen jedenfalls in die Welt der Literatur (vor allem in Dante) eingeführt hat. Seine Sophoklesübersetzung erschien 1817 in Parma; im Vorwort wird auf die schon vorliegende (1813–16 komponierte) Musik Rossinis verwiesen.[7] Giusti, Spezialist in Hydrotechnik und Literat zugleich, hat mit mäßigen Griechischkenntnissen sich weitgehend von einer lateinischen Version des *Oedipus* leiten lassen. Für die Metren hatte er gar keinen Sinn – er wechselte sie innerhalb der Stasima mehrfach –; aber bei allen Unzulänglichkeiten, über die auch die der Übersetzung vorangestellte Abhandlung über den Stil der griechischen Tragödie nicht hinwegtäuschen kann, ist doch sein in seiner Zeit singuläres, geradezu als Absage gegen die konventionelle Oper zu verstehendes Bekenntnis zum reinen Drama und zu der von vornherein mit der Übersetzung intendierten Schauspielmusik bemerkenswert. Indem Giusti sich ausdrücklich auf den *Edipo Tiranno* von Giustiniani und seine Aufführung in Vicenza berief, hat er die Tradition markiert, in der er selbst gesehen werden wollte.

Rossini hat grundsätzlich sich an die Gesetze der Schauspielmusik gehalten: musikalische Gestaltung nicht der Sprechpartien, sondern der Chöre, Beibehaltung des reinen Männerchores. Nun enthält ja gerade der *Oedipus auf Kolonos* zahlreiche Auflösungen in der Weise, daß Chorstrophen in epirrhematische Szenen verwandelt sind, insbesondere im ersten Teil der Tragödie. Diese Szenen hat Rossini (im Unterschied übrigens zu Mendelssohn) ganz unkomponiert gelassen, und so finden sich bei ihm nur drei vollständige Chorlieder, deren erstes das berühmte Preislied des attischen Landes ist (688–719). Aber ist schon die Übersetzung von Giusti hier relativ frei (keine Entsprechung zwischen Strophe und Antistrophe; ungleiche Längen der einzelnen Strophen), so erlaubt sich Rossini zusätzliche Freiheiten, indem die 1. Strophe von einem einzelnen Sänger (Baß) rezitativartig gesungen wird, während die Antistrophe dem ganzen Chor zufällt; bei dem zweiten Strophenpaar ist eine Variation insofern angebracht, als die Strophe wieder vom Einzelsänger gesungen wird, die Antistrophe aber im Wechselgesang zwischen dem einzelnen Baß und dem Chor. Andere Chorlieder werden teilweise in Arien verwandelt – kurz: hier liegen Willkürlichkeiten (zu denen schon die ganz ungenaue Übersetzung verleitet), die nicht den strengen Formgesetzen entsprechen, denen sich Mendelssohn aus dem philologisch verantworteten Tragödienverständnis verpflichtet fühlte. Die so in Musik gesetzte Tragödie ist – nachdem Rossini die Partitur noch einmal revidiert und an einigen Stellen geändert hat – am 20. 11. 1844 in Paris aufgeführt worden. Hält man dieses Werk und dasjenige von Sacchini neben die *Antigone* mit der Musik Mendelssohns, so ist völlig deutlich, daß in solchen Zusammenhängen das Bewußtsein eines neuen, historisch fundierten Antikenverständnisses verlorengehen mußte.

So ist im Grunde die aus dem 18. Jahrhundert überkommene Tradition, das antike Drama in abgewandelter, für den Geschmack der Zeit aufbereiteter Form auf dem Theater zu präsentieren, hier viel länger und vor allem weniger bezweifelt fortgeführt worden als in Deutschland.[8] Dies zeigen auch die wenigen weiteren Inszenierungen griechischer Tragödien auf der französischen Bühne, so eine Aufführung des *Oedipe Roi* in der ziemlich wörtlichen Übersetzung von Jules Lacroix in Paris am 18. 9. 1858,[9] in der jedoch paarweise gereimte Alexandriner als Versmaße für die Sprechpartien und Wechsel von Alexandrinern und sechs- bzw. achtsilbigen Halbversen für die Chorlieder verwendet wurden. Daß bei der Aufführung einzelne Passagen, darunter auch ganze Chorstrophen weggelassen wurden, ist weniger auffallend als die Einführung neuer Personen wie «deux jeunes filles thébaines», «une femme thébaine» und ein «chœur de femmes thébaines». Anscheinend blieb während der Aufführung der Männerchor weitgehend stumm; die Chorlieder wurden teils von den «jeunes filles thébaines», teils von nur einer «femme thébaine», teils vom Chorführer gesungen.[10] Die «jeunes thébaines» wurden auch aufgeboten, um die Traurigkeit des Königs durch Harfenmusik und Gesang zu zerstreuen («pour dissiper la tristesse du roi...»). In einzelnen Fällen weicht die Bühnenfassung von der gedruckten Übersetzung ab, weil diese «inadmissible au théâtre» sei.[11]

Diese Inszenierung war ein großer Erfolg; sie blieb mit zahlreichen Wiederholungen und im Laufe der Zeit naturgemäß wechselnden Schauspielern ein halbes Jahrhundert auf der Pariser Bühne; insbesondere der berühmte Schauspieler Mounet-Sully als Oedipe faszinierte jahrzehntelang zuerst in Paris, 1881 im antiken Theater von Orléans, dann auch auf Gastspielreisen durch ganz Europa das Publikum.[12] In den Pressekritiken der Premiere von 1858 wird auf die besondere Stellung des *König Oedipus* in der aristotelischen *Poetik* und auf den immer noch lebendigen *Oedipe* von Voltaire hingewiesen. Damit ist an die klassizistische Tradition Frankreichs angeknüpft, deren Kontinuität den *Oedipus* als bevorzugte griechische Tragödiengestalt für Frankreich im Grunde bis in die Gegenwart ausweist.

Andere griechische Tragödien sind in Frankreich im 19. Jahrhundert hauptsächlich in Amateurtheatern von Kollegien und Seminaren aufgeführt worden. Unter ihnen steht an erster Stelle das Petit Séminaire d'Orléans, das den *Oedipus auf Kolonos* (1857), den aischyleischen *Prometheus* (1867) und die *Elektra* des Sophokles (1881) herausbrachte. Gegen Ende des Jahrhunderts folgten immerhin im Pariser Odéon in Prosaübersetzung der *Philoktet* (19. 11. 1896)[13] und die *Perser* des Aischylos (29. 10. 1896) mit sechs Wiederholungen.

Besonders bemerkenswert ist eine Inszenierung der *Antigone* vom 21. 11. 1893 in der Comédie Française; hier lag wiederum die Übersetzung von Meurice und Vacquérie zugrunde. Diese Aufführung ist deshalb heute noch von Interesse, weil Camille Saint-Saëns dazu die Bühnenmusik geschrieben hat, also eine unmittelbare Vergleichsmöglichkeit mit Mendelssohn gegeben ist. Tatsächlich sind die Grundprinzipien in beiden Fällen die gleichen: Komposition der Chorlieder für reinen Männerchor, melodramatische Gestaltung der epirrhematischen Szenen, keine Musik bei den reinen Sprechpartien. Aber Saint-Saëns (der schon mit sechs Jahren Griechisch zu lernen begonnen hatte) archaisiert, im Unterschied zu Mendelssohn.[14] Er hat sich intensiv mit den Forschungen seiner Zeit zu Theorie und Praxis der altgriechischen Musik beschäftigt und folgt insbesondere den in der Tat epochemachenden Ergebnissen von F. A. Gevaert, dem Leiter des Brüsseler Konservatoriums.[15] Das bedeutet, daß Saint-Saëns sich in den melodramatischen Partien den alten Kirchentonarten annäherte, während er z. B. die Hymne an Eros einem griechischen Volkslied nachbildete, das Bourgault Ducoudray aus Athen mitgebracht hatte. In allem anderen hielt er sich weitgehend an das, was Gevaert als Eigenart der altgriechischen Musik herausgefunden zu haben meinte. Der Eindruck bei der Aufführung muß tatsächlich der einer weitgehenden Einheit mit dem Bühnengeschehen gewesen sein, wenn ein Zeitgenosse urteilt: «Die unüberbrückbare Kluft, die noch in Mendelssohns *Antigone*-Musik zwischen altem Pathos und neuer Sentimentalität, zwischen griechisch strenger Kargheit und moderner Üppigkeit in der Musik besteht, ist hier glücklich vermieden, und der moderne Zuschauer hat bei dieser Art wenigstens die Empfindung, daß es so wohl bei den Theateraufführungen der Alten hergegangen sein könnte».[16] Daß ein solcher Eindruck kaum zutreffend sein dürfte, würde man heute wohl auch dann sagen müssen, wenn es möglich wäre, diese Musik einmal zu hören.

Werfen wir nun einen Blick auf England, so finden wir dort im 19. Jahrhundert noch weniger antikes Drama auf der öffentlichen Bühne als in Frankreich. In auffälliger Parallelität aber strahlt auch nach England die

Berliner *Antigone*-Aufführung mit der Musik Mendelssohns aus, dessen enge Bindungen zu England eine Aufführung in London als ganz natürlich erscheinen lassen. So wurde denn die Tragödie von Bartholomew übersetzt und am 2. 1. 1845 in Covent Garden aufgeführt mit immerhin 44 anschließenden Vorstellungen. Dieser sensationelle Erfolg war aber nicht das Ergebnis einer geistigen Bemühung um die antike Tragödie, er war vielmehr der publikumswirksamen Aufmachung und Ausstattung der Aufführung zu verdanken. So ist während des großen Bakchos-Chores ein regelrechtes Ballett mit Ballettgirls aufgetreten. In der Zeitschrift «Punch» vom 18. 1. 1845 ist eine Illustration des Chores zu finden, der wie eine Persiflage wirkt. Mendelssohn, der selbst bei derAufführung nicht zugegen war (er war zu dieser Zeit in Frankfurt), schreibt nach Lektüre des Artikels im «Punch», er habe drei Tage lang gelacht.[17] Dazu paßt es durchaus, daß der Vielschreiber E. L. Blanchard gleichzeitig (im Februar 1845) die *Antigone* in einer freien Bearbeitung als Burleske zur Fastnacht im Stadttheater von London herausgebracht hat.[18] Wir erfahren nur noch von einer Bearbeitung der *Antigone* durch R. Whitelaw, die am 6. 11. 1890 im Crystal Palace in London gegeben wurde. Im übrigen begnügt man sich im England dieser Zeit mit Übersetzungen ausländischer Bearbeitungen griechischer Tragödien; auf diese Weise werden Stücke wie *Antigone* und *Polinice* von Alfieri in englischer Übersetzung gelegentlich aufgeführt. Im ganzen aber läßt sich die Theaterstadt London, in der viel Shakespeare gespielt wird, das antike Drama nahezu völlig entgehen.

Auch in Italien ist das Bild nicht viel anders. In dem für die antike Tragödie prädestinierten Teatro Olimpico ist – wie in den Theaterstädten Europas überhaupt – erst kurz vor der Mitte des Jahrhunderts griechische Tragödie gespielt worden, hier in der Tradition des Ortes der *Edipo Re* (jetzt in der Übersetzung von Felice Bellotti), der am 15. 9. 1847 Premiere hatte.[19] Aber es blieb dies die einzige Inszenierung eines antiken Dramas in reiner Übersetzung nicht nur in Vicenza, sondern in Italien überhaupt. Daneben stehen die auf antike Stoffe zurückgehenden Dramen. Eine Auseinandersetzung mit der Problematik der griechischen Tragödie auf der Bühne der Gegenwart findet nirgends statt.

Zur gleichen Zeit, in der durch die Berliner Aufführungen die *Antigone* das Interesse der Theaterwelt in ganz Europa auf sich zog, erschien Kierkegaards *Entweder-Oder* (1843) mit dem Entwurf einer Antigone, die schon zu Lebzeiten des Oedipus von seiner Herkunft und seinem Schicksal wußte, aber nicht den Mut fand, sich dem Vater anzuvertrauen, mit dessen Tode die einzige Möglichkeit schwand, ihr Geheimnis loszuwerden. Kierkegaard stellt ganz ausdrücklich die Frage nach dem «dramatischen Interesse» und benutzt den Hegelschen Ausdruck «tragische Kollision»,[20] aber seltsamerweise hat dieser literarische Entwurf nicht als Anregung gewirkt, die sophokleische *Antigone* etwa im Königlichen

Theater in Kopenhagen aufzuführen, obwohl dessen Direktor ab 1849 der Hegelschüler Johann Ludvig Heiberg war. Nur ganz am Rande erfahren wir von gelegentlichen Aufführungen der *Antigone* und des *König Oedipus* in Schweden und in den Niederlanden.[21] Die Kierkegaardrezeption im breiteren europäischen Rahmen setzt ohnehin viel später ein.

Ganz anders ist die Situation in Griechenland. Von 1814 an erscheinen Übersetzungen antiker Dramen ins Neugriechische, und schon von 1835 an werden zahlreiche griechische Tragödien, aber auch Komödien des Aristophanes teils im altgriechischen Original teils in neugriechischer Übersetzung aufgeführt, zunächst außerhalb Griechenlands, z. B. in Odessa[22] und in Bukarest von dort lebenden Griechen, dann an vielen Orten Griechenlands, erst relativ spät (1867) im Herodes-Atticus-Theater in Athen. Anders als in den übrigen europäischen Ländern kommt es in Zeitungen, Zeitschriften und Besprechungen auch immer wieder zu grundsätzlichen Diskussionen über das Verständnis der Antike anhand von Aufführungen griechischer Dramen. Die gut dokumentierten Einzelheiten[23] können hier nicht alle ausgebreitet werden; es muß genügen, die Haupttendenzen zu benennen.

Eine ganz wesentliche Besonderheit der neugriechischen Dramenaufführungen liegt darin, daß die Griechen nach der Befreiung von der Türkenherrschaft auf diese Weise ihre nationale Identität erkennen, dokumentieren und nach außen hin demonstrieren können, wie es zur gleichen Zeit – wenn auch weniger signifikant – auch bei anderen Gattungen der griechischen Literatur der Fall ist.[24] So wird in den Zeitschriften immer wieder hervorgehoben, Griechenland falle auch in der Erwartung des übrigen Europa die Rolle zu, die unnachahmlichen Meisterwerke des Aischylos, Sophokles und Euripides von neuem auf die Bühne zu bringen.[25]

Dies geschieht nun aber nicht in isolierender Fixierung der Griechen auf ihre eigene Vergangenheit, sondern in Auseinandersetzung mit den gleichgerichteten Bestrebungen in anderen Ländern, insbesondere im deutschsprachigen Bereich. So wird die führende Rolle Preußens bei der Wiederentdeckung der griechischen Tragödie für das Theater wiederholt hervorgehoben, die Musik Mendelssohns wird immer wieder erwähnt, auch die Pariser *Antigone*-Aufführung ist Gegenstand der Diskussion in den griechischen Zeitschriften. Entsprechend der politischen Situation Griechenlands, seiner Abhängigkeit von den ‹Schutzmächten› England, Frankreich und Rußland sowie von der bayerischen Regentschaft, jedenfalls in der Zeit von 1833–1862, werden auch immer wieder von außen Aufforderungen an die griechische Seite herangetragen, die das antike Drama auf der Bühne betreffen. So hat im Jahre 1850 der englische Botschafter verlangt, die *Antigone* müsse mit der Musik Mendelssohns in Athen aufgeführt werden; er tadelte sogar die griechische Regierung, daran bisher nicht ernsthaft gedacht zu haben. Es entstand so eine Diskussion mit dem Philologen und Übersetzer Rangabis über die prosodischen Probleme, die bei einer Übersetzung ins Neugriechische entstehen, wenn man die Musik Mendelssohns verwenden wolle. Ein ähnliches Ansinnen ging von der Frau des preußischen Gesandten in Athen aus.[26] Schließlich ist die *Antigone* in der Übersetzung von Rangabis mit der Musik Mendelssohns am 17. 12. 1867 vormittags im Herodes-Atticus-Theater zur Hochzeitsfeier von König Georg I. aufgeführt worden, wobei das Orchester durch eine große Orgel ersetzt wurde.[27] Die Verbindung von Sophokles und Mendelssohn, griechischer Tragödie und deutscher Romantik, war nun in Griechenland etabliert und blieb dort länger am Leben als in Deutschland selbst, in verschiedenen Variationen. Immer wieder wurde die Tragödie in dieser Kombination aufgeführt, so 1888 unter der Leitung des Assistenzarztes der griechischen Kriegsmarine A. Kirykos, der die Chorlieder nicht aus dem altgriechischen Original, sondern aus der deutschen Übersetzung Donners ins Neugriechische übersetzte und der sich zugleich auch um die Musik Mendelssohns zum *Oedipus in Kolonos* für die griechische Bühne bemühte;[28] sodann u. a. im Jahre 1895 zur 50-Jahr-Feier der Universität Athen im Herodes-Atticus-Theater; mehrfach in und außerhalb Athens bis zum Jahre 1930.[29] Es ist interessant zu sehen, wie ein aus dem spezifischen Geist der deutschen Klassik bzw. des Klassizismus entstandenes Modell für die Wiedergewinnung der griechischen Tragödie auf der Bühne der Gegenwart nicht nur auf die europäischen Theatermetropolen (dort freilich mit zumeist indifferenter Aufnahme), sondern auf Griechenland selbst ausgestrahlt hat und hier mitten in die Auseinandersetzung um die Aneignung des geistigen Erbes der eigenen Vorfahren gestoßen ist, auf dessen Rückbesinnung die Hoffnungen für die eigene (nur allzu relative) Freiheit und Identität des jungen Griechenlandes gerichtet waren.

Betrachten wir nun nach dem notgedrungen summarischen Überblick über die Verhältnisse in den verschiedenen europäischen Ländern die Situation im deutschsprachigen Raum, so wird das Bild vielschichtiger und komplizierter. Zunächst gibt es im 19. Jahrhundert nur hier auf öffentlichen Bühnen auch in der Provinz Aufführungen antiker Tragödien. Dabei steht die *Antigone* ganz im Vordergrund, und wiederum geht die anregende Kraft von dem preußischen Modell mit der Kombination Donner/Mendelssohn aus, die nun allenthalben auf den Bühnen erscheint, so in Dresden,[30] Leipzig, Mannheim,[31] Karlsruhe, München, Darmstadt,[32] Bremen und in anderen Städten.[33] Gelegentlich, aber durchaus nicht so häufig, treten die beiden Oedipusdramen dazu.

Wir können hier nur diejenigen Aufführungen näher besprechen, von denen neue Impulse ausgingen. Dies ist in gewisser Weise in der relativ kurzen Phase der Fall, in der in München antikes Drama gespielt wurde. Denn für wenige Jahre waren Aufführungen der drei thebanischen Dramen des Sophokles hier wirkliche Theaterereignisse, bis zu einem gewissen Grade in Atmosphäre und Resonanz den vorangegangenen Berliner Bemühungen um die griechische Tragödie vergleichbar, von diesen auch sichtlich inspiriert. So wurde zunächst am 28. 11. 1851 zum Geburtstag des Königs Maximilian II. die *Antigone* mit der Musik Mendelssohns aufgeführt. Regie führte Franz Dingelstedt, der, aus dem liberalen Lager des Neuen Deutschland stammend, durch seine *Lieder eines kosmopolitischen Nachtwächters* neben Kritik auch ersten Ruhm erntete. Ursprünglich Literat und Journalist, war er über Stuttgart nach München gekommen, wo er das Hoftheater seit dem 1. 1. 1851 als Intendant leitete. Die *Antigone*-Aufführung war so etwas wie ein Durchbruch. Dingelstedt selbst berichtet: «Ganz fest im Sattel fühlte ich mich und die Zügel in eigener Hand erst dann, als ich nach einem heißen Sommer, ohne jeden Urlaub wie ohne Theaterferien, ... die *Antigone* auf die Bühne gebracht hatte. Mit ihr war die Universität, die Akademie, die Jugend gewonnen».[34] Der Münchner Philologieprofessor Friedrich Thiersch, der Jahrzehnte zuvor in engster Verbindung mit dem bayerischen Königshaus eine zentrale Figur des bayerischen Philhellenismus wurde, der mit wichtigen Missionen in Griechenland selbst betraut war und in München bei der Gründung der Glyptothek und darüber hinaus bei der Verankerung der griechischen Kunst, Kultur und Literatur in Universität und Stadt gewirkt hatte, revidierte die Übersetzung Donners für die Aufführung, mit der er auf diese Weise verbunden war. Er hatte bei den Versammlungen der Philologen und Schulmänner 1843 in Kassel und 1844 in Dresden bereits *Antigone*-Aufführungen (jeweils in der Übersetzung von Donner und mit der Musik Mendelssohns) kennengelernt und hielt bei der Versammlung in Dresden einen Vortrag über die Aufführung von dramatischen Werken der Griechen und Römer auf der neuen Schaubühne.[35]

Der mit Thiersch gleichaltrige (damals also 67jährige) Leo von Klenze, der architektonische Schöpfer von Glyptothek, Pinakothek, Odeon, Propyläen und zahlreicher anderer Gebäude, war für die bauliche und dekorative Einrichtung der Bühne verantwortlich; Wilhelm von Kaulbach, der große Münchner Historienmaler, wurde als Ratgeber für die Kostümierung hinzugezogen. Dingelstedt hatte auf diese Weise zwei der bedeutendsten Münchner Künstler, die sonst dem Bühnenwesen fernstanden, zur Mitgestaltung an der *Antigone*-Aufführung gewonnen. Eine erhaltene Federzeichnung Simon Quaglios (Abb. 3), des Malers und Bühnenbildners des Münchner Hoftheaters, zeigt die Konzeption. Die Bühne war architektonisch verkleidet; im Hintergrund sah man ein fast wie ein Tempel wirkendes Gebäude, das thebanische Königshaus. Der Giebelbau wurde von zwei Eckpfeilern und zwei Mittelsäulen getragen. In der Mitte befand sich das weit geöffnete Haupttor, im Innern sah man einen Altar mit einem Hausgott. Rechts und links war je ein Tor, das wohl zu Auf-

und Abtritten diente. Vor dem Gebäude befand sich die Bühne, ein verhältnismäßig schmaler Streifen, an deren Seiten je eine achtstufige Treppe angebracht war. Gegenüber der übrigen Bühne war die Spielfläche erhöht, so daß der vordere Teil der Gesamtbühne als Orchestra (entsprechend den damaligen Vorstellungen von der Trennung der Spielfläche und Orchestra) diente. In ihrer Mitte stand der Dionysosaltar, um den sich der Chor gruppierte. Die Bühne war in den Zuschauerraum hinein vergrößert, und die Musiker wurden in die ersten Parkettreihen plaziert. Die vordere Öffnung der gesamten Bühne war mit dorischen Säulen bzw. Pfeilern verkleidet, je vier Marmorpfeiler auf jeder Seite trugen einen Architrav, über dem ein reliefartiger Fries angebracht war. Der Hauptvorhang fehlte ganz; es war aber vor Beginn der Vorstellung von oben ein Halbvorhang herabgezogen, der den Königspalast bis hin zur Oberbühne verdeckte und in dessen oberer Hälfte der wolkenlose Himmel Griechenlands gemalt war, während in der unteren Hälfte Maskenbilder in rotem Feld sichtbar waren.[36] Die Wirkung schon von Bühnenbild und Szenerie war gewaltig; neben dem eindrucksvollen Spiel der Schauspieler trug zu dem als Einheit empfundenen Gesamteindruck der Chor mit der Musik Mendelssohns bei, die Franz Lachner einstudiert und dirigiert hat. Der Erfolg war größer als bei jedem bisher in München gegebenen Stück; die *Antigone* mußte in den wenigen Wochen bis zum Jahresende noch viermal wiederholt werden.

Durch diesen Erfolg ermutigt, entschloß sich Dingelstedt genau ein Jahr später, also wiederum zum Geburtstag des Königs am 28. 11. 1852, erstmals überhaupt auf einer deutschen Bühne den *König Oedipus* (ebenfalls in der Übersetzung von Donner) herauszubringen. Darstellung, Inszenierung und Bühne wurden ganz ähnlich gehalten wie bei der *Antigone*-Aufführung; man gab sogar – für die damalige Zeit eine Seltenheit – ein Programmheft heraus, das zwar nicht die Namen der Schauspieler vermerkt, aber den «Königl. Hoftheater-Maler Herrn Simon Quaglio», der für die Dekorationen verantwortlich war. Das Heft enthält eine ausführliche Darlegung der Vorgeschichte (aus der Sophoklesübersetzung von Minckwitz übernommen) und dann den gesamten Text der Chorlieder, der epirrhematischen Szenen (wobei teilweise auch die Übersetzung von Minckwitz[37] zugrunde gelegt wurde) sowie kurze Inhaltsangaben der Dialogpartien. Das eigentliche Ereignis dieser Aufführung war aber die Musik Lachners. Sie hielt sich naturgemäß in der äußeren Einrichtung an die Gegebenheiten, die durch Mendelssohns Schauspielmusik zur *Antigone* geschaffen waren, ist aber Ausdruck einer ganz eigenen musikalischen Sprache dieses Münchner Hofkapellmeisters und (gerade 1852 ernannten) Generalmusikdirektors, der für ein halbes Jahrhundert das Musikleben Münchens bestimmen sollte. Er war als Ehrendoktor der Universität (1853) und Ehrenbürger der Stadt (1883) hochgeachtet, demissionierte später aber, da er sich mit Wagner bzw. den Münchner Wagnerianern überwarf. Schumann nannte ihn «den talentiertesten und kenntnisreichsten unter den süddeutschen Komponisten», selbst Wagner rühmte ihn als Orchestererzieher («Lachners meisterhafte Schöpfung» sei das Münchner Hoforchester), und es ist bedauerlich, daß seine Symphonien, Schauspielmusiken und kammermusikalischen Werke heute so gut wie unbekannt sind.[38]

Ganz ähnlich wie in Berlin konnte die durch die *Antigone* entfachte Begeisterung für das antike Drama nicht auf die anderen Aufführungen griechischer Tragödien überspringen. Der *König Oedipus* brachte es im gleichen Jahre nur zu einer Wiederholung. Immerhin folgte in München am 19. 1. 1854 eine Aufführung des *Oedipus in Kolonos* (mit der Musik Mendelssohns) «zum Besten des Goethe-Schiller-Denkmals in Weimar», aber auch hier war der Erfolg bescheiden. Jedenfalls blieb die im Programmheft zur Aufführung des *König Oedipus* angekündigte Absicht: «Das k. bayerische Hof- und Nationaltheater wird versuchen, alle drei Tragödien ... im Zusammenhang vorzuführen», unausgeführt. Dingelstedt, der mit großem Erfolg auch Shakespeare, Goethe, Schiller, Mozart, Verdi, aber auch die große Prunkoper Meyerbeers in einem monumentalen Inszenierungsstil herausbrachte, verließ 1857 München. Griechische Tragödie wurde dort erst wieder 1886 gespielt.

Fragt man nach der Bedeutung dieser drei Münchner Inszenierungen, so drängt sich der Vergleich mit den Berliner Theaterereignissen von 1841 bis 1852 auf. Tatsächlich sind die Gemeinsamkeiten oder wenigstens Analogien nicht zu übersehen. In beiden Städten kommt es zu einer Serie von erstmaligen Aufführungen griechischer Tragödien, zu Beginn jeweils der *Antigone* mit gewaltiger öffentlicher Wirkung, dann aber anderer Dramen mit bescheidenem Erfolg. In beiden Fällen holt das Theater in der Hinwendung zur Antike nach, was in der bildenden Kunst, in der Museumsgestaltung und in anderen Bereichen schon vorher geschehen ist, in München mit dem besonderen Akzent der spezifischen bayerisch-griechischen Bindungen. In beiden Städten versammelt ein kunstsinniger Monarch Künstler und Gelehrte um sich; jeweils steht ein Philologe als Berater zur Verfügung: Was Böckh für die *Antigone*-Aufführung in Berlin war, ist Thiersch für München; Lachner entspricht Mendelssohn; Dingelstedt hat die Rolle von Tieck, freilich mit dem Unterschied, daß Dingelstedt doch ein wirklicher Regisseur ist. Was in der *Antigone* für Preußen der politische Bezug auf sich selbst war, ist in München eine (im wesentlichen) nachträgliche Besiegelung des schon vorher in die Tat umgesetzten Philhellenismus mit dem anschließenden Primat Bayerns in der Regentschaft Griechenlands.

München ist in gewisser Weise auch der Ausgangspunkt für den nächsten bedeutenden Impuls in der Geschichte des antiken Dramas auf der deutschen Bühne. Der aus Rostock stammende Adolf Wilbrandt, der u. a. auch in München Philologie und Geschichte studiert, als 26jähriger eine Monographie über Heinrich von Kleist (1863) veröffentlicht und ein Jahr später mit einem Roman *Geister und Menschen* sein literarisches Debüt gegeben hatte, war unter dem Eindruck eines einjährigen Romaufenthaltes (1864–65) zu dem Entschluß gekommen, «die herrlichsten und seelenvollsten Werke des Sophokles wieder bühnenlebendig zu machen».[39] So hat er, noch Rekonvaleszent von einer schweren Kieferentzündung, im Jahre 1865 in München zunächst *König Oedipus, Antigone* und *Elektra* des Sophokles sowie das (einzig vollständig erhaltene) Satyrspiel *Kyklops* des Euripides übersetzt (erschienen 1866), und zwar «mit Rücksicht auf die Bühne», wie es auf dem Titelblatt heißt, ohne jedoch mit einem bestimmten Theater Verbindung aufgenommen zu haben. So war es denn mehr ein äußerer Zufall, daß zur gleichen Zeit Herzog Georg II. von Sachsen-Meiningen zur Regierung kam und sogleich in der ersten Spielzeit der Meininger Bühne unter seiner Ägide zunächst der *König Oedipus* in der Übersetzung Wilbrandts aufgeführt wurde (am 3. 1. 1867). Der Herzog lud Wilbrandt persönlich als seinen Gast zur Aufführung ein (dieser konnte jedoch der Einladung nicht folgen), und nach dem eindeutigen Erfolg forderte er ihn auf, auch den *Oedipus in Kolonos* zu übersetzen. Dies geschah, und im April 1867, also noch in der ersten Meininger Saison, konnte der nun dreißigjährige Wilbrandt die drei als ‹Trilogie› verstandenen thebanischen Tragödien *König Oedipus* (11. 4. 1867), *Oedipus in Kolonos* (14. 4. 1867) und *Antigone* (15. 4. 1867) in eindrucksvollen Aufführungen erleben.[40]

Nun ist die Verbindung von Wilbrandt und Meiningen nicht frei von schwer aufzulösenden Paradoxien. Der Stil der Meininger – der bald auf die gesamte internationale Theaterwelt von größtem Einfluß werden sollte – war ja auf unbedingte historische Treue gerichtet, bis zum letzten Mantelknopf sollte alles ‹stimmen›; der Gang «durch die Antikensäle unseres Museums» sollte überflüssig werden.[41] Zudem zielte der Darstellungsstil auf Eingliederung der einzelnen Dramenfiguren in eine Gesamtkonzeption, die besonderen Wert auch auf die Darstellung von Massenszenen legte, in einer bis dahin nicht gekannten minutiösen Einstudierung der einzelnen Bewegungen und emotionalen Regungen gerade von Gruppen. Einem solchen Inszenierungsstil wäre eher eine klassizistische, den Chor und den gesamten Text bewahrende Übersetzung nach der Art Donners kompatibel. Wilbrandts Übersetzungen sind aber von geradezu entgegengesetzten Prinzipien geleitet. Sie glätten, beseitigen das ursprüngliche Versmaß und – wie es im Vorwort heißt – die «tausend Anspielungen auf Sage und Vorzeit, die alten Sitten, Rechte und Begriffe». Vor allem aber hat Wilbrandt den Chor aufgelöst, dessen dramaturgische Behandlung als Ensemble gerade dem Meininger Regiestil entsprochen hätte. Der

Chor sei ohne Musik ein «blasses Theorem zwischen den handelnden Menschen». Also wird er verwandelt in «schickliche Individualität», d. h. in Einzelpersonen, im *König Oedipus* in drei biedere Bürger, in der *Elektra* in eine junge und eine alte Dienerin. Zwar bewahrt Wilbrandt auch in den Chorliedern die Hauptgedanken, «aber er mischt sie durcheinander wie ein Kartenspiel»,[42] nivelliert mit der Zerstörung der Form die tragische Aussage in einen genrehaften Dialog von Bürgern. Nur so, glaubt er, könne die griechische Tragödie eine Wirkung auf den Menschen der Gegenwart ausüben. Aber mit der Aufgabe der Form ist die religiöse Dimension – für Wilbrandt «abgestorbene Symbolik» – eliminiert, und indem Reste des Chores in der scheinsicheren Welt des Bürgertums angesiedelt werden, wird entsprechend die Bühne dem Publikum nahegebracht, wie es im Grunde schon Rochlitz bei Goethe getan hat.

Vielleicht ist die Integration in die Meininger Intentionen durch eine Gemeinsamkeit erreicht, die im Eliminieren der religiösen wie der politischen Dimension liegt und das Drama in einer geradezu aristotelischen Optik reduziert und konzentriert auf dramatische Spannung, auf die es den Meiningern auch sonst vor allem angekommen ist. Dafür mag sprechen, daß am Ende der zweiten Meininger Saison (am 12. 4. 1868) ein Stück mit dem Titel: *Orest. Tragödie von Aeschylos* in einer Bearbeitung von Wilhelm Rossmann aufgeführt wurde, die ganz nach den Prinzipien Wilbrandts (auf die sich der Bearbeiter im Vorwort der 1868 gedruckten Ausgabe beruft) gestaltet ist. Rossmann beseitigt den iambischen Trimeter zugunsten des Fünffüßlers; er individualisiert den Chor, indem er seine Worte (mit Ausnahme von zwei kurzen Liedern) einer greisen Beschließerin des Palastes mit dem erfundenen Namen Themisto in den Mund legt. Um diese Figur mit der Handlung näher zu verbinden, ist außerdem eine jüngere Dienerin mit Namen Lysippe eingeführt. Entsprechend mußte auch der Titel des Originals (*Choephoren)* fallen, und zudem wurden allerlei Zusätze angebracht, die mit dem Herauslösen des Stückes aus dem trilogischen Kontext zusammenhängen. Neben der Ergänzung des Prologes wird in der Mitte des Stückes aus den Elementen des *Agamemnon* eine Selbstcharakteristik der Klytaimnestra hinzugefügt, und am Schluß tritt Elektra noch einmal auf, deren Verschwinden in der Mitte des aischyleischen Stückes durch das Drei-Schauspielergesetz bedingt sei, «das natürliche Gefühl» verlange aber ein «Wiedersehen der Elektra». Man sieht auch hier, wie alle Änderungen auf die Bedingungen und Mittel der modernen Bühne im Horizont des Bildungsbürgertums des 19. Jahrhunderts zielen. Der Gedanke an eine Aufführung der *Orestie* im ganzen liegt auch den Meiningern ganz fern.

Mögen sich so Konvergenzen zwischen Wilbrandts (und Rossmanns) Bearbeitungstendenzen und den allgemeinen Prinzipien der Meininger ergeben, so fällt doch auf, daß sie später nie wieder antikes Drama in ihren

Spielplan aufgenommen haben. Es ist dies um so erstaunlicher, als das ganze Bestreben der Meininger ja aus einem Wegführen vom Alltag und einer Hinwendung zum historisierenden ‹Säulenstück› bestand. Aber diese Intentionen wurden vor allem an den Dramen Shakespeares und Schillers realisiert. Bei den spektakulären, ‹Theaterfeldzüge› genannten Gastspielen der Meininger in 36 Städten von 1874–1890 bei 81 Gastspielen mit 2591 Vorstellungen ist nie eine griechische Tragödie gegeben worden. An erster Stelle stand Shakespeares *Julius Caesar* mit 330 Vorstellungen (nach siebenjähriger Probenzeit); es folgten *Ein Wintermärchen* mit 233 und *Wilhelm Tell* mit 223 Aufführungen.[43] Das sind die Relationen, in denen sich der Anteil des antiken Dramas auf den deutschen Bühnen des 19. Jahrhunderts doch sehr bescheiden ausnimmt.

Ähnliche Relationen sind auch an anderen Bühnen zu beobachten. Man bedenke, daß zwischen 1843 und 1905 der *Sommernachtstraum* in der Fassung von Schlegel und Tieck mit der Musik Mendelssohns allein in Berlin 286mal gegeben wurde; daneben die *Antigone* in der Übersetzung Donners und mit der Musik Mendelssohns in der gleichen Zeit immerhin 62mal, während es die übrigen antiken Dramen nur auf ganz wenige Aufführungen brachten.[44]

Die Übersetzungen Wilbrandts vermochten sich trotz der Meininger Anfangserfolge zunächst nur zögernd durchzusetzen, am ehesten noch der *König Oedipus*, der 1869 in Mannheim, 1873 in Berlin (insgesamt nur drei Vorstellungen) und 1875 in Darmstadt herauskam.[45] Für die *Antigone* blieb das Berliner Modell mit der Kombination von Donner und Mendelssohn noch für lange Zeit beherrschend. So kam im gleichen Jahr, in dem der erste Band von Wilbrandts Tragödienübersetzungen erschien, in Berlin eine prächtige Neuinszenierung der *Antigone* in der bewährten Form (am 26. 5. 1866) heraus. Doch die politische Dimension spielte keine Rolle mehr; es ging nicht mehr um eine Art politische Selbstfindung oder Präsentation Preußens im Spiegel der Dichtung, sondern um «das Stilgesetz, das Maß des Schönen», um den «Begriff der tragischen Schuld», der «in bewundernswerther Reinheit und Strenge» in dieser Tragödie entwikkelt werde. So wurde die Aufführung, die im Opernhaus stattfand, als «ein Fest im edelsten Sinne des Wortes» empfunden. Da inzwischen die Erfindung des elektrischen Lichtes vorangeschritten und zu optischen Beleuchtungseffekten benutzt werden konnte,[46] war es möglich, am Beginn der Vorstellung, nachdem der (nun wieder verwendete) Vorhang gesunken war, den Königspalast von Theben zunächst noch im Dunkel und dann im Schatten der allmählich aufgehenden Morgensonne zu zeigen, um es schließlich Tag werden zu lassen. So sah man durch das geöffnete Mitteltor in einen von Säulen eingerahmten Hof, über dem der wolkenlose, tiefblaue griechische Himmel in hellstem Licht erstrahlte. Reines Illusionstheater vermittelte hier den Eindruck harmonischer Ruhe,

Größe und Schönheit. «So hatte man das Gefühl, daß Sophokles und Phidias auf ihrer Bühne kaum etwas Schöneres gesehen hätten», heißt es in einer Besprechung.[47]

Ein eigenartiges Beispiel für die mächtige Wirkung dieser *Antigone*-Konzeption ist die einzige Inszenierung einer griechischen Tragödie, die Heinrich Laube unternommen hat. Wie Dingelstedt kam auch er vom politischen Liberalismus her, war zunächst Publizist, mußte sogar eine kurze Festungshaft hinnehmen, brach nach 1848 seine politische Karriere ab, wurde sodann von 1848 bis 1867 Burgtheaterdirektor in Wien, wo er in einem ehrgeizigen Programm ein Repertoire aus der gesamten dramatischen Weltliteratur in zumeist eigenen Inszenierungen (bis zu 30 in der Saison) zu realisieren suchte. Dieser eindringliche Wortregisseur und auch dramatische Dichter (seine *Karlsschüler* waren die Eröffnungspremiere an der Burg unter seiner Direktion) hat bahnbrechende Inszenierungen der Dramen vor allem Shakespeares und Schillers auf die Bühne gebracht. Die griechische Tragödie, noch dazu verbunden mit Schauspielmusik, habe aber, so hat Laube wiederholt ausgeführt, das deutsche Theater «gar nicht gefördert, sondern aufgehalten». Die Übersetzung Donners sei «meilenweit entfernt von schöner deutscher Verssprache», die Schauspieler würden davon nur «verstört»; ebenso das Publikum, das auf fremde Formen gelenkt sei, es «verwirrte sich in den Maßstäben». Derartige «künstliche Experimente einer bloßen Reproduktion» hätten keinen Platz «in den öffentlichen Kunstanstalten, auf deren lebensvolle Tätigkeit eine ganze Nation angewiesen ist»[48]. So hat denn Laube auch während seiner Burgtheater-Ära niemals eine griechische Tragödie inszeniert, aber er hat es später getan, als er mitten in der Burgtheaterdirektionszeit von Dingelstedt an dem von ihm nun geleiteten, als Konkurrenz zum Burgtheater konzipierten Wiener Stadttheater zur Eröffnung am 1. 9. 1875 die *Antigone* herausbrachte. Und trotz aller prinzipiellen Vorbehalte gegen die «Zwittergattung, ... welche Feinschmecker absonderlich unterhalten mag», wollte er nicht auf die Musik von Mendelssohn verzichten und mußte daher zumindest für die Chöre auf die von ihm gerade für die Bühne perhorreszierte Übersetzung von Donner zurückgreifen, während er für die reinen Sprechpartien Wilbrandt zugrundelegte. Es wurde ein kaum zu erwartender, glänzender Erfolg, der die für die damalige Zeit ganz ungewöhnliche Zahl von 27 Wiederholungen nach sich zog.[49] Wie es Laube gelang, die disparaten Komponenten dieser Aufführung zusammenzuschmelzen und der damaligen ‹modernen› Bühne zu vermitteln, läßt sich leider nicht mehr ermitteln.

Dingelstedt, der von 1870–1881 das Burgtheater leitete, hat trotz seiner positiven Münchner Erfahrungen sich erst ganz am Schluß der griechischen Tragödie zugewandt, die im Burgtheater überhaupt noch nie gespielt worden war.[50] Es war wiederum die *Antigone* in der (für die

Aufführung geglätteten) Übersetzung von Donner mit der Musik von Mendelssohn, die am 11. 6. 1881 Premiere hatte. Hier war nun eine Situation eingetreten, in der die Verbindung von Sophokles, Donner und Mendelssohn zerbrach und eine klassizistische, unverbindliche Aufführung die Möglichkeiten, antikes Drama auf die moderne Bühne zu bringen, radikal in Frage stellen mußte. Der Bruch war schon in den Vorbereitungen angelegt: Es war eine Kooperation von Burg und Oper; Chor und Orchester wurden von der Oper vorbereitet, die Schauspieler im Burgtheater. Mitten in den Vorbereitungen starb Dingelstedt; seine Regiearbeit wurde fortgesetzt von Ludwig Gabillon, einem der erfolgreichsten Burgschauspieler noch aus der Laube-Ära, der im Laufe der Zeit mehr als 300 Rollen und jetzt den Teiresias spielte. Die Aufführung fand in der Oper statt, die «mit distinguiertestem Publikum ... gefüllt» war (Illustriertes Wiener Extrablatt vom 19. 6. 1881); der Hof hatte sein besonderes Interesse bekundet.

Eine Auseinandersetzung mit dem antiken Wort oder dem tragischen Gedanken fand nicht statt. Man spielte die *Antigone* wie jedes andere Stück, auf der (nicht zwischen Orchestra und Spielfläche getrennten) Bühne mit Vorhang; die Rollen wurden gemäß einer sentimentalen Ästhetik eines Antike-Ideals schablonenhaft gespielt; Kreon im herkömmlichen Tyrannenschema. Vor allem gelang die Integration der beiden Ensembles nicht; der viel zu große Chor blieb mimetisch unbeteiligt und war dicht gedrängt auf einem Teil der Bühne. «Es war so viel unnützen Geräusches, Tempelgesäusels und Volkes auf der Bühne, daß sich niemand rühren konnte», heißt es in einem Pressebericht (Wiener Allgemeine Zeitung vom 19. 6. 1881). Das Bühnenbild war ein Park mit Bäumen und einem zierlichen Gartenpavillon, in der Mitte der Königspalast im Stile eines Lustschlößchens. S. Schlesinger berichtet im «Neuen Wiener Tageblatt» (21. 6. 1881): «Nicht den Palast, nicht einmal eine Sommerresidenz, sondern eine gemütliche Villa Kreons glaubt man vor sich zu haben, wozu auch das gastliche Tischchen, welches am Eingang steht, heiter stimmungsvoll paßt. Etwas von einer Landschaft aus den Zeiten der Troubadours und Minnesänger muthet aus dem Bilde an und läßt den in der Mitte aufgerichteten Altar rätselhaft erscheinen». Durch die noch relativ neue Errungenschaft des elektrischen Scheinwerfers wurde auf der Bühne eine veränderliche Witterung erzeugt; «die elektrische Sonne des ‹Propheten› (sc. Meyerbeers) lächelte auch der Antigone» (Wiener Allgemeine Zeitung vom 19. 6. 1881). Vor dem Chorlied über die Macht des Eros wurde eine als Zwischenvorhang dienende blaue, mit silbernen Rosetten besäte Gardine zugezogen, um für die Welt des Eros die richtige Stimmung zu erzeugen. Die Aufführung (mit nur zwei Wiederholungen) wurde nicht nur kein Erfolg, sondern diskreditierte alle Bemühungen, das antike Drama überhaupt auf der Bühne der Gegenwart heimisch zu machen.

Darin war sich die Kritik einig. Im «Illustrierten Wiener Extrablatt» vom 21. 6. 1881 wird hervorgehoben, «daß Sophokles für unsere Bühne nicht geschrieben hat», ja daß er eine «für primitivste Darstellungsmittel berechnete Dichtkunst» hervorgebracht habe. Und in der «Morgenpost» vom 19. 6. 1881 schreibt Max Kalbeck: «Keinem natürlichen Impulse, sondern jenem oft auf falsche Fährten geratenen Berliner Bildungstriebe ... verdankt Sophokles die Auferstehung auf unserem Theater». Die antike Tragödie könne «nicht nur in der äußeren Gestaltung, sondern auch ihrer inneren Motivierung nach ein modernes Publikum ... nicht erwärmen». Es sei «außer Zweifel gesetzt, daß die antike Tragödie auf dem wirklichen Theater überhaupt nichts zu suchen habe und daß diesem aus allen Experimenten mit antiken Dramen keinerlei Gewinn erwachsen könne».

Ein bemerkenswerter Rezeptionsvorgang: Die Eindrücke einer mißlungenen, künstlich dem Bildungsbürgertum des 19. Jahrhunderts angepaßten, auch im engeren Sinne der Theaterkunst problematischen Darstellung werden rückprojiziert auf die 40 Jahre zurückliegenden Bemühungen um die ‹Einbürgerung› der griechischen Tragödie auf der Bühne der eigenen Zeit, die in einer ganz anderen Atmosphäre stattfanden. Verschwunden ist in Wien die öffentlich-politische Komponente, das Moment der geistigen Auseinandersetzung in der Spannung zwischen der Begründung einer Dramenidee und dem eigenen Selbstverständnis. Geblieben ist ein sicher den Berliner Bemühungen auch nicht ganz fremder, nun aber in der Isolierung blaß gewordener Klassizismus, der die harte Tragik des antiken Dramas nicht mehr erfahrbar macht.

Es mußte wohl erst diese kritische Situation entstehen, ehe nun die Übersetzungen bzw. Bearbeitungen Wilbrandts eine breitere Wirkung entfalten konnten. Es fügte sich in dieser Beziehung sehr glücklich, daß Wilbrandt, nun auch durch eigene Dramen hervorgetreten und 1875 für die Tragödie *Gracchus der Volkstribun* mit dem Grillparzerpreis ausgezeichnet, Nachfolger Dingelstedts in der Leitung des Burgtheaters wurde (1881–1887). Während dieser Zeit hat Wilbrandt vier antike Dramen herausgebracht, und zwar am 25. 1. 1882 die *Elektra* (mit sechs Wiederholungen im gleichen Jahr), nur zwei Wochen später am 10. 2. 1882 den euripideischen *Kyklops* (mit neun Wiederholungen bis zum 6. 1. 1887), am 29. 12. 1886 den *König Oedipus* (der bis 1899 30 Vorstellungen erlebte), am 18. 3. 1887 den *Oedipus in Kolonos* mit insgesamt nur drei Aufführungen in den darauffolgenden Tagen (bis zum 24. 3. 1887), nicht jedoch die *Antigone*, mit der ja im Burgtheater gerade das Modell Donner/Mendelssohn zerbrochen war und die dort erst 1918 wieder aufgeführt wurde.[51] Die Übersetzungen dieser Dramen durch Wilbrandt lagen nun schon mehr als ein Vierteljahrhundert im Druck vor, aber erst jetzt stellt sich (nach den frühen, in ihrer Wirkung begrenzten Meininger Aufführungen) ein nachhaltiger, ja durchschlagender Erfolg ein. Natürlich sind diese Aufführungen nur ein kleiner Ausschnitt aus einer reichen Regietätigkeit, aber es sind nicht unbedeutende Marksteine auch im Bewußtsein Wilbrandts selbst.

Die *Elektra* stand in der Regie Wilbrandts überhaupt das erste Mal auf einer deutschsprachigen Bühne. Übersetzung, Regie und Bühnenbild waren eine Einheit. Die ohnehin die Chorlieder auflösende, relativ freie Übersetzung wurde noch einmal durch Streichungen zu einer Bühnenfassung konzentriert, die die Spannung erhöhen sollte. Allerdings hat Wilbrandt die Unerbittlichkeit von Handlung und Charakteren gemildert; Elektra wurde zu einer jammervollen, trostbedürftigen Figur, die Eruption ihrer Gefühle war zurückgedrängt. Wilbrandt hatte das Drama in zwei Akte eingeteilt und zwischen den beiden Akten eine Pause eingelegt, die notwendigerweise die Spannung zerreißen mußte. Das Bühnenbild war frei von allen archäologischen und klassizistischen Ingredienzien. Die Bühne war ein freier Platz; im Hintergrund sah man dunkelgraue Steinquader, davor sechs Stufen. Es war der Königspalast des Agamemnon, dessen Innenraum mit schwarzen Tüchern ausgeschlagen war, was man durch das geöffnete Haupttor sehen konnte. Neben dem Palast standen ein Altar mit einer Apollonstatue und Zypressen. Auch die Kostüme waren nicht antikisierend; Orest und Elektra trugen Ledersandalen und ärmliche Phantasiegewänder. Es ist wohl das erste Mal, daß bei einer Aufführung einer antiken Tragödie ein (heute in der Bibliothek des Burgtheaters festgehaltenes) Szenarium entworfen wurde, bei dem man (wie es heute selbstverständlich ist) von einer pseudoarchäologischen Annäherung an die antiken Bühnenverhältnisse zum großen Teil abgesehen hatte. Trotzdem führte das Abstreifen der klassizistischen Bestandteile in Übersetzung, Regie und Bühnenbild nicht zu einer Freilegung der Tragik. Vielmehr wurde diese in der Konzeption Wilbrandts abgeschwächt und der Vorstellungswelt des Publikums angepaßt. Gleichwohl war die emotionale Reaktion heftig; Grauen und Entsetzen packte die Zuhörer; die Kritik war einhellig positiv.

Konnte der euripideische *Kyklops* noch wenig wirken, so wurde der nach dem gleichen Konzept vier Jahre später aufgeführte, aber von Anfang an geplante *König Oedipus* ein grandioser Erfolg für Wilbrandt. Wie bei der Aufführung der *Elektra* wurden in der Bühnenfassung noch stärker als schon in der Übersetzung alle Stellen gestrichen, die dem durchschnittlichen Bildungsbürger unverständlich hätten sein können. Alle Härte wurde zurückgenommen zugunsten ruhiger und vornehmer Erhabenheit. Stärker als bei der *Elektra* wurde aber doch eine idealistische Erhabenheit gezeigt. Die Kostüme waren prunkvoll und dekorativ, Oedipus erschien, von insgesamt 28 Personen (darunter Kindern) auf der Bühne durch ehrfurchtsvolle Verbeugungen begrüßt, «in schöner, weißer Gewandung mit Purpur verziert» (Fremdenblatt Wien 31. 12. 1886); er spielte rührend und herzbezwingend gemäß einem weichen und gefühlsbetonten Spielstil.

Jokaste war gleichfalls in Purpur gekleidet, von zwei verhüllten Jungfrauen und zwei Dienerinnen begleitet. Insgesamt brachte Wilbrandt 6 Jünglinge, 4 Priester, 6 Diener, 4 Bewaffnete, 4 Dienerinnen der Jokaste auf die Bühne, die sich «weich, schön, bildlich» (so Wilbrandt im Szenarium) bewegen sollten. Sie bildeten in wechselnder Stärke eine Art stummen Chor, der gelegentlich mimetisch mitagierte, da ja Wilbrandt den Chor der sophokleischen Tragödie ganz gestrichen und Teile seines Textes auf drei thebanische Bürger verteilt hatte. Wilbrandt selbst verstand seine Konzeption als szenische Realisierung einer Schicksalstragödie, «mit ehernen Schritten auf die vernichtende Enthüllung eines dunklen Rätsels unaufhaltsam zuschreitend, bis das Schicksalstor aufspringt».[52] Auch hier fassen wir wieder das gleiche, eigentlich paradoxe Phänomen: Trotz der Zurücknahme der unerbittlichen Härte wird vom Publikum ‹Tragik› gerade in weicher Gefühlsbetontheit erlebt. «Mit atemloser Spannung folgte der übervolle Saal der Entwicklung des grandiosen dramatischen Gebildes», berichtet Wilbrandt weiter. Vielleicht hat der Kritiker vom «Illustrierten Wiener Extrablatt» (30. 12. 1886) die ambivalente Situation mit der ein wenig ironischen Formulierung treffend durchschaut: «Den Premieren-Abonnenten ging das traurige Schicksal der Labdakiden-Familie so sehr zu Herzen, daß sie zu den Schnupftüchern griffen und die Tränen auffingen, als ob der König Oedipus der nachgelassene Sohn der Cameliendame wäre...» Jedenfalls war der Beifall enthusiastisch; der *König Oedipus* wurde das meistgespielte Stück im Burgtheater bis zum Ende des Jahrhunderts.

Gern wüßte man, ob Sigmund Freud diese Oedipusaufführung gesehen und von ihr Anregungen für seine Deutung des *Oedipus* empfangen hat. Sicher ist, daß Freud noch vor der Wiener Premiere den *Oedipus* in Paris gesehen und daß dabei der berühmte Mounet-Sully in der Titelrolle einen großen Eindruck auf ihn gemacht hat.[53] Die Publikation seiner Oedipusinterpretation im Rahmen seiner Traumdeutung im Jahre 1900 hat jedenfalls umgekehrt keinerlei Rückwirkung auf den Spielplan des Wiener Burgtheaters ausgeübt, auf dem der *König Oedipus* erst 1930 wieder (in der Fassung Hofmannsthals) erschien.

Den gleichen Erfolg vermochte der zweieinhalb Monate später im Burgtheater aufgeführte *Oedipus in Kolonos* nicht zu erzielen. Das Stück wurde (wie schon die *Elektra)* in 2 Akte eingeteilt, mit Zwischenvorhang und Zwischenaktmusik. Die Auflösung des Chores in drei Greise und einen Bürger mußte wegen des lyrischen Charakters der Chorlieder gerade dieser Tragödie problematisch wirken. Die Umwandlung z.B. des berühmten Liedes «Wer ein längeres Lebensteil wünscht» in «vergnügliche Wechselgespräche im Walde» (Neues Wiener Tagblatt 20. 3. 1887) war ein fataler Stilbruch. Betont wurde bei der Aufführung das Weihevolle der Handlung, der nahezu christlich empfundene Erlösungsgedanke. Es war ein «Weihespiel ... Tod und Verklärung des Helden» (Die Presse 20. 3. 1887). Die günstige Aufnahme durch das Publikum war durch den großen Erfolg des *König Oedipus* mitbedingt; es spielten auch die gleichen Schauspieler.

Diese Inszenierungen sind Marksteine auf dem Wege der Einbürgerung des antiken Dramas auf der Bühne der eigenen Zeit. Die zuvor geäußerte Skepsis, ob die griechische Tragödie überhaupt auf dem modernen Theater ein Existenzrecht habe, ist ein für alle Male beseitigt, jedenfalls was Sophokles betrifft. Die Übersetzungen Wilbrandts werden nun auf den Bühnen mehrerer Städte (Berlin, München, Nürnberg, Mannheim, Stuttgart) gespielt. Ohne sie sind die dann weitergehenden Schritte von Wilamowitz und Max Reinhardt nicht denkbar.

Es bleibt eine seltsame Erfahrung, daß dieser Durchbruch nur erreicht werden konnte durch eine Dämpfung der antiken Tragik und eine Anpassung der Tragödie an den Geschmack des Bildungsbürgertums. Die trotz aller tragischen Erschütterung doch charakteristische Unverbindlichkeit der Wirkung beim Publikum drückt sich auch darin aus, daß nach dem *König Oedipus* auf dem K. K. Hof- und Burgtheater am gleichen Abend nach einer Pause von 20 Minuten das Lustspiel von Wilbrandt *Jugendliebe* gegeben wurde. Was bei der Operette nach der *Antigone* von Rochlitz in Weimar und dem Ballett nach dem *Oedipe à Colone* von Sacchini in Paris aus dem höfischen Ambiente erklärt werden kann, findet hier seine Analogie im Bürgertum des 19. Jahrhunderts. An die Einrichtung des Satyrspiels nach den drei Tragödien hatte dabei wohl niemand gedacht, auch nicht, als tatsächlich in Übersetzung und Regie Wilbrandts der *Kyklops* am gleichen Abend nach der *Elektra* in Wien gegeben wurde (am 10. 2. 1882).

Im gleichen Jahre, in dem Wilbrandt in Wien so erfolgreich den *König Oedipus* herausgebracht hatte, wurde in Berlin noch einmal die *Antigone* in der Übersetzung von Donner mit der Musik von Mendelssohn inszeniert (am 10. 3. 1886), und zwar in dem durch die Umgestaltung des Friedrich-Wilhelmstädtischen Theaters hervorgegangenen, nun von dem Lustspieldichter Adolf L'Arronge geleiteten Deutschen Theater. Otto Brahm, einer der späteren Direktoren des Deutschen Theaters, hat dazu eine Besprechung verfaßt, aus der zumindest so viel hervorgeht, daß in Preußen (anders als in Wien) die durch Hegel ausgelöste Diskussion um den Konflikt zwischen zwei durch Kreon und Antigone repräsentierten Prinzipien lebendig geblieben ist, aber in einer bemerkenswerten Akzentverschiebung. Brahm berichtet, «daß wir hier gleichberechtigte Gegensätze wider einander streiten sehen, beide von ihrem Pathos ganz erfüllt, beide groß und einseitig».[54] Von «Staatspathos» ist die Rede, dessen Repräsentant Kreon ist. Es bahnt sich hier eine den Aufführungen der Vierziger Jahre noch durchaus fremde Konzeption an, wonach der Seite der «Staatsraison» ein leichtes Übergewicht über das Prinzip des «Individuums» gegeben wird, eine Linie, die im Wilhelminischen Kaiserreich in den folgenden Jahrzehnten noch verstärkt wird.[55] Brahm macht in seiner Besprechung völlig deutlich, daß ein derartiges Verständnis der Tragödie nicht den Intentionen des Sophokles entspricht: «So sehen wir die Tragödie nicht wie die Griechen: ihnen galten Antigone und Kreon nicht als gleichberechtigte Helden; vielmehr ihre volle Teilnahme gehörte der Antigone». Während die Aufführungen unter Tieck sich noch in Übereinstimmung mit den ursprünglichen Rezeptionsbedingungen wähnten, entsteht jetzt ein Bewußtsein dafür, daß man legitimerweise sich auf der Bühne davon auch entfernen könne, und zwar nicht in Äußerlichkeiten wie Bühnenbild und Kostümierung, sondern in der inhaltlichen Problematik, wobei ganz klar in Kauf genommen wird, daß «sich der Grundton der Tragödie für uns verändert hat» (Brahm).

Die philologische Sophoklesforschung des 19. Jahrhunderts vermochte der Welt des Theaters wenig Orientierung zu geben. Eine wegweisende wissenschaftliche Sophoklesmonographie ist im 19. Jahrhundert nicht entstanden. In den Literaturgeschichten, in zahlreichen Einzelabhandlungen (vielfach Schulprogrammen) und in kommentierten Schulausgaben wird über die Schuld oder Unschuld von Antigone, Oedipus und Kreon, über Schicksal und Charaktere hin- und herdebattiert, ohne daß es zu einer prinzipiellen Klärung gekommen wäre. Der bedeutendste Philologe des ausgehenden 19. Jahrhunderts (und danach), Ulrich von Wilamowitz-Moellendorff, wendet innerhalb der Tragödienforschung seine immense Arbeitskraft zunächst auf Euripides und dann auf Aischylos; über die *Antigone* urteilt er schon in der Valediktionsarbeit für Schulpforte: «Das glaube ich aber im Stande zu sein nachzuweisen, daß die *Antigone* das vollendetste Kunstwerk selbst der Griechen, selbst des Sophokles nicht ist»[56], ein Urteil, an dem Wilamowitz trotz einer gewissen Verehrung für Sophokles zeitlebens festgehalten hat. «Erst der Klassizismus des 19. Jahrhunderts erhob Sophokles zu seinem Idealdichter neben Homer und *Antigone* zum Ideal der Tragödie»,[57] so Wilamowitz noch im Jahre 1923.

Während Philologie und Theater 1841 in Potsdam und Berlin noch in Wechselwirkung und Übereinstimmung standen, war dies am Ende des Jahrhunderts nicht mehr der Fall, weil das Theater sich geradezu programmatisch von der poetischen Absicht und geschichtlichen Bedingung der griechischen Tragödie entfernte und keine Sophoklesforschung der Zeit existent war, die als Korrektiv hätte dienen können. So trat eine Stagnation ein; im letzten Jahrzehnt des Jahrhunderts ist griechische Tragödie im deutschen Sprachbereich so gut wie überhaupt nicht gespielt worden. Lediglich im Jahre 1890 wurden an *einem* Abend in dem nun von Ludwig Barnay geleiteten Deutschen Theater in Berlin der *König Oedipus* und der aischyleische *Prometheus* (am 19. 2. 1890, mit nur zwei bis drei Wiederholungen) gespielt. Es folgten kurz darauf (am 5. 3. 1890) Szenen aus den euripideischen *Phoenizierinnen* in der unvollständigen Übertragung Schillers.[58] Von diesen Aufführungen sind aber keinerlei Impulse ausgegangen. Es kam Barnay lediglich darauf an, in raschen Einstudierungen kurz hintereinander die Namen der drei großen griechischen Tragiker im Spielplan zu haben. Den *Prometheus* wählte er nur wegen seiner Kürze und der dadurch gegebenen Möglichkeit, am gleichen Abend noch den *König Oedipus* aufzuführen. Daß hier das erste Mal eine Tragödie des Aischylos auf der öffentlichen Bühne (jedenfalls im deutschen Sprachbereich) stand, hat man gar nicht gemerkt, geschweige denn für einen programmatischen Neubeginn benutzt. Ebenso hat man die *Phoenizierinnen* in der fragmentarischen ‹Übersetzung› Schillers (die dort aufhört, wo die Handlung anfängt) nur der Kürze wegen aufgenommen, um am gleichen Abend die zwei publikumssicheren Schwänke, Hopfens *Hexenfang* und Mosers *Herrn Kaudels Gardinenpredigten* hinterhergeben und sich gleichwohl mit berühmten Namen schmücken zu können. In einer Besprechung wird hervorgehoben, «daß die Leute sich bei Äschylos und Euripides jämmerlich langweilten ... und daß sie auch bei Sophokles nur während der Vorbereitungen zur Katastrophe unter dem Banne des Dichters blieben, die Katastrophe aber selbst gar nicht als Schrecknis empfanden ... Äschylos und Euripides sind eigentlich durchgefallen».[59] Daß das 1898 erschienene, langweilige und langatmige Drama von Gertrud Prellwitz *Oedipus* (mit dem Höhepunkt der Begegnung Oedipus – Sphinx im 4. Akt; kein Orakelmotiv, keine Pest in Theben; Anagnorisis bereits einen Tag nach der Hochzeit)[60] sogar auf der Bühne eben desselben Berliner Theaters (wenn auch nur in einer Sonder-Nachmittagsvorstellung)[61] landete, mag symptomatisch für die Situation des antiken Dramas zumindest auf der deutschen Bühne am Ende des 19. Jahrhunderts sein.

Inzwischen war die Konzeption eines der griechischen Tragödie entsprechenden Gesamtkunstwerkes in der Einheit von Wort, Bild, Gestus und Musik in ganz anderer Weise realisiert und auf den Bühnen des 19. Jahrhunderts auch in der Provinz viel stärker rezipiert als die griechische Tragödie selbst, nämlich im Musikdrama Richard Wagners. Dabei fällt zunächst auf, daß es im ganzen 19. Jahrhundert keine Berührungspunkte zwischen den Aufführungen antiker Dramen und den Werken Wagners gab, was sicher nicht nur an der Differenz zwischen Oper und Schauspiel liegt. Es ist dies um so auffälliger, als ja Richard Wagner selbst von der griechischen Tragödie stark beeinflußt war, insbesondere von der *Orestie* des Aischylos, die ihm Modell für die Ring-Tetralogie wurde. Die Tragödien nicht nur des Aischylos, sondern auch des Sophokles haben auch darin auf Wagner stark gewirkt, daß ihre Motive und Situationen in verwandelter Form in das eigene Werk eindringen.[62] Auch hat Wagner ja selbst eine hochinteressante Deutung des Mythos von Oedipus und

Antigone gegeben,[63] in dem er ein «Bild der ganzen Geschichte der Menschheit vom Anfang der Gesellschaft bis zum notwendigen Untergange des Staates» gesehen hat, von bleibender Aktualität «für alle Zeiten unausschöpflich». Antigone gilt Wagner als Vernichterin des Staates und zugleich Erweckerin der reinen Menschlichkeit, worin Wagner die mythische Vorwegnahme eines notwendigen Geschichtsverlaufes sah.[64]

Gleichwohl hat Wagner die Möglichkeit einer adäquaten Aufführung der griechischen Tragödie in der eigenen Gegenwart entschieden verneint. Die kohärenteste Begründung hat er zwar erst in der späten Abhandlung *Das Publikum in Raum und Zeit* (1878) gegeben, aber die Sache selbst stand ihm, wie gelegentliche Äußerungen seit der Jahrhundertmitte zeigen, lange fest. Raum und Zeit «und die in ihnen sich darstellende Sitte, namentlich Staat und Religion», seien, so argumentiert Wagner, uns ganz fremd geworden, müßten erst mühsam erklärt werden. Die das Kunstwerk z. B. der griechischen Tragödie ermöglichenden Bedingungen würden bei Aufführungen «zu jeder beliebigen Zeit oder vor jeder beliebigen Öffentlichkeit» unbeachtet bleiben. So würde «die Annahme einer Nachahmbarkeit derselben notwendig zu den größten Verirrungen führen», und die Folge wäre eine «Monumentalisierung» des Kunstwerkes. Im Hinblick auf die griechische Tragödie bezieht Wagner also mit zum Teil ganz ähnlicher Argumentation die gleiche Position wie Hegel, mit dem Unterschied allerdings, daß Wagner sich auf einschlägige Erfahrungen stützen konnte. Denn er kannte insbesondere die *Antigone*-Aufführungen mit der Musik Mendelssohns, die er eine «grobe künstlerische Notlüge» nannte (so in *Oper und Drama* von 1851). Wagner war dem nur vier Jahre älteren Mendelssohn persönlich begegnet; er hat möglicherweise in seiner Dresdner Kapellmeisterzeit die Musik zur *Antigone* sogar einmal dirigieren müssen,[65] hat dann in dem frühen Pamphlet *Das Judentum in der Musik* (1850) gerade in Mendelssohn den «tragischen Conflict» zwischen Judentum und Musik gesehen. «Dieser (Mendelssohn) hat uns gezeigt, daß ein Jude von reichster specifischer Talentfülle sein, die feinste und mannigfaltigste Bildung, das gesteigertste zartestempfindende Ehrgefühl besitzen kann, ohne durch die Hilfe aller dieser Vorzüge es je ermöglichen zu können, auch nur ein einziges Mal die tiefe, Herz und Seele ergreifende Wirkung auf uns hervorzubringen, welche wir von der Kunst erwarten...»[66]

Nun ist der Aspekt des Judentums nicht bestimmend bei Wagners Auseinandersetzung mit der Frage nach der Aufführbarkeit der griechischen Tragödie. Aber die Argumentationsform ist doch sehr ähnlich, wenn es ausgerechnet in dem *Öffentlichen Brief* an Nietzsche (als Antwort auf das Pamphlet *Zukunftsphilologie* von Ulrich von Wilamowitz-Moellendorff) vom 12. 6. 1872 heißt: «Dagegen mußte ich, wenn ich nun Mendelssohn seiner fertigen Philologie willen beneidete, mich wiederum nur darüber wundern, daß diese seine Philologie ihn nicht davon abhielt, zu Sophokleischen Dramen gerade seine Musik zu schreiben, da ich trotz meiner Unfertigkeit doch mehr Achtung vor dem Geist der Antike habe, als er sie hierbei zu verraten schien.»

Jedenfalls hat Wagner die Frage nach der Aufführbarkeit der griechischen Tragödie und die damit verbundene Erörterung eines am antiken Drama orientierten zukünftigen Modells nicht losgelöst von den tatsächlichen Aufführungen gesehen, wobei er zumeist auf die Potsdamer Aufführung von 1841 rekurriert, gelegentlich nicht ohne Ironie, so in *Oper und Drama:* «Wie freuten sich die gelehrten alten Kinder über diese *Antigone* im Hoftheater zu Potsdam!» «Scheußliche Liedertafelmusik» nannte er die Chöre Mendelssohns nach einem Besuch einer Vorstellung der *Antigone* im Herbst 1872 in Mannheim.[67]

Dies alles müßte nicht unbedingt Berührungen zwischen den Regiekonzepten für die Aufführungen der Opern Wagners einerseits und der antiken Dramen andererseits unmöglich machen. Aber wir dürfen die praktischen Gegebenheiten nicht vergessen. Als mit der Eröffnung des Bayreuther Festspielhauses 1876 der *Ring* zum ersten Mal als Ganzes aufgeführt wurde (zugleich die Uraufführungen von *Siegfried* und *Götterdämmerung*), war Wagner zunächst damit beschäftigt, die Sänger an die durch seine Partituren gestellten Anforderungen zu gewöhnen und zudem die nicht geringen äußeren Schwierigkeiten zu überwinden. Ein spezifisch Bayreuther Stil im heutigen Sinne, der dann beispielgebend für ganz andere Inszenierungen an anderen Orten hätte sein können, vermochte sich zunächst überhaupt nicht zu entwickeln. Es kommt hinzu, daß es Gastinszenierungen in Bayreuth, wie wir sie heute kennen, bis tief ins 20. Jahrhundert überhaupt nicht gegeben hat. Die Regie lag zunächst in den Händen von Richard Wagner selbst, nach dessen Tod bei Cosima und dann bei Siegfried Wagner. Daß ein Dingelstedt (der 1882 starb) oder Wilbrandt in Bayreuth hätten inszenieren können, wäre ebenso unvorstellbar gewesen wie eine Regie Richard Wagners (abgesehen von den vielerorts von Wagner geleiteten konzertanten Aufführungen) außerhalb Bayreuths, wie sie in unserer Zeit im Falle Wieland Wagners, der neben einer vielfältigen Opernregietätigkeit z. B. in Stuttgart die *Antigonae* in der musikalischen Gestaltung durch Orff inszeniert hat, ganz geläufig ist. Daß also faktisch die beiden Stränge, die Oper Wagners und das antike Drama, auf der Bühne so getrennt liefen, hängt vor allem mit diesen Gegebenheiten zusammen, aber wohl auch mit Wagners Anschauung von der Unwiederholbarkeit des antiken Kunstwerkes, der auch, so sehr Wagner sonst in künstlerische und literarische Fehden verstrickt war, nicht in einer expliziten Auseinandersetzung widersprochen worden ist, am wenigsten von der Philologie, die sich mit dem Protest gegen Nietzsches *Geburt der Tragödie* begnügte. So mußte Wagner erst eine historische Größe werden, ehe Querverbindungen dieser Art möglich wurden. Eigentlich wurden sie erst durch Wieland Wagner erreicht.

Diese spezifisch deutsche Entwicklung kann denn auch ein Grund dafür gewesen sein, daß im deutschen Sprachbereich – im Unterschied zu anderen Ländern – im letzten Jahrzehnt des 19. Jahrhunderts die griechische Tragödie auf den öffentlichen Bühnen kaum lebensfähig war.

In Frankreich und in den angelsächsischen Ländern gewann gleichzeitig das antike Drama kräftig an Boden, zwar weniger in den (dort auch weniger vorhandenen) öffentlichen Theatern als vielmehr in den Universitätstheatern und in den Freiluftbühnen, zum Teil noch antiker Herkunft. In Südfrankreich spielte man in den römischen Amphitheatern griechische Tragödie; die Zuschauersitze wurden wiederhergerichtet. 1873 wurden im antiken Theater von Orange die *Erinnyes* (eine Bearbeitung der aischyleischen *Eumeniden*) gespielt, dann die unbearbeitete antike Tragödie selbst, auch in Lyon, Nîmes, Vaison-La-Romaine und in der Arena von Béziers.[68] Überhaupt bahnt sich jetzt die Aischylos-Renaissance auf den Bühnen an; in Deutschland durch die Usurpation aischyleischer Formen und Motive bei Wagner eher verzögert. Aber in Frankreich wird jetzt Aischylos gespielt, sowohl in den Ampitheatern als auch in Kollegientheatern (auf das Petit Séminaire d'Orléans mit seinen Aufführungen des *Prometheus* und der *Perser* war schon hingewiesen). In Athen werden am 19. 10. 1889 die *Perser* in der Übersetzung des Dichters, Professors und zeitweiligen Botschafters in Deutschland Rangabis aufgeführt, mit der Musik von Prinz Bernhard, Herzog von Sachsen-Meiningen, der persönlich anwesend war (er sprach fließend Neugriechisch). Die Aufführung wurde gegeben zur Hochzeitsfeier des Kronprinzen Konstantinos, in Anwesenheit des deutschen Kaisers und der griechischen königlichen Familie.

In England sind es vor allem die Colleges in Oxford und Cambridge, an denen jetzt öffentlich griechische Tragödie gespielt wird, zuerst 1880 in Oxford der *Agamemnon* im griechischen Original, zwei Jahre später in Cambridge der *Aias*. Im Jahre 1892 wird am St. Andrews College, Bradfield, ein «Greek theatre» gegründet, ganz im Stile eines antiken Theaters im Miniaturformat mit einer Bühne, einer Orchestra und einem (allerdings unantiken) Zuschauerraum. Man spielte hier in (den Trilogien ähnlichen) Zyklen von allerdings nicht miteinander zusammenhängenden Stücken, so zuerst *Antigone, Agamemnon* und *Alkestis*. Sofort fällt auf, daß die Auswahl der Stücke nicht im Banne einer für Deutschland bezeichnenden klassizistischen Tradition stand.

Gleichzeitig beginnen auch die amerikanischen Colleges mit Aufführungen. Den Anfang macht Harvard mit dem *König Oedipus* 1881, den bei insgesamt sechs Aufführungen mehr als 6000 Menschen gesehen haben.[69] Bis zum Jahre 1900 gibt es an 15 verschiedenen Colleges 35 Inszenierungen antiker Dramen, darunter von Aischylos *Sieben gegen Theben* und *Prometheus,* von Aristophanes *Acharner* und *Frösche,* daneben natürlich auch *Antigone* und *Oedipus.* Aber die Ausweitung des Repertoires ist auch hier bemerkenswert. Von den deutschen Verhältnissen unterscheiden sich all diese Aufführungen darin, daß sie wenigstens zum Teil die Funktionen der öffentlichen Theater mitübernehmen wegen der andersartigen Struktur des Theaterwesens überhaupt. So finden sie auch ein viel stärkeres literarisches Echo in Besprechungen der Presse, als es in Deutschland bei Schulaufführungen neben dem öffentlichen Theaterleben möglich wäre. Der Tenor der Kritiken ist der, daß durch diese Aufführungen eine den klassischen Studien bislang fremde Lebendigkeit, eine moderne Bewegung gekommen ist, daß hier Theaterereignisse stattfinden, die eine große Öffentlichkeit tief beeindrucken. «No one, of course, could expect or require that a play of Sophocles should evoke excitement from a modern audience», urteilt die «Times». Griechisches Drama ist plötzlich in England Mode geworden.[70]

Eine ähnliche Entwicklung gibt es in Deutschland in dieser Zeit nicht, weder auf den öffentlichen Bühnen, noch auf dem Schultheater, das viel strenger in den Grenzen des Humanistischen Gymnasiums bleibt.[71] Erst um die Jahrhundertwende macht sich auf den deutschsprachigen Theatern ein neuer Impuls bemerkbar, durch den nun auch die Tragödie des Aischylos zum Theaterereignis wird.

VII. Neue Impulse zu Beginn des Jahrhunderts und ihre Auswirkungen auf die Präsentation des antiken Dramas (1900–1920)

An der Wende zum 20. Jahrhundert wird das professionelle Theater vor allem in Deutschland, aber auch darüber hinaus von neuen Impulsen, von Reformplänen und Erneuerungsbewegungen erfaßt, die sich gegen die bisherige Tradition, insbesondere gegen seine naturalistische Ausprägung richten.[1] Die einzelnen Tendenzen haben auch ihre Auswirkungen auf die Präsentation des antiken Dramas, wenngleich teilweise nur mittelbar und auf verschlungenen Pfaden, auf denen Altes und Neues nebeneinander hergeht. Im ganzen aber ist so viel in Bewegung geraten, daß man die beiden ersten Dezennien des neuen Jahrhunderts geradezu als eine Blütezeit des antiken Dramas auf der Bühne bezeichnen kann.

Allerdings werden für die griechische Tragödie vor allem in der Provinz die Interpretationsmodelle des 19. Jahrhunderts unbekümmert weitergeführt. Allenthalben steht die *Antigone* in der Übersetzung von Donner und mit der Musik von Mendelssohn auf der Bühne (zuletzt in Düsseldorf in der Spielzeit 1911/12 in zahlreichen Aufführungen mit Louise Dumont-Lindemann als Antigone); auch die Übersetzungen von Wilbrandt werden bis zum Vorabend des Ersten Weltkrieges auf vielen Bühnen gespielt. Eine (durchaus mögliche) Dokumentation würde vor allem die außerordentliche geographische Verbreitung von Greifswald und Stralsund über Göttingen, Hamburg, Bremen, Berlin, Düsseldorf, Kattowitz, Frankfurt, Eisenach, Kassel, Hagen, Elberfeld bis nach Basel, Graz und Wien für diesen aus dem 19. Jahrhundert überkommenen Typ von Aufführungen der antiken Tragödie belegen.

Wichtiger ist ein Aufweis der Verbindungslinien zwischen den neuen Impulsen und den Aufführungen antiker Dramen. Auf eine seltsame Weise vermischen sich hier programmatische Absichten mit äußeren Zufällen. Die aus der Tradition ausbrechenden Bestrebungen manifestieren sich zunächst in den literarisch-theatralischen Gesellschaften, die sich als Alternative zu den renommierten Theatern verstanden, insbesondere in Berlin zum Deutschen Theater unter Otto Brahm (dem ‹Naturalistenpapst›), der den naturalistischen Stil in der prosaischen Nüchternheit der Aufführungen prägte, bei denen Illusion und Pathos verpönt waren. Die Namen der neuen Vereinigungen: «Die Sezessionsbühne», «Die Probebühne», «Die dramatische Gesellschaft», «Der Akademische Verein für

Kunst und Litteratur» sprechen für sich. Eben dieser «Akademische Verein für Kunst und Litteratur» plante die Aufführungen antiker Tragödien. Sein Gründer und Leiter war Hans Oberländer, in Theorie und Praxis des Theaters gleichermaßen ausgewiesen, der später zu einem der engsten Mitarbeiter von Max Reinhardt werden sollte.[2] Reinhardt war seinerzeit seit 1894 als Schauspieler am Deutschen Theater engagiert und stieß nun auf den «Akademischen Verein», der sich der philologischen Beratung von Ulrich von Wilamowitz-Moellendorff versichert hatte.[3] Wilamowitz war, aus Göttingen kommend, seit 1897 in Berlin; 1899 war der erste Band seiner Übersetzungen der griechischen Tragödien erschienen. Diese Übersetzungen waren einzeln schon vorher, meist aus privatem Anlaß, jedoch nicht im Hinblick auf die Bühne entstanden.[4] Doch war es natürlich, daß auch die Theaterleute jetzt an Wilamowitz dachten; er war *die* anerkannte Autorität nicht nur durch seine Übersetzungen, sondern als Erforscher der Tragödie vor allem des Euripides und des Aischylos. Er dachte mehr an die antiken als an die modernen Theaterverhältnisse; doch hat er, eher beiläufig, in den Anmerkungen seiner 1896 (also noch in der Göttinger Zeit) erschienenen zweisprachigen Ausgabe der *Choephoren* über die Möglichkeiten der szenischen Einrichtung reflektiert:[5] «Ich bin überzeugt, daß er [sc. Aischylos] gerade dadurch für unsere Bühne sein Werk zu leben und zu wirken fähig gemacht hat. Ob es je aufgeführt worden ist, weiß ich nicht: ich sollte meinen, bei verständiger Behandlung müßte es eine gewaltige Wirkung tun, nicht als archäologisches Requisit, sondern auf alle leidlich ehrlichen und empfänglichen Menschen».

Dies ist der Tenor, von dem sich auch der «Akademische Verein» leiten ließ, über dessen Pläne die «Deutsche Bühnengenossenschaft» 28, 1899, 539f. berichtet: «Herr Dr. Hans Oberländer plant eine Wiederbelebung der antiken Bühne durch den ‹Akademischen Verein für Kunst und Litteratur› in einer cyclischen Darstellung griechischer Tragödien. Es handelt sich nicht um ein antiquarisches Experiment, vielmehr soll mit allen Mitteln der modernen Darstellungskunst im weitesten Maße gerechnet werden. Das Unternehmen genießt die wissenschaftliche Beratung des Herrn Geheimrathes Professor Ulrich von Wilamowitz-Moellendorf [sic!] und soll Anfang Februar mit der Aufführung des ‹König Oedipus› seinen Anfang nehmen. Für die Darstellung der Hauptrollen treten erste Bühnenkräfte ein. Für die übrigen Rollen, sowie namentlich zur Bildung der Chöre bittet der Verein um möglichst rege Betheiligung der hiesigen Gesellschaftskreise. Die Sprech-Chöre (Frauen und Männer-Chöre), für die eine realistische Ausgestaltung modernen Stils in Aussicht genommen ist, sind in der Anzahl von 60–100 Personen gedacht. Die künstlerische Leitung des Unternehmens liegt bei seinem Urheber, Herrn Dr. Hans Oberländer.»

So kam es zu Kontakten mit Wilamowitz, aus dessen gerade erschienenem ersten Band der *Griechischen Tragödien* man das einzige darin enthaltene Stück des Sophokles, den *König Oedipus,* für die erste Aufführung auswählte. Einige Tage vor der Premiere am 28. 2. 1900 im Berliner Theater hielt Wilamowitz einen Vortrag: «Die Aufführbarkeit der altgriechischen Tragödie», in dem er seine Vorstellungen von der Annäherung der griechischen Tragödie an die lebendige Vorstellungswelt der Gegenwart entwickelte.[6]

Die Aufführung selbst begann mit einem (heute noch gelegentlich gespielten) *Symphonischen Prolog* des Komponisten Max Schillings,[7] von dem auch in der Mitte des Stückes eine (heute verlorene) Opfermusik gespielt wurde. Oberländer fungierte als Regisseur, die Schauspieler waren professionelle Theaterleute von den verschiedenen Theatern Berlins, nur der Chor wurde zum Teil von Studenten gebildet. Die Regie war sichtlich von den Meininger Prinzipien inspiriert: «denkbar regste Anteilnahme an der Handlung, nicht nur durch Mienenspiel und Gesten, sondern durch lebhaftes Hervortreten und Durcheinanderwogen».[8] Daß diese Massenbewegungen zuweilen übertrieben waren, hebt die Kritik hervor.[9] Das von Wilamowitz geforderte, uns heute von Aufführungen antiker Tragödien geläufige (damals aber unbekannte) Unisono-Sprechen des Chores mochte noch befremden,[10] muß aber im Auf- und Abwogen der in eine Baß- und eine Tenorhälfte eingeteilten Männerstimmen eine starke Wirkung hervorgerufen haben.[11] Von den Schauspielern verdienen vor allem Albert Heine als Oedipus und Max Reinhardt als Teiresias hervorgehoben zu werden. Heine, der später Direktor des Wiener Burgtheaters wurde und in Wien mehrfach als Regisseur griechischer Tragödien in der Übersetzung von Wilamowitz auftrat, hat den Oedipus in der ersten Hälfte des Dramas strahlend und sonnenhaft gespielt, dann im weiteren Verlauf des Dramas als den «jähzornige(n), mißtrauische(n) Herrscher im Kampfe mit den aufsteigenden Ahnungen». Am Schluß aber sei er «nicht furchtbar genug» gewesen. Max Reinhardt, der in jungen Jahren (er war gerade 26 Jahre alt) mit Vorliebe Alten-Rollen spielte[12], «war ein bitterer, mürrischer Greis, der seine Seherkunst nur widerwillig ausübt und doch nicht ohne schaurige Größe.»[13] Im ganzen war diese Aufführung ein außerordentlicher Erfolg. «Der Eindruck war überwältigend groß, das Publikum gebannt vom Anfang bis zum Ende... Die Aufführung war im realistischen Sinne gehalten, wenn man das Streben nach Natürlichkeit, nach Einfachheit und Sachlichkeit so nennen will... Für Herrn Oberländer hat vorläufig der Erfolg gesprochen»[14]. Der *König Oedipus* ist in dieser Inszenierung in Berlin noch zweimal wiederholt und dann, teils mit, teils ohne Schillings' Musik, mehrfach in der Provinz gegeben[15] und auch in Berlin noch einmal einstudiert worden, wobei A. Heine (der Oedipus der Aufführung von 1900) die Regie geführt hat.[16]

Wenn der «Akademische Verein» als zweite Aufführung schon kurze Zeit nach der Oedipus-Premiere die *Antigone* folgen ließ («zum Besten der ‹Centralstelle für weibliche Bühnenmitglieder›»), dabei aber nicht auf eine Wilamowitz-Übersetzung zurückgreifen konnte, so bedeutet dies: Man hielt sich in der Auswahl der Stücke noch an die Konventionen des 19. Jahrhunderts (das fast nur die *Antigone* und die beiden Oedipusdramen auf die Bühne brachte) und wagte nicht den Griff nach einer der in der Übersetzung von Wilamowitz vorliegenden Euripidestragödien. Gleichwohl war Wilamowitz auch an dieser Aufführung beratend beteiligt.[17] Ob die Wahl der damals wie heute wenig bekannten Übersetzung von Franz Bader[18] auf eine Empfehlung von Wilamowitz zurückgeht, ist unbekannt. Die Aufführung am 28. 3. 1900 im Lessingtheater begann mit einem eigens für diese Vorstellung verfaßten, von der Presse einhellig abgelehnten Vorspiel von Hugo von Hofmannsthal, das auf noch verdunkelter Szene gesprochen wurde.[19] Anläßlich dieser Aufführung dürfte eine (erste?) Begegnung zwischen Hofmannsthal und Reinhardt stattgefunden haben, die später in folgenreiche Zusammenarbeit mündete. Reinhardt spielte auch hier die Rolle des Teiresias, während Heine die Rolle des Kreon zufiel. Die Antigone wurde von Luise Dumont (der Klytaimnestra in der *Orestie*-Aufführung von 1900) gespielt; sie gehörte zum Komitee der «Centralstelle für die weiblichen Bühnenangehörigen Deutschlands». Der Chor sprach wieder Unisono, von der Mendelssohnschen Musik ist offenbar die Ouvertüre gespielt worden.[20] Der außerordentliche Erfolg auch dieser Aufführung veranlaßte den «Akademischen Verein für Kunst und Litteratur» zu folgender Presseerklärung: «Die gegenwärtig von uns inszenierten Sophoklesdramen durch Abendaufführungen allgemeiner zugänglich zu machen, ist uns selbst stets wünschenswerth erschienen, verbietet sich indessen vorläufig, weil die bekannten Mitglieder des kgl. Schauspielhauses, Deutschen und Neuen Theaters, die sich uns freundlichst widmen, nur selten alle an ein und demselben Abend für unsere Zwecke verfügbar sind, zum mindesten über ihre Zeit nicht lange genug vor einem festen Termin bestimmen können, nach dem sich dann die geschäftlichen und die in diesem Falle besonders schwierigen bühnentechnischen Vorbereitungen zu richten haben. Auch wäre eine solche günstige Konstellation kaum für mehrere Abende denkbar. Dazu kommt, daß die Entschädigung an die betreffende Bühnenleitung selbstverständlich wachsen würde, mehr, als dies dem wohltätigen Zwecke des Unternehmens, ja nur der traurigen Verkettung von Kunst und Kostspieligkeit entspräche. Vielleicht wird es sich durch Veranstaltung sonntäglicher Matineen ermöglichen lassen, dem kunstliebenden Publikum, das unseren Bestrebungen so freundliche Aufmerksamkeit geschenkt hat, weiter entgegenzukommen.»[21]

Kurze Zeit nach dieser Aufführung erschien der zweite Band der

Griechischen Tragödien mit der Übersetzung der *Orestie* von Wilamowitz; der «Akademische Verein» entschied sich sofort für eine Aufführung. Daß das Drama des Aischylos nun auf die deutsche Bühne gelangte, entsprach der antinaturalistischen Grundstimmung, der neu erwachenden Sehnsucht des Jahrhundertbeginns nach dem großen Drama.

Auf diesem Hintergrund ist die Premiere vom 24. 11. 1900 im ausverkauften Theater des Westens[22] mit fünf ebenfalls ausverkauften anschließenden Aufführungen eines der wichtigsten theatergeschichtlichen Ereignisse überhaupt zu nennen. Es war auch nach dem Urteil von Wilamowitz[23] die gelungenste und erfolgreichste Aufführung aus dem Bereiche seiner Tragödienübersetzungen. Leider ist ein Regiebuch offenbar nicht mehr erhalten.[24] Aus der Partitur der Bühnenmusik von Max von Schillings sowie den Bemerkungen Oberländers zu seiner Inszenierung[25] läßt sich jedoch die Aufführung einigermaßen rekonstruieren (Abb. 4 und 5).

Die Bühnenbearbeitung von Oberländer, die von Wilamowitz ausdrücklich autorisiert wurde,[26] enthält naturgemäß starke Kürzungen. Mit viereinhalb Stunden Spieldauer ist sie aber immer noch länger als die meisten Aufführungen der *Orestie* in späterer Zeit bis in die Gegenwart.[27] Die Behandlung des Chores war besonders differenziert entsprechend den Funktionen des Chores in dieser Trilogie.[28] Für die sententiösen und lyrischen Chorpartien war nach den Forderungen von Wilamowitz das Unisono-Sprechen des Chores vorgesehen, das mit der Instrumentalmusik von Schillings zur neuen Kunstform des Chormelodrams[29] gesteigert wurde. Dabei wurde der Strophenbau durch Streichungen nicht verletzt; die Folge von Strophe und Antistrophe blieb streng gewahrt. Die dramatischen Chorpartien wurden von einem einzelnen Chorführer gesprochen. «Es zeigte sich, daß der Chor im *Agamemnon* eine scharf differenzirte Charakteristik in sich trage, deren einzelne Züge durch den natürlichen Prozeß von Scheidung und Vereinigung zwei Charaktere ergaben. Zwei Menschen wuchsen aus dem Chor heraus, der eine als weicher Gefühlsmensch, der andere als Choleriker. Aus beiden wurde der I. und II. Chorführer».[30] Zusätzlich wurde ein III. Chorführer eingeführt, der im *Agamemnon* die Opferung der Iphigenie (185–257) berichtete. Hinsichtlich der musikalischen Gestaltung war es durchaus eine Neuerung, daß die Musik in engster Kooperation mit dem Regisseur entstand und einstudiert wurde. «Dramaturg und Komponist suchten Sprache, Gebärde und Musik in eins zu verschmelzen».[31] Besonderer Wert wurde auf die «strenge Interpretation des Wortes durch den Gestus» gelegt, ähnliches gilt für den Chortanz.[32] Der Chor wurde aus der Orchestra auf die Bühne geholt und durch ‹Volk› im Sinne der ‹Stimmungs-Resonanz des Chores› ergänzt. Das Ganze wurde in 7 Akte eingeteilt mit etwa folgendem Ablauf:

I *Agamemnon.* 1. und 2. Akt

1. Akt: 1–782

Die musikalische Einleitung ist mit dem Prolog des Wächters zu einem Ganzen verschmolzen. Zunächst wird bei noch geschlossenem Vorhang die düstere Grundstimmung des Dramas musikalisch wiedergegeben; nach 12 Takten geht der Vorhang auf; die Musik ist nun etwas gedämpft, die Bühne ist in Wolkenschleier gehüllt, die sich langsam lichten, so daß jetzt das Bühnenbild (der Palast des Agamemnon) sichtbar wird. Der Wächter beginnt seinen Prolog. Nach Vers 21 versinnbildlichen ferne Hornzeichen die Wahrnehmung des Feuerzeichens. Der Wächter spricht seinen Prolog zu Ende. Danach (der Wächter eilt zu Klytaimnestra) wird die Musik fortgesetzt, Wolkenschleier verhüllen erneut die Bühne. Ein lebhaftes Zwischenspiel überbrückt den Gang des Wächters zu Klytaimnestra, dann lichten sich die Wolkenschleier wieder, der Chor tritt auf, spricht (kein Gesang) die Parodos und bringt Opfer dar. Die folgende Szene scheint, soweit aus der Partitur (in der die reinen Sprechpartien nicht ausgeschrieben sind) erkennbar ist, stark gekürzt zu sein. Als Überbrückung etwa der Verse 104–159 sind folgende, weder im griechischen Text noch in der Übersetzung von Wilamowitz enthaltene Worte des Chores hinzugefügt:

> Ja, verkünd uns frohe Siegesbotschaft,
> ruf' uns auf, dein Freudenfest zu teilen,
> uns, die Ältesten des Volks von Argos,
> Agamemnon treu und zugethan.
> Aber wenn den Mund die fromme Rücksicht
> noch verschließt, wenn du der Opfer Anlaß
> später erst verkünden willst, so harren
> wir bescheiden.

Dann folgt eine Opfermusik, ausgeführt nur von Blasinstrumenten (Flöte, Oboe, Klarinette, Fagott), während der Zeushymnos (159–257) vom Chor unisono gesprochen wird, wobei die Verteilung der Chorverse auf die Musik frei, jedoch eine gewisse Korrespondenz zwischen dem Beginn der einzelnen Taktgruppen (nach den Fermaten) und bestimmten Versen zu beachten ist. Es schließt sich der Auftritt Klytaimnestras an mit dem Bericht über den Fall Trojas. In der folgenden Szene (355–748) mit dem ohne Musik gesprochenen Siegeslied des Chores (355–487) sind offenbar Kürzungen erfolgt, deren Umfang sich nicht mehr feststellen läßt. Von dem umfangreichen Chorlied (681–809) ist der erste Teil (681–750) entweder fortgefallen oder vom Chor bzw. Chorführer gesprochen. Nur die 3. Antistrophe (750–762) mit ihrem stark gnomischen Charakter ist dann als Chormelodram gestaltet, unter Begleitung des ganzen Orchesters (Streicher, Bläser, Pauke). Damit schließt der 1. Akt; der Rest des Chorliedes (763–782) ist offenbar gestrichen.

2. Akt: 783–1673

Der 2. Akt beginnt mit einer kurzen Orchestereinleitung; es folgt der Auftritt des Agamemnon, Begrüßung Agamemnons durch den Chor und das Gespräch Agamemnon-Klytaimnestra mit dem Streit darüber, ob Agamemnon über die ausgebreiteten Purpurgewänder (Wilamowitz: «Tücher») in den Palast gehen soll. Während seines Einzuges in den Palast ertönt aus demselben Opfermusik (Harfe und Hörner). Zu dieser Musik wird das kurze Chorlied 975–1032 als Chormelodram gesprochen, das die düsteren Ahnungen des kommenden Unheils enthält. In der anschließenden Szene Chor-Kassandra (1073–1330), die stark gekürzt ist, sind die Chorpartien rhythmisch notiert und durch Harfenmusik begleitet. Das kurze Chorlied 1331–1342 wird ganz ohne Musik gesprochen; die anschließende Sprechszene, in der Klytaimnestra dem Chor die furchtbare Tat verkündet, sowie die Aigisth-Szene enthalten offenbar wiederum Kürzungen; ein Orchesternachspiel schließt den Akt ab.

II *Das Opfer am Grabe (Choephoren),* 3. und 4. Akt

Das Bühnenbild war offenbar ein düsterer Friedhof mit Zypressen.[33]

3. Akt: 1–652

Kurze Orchestereinleitung. Prolog des Orest, dessen 2. Teil (10–21) durch Musik (Streicher und Flöten) begleitet wird. Es folgt die Szene zwischen Chor der Dienerinnen und Elektra bis zu Elektras Gebet (22–152), die Chorpartien ohne Musik. Das kurze Klagelied des Chores (153–164) ist ein Chormelodram, die Musik (Streicher und Flöten) in fis-moll. Die ganze folgende Handlung (Erkennung Elektra-Orest, Rachegelöbnis) wird ohne Musik gespielt. Eine kurze Schlußmusik (nur 9 Takte) beendet den 3. Akt.

4. Akt: 653–1076

Die Handlung läuft zunächst (653–972) ganz ohne Musik (Eindringen des Orest in den Palast, Tötung von Aigisth und Klytaimnestra, Chorlied von Rache und Vergeltung). Mit dem Hervortreten des Orest aus dem Palast (973) setzt ein kurzes Orchesterstück ein (nur Hörner, Posaunen, Tuba, Pauken). Dann der Monolog des Orest 973–996 (997–1006 offenbar gestrichen). In der abschließenden Szene: Chor (bzw. Chorführerin) – Orest sind den Worten des Chores einige Akkorde unterlegt. Den Abschluß bildet wiederum ein kurzes Orchesterstück.

III *Die Versöhnung (Eumeniden).* 5.–7. Akt

5. Akt: 1–234. Die Szene in Delphi

Orchestereinleitung bei noch geschlossenem Vorhang. Der Monolog der Priesterin (1–63) ist offenbar gestrichen; die Szene beginnt mit den Worten Apolls: «Ich will dich nicht verlassen» (64). Nach dem Versprechen Apolls, Orest zu schützen (nach 94), folgt Musik des ganzen Orchesters (Streicher und Bläser), während der zunächst Wolkenschleier vor der Tempeltür langsam herabsinken und Apollon verhüllen. In der Partitur steht dann die folgende Regiebemerkung: «Orestes schreitet wie schwebend durch die schlafenden Eumeniden auf Hermes zu, der links vorne erschienen ist. Auch im Vordergrunde ist ein leichter Wolkenschleier herabgelassen.» Nach einigen Takten Musik heißt es dann weiter: «Es wird dunkel; der Schatten der Klytaimnestra steigt aus dem Boden vor den schlafenden Erinyen langsam auf.» Es folgt die Szene mit der Erscheinung von Klytaimnestras Schatten und dessen Versinken (letzteres zu 5 Takten Musik); Erwachen der Eumeniden, Dialog zwischen ihnen und Apollon (94–234). Am Schluß des Aktes wieder ein kurzes Orchesterstück.

6. Akt: 235–488. Szene in Athen vor der Gerichtsverhandlung

Feierlich langsame Orchestereinleitung bei noch geschlossenem Vorhang. Auftritt des Orest. Blitz und Donner. Die Eumeniden erscheinen in der Verfolgung des Orest (235–320). Großes Chormelodram mit wildem Tanz (321–397). Auftritt der Athena, diese im Gespräch mit Orest und Chorführerin (398–488). Am Schluß des Aktes wieder ein kurzes Orchesterstück.

7. Akt: 490–1047. Die gleiche Szenerie wie im 6. Akt.
Die Gerichtsverhandlung

Bei geschlossenem Vorhang von der Bühne her Stimmengewirr, in das sich Fanfarenstöße (3 Trompeten) mischen. Das Chorlied 490–565 mit den Reflexionen über das alte Racherecht und das neue Recht ist offenbar gestrichen. Der Akt beginnt mit der Einsetzung des Areopag durch Athena (566–575). Dann erneut Fanfarenstöße zur Einleitung der Gerichtsverhandlung. Darauf diese selbst und Verwandlung der Erinyen in Eumeniden (567–926). Schlußszene: Worte der Athena (927–937). Die Chorstrophen 916–926 und 938–947 sind gestrichen, die Chorstrophe 956–967, die Antwort der Athena 969–975, die Antistrophe des Chores 976–987 und die folgenden Worte der Athena 988–995 alle als Chormelodram, dabei die Worte des Chores nur von der Chorführerin gesprochen. Am Schluß dann eine wirklich gesungene und durchkomponierte Chorpartie: Die 3. Strophe (996–1002) des mit 938 beginnenden Chorliedes wird gesungen

(Sopran und Mezzosopran). Darauf schließt sich sofort die 3. Antistrophe an (1014–1021); die Worte der Athena (1003–1013) werden umgestellt und bilden nach 1021 leicht gekürzt einen Zusammenhang bis 1031. Dann die Exodos (1032–1047) als durchkomponierter Chorgesang (Sopran, Alt, Tenor, Baß).

Daß die Aufführung außerordentlich erfolgreich war, geht aus den Pressekritiken sowie allen anderen erreichbaren Äußerungen hervor. Auch im Rückblick auf zahlreiche andere *Orestie*-Aufführungen seit über 90 Jahren muß man sagen, daß diese erste Aufführung der Trilogie beachtlich war. Es wurde umsichtig, geschickt und philologisch verantwortbar gekürzt; entschieden wurden unter Verzicht auf einen pseudoarchäologischen Klassizismus die modernen technischen Bühnenmittel angewandt; die Musik stand im Dienste des Wortes,[34] Übersetzer, Komponist (der auch selber dirigierte) und Regisseur arbeiteten Hand in Hand. Die Inszenierung erstreckte sich nicht nur auf das Wort, sondern zugleich auf Gestus, Gebärde und Tanz. Gewiß: es war ‹großes›, illusionistisches Theater für das Bildungsbürgertum des Jahrhundertanfangs, aber in gekonntester Form. Hervorragende Schauspieler waren gewonnen, u. a. Louise Dumont als Klytaimnestra (die kurz zuvor die Antigone gespielt hatte)[35] «in einer prachtvollen Wildheit der Leidenschaft. Das brandete und das gährte, sowohl in Haß gegen den Gatten, wie in Energie des Herrschens»;[36] Rosa Bertens als Kassandra (später die Medea in der Übersetzung von Wilamowitz) bot «von Anfang an schon bei ihrem stummen Einzug mit Agamemnon in Haltung und Miene eine grandiose Leistung»; Eduard von Winterstein (der später viel unter Reinhardt arbeitete)[37] als Aegisth und als 3. Chorführer mit dem kurzen Bericht von der Opferung der Iphigenie Reinhardt selbst, dem durch diese Aufführung der Plan zu großräumiger Inszenierung des antiken Dramas herangereift sein dürfte.[38]

Nur zwölf Tage nach der Berliner Premiere der *Orestie* stand die Trilogie in der Übersetzung von Wilamowitz auf der Bühne des Wiener Burgtheaters (am 6. 12. 1900). Die Bedeutung der Wiener Aufführung lag darin, daß Aischylos nun in das etablierte Theater Einzug hielt, inmitten eines konventionellen Spielplanes sich durchsetzen mußte. Entsprechend formulierte der neue (seit 1898) Direktor des Burgtheaters, Paul Schlenther,[39] als sein Ziel: «... das mächtige Werk des mächtigsten Dramatikers der Griechen soll dort Bürgerrecht und Heimatland erwerben, wo Shakespeare's *Hamlet,* Lessing's *Nathan,* Goethe's *Faust,* Schiller's *Wallenstein* unsterblich hausen».[40] Die Ankündigung mußte um so bedeutsamer wirken, als das Wiener Burgtheater in den Jahren vor 1900 im Niveau stark abgesunken und den Berliner Bühnen deutlich unterlegen war.[41] So fiel der Aufführung der *Orestie* die Funktion zu, das Theater aus Routine und ausgetretenem Repertoire (neben ‹Klassikern› noch stark das französische

Konversationsstück) herauszureißen. Entsprechend war auch die Erwartung in der Fachpresse: «In größter Spannung erwartet das gesamte litterarische Wien die seit langem angekündigte pièce de résistance des diesjährigen Burgtheater-Repertoires. Diese ungewöhnliche Premiere, die im Laufe der nächsten Wochen Ereignis werden wird, nennt sich *Oresteia* und als ihr Verfasser zeichnet Herr Aischylos aus Athen.»[42]

Schlenther faßte den Entschluß zur Aufführung der *Orestie* nach Lektüre der Übersetzung von Wilamowitz im zweiten Band der *Griechischen Tragödien,* also wohl spätestens Mitte 1900. «Als ich diese Übersetzung gelesen hatte, stand vor meinem Pflichtgefühl und vor meinen Wünschen ein kategorischer Imperativ. Der lautet: Die *Oresteia* muß aufs Burgtheater», und zwar soll die Trilogie «entweder in der Sprache des Wilamowitz oder in gar keiner lebendig werden».[43] Sodann erstellt Schlenther offenbar unabhängig und ohne Kenntnis von Oberländers Fassung eine Bearbeitung «für die moderne Bühne», die er am 17. 10. 1900 der Generalintendanz der Hoftheater zur Vorlage bei der Zensur einreichte.

Die Proben begannen am 2. 11. 1900. Mit insgesamt 23 Proben (für die damalige Zeit eine exorbitant hohe Probenzahl), mit der Herbeiziehung von wissenschaftlichen Beratern, mit aufwendigen Kostümen und Requisiten wurde die Aufführung so extensiv vorbereitet, daß der Kostenvoranschlag mehrfach überschritten und abgeändert werden mußte.[44] Angestrebt wurde eine historische Treue in Äußerlichkeiten wie Kostüm, Waffen usw., nicht jedoch in der Behandlung des Textes oder gar der technischen Bühnenmittel.

Am 4. 11. 1900 hielt Schlenther in Wien einen öffentlichen Vortrag: *Antikes Drama und moderne Bühne*,[45] in dem er seine Konzeption der *Orestie*-Inszenierung expliziert hat. Unter ausdrücklichem Bezug auf Wilamowitzens Äußerungen zu Bühnenwesen und Aufführungspraxis wendet er sich gegen die «ekelhafte Nachahmung nichtsnutziger Äußerlichkeiten» und sieht das Geschäft des Theatermannes analog zur Arbeit des Philologen: «Wie der Student die alten classischen Büchertexte nicht mehr in Handschriften, sondern in modernsten Drucken liest, so soll der Zuschauer die alte Kunst nicht mehr in vergangenen und überwundenen Formen empfangen, sondern in der ihm selbst geläufigen.» Dies bedingt die Herstellung einer Bühnenfassung «nach unseren Conventionen», die vor allem durch «Regiestriche» erreicht werden soll. Objekt dieser «Regiestriche» ist vor allem der Chor, denn «Chorgesang ... gehört ... zu jenen entfremdeten und überwundenen, daher störenden und zerstreuenden Conventionen». «Der Chor ist eine Voraussetzung oder Folge des antiken Theaters, nicht der modernen Bühne»; er ist kein «notwendiger Bestandteil der dramatischen Handlung». Daher folgert Schlenther: «An die Chorpartien also gilt es zunächst Hand anzulegen.»

Ein derartiger scheinbarer Realismus, der in Wirklichkeit einem Konventionalismus entspricht, geht weit über die Intentionen von Wilamowitz hinaus, hinsichtlich der Behandlung des Chores fühlt man sich an die Praktiken von Wilbrandt erinnert. Aber auch in die Handlungsszenen wurde durch Streichungen eingegriffen; umfangreiche Kürzungen wurden vor allem in den *Eumeniden* vorgenommen: «Was kümmern uns Ephialtes und ähnliche Herrschaften? Darum im Fluge darüber hinweg!» Auch «in den Handlungsszenen hat der Stift des Bühnenbearbeiters rodend gewaltet». Das Kriterium für den Umfang der Kürzungen ist ein ganz äußeres: «Es steht nur die Zeit von 7 bis zur Thorsperre zur Verfügung» – die Torsperre war um 10 Uhr. So ist die *Orestie* mit einer reinen Spieldauer von 123 Minuten – über die Hälfte des Textes ist also gestrichen – eine der kürzesten Bühnenfassungen der Trilogie überhaupt geworden.

Über die Einzelheiten der Aufführung kann man sich ein sehr gutes Bild machen, da das sorgfältig geführte Regiebuch erhalten ist.[46] Hier müssen wenige Bemerkungen genügen.

‹Regie› (in dem damals eingeschränkten Sinne) führte Fritz Krastel; man benutzte die Musik von zwei verschiedenen Komponisten (Ouvertüren zu *Agamemnon* und *Choephoren* von Charles Villiers Stanford, zu den *Eumeniden* von Romberg). Die Spielzeit der drei Stücke der Trilogie betrug: 55 Minuten *Agamemnon;* 41 Minuten *Choephoren;* 27 (!) Minuten *Eumeniden.*

Nach einer Ouvertüre von vier Minuten Dauer gab der Kapellmeister das Zeichen zum Emporziehen des Vorhanges. Das Bühnenbild von Gilbert Lehner (von dem ein Entwurf der Zeichnung erhalten ist)[47] zeigt auf der linken Seite «ein altes, breites offenes dorisches Thor aus roh behauenen Steinen. Außerhalb dieses Thores ein ähnliches, aber kleineres 2. Steinthor mit einem roh gemeisselten Relief eines Löwenpaares» (Regiebuch), letzteres offenbar nach dem Vorbild des Löwentores von Mykene. Von hier traten auf: der Herold, Agamemnon, Orest; aus dem Palast selbst natürlich Klytaimnestra. Auf der rechten Seite war eine Säulenhalle mit Austritt in die Stadt angebracht. Von hier kamen Aegisth und Bürger (darunter auch der Chor). Der Chor bestand aus 8 Bürgern, die schematisch, nicht entsprechend dem jeweiligen Charakter der Textpartie (so bei Wilbrandt und an einigen Stellen bei Oberländer), in Gruppen zu 2 × 3 und 1 × 2 Bürger aufgeteilt waren; sie sprachen jedoch durchweg einzeln. Ihnen fiel zu, was Schlenther von den Chorpartien übriggelassen hatte. Von dem Zeushymnos (160ff.) z. B. blieben allein folgende, vom ersten Bürger gesprochene Worte übrig: «Zeus! Zeus! Mit diesem Namen ruf' ich ihn! Von Sorgen und von Sinnen und Zweifeln löst das Herze mir Zeus allein. Auch wider Willen kommt der Mensch zur Einsicht. Gott lenkt das Weltenregiment gewaltsam. Doch Gott ist gütig!» Unmittelbar danach fiel ein Zwischenvorhang – der Rest des Chorliedes (185–258) war ganz gestrichen –, um eine Zäsur vor dem Auftritt der Klytaimnestra zu markieren.

Die religiöse Dimension ging ganz verloren, ein platter Realismus ließ den verbleibenden Text überdeutlich hervortreten. Die poetische Absicht oder zumindest Eigenart des Textes wurde durch nachrechenbare Realitätselemente angereichert und damit zerstört. So sollte der erwähnte Zwischenvorhang die Zeitpause bis zum Erscheinen der Klytaimnestra markieren. Um den Zeitunterschied zwischen dem Erblicken des Flammenzeichens und der Rückkehr Agamemnons zu verdeutlichen, wurden nach 488 folgende (weder im Text noch in der Übersetzung von Wilamowitz vorhandene) Worte hinzugefügt: «Der Monde sieben wechselten seit jener Nacht, da uns ein Feuerschein den Sieg des Heeres verhieß und Troias Fall und auch des Königs Wiederkehr». Sieben Monate, so glaubte man, würde wohl Agamemnon brauchen, um von Troja nach Argos zu gelangen (davon abzurechnen die Zeit, die die ‹Flammenpost› benötigt).[48]

Ein Rekurs auf ‹Convention› und Realität der eigenen Zeit bedeutete offenbar auch die große Anzahl von Komparsen und glänzenden Requisiten. Ihren Höhepunkt erreichte die Aufführung in dieser Hinsicht beim Einzug des Agamemnon im Triumphwagen mit zwei veritablen Schimmeln, die in weißes Geschirr gespannt waren, wobei im «Wagen ein Polstersitz für Kassandra» (Regiebuch) angebracht war. Unter dem Stichwort ‹Fürst› (783) sieht das Regiebuch folgenden Hergang vor: «Die Jubelrufe: Heil dem König! Heil Agamemnon! ertönen h. d. Sz. [= hinter der Szene] stärker und näher, der Marsch erklingt forte. Der Einzug Agamemnons wird sichtbar. Durch das Thor L. 1. kommen d. d. Straße von L. 7. hinter dem Herold Volk: 10 Bürger, 1 Weib m. e. kl. Kinde auf dem Arm, 2 Mädchen nach L. H. zurückwinkend und jubelnd, dann vor dem Wagen gehend: 2 Krieger mit dem Helm und dem Schild Agamemnons, hierauf der Siegeswagen von zwei Schimmeln mit gestutzten aufrecht stehenden Mähnenkämmen, R. und L. Pferde führend ein Pferdewärter, ein Pferdeausspanner und 1 Diener hinter und neben dem Wagen, auf welchem, mit der Linken aufgestützt und hochaufgerichtet, Agamemnon steht. Kassandra m. d. Binde im Haar, den Prophetenstab in d. Hand, sitzt zu Füßen Agamemnons. Dem Wagen folgen die 3te, 4te, 5te, 6te gefangene Troerin, 2 Diener, 12 Krieger d. Agamemnon zu 3 und 3, die sich mit Helm- und Schildträger in 2 Längsreihen an d. Th. [= Thor] L. stellen, dahinter 8 Krieger d. Aigisthos innerhalb des Th. L. gegen die Straße L. zu, Volk verschiedenen Alters, darunter 4 Knaben, und Geschlechtes, kommt nach und gruppiert sich hinter dem Wagen von d. Mitte der Mittelstufen an bis außen an d. Thor L. in die Straße L. hinein. Der Wagen bleibt L. M. stehen genau in der Richtung des Thores R. 1. Die Bürger, welche schon früher auf der Szene standen, eilen unter fortwährenden Jubelrufen: Heil, heil dem König, heil Agamemnon! dem Zuge entgegen und decken in der Mitte vor Wagen und Pferden im Vereine mit den mitgekommenen 10 Bürgern, dem Weibe m. d. Kinde und den 2 Mädchen das Ausspannen der Pferde. Die 2 Pferdewärter halten die Pferde fest, der Wagenausspanner hebt die Deichsel aus u. geht diese haltend hinter den Pferden ...»

Der Boden der Straße war übrigens mit Matten belegt, um das Gestampfe der Pferde abzudämpfen.

Eine solche Szene vermochte wohl die Schaulust der davon begeisterten Wiener zu befriedigen, der tragische Gehalt der Szene wurde aber durch das prachtvolle Spektakel in den Hintergrund gedrängt in einer Szenerie, die auch nach dem Urteil von Wilamowitz in die Irre ging.[49]

Am stärksten hat Schlenther in den Text der *Eumeniden* eingegriffen, insbesondere indem er die einleitende Szene in Delphi schon in Athen spielen läßt, so daß am Anfang der Schatten der Klytaimnestra die schlafenden Rachegeister (die übrigens von Männern gespielt wurden) nicht im delphischen Apollontempel, sondern vor der Säule des Athenatempels auf der Akropolis weckt. Der beanspruchte Realimus entpuppt sich hier als ein vordergründiger Klassizismus: Die vermeintlich aristotelische Forderung nach der Einheit des Ortes scheint gewahrt.[50] Offenbar aus dem gleichen Grunde sind auch die beiden Schauplätze in Athen (Athenatempel und Aeropag für die Gerichtsverhandlung) zusammengelegt. Auf einen Wink der Athena kommen die Richter gleich um die Ecke des Tempels. Wenn Schlenther als Begründung für die Abstimmung der Athena angibt, sie folge dem «Gnadenwinke des höchsten Gottes», so widerspricht dies direkt der Auffassung von Wilamowitz: «Sentimentale moderne Gemüter haben gewünscht, Athena hätte Gnade als Motiv angeben sollen».[51]

So entsprach diese Aufführung in mehrfacher Hinsicht den Vorstellungen von Wilamowitz nicht und ging auch weit über das Maß an Freiheiten hinaus, das er dem Regisseur zuzugestehen pflegte. Die Aufführung selbst hat er zunächst jedoch nur aus der Presse kennenlernen können, gesehen hat er sie erst anläßlich eines Besuches in Wien am 12. 5. 1909, nachdem Schlenther am 28. 3. 1909 seine Bühnenfassung ein zweites Mal einstudiert hatte (diesmal wurden die Erinyen von Frauen gespielt).[52] Wilamowitz fand die Aufführung «teils zu naturalistisch, teils mit zu üppiger Aufmachung zurechtgeschnitten».[53]

Mochte auch der opernhafte Prunk der Aufführung auf das Publikum stark gewirkt haben, die dramaturgische Bearbeitung wurde von der Kritik zum Teil scharf abgelehnt. Bezeichnend dafür ist die folgende Besprechung:[54] «Vor zehn Uhr war Ende. Herrn Schlenthers Witz mit der Wiener Sperrstunde kostete Aischylos beinahe das mühsam wieder errungene Bühnenleben. Die *Orestie* wurde buchstäblich in kleine Fetzen zerrissen, die Chorlappen flogen wie die Federn einer gerupfen Henne durch die Luft. Der Vorgang ist beispiellos in der Geschichte der Dramaturgie... So hat noch nie ein Rothstift gewüthet... Was irgend zu einer lyrischen, historischen Betrachtung, zu einem allgemeinen Ausspruch führen konnte, wurde unbarmherzig als Sperrstundenballast ausgeworfen. That wälzte sich auf That, der Atridenpalast wurde zur Großschlächterei... Herr Schlenther hatte beständig nur das Mordbeil in der Hand... Herr Schlenther hat ohne Zweifel den Dank aller umliegenden Gastwirte erworben.»

Erst vor diesem Hintergrund mag noch einmal die Leistung Oberländers bei der in jeder Hinsicht eindeutig überlegenen Berliner *Orestie* deutlich werden. Oberländer selbst hat sich unmittelbar nach der Wiener Aufführung über diese brieflich Wilamowitz gegenüber außerordentlich negativ geäußert. In einem offenbar unerfreulichen Hin und Her (auch mit Angriffen gegen Oberländer aus Wien) mag der Wunsch Oberländers verständlich und berechtigt erscheinen, Wilamowitz möge dessen Fassung mit der Musik von Schillings als die «einzige vom Übersetzer autorisierte Bühnenfassung» bezeichnen, ein Wunsch, dem Wilamowitz in dem Drang nach möglichst weiter Verbreitung seiner Übersetzung auf den Bühnen nicht entsprochen hat.[55] So gingen denn im wesentlichen die beiden Fassungen der Wilamowitzschen *Orestie* auch an die Provinzbühnen, diejenige von Oberländer/Schillings[56] und diejenige von Schlenther[57]; aber auch der Weg für ganz andere Fassungen war frei.

In den folgenden Jahren sind in Wien erstmals Tragödien von Euripides aufgeführt worden, nämlich der *Herakles* und der *Hippolytos* (beide in der Übersetzung von Wilamowitz), aber nicht durch das Burgtheater, sondern durch den «Wiener Akademischen Verein für Kunst und Literatur», der sich 1901 analog zu dem Berliner Verein konstituiert hatte.[58] Als künstlerischer Berater und Regisseur hatte man hier Heine gewonnen, den Oedipus und Kreon der Berliner Aufführungen, der inzwischen an das Burgtheater engagiert war. Durch den «Wiener Verein» wurden von November 1901 bis April 1903 dreizehn Stücke von acht Autoren (neben Euripides u. a. Goethe, Ibsen – deutschsprachige Erstaufführung von *Peer Gynt* –, Hauptmann, Maeterlinck) aufgeführt, am 6. 1. 1902 der *Herakles* des Euripides in einer Matinee am Theater in der Josefstadt.[59] Damit war die Tragödie, der der weitaus größte Anteil an Erforschung der griechischen Tragödie durch Wilamowitz überhaupt gewidmet war, zum ersten Mal in dessen Übersetzung auf der Bühne. Der Regisseur Heine spielte zugleich den Amphitryon; die meisten übrigen Darsteller kamen vom Burgtheater, während der Chor von den meist studentischen Mitgliedern des Vereins gebildet wurde. Für Presse und Publikum, das bislang auf der Bühne an antiken Tragödien nur *Antigone*, *Oedipus* und neuerdings die *Orestie* kannte, war der Eindruck der Aufführung stark und nachhaltig,[60] zugleich aber spürt man in den Kritiken eine gewisse Ratlosigkeit, die so ganz andersartige Tragödie des Euripides einzuordnen, die sich der Rezeption im Sinne eines ‹Bildungstheaters› zu verschließen scheint: «Während Chorstudenten auf der Bühne die großen Fragen der Menschheit: Jugend und Alter, Leben und Sterben erörterten, saßen Philologen und Antiquare zu ihren Füßen und hörten das mächtige Rauschen der schwingenden Verse des Euripides. Es erklang wie eine große Orgel, wenn Meisterhand alle Register beherrscht.»[61] Es ist seltsam, daß nach dieser erfolgreichen Aufführung der Euripideische *Herakles* auf der deutschsprachigen Bühne bis in unsere Zeit kaum vertreten ist. Ähnliches gilt vom *Hippolytos,* den Heine bald darauf in Wien einstudierte.[62] Mit diesen und den anderen Aufführungen des «Wiener Vereins» unter Heine (insbesondere auch der *Peer-Gynt*-Inszenierung) war ein künstlerisches Niveau erreicht, das das des Burgtheaters auch nach der fast einhelligen Meinung der Presse in den Schatten stellte. Dies dürfte der Hauptgrund dafür gewesen sein, daß Schlenther Ende 1902 ein Verbot erließ, wonach weder Heine noch die anderen Burgtheaterschauspieler außerhalb des Burgtheaters (außer in «kleinsten Rollen») auftreten dürften, eine Maßnahme, die später dahingehend abgemildert wurde, daß Heine nicht auswärts Regie führen durfte.[63] Auf jeden Fall war dem Verein damit die Möglichkeit genommen, auch in der Aufführung antiker Tragödien eine weitere Wirksamkeit zu entfalten. Als Heine dann schließlich (1918) selbst Burgtheaterdirektor wurde, hat er kaum noch griechische Tragödien in den Spielplan genommen.[64]

In Berlin war der Kontakt zwischen Oberländer und Wilamowitz nicht abgerissen. Als Oberländer sich im Jahre 1904 anschickte, die *Medea* des Euripides in der Übersetzung von Wilamowitz auf die Bühne des Neuen Theaters zu bringen, war er bereits ständiger Mitarbeiter von Reinhardt, der im Februar 1903 die Direktion des Neuen Theaters am Schiffbauerdamm übernommen hatte. So ist diese Inszenierung nicht nur im Einverständnis, sondern wohl auch auf Anregung von Reinhardt vorbereitet worden.[65] Jedenfalls war der Wunsch lebendig, nach den Wiener Aufführungen Euripides nun auch in Berlin auf die Bühne zu bringen.[66]

Über die Einzelheiten der Aufführung sind wir nur unvollkommen unterrichtet. Offenbar hat Wilamowitz selbst eine Bühnenfassung hergestellt, in der er das Drama unter starken Kürzungen in zwei Akte eingeteilt hatte. Anlaß dafür war die fast völlige Streichung der Szene, in der Aigeus, der attische König, unvermittelt und – wie Wilamowitz im Gefolge des Aristoteles schon früher nachzuweisen gesucht hatte – ohne dramatische Notwendigkeit auftritt und Medea auf deren Bitten Schutz und Ehe verspricht (663–758).[67] Diese Bühnenfassung hat Wilamowitz dann an Oberländer geschickt, der daraufhin seinerseits über Einzelheiten der Inszenierung mit Wilamowitz korrespondierte. Nimmt man die Vorschläge, die Oberländer in seinem Brief vom 25. 1. 1904 an Wilamowitz unterbreitet, als in der Aufführung realisiert an und bezieht ein, was sonst über die Aufführung noch bekannt ist,[68] so ergibt sich folgendes Bild:

Das Bühnenbild von Gustav Knina zeigte zwar den Königspalast und das ärmliche Haus Medeas zugleich,[69] war aber doch offenbar schon im Sinne der Konzeption Reinhardts auf «einfache Flächen und Körper» konzentriert. Jedenfalls waren es plastisch aufgebaute Häuser «nach der Architektur mykenischer Ausgrabungen» (so im Programmzettel); dazwischen ein Blick in eine düstere Landschaft. In die Richtung Reinhardts weist ebenfalls die erstmals angewendete Technik, mit Hilfe von Scheinwerfern Lichteffekte mit Symbolkraft zu erzeugen, insbesondere im 2. Akt. Mit dem Chor wurde ähnlich experimentiert, wie es später Reinhardt getan hat: Er wurde in kleinere Gruppen und Einzelspieler aufgeteilt, um auf dieser Grundlage ein dynamisches Element zu entwickeln.

Die Akteinteilung war die folgende: 1. Akt. 1–662 (also bis zum Ende des 2. Stasimon). Die dann folgende Aigeusszene war gestrichen; 2. Akt: 824–1416 (beginnend mit dem 3. Stasimon, dem Preislied auf Attika). Offenbar trat aber doch am Anfang dieses Aktes Aigeus kurz auf, in starker Raffung der in toto gestrichenen Szene.[70] Während der Vorhang sich hebt, ist der Chor schon auf der Bühne; Medea wartet im Kreis des Chores. Im übrigen spielt der 2. Akt «zur heranbrechenden Nachtstunde» (Oberländer). So sollte eine starke Wirkung des Schrecklichen unter dem Nachthimmel erzielt werden; dieser sei auch «für die Erscheinung Medeas am Firmament nötig» (Oberländer).[71] Das Drachengespann am Schluß zeigt sich in dieser Beleuchtung nur in «gespenstischen Umrissen», während – unter Ausnutzung der Möglichkeiten des Scheinwerfers – auf Medea und die Kinder «mitten in der Nacht der Strahl des Helios fällt» (Oberländer). Während Medea entschwebt, soll brennendes Sonnenlicht die ganze Bühne erhellen. Violinen sollen in weiter Ferne den Sphärenklang der Töne wiedergeben, so vollziehe sich «das Wunder am großartigsten» (Oberländer).

Der Hauptnachteil dieser Konzeption war – wie Wilamowitz später einsah – die durch die Streichung der Aigeusszene herbeigeführte Zäsur zwischen den beiden Akten, die die vom Dichter intendierte schnelle Abfolge der Monologe der Medea unterbrach und damit die Spannung der Hörer zerschnitt.[72] Auch andere Versumstellungen und Kürzungen wirkten sich nicht zum Vorteil aus. So begann die Darstellerin der Medea (Rosa Bertens[73]) mit Fortissimo und vermochte «das wiederholte Umspringen von Mordlust zu Weichheit nicht mehr herauszubringen» (Wilamowitz). Überhaupt spielte Rosa Bertens antinaturalistisch übersteigert, sich pathetisch am Boden wälzend, in dämonisch wilder Leidenschaft mit steinernem Gesicht. Scharf dagegen abgesetzt war der prunkvoll, fast geckenhaft auftretende Jason von Eduard von Winterstein. Im Chor wirkten u. a. Tilla Durieux und Lucie Höflich mit. Interessant ist der Verzicht auf klassizistische Kostüme: Medea war einfach und dunkel gekleidet[74] (Abb. 6).

Die Kritik war zwiespältig; Ablehnung überwog, wenn auch teilweise unberechtigt. Auch war man im Urteil noch stark von Grillparzers *Medea* bestimmt, von dessen Vorstellungswelt nur schwer der Übergang zu Euripides zu finden war.[75] In den später gegebenen Aufführungen der *Medea* in der ‹Provinz› ist offenbar die Berliner Bühnenfassung nicht übernommen worden.[76] Diese jedenfalls nicht voll gelungene Aufführung war die letzte Inszenierung einer griechischen Tragödie in der Übersetzung von Wilamowitz durch Oberländer; die einige Jahre später gegebene *Alkestis* erlebte als einzige Übersetzung von Wilamowitz (abgesehen von den postumen Aufführungen) ihre Erstaufführung nicht in Wien oder Berlin, sondern in Stuttgart.[77]

Es darf als ausgemacht gelten, daß Reinhardt durch seine Mitwirkung an den Aufführungen griechischer Tragödien in der Übersetzung von Wilamowitz im Jahre 1900 wichtige Impulse für die Inszenierung gerade auch des griechischen Dramas erhalten hat.[78] Er hat indessen nie auf die Übersetzungen von Wilamowitz zurückgegriffen. Vielmehr hat er zunächst im Jahre 1901 in einem Gespräch mit Hugo von Hofmannsthal dessen Neigung, die Sophokleische *Elektra* zu bearbeiten, bestärkt. Hofmannsthal berichtet: «Lust, das Stück hinzuschreiben, bekam ich plötzlich auf das Zureden des Theaterdirektors Reinhardt, dem ich gesagt hatte, er solle antike Stücke spielen, und der seine Unlust mit dem ‹gipsernen› Charakter der vorhandenen Übersetzungen und Bearbeitungen entschuldigte.»[79] Nach Lage der Dinge sind damit auch die Übersetzungen von Wilamowitz gemeint, der doch seinerseits eher die klassizistischen Übersetzungen nach der Art Donners ‹gipsern› genannt haben würde. Was Reinhardt offenbar vermißte, war die nervös gesteigerte, gereizte Expressivität der Gestalten, wie sie Hofmannsthals *Elektra* bietet, in ihrer Aussagekraft für die eigene Gegenwart.[80] Zudem interessierten ihn zunächst die großen Frauengestalten der Antike: Nach der Aufführung von Hofmannsthals *Elektra. Tragödie in einem Akt frei nach Sophokles* am 30. 10. 1903 im Kleinen Theater[81] und der von ihm angeregten, aber nicht selbst betreuten *Medea* von 1904 (siehe oben) brachte er am 11. 3. 1906 im Kleinen Theater die *Antigone* in der Übersetzung des damals noch unbekannten Karl Vollmoeller heraus.[82] Es folgte am 27. 2. 1908 die *Lysistrata* in der Bearbeitung von Leo Greiner[83] mit einem von Hofmannsthal verfaßten Prolog. Der Erfolg war mit 57 Vorstellungen schon in der ersten Spielzeit außerordentlich.

Auf der Grundlage der hier erprobten Möglichkeiten in der virtuosen Behandlung des Chores in gesteigerter Erregung und Bewegung im wogenden Auf und Ab erfolgte dann im Jahre 1910 der Schritt zur Arena-Inszenierung des *König Oedipus* in der Übersetzung von Hofmannsthal zunächst in München und dann in Berlin[84] mit einem sensationellen Erfolg, der den Weltruhm Reinhardts begründete. Die sehr freie, eher einer Bearbeitung gleichende Übersetzung von Hofmannsthal kam ihm dabei entgegen. Hofmannsthal hatte auch im *König Oedipus* den Chor weitgehend aufgegeben und auf einzelne Dialogsprecher verteilt.[85] Im ganzen bleibt Hofmannsthal im *König Oedipus* dem Original näher als in seinen übrigen Griechendramen. Allerdings wirkt sich hier die dramatische Bearbeitung der Vorgeschichte durch das Stück *Oedipus und die Sphinx* aus. Hofmannsthal lehnte sich dabei relativ eng an das 1903 im antiken Theater von Orange aufgeführte Stück *Oedipe et la Sphinx* von Josephin Peladan an, den Hofmannsthal 1904 kennenlernte. Den Plan zur Übersetzung des sophokleischen *König Oedipus* hatte er indessen schon vorher gefaßt, und in der Tat sind die Änderungen am Text des Originals gering, die zum Zwecke der Integration des zuerst 1906 bei Fischer erschienenen Dramas *Oedipus und die Sphinx* vorgenommen worden sind. Spürbar ist die Rücksichtnahme auf das frühere Stück z. B. in dem (bei Sophokles nicht vorkommenden) Vers: «Bist Du nicht der, vor dem die Rätselfrager verstummen?» Aber auch sonst ist der Grundtenor der Tragödie verändert in Richtung auf das feinnervige Spiel der schmerzlichen Existenz des mit subjektiver Schuld beladenen Individuums. Mag hier manches in Richtung auf die Psychoanalyse gehen, so dürfte die Charakterisierung, die die «Wiener Allgemeine Zeitung» nach einer Burgtheateraufführung am 20. 5. 1930 gab, doch zu weit gehen: «Im Salon der Kadmäer gibt es ein kleines Inzestchen. Sehr peinlich». Die Auflösung des Chores in Einzelsprecher (sieben Greise) hat zur Folge, daß die durch die Chorlieder in das dramatische Geschehen eingelegten Ruhepausen weitgehend eliminiert sind. Die Auflösung des Chores ermöglichte Reinhardt, ohne Eingriff in die ‹Übersetzung› den Riesenraum der Arena durch bewegte Massen zu strukturieren, indem er neben einem 27 Mann starken Chor thebanischer Greise die ‹Menge› in Form von 500 Personen auf die Spielfläche brachte, die sich in drei getrennten Strängen in die Bühne drängten, um gleich zu Beginn als große Masse noch vor dem Erscheinen des Oedipus unter dumpfer Musikbegleitung (Pauken, Orgel, Gong) in häufiger Wiederholung die Schreie: «Oedipus, Oedipus, König, hilf uns, König! Hilf uns Oedipus, König Oedipus» zu rufen und in minutiös exakter Einstudierung ihre Arme Oedipus entgegenzustrecken (Abb. 7). Zu Beginn war es nur ein dunkler Raum, dann setzte eine krasse Beleuchtung der drei obersten Stufen des Palastes ein, durch dessen Öffnung plötzlich Oedipus kommt. Fackelträger fungieren als Wegweiser; Auf- und Abtritte werden durch Gongs und Paukenschläge verdeutlicht. In strenger Symmetrie der Bewegungsabläufe ist ein rhythmischer Wechsel von Statik und Dynamik gestaltet in einer Art circensischer Dressur, die das Publikum bannte.[86] Der Chor als endlose Volksmenge blieb jammernd und stöhnend, durch Effekte optischer und akustischer Art begleitet (Reinhardt ließ das Stück in der Nacht beginnen und im Morgengrauen enden), die ganze Aufführung hindurch auf der Bühne. Im Zeitalter der beginnenden Vermassung, der sich anbahnenden Interessenvertretung und Willensformung der Masse sollte diese auf der Bühne anwesend sein, um die Tragödie des ganzen Volkes sinnfällig zu machen.[87]

Diese Art Theaterspiel sollte ihren Höhepunkt in der Aufführung der *Orestie* finden, die Reinhardt zweimal auf der Grundlage des gleichen Regiekonzeptes inszenierte, zunächst 1911/12 in München und Berlin – hier allerdings ohne die *Eumeniden* – und dann nach dem Ersten Weltkrieg im Jahre 1919 zur Einweihung des aus dem Umbau des Zirkus Schumann hervorgegangenen, 3500 Plätze fassenden Großen Schauspielhauses in Berlin.[88] Dabei legte er die Übersetzung eines Philologen und Altertumswissenschaftlers zugrunde, aber nicht diejenige von Wilamowitz, sondern die seinerzeit zunächst noch unbekannte, von Reinhardt schon 1905/06 in Auftrag gegebene von Karl Gustav Vollmoeller.[89] Diese philologisch zuverlässige, aber doch mit «Rücksicht auf das Sprechvermögen lebender Schauspieler und auf das Ohr heutiger Zuschauer» (Vollmoeller im Vorwort) gestaltete Übersetzung hat Reinhardt allerdings stark gekürzt, und zwar insbesondere in den lyrischen und retardierenden Partien sowohl der Chorlieder als auch der Sprechpartien[90] mit der Tendenz, unter Preisgabe von Gehalt, Kolorit und Atmosphäre handlungsgeladene Szenen herauszupräparieren.[91] Insbesondere die *Eumeniden* wurden stark beschnitten: Der gesamte Chor der Athener wurde eliminiert, statt dessen ist «argivisches Volk» auf der Bühne. Der Schauplatz ist durchgehend der gleiche wie im *Agamemnon* und den *Choephoren:* Argos (also auch hier eine ‹Einheit des Ortes›), wohin die ganze Szene verlegt wird. Die Gerichtsverhandlung fehlt völlig, die Aufführung endet mit der Vertreibung der Erinyen aus dem Tempel; die Verwandlung in Eumeniden ist gestrichen, und am Schluß ruft Orest: «Heil dir, Apollon und du Volk der Stadt.»[92]

Wieder war der Aufwand gewaltig: Etwa 1000 Statisten wurden beschäftigt, moderne Lichtanlagen, Toneffekte, riesige Bauten «zyklopischer Architektur» (die Bühnenöffnung allein war 20 m breit). Die Kostüme waren der Gegenwart angenähert; alle Personen militärischen Charakters trugen Stahlhelme des deutschen Heeres (Abb. 8).

Aus diesen knappen Bemerkungen mag deutlich werden, daß und warum Reinhardt sich nicht der Übersetzung von Wilamowitz bedienen konnte und wollte.[93] Wilamowitz suchte mit seinen Übersetzungen die Menschen seiner Zeit an die griechische Tragödie heranzuführen, ohne sie aus ihren Konventionen allzusehr herausreißen zu müssen. Er betonte ja immer wieder auf der Grundlage seines altertumskundlichen Realismus, wie die Tragödie, auch als moralisch bildende Instanz (gegen Goethe und Aristoteles), den Menschen in seiner Alltäglichkeit betrifft.

Reinhardt wollte etwas ganz anderes. In einer Art ästhetischem Hedonismus wollte er den Zuhörer auf eine andere Ebene ziehen und ihm dabei Theater nicht als moralische Anstalt, sondern als Raum festlich überhöhten (auch die nervöse Sensation einschließenden) Erlebnisses vermitteln. Das durch die Sprengung der Guckkastenbühne entstandene Großraumpublikum sollte in totale Illusion versetzt werden im gemeinsamen Erlebnis einer wenigstens im Theater ‹klassenlosen› (ohne Abgrenzung durch Logen und Ränge) Gesellschaft als Ausnahmesituation. Zugleich sollte die atmosphärische Illusion einer Gemeinsamkeit zwischen Publikum und Bühnengeschehen erzielt werden, gefördert durch ‹Volk› auf der Bühne in Chören und Teilchören, die in sich überschneidendem An- und Abschwellen, in kanonartigem Refrain, in Schreien und Rufen eben diese atmosphärische Illusion in den Raum projizieren und emotional auf den Zuschauer übertragen sollten. Für dieses Theater waren das griechische Drama in seiner ursprünglichen Bindung an das Dionysosfest, die Mysterienbühne und die Bühne Shakespeares die gegebenen Anknüpfungspunkte.[94] Der Text war für Reinhardt dabei zuallererst die Grundlage für dynamisches Bewegungsspiel, die Inszenierung ein von der Literatur unabhängiges Kunstwerk. Der ungeheure Erfolg dieses Theaters hat alle anderen Bemühungen der gleichen Zeit, die antike Tragödie für die Bühne der Gegenwart wiederzugewinnen, in den Schatten gestellt,[95] wenigstens in den deutschsprachigen Theaterzentren, allerdings nur für eine begrenzte Zeit. Nach 1920 hat Reinhardt kein antikes Drama mehr auf die Bühne gebracht.[96]

In Reinhardts Inszenierungen auch der antiken Dramen sind Grundtendenzen verwirklicht, wie sie allgemein für das Theater der ersten Dezennien vor allem in Deutschland festzustellen sind: die Verbindung eines ästhetischen Hedonismus mit psychologischem Naturalismus in einem Theater, das zum Raum festlich überhöhten Erlebnisses wird. Wir finden in dieser Zeit auch Erscheinungen, in denen einzelne dieser Tendenzen ohne die eminente praktische Theaterbegabung Reinhardts isoliert und übersteigert werden. Neben so seltsamen Stücken wie *Der Tod der Antigone* (1902) von Houston Steward Chamberlain, dem (späteren) Schwiegersohn von Cosima Wagner, mit der Konzentration der ganzen Handlung auf eine Höhle, in die sich Antigone mit dem Leichnam des Polyneikes geflüchtet hat, oder der *Antigone* von Gerhard Schultze (1911) mit einer von überstarker Triebkraft des Gefühls erfüllten Antigone und *Die Befreiung des Oedipus* von Rudolf Pannwitz (1913) mit der besonderen Betonung des Erlösungsgedankens in der Hoffnung auf den Anbruch eines neuen Zeitalters – die Handlung ist am *Oedipus auf Kolonos* orientiert und hebt besonders Theseus heraus – wäre hier der *Oedipus* von Gertraud Prellwitz zu nennen, die im Vorwort (des Neudruckes von 1919) die Möglichkeit einer Aufführung unter den Theaterbedingungen ihrer

Zeit von vornherein negiert und unter ausdrücklichem Bezug auf Richard Wagner hervorhebt: «Dieses Drama wartet auf Zeiten, in denen die Menschheit Feste feiern wird, die die Sehnenden führen zu Weihespielstätten. Dann wird es Gemeinden geben mit freudigem Kulturwillen: ihr Stolz wird ihr Festspielhaus sein ...» Doch dieses Warten hat sich nicht gelohnt; diese und ähnliche Erscheinungen haben den Weg zum Theater nicht gefunden.

Auch auf der Reformbühne von Hellerau (bei Dresden) ist antikes Drama nicht aufgeführt worden, obwohl zur Eröffnung der *Prometheus* des Aischylos vorgesehen war. Der Begründer des Unternehmens, der Komponist und Musikpädagoge Emile Jacques Dalcroze, Sohn eines Schweizer Uhrenfabrikanten, hatte in seinen zahlreichen Schriften für seine Konzeption einer rhythmisch-gymnastischen Basis in der Durchdringung von Wort, Musik und Bewegung sich wiederholt auf die Griechen, die antike Orchestrik und die griechische Musiké als Inbegriff all dieser Bemühungen berufen.[97] Im Zusammenwirken mit dem (ebenfalls Schweizer) Bühnenbildner Adolphe Appia, der seine Bayreuther Erfahrungen einbrachte, sollte der nur durch Treppen und Licht strukturierte rhythmische Bühnenraum in Hellerau mit dem *Prometheus* des Aischylos eingeweiht werden. Der an den Felsen geschmiedete Prometheus, sein Trotz den Göttern gegenüber, die Urgewalt der Elemente, Blitz, Donner, Feuer – das alles war als Symbol expressionistischen Darstellens im Gegenzug zu bürgerlichem Historismus und Naturalismus wie geschaffen für diese Bühne und die Konzeption ihrer Begründer. Kurz zuvor war in Moskau das seltsame Konzert für Klavier, Farben und Orchester *Prometheus* mit dem Untertitel *Le poème du feu* (op. 60) von Alexander Skrjabin uraufgeführt worden, der in seinem skizzenhaften philosophischen Gedanken, von Oskar Riesemann unter dem Titel *Prometheische Phantasien* herausgegeben, die Menschheit mit Hilfe einer kollektiven Ekstase von Musik, Tanz, Gesang, Sprache und Farben in eine höhere, vergeistigte Daseinsform führen wollte. Das war ungefähr auch das Programm von Hellerau. So hatte denn Appia zum aischyleischen *Prometheus* im Winter 1909/10 ein Bühnenbild entworfen (auf drei Treppenstufen ein kahler ‹Walkürefelsen›); Dalcroze sollte die Musik schreiben, die Regie wollten beide gemeinsam führen. Hinsichtlich des Verhältnisses von Stilisierung, Fiktion und Realität kam es aber bei der Ausarbeitung der Regieentwürfe zu Differenzen. Dalcroze wollte eine vertikal vielfach gegliederte Bühne, die differenzierte dynamische Bewegungsabstufungen und kontrastreiche Gruppierungen ermöglichte; Prometheus sollte vom Felsen auf den Treppenstufen herabsteigen, was er im Drama des Aischylos nicht tut, also wohl Änderung oder Erweiterung des Textes, vielleicht im Hinblick auf das letzte, nicht erhaltene Stück der Trilogie, den *Befreiten Prometheus*. Obwohl dieses Konzept dem strengen Stilwillen Appias nicht entsprach, nahm dieser die Anregung doch auf und schuf eine Bühne mit einer 48stufigen Treppe. Auf dieser stieg aber nicht Prometheus herab (man konnte sich zu einer Aufführung doch nicht entschließen), sondern Orpheus in die Unterwelt. Denn eingeweiht wurde die Bühne 1912 mit Glucks *Orpheus und Eurydike* (Reinhardt war unter den Zuschauern), es folgten verschiedene Darbietungen von Pantomimen und rhythmisierter Musik, schließlich 1913 Paul Claudels *Verkündigung*. Die seltsame Symbiose von Gartenstadt, Festspielort und Bewegungskultur endete einigermaßen abstrus mit einem 1937 konzipierten, aber nie ausgeführten Projekt einer artgemäßen Weihebühne mit rein deutschen Dramen des Dichters Westerich.

Grundverschieden von diesen Tendenzen und Reformen ist das politische Theater, das im Schatten der Erfahrungen des Ersten Weltkrieges zwei der bedeutendsten Bearbeitungen antiker Tragödien erlebt hat, Werfels *Troerinnen* und Hasenclevers *Antigone*. Werfel wollte im Namen des alten Mythos, dem er sich hier ein einziges Mal zuwandte, vor dem Wahnsinn des Krieges warnen, noch ehe er begonnen hatte. Seine Bearbeitung des Stückes war im März 1914 fertiggestellt, erreichte die Öffentlichkeit aber erst im Kriege – nach einem nur wenig verbreiteten Erstdruck 1914 in den *Weißen Blättern* – 1915 als Buchveröffentlichung, dann 1916 auf der Bühne des Berliner Lessingtheaters. Die Bearbeitung Werfels ist gegenüber Euripides relativ behutsam. Die Änderungen betreffen vor allem zwei Komplexe. Zum einen hat dieser Dichter des Expressionismus, der zu jener Zeit hauptsächlich lyrische Gedichte schrieb, das musikalische und rhythmische Element der Sprache durch expressiven Klangreichtum gesteigert. Dadurch gewinnt das tänzerische Element eine noch größere Bedeutung. Der dionysische Tanz wird zur höchsten Ausdrucksform des Menschen; Qual und Leiden werden im Tanz bis zur Verzückung und Ekstase ausgekostet. Geradezu als Inkarnation des Tanzes erscheint Kassandra. Ihr großer Monolog wird zu einem einzigen fackelschwingenden Tanz, in dem Kassandra jauchzend ruft: «In trunkenem Schritt ... tanzt und tobt, preist und lobt», wie Werfel in Überbietung des Originals (und in gelegentlichen Reimwirkungen, auch in den Chorliedern) hinzufügt. Dies ist keine Äußerlichkeit. Im ekstatischen Tanz kann der Mensch schon im Diesseits sich an das Göttliche annähern.

Damit hängt eine zweite Tendenz Werfels zusammen, nämlich die Annäherung des Geschehens an die christliche Vorstellungswelt. Werfel nennt Euripides (zu Unrecht) eine «frühe Taube des Christentums» und verleiht vor allem der Gestalt der Hekabe Züge einer christlichen Märtyrerin, die sich in der Tugend der Standhaftigkeit übt. In einer Welt der Ungerechtigkeit kann der Mensch zwar nur klagen, aber Hekabe hält fest an der Hoffnung auf Erlösung durch den Tod. Sie wird auch ihrerseits stärker als bei Euripides mit dem ekstatischen Tanz in Verbindung gebracht. «Das Herz bedarf im Tanz der unerbittlichen eisigen Welt des Betens», läßt Werfel sie sagen. Er hat für die Aufführung am Wiener Burgtheater 1920 einen neuen Prolog gedichtet, in dem Poseidon und Athene durch «Gott» und «Gegengöttin» ersetzt sind und der Bezug zum Christentum nun ganz deutlich wird. Zugleich vergrößert er die Rolle der Hekabe und deutet sie noch schärfer ins Christlich-Humane. Die ausweglose Tragik des Euripides erscheint auf diese Weise durch einen Hoffnungsschimmer gemildert. Die *Troerinnen* Werfels stellen zugleich eine der wenigen Bearbeitungen antiker Dramen dar, die sich auf der Bühne als dauerhaft lebensfähig erwiesen haben.[98] Die Uraufführung fand am 22. 4. 1916 im Berliner Lessingtheater statt, und noch während des Ersten Weltkrieges gab es 12 Inszenierungen mit insgesamt 65 Aufführungen, unter denen wohl am eindrucksvollsten die Düsseldorfer Inszenierung vom 18. 5. 1917 gewesen ist. Louise Dumont hat in expressiver Dramatik die Hecuba gespielt, «in einer fast tierischen Vermengung von Trauer und Trotz», wie die Kritik hervorhob. Jedenfalls konnte auf diese Weise während des ganzen Krieges auf dem deutschen Theater die in den antiken Mythos gehüllte Anklage gegen den Krieg gespielt und in ihrer erschütternden Wirkung vom Publikum auch verstanden werden, wie alle Kritiken einhellig bestätigen. Nachdem Werfels Dramen von 1933–1945 nicht gespielt werden durften, setzten die Aufführungen mit erneuter Aktualität 1946 wieder ein (30. 4. 1946 in Kassel, dann am 23. 9. 1947 in Hamburg mit Ida Ehre als Hecuba) und ziehen sich bis in die unmittelbare Gegenwart, neuerdings auch in der Opernfassung von Aribert Reimann, der zusammen mit dem Dirigenten Gerd Albrecht noch einmal eine Werfel leicht verändernde Textfassung *Troades* hergestellt hat (vgl. S. 280).

Ganz anders ist das Schicksal von Hasenclevers *Antigone*. Hasenclever hat 1916 als Sechsundzwanzigjähriger ein doch von Sophokles stark abweichendes Stück geschrieben.[99] Er hat alle Chorlieder gestrichen, dafür (in sich gespaltenes) «Volk» eingesetzt; gleichwohl sind einzelne Splitter aus den Chorliedern übernommen, z. B. «denn gewaltig lebte der Mensch» aus dem 1. Stasimon, bei Hasenclever im Munde der Antigone. Prolog und Parodos (bzw. das Surrogat der sophokleischen Parodos) sind vertauscht, wie es Rochlitz bei Goethe schon getan hatte. Die Gestalt der Antigone ist noch stärker als bei Sophokles in Richtung auf eine allgemeine Menschenliebe angelegt, zugleich aber als christliche Märtyrerin. «Kreuziget mich»; «Gott im Himmel lebt» und ähnliche Äußerungen sind dafür bezeichnend. Antigone erscheint als Erlöserin der Menschheit, für die sie den Opfertod stirbt. Sie ist zugleich Prophetin neuer Ideen, vom «Volk» getrennt durch eine Kluft, die nur mystisch durch die Gottgläubigkeit des Volkes überbrückt wird. Kreon ist der majestätische Tyrann und als solcher ein Zerrbild von Wilhelm II. Sein erstes Wort, bei Sophokles ἄνδρες (222), heißt: «Untertanen», später: «mein Volk». Äußerungen wie «Gott gab mir Majestät» sind bezeichnend für ihn. Am Schluß muß er abdanken (was von Wilhelm II. erhofft wurde). Anders als bei Sophokles kommt es bei Hasenclever zu einem Zusammentreffen von Haimon und Antigone, wodurch das Phänomen der Liebe anders akzentuiert wird. Haimon macht eine Wandlung durch; aus dem Ausspruch: «Ich hasse Dich» (III 1) wird am Schluß der Szene: «ich rette Dich». Hasenclever reißt Gegensätze auf zwischen Frauen (Ismene spricht von der Solidarität der Frauen) und der Welt des Krieges mit seinem Grauen und Elend, mit dem Hunger des Volkes («Wir sind ärmer als Ratten», 251). Trotz der christlichen Implikationen ist merkwürdigerweise die Rolle des Teiresias beibehalten (III 6,7), aber ins Phantastische übersteigert, mit einer Totenbeschwörung, die tatsächlich Tote, Wahnsinnige und zerfetzte Gliedmaßen auf die Bühne zaubert. So sieht denn Kreon das Jüngste Gericht vor sich, eine blutige Vision des Menschheitsunterganges, bekennt sich als schuldig und will Antigone leben lassen. Der Schluß deutet das Geschehen als Gottesgericht, das den Anbruch einer neuen Welt einleitet. Eine seltsame Mixtur von Ideen, ein Antikriegsstück, in dem biblische Prophetie sich mit Apokalypse und Frauenbewegung verbinden, ein Stück, das den alten Mythos und dessen Gestaltung des Sophokles als Rahmen und Gefäß für eigene Thesen benutzt. Ob Hasenclever «in der zeitlichen und räumlichen Nähe einer verbreiteten Hölderlinverehrung» zu seiner *Antigone* inspiriert gewesen ist,[100] mag dahingestellt sein; Hölderlins Übersetzung hat jedenfalls keine Spuren im Text Hasenclevers hinterlassen, und der Ansatz beider in der Deutung des Antigone-Geschehens ist grundverschieden. Näher liegt die Annahme einer Anregung durch Romain Rollands Manifest *A l' Antigone éternelle*, das 1916 in der Genfer Zeitschrift «Demain» erschien und mit der der Schriftsteller und Musikprofessor – der sich in die Schweiz zurückgezogen hatte – Antigone zur Symbolgestalt für Frieden und gegen den Krieg gemacht hatte. Der alte Traum, Frauen könnten auf die Schlachtfelder eilen und Kriege beenden, lebt hier im Zeichen der Antigone auf. Diese unmittelbare politische Brisanz wirkt im gleichen Sinne bei Hasenclever, während Hölderlins Konzeption eine ganz andere ist.

Hinsichtlich der Rezeption stehen wir vor einem merkwürdigen Befund: Hasenclevers *Antigone* wurde ein ausgesprochener Bucherfolg (bis 1919 acht Auflagen) und scheiterte auf der Bühne. Als Hasenclever im Herbst 1917 aus dem Lazarett entlassen wurde, trug er in verschiedenen Städten auswendig, in verdunkelten, nur durch Kerzen erleuchteten Räumen mit expressiver Stimme seine *Antigone* vor, auch in Leipzig, wo er studiert hatte. Hier fand denn auch am 15. 12. 1917 die Uraufführung statt, aus deren Anlaß Hasenclever immerhin den seit 1912 verliehenen Kleistpreis erhielt. Es folgte am 20. 2. 1919 (also schon nach dem Ende des Krieges) eine von der Kritik überwiegend positiv beurteilte Aufführung in

Frankfurt, dann eine Aufführung in der (mir nicht erreichbaren) Opernfassung von A. Versa im Wiener Volkstheater am 4. 6. 1919. Max Reinhardt war auf Hasenclever schon vor der Uraufführung aufmerksam geworden und kündigte am 24. 10. 1917 die Aufführung der *Antigone* als Projekt an. Ausgeführt wurde dieser Plan allerdings erst am 18. 4. 1920 (Regie führte Karl Heinz Martini; die Bühnenbilder und Kostüme stammten von Stern) im Großen Schauspielhaus in Berlin, und zwar nur in einer Nachmittagsvorstellung. Hasenclever hatte das Stück dafür noch einmal überarbeitet. Unmittelbar nach der Premiere mußte das Stück vom Spielplan abgesetzt werden. Die Kritik war zwiespältig, je nach politischem Standort. «Charlatan des Expressionismus», «trauriges Machwerk», «leere Talentlosigkeit», «grenzenlose Langeweile», «nationale Vergiftung» – dies sind nur einige Stichworte aus den Kritiken zu der Berliner Aufführung, die sich so bezeichnenderweise erst nach dem Kriege finden. So verwundert es nicht, daß eine Darmstädter Aufführung vom Oberbürgermeister verboten wurde und daraufhin abgesetzt werden mußte. Es gab dann bald darauf noch einmal eine Aufführung im Münchner Prinzregententheater, danach nur noch ein paar Dichterlesungen, zuletzt 1981 im Theater im Hexenturm in Coburg. Der geringe Bühnenerfolg des Stückes kann nicht darin begründet sein, daß kein Hörer «sich auf die Dauer in einem Zustand ständiger Hochspannung ... befinden» kann,[101] es müßte dies ja auch für Werfel und andere Dramen gelten. Es liegt vielmehr darin, daß die aktuellen Zeitbezüge so deutlich waren, daß mit deren Absterben am Ende des Ersten Weltkrieges der Impetus erlosch, von dem Hasenclever zunächst getragen war, der sich ja dann auch seinerseits später nicht mehr als politischen Dichter verstand (Abb. 9).

Donner, Oberländer, Wilamowitz, Hofmannsthal, Werfel, Hasenclever, Reinhardt und Vollmoeller – die Gleichzeitigkeit des Ungleichen manifestiert sich in diesen Namen, die für das antike Drama auf der Bühne dieser Zeit stehen. Für alle diese Gestalten ist die Antike von ungleicher Bedeutung und unterschiedlichem Gewicht, für die Dichter und Regisseure nur ein kleiner Ausschnitt ihrer Wirksamkeit, für die Philologen alles. Mehrfach haben die gleichen Schauspieler – jedenfalls in Berlin – in den unterschiedlichsten Stilen die jeweils analogen Rollen gespielt: Rosa Bertens (die mit Wilamowitz in Briefwechsel stand) spielte im *Agamemnon* 1900 in der Übersetzung von Wilamowitz die Kassandra, in der *Elektra* von Hofmannsthal 1903 die Klytaimnestra, in der *Antigone* Hasenclevers die Eurydike; Gertrud Eysoldt (die mit Hofmannsthal in Briefwechsel stand) in Hofmannsthals *Elektra* die Elektra, im *Agamemnon* in der Übersetzung Vollmoellers die Kassandra und in der *Antigone* Hasenclevers die Antigone; Louise Dumont war im *Agamemnon* von 1900 die Klytaimnestra, in der *Antigone* 1900 in der Übersetzung von Franz Bader die Antigone, die sie dann später mehrfach auch noch in der

POSTKARTE

Bitte freimachen

Verlag C.H.Beck
Vertrieb / Werbung Allg. Verlag
Postfach 40 03 40

D-8000 München 40

Länderschlüssel

Postleitzahl

Name (beginnend mit dem Familiennamen)

Name

Beruf

Straße

Ort

Datum

Unterschrift

P 2321

Übersetzung von Donner spielte. Das sind nur Beispiele. So zeigt sich auch von dieser Seite, daß die verschiedenen Stilrichtungen und Spielmöglichkeiten auch für das antike Drama sich in der überragenden Persönlichkeit von Max Reinhardt konzentrierten. Er war schließlich auch der Garant dafür, daß nicht nur erste Schauspieler, sondern auch die besten Bühnenbildner der Zeit (Gustav Knina, Alfred Roller, Ernst Stern) dazu beitrugen, das antike Drama in das Repertoire einzubringen und zum Erfolg zu führen.

Eine ähnliche Intensität in der Spannung zwischen Bewahren und Erneuern des antiken Dramas auf der Bühne dieser Zeit dürfte sich in den anderen europäischen Ländern in vergleichbarer Breite kaum finden. Als paralleles Phänomen ist zu verzeichnen, daß nun allenthalben Aischylos auf die Bühne gelangt. In Italien wird 1914 im antiken Theater von Syrakus als erstes der *Agamemnon* des Aischylos aufgeführt (die *Choephoren* folgten erst 1921), in der Übersetzung von Ettore Romagnoli, der auch eine Bühnenmusik komponiert und selbst Regie geführt hat. Dieser vielseitige Gräzist, der sich immer wieder für die Überwindung der Spaltung zwischen der Welt der Philologie und der Welt der Kunst eingesetzt, der eine große Übersetzungstätigkeit, beginnend mit den Komödien des Aristophanes (1909) entfaltet hat, war überhaupt die treibende Kraft.[102] Er hatte im antiken Theater von Orange griechische Tragödie gesehen und nahm von dorther Anregungen auf, die er in Italien zunächst 1911 mit einer Aufführung des *König Oedipus* in Fiesole durch die Società Atene e Roma und dann anschließend mehrerer antiker Dramen verwirklichte. Die Aufführung des *Agamemnon* von 1914 erregte Aufsehen und strahlte auf das ganze kulturelle Italien aus. Allerdings war die Aufführung nicht frei von Willkürlichkeiten und Widersprüchen. Romagnolis ästhetisches Sensorium setzte sich über die Fakten des Textes vor allem am Schluß hinweg: Die Aufführung endete mit einer feierlichen Bestattung des ermordeten Agamemnon, die jedoch nach dem Text des Aischylos ausdrücklich ausgeschlossen wird (1554). Die Tragödie wurde in die mykenische Vorzeit zurückverlegt, wie es in dieser Zeit auch in Deutschland mehrfach geschah (später sollte Reinhardt den gleichen Weg beschreiten). Eine «naturalistisch kyklopische Stadtmauer mit dem Löwentor» diente als «Farce der archäologisch-wissenschaftlichen Aufmachung». Aber es war hier doch das erste Mal das Bewußtsein lebendig, sich eine große Vergangenheit auf dem Theater, in dem Aischylos selber gestanden hatte, angeeignet zu haben. Dieser Aufführung vorausgegangen war bereits am 8.9.1907 das Teatro Olimpico mit einer Aufführung der *Orestie* (man spielte allerdings nur den *Agamemnon* und die *Choephoren*) in der Übersetzung von Cippico und Marrone. Im übrigen blieb man hier dem *König Oedipus* (1901; 1909) und dem *Orest* Alfieris (1904; 1919) treu; hinzu kamen der *Hippolytos* (1908) und die *Alkestis* (1914) des Euripides, insgesamt nur 5 Aufführungen antiker Dramen in den ersten beiden Dezennien des Jahrhunderts.

In England gewinnt das antike Drama auf den Bühnen wie in Deutschland eine breitere Basis durch Anstöße, die von der Philologie kommen. Nicht nur in der Relation zum Theater, sondern in seiner gesamten wissenschaftlichen Wirksamkeit dürfte Gilbert Murray für England eine analoge Erscheinung gewesen sein wie für Deutschland (und natürlich darüber hinaus) Wilamowitz, den der 18 Jahre jüngere Murray auf das lebhafteste bewunderte.[103] Auf den Bühnen Englands kam es nun zu einer wahren Blüte des Euripides durch die Übersetzungen Murrays, so zunächst mit dem *Hippolytos* 1908 in Oxford, später in Birmingham und Manchester, dann 1908 mit den *Bakchen* in der eigenwilligen Regie des durch seine Shakespeare-Inszenierungen berühmten William Poel im Court Theatre in London und 1912 mit der *Taurischen Iphigenie* im Londoner Kingsway Theatre in London. Weitere Aufführungen zum Teil auch an Universitätstheatern schlossen sich an; Murray kam mit den führenden englischen Theatermännern in Kontakt, übrigens auch mit Shaw, der in seinem Stück *Major Barbara* (1905) in der Gestalt des Adolphus Cusins Murray mehr karikiert als porträtiert hat. Ein gewisser Höhepunkt war die Begegnung mit Max Reinhardt, der 1912 in Covent Garden den *König Oedipus* unter Verwendung der Übersetzung von Murray inszeniert hat. Reinhardt hatte ja gerade mit dem *Oedipus* von Hofmannsthal triumphale Erfolge gefeiert und hat nun dieses Berliner Regiekonzept von 1910 auf die in Stil und Sprachduktus ganz andere Übersetzung von Murray gestülpt. Die Wirkung war entsprechend zwiespältig; Murray selbst hat in einem Artikel in der «Times» vom 23. 1. 1912 die von jeder antikisierenden Tradition losgelöste Inszenierung rückhaltlos anerkannt.

Pläne für eine Aufführung der *Orestie* wurden zunächst zurückgestellt; die Übersetzung der Trilogie durch Murray erschien auch erst in den Zwanziger Jahren. Zu dieser Zeit aber – auch dies eine Parallele zu Wilamowitz – wurden die in der Tat sehr zeitgebundenen, in rhythmisierten Versen gehaltenen Übersetzungen nicht mehr als adäquat empfunden; namentlich T. S. Eliot kritisierte sie scharf.

Das bedeutendste Zeugnis für das wiedererwachte Interesse an Aischylos in Frankreich ist die Übersetzung der *Orestie* des Diplomaten-Dichters Paul Claudel, deren Weg auf die Bühne in der Vertonung durch Darius Milhaud allerdings außerordentlich verwickelt und langwierig ist.[104] Claudel las die *Orestie* zunächst in der hochpoetischen, aber sehr freien Übersetzung von Leconte de Lisle und kam dabei zu der Überzeugung: «Eschyle doit être autre chose». Dies war im Jahre 1896, als er sich in Fou-Tschéou in China aufhielt und mit Aischylos die Frau eines verstorbenen Freundes trösten wollte. Nun erwachte der Wunsch, Aischylos selber zu übersetzen, und Claudel vertiefte dazu seine auf dem Lyzeum erworbenen Griechischkenntnisse. Als er mit der Übersetzung des *Agamemnon* noch nicht ganz fertig war, lernte er 1912 den damals erst zwanzigjährigen Darius Milhaud kennen, und es kam sogleich zu der Vereinbarung, daß Milhaud den Text vertonen und daß die Übersetzung Claudels nur mit der Musik Milhauds auf die Bühne kommen solle. Für den *Agamemnon* beschränkte sich die Vertonung Milhauds aber auf die Schlußszene, nach der ausdrücklichen Anweisung Claudels, der genau angegeben hat, wo die Musik in das Spiel eingreifen sollte. Er wollte keinerlei Musik, bevor Klytaimnestra mit der Axt in der blutigen Hand aus dem Palast kommt. Die Musik sollte bei dem Umbruch der Stimmung und des Sprachstiles zum Ausdruck der Erregung des Geschehens einsetzen.

Während Claudel im Jahre 1913 an der Übersetzung der *Choephoren* arbeitete, ging Milhaud auf den Rat von Claudel für einige Zeit nach Hellerau bei Dresden, in jene kleine, aber bedeutende Künstlerkolonie, in deren weihevoller Aura sich Claudel zuhause fühlte. Dort wurde im gleichen Jahre Claudels Stück *Mariä Verkündigung* aufgeführt, noch im Zusammenhang mit der religiösen Erleuchtung, die Claudel bei einer Weihnachts-Vesper in Notre Dame in Paris 1886 widerfahren war. In Hellerau lagen Claudels Werke in den Schaufenstern der Buchhandlung, von hier bildete sich seine ansehnliche deutsche Anhängerschaft. Der 1914 fertiggestellten Übersetzung der *Choephoren* hat Claudel später einen *Essai de mise en scène et notes diverses* beigegeben mit Zeichnungen für die Bühne, die ganz den Verhältnissen in Hellerau entsprechen, an die Claudel offensichtlich gedacht hat. Allerdings ist es dort nie zu einer Aufführung gekommen. Aber die Eigenart des Hellerau-Theaters stimmt mit der Ästhetik Claudels ganz überein.

Kurz darauf wurde Claudel Botschafter Frankreichs in Brasilien, und er nahm Milhaud für eine gewisse Zeit als Attaché nach Rio mit. Milhauds musikalische Arbeit an den *Choephoren*, jetzt begonnen, aber erst 1922 fertiggestellt, war umfangreicher als die beim *Agamemnon*. Alle Chöre wurden durchkomponiert, teils im Sinne des Chormelodrams rhythmisiert, Instrumentalmusik kam dazu. Noch umfangreicher war der Anteil an den *Eumeniden*. Claudel schrieb die Übersetzung 1913–1924. Dieses letzte Stück der Trilogie ist nun zu einer regelrechten Oper in drei Akten ausgeweitet; die Akteinteilung entsprechend den drei Schauplätzen stammt von Claudel.

Auf die Aufführung der *Orestie* im Jahre 458 v. Chr. im Dionysostheater in Athen folgte das Satyrspiel *Proteus*, von dem fast nichts (17 verstreute Wörter) erhalten ist. Claudel hat über die Geschichte dieses Meergreises, der die Robben des Poseidon hütet und sich durch allerlei Verwandlungen dem nach Ägypten verschlagenen Menelaos zu entziehen sucht, ihm zuletzt aber doch Auskunft über dessen zukünftiges Geschick gibt, ein eigenes Stück geschrieben und als Quellen die entsprechenden Partien im 4. Buch der *Odyssee* und in der *Helena* des Euripides herangezogen. Von diesem Stück gibt es zwei Versionen; auch hierzu hat Milhaud eine Musik geschrieben, von der ihrerseits mehrere Versionen existieren. Zu jedem der drei Akte hat Milhaud eine Ouvertüre komponiert, die dann zu einer auch heute noch relativ häufig gespielten Symphonischen Suite zusammengefaßt wurden (op. 57).

Dieser verwickelten Entstehungsgeschichte von Übersetzung und Musik korrespondiert eine ähnlich komplizierte Rezeption auf der Bühne bzw. im Konzertsaal. Da die Stücke einzeln entstanden sind, werden sie in der Regel auch einzeln aufgeführt, meist konzertant. Der *Agamemnon* erlebte seine (konzertante) Uraufführung (die Musik dauert nur 12 Minuten) 1927 in Paris; eine szenische Aufführung gab es erst 1955 in Darmstadt. Die *Choephoren* sind das am meisten aufgeführte Stück, vollständig ebenfalls 1927 in Paris (konzertant), szenisch zuerst im Monnaie-Theater in Brüssel 1935, von Claudel selber inszeniert. Nach dem Kriege gab es eine Reihe von denkwürdigen konzertanten Aufführungen: Dimitri Mitropoulos dirigierte das Werk 1950 in Paris, und der greise und schon schwerkranke Milhaud vom Rollstuhl aus in einem musica-viva-Konzert in München 1972, nachdem in der gleichen Reihe 1957 der *Agamemnon* und der *Protée* schon vorher gegeben worden waren. Allein von den *Choephoren* gibt es auch eine (ältere) Platteneinspielung (Deutsche Grammophon-Gesellschaft unter Igor Markevitch). Von den *Eumeniden* ist zunächst nur das Finale in Antwerpen 1927 aufgeführt worden, das ganze Werk (konzertant) erst 1949 in Brüssel. Der *Protée* kam gar nach vielen Projekten und einigen Studentenaufführungen erst im Todesjahr Claudels 1955 auf eine professionelle Bühne (Comédie Paris).

Die ganze *Orestie* in der Fassung Claudel/Milhaud ist bisher überhaupt nur ein einziges Mal im Zusammenhang szenisch aufgeführt worden, nämlich 1963 an der Deutschen Oper Berlin in der Regie von Gustav Rudolf Sellner.

Die Übersetzung Claudels ist wunderbar poetisch und doch zugleich ganz nahe am griechischen Text. In der Humanisierung des Dämonischen im letzten Stück der Trilogie sah Claudel einen christlich erhöhten Humanismus, der ewigen Bestand haben sollte. Athena galt ihm als eine Art Vorgestalt von Maria; gleichwohl sind die christlichen Töne in der Übersetzung kaum spürbar.

Die Musik Milhauds ist stilistisch uneinheitlich, erstreckt sich ihre Entstehung doch auch über einen längeren Zeitraum; sie ist ein Jugendwerk, das zwischen dem 22. und dem 31. Lebensjahr des Komponisten liegt. Milhaud verfügt über eine weite Skala von Ausdrucksvariationen; dieser «Franzose jüdischen Glaubens aus der Provence» (wie er sich selber nannte) hatte eine gewisse Affinität zu mediterranen Stilelementen. Das monumentale Pathos der *Orestie* in der Unerbittlichkeit des Schicksals gewann in archaischer Stimmung, mit evozierenden dumpfen, wie Barbarismen wirkenden Parallelklangfolgen der Schlaginstrumente musikalischen Ausdruck, so z. B. in den durch Schlaginstrumente begleiteten Sprechszenen der *Choephoren*, aber auch in den durchkomponierten Teilen, hier stilistisch am ehesten dem *Sacre du printemps* von Strawinsky aus dem Jahre 1913 verwandt. Dann aber ist vor allem für Milhaud charakteristisch das Prinzip der Polytonalität, das zum ersten Mal in den *Choephoren* voll zur Anwendung gelangt. So ist der «Libation» überschriebene a cappella-Chor, der am Grab des Agamemnon ein Opfer darbringt, gleichzeitig in zwei verschiedenen übereinander geschichteten Tonarten komponiert. Ein der Polytonalität analoges Verfahren ist die Gestaltung längerer Partien in der Weise, daß der Chor Wörter und Satzteile in freien Rhythmen ohne Bezug auf die musikalische Notation spricht. Durch das rhythmische Sprechen der Pythia am Anfang der *Eumeniden*, mit Schlagwerkbegleitung kombiniert, markiert Milhaud deutlich seine Abkehr von Oper und Musikdrama und von jeder Art romantischen Verschmelzungsklanges. Die Rolle der Athena ist in drei verschiedenen Tonlagen gehalten; die Berliner Aufführung löst das Problem, indem die Athena auf der Bühne eine stumme Mimin bleibt, während gleichzeitig drei verschiedene Sängerinnen über Mikrophon bis hart an die Schmerzgrenze eine Mischung von doppelten Oktavparallelen ertönen lassen. Das ekstatisch-hymnische Prozessionslied des Chores ganz am Schluß ist mit Straußischer Fülle überladen (in mancher Beziehung entspricht das Verhältnis von Milhaud zu Claudel demjenigen von Strauß zu Hofmannsthal) – schon Max von Schillings widerstand der Versuchung nicht, aus dem gleichen Chorlied ein regelrechtes Opernfinale zu machen.

Im ganzen ist die Musik zur *Orestie* von Milhaud in die Zeit des Experimentierens der Zwanziger Jahre zu setzen. Milhaud gehörte ja mit Auric, Durey, Honegger, Poulenc und Tailleferre (nach der etwas willkürlichen Auswahl des Kritikers Henri Collet in einem Artikel aus dem Jahre 1919) zu der Gruppe der «Six», die die damalige Avantgarde symbolisieren sollten. Als man die Musik aber im Jahre 1963 im Zusammenhang hörte, war ihre Sprache Vergangenheit.

Die Inszenierung von Sellner wiederum gehört in den Kontext der bedeutenden Antiken-Inszenierungen dieses Regisseurs (vgl. dazu S. 201 ff.), und zwar an deren Ende. Sellner bevorzugte starke Farben. Das Anfangsbild war, weil erst hier die Musik einsetzt, die Schlußszene des *Agamemnon*, in der Klytaimnestra in rotem Gewand aus dem Palast vor eine rostrote, wie glühend wirkende Steinplatte trat. Der Chor verharrte zunächst unbewegt auf den Stufen des durch nackte Steinquader angedeuteten Palastes, wie ihn der Bühnenbildner Michael Raffaëli (ursprünglich

Gitarrist und gebürtiger Korse), der seit längerer Zeit mit Sellner zusammengearbeitet hatte, ganz in dessen Sinn entworfen hat. Das Schlußbild zeigt lange Züge farbig gekleideter Männer und Frauen, die in einem bewegten Bild brauner, roter, gelber und blauer Farbtöne die Treppen auf den Steinquadern, die wie der Akropolisfelsen wirken, hinauf- und hinabschreiten. So begegnen sich in der Übersetzung Claudels, in der Musik Milhauds und in der szenischen Realisierung Sellners drei verschiedene Epochen der Rezeption der griechischen Tragödie, gemeinsam getragen von der Sehnsucht nach kultischem Theater (Abb. 18).

Aischylos auch in Griechenland! In Athen war 1900 das Königliche Theater eröffnet (und 1908 schon wieder geschlossen) worden, und am 1. 11. 1903 war Premiere für die erste Inszenierung der *Orestie* im neuen Griechenland.[105] Es gab insgesamt zwölf Aufführungen (bis Ende 1904) und zwei Gastspiele in Kairo und in Alexandria. Aber jede dieser Aufführungen war von eigenartigen Turbulenzen begleitet, deren Ursachen in allerlei Merkwürdigkeiten liegen. Die Vorstellung begann mit der Rezitation einer Ode des Dichters Kostis Palamas an Aischylos; anschließend wurde die Büste des Tragikers bekränzt. Wie unsicher sich die Griechen in der Bemächtigung ihres eigenen Erbes waren, geht daraus hervor, daß die Bearbeitung, Inszenierung und die Kostüme von der Wiener Burgtheater-Aufführung des Jahres 1900 unter Schlenther übernommen wurden. Bei der völligen Unerfahrenheit der Griechen mit dem Bühnenwesen muß der Umgang mit den fremden Requisiten und Kostümen kurios gewirkt haben. Die Bühnenmusik war diejenige von Charles Villiers Stanford, die zuerst zu einer Aufführung in Cambridge am 1. 12. 1885 (zum griechischen Originaltext) gespielt wurde; sie erhöhte den Eindruck des Fremdartig-Importierten. Daß der Chor der Erinyen aus Männern bestand, wirkte wenig überzeugend. Die eigentlichen Turbulenzen entstanden aber durch die Übersetzung des Gräzisten und Archäologen Georgios Soteriades, der eine Art Mischidiom zwischen der spröden Katharevusa (der künstlichen Hochsprache) und der Volkssprache wählte. Der bis auf den heutigen Tag die Griechen erregende Sprachenstreit entlud sich auch hier. Der Professor für Klassische Philologie Georgios Mistriotis, Verfasser einer sehr mäßigen Geschichte der griechischen Literatur, der 1901 einen Theaterverein gegründet und am 18. 3. 1901 eine Aufführung des *König Oedipus* im altgriechischen Original im Demotikon-Theater selbst inszeniert hatte (die zunächst anwesende königliche Familie ging in der Pause), hielt in der Universität einen Vortrag, der eine scharfe Kritik an der Aufführung und vor allem an der Übersetzung enthielt. Die edelsten Güter der Nation seien durch die Vulgarismen der Volkssprache befleckt: der Übersetzer Sotiriades sei ein Verräter, er stehe auf der Seite der Türken, vielleicht sogar der Russen (er war mit einer Russin verheiratet). Die Studenten waren aufgewiegelt; der Rektor der Universität mußte beschwichtigend eingreifen; auf Intervention des Innenministers mußte der Regisseur einige Revisionen in der Übersetzung akzeptieren. So konnte die *Orestie* zunächst weitergespielt werden; in der vierten Aufführung war König Georg I. anwesend. In der fünften Aufführung kam es dann zum Eklat. Die von Mistriotis, dem Verfechter der reinen Katharevusa, aufgehetzten Studenten veranstalteten organisierte Proteste, erzwangen eine Unterbrechung der Aufführung. Es kam zu Tumulten, die Polizei griff ein, Studenten und Polizisten wurden verletzt, ein Student war tot. Trotzdem wurde die Aufführung fortgesetzt. Diese (theatergeschichtlich heute im Grunde belanglosen) Details mögen zeigen, unter welchen Bedingungen und auf welchem Niveau seinerzeit in Griechenland antikes Drama gespielt wurde. Obwohl immer wieder die nationale Vergangenheit beschworen wurde, gelang es noch nicht, die antiken Theater für eine akzeptable Verlebendigung des griechischen Dramas nutzbar zu machen. Darin war man in Syrakus weiter. In Athen gab es in dieser Zeit eine Reihe von Aufführungen in den beiden Theatern, dem Königlichen und dem Volkstheater; fast alle Tragödien des Sophokles wurden aufgeführt, vielfach im altgriechischen Original (gespielt von dem Verein des Mistriotis); im Sommer 1910 stand die *Antigone* (allerdings in einer neugriechischen Übersetzung) mit der Musik von Mendelssohn auf dem Programm (mit Gastspielen in Volos und auf Syros). Auch Aristophanes wurde gespielt; zu einer Aufführung der *Wolken* am 26. 10. 1900 im Volkstheater war den Frauen der Eintritt verboten, der erst bei Wiederholungsvorstellungen gewährt wurde, als einige (der in dieser Komödie ohnehin nicht gerade häufigen) Obszönitäten gemildert wurden. Es gab noch zwei Inszenierungen der *Orestie* in neugriechischer Übersetzung (1909 und 1918), die in ruhigen Bahnen verliefen, wie nun überhaupt allmählich das antike Drama in neugriechischen Übersetzungen heimisch wurde mit einem gewissen Höhepunkt in einer Inszenierung des *König Oedipus* am 20. 5. 1919 auf der Grundlage der vorzüglichen Übersetzung von Photos Politis, der zugleich Regie in einer in Griechenland noch nicht erlebten Intensität führte. Die in der Presse enthusaistisch gepriesene Premiere erlebte 24 Wiederholungen und wurde in Athen bis zum Frühjahr 1925 gespielt.

Mit einer gewissen Phasenverschiebung gelangte das antike Drama auch nach Rußland, und zwar insbesondere dank der Aktivität des berühmten Regisseurs Konstantin S. Stanislawski. Bereits in der ersten Spielzeit nach der Eröffnung des Moskauer Künstlertheaters – gegründet im Zeichen des Protestes gegen die herkömmliche Art der Darstellung, gegen schauspielerische Routine und die Konventionen des Starbetriebes – stand neben Tolstoj, Ibsen, Shakespeare, Schiller und Hauptmann die sophokleische *Antigone* mit insgesamt 36 Vorstellungen auf der Bühne, zuerst am 14. 10. 1898. Die an den Meiningern (die 1895 und 1900 Gastspielreisen nach Moskau und Petersburg unternahmen) geschulte Präzision der Regie, verbunden mit einer naturalistischen Tendenz zur Darstellung der Lebenswirklichkeit, vermochte dieser in monatelanger Probenarbeit vorbereiteten Inszenierung einen nachhaltigen Erfolg zu sichern. In den folgenden Jahren hat Stanislawski mehrfach griechische Tragödien in den Spielplan aufzunehmen versucht, so die *Elektra* und den *Oedipus auf Kolonos* des Sophokles, ferner auch Stücke von Aischylos und Euripides; man begann sogar zu proben, der *Prometheus* war bis zur Generalprobe gediehen, wurde dann aber – in seltsamer Parallelentwicklung zu den Bemühungen in Hellerau – nicht aufgeführt. Warum diese Pläne unausgeführt blieben, ist schwer zu sagen, vielleicht hängt es mit der Wendung zur Einfachheit, zur Knappheit der Gesten und Formen zusammen, die Stanislawski unter dem Einfluß von Gordon Craig später genommen hat. Seinem künstlerischen Habitus nach war Stanislawski wohl zunächst Max Reinhardt verwandt, dem er nach den Gastspielen des Künstlertheaters 1905 in Berlin (und anderen deutschen Städten) auch persönlich nahestand. Aber später wandte er sich gerade gegen die Regiekonzeption Reinhardts, wie er sie 1911 bei dessen Moskauer Gastspiel mit dem *König Oedipus* kennengelernt hatte. «Abends haben wir im Zirkus *König Oedipus* gesehen. Das ist so entsetzlich, daß ich mich wieder meines Schauspielerberufes schämte. Pathos, Volksgeschrei, Ausstattungs- und Kostümprunk...» «Reinhardt ist nicht wiederzuerkennen. Das ist ein hebräischer Unternehmer, kein Künstler, und ich bin mir zu meinem großen Kummer darüber klargeworden und sage mich von ihm los. Sehr schade! Noch einer weniger!!!»[106] Wie dem auch sei, die *Antigone* blieb wohl das einzige von Stanislawski inszenierte antike Drama.[107]

Aber im ganzen gewinnt das antike Drama und insbesondere die griechische Tragödie an Bedeutung, an immer mehr Bühnen. Es wird in den antiken Spielstätten in Griechenland, Italien und Frankreich auch im Zuge der archäologischen Neuentdeckung und Restaurierung der antiken Theater[108] kontinuierlich gepflegt; auf den öffentlichen Repertoirebühnen wird antikes Drama einbezogen in die aktuellen künstlerischen Tendenzen auf der Bühne und von den bedeutendsten Regisseuren inszeniert; es wächst in die Breite, indem es Fuß faßt, wo es bisher nicht heimisch war, z. B. in den nordischen Ländern, in Finnland, Norwegen, Schweden und Dänemark, wo zwischen 1874 und 1928 16mal die *Lysistrata*, 14mal die *Antigone*, ebenso oft der *König Oedipus* und 10mal die *Medea* aufgeführt wurden.[109]

VIII. Die Zwanziger Jahre
Feierliche Innerlichkeit und Schicksalswalten

Feierliche Innerlichkeit und Schicksalswalten, auf diese Formel lassen sich die für die Präsentation des antiken Dramas in den Zwanziger Jahren typischen Impulse, Ideen und Gedanken konzentrieren. Entsprechend fällt die antiquarisch-historische Komponente jetzt weg. In den Zwanziger Jahren werden die Übersetzungen von Wilamowitz nicht mehr aufgeführt, wozu auch biographische Gründe beitragen. Wilamowitz, 1919 (gegen seinen Wunsch) emeritiert, vermochte nicht mehr in einer Öffentlichkeit zu wirken, deren politische Basis – die Weimarer Demokratie – ihm fremd blieb. Der Stil seiner Übersetzungen spiegelt die Atmosphäre des Bürgertums im Kaiserreich wider. Aber auch die aus dem 19. Jahrhundert überkommene Kombination der *Antigone*-Aufführungen in der Übersetzung von Donner mit der Musik von Mendelssohn verschwindet nun von den öffentlichen Bühnen.

Auch Max Reinhardt wendet sich nach 1920 nicht mehr dem antiken Drama zu. Es ist dies um so seltsamer, als das Große Schauspielhaus in Berlin 1919 programmatisch mit der *Orestie* eröffnet worden war, wie ein Jahr zuvor der durch die Ära Hermann Bahr und Albert Heine gekennzeichnete Neubeginn des Wiener Burgtheaters durch eine Neuinszenierung der *Antigone* (in der Übersetzung von Donner) markiert war, dann aber in den Zwanziger Jahren die Burg sich überhaupt dem antiken Drama versagte.[1]

Ganz offensichtlich sind hier Ablösungsprozesse im Gange, deren Bedeutung erst erkannt werden kann, wenn man ins Auge faßt, was nun neu aufkommt.

Um mit dem Folgenreichsten zu beginnen: Die Sophoklesübersetzungen Hölderlins werden jetzt für die Bühne entdeckt. Ihr Schicksal und ihre Eigenart seien kurz in Erinnerung gerufen. Hölderlin hatte von vornherein (auch) an das Theater gedacht. Denn die Bitte an Schelling, seine 1804 im Druck erschienenen Übersetzungen *Antigonae* und *Oedipus der Tyrann* «an das Weimarische Theater zu besorgen», war Ausdruck der Hoffnung auf eine Aufführung bei Goethe (der wie Hegel und Schelling ein Freiexemplar erhalten hatte). Hölderlins Übersetzungen sind indessen gerade im Weimarer Kreis als Produkte eines Wahnsinnigen verlacht worden.[2] Sie blieben über ein Jahrhundert sowohl in der Philologie wie auf dem Theater unbeachtet, obwohl die Übersetzungen auch in den Ausgaben von 1905 und 1908 zugänglich gewesen wären, allerdings in der durch Druckfehler entstellten Fassung des Erstdrucks von 1804. Erst durch die editorische und interpretatorische Leistung Norbert von Hellingraths (1911) wurden die Voraussetzungen eines adäquaten Verständnisses geschaffen. Norbert von Hellingrath bemerkt in der Vorrede zum fünften Band seiner Ausgabe: «Sie (die Übersetzungen) sind dem, dessen Kenntnis der griechischen Sprache nicht hinreicht zu ganzem Verlebendigen, einziger Zugang zu griechischem Wort und Gebilde. Erst in großem Abstande folgen die nächstgelegenen Versuche deutscher Übersetzer...»

Aber die Atmosphäre des Ersten Weltkrieges war nicht geeignet für die Rezeption der Sophoklesübersetzungen Hölderlins. Zutreffend stellt Albert Ehrenstein, der noch einmal die Sophoklesübersetzungen separat ediert hat, in seiner im übrigen an Abstrusitäten reichen Vorrede mit dem Titel *Die Verblendung* 1918 fest: «Friedrich Hölderlins geweihten, himmelhoch über Schulmännerweisheit oder dem Gestaltungswillen der Tantiemenwelt erhabenen Nachbildungen des *Oedipus* und der *Antigone* fehlt bisher die Aufführung».[3]

Daß ein Jahr später, am 26. 6. 1919, das erste Mal[4] die *Antigonae* in der Übersetzung Hölderlins im Stadttheater Zürich mit Elisabeth Bergner als Antigone aufgeführt wurde, gehört zu den Seltsamkeiten der Rezeptionsgeschichte. Denn von dieser Aufführung gingen keinerlei Anregungen aus; sie geriet bald in Vergessenheit. Man wußte offenbar gar nicht, was man tat, als man zu Hölderlins Übersetzung griff.

Der Rezensent der «Züricher Post» (28. 6. 1919) bemerkt: «Weshalb von den vielen Übersetzungen gerade diese gewählt wurde, entzieht sich meiner Kenntnis». Sie scheine «für eine Theateraufführung doch zu kompliziert zu sein». Die Aufführung selbst ist offenbar von Hölderlinschem Geiste weit entfernt gewesen. Wohl unvereinbar mit Hölderlins Vorstellung des «Taglaufs» (und natürlich völlig unantik) wurde das ganze Stück im Dunkeln gespielt (Max Reinhardt inszenierte ja auch den *Oedipus* als Nachtstück); dem Beginn der Parodos («O Blick der Sonne, du schönster») korrespondierte ein kurzer Scheinwerferstrahl, dem dann «eine noch tiefere Nacht» (Neue Zürcher Zeitung, 28. 6. 1919) folgte. Das ganze Stück wurde «vor mäßig besetztem Hause» auf den pathologischen Ton eines Leidensdramas gestimmt, und es seien «vor lauter Zugeständnissen an den Expressionismus die klaren, festen Linien dieses dramatischen Baus» verzerrt gewesen (NZZ). Elisabeth Bergner als Antigone «ward ... zu einem unsichern, gefühlsseligen Mädchen mit singender, ganz unwahrer Deklamation und schwingenden Armbewegungen». In jeder Hinsicht ist also diese erste Aufführung der Hölderlinübersetzung einer Sophoklestragödie keine eigentliche, adäquate Wiederentdeckung gewesen. Als eine solche haben vielmehr die Aufführungen des Hessischen Landestheaters Darmstadt zunächst des *Oedipus* am 26. 4. 1922 und dann erst der *Antigonae* am 9. 12. 1923 (jeweils mit mehreren anschließenden Vorstellungen) zu gelten. Niveau und Bedeutung dieser Aufführungen sind dem Zusammentreffen mehrerer Umstände zu verdanken:

In dem Schweizer Eugen Keller (seit 1921 Oberspielleiter in Darmstadt) stand ein überragender, kunstbesessener Regisseur zur Verfügung, der sich intensiv mit den Übersetzungen Hölderlins auseinandergesetzt hatte. Er charakterisierte sie als «Glücksfälle von Übersetzungen ... ganz deutsch und ganz griechisch, von urtümlicher Sprachgewalt, zunächst dunkel scheinend, beim Erklingen mühelos eingehend».[5]

Ferner: Der seinerzeit in Darmstadt wirkende Germanist Wilhelm Michel hatte durch Vorträge und Aufsätze über Hölderlin den Boden bereitet und eine Bühnenfassung der Hölderlinschen Übersetzungen hergestellt, die auf die Beseitigung von Druckfehlern und die Aufhellung einiger Dunkelheiten gerichtet ist. Diese Bühnenfassung ist auch später für mehrere Aufführungen anderer Theater verwendet worden (bis ca. 1942).

Offenbar sind das Hölderlinverständnis Michels und die Regiekonzeption Kellers eine weitgehende Einheit gewesen. Beiden ging es darum, an der Tragödie des Sophokles in der Vermittlung durch die Sprache Hölderlins die Begegnung von Gott und Mensch in der zeitlosen Tragik sichtbar und als ehrfürchtig aufzunehmendes Erlebnis für die Gegenwart rezipierbar zu machen. Die Schauspieler agierten in zeitlosen Kostümen, vor mächtigen Treppen und Quadern im *Oedipus*, vor einer blauen Wand als Hintergrund in der *Antigonae*. Die Sprachgewalt Hölderlins ist, gerade auch in der Gestaltung der Chöre, besonders deutlich geworden. Wenn es in einer Pressenotiz heißt: «Es ist die Aufgabe des Zuschauers, sich in des Sophokles tiefe Gedanken wie in Hölderlins dichterische Sprache und wundervollen Rhythmus hineinzuhören» (Darmstädter Tagblatt, 10. 12. 1923), so ist damit – wenigstens für den Bereich der antiken Tragödie auf der Bühne – eine ganz andere Rezeptionshaltung gefordert, als sie bisher in den dem Geschmack des Bildungsbürgertums des Jahrhundertbeginns angepaßten Übersetzungen z. B. von Wilbrandt und Wilamowitz üblich gewesen war (Abb. 10).

Im Jahre der Darmstädter *Antigonae*-Inszenierung erschien von Wilhelm Michel ein Aufsatz mit dem Titel: *Hölderlins Wiederkunft*, ein Jahr später das Buch: *Hölderlin und der deutsche Geist* und dann 1925 die Zusammenfassung der Hölderlin-Aufsätze seit 1911.[6] «Ehrfurcht und Hingebung zu Schicksal und echter Tragik» sind auch hier die Kategorien, mit denen Hölderlin für die Gegenwart gewonnen werden soll.[7] An den Sophoklesübersetzungen hebt Michel besonders die Wiedergabe der Namen griechischer Götter durch deutsche Umschreibungen (Ares - «Schlachtgeist», Eros - «Friedensgeist», Nymphe - «Wasser», Hades - «Hölle» usw.) hervor und versteht diese im Sinne Hölderlins als die Bezeichnung der fortdauernden Gültigkeit der griechischen Götter, im

Zusammenhang mit dem bekannten Brief Hölderlins an seinen Verleger vom 28. 3. 1803, wonach die «Nationalkonvenienz» der Griechen uns fremd geworden sei.

All diese Intentionen sind offenbar auf der Bühne realisiert und sinnfällig gemacht worden, wie auch die Kritiken bestätigen. «Man fühlt: unter Hölderlins Händen wird uns Sophokles nicht ein Erforschtes, sondern ein Erlebnis, weil diese wunderbare Symbiose eines vom philologischen Druck befreiten, ewig jungen Mythos mit unserem Atem und unserem Geist sich nicht nur als möglich erweist, sondern in die Genesis aller Dinge greifend, den ‹Übermut des Genius› noch einmal für uns gewinnt als eine aus einziger und elementarer Quelle gespeiste Einheit von bezwingender Größe. Einer Größe freilich, die sich uns und unseren Bühnengesetzen nicht beugt, sondern uns wachsend zu sich herauffordert; der wir uns demütig nahen, um die wir ringen müssen ...» (Dietrich Distelmann in der «Neuen Badischen Landeszeitung» vom 12. 12. 1923).

Hinsichtlich des Tragödienverständnisses kommen neue Kategorien auf. Sowohl im Theater als auch in der philologischen Forschung (und hier wieder vor allem bei Wilamowitz) war der politische Zeitbezug – sei es im Hinblick auf die Gegenwart des Dichters, also das 5. Jahrhundert v. Chr. in Athen, sei es in der Übertragung auf das Heute des Interpreten – bis etwa 1920 wie selbstverständlich gegeben, wenn auch in unterschiedlicher Akzentuierung, am stärksten bei Werfel und Hasenclever, weniger bei Hofmannsthal. Daß z. B. in der *Orestie*-Aufführung unter Reinhardt alle Personen militärischen Charakters Stahlhelme im Stile der Ausrüstung des deutschen Heeres im Ersten Weltrkieg trugen (obwohl in Reinhardts Inszenierungen die politische Komponente nicht im Vordergrund stand), wäre nun in den Regiekonzepten der Zwanziger Jahre auf der Grundlage der Übersetzung Hölderlins nicht möglich gewesen.

Vielmehr wird jetzt alles ins Zeitlose gerückt mit der Betonung des Erlebnisses, der strengen Sprachform, des Sakralen, des Rituellen, des Archaisch-Mythischen, der Begegnung von Mensch und Gott, ohne daß danach gefragt würde, ob mit dem, was Hölderlin «das Vaterländische» genannt hat, nicht auch eine (wenn auch nicht vordergründige) politische Dimension gegeben ist. Damit sind für die Zwanziger Jahre typische Interpretationskategorien zur Erschließung des antiken Dramas benannt, wie sie sich nun auch in der Philologie bemerkbar machen. Das bis heute bedeutendste deutschsprachige Sophoklesbuch, dasjenige von Karl Reinhardt, zwar erst 1933 erschienen, aber natürlich in den Zwanziger Jahren vorbereitet, atmet den gleichen Geist. Wenn Reinhardt gleich in der Einleitung seines Werkes hervorhebt: «Hier nun wird man von nichts anderem gehandelt finden als von Sophokleischen Situationen, oder, wenn man einen anderen Ausdruck dafür will, vom Sophokleischen Verhältnis zwischen Mensch und Gott ...», so ist dies ein Signum des Tragödienverständnisses dieser Zeit.[8] Der unbekümmerte Positivismus z. B. eines Wilamowitz weicht einer vertieften Reflexion.[9]

Im ganzen kann kein Zweifel sein: Im Verhältnis zum antiken Drama beginnt sowohl in der Philologie wie auf dem Theater mit den Zwanziger Jahren ein Rückzug von der politischen oder politisch-mitbedingten (bzw. polisbezogenen) Öffentlichkeit in die Innerlichkeit.

Für die sophokleische *Antigone* wird diese Umbruchsituation retrospektiv reflektiert in Alfred Döblins Romanteil *November 1918*, wo in der bekannten Schulstunde die Schüler den wilhelminisch karikiert übersteigerten Standpunkt mit dem Übergewicht des Staates in seinem Anspruch gegenüber der Familie vertreten, während der Studienrat Dr. Becker mit dem Hinweis auf das göttliche Gebot, dem Antigone dient, und mit der Herausnahme des Konfliktes aus dem politischen Gefüge die ganze Problematik auf eine Ebene schiebt, wie sie der Hölderlinrezeption innerhalb des Denkhorizontes der Zwanziger Jahre nahekommt.[10] Es ist für die folgende Entwicklung wichtig festzuhalten, daß die Sophoklesübersetzungen Hölderlins nicht als Dokumente eines vaterländischen Dichters, sondern als die zeitlos gültige Aussage eines Sprachkunstwerkes von sakraler Tragik zuerst auf die Bühne gelangt sind, dergegenüber die adäquate Rezeptionshaltung die der ehrfürchtigen Hingabe ist.

Auch in anderem kulturellen Kontext und unter völlig verschiedenen Voraussetzungen ist in der Präsentation des antiken Dramas auf der Bühne der Zwanziger Jahre eine Hinwendung zum Archaischen und zum Sakralen zu beobachten. In höchst verschlungener Weise zeigt sich dies in Jean Cocteaus *Antigone* und *Oedipe Roi,* insbesondere wenn man die anschließende musikalische Gestaltung durch Strawinsky und Honegger in die Betrachtung einbezieht. Cocteau war von frühester Jugend an mit der Welt des griechischen Dramas vertraut – sein Großvater sammelte antike Masken –; er wollte sich in einem ersten Gedichtkreis *La Danse de Sophocle* als junger Dichter mit Sophokles vergleichen (1912). Ein ganzes Bündel von Anregungen und Einflüssen führte dann zu den eigenen Sophoklesbearbeitungen: die frühe Bekanntschaft mit Musikern und Malern (insbesondere Picasso), der tiefe Eindruck, den die Gastspiele des Petersburger Balletts unter seinem Direktor Strawinsky in Paris hinterließen, die (freilich 1924 sistierte) Zusammenarbeit mit dem Komponisten Eric Satie, der 1918 ein Drama Symphonique *Socrate* auf Texte aus mehreren Platondialogen in der Übersetzung von Victor Cousin, dem Platoneditor in der Collection Budé, zur Aufführung gebracht hatte, die Auseinandersetzung mit der französischen ästhetischen Avantgarde unter André Breton und schließlich die Griechenlandreise eines Freundes.[11] Das Ergebnis ist zunächst eine *Antigone* aus der Vogelperspektive, jene vielzitierte «photographie de la Grèce en aéroplane», das in einer Art anatomischer Reduktion das Knochengerüst der Dichtung in einer neuartigen, konzentrischen Monumentalität wie eine archaische Statue hervortreten läßt. Cocteaus *Antigone* ist eine der wenigen freien Bearbeitungen einer griechischen Tragödie, die keinerlei aktuellen Zeitbezug aufweist, sondern deren Konzept ein rein ästhetisches ist. Sie ist gegen die verstaubten, klassizistischen Sophoklesaufführungen im Paris dieser Zeit gerichtet und will in der Beseitigung alles Redundanten «un aspect tout neuf» in unverschlüsselter, direkter Aussage vermitteln, der in dieser neuen Sicht der ästhetischen Distanz den Eindruck erwecken soll, man höre die Tragödie jetzt zum ersten Mal («chacun croit l'entendre pour la première fois»). Cocteaus Kunstidee der Erneuerung durch Belebung der Tradition, die neben der griechischen Tragödie auch Shakespeare einschloß – Cocteau hatte ein Jahr vor der *Antigone* nach dem gleichen Prinzip *Romeo und Julia* bearbeitet –, war aber zugleich gegen die ästhetische Avantgarde der Zeit gerichtet; sie war Antihaltung gegen die Antihaltung als neue Ordnung. Kurz vor der Uraufführung der *Antigone* am 20. 12. 1922 im Théâtre d'Atelier hatte A. Breton, der erbitterte Gegner von Cocteau, sein *Manifeste de Surréalisme* veröffentlicht, und in der Tat ist die erste Wiederholungsvorstellung von den Surrealisten demonstrativ boykottiert worden. In gewisser Weise saß Cocteau so zwischen den Stühlen.

Ein Vergleich mit dem sophokleischen Original läßt die stark konzentrierenden Kürzungen in allen Teilen des Werkes erkennen, überproportional bei den Chorliedern, die nun in der nüchternen, gemeißelten Prosa wie Zeitungskommentare im Telegrammstil wirken (in dem berühmten 1. Stasimon über die Unheimlichkeit des Menschen «l'homme laboure, l'homme chasse, l'homme pêche, il dompte les chevaux. Il pense. Il parle. Il invente des codes...», mit wachsendem Tempo im zweiten Teil der Tragödie, wobei die Verkürzung der Anrufung der Antigone ὦ τύμβος, ὦ νυμφεῖον, ὦ κατασκαφὴς οἴκησις ἀείφρουρος [891 f.] in ein bloßes «Adieu» doch etwas seltsam wirkt), hier aus der Optik des Zuschauers wie in einem Brennglas zusammengefaßt, ohne daß der Grundgedanke des Sophokles angetastet oder verändert wäre (nur daß Teiresias mit dem Tod des Haimon droht, geht über Sophokles hinaus).

Das Visuelle als Symbolik – dieses Konzept deckt sich mit den Intentionen, die Picasso in seiner kubistischen Phase mit den Bühnenbildern, seiner ersten Arbeit für eine Bühne, verfolgte.[12] Artur Honegger hatte eine Bühnenmusik geschrieben; die heute bekannte musikalische Fassung, als *tragédie musicale en trois actes*, ist aber erst in den Jahren 1924–27 entstanden und erlebte ihre Uraufführung am 28. 12. 1927 im Théâtre de la Monnaie in Brüssel.

Die Aufführung in der ursprünglichen Fassung des Jahres 1922 fand ein überwiegend negatives Echo; berühmt geworden ist die scharfe Kritik André Gides, der von einer «sauce ultra-moderne» sprach, mit der das «pièce admirable» in unerträglicher Weise übergossen («intolérablement souffert») sei.[13]

Cocteau hat für eine Neuaufführung des Jahres 1927 seine Konzeption noch einmal geändert und hierbei vor allem den Chor in einer Stimme zusammengefaßt, die sehr laut und schnell zu sprechen hatte. Aus dieser Aufführung ist die Kostümierung (bzw. Cocteaus Anweisung dazu) überliefert: Die Schauspieler trugen durchsichtige Masken nach Art der Fechtkörbe, unter denen die Gesichter zu erraten waren. Die Kostüme wurden über schwarzen Trikots getragen, welche die Arme und Beine bedeckten. Wenn Cocteau selbst hervorhebt, daß Kostümierung und Bewegung der Bühnenfiguren an ein Insektengeschlecht («une famille d'insectes») denken läßt, daß ferner Antigone und Ismene im Prolog sich unbeweglich gegenüberstehen, so mag man schon daran in völliger Übereinstimmung von Text und Kostüm das Artifizielle und Rituelle in betonter Abhebung gegen alles Antiquarisch-Klassizistische erkennen. Cocteau hat die Bühnenbilder übrigens erst einen Tag vor der Premiere gesehen; Antigone wurde von einer jungen griechischen Tänzerin gespielt (die das Französische mit griechischem Akzent sprach), Kreon vom Theaterdirektor selbst. Am gleichen Abend wurde noch ein Stück von Pirandello gegeben; es gab etwa 100 Vorstellungen.

Honegger hat in der endgültigen musikalischen Fassung die Chöre beibehalten (übrigens gemischte Chöre) und auch die Dialogpartien durchkomponiert. Auf diese Weise ist das Ganze zu einer regelrechten Oper geworden – in der Tat ähnelt ja der Text Cocteaus in seiner Verkürzung einem Opernlibretto –, die leider heute nur selten aufgeführt wird.[14]

In der Zwischenzeit hatte sich Cocteau dem *Oedipus* zugewandt; das Thema des Todes interessierte ihn in dieser Phase seines Schaffens auch aus dem unmittelbaren Erleben (Tod eines Freundes). Gleichzeitig beschäftigt ihn, beeinflußt von Rilkes *Orpheus-Sonetten*, die Gestalt des Orpheus als eines Vermittlers zur Welt des Jenseitigen (*Orphée* 1926, als Film 1959). Der *Oedipe Roi*, 1925 nach den gleichen Grundsätzen gestaltet wie zuvor die *Antigone*, errang den Welterfolg aber erst in der Vertonung von Strawinsky. Cocteau hatte dazu den Text noch einmal verkürzt, nun zu einem wirklichen Libretto mit den stereotypen Textwiederholungen (besondere Ausgestaltung der Pest am Anfang), aber bereits im Hinblick auf die mit Strawinsky geplante Latinisierung, die der damals junge Jesuitenpater Danielou besorgte. Es ist dies ein ganz wesentlicher Schritt in Richtung auf einen sakralen und archaischen Werkcharakter. Das Lateinische als Sprache nicht nur der Liturgie, sondern überhaupt des erhabenen Stils in der romanischen klassizistischen Tradition war es, dessen Monumentalität und Unveränderlichkeit, dessen ritueller Charakter Strawinsky faszinierte. Das phonetische Material des Lateinischen, aller Trivialität entzogen, bewirkt so eine verfremdende Distanz und erhöht gegenüber der ursprünglichen Konzeption Cocteaus die ohnehin formstrenge Statuarik, wie sie in den Konflikten zwischen Oedipus und Teiresias sowie Oedipus und Jokaste besonders zum Ausdruck kommt.[15] Eine eigentümliche Brechung und Mehrschichtigkeit erlangt das Werk durch die Einführung eines Sprechers, dem das Fazit zu ziehen (allerdings in Vorausdeutungen) übertragen ist. Indem er aber wie ein Conférencier im Frack auftritt, nach der Anweisung Cocteaus mit teilnahmsloser Stimme zu sprechen hat, und zwar, abgehoben von dem Lateinischen der Schauspieler und des Chores, in französischer Sprache (bzw. bei Aufführungen in anderen Ländern in der jeweiligen Landessprache) – Cocteau hat gelegenlich selber die Rolle des Sprechers übernommen –, ist eine fast ironische Distanz erreicht, durch die eine Rezeption des Werkes intendiert ist, welche von jeder Art einer Identifizierungsromantik abgehoben ist, fast schon im Sinne eines epischen Theaters, dessen Grundzüge etwa um die gleiche Zeit Brecht zu entwerfen und in praktische Bühnenarbeit umzusetzen sich anschickte.

Zugleich aber ist die Musik Strawinskys das entschiedenste Dokument des Neoklassizismus. Sie markiert den nun erreichten Höhepunkt eines 1911 mit dem *Sacre du printemps* begonnenen Archaisierens als einer Hinwendung zu Ursprüngen ritueller Art zunächst im Bereiche der russischen Heimat, dann aber am Modell des griechischen Mythos, der für Strawinsky auch später immer wieder das Substrat musikalischer Gestaltung der verschiedensten Art, besonders des Balletts, werden sollte (*Apollon Musagète* 1928, *Persephone* 1934, *Orphée* 1947, *Agon* 1957). Während die Oper im 19. Jahrhundert das antike Stoffrepertoire eher mied, ist nun in klarer Antithese sowohl zur impressionistischen Einfühlungsmusik wie zum Musiktheater Richard Wagners (dessen Werke an die Stelle der alten ‹Antikenoper› getreten waren) in der Auseinandersetzung mit der Antike ein neuer Stil der Musik getreten, der genau der Art entsprach, wie in den Zwanziger Jahren das antike Drama mit der Betonung auf sakrale und rituelle Archaik auf die Bühne kam.

Nach der oratorischen Uraufführung des *Oedipus Rex* im Pariser Théâtre Sarah Bernhardt am 30. 5. 1927 (also noch vor der Uraufführung der *Antigone* von Cocteau/Honegger) erfolgte dann eine deutsche Erstaufführung in szenischer Form am 27. 2. 1928 an der Krolloper unter Otto Klemperer. Das «Opernoratorium in zwei Akten nach Sophokles» ist im deutschen Sprachraum dabei in allererster Linie als Dokument eines neuen musikalischen Stiles rezipiert worden, ähnlich wie etwa die Opern von Ernst Křenek mit antiken Stoffen (*Orpheus und Eurydike* 1926, *Leben des Orest* 1929) oder wie die Opern *Alkestis* 1924 (nach Hofmannsthals Euripides-Bearbeitung) und *Die Bacchantinnen* des dem Wiener Schönberg-Kreis verbundenen Egon Wellesz. Ordnung und Strenge, basierend auf dem Prinzip der Neuen Sachlichkeit, ist bei allen Differenzen der individuellen Stile der gemeinsame Nenner.[16] Rezipiert worden sind diese Werke, jedenfalls in Deutschland, in allererster Linie als musikalische Novitäten, nicht so sehr als spezifische Auseinandersetzungen mit der antiken Tragödie (wie noch im Falle der *Elektra* von Richard Strauß). So gibt es auch keine expliziten Verbindungen zu den in Stilelementen und den allgemeinen Tendenzen ganz analogen Aufführungen der Hölderlinübersetzungen, die ohnehin in Darmstadt zunächst relativ isolierte Ereignisse blieben.[17] Merkwürdig übrigens, daß Honeggers *Antigone* zunächst nur in der ‹Provinz› auf die deutsche Bühne gelangte. Die deutsche Erstaufführung fand in einer deutschen Textbearbeitung durch Leo Malitz (im Zusammenwirken mit dem Komponisten) am 11. 1. 1928 (also kurz vor der Strawinsky-Aufführung in Berlin) im Stadttheater in Essen unter Leitung des ersten Bochumer Generalmusikdirektors Rudolf Schulz-Dornberg statt und konnte sich im Unterschied zum *Oedipus Rex* im Repertoire kaum durchsetzen.[18] Die Bühnenbilder hatte Caspar Neher entworfen.

Cocteau hat indessen noch einmal den Oedipus-Stoff bearbeitet und unter dem Titel *La machine infernale* 1932 in Paris auf die Bühne gebracht – im gleichen Jahr erschien auch André Gides *Oedipe* –, fast ein Jokaste-Oedipus-Drama mit der Konzeption von Göttern als niederträchtigen Dämonen, die den schwachen Menschen wie eine Maschine vernichten, hier unter erheblicher Umgestaltung und Erweiterung des sophokleischen Stückes.

Die Schicksalsidee, vornehmlich an dem in der romanischen Tradition ohnehin an erster Stelle stehenden *Oedipus* entwickelt, ist eine weitere, für die Zwanziger Jahre typische Komponente in der Präsentation des antiken Dramas auf der Bühne. Dieser Idee verpflichtet ist die wohl bedeutendste, jedenfalls berühmt gewordene deutsche *Oedipus*-Inszenierung von Leopold Jessner, dem großen Antipoden Reinhardts, am 4. 1. 1929 am Staatlichen Schauspielhaus in Berlin, mit zahlreichen Wiederholungen, auch auf anderen Bühnen.

Die beiden Oedipus-Dramen sind von Heinz Lipmann unter den Titeln *Oedipus der Herrscher* und *Oedipus auf Kolonos* für einen Theaterabend zusammengezogen worden (ein Vorgang, der in neuerer Zeit mehrfach wiederholt wurde), in einer sehr freien Bearbeitung mit zahlreichen Umakzentuierungen. Wie bei den meisten Bearbeitungen antiker Tragödien sind die Chöre stark gekürzt, teilweise ganz aufgelöst. Die politischen und auch die kultischen Elemente sind schon in der Bearbeitung zurückgedrängt, das Menschliche, der Mensch und sein Schicksal, treten ganz hervor. So weiß Oedipus schon von Anfang an von der Botschaft Kreons; Teiresias braucht nicht erst geholt zu werden. Der Prolog fehlt ganz; es beginnt (wie bei Cocteau/Strawinsky) mit dem Chorlied (Parodos), in dem in sehr freier Wiedergabe die Schrecken der Pest geschildert werden. Jokaste greift eher ein als bei Sophokles und ist aktiver; es kommen sogar neue Personen hinzu: Herodes und Herodias (sozusagen aus der Welt Salomes), mit denen Oedipus tanzt. Jessners Regiestil ist als Ausdruck neuer Sachlichkeit in Verbindung mit einer Abstraktion von Zeit und Raum verstanden worden,[19] auch dies in Übereinstimmung mit typischen Stilmerkmalen der Zwanziger Jahre. Es ist eigentlich seltsam, daß Jessner als Jude, Sozialdemokrat und überzeugter Republikaner, der als Preußischer Staatstheaterintendant ständig zahlreichen im Parteienstreit wurzelnden, seine Arbeit behindernden Angriffen ausgesetzt war, die politische Dimension des Dramas eher zurückdrängte. Aber offenbar war die neue Sachlichkeit in sich ein Politicum. Hand in Hand damit ging eine Wandlung der Zuschauerstruktur, durch die von Jessner initiierte Förderung von Besucherorganisationen (Bühnenvolksbund) begünstigt; das Schauspiel sollte nicht mehr ein gesellschaftliches Ereignis sein. Ob die Inszenierung des antiken Dramas, dem sich Jessner hier ein einziges Mal zuwandte (er hatte sonst eine besondere Vorliebe für Shakespeare, Schiller und Hebbel), seinen Regiestil besonders klar zum Ausdruck bringt, scheint fraglich zu sein.

Die Kritiken lassen einen gewissen Zwiespalt erkennen: Einerseits betonen sie eine Bindung an das alte Illusionstheater, wie es besonders im *Oedipus auf Kolonos* in der grauen, unbestimmten Hügellandschaft vor einem projizierten Nachthimmel mit jagenden Gewitterwolken und darin einem Gewisper und Geflüster des Chores ebenso zum Ausdruck kommt wie in der von Hans Pölzig entworfenen Burgarchitektur mit vielen Eingängen und Treppen (die für Jessner bezeichnende Verwendung der Treppe mit Stufen und Abstufungen kam hier nicht ganz rein zur Geltung). Eine Ritterburg (im ersten Stück) hatte alles Hellenische (Säule, Altar, Hain) verdrängt, war aber konkret gegenständlich, nicht abstrakt. Auf der anderen Seite hatte die Regie alles Historische, Politische, Kultische in den Hintergrund gedrängt und die zeitlose Schicksalsidee in einer fast oratorienhaften, optische und akustische Kontraste wuchtig akzentuierenden Inszenierung herausgearbeitet, zu deren Erfolg auch die hervorragenden Schauspieler beitrugen (Kortner als Oedipus, Lothar Müthel als Theseus, Veit Harlan als Polyneikes, Lotte Lenja als Ismene u. a.). Jedenfalls wurde dies die repräsentative *Oedipus*-Inszenierung jener Zeit; auf sie bezieht sich der kurze, zunächst in der Tagespresse am 1. 2. 1929 erschienene Artikel von Brecht: *Letzte Etappe Oedipus* (Schriften zum Theater I 205–208). Es handelt sich dabei nicht eigentlich um eine Theaterkritik im üblichen Sinne, sondern um eine aphorismenartige Skizze, die zunächst Deutschland als führend in der Entwicklung des großen Theaters bezeichnet, welche zu einer «letzten Etappe» in der Jessnerschen *Oedipus*-Inszenierung geführt hat, deren Bedeutung Brecht «in der Bemühung um die große Form» sieht. Diese Form sei «episch» und verhindere, «daß man sich einfühlen kann in unsere Welt». Im *Oedipus auf Kolonos* komme die Theaterwirkung «aus dem philosophischen Bezirk». Man sieht, wie sich die späteren theoretischen Entwürfe Brechts hier anbahnen und die Hinwendung zur antiken Tragödie mit der Erschwerung der ‹Einfühlung› legitimiert wird.

Oedipus – die «vom Fatum umschlichene Kreatur» (so in einer Pressekritik über die Inszenierung Jessners) – war jedenfalls das Hauptthema in der Präsentation des antiken Dramas auf der Bühne der Zwanziger Jahre nicht nur in den romanischen Ländern, sondern auch im deutschen Sprachbereich, wo allerdings der Anteil antiker Dramen auf der öffentlichen Repertoirebühne gegenüber den beiden vorangegangenen Dezennien sowohl in der Anzahl der Aufführungen wie in der Mannigfaltigkeit der Stücke eher zurückging. Der *König Oedipus* von Hofmannsthal ist als einziges seiner Antikendramen (von den Operngestaltungen Richard Straußens abgesehen) in den Zwanziger Jahren auf den deutschen Bühnen von verschiedenen Regisseuren (nicht jedoch von Reinhardt) inszeniert worden, so in Magdeburg, Hamburg, Chemnitz, Salzburg, Düsseldorf, Gladbach-Rheydt; der *Oedipus* in der Fassung von Lipmann ging von Berlin nach Stuttgart, München und wurde zudem durch das neue Medium des Rundfunks erstmals als Hörspiel verbreitet (in Köln mit den Sendern Langenberg, Münster, Aachen und durch die Österreichische Radiokette Wien-Graz-Innsbruck-Klagenfurt, alles noch im Jahre 1929); es gab aber auch ganz andere *Oedipus*-Inszenierungen auf der Grundlage heute vergessener Übersetzungen (Gros, Ichon) in mehreren Städten, so daß man schon von einer Prävalenz des *Oedipus* auf den Bühnen in diesen Jahren sprechen kann, jedenfalls bezogen auf den Anteil antiker Dramen am Repertoire insgesamt.

Ist zwar bei der Oper das Bild vielfältiger – bei ihr ist in den Zwanziger Jahren eine breitere Hinwendung zu den Sujets der antiken Mythologie überhaupt zu verzeichnen[20] –, so scheint auch hier die Gestaltung des Oedipus-Themas besonders im Vordergrund zu stehen, und zwar in ganz unterschiedlichen kulturellen Kontexten. Gern wüßte man mehr über die 1921 entstandene *Oedipus*-Oper von Reinhold M. Glière, ihre Textgrundlage und die Bedingungen ihrer Aufführung (ob Nähe zu Strawinsky oder zur revolutionären Thematik, der sich Glière annahm, der übrigens 1923 auch eine Musik zur *Lysistrata* des Aristophanes schrieb), während wir über andere – dem öffentlichen Bewußtsein und dem Musikrepertoire freilich ebenso entschwundene – *Oedipus*-Opern besser unterrichtet sind. Das gilt z.B. für die letzte Oper Leoncavallos, einem postum am 13.12.1928 in Chicago uraufgeführten *Edipo Re*, auf der Grundlage des Librettos von G. Forzano, das eine ähnliche Konzentration der Handlung aufweist wie die Strawinsky zugrunde gelegte Fassung Cocteaus, musikalisch allerdings durchaus auf Belcanto gestimmt, besonders in den hier nun wirklich ausgestalteten Arien. Zugleich aber ist das Libretto in der Verdichtung der Situationen auf Drastik angelegt. So läßt Oedipus im ersten Teil des Stückes Kreon und Teiresias förmlich fesseln, wodurch zugleich das optische Signal für den anschließenden Auftritt der Jokaste gegeben ist, während der Chor unter Harfenklängen mit den Worten «Pace, pace» die zornige Aufregung zu beschwichtigen sucht. Im übrigen ist die Vorlage des Librettos allein Sophokles (nicht Seneca), dessen Drama zwar komprimiert, aber nicht durch fremde Zutaten verstellt wird. In der empfindsamen Gestaltung der Figuren ist Oedipus – hier in gewisser Abweichung von Sophokles – betont frei von Schuld gezeichnet, wozu auch die harte und willkürliche Gewaltanwendung von Laios und seinem Gefolge (bei Sophokles etwas anders gewichtet) beiträgt. Das Walten des Schicksals, dem der Mensch unausweichlich ausgesetzt ist, steht also auch in dieser Oper ganz im Vordergrund.

Dies ist auch der Fall bei einer der seltsamsten *Oedipus*-Opern, die sich freilich nicht an Sophokles (allein) hält, sondern überhaupt an den Mythos vom Schicksal des Oedipus im ganzen. Es handelt sich um die allerdings erst 1936 aufgeführte, aber auf sehr viel frühere Anregungen zurückgehende Oper *Oedipe* von George Enescu, dem rumänischen Komponisten und seinerzeit berühmten Violinvirtuosen. Enescu hatte 1910 in Paris den eindrucksvollen Oedipus-Darsteller Mounet-Sully (vgl. S. 87) kennengelernt und dadurch die Anregung empfangen, den klagenden Wehschrei des Oedipus in Musik umzusetzen. Das Libretto schrieb im gleichen Jahre der in Paris lebende jüdische Schriftsteller Edmund Fleg,[21] der kurz zuvor bereits Shakespeares *Macbeth* für den Komponisten Ernest Bloch in ein Libretto verwandelt hatte. Enescu hatte dann 25 Jahre lang sich mit dem Oedipusstoff und dessen musikalischer Gestaltung beschäftigt, bis die Oper am 16. 3. 1936 in der Pariser Nationaloper mit einem Riesenaufwand von ca. 350 Mitwirkenden uraufgeführt wurde (danach auf der Brüsseler Weltausstellung des gleichen Jahres).[22] Das Besondere an dieser Oper ist, daß ihr Inhalt der gesamte Oedipus-Mythos vom Anfang bis zum Ende ist. Der 1. Akt beginnt im Palast des Laios mit der Geburt des Oedipus, woran sich die Prophezeiung des Schicksals des Oedipus durch Teiresias anschließt. Der 2. Akt spielt 20 Jahre später im Palast des Polybos und der Merope in Korinth mit der aus Sophokles bekannten Geschichte von dem Gelage, bei dem Oedipus als untergeschoben verdächtigt wird. Merope schwört einen Eid, daß Oedipus ihr Sohn sei; als ihr Bote und Vertrauter kommt der (aus Seneca bekannte) Phorbas ins Spiel. Ausführlich wird dann die Situation am Dreiweg mit der Ermordung des Laios dargestellt; ein heftiger Sturm war dieser Begebenheit vorangegangen. Es schließt sich die Szene mit der Sphinx und deren Besiegung durch Oedipus an. Erst mit dem 3. Akt ist der Beginn der sophokleischen Tragödie erreicht, die (wie bei Cocteau) breit ausgestaltete, in der Tat szenisch sehr wirksame Pestszene. Das Folgende entwickelt sich im wesentlichen in Übereinstimmung mit Sophokles. Der 4. Akt entspricht dann weithin dem *Oedipus auf Kolonos*. Stärker als bei Sophokles ist auch hier wiederum der Gedanke des Schicksals herausgearbeitet, so insbesondere in dem dramatischen Gegenüber von Oedipus und der Sphinx, das zugleich als Gegenüber von Mensch und Schicksal unter Aufnahme von Motiven aus dem 1. Stasimon der *Antigone* gestaltet ist. Die enthusiastischen Schreie des Oedipus: «L'homme! l'homme! l'homme est plus fort que le Destin!» und der anschließende Untergang der Sphinx zeigen dies auf einem ersten Höhepunkt. Als sich dann zeigt, daß der Mensch doch nicht stärker als das Schicksal ist, beteuert Oedipus im Schlußakt – hierin weit über die sophokleische Fassung hinausgehend – seine völlige Unschuld: «Je n'ai rien fait! ... je suis innocent, innocent, innocent!», während gleichzeitig Kreon beschuldigt wird, von Anfang an alles gewußt zu haben. Entsprechend endet die in der musikalischen Gestaltung impressionistischen Anregungen (Debussy) verpflichtete Oper in hellstem Licht, das Oedipus bei der Grotte umfängt, wo er den Tod findet, während bei Sophokles nur berichtet wird, wie sich ein Erdspalt auftut. «Je mourrai dans la lumière» sind die letzten Worte des Oedipus bei Fleg/Enescu, als Symbol des Lichtes für den blinden, unschuldigen Oedipus, an dem das Walten des Schicksals sich vollzieht und der zugleich Inkarnation dessen ist, der sich gegen sein Schicksal auflehnt.

Eben dieses Walten des Schicksals ist der dominierende Aspekt auch bei der bedeutendsten Inszenierung der *Orestie* auf der deutschsprachigen Bühne der Zwanziger Jahre. Sie stammt von Johannes Tralow, einem der interessantesten Theatermänner jener Zeit, der als junger Mann fünf Jahre (1899–1904) in Ägypten gelebt, dort eine *Osmanische Tetralogie* (= Türkische Geschichte vom 13.–17. Jahrhundert), später auch Romane geschrieben, von 1919–1933 nacheinander die Schauspielhäuser in Köln, Frankfurt/Main, Altona, Kassel, Hamburg und Hannover geleitet hat, dann in die innere Emigration ging, nach dem Kriege Präsident des Deutschen PEN-Zentrums wurde und die letzten Jahre in der DDR gelebt hat, wo er 1968 in hohem Alter gestorben ist.[23] Er ist auch als Dramatiker hervorgetreten; sein erstes von insgesamt sechs Bühnenwerken, *Das Gastmahl zu Pavia*, erlebte 1908 die Uraufführung in Coburg. Über seine Inszenierung der *Orestie* in Frankfurt am 10. 10. 1923 hat er sich selbst wiederholt geäußert.[24] Tralow geht ganz ausdrücklich von der Frage aus, was die *Orestie* der «Nachkriegsgeneration» bedeuten könne, und wendet sich zunächst gegen den «philiströsen Unsinn» von Klassikeraufführungen als Bildungsinstitution (also wohl gegen Theaterkonzepte im Sinne von Wilamowitz), aber auch gegen eine *Orestie* als «Festpiel, bei dem die Gestalt des Orest zuletzt in einem staatsreligiösen Festakt untergehen kann» (also wohl gegen Reinhardt).[25] Die griechische Tragödie wird legitimiert nur als «Erlebnisquelle». Weiter heißt es: «Was bleibt, ist der Mensch und sein Schicksal». Darauf werden Bühnenfassung und Inszenierung reduziert. Tralow selbst hat eine, wie er selbst formuliert, «Nachdichtung» verfaßt, die innerhalb weniger Jahre vier Auflagen erlebte,[26] also auch ein beträchtlicher Bucherfolg war. Sie ist in der Tat – hierin Cocteaus Fassungen sophokleischer Dramen durchaus vergleichbar – eine Reduktion auf den menschlichen Kern der Aktionen, Reaktionen und Emotionen, bei der alles wegfällt, «was den Athener Aeschylos und sein Publikum gewiß aufs tiefste berührte: der Zeuskult und die Götterhierarchie». Naturgemäß wird ganz stark bei den Chören, die sich Tralow als «Masse mit Gemeinschaftswillen» und auf der Bühne als «leichtbewegliches Orchester» vorstellte, gekürzt und geschnitten. Von dem berühmten Zeushymnos im *Agamemnon* (160–183) z. B. bleibt bei Tralow nur übrig: «Zeus, Zeus, wir rufen zu dir! Wo ist der Name, der deinem Namen Gefäß! Namenlos bist du und Herr aller Namen. Drum rufen wir: Zeus! Wo sind sie, die seit Beginn aller Tage herrlich waren und thronten? Hin und gewesen. Du aber hältst in den Händen die Welt und lächelst. Gütig ist dein Lächeln. Gott ist die Güte»; die christlich gefärbte Schlußwendung ist hier sichtlich von Wilamowitz beeinflußt (... «doch Gott ist gütig»). Große Partien in den *Eumeniden*, «die lediglich Angelegenheit des attischen Kultes sind», sind nach Tralow «nicht zu spielen». Orest könne am Schluß nicht vor dem Tribunal des Aeropag «zum Objekt verblassen»; ihm wird nun das letzte Wort gegeben, in dem er «sich zum Schluß auch befreit erhebe und seine Befreiung bestätige». In diesem Schlußwort wird – nun als Äußerung des Orest – der größte Teil des Zeushymnos aus dem Agamemnon ‹zitiert›, und die Trilogie endet so mit den Worten des Orest: «Gott ist die Güte». Entsprechend fällt für Tralow die Trilogie in zwei Teile: «in das Vorspiel *Agamemnon* und die eigentliche *Orestie*», wobei die *Choephoren* und *Eumeniden* (bei starken Kürzungen)[27] «einen unteilbaren Akt bilden». Orest wird so am Schluß zu einer Art Prometheus; die menschlich begründete Schicksalsidee entbehrt zwar nicht des göttlich-sakralen Horizontes, dieser bleibt aber abstrakt, wenn auch nicht rituell, und ist jedes spezifisch antiken Kolorits entblößt, das als «Märchen» ins «Museum» geschoben wird oder in das Reich der Phantasie, in dem das stark gekürzte, aber nicht ganz gestrichene Tribunal des Areopag fast wie eine Art Traumvision des Orest erscheint. Mit der Beseitigung dieser Komponenten ist aber auch die ganze politische Dimension eliminiert.

Die Aufführungen (Premiere am 6. 2. 1920 am Kölner Schauspielhaus; dann Neuinszenierung am 10. 10. 1923 in Frankfurt mit zahlreichen anschließenden Vorstellungen; Neuinszenierungen im gleichen Jahr auch im Landestheater Oldenburg) haben stark gewirkt, der eigenwillige Schluß ist in den Pressekritiken auch heftig angegriffen worden.

Kurze Zeit darauf folgte in der Inszenierung von Tralow ebenfalls in Frankfurt die *Medea* des Euripides (Premiere am 2. 11. 1924). Tralow hat sich auch über dieses Werk programmatisch geäußert[28] und es als seine Absicht erklärt, die euripideische *Medea* «auf der Bühne wieder zum Leben zu erwecken». Das war ja bisher kaum der Fall gewesen; es dominierte immer noch die *Medea* von Grillparzer, und die Aufführung unter Oberländer auf der Grundlage der Übersetzung von Wilamowitz (vgl. S. 124ff.) litt an einer verfehlten Konzeption und konnte kaum als exemplarisch wirken, obwohl Tralow diese Fassung bereits zweimal inszeniert hatte (am 9. 1. 1918 im Stadttheater Nürnberg und am 8. 1. 1919 in Köln). Gerade daran knüpft er jetzt kritisch an und wendet sich nun vor allem gegen die von Wilamowitz vorgenommene Streichung der Aigeus-Szene,[29] die Begegnung von Medea und dem attischen König Aigeus also, der Medea Schutz und Ehe verspricht – von Tralow jetzt als ein Moment der ‹Zukunftssicherung› seitens Medeas interpretiert

Die Nachdichtung Tralows sucht auch hier den menschlichen Konflikt emotionsgeladen herauszustellen und ins Zeitlose zu rücken. Es geschieht dies aber weniger durch Kürzungen – die Aufführung der *Medea* hätte so den Abend kaum gefüllt –, als vielmehr durch Erweiterungen, die von der Kritik nicht ganz zu Unrecht in die Nähe rhetorischer Phrasen gesetzt worden sind.[30] Tralow sucht die Reden der Schauspieler auf die gleiche Stilhöhe zu heben, auf der die Chöre sind (bzw. auf die sie heruntergestimmt werden), so daß es in der Sprachebene keinen Unterschied zwischen Chor- und Schauspielerpartien gibt.

Die Aufführung wirkte nicht so stark wie diejenige der *Orestie*, obwohl die Grundprinzipien der Konzeption die gleichen waren. Das Bühnenbild und auch die Kostüme waren nicht griechischen Vorstellungen nachgebildet, sondern zeitlos gehalten; die Palastszenerie bestand aus mächtigen grauen Quadern, aus denen die Wand des Palastes aufgebaut war, in den eine große Flügeltür führte. In der Schlußszene (Medea auf dem Drachenwagen des Helios) tauchte Medeas Oberkörper in blaß violettem Licht hoch oben am nächtlichen Himmel auf. Insgesamt wird man zu den Bühnenbearbeitungen von Tralow sagen müssen, daß sie gewisse Zeittendenzen widerspiegeln, sich aber in ihrer Unentschiedenheit zwischen bloßen Bühnenfassungen eines auf Wirkung bedachten Regisseurs und wirklichen Nachdichtungen nicht als lebensfähig erwiesen haben.

Ganz anders ist dies mit einer wirklich dichterischen Bearbeitung der *Medea* aus der gleichen Zeit, derjenigen von Hans Henny Jahnn, die auch heute noch auf den Spielplänen unserer Theater erscheint. Ähnlich wie Werfel und Hasenclever wendet sich hier ein Dramatiker (und Romancier) ein einziges Mal dem Stoff einer griechischen Tragödie zu. Jahnn, der zugleich ein engagierter Organist und Orgelbaumeister war,[31] schrieb sein «interessantestes Manuskript» in finanziell bedrückender Lage auf seinem

Heidegut in Klecken. Er stellte zunächst eine Prosafassung her, die anscheinend unter Mitwirkung einer Sekretärin («eine ganz verrückte Kommunistin») in einen versähnlichen Rhythmus gebracht wurde. Der dichterischen Schöpfung gelingt konsequenter, was die bloße Bühnenbearbeitung halbherzig anstrebte: die durchgängige ‹Entmythologisierung›, bei der der Chor nahezu ganz abgeschafft ist (Relikte davon in drei kurzen Passagen der «Sklaven»); ferner fehlen die umstrittene Gestalt des Aigeus und mit der Eliminierung des spezifisch mythologischen Horizontes (statt der griechischen Götternamen z. B. «Herr, Herrscher der Götter, Strahlender du»; mehrmals jedoch auch «Helios») auch die wundersame Entrückung der Medea auf dem Helioswagen am Schluß (statt dessen normale Abfahrt mit einem Pferdewagen, auf dem auch die Leichen der Kinder liegen); dafür aber endet das Drama Jahnns mit der bitteren Erfüllung der Verwünschung der Medea, wonach Nacht, Finsternis und Tod über das Haus des Jason hereinbrechen.

Von ergreifender Aktualität heute und seiner Zeit weit voraus ist das Drama Jahnns aber durch einen genialen Kunstgriff. Medea wird als Negerin eingeführt, und die beiden Kinder sind nicht stumme Puppen, sondern schon herangewachsene Jünglinge (ein älterer und ein jüngerer Knabe), die in umfangreichen Rollen am Geschehen beteiligt sind. Nur so glaubte Jahnn das ganze Ausmaß der Eheproblematik Medea-Jason deutlich zu machen, das Schicksal der alternden Frau (sie ist natürlich bei fast erwachsenen Kindern älter als bei Euripides: «das fette, schwärzliche graue Weib»), «an deren Seite der (immer noch) geliebte Mann jung bleibt» (Jahnn), verbunden mit der Rassenfrage, wonach für den Europäer der Gegenwart Neger und Malaien sind, was für die Griechen «Barbaren» waren.[32] Man wüßte gern, wie diese Problematik nach der Uraufführung (am 4. 5. 1926 im Staatstheater in Berlin in der Regie von Jürgen Fehling) aufgenommen worden ist, ob ein deutsches Publikum die Problematik Rassendiskriminierung in dieser Schärfe damals hat nachvollziehen können. Die Antwort wird wohl negativ ausfallen müssen. Gewiß, die Kritiken schwanken zwischen wohlwollender Aufnahme und Ablehnung. Alfred Kerr schwelgt in einer aphorismenartigen Kritik darin, daß Jahnn aus Medea «ein rasendes Niggerweib ... mit üblem Körperduft, mit ungestillt später Geilheit, ein Vieh» gemacht habe; und wenn es in einer anderen Besprechung (von Kurt Pinthus) heißt, «außer der Menge sexueller Varianten bringt dies Stück ... wenig Förderndes, Klärendes, Auf- und Mitreißendes», so wird das Unvermögen einer adäquaten Rezeption trotz des achtbaren Beifalles bei der Uraufführung deutlich. Es folgte 1927 eine Neuinszenierung in Hamburg, dann – nach der erzwungenen Unterbrechung – hat Jahnn 1959 kurz vor seinem Tod eine zweite, erweiterte Fassung hergestellt, die der junge Hansgünther Heyme am 13. 12. 1964 in Wiesbaden herausgebracht hat.[33] Es folgte eine mißglückte Inszenierung in Bern 1980 und dann die bedeutende Regieleistung von Ernst Wendt 1981 an den Münchener Kammerspielen mit zahlreichen Aufführungen, schließlich kam es zu Inszenierungen 1981 in Avignon, 1982 in Saarbrükken, 1983 in Wien, 1989 in Düsseldorf – Belege für die Lebensfähigkeit des Stückes gerade in unserer Zeit.

Die Atmosphäre der Zwanziger Jahre war nun auch dazu angetan, daß Appia seinen lange gehegten Plan (vgl. S. 130) verwirklichen konnte, den aischyleischen *Prometheus* auf die Bühne zu bringen, allerdings unter turbulenten Umständen. Appia, der 1924 an der Mailänder Scala den *Tristan* inszeniert hatte, bereitete für Basel den *Ring* vor.

Der ersten deutschsprachigen Aufführung des *Prometheus* (von dem unzulänglichen Versuch 1890 in Berlin abgesehen, vgl. S. 104f.) im Stadttheater Basel am 11. 2. 1925 war nun eine Flut von Kontroversen und ein Sturm der Entrüstung vorangegangen, die sich auf Appias Bühnenbilder und szenische Gestaltung des *Rheingold* und der *Walküre* in Basel bezogen. Die Auseinandersetzungen, die den Basler «Wagner Verein» und die lokale Presse erfüllten – man sprach von einer «Prostitution» des Kunstwerkes – erscheinen heute als belanglos, aber sie führten dazu, daß Appia sich veranlaßt sah, Basel zu verlassen, und zwar mitten in der Probenarbeit zum *Prometheus*. Gleichzeitig kam die für Appia deprimierende Nachricht, daß alle weiteren Pläne, den *Ring* in Basel zu komplettieren, aufzugeben seien.[34] So mußten die weiteren Proben zum *Prometheus* nach einem Szenario von Appia in dessen Abwesenheit von Oskar Wälterlin, dem Baseler Theaterdirektor, durchgeführt werden, der von dem Übersetzer des Stückes, Max Eduard Liehburg, unterstützt wurde. Liehburg hatte die Verbindung zu Appia seit 1917 gesucht und sich zeitweilig auch Dalcrozes eurhythmischen Unternehmungen angeschlossen. Seine Übersetzung des *Prometheus* ist sehr gelobt worden: «Diese Schweizer haben eine eigene Art, sie muten sich gleich das Schwerste zu ... Liehburg schickt sein Talent in die drückendste Fron, er fesselt es mit der dreifachen Kette des vorgeschriebenen Wortes, Rhythmus und Reimes ...», heißt es in einer Besprechung.[35]

Die von rhythmischer Kraft geprägte, nicht gerade wörtliche, aber doch im ganzen den Text ohne Hinzufügungen und Weglassungen bewahrende Übersetzung ist gewiß bühnenwirksam[36] und enthält zudem ausdrückliche Regieanweisungen. In Übereinstimmung mit den Tendenzen der Zeit (und den Anschauungen Appias) gibt Liehburg der Übersetzung den Untertitel: «Ein sakrales Spiel» und fügt einleitend hinzu: «Es sei gleich bemerkt, daß hier nicht eine Rekonstruktion des geschichtlich griechischen Dramas gemeint oder erstrebt sei, im Gegenteil, die Regie hat einzig und allein für uns Heutige zu gestalten ... Der *Prometheus* ist nicht eine Angelegenheit der Griechen dort weit unten in der Türkei, sondern des ganzen Abendlandes.»

In diesem Geiste ist auch die Aufführung gehalten. Übrigens hat Appia einen Felsen für die Bühne konzipiert, der nicht so sehr auf den von ihm entworfenen typischen Walkürefelsen zurückgeht, sondern der Felsformation eines Druidengrabes in der Nähe von Genf ähnelt, das Appia gesehen hat. Die Aufführung selbst ist ein Erfolg geworden; wegen der anhaltenden Kontroverse um die Wagner-Bühnenbilder konnte sie aber nicht die tiefe Wirkung entfalten, die diese erste gelungene *Prometheus*-Aufführung in deutscher Sprache verdient hätte. Appia kehrte nicht wieder nach Basel zurück; noch im gleichen Jahr schrieb er verbittert ein für das Baseler Theater vernichtendes Memorandum *La reforme et le théâtre de Bâle* (veröffentlicht in der «Gazette Lausanne» vom 3. 5. 1925).

Mit den – nicht eben zahlreichen – Inszenierungen antiker Dramen durch Tralow, Fehling, Jessner und Appia/Wälterlin ist die griechische Tragödie in den Zwanziger Jahren integriert in das bereits durch Reinhardt inaugurierte Regietheater in der damals modernsten Form. Es bleibt aber festzuhalten, daß das antike Drama nicht im Zentrum, sondern eher am Rande der Arbeit dieser Theatermänner stand. Damit hängt es wohl auch zusammen, daß die Aufführungen griechischer Tragödien in den Zwanziger Jahren zwar einige, aber nicht alle der vielfältigen Tendenzen im Theaterleben dieser Zeit widerspiegeln. Insbesondere das vornehmlich von Erwin Piscator inszenierte und auch theoretisch begründete Politische Theater[37] wirkte sich nicht auf die Präsentationen der antiken Tragödie (übrigens auch nicht der Komödie)[38] auf der Bühne dieser Zeit aus.

Jedenfalls wurde seinerzeit zumindest im deutschen Sprachraum die griechische Tragödie auch in der nun neue Maßstäbe setzenden öffentlichen Kritik ernstgenommen nur in der Integration in das moderne Regietheater. Deutlich wird dies am Gegenbeispiel, so an dem bissigen Spott, mit dem mehrere Aufführungen der *Perser* und des *Agamemnon* bedacht wurden, die in den Jahren 1927–31 teils an der Städtischen Oper Berlin, teils im Staatlichen Schauspielhaus am Gendarmenmarkt unter Leitung von Wilhelm Leyhausen stattfanden. Leyhausen (der selbst Aischylos übersetzt hat) war Dozent (später Professor) für Sprecherziehung an der Berliner Universität und hat in das Zentrum seiner Aufführungen einen aus etwa 100 Studenten bestehenden Sprechchor gestellt, der, von idealistischem, aber dilettantischem Schwung beseelt, sich der Tragödie des Aischylos zu bemächtigen suchte. Die Wirkung sei an einigen Zitaten aus Kritiken illustriert: «Ein trauriges Kapitel: Wilhelm Leyhausen, der Edeldilettant der Chorregie im Staatstheater... Der Sprechgesang, den er zelebrieren läßt, zerstört jedes Sprachgefühl. Dieser willkürliche Hoch- und Tiefgang der Rede verdirbt jedes Gefühl... Welche Anschauung steht hinter diesen Irrtümern? Welches Lebensgefühl? Der falsche idealistische Schwung lyrischer Männergesangsvereine ... ein Lebensgefühl, ein Kunstgefühl, das verdächtig an den Schwindel einer süßlichen bramarbasierenden Vorkriegskunst erinnert... Der *Agamemnon* könnte auch heute, gerade heute gespielt werden. Aber streng, in bewußter, ruhiger Form. Ohne Gezappel und Verrenkung der Chöre...» Diese Urteile stammen von Herbert Ihering, einem der prominentesten Theaterkritiker jener Zeit, dessen Maßstab das moderne Regietheater ist (Jessners *Oedipus* wird in der Kritik erwähnt). Andere urteilen ähnlich: «Fünfzig Jünglinge gurgeln ein tiefes, fünfzig Jungfrauen ein hohes Rhabarber... Sprechchor ist Barbarei ... Stets, wenn einer oder eine gesprochen, wallen und ballen und knallen die antiken Girls ihre Meinung dazwischen, vollführen rhythmische Übungen mit Geheul... Das hat mit Aischylos nichts zu tun...»

Nun sind gewiß die Aufführungen Leyhausens nicht typisch für alle Amateuraufführungen; die Reaktionen der professionellen Theaterkritik zeigen jedoch, daß im öffentlichen Bewußtsein das antike Drama nur lebensfähig bleibt in der Integration in die jeweils aktuellen Strömungen des Repertoiretheaters in seiner ganzen Breite.[39]

Dies gilt allerdings nicht für Griechenland und Italien, wo es ein vergleichbares Nebeneinander von öffentlichem Repertoiretheater und von Amateuraufführungen nicht gibt bzw. damals gab. Für Griechenland und Italien ist gleichermaßen bezeichnend, daß man in dieser Periode entschlossener als zuvor insbesondere durch Aufführungen an den antiken Spielstätten die eigene Vergangenheit heraufbeschwört und in der Rückwendung zum Geist der Antike die Gegenwart vor Irrwegen bewahren will. Diese Wendung bedeutet gleichzeitig ein (zuvor nicht erreichtes) Abkoppeln von den Entwicklungen des deutschsprachigen Theaters. Besonders deutlich wird dies in Griechenland, und zwar in den von dem Dichter Angelos Sikelianos und seiner Frau, der Schauspielerin Eva Palmers, inaugurierten «Delphischen Festspielen», die insgesamt allerdings nur zweimal stattfanden, 1927 und 1930. Am dritten Tag der ersten Festspiele, am 11.5.1927, hielt Sikelianos eine Festrede vor dem Publikum, die mit den feierlichen Worten endete:[40] «Erhebt euch, Männer und Frauen, schwört mit mir, daß ihr treu bleibt den Rhythmen, von denen ich glaube, daß sie langsam wieder die Delphische Idee erneuern, damit wir eines Tages Griechenland, und damit auch die Menschheit auf die Höhe wiedererheben, auf die sie gehört». Daraufhin erhob sich das Publikum und rief im Chor: «Wir schwören!»

In diesem Geiste wurde der aischyleische *Prometheus* gegeben; die lange vorbereitete Inszenierung (9.5.1927) war von den Bemühungen getragen, alles so originalgetreu wie möglich zu machen. Die Gesten und Bewegungen des Chores wurden genau den Figuren auf antiken Vasen nachgeahmt mit der einigermaßen absurden, aber durch die direkte Kopie der bildlichen Darstellung sich ergebenden Konsequenz, daß während der Aufführung Kopf und Füße der Choreuten fast nur im Profil zu sehen waren, die Brust dagegen en face. Auch die Kostüme wurden den antiken

Vorbildern nachgestaltet; die Bühnenmusik von K. Psachos auf der Grundlage byzantinischer Musik fügte sich der gleichen Archaisierungstendenz. Auch tanzte der Chor, wie in der Antike. Die Aufführung, zu der über 1000 Besucher mit Schiffen nach Itea und von dort auf Lasttieren nach Delphi geströmt waren (es waren zahlreiche auswärtige Journalisten geladen), wurde als großes Ereignis gefeiert; noch heute erinnern sich ältere Altertumswissenschaftler in glühender Begeisterung an den pathetischen und prophetischen Tenor dieser Aufführung, die übrigens am Tage nach der Premiere für die Bewohner von Delphi und den umliegenden Dörfern wiederholt wurde. Bei der zweiten Delphiade wurde der *Prometheus* erneut gegeben und zusätzlich (zum ersten Mal in Griechenland und wohl überhaupt in Europa) die *Hiketiden* des Aischylos in der Übersetzung des Dichters Joannes Gryparis und wiederum unter der Regie von Eva Sikelianou und mit der Musik von K. Psachos. Auch hier waren die Bemühungen von einem antikisierenden Interesse geleitet: Man wollte wiederum möglichst originalgetreu in dem Zusammentreffen des Argos-Königs Pelasgos und der vom Nil kommenden Danaiden die Verbindung von altgriechischer und ägyptischer Kultur zeigen. Kostüme, Masken und Bewegungen wurden, wie schon beim *Prometheus*, antiken Vasendarstellungen entnommen; daß der Chor der Danaiden aus 50 Mitgliedern bestand (dazu 25 Dienerinnen der Danaiden), hatte man einer entsprechenden (allerdings falschen bzw. mißverstandenen) Notiz bei Pollux (4,110) entnommen. Prominenz aus Wissenschaft und Kunst war geladen; man bestaunte die damals in der Tat neuartige Aufführungspraxis, die einen vom übrigen Europa erstmals unabhängigen Weg des griechischen Theaters zu weisen schien, aber doch als sehr problematisch bezeichnet werden muß. Die Idee, auf diese Weise könne man eine Wiederkehr der antiken Kulturblüte für die Gegenwart heraufbeschwören, war eine Illusion insbesondere angesichts der politischen Realitäten im beginnenden 3. Jahrzehnt unseres Jahrhunderts. Was dem modernen Zuschauer vermittelt wurde, waren isolierte Gesten und Figuren wie auf einem archaischen Fries, aber keine Synthese, deren Geist auf die eigene Zeitepoche hätte bezogen werden können. Die Problematik der archaisierenden, die alten Verhältnisse geradezu kopierenden Inszenierung ist hier mit aller Schärfe sichtbar.

Nun gab es in den Zwanziger Jahren in Griechenland auch andere Inszenierungskonzepte; es wurde in verschiedenen Theatern eine Reihe von Stücken aller drei Tragiker aufgeführt, aber alle diese Bemühungen verblaßten in ihrer Bedeutung hinter den Ereignissen in Delphi.[41] Erwähnenswert ist eine *Prometheus*-Aufführung im olympischen Stadion von Athen im Jahre 1900, deren Regisseur, Linos Karzos, der große Antipode des Ehepaares Sikelianos war (er urteilte vorsichtiger über die Möglichkeit, durch archaisierende Inszenierungen das Leben und Denken der

Gegenwart zu verändern). Hingewiesen sei auch darauf, daß (soweit feststellbar) die Musik Mendelssohns zu einer öffentlichen Aufführung der *Antigone* zuletzt in Griechenland erklang, nämlich im August 1931 in Patras (die Inszenierung war zuvor am 31.1.1931 in Konstantinopel und am 28.7.1930 in Alexandria gezeigt worden).

Die Situation in Italien ist mit derjenigen Griechenlands zumindest in einem Punkte vergleichbar. Unbeeinflußt von den Errungenschaften des modernen Repertoiretheaters wird programmatisch die Rückbesinnung auf die eigene antike Vergangenheit gesucht. Sie findet ihren deutlichsten Ausdruck in der förmlichen Gründung eines «Istituto Nazionale del Dramma Antico» (1925), dem die Pflege des antiken Dramas vor allem in Syrakus, aber auch darüber hinaus seitdem obliegt. Man hatte ja mit der Aufführung des *Agamemnon* in der Übersetzung und Regie von Romagnoli 1913 in Syrakus schon begonnen (vgl. S. 135) und diese Arbeit im gleichen Geiste nach der Unterbrechung durch den Ersten Weltkrieg 1921 mit den *Choephoren* fortgesetzt (die *Eumeniden* wurden in Syrakus erst 1948 aufgeführt, im Kontext der ganzen Trilogie). Es zeigt sich auf diese Weise, daß die Zäsur des Ersten Weltkrieges eine rein äußerliche war; den Beginn der Zwanziger Jahre markiert kein innerer Bruch oder Wandel in der Theatersituation, wie es in Deutschland der Fall ist. Entsprechend ist die Auswahl der weiteren Stücke, die in den Zwanziger Jahren in Syrakus gespielt worden sind – 1922 Sophokles *König Oedipus*; Euripides *Bakchen*;1924 Aischylos *Sieben gegen Theben*; Sophokles *Antigone*; 1927 Euripides *Medea*; Aristophanes *Wolken*; Euripides *Kyklops*; Sophokles *Ichneutai* (die Fragmente des Satyrspiels); 1930 Euripides *Iphigenie in Aulis* und erneut *Agamemnon* – mehr zufälliger Art, von den äußeren Arbeitsbedingungen und -möglichkeiten bestimmt, nicht aber Ausdruck eines bestimmten Zeitbewußtseins, einer epochenspezifischen Problematik. Das gleiche dürfte für das Teatro Olimpico gelten, das in den Zwanziger Jahren insgesamt nur drei Inszenierungen antiker Dramen erlebt hat, den für diesen Ort traditionellen *Edipo Re* (17.5.1925), eine Schüleraufführung der euripideischen *Alkestis* (30.5.26) und den *Hippolytos* des Euripides (6.6.26).

In den antiken Spielstätten entwickelt sich also die Präsentation des antiken Dramas unabhängig von der Situation im deutschsprachigen Repertoiretheater; aber vielleicht ist es doch mehr als ein Zufall, daß gleichzeitig mit der Wendung ins Archaische und Sakrale, die in der dramatischen und musikalischen Gestaltung des antiken Mythos im französischen und deutschsprachigen Raum zu beobachten war, in Italien und Griechenland förmliche und feierliche Akzente gesetzt werden, sich des antiken Dramas auf der Bühne zu bemächtigen.

IX. Griechische Tragödie unter der Herrschaft des Nationalsozialismus

Grundsätzlich war das antike Drama nicht davon ausgeschlossen, im Machtbereich der nationalsozialistischen Herrschaft aufgeführt zu werden.[1] Faktisch ist jedoch die Komödie des Aristophanes jedenfalls in Deutschland (anders in der Schweiz) kaum auf die öffentliche Bühne gelangt. Aber auch die Aufführung von Tragödien war von vornherein Beschränkungen unterworfen. Insbesondere war es nicht möglich, an die Regiekonzeption von Max Reinhardt, an die Übersetzungen z. B. von Karl Vollmoeller (beide mußten emigrieren) oder an ähnliche Erscheinungen anzuknüpfen. Auch ein Ausspielen der politischen Dimension der griechischen Tragödie in Übersetzungen, Bearbeitungen oder Aufführungen unterblieb weitgehend. Es wäre dies mit hohen Risiken verbunden gewesen, die kaum jemand einzugehen gewagt hat.[2]

So gab es eigentlich nur zwei Möglichkeiten. Entweder: man nahm die griechische Tragödie für die Ziele des Nationalsozialismus mißbräuchlich in Anspruch – was explizit relativ selten geschah, obwohl die nationalsozialistische Konzeption des allerdings nur bis 1937 propagierten «Thingtheaters» in Stadien oder Freilichttheatern, der Gedanke eines «heldischen Theaters der Nation» und manches andere mit der griechischen Tragödie kombinierbar gewesen wäre.[3] Oder: man neutralisierte alle politischen Bezüge und schob die Problematik der griechischen Tragödie von einer jeweiligen Gegenwart weg in die Ferne des Mythos, in eine ‹andere Welt›, in der ein ritualisiertes Spiel auf im übrigen hohem künstlerischen Niveau inszeniert wurde, das als kulturelles Ereignis oder ‹Bildungserlebnis› unverbindlich blieb. Die meisten Aufführungen des antiken Dramas in jenen Jahren lassen sich dieser Spielart zuordnen. Übrigens wird eigentlich nie von der (nach 1945 in verschiedenen Ländern praktizierten) Möglichkeit Gebrauch gemacht, durch die Hülle des Mythos eine indirekte ‹Regimekritik› anzubringen.

Das einzige eindeutige Beispiel für eine handfeste Inanspruchnahme der antiken Tragödie für die Ziele des Nationalsozialismus ist die Festaufführung der *Orestie* anläßlich der Olympischen Spiele 1936 in Berlin durch das Staatliche Schauspielhaus am Gendarmenmarkt, dessen ‹Hausherr› damals der preußische Ministerpräsident Hermann Göring und dessen Intendant Gustaf Gründgens waren. Das Atmosphärische im Theaterleben dieser Jahre mag durch den 1936 in Amsterdam geschriebenen, erst seit 1981 allgemein zugänglichen Roman *Mephisto* von Klaus Mann angezeigt sein, dessen erstes Kapitel (*Vorspiel 1936*) eine Geburtstagsfeier für Göring im Kreise von Theaterleuten zum Inhalt hat. Gewiß ist hier in der literarischen Fiktion die Situation zum Teil grotesk überzeichnet, aber die Einschränkungen, Willkürlichkeiten und relativen Freiheiten der Theaterarbeit sind wohl nicht unzutreffend eingefangen.

Die Regie der *Orestie* 1936 lag in den Händen von Lothar Müthel, einem fähigen Regisseur, der langjähriges Mitglied des Reinhardt-Ensembles war und sich mit dem NS-Regime zumindest arrangiert hatte.[4] Ihm standen hervorragende Schauspieler zur Verfügung wie Hermine Körner als Klytaimnestra, Paul Bildt als Wächter, Hans Georg Laubenthal als Orest, Pamela Wedekind als Elektra und Erich Schellow als Hermes. Die in sich einheitliche Aufführung hatte Niveau.

Man hatte sich für die Übersetzung von Wilamowitz entschieden, an dessen nationale Gesinnung man anzuknüpfen suchte – er konnte sich dagegen nicht mehr wehren. Lothar Müthel hat die Übersetzung für die Aufführung ‹eingerichtet› und dabei manches gestrichen und natürlich auch gekürzt (die Aufführung dauerte ca. vier Stunden). Die Eingriffe Müthels sind überwiegend bühnenpraktischer Natur; einer politischen Tendenz lassen sie sich kaum unterordnen.[5]

Das Programmheft zeugt von dem eindeutigen Bemühen, Zeugnisse griechischen Geistes mit den Symbolen des Nationalsozialismus zu verschmelzen: das Dionysostheater in Athen wird zusammen mit der Dietrich-Eckart-Freilichtbühne auf dem Reichssportfeld abgebildet; Monumentalplastik auf dem Reichssportfeld erscheint neben griechischer Plastik archaischen und frühklassischen Stils. Einem Photo von Wilamowitz ist folgender Text beigegeben: «Ulrich von Wilamowitz-Moellendorff. D. Dr. phil. et jur., o. Univ.-Prof., wirkl. Geh.-Rat Exz., Ritter des Ordens Pour le mérite für Kunst und Wissenschaft, der berühmte deutsche Gelehrte u. Nachschöpfer griechischer Dichtung der klassischen Zeit *22. 12. 1848, † 25. 9. 1931.» Zweifellos sollte die internationale Reputation von Wilamowitz auch für die politischen Ziele des Nationalsozialismus ‹usurpiert› werden und empfehlend wirken. Dem gleichen Zweck dient auch ein ganzseitig abgedrucktes «Deutsches Bekenntnis von Ulrich von Wilamowitz-Moellendorff», das neben einigen Worten zum 70. Geburtstag des Dichters Wilhelm Raabe die folgenden leicht, aber nicht sinnentstellend gekürzten Auszüge aus einer 1898 «zur Feier des Geburtstages seiner Majestät des Kaisers und Königs» gehaltenen Rede mit dem Thema: «Volk, Staat, Sprache» enthält:[6]

«Wir als deutsche Männer und Bürger des deutschen Reiches werden, wenn wir das Ganze und nicht eine einzelne Partei oder Gesellschaftsschicht ins Auge fassen, nicht ohne Genugtuung auf das Erreichte und mit der Zuversicht gesunder nationaler Kraft auf das Kommende blicken dürfen. Die deutsche Arbeit ist nicht müde geworden, und der alte Gott hört nicht auf, redliche Arbeit zu lohnen ... Neues Leben fordert neue Formen. Neue Schichten und Stände der Gesellschaft fordern in dem gesunden Gefühl ihrer Kraft und Bedeutung ihren gebührenden Platz. Die Toten aber müssen ihre Toten begraben. Sehe jeder zu, auf daß er nicht zum toten Holze geworfen werde. Sehen wir doch des Lebens vergeistigtes Abbild, die Kunst, endlich wieder einmal in ehrlichem, heißem Bemühen danach ringen, das einzig lebendige Heute dem ewig Gestrigen, das nimmer gewesene Ewige der banalen Alltäglichkeit gegenüber zur Erscheinung zu bringen. Immer weiter wird die Welt. Auch die Politik muß den ganzen Erdball im Auge behalten, wenn sie für die Heimat, für den Frieden und das Gedeihen sorgen soll, und es sollte keines Wortes bedürfen, daß sie die Organe haben muß, um ihrem Willen Ausdruck und Nachdruck zu geben ... Ja. Wir haben Grund genug, als Deutsche unseres Reiches froh zu sein ...»

Die Premiere fand in Form einer nichtöffentlichen Festveranstaltung am 2. 8. 1936 statt. Der «Völkische Beobachter» vom 3. 8. 36 berichtet darüber: «Der Festaufführung wohnten außer dem Hausherrn, Ministerpräsident Generaloberst Göring und seiner Gattin die Reichsminister Dr. Frick, Dr. Goebbels, Generalfeldmarschall von Blomberg, Freiherr von Neurath, Darré, Schacht und Schwerin-Krosigk, zumeist mit ihren Damen, bei. Außerdem waren anwesend die Mitglieder des Internationalen Olympischen Komitees ... Reichsminister Rust ... Reichsführer SS Himmler, der Reichsjugendführer Baldur von Schirach ... Die Diplomatie war vertreten durch die Botschafter von Frankreich, England, Polen, Türkei, Japan, Chile, Brasilien und der Sowjetunion, die Gesandten von Dänemark, Schweden, Finnland, Argentinien, Rumänien, Österreich, der Tschechoslowakei, Uruguay, Haiti, Peru, Lettland, Ungarn, der Schweiz und Jugoslawien sowie die Geschäftsträger aller übrigen bei den Olympischen Spielen vertretenen Länder.» An diese Premiere schlossen sich mehrere öffentliche Aufführungen an.

Über die Aufführung selbst wüßte man gern mehr, als aus den politisch-gleichgeschalteten und hymnisch-preisenden Pressestimmen hervorgeht; ein Regiebuch scheint nicht erhalten zu sein. Wie war in den *Eumeniden* die – nicht gestrichene – Gerichtsszene mit der berühmten Abstimmung des Areopag gestaltet? Wie war das Problem der (beibehaltenen) Schauplätze Argos, Delphi, Athen gelöst? Auf diese und ähnliche Fragen erhält man keine Antwort.

Soweit man aus den Pressestimmen Rückschlüsse auf die Aufführung ziehen kann, ergibt sich folgendes Bild: Im *Agamemnon* und den *Choephoren* ist das Dunkle, Schaurige, Düstere herausgearbeitet, und in starkem Kontrast dazu erscheinen in kristallklarer Helle die *Eumeniden* und insbesondere die strahlende Athena, wie überhaupt der Hauptakzent dieser Inszenierung auf den früher teils weggelassenen, teils einschneidend gekürzten *Eumeniden* lag. Offenbar sollte das Erlösende der neuen Idee, die Verwandlung von Chaos in Kosmos, die Überwindung der Weltenangst durch neue Formen des staatlichen Lebens besonders deutlich werden, worin zumindest der «Völkische Beobachter» «den Atemzug einer verwandten Welt erblickt», indem «die herrliche nordische Göttin ... eine Welt neuen Mutes, eine Welt frischer, aufschauender Hoffnung» eröffnet. Die Bühnenbilder (von Traugott Müller) waren von einer monumentalen Architektur beherrscht, wie sie der Nationalsozialismus als Repräsentationsbauten (Reichskanzlei) auch selbst bevorzugte. Den Höhepunkt bildete eine Riesenstatue der Athena in den *Eumeniden*, vor der die agierenden Gestalten winzig wirkten und von der für einen Teil der Zuschauer nur die untere Hälfte sichtbar war.[7] Das Gewaltige der neuen Macht steht über allem. Und so wird in einer Zeitung die Problematik zusammengefaßt: «Vor 30 Jahren waren der Gattenmord Klytemnaestras und Orests rächende Tat ferne Sage: heute steht der Kampf des Bluts und seine Wertung, das Ringen zwischen der Zeit der dunklen Mächte und der neuen Welt der jungen Götter uns allen wieder als Lebensproblem der Gegenwart nahe»[8] (Abb. 11 und 12).

Ob die Mitwirkenden sich bewußt gewesen sind, wozu sie sich hergegeben haben, ob der Regisseur unbewußt einem Zeitgeist erlegen war, ob man in einem Balanceakt zwischen Anpassung und künstlerischer Freiheit hinter einer Kulturfassade überleben wollte – das sind Fragen, die sich (retrospektiv) leichter stellen als beantworten lassen. Daran aber kann kein Zweifel sein: Nationalsozialistische Direktiven sind befolgt und vom Regime als erfüllt angesehen worden. Es ist deutlich bezeugt: «Indem ... das Staatstheater mit dieser Aufführung dem Genius eines der größten abendländischen Dichter huldigt, bezeugt es vor der in Berlin versammelten Jugend der Welt den Willen der deutschen Kunstpolitik, dem großen übervölkischen Genie jenen hohen Rang im Rahmen deutscher Kunstausübung einzuräumen, der ihm in einem Lande gebührt, das sich von jeher mit Stolz zu den schöpferischen Erbströmen des antiken Geistes bekannt hat.»[9]

Daß der Kampf zwischen den dunklen Mächten und einem neuen Kosmos lichten Menschentums, der sich in der Wandlung von den Erinyen zu den Eumeniden durchsetzt, als Sieg einer der gegenwärtigen analogen Ordnung über ein vorangegangenes Chaos interpretiert werden kann, ist ein nicht nur auf die *Orestie* anwendbares, sondern in diesen Jahren auch sonst beliebtes Deutungsmuster. In der Inszenierung der *Zauberflöte* durch Carl Möller in der Berliner Volksoper (Premiere: 11.9.1938) kehrt es als Kampf zwischen den dunklen Mächten der Königin der Nacht und dem hellen Menschentum Sarastros wieder, hier als Kampf zwischen Untermenschen und Germanen aufgefaßt.[10]

Die Aufführung der *Orestie* blieb in diesem eindeutigen Bezug zur politischen Bewegung der Gegenwart eine Ausnahme. Wohl wandte sich das deutsche Theater mehr denn je den Klassikern zu,[11] dabei aber in der Hauptsache Shakespeare, Kleist (der besonders beliebt war) und Schiller, aber nicht der griechischen Tragödie.

Anders übrigens in der Schweiz. Im Sommer 1934 nahm das Züricher Schauspielhaus die aristophanische *Lysistrata* ins Programm, 1938 folgte der *König Oedipus* erstmals in der Übersetzung von Emil Staiger; auch an anderen Theatern wurde Tragödie (1942 in Zürich die *Orestie* in der Übersetzung Vollmoellers) gespielt, und in einer stärkeren Symbiose, als es in Deutschland auch zu anderen Zeiten möglich gewesen wäre, gab und gibt es in der Schweiz ein Zusammenspiel von professionellen Kräften und Amateuren (Studentengruppen) nicht nur in den konventionellen Theatern, sondern auch auf Treppen, Höfen und z. B. im römischen Theater von Augst. Der führende Kopf in der Inszenierung des antiken Dramas in den Dreißiger und Vierziger Jahren war Gottlieb Kachler (noch Schüler Reinhardts), der zwar immer wieder auf den auch die Schweiz bedrohenden düsteren politischen Horizont hingewiesen, aber selber kein politisches Theater etwa im Sinne Werfels oder Hasenclevers gemacht hat.[12] In strenger Neutralität wurde archaisches Maskenspiel vorgeführt, gelegentlich im griechischen Original. Die Affinität gerade des Baslers zum kultischen Phänomen der Maske führte zu einer Faszination, die vor allem durch die Möglichkeit erreicht wurde, das gerade auch in der Forschung oft betonte Starre der Maske[13] zu durchbrechen durch Wendungen nach allen Richtungen im Licht und durch perspektivische Verschiebungen, wodurch eine außerordentliche Variationsbreite der Stimmungen ermöglicht wurde. Die gleiche Maske konnte lachen, sich freuen, weinen und wütend sein.[14] Nach dieser Konzeption spielte man die aristophanischen *Frösche* (1936), die *Acharner* (1938) und glaubte, im unbefangenen Ausspielen der Friedenssehnsucht und der Gefährdung durch den Krieg ein Zeichen in dunkler Zeit gesetzt zu haben. Dies war auch in gewisser Weise der Fall – jedenfalls fanden Aufführungen dieser Art zumal des Aristophanes in Deutschland zur gleichen Zeit nicht statt. Es folgten dann 1939 die Sophokleische *Elektra*, 1943/44 der *Kyklops* und die *Iphigenie bei den Tauriern* des Euripides und, in höchst symbolischem Bezug zum Zeitgeschehen, 1944 die *Antigone* und 1945 der aristophanische *Frieden*. Es ist dies jedenfalls ein ganz eigener (noch bis 1974 fortgesetzter) Weg, das antike Drama in unkonventioneller Spielplangestaltung rein, unpolitisch, aber in Relation zum politischen Geschehen der Zeit präsent zu halten.

Auf den deutschen Bühnen ist dann mit dem Beginn des Krieges eine Hinwendung zur griechischen Tragödie festzustellen, die in den Dreißiger Jahren – von der spektakulären Aufführung der *Orestie* 1936 abgesehen – kaum aufgeführt wurde. Offenbar soll nun heroisches Leben und Leiden, großes Pathos dargestellt werden. Es gilt dies nicht nur für das antike Drama selbst, sondern besonders auch für antike Gestalten in modernen, von nationalsozialistischem Geist erfüllten Dramen. So hat Hans Baumann, Autor von Liedern der Hitler-Jugend, ein Drama *Alexander* geschrieben, ein Weihespiel mit deutlicher Analogie der Hauptperson zu Hitler, das Gustaf Gründgens am 14.6.1941 am Staatlichen Schauspielhaus uraufgeführt hat. In den gleichen Zusammenhang gehören die *Caesar*-Stücke von Bernt von Heiseler (Uraufführung durch Heinz Hilpert am Deutschen Theater Berlin am 10.11.1941) und von Hans Rehberg (Premiere am 7.9.1942 in Breslau), schließlich auch die Inszenierung des *Gaius Julius Caesar* von Shakespeare durch Jürgen Fehling im Staatlichen Schauspiel am Gendarmenmarkt (Premiere am 24.4.1941), die jedenfalls in der Presse als Herausarbeitung der siegreichen Idee der Führerpersönlichkeit verstanden wurden, unterstützt durch die Bühnenbilder wiederum Traugott Müllers, «die ein pathetisches Bild einer nach strengen Prinzipien gebauten Welt suggerieren, dem nationalsozialistischen Verständnis vom Klassizismus» entsprechend.[15]

In den Kontext: Krieg, Sieg, Kampf und Leiden des Helden, die wartende Frau in der Heimat, sind nun die zahlreichen Aufführungen griechischer Tragödien einzuordnen, auch wenn der das System affirmierende politische Bezug auf dem Theater nicht immer unmittelbar evident wird. So kommt es erstmals auf der deutschen Bühne zu Aufführungen der *Perser* des Aischylos (Besiegung einer ‹barbarischen› Übermacht)[16], des sophokleischen *Aias* (Heldenehre)[17] und der sophokleischen *Trachinierinnen* (Tod des Helden)[18]; auch die *Elektra* des Sophokles ist beliebt,[19] daneben stehen gelegentlich der *König Oedipus*[20], seltener die *Orestie*.[21] Dies alles setzt schlagartig mit dem Beginn des Krieges ein. Unter den Übersetzungen, die zugrunde gelegt werden, dominieren jetzt diejenigen von Roman Woerner (1863–1945), einem in München und Würzburg wirkenden Literaturwissenschaftler, der neben den Tragödien des Sophokles[22] auch Claudel übersetzt und eine kolometrische Übersetzung der Evangelien und der Apokalypse Johannis, ferner Arbeiten über das Nibelungenlied, Novalis und Ibsen vorgelegt hat.

All diese Aufführungen mögen für sich genommen Ausdruck scheinbar unpolitischer, neutraler Theaterkunst gewesen sein; sie wurden auch in der Presse nicht so unverhohlen für das Regime vereinnahmt wie die *Orestie*-Aufführung 1936. Zum Politikum wurde der Rückgriff auf die griechische Tragödie im Kriege durch die Rahmenbedingungen mit ihren Tendenzen und eindeutigen Direktiven für das Theater.

Merkwürdigerweise ist in diesen Jahren auch die *Antigone* gespielt worden, und zwar besonders häufig.[23] Es ist aus heutiger Sicht (aber auch aus der Perspektive der Zeit des Ersten Weltkrieges) kaum zu ermessen, was es bedeutet, daß diejenige Tragödie, in der die Übertretung eines von einem Machthaber erlassenen Verbotes durch eine einzelne Frau im Mittelpunkt steht, in mindestens 16 Inszenierungen und etwa 150 Vorstellungen[24] auf den deutschen Bühnen von 1939–1944 stand. Antigone war für nicht wenige eine Chiffre für den geistigen Widerstand gegen das NS-Regime. Rudolf Bultmann hatte 1936 in seinem Aufsatz *Polis und Hades in der Antigone des Sophokles*[25] in der Charakterisierung der tyrannischen Willkür des Kreon implizit auch die Verhältnisse der Gegenwart gemeint;[26] Döblins *November 1918* mit der (vielleicht von Bultmann beeinflußten) Antigone-Deutung, 1937–1943 im französischen und dann amerikanischen Exil geschrieben, konnte gewiß ebensowenig bekannt sein wie Heideggers (allerdings nicht betont antinationalsozialistische) Vorlesungen über die *Antigone*, die erst sehr viel später gedruckt wurden.[27]

Aber selbst wenn das alles nicht allgemein bekannt gewesen war, so konnte doch das Thema Antigone, in deren Situation sich z. B. auch der Kreis um die Geschwister Scholl fühlte,[28] spätestens seit der Zeit des Ersten Weltkrieges in seiner auch auf dem Theater virulenten politischen Brisanz nicht völlig verdrängt gewesen sein. 150mal *Antigone* auf deutschen Bühnen mitten im Krieg – was haben sich Produzenten und Rezipienten dabei gedacht? Es läßt sich nicht mehr in allen Einzelfällen genau ermitteln. Aber das Stück ist nirgends so ausgespielt worden, daß Kritik an dem bestehenden politischen System auch nur andeutungsweise herausgehört werden konnte. Es ist dies um so erstaunlicher, als ja die *Antigone* noch im Jahre 1944 (z. B. in Wien, Göttingen und Stuttgart) gespielt wurde, wenige Monate, bevor Goebbels am 20. 8. 1944 die Schließung aller Theater anordnete. Offenbar glaubte man bis zuletzt, abendländische Kultur vor den andrängenden Barbaren zu verteidigen. Nach der Stuttgarter Premiere (*Antigone* in der Übertragung Hölderlins) vom 23. 1. 1944 schrieb Karl Haldenwang (= Ernst Müller, nach dem Krieg Herausgeber und Inhaber des «Schwäbischen Tagblattes» Tübingen) in der «Ludwigsburger Zeitung» vom 29. 1. 1944: «In welchem Kulturvolk wäre dies möglich?» Und der «Stuttgarter Kurier» vom 25. 1. 1944 fügt hinzu: «2½ Jahrtausende abendländischer Kultur werden heute vom Herzland Europas bewahrt und verteidigt.»

Wie dies vor sich gehen konnte, mag man an den beiden herausragenden, fast gleichzeitigen Inszenierungen dieser Tragödie im Herbst 1940 in Berlin und Wien wenigstens andeutungsweise erkennen. Am Berliner Staatsschauspiel am Gendarmenmarkt wurde die Spielzeit 1940/41 mit der *Antigone* eröffnet, die Karl Heinz Stroux inszenierte (Premiere am 3. 9. 1940). Das Bühnenbild hatte Traugott Müller geschaffen, einer der meistbeschäftigten Bühnenbildner dieser Zeit, der ja auch in der *Orestie*-Inszenierung 1936 in gleicher Funktion tätig war. Wieder war es die Monumentalität des Bühnenbildes, das sogleich gewaltig wirkte, allerdings zunächst düster gehalten war, mit hochragenden unwirklichen braunen Säulen und Mauern, die transparent waren wie Rauchglas und den Blick auf eine fast wie in Schleiern liegende Monumentalplastik eines bärtigen Dionysos eröffneten, der von einem schmalen, schräg nach unten fallenden schwarzen Tuch verhüllt war. Man wurde also in eine ferne, unwirkliche Zeit versetzt, in eine frühe mythische Welt der statischen Gebundenheit. Entsprechend ist der ganze Aufführungsstil gestaltet. Antigone (Marianne Hoppe), im weißen Gewand, schreitet gemessen auf (so ganz unantiken) Kothurnen und agiert in maskenhafter Strenge, bei der gleichwohl das Mädchenhafte vor allem in der Gebärde zum Ausdruck kommt. Kreon (Walter Frank) als ein Mann von konsequentem staatlichen Ordnungswillen zeigt zwar aufbrausendes Temperament, bleibt aber in der insgesamt statischen Interpretation in sich ruhend. Der Chor bestand aus nur sieben alten Männern, die teils einzeln, teils zusammen sprachen und «fast an Apostel erinnerten, die aus den Chorschranken einer Kathedrale getreten sind».[29]

Die vorliegenden Pressekritiken sind trotz aller Gleichschaltung bis zu einem gewissen Grade uneinheitlich. Einerseits herrscht die Tendenz vor, entsprechend der Projektion des Stückes durch die Regie in eine ferne mythische Zeit zu betonen, daß dies alles den Zuschauer der Gegenwart nichts anginge. So schreibt Bruno E. Werner: «Und sitzt der Referent einige Stunden später am Tisch im Keller, begleitet vom Flakkonzert, während englische Flieger über dem Wohnviertel surren, so ist er zu doppelter Dankbarkeit geneigt, für ein paar Stunden wieder einmal in den zeitlosen Raum der großen Dichtung versetzt worden zu sein.» Es handle sich um eine «Weltschau, die nicht mehr die unsere ist». Es bleibt demnach nur die Kraft der Sprache, des Wohllautes der Versklänge, die klare und strenge Form, theatralische Leidenschaft als Flucht vor den Problemen der Gegenwart und das Bewußtsein, in einem (scheinbar) apolitischen Raum gutes Theater gemacht zu haben.

In einer anderen Besprechung (von Franz Koppen) der gleichen Aufführung wird aber sehr wohl die politische Problematik aufgegriffen, aber in Übersteigerung des wilhelminischen Standpunktes in der Tradition der These Hegels so, daß das Recht auf seiten des Kreon sei. Kreon handle «im Interesse der Staatssicherheit», und «daß darin eine politische Notwendigkeit liege, kommt der Schwester des Toten keinen Augenblick zum Bewußtsein», so «daß sie überhaupt nicht den Versuch macht, auch nur einen Augenblick darüber nachzudenken, welches das Motiv für den grausamen Befehl des Königs sein könnte ... ihre Pietät rebelliert durch die Tat gegen das Gebot der Staatsräson, gegen deren Realität sie nichts einzusetzen hat als imaginäre Begriffe». In der gleichen Besprechung wird auch Sophokles selbst kritisiert, der «den vermeintlichen göttlichen Geboten vor staatspolitischen Notwendigkeiten noch glaubte den Vorrang lassen zu müssen». Nun wird gewiß die Aufführung diese fatalerweise an den Standpunkt der Schüler in Döblins Roman *November 1918* erinnernde Deutung nicht nahegelegt haben, aber durch ihre statische Neutralität war sie eben nach allen Seiten hin offen.

Noch stärker in eine ferne Frühzeit wurde das Geschehen der *Antigone* in der nur wenige Wochen später folgenden Wiener Inszenierung (Premiere am 1. 10. 1940) mit 39 anschließenden Aufführungen gestellt.[30] Es war die erste Inszenierung einer griechischen Tragödie am Wiener Burgtheater seit über 20 Jahren. Regie führte Lothar Müthel, der ja die *Orestie* von 1936 einstudiert hatte und der nun ein Jahr zuvor an dem Tag, an dem das Ostmarkgesetz die österreichischen Bundesländer in Reichsgaue verwandelte, zum Burgtheaterdirektor ernannt worden war.[31] Die Inszenierung erhält ihre besondere Bedeutung dadurch, daß zum ersten Mal nach den Darmstädter Aufführungen der Jahre 1922/23 die Übersetzung von Hölderlin in der Michelschen Bühnenfassung zugrunde gelegt wurde. Müthel war ja seinerzeit in Darmstadt engagiert und durch Michel mit den Übersetzungen Hölderlins bekannt geworden, wenn er auch an den Aufführungen damals nicht mitgewirkt hat.

Durch Hölderlins Sprache war das Feierliche, das Sakrale vorgegeben. Wiederum war das Bühnenbild (von Rochus Gliese) von monumentaler Größe und in dunklen Tönen gehalten. Das Spiel war umständlich, rituell, mit feierlich-rhythmischem Schreiten der Personen und des Chores. Antigone (Hedwig Pistorius) in schwarzem Kostüm, von Anfang an einsam, Kreon (Ewald Balser) in Hölderlinschem Sinne als Antitheos in einem Mantel aus Goldstoff, goldenem Brustpanzer und goldenem Stirnreif. Der wie bei Sophokles aus 15 Personen bestehende Chor trug als Maske eine silberne Lockenperücke und einen silbernen Bart. Die Greise wurden dadurch ästhetisiert und dargestellt als von der normalen Welt schon abgeschieden. Alles wurde in mythische Ferne gerückt (Abb. 13).

Die Regie erfolgte vom Chor als dem tragenden Element her; der Vers wurde in Musikalität umgesetzt, das Wort von streng stilisierten Bewegungen und feierlichem Schreiten begleitet. Durch eine knapp untermalende Bühnenmusik wurde eine archaische Stimmung erzeugt. Besonders der rituelle Sprechgesang der 15 Choreuten muß die Urgewalt des Wortes in einer Art deklamatorischer Symphonie zum Ausdruck gebracht haben. Die strenge und feierliche Inszenierung – Müthel war ursprünglich Organist – schien den Sprachgestus Hölderlins adäquat zum Ausdruck gebracht zu haben. Man sah «keinerlei Annäherung an die moderne Vorstellungswelt».[32]

Es zeigt sich hier, wie das durch die politischen Rahmenbedingungen gebotene Verdrängen jeglicher Gegenwartsbezüge nicht in erster Linie ein taktisches Ausweichen gewesen ist, sondern zugleich einer inneren Entwicklung seit den Aufführungen der Sophoklestragödien vor allem in der Übersetzung Hölderlins in den Zwanziger Jahren mit der Wendung in die

Innerlichkeit und in das Sakrale entspricht. Was sich damals anbahnte, findet jetzt seine Fortsetzung und Übersteigerung in ganz anderem Kontext.

Es ist mit dieser Konzeption schwer zu vereinbaren, daß man auch hier Verbindungen zum Kriegsgeschehen im Sinne nationalsozialistischer Propaganda gesucht hat. Nicht nur, daß eine der Wiederholungsvorstellungen mit einer feierlichen Ehrung verwundeter Frontsoldaten verbunden wurde – es war die Aufführung am 7. 6. 1943 –, man sucht gerade den Rückgriff auf Hölderlin nun, anders als in den Zwanziger Jahren, mit der Idee des Vaterländischen in Verbindung zu bringen. Es handle sich um «theatralische Gestaltungen aus dem gleichen Schicksalsimpuls eines gewaltigen nothaften Krieges», so formuliert es der prominente Wiener Theaterwissenschaftler Heinz Kindermann (der nach dem Krieg die monumentale, allerdings nur bis in die Zwanziger Jahre reichende *Theatergeschichte Europas* in 10 Bänden verfaßt hat). Hölderlin sei, so heißt es aus Anlaß dieser Aufführung weiter, derjenige, «der uns mit seinem inneren Leuchten von urdeutscher Art gerade auch vom Theater her die neuen Wege weist, ... der urdeutschen Huldigung des Vaterlandes, der Treue, der Ehre und des Opfers ... in einer Zeit, da jeder sein Letztes geben muß, um das Kostbarste zu retten, das ist Hölderlins ... volkhafte Sendung des deutschen Theaters».[33]

Hier wird zumindest in der Rezeption nicht irgendeiner Zeitung, sondern einer Darstellung mit wissenschaftlichem Anspruch die Verbindung zu dem Mißbrauch hergestellt, den sich das Werk Hölderlins auch sonst im Kriege hat gefallen lassen müssen,[34] ohne daß man ernstlich danach gefragt hätte, was denn wirklich «das Vaterländische» bzw. «die vaterländische Umkehr» bei Hölderlin bedeutet.[35]

Es ist eine seltsame Koinzidenz, daß gleichzeitig mit diesen beiden prominenten *Antigone*-Inszenierungen in dem von Deutschen besetzten Paris die *Antigone* von Anouilh entstand, die einzige Bearbeitung einer griechischen Tragödie aus jenen Jahren von mehr als ephemerem literarischen Wert, zwar erst 1944 aufgeführt, dann aber nach 1945 wie eine Art kultureller Exportartikel von Frankreich aus auch auf die deutschen Bühnen gelangend. Die gängige, die Zeitbezüge und damit die politische Dimension verwischende Interpretation, wonach an die Stelle der objektiven Gegebenheiten ungeschriebener Gesetze als Handlungsmovens bei Anouilh subjektivistischer Eigensinn im Milieu des Alltags getreten sei, reicht bei weitem nicht aus, die Bedeutung des Stückes auch nur annähernd zu erfassen. Es müssen vielmehr getrennt die Entstehungsbedingungen der Uraufführung von 1944 sowie der deutschen Fassung nach 1945 im jeweiligen Kontext der Zeitumstände analysiert werden.[36]

Mit dem Waffenstillstand vom 22. 6. 1940 hatten sich die deutsche Besatzungsmacht und das französische Vichy-Regime in gewisser Weise arrangiert. Im Sinne einer Politik der ‹Collaboration› war vor allem das kulturelle Leben in Paris von einer relativen Mäßigung der deutschen Besatzungspolitik geprägt. Die deutsche Militärverwaltung war für den kulturellen Bereich anfänglich durchaus von einer Atmosphäre zivilen Niveaus bestimmt (Ernst Jünger und der spätere NATO-General Speidel gehörten dazu), doch nicht ohne Kompetenzkonflikte gerade auf den Gebieten Kultur, Propaganda, Zensur. Es gab in Paris ein reges Kulturleben. Der gerade 33jährige Herbert von Karajan brachte 1941 mit deutschen Ensembles die *h-moll-Messe* von Bach und den *Tristan* zur Aufführung;[37] die Berliner Philharmoniker gastierten unter Eugen Jochum und Clemens Kraus; zahlreiche andere Aktivitäten von deutscher Seite sollten Zeugnis ablegen von deutschem ‹Kulturwillen› in Paris mitten im Kriege. Alles war auf Collaboration gestimmt. Es gab in Paris eine literarisch orientierte «Groupe Collaboration», in der z. B. Friedrich Sieburg, damals deutscher Botschaftsrat, am 22. 3. 1941 einen Vortrag «France d'hier et de demain» hielt, in dem er die Thesen seines bekannten Frankreich-Buches (*Gott in Frankreich*, 1929; franz. Fassung *Dieu est-il Français?* 1930) mit den Ideen der neuen Zeit in Verbindung brachte.[38] Seine alte These von der notwendigen Modernisierung und Verwandlung Frankreichs, von der zu fordernden Änderung des französischen Lebensstils zugunsten eines neuen Europa mit einem starken Deutschland steht nun vor einem anderen politischen Hintergund als ein Dutzend Jahre zuvor und wird jetzt unmißverständlich auf die Realität von 1941 bezogen, freilich im Geiste einer gewünschten Collaboration, zu der sich Frankreich bekennen solle.

Nun erfuhr aber diese relativ gemäßigte Atmosphäre der Collaboration eine eher gleitende, jedenfalls nicht abrupte Verschlechterung durch eine Reihe von Umständen, von denen die Verschärfung der Versorgungslage nur ein äußeres Indiz war. Im Spätsommer 1941 kam es zu den ersten Attentaten, auf die die deutsche Seite nervös mit Geiselerschießungen reagierte. Die nun einsetzende Deportation französischer Juden verschärfte das Klima zusätzlich. Gleichzeitig bildeten sich als Alternative zur Vichy-Politik der Collaboration die ersten Bewegungen der Résistance aus; General de Gaulle war mit der Proklamation einer «France Libre» in London zur Symbolfigur der Résistance geworden, die sich nun auch in Frankreich selbst, und zwar gerade auch unter den Intellektuellen organisierte.[39] So gab es in Frankreich in dieser Zeit in Collaboration oder Résistance grundsätzlich zwei mögliche politische Haltungen, die sich ziemlich kompromißlos gegenüberstanden.

Dies war der politische Hintergrund für den damals erst 32jährigen Anouilh, als er 1941/42 mit der Ausarbeitung seiner *Antigone* beschäftigt war, mit deren sophokleischer Fassung er seit seinem 15. Lebensjahr «gelebt» hatte.[40] Zu den auslösenden Momenten für sein Drama gehörten die Berichte über jene ersten Akte der Résistance (Attentate) und die entsprechende Reaktion auf deutscher Seite, von denen Anouilh auch als Journalist erfahren hatte.[41]

Hinzu kamen literarische Anregungen. Alexandre Kojève hatte in seinen Hegel-Vorträgen (bzw. Seminaren) in Paris 1940 den Gedanken geäußert, es müsse möglich sein, eine *Antigone* rein nach der Idee von Hegel zu komponieren, also einen Text der völligen Ausgewogenheit zwischen den beiden Protagonisten herzustellen.[42]

Nun wird man gewiß nicht die *Antigone* Anouilhs als das Produkt einer solchen theoretischen Maxime bezeichnen können, schon gar nicht in dem Hegelschen Sinne, daß sich in Kreon und Antigone die Sphären Staat und Familie gegenüberstünden, die miteinander in Konflikt gerieten. Aber es waren dies Anregungen, die Anouilh verarbeitete. Und so ist die *Antigone* Anouilhs bis zu einem gewissen Grade ein Spiegelbild der Identitätskrise im Selbstbewußtsein Frankreichs[43] jener Jahre in der Weise, daß in Kreon der Standpunkt der Collaboration und in Antigone derjenige der Résistance sich spiegeln. War es bei Hasenclever Wilhelm II., der hinter der Maske des Kreon stand, so ist es jetzt eher Marschall Pétain, die Symbolfigur der Collaboration. Während in den deutschen *Antigone*-Aufführungen der gleichen Zeit durch Ritualisierung des Spiels die mythische Ferne betont wurde, versetzt Anouilh das Stück in die Alltagswelt. Die Gestalten plaudern, stricken, spielen Karten, trinken Kaffee; konsequenterweise fehlt Teiresias (der Chor ist stark zusammengeschrumpft), während eine Amme für Antigone hinzugekommen ist, sowie als Element des epischen Theaters ein Sprecher für das ganze Stück, der die Personen charakterisiert und die Vorgeschichte viel knapper in das Stück hineinträgt als der Chor bei Sophokles. Und das berühmte Wort «Polynice n'était qu'un prétexte» zeigt, daß der Akzent nicht auf der Wiedergabe einer mythischen Vorlage liegt, sondern daß es um die Gegenwart geht.

Créon agiert wie ein Collaborateur. Seine Maxime ist das Sich-Abfinden mit den Realitäten bei unklaren Zukunftsperspektiven in der doch nur scheinbaren Sicherung einer nationalen Existenz. Seine Devise ist daher das von ihm immer wieder betonte «comprendre» in einer Art Notstandsargumentation, in der man sich Sachzwängen unterwerfen und die Fremdbestimmtheit des eigenen Handelns auf sich nehmen muß. Créon ist für Anouilh kein Schurke, kein Tyrann, kein Willkürherrscher, persönlich integer; er versucht ja im Guten, Antigone vor den Konsequenzen ihrer Tat zu bewahren. Créon vertritt nicht eine absolut gesetzte Ordnung, die keinen Relativismus duldete. Er ist die Inkarnation des Kompromisses.

Entsprechend stellt sich Antigone keiner etablierten, sondern einer sich etablierenden Ordnung entgegen. Dem «comprendre» Créons setzt sie das «refuser» entgegen; in ihrem dreimaligen «Non» nimmt sie das Schlüsselwort der sich damals formierenden Résistance auf. So ist Antigone die Heldin des Nein, obwohl sie (anders als bei Sophokles) Créon nichts entgegenzusetzen hat. Zwar zitiert sie in der Gefängniszelle mit den Worten «O tombeau! O lit nuptial! O ma demeure souterraine» förmlich die feierlichen Worte des Sophokles ὦ τύμβος, ὦ νυμφαῖον, ὦ κατασκαφὴς οἴκησις ἀείφρουρος (*Ant.* 891), aber für eine grandiose Rolle hat sie kein Publikum – ihre letzten Gesprächspartner sind die Wächter, in denen sich das Verhaftungsmilieu der Gegenwart widerspiegelt. Sie sind typische Angehörige eines Wachbataillons, ausgebildet in einem «Sonderlehrgang» («peloton special»), die sich immer gleich bleiben in der Mischung von niederen Instinkten und gewissen menschlichen Regungen. Antigone schreibt in der Gefängniszelle als letzte Rechtfertigung einen Abschiedsbrief an Haimon – anlog den in der Widerstandspresse der Zeit veröffentlichten Abschiedsbriefen von zum Tode verurteilten angeblichen Terroristen während der Okkupationszeit. Aber sie hat keine Botschaft, keine Idee, kein Programm. «Pour moi» habe sie die Tat geleistet, deren Würde allein im vollzogenen Tod liegt. Ihre Haltung ist unpolitisch, sie verharrt in der subjektiven Negativität einer suizidären Verweigerungshaltung, wie sie im übrigen in der französischen Literatur seit 1933 thematisiert war und nun von Anouilh als ein Erklärungsversuch für tatsächliche Widerstandsakte in der ersten Phase der Okkupation, allerdings ohne die Perspektive einer politischen Handlung (die ja Antigone auch bei Sophokles nicht hat), in die Dichtung hineingenommen ist.

Créon, der entsprechend seiner Maxime des «comprendre» alles versteht, versteht sogar Antigone, aber zu spät. Doch bleibt er – anders als bei Sophokles – ungebrochen (schon deshalb bedarf es keines Teiresias); er ist in der letzten Szene nicht allein; der «chef» (so wird er mehrfach angeredet in Analogie zum Titel «chef d'État Français» von Marschall Pétain) geht am Schluß zu einer Ministerratssitzung.

Anouilh hat versucht, die beiden möglichen Haltungen des «Oui» oder «Non» in der politischen und kulturellen Situation Frankreichs entsprechend der spezifischen Ausprägung von 1941/42 in die Gestalten Créon und Antigone hineinzuprojizieren, aber sein Drama ist kein Widerstandsstück. Es konnte dies auch gar nicht sein, denn Anouilh hat die *Antigone* von vornherein für das Theater geschrieben und wünschte eine alsbaldige Aufführung in Paris unter den nun einmal gegebenen Bedingungen. Natürlich kannte er die Einrichtung der deutschen Zensur in Paris, der alle Manuskripte, die gedruckt oder aufgeführt werden sollten, eingereicht werden mußten. Schon von daher mußten kritische Zeitbezüge ganz vage bleiben. Die Zensurbehörde in Paris stand unter Leitung des Leutnants im Range eines Sonderführers Gerhard Heller (Anouilh nennt ihn in seinem Brief von 1979 «le petit lieutenant»), der in Deutschland, Frankreich und Italien Romanistik studiert hat und seit 1935 dem Reichspropagandaministerium angehörte. Sein Lektoratsstab hatte täglich 600–800 Seiten Manuskript zu bewältigen und mußte Gutachten in acht Exemplaren erstellen, von denen eines an das Propagandaministerium nach Berlin ging. Die Gutachterpraxis war entsprechend der damaligen Atmosphäre der Collaboration relativ liberal, und so bekam auch Anouilh, der im Oktober 1942 seine nun fertiggestellte *Antigone* eingereicht hatte, etwa einen Monat später das «Visum».

Merkwürdigerweise ist das Stück dann aber zunächst nicht aufgeführt worden, wofür politische Gründe nicht vorliegen. Vielmehr gab es private Mißhelligkeiten zwischen Anouilh und seinem Regisseur Barsacq, dem Direktor des Théâtre d'Atelier, wo die frühen, vorwiegend heiteren Stücke Anouilhs herausgekommen waren. Die letzte vorangegangene Aufführung eines Stückes von Anouilh war aber ein finanzieller Mißerfolg gewesen, und so wollte Barsacq einige Zeit verstreichen lassen. Inzwischen war übrigens am 25. 1. 1943 die Anouilh zuvor merkwürdigerweise unbekannt gebliebene *Antigone* von Cocteau[44] mit der Musik Honeggers in Paris aufgeführt worden.

Anouilhs *Antigone* hatte schließlich erst am 4. 2. 1944 Premiere im Théâtre d'Atelier, wenige Tage nach dem Tode von Giraudoux. Die Aufführung war ein triumphaler Erfolg; die Zeitungen, die unter den Bedingungen der Zensur gleichwohl unterschiedlich berichteten, waren sich darin einig, daß dies der Höhepunkt der Theatersaison sei. Aber die Rezeption war eine völlig andere, als sie 1942 gewesen wäre, weil die Rahmenbedingungen sich geändert hatten. Die politische Stimmung war völlig gewandelt, das Vichy-Regime schwächer, die deutsche Okkupation nervöser und radikaler, der innere Widerstand verstärkt; von außen sollte bald die Invasion Frankreichs vorbereitet werden. Die Situation war makaber: Das Theater voll auch von deutschen Offizieren und Besatzungsangehörigen, vor denen die Worte der Antigone nun doch viel gefährlicher erscheinen mochten als bei der Zensurbehörde von 1942. So kam es zu einem peinlichen Vorgang. Wahrscheinlich hat kein anderer als Friedrich Sieburg (letzte Sicherheit ist nicht zu gewinnen) einen Bericht an das Reichspropagandaministerium nach Berlin geschickt, es würde allabendlich in Paris ein Stück vor deutschen Offizieren und Soldaten gegeben, die so etwas eigentlich nicht hören sollten.[45] Daraufhin ist Barsacq nach Berlin zitiert worden (offenbar in das Propagandaministerium), wo man ihm wütende Vorhaltungen gemacht hat. Er wage es, ein Stück ohne Genehmigung der Zensur auf die Pariser Bühne zu bringen. Barsacq aber konnte guten Glaubens das Visum von 1942 vorweisen; er hielt es nicht für nötig, kurz vor der Aufführung eine erneute Genehmigung einzuholen. Nun änderte sich der Ton. Man bat Barsacq, die *Antigone* vom Spielplan abzusetzen, und bot eine beträchtliche Subvention an, falls er stattdessen ein Stück von Kleist aufnähme. Barsacq willigte nicht ein.

Die außerordentliche Empfindlichkeit, die an diesem Vorgang spürbar wird, zeigt die Brisanz, die dem Thema Antigone innewohnt. Mag hier die besondere Situation des besetzten Paris eine Rolle spielen, so kann doch umgekehrt kein Zweifel sein, daß die zahlreichen *Antigone*-Aufführungen in Deutschland als so harmlos und ungefährlich erschienen, daß für eine mit den Pariser Vorgängen vergleichbare Reaktion in Deutschland nicht der geringste Anlaß bestand.

Aber auch die Gegenseite hat die *Antigone* von Anouilh 1944 anders rezipiert, als sie es zur Zeit der Entstehung des Dramas getan hätte. Man muß bedenken, daß das Stück in der Zwischenzeit nicht veröffentlicht worden war und die Rezeption sich allein auf die Aufführung stützen konnte. Die Résistance konnte nun von den in dem Hiat zwischen Entstehung und Aufführung eingetretenen Ereignissen nicht absehen und hat das Stück demzufolge abgelehnt, weil sie sich in ihm, d.h. insbesondere in der Haltung der Antigone, nicht wiederzuerkennen vermochte. Tatsächlich wird ja auch der Tod der Antigone am Schluß nicht als politische Tat im Sinne des Widerstandes begründet.

So war es gewiß ein Wagnis mit ungewissem Ausgang, daß nach der Befreiung von Paris das Théâtre d'Atelier am 27.9.1944 mit der *Antigone* von Anouilh wiedereröffnet wurde. Anouilh selbst berichtet, daß sich am Ende zunächst keine Hand zum Beifall rührte, bis General König, jetzt Militärgouverneur von Paris, sich in seiner Loge erhob und ausrief: «C'est admirable!» Nun war der Bann gebrochen. Der Triumphzug des Stückes begann; bis 1945 wurde es 645mal gespielt. Nach 1945 wurde es in trivialisierender Deutung als Widerstandsstück uminterpretiert, wurde offizieller französischer Kulturexport nach Deutschland, avancierte zum Schulklassiker und wurde im Deutschland der Nachkriegsjahre oft aufgeführt, jetzt nur noch selten und kaum im Sinne der differenzierten politischen Implikationen, die erst die Analyse der verschiedenen Rezeptionsebenen bewußt machen kann.

Entfernt vergleichbar sind die auf Teile der *Orestie* zurückgehenden *Fliegen* Sartres, uraufgeführt am 3.6.1943 im Théâtre Sarah Bernhardt in Paris und kurze Zeit darauf von den deutschen Behörden verboten. Anders als Anouilh war Sartre im aktiven Widerstand gegen die deutsche Besatzung; er hat sein Stück durchaus politisch verstanden, und zwar im Sinne der politischen Allegorie, wonach das Volk von Argos das französische Volk meint, Klytaimnestra für das Vichy-Regime, Aegisth für die deutsche Besatzungsmacht, Elektra und Orest für Teile der Résistance stehen, während die Fliegen das schlechte Gewissen angesichts der politischen Vorgänge symbolisieren. So jedenfalls ist das Drama auch in der ersten deutschen Aufführung nach dem Kriege am 7.1.1948 am Hebbel-Theater in Berlin durch Jürgen Fehling inszeniert worden, und der anwesende Sartre hat diese Konzeption bestätigt, während die deutschen Theaterkritiken eher die philosophische Begründung der Tat in der existenzialistischen Sicht Sartres in den Vordergrund stellten.[46]

Eine *Orestie* ganz anderer Art entstand im Kriege in Deutschland in Form der Atridentetralogie von Gerhart Hauptmann, der – im Dritten Reich offiziell nur widerwillig geduldet – von Juli 1940 bis Februar 1945 an dem Werk arbeitete.[47] Es war keine lichtvolle, strahlende Antike, deren Helden Vorbild für Kriegstaten der Gegenwart hätten sein können, sondern das Düstere, Blutige der Schicksalsidee steht im Vordergrund, deren Gestalten unter schicksalhaftem Zwang zu Trennung, Kampf, Haß und Streit stehen. Es handelt sich nicht um ein Schlüsselwerk, dessen Bühnengestalten Personen der Gegenwart jener Jahre hätten zugeordnet werden können. Die Atridentetralogie hat keinen unmittelbaren politischen Bezug (trotz einiger Anspielungen auf Vertriebene, Heimkehrer und ähnliches); vielmehr ist es die Entsetzlichkeit des Weltgeschehens im ganzen, die an dem Schicksal der Atriden deutlich wird, die so exemplarisch für menschliches Dasein überhaupt stehen. Immerhin konnten die beiden Iphigenie-Dramen im Kriege aufgeführt werden; zuerst die *Iphigenie in Delphi* am 15. 11. 1941 am Staatlichen Schauspielhaus in Berlin in der Regie von Jürgen Fehling, mit Hermine Körner als Iphigenie und Bernhard Minetti als Orest. Die Kritiken heben die Atmosphäre der grauenhaften Unheimlichkeit hervor, hervorgerufen durch unterweltliches Hundegebell, markdurchdringende Schreie und vor allem die riesige, schwarze, den Schauplatz immer überlagernde Wolke in dem von Rochus Gliese ganz unklassizistisch gestalteten Bühnenbild, an dessen rechtem Rand lediglich eine riesige einsame Säule in die drohend lastende Wolkenwelt ragt. Es ist dies eine Konzeption von Antike, wie sie mit dem offiziellen Bild von der griechischen Tragödie auf der deutschen Bühne in den Kriegsjahren nicht konform geht, aber doch immerhin aufgeführt werden konnte, sichtlich mit erschütternder Wirkung.[48] Den gleichen Eindruck erzielte die Aufführung der *Iphigenie in Delphi* am Wiener Burgtheater im Febraur 1942 in der Regie von Lothar Müthel, übrigens in Anwesenheit von Richard Strauß, der «in sichtbarer Begeisterung» den Dichter beglückwünschte.[49]

Antikes Drama auf der öffentlichen Bühne unter den Bedingungen der nationalsozialistischen Herrschaft bedeutet politisches Theater, auch wenn die Inszenierungen sich apolitisch geben und den Mitwirkenden möglicherweise nicht bewußt war, in welchem Maße sie selbst dazu beitrugen, nationalsozialistische Kulturpolitik zu realisieren. Dies gilt sowohl für die Tendenz, die Problematik der griechischen Tragödie in mythische Ferne zu schieben als auch für die gerade im Kriege beliebten komödienhaften Dramatisierungen antiker mythischer historischer Stoffe nicht nur auf dem Theater, sondern auch im Film. Man denke nur an die zahlreichen Gestaltungen des *Amphitryo*- und *Helena*-Stoffes, an das platte Schauspiel *Claudia* von Erich Schaefer (Claudia entspricht etwa der antiken Clodia und schwankt in ihrer Liebe zwischen Catull und Caesar) und ähnliche Erscheinungen.[50]

Gerade der burleske Rückgriff auf die Antike war geeignet, den Zuschauern ein naives Vergnügen zu bereiten und damit von den Problemen der Gegenwart abzulenken. In dieses Bild paßt es, daß ein einziges Mal in dieser Zeit eine Komödie des Aristophanes auf der deutschen Bühne stand, und zwar das unpolitischste seiner Stücke, der *Plutos* (Göttingen, 26. 9. 1941), aus dem kein Plädoyer für Demokratie und Frieden abgeleitet werden konnte wie aus dem übrigen aristophanischen Werk.

Die Ablenkung vom Alltag des Krieges durch das Theater war die komplementäre Komponente zur Darstellung von Taten und Leiden mythischer Helden in ein und demselben Zusammenhang. Dieser Zusammenhang ist gewiß nicht immer deutlich und bewußt gewesen, aber er ist unbezweifelbar. Und so war der Freiraum des Theaters in individuellen Einzelfällen in engen Grenzen wohl gegeben, aufs Ganze gesehen aber ein scheinbarer.

X. Nachkriegserscheinungen

Eine «Stunde Null» gab es auch auf dem Theater nicht, waren es doch zum größten Teil die gleichen Regisseure und Schauspieler, die unter gewiß gewandelten Bedingungen auch antikes Drama auf die Bühne brachten. Und doch gab es programmatische Neuansätze, die sich auf merkwürdige Weise mit Kontinuitäten verschränken und überlagern.

Im Grunde war für eine Neubesinnung des deutschen Theaters nach dem Ende des Krieges der Rückgriff auf das antike Drama eine naheliegende und willkommene Möglichkeit, durch den Nationalsozialismus verfälschtes humanistisches Gedankengut auf dem Theater zu etablieren. Ein Überblick über die bereits in der Spielzeit 1945/46 inszenierten antiken Tragödien macht dies deutlich. Ganz am Anfang steht wieder die sophokleische *Antigone*, die zuerst am 15.9.1945 in Köln Premiere hatte (mit zwölf anschließenden Vorstellungen) und dann noch einmal am 15.2.1946 in Hamburg herauskam (mit 38 anschließenden Aufführungen); in Kassel werden im Laufe der Spielzeit die *Troerinnen* in der Fassung von Werfel gespielt; in Lübeck wird die Spielzeit im Juli 1946 mit der *Helena* des Euripides beendet, und in Weimar kommt der *König Oedipus* am 21.4.1946 in der Regie von Paul Smolny heraus. Hinzu kommen die Bearbeitungen, die jetzt in deutschen Übersetzungen bekannt werden, allen voran die *Antigone* von Anouilh, die ihre deutsche Erstaufführung schon 1945 in Darmstadt hatte und die in ihrer Demontage alles Heldischen, in der Alltäglichkeit von Sprache und Gestus dem Gefühl der Ernüchterung nach dem Zusammenbruch entsprach.

In welcher Übersetzung die Kölner *Antigone* gespielt wurde, geht weder aus dem Programmzettel noch aus den Theaterkritiken hervor. Die politische Brisanz des Stückes scheint nur sehr vorsichtig angedeutet worden zu sein. Die Kritiken heben eine strenge, einfache Monumentalisierung hervor, einen leidenschaftlich bewegten Theaterstil, der das rechte Maß zwischen hohem Pathos und gehaltener Würde zu erreichen suchte. Der Regisseur Karl Pempelfort hat diese Inszenierung offenbar in die geistige Nähe der von ihm in Köln veranstalteten «Morgenfeiern» gerückt, in denen «die großen abendländischen Meister der Musik und des Wortes» die geistige Leere überwinden helfen sollten (Kölnischer Kurier 14.9.45). Themen dieser Morgenfeiern waren u.a. «Von der Ordnung des Herzens»; «Von der Freiheit des Geistes»; «Vom Atem des Schicksals»; «Der Mensch und die Mächte». Von dieser Art Existenzhilfe in poetischem Gewand muß auch die *Antigone*-Aufführung getragen gewesen sein; die politischen Implikationen erschöpfen sich in dem Eindruck, das Stück sei «besonders zeitnah» und liefere «wertolle Bausteine für den geistigen Wiederaufbau» (Kölnischer Kurier 14.9.45).

Entschiedener ist da die Hamburger *Antigone*, die in programmatischer Absicht in der Übersetzung Hölderlins gespielt wurde. Ludwig Benninghoff, von 1945–1956 Chefdramaturg am Hamburger Schauspielhaus und selber Verfasser eines Dramas *Oedipus' Tochter*, hat einige Wochen nach der Aufführung unter der Überschrift: *Antigone, Hölderlin und wir* einen Artikel veröffentlicht (in: Die Welt 29.3.46), der aus äußeren Gründen im Programmheft nicht abgedruckt werden konnte. Hier heißt es: «Mord, Blut, Seuchen, Haß, Gier, Rache, Vergeltung erfüllten unsere Erde, unser Herz und Hirn. Die ach so modernen Großstädte sind Trümmerhaufen, unsagbar häßlich, Haufen von Rost, Beton, Dreck. Mitten in dieser Gestaltlosigkeit eine einzige Figur: ein Mädchenwesen, rührend, wehrlos ... das ist Antigone». In diesem Zeitbezug wird die Rechtfertigung für die Aufführung der *Antigone* gesehen: «Damit entscheidet eine Aufführung der *Antigone* über die künstlerische Moral und über das menschliche Ethos des Theaters.» Die Verwendung der Übertragung Hölderlins wird damit begründet, daß nur so eine heute auf andere Weise nicht mehr für möglich erachtete Aktualisierung des griechischen Wortes erzielbar sei; ausdrücklich werden Reinhardts Inszenierungen des *Oedipus* und der *Orestie* als «eine Art Völkerschau» mit «musealem Anschauungsunterricht» abgelehnt. «Aus der Wandlung des Wortes bei Hölderlin aber ergibt sich eine Wandlung des ganzen Werkes», und so wird in dieser Aufführung «der Aufruhr, das Politische, das Republikanische, das Revolutionäre, das Hölderlin der *Antigone* immer wieder nachsagt, beschworen». Ob dieser Anspruch in der Wirkung auf das Publikum eingelöst worden ist, läßt sich schwer sagen. Immerhin muß die Gestaltung von Bühnenbild, Kostümen und Bewegung der Schauspieler von bezwingender Eindringlichkeit, fern von jeder antiquarisch-klassizistischen Spielweise gewesen sein. Der Brecht-Freund Caspar Neher, der in einer Art innerer Emigration in der NS-Zeit sich bei Kriegsende eher unfreiwillig in Hamburg aufhielt,[1] hat sich hier ein weiteres Mal vor Brecht der *Antigone* zugewandt und ein abstraktes Bühnenbild geschaffen mit hellen, stoffbespannten Wänden, die in rechten Winkeln gebrochen wie Paravents aufgestellt waren, davor ein Gerüst aus Glasröhren mit dazwischengespannten Platten. Das einfache Bühnenbild ermöglichte eine große Spielfläche, auf der die Schauspieler in Kostümen mit auffälligen Kontrastwirkungen agierten. Antigone (Maria Wimmer) war weißgewandet und schwarzhaarig, Kreon (Werner Hinz) trug Rock und Hose in leuchtendem Zinnoberrot. Die Verse des Chores waren auf fünf Sprecher verteilt; die präzise Regie von Heinrich Koch ließ die Schauspieler keineswegs nur ‹schön› sprechen, sondern Schrecken, Lähmung und Entsetzen in drastischen Bewegungen ausspielen.[2]

Mit der *Helena* des Euripides hatte man in Lübeck eine griechische Tragödie auf die Bühne gebracht, die noch nie auf einem deutschen Theater gegeben worden war. Der (nicht ganz zutreffende) Untertitel: «Des Flüchtlings Heimkehr» sollte den Zeitbezug andeuten. Die Pressekritik fand dies «ein wenig sentimental und bis zur Schockierung unklassisch», hob aber dann doch hervor, daß hier «Eheprobleme des aus dem Kriege Heimkehrenden» behandelt seien, und zwar so, daß die Tragödie des Euripides «aus kühler Ewigkeit in diese zerrissene Gegenwart leuchtet», handle es sich doch um den «Quell eines Geistes, den wir im vergangenen Jahrzehnt so gründlich verleugnet und verraten haben» (Die Zeit 18.7.46). Doch ist eine solche Analogie zwischen der Darstellung des mythischen Stoffes durch Euripides und der Situation nach dem Kriege sehr vage, ja eigentlich ganz brüchig. Euripides hatte in seiner Tragödie die Version des Lyrikers Stesichoros mit freilich ganz andersartiger Begründung aufgegriffen, wonach nur ein Eidolon (eine Art Double) von Helena nach Troja entführt, Helena selbst aber nach Ägypten entrückt worden sei, wo Menelaos auf der Rückfahrt vom Trojanischen Krieg seine (unberührte) Gattin nach allerlei Komplikationen wieder zu sich nehmen konnte. Der Trojanische Krieg ist also umsonst geführt worden, eines bloßen Irrtums wegen. Und gerade in dieser Begründung können die Fragen der Gegenwart nach Ursachen, Schuld und Schrecklichkeit des Krieges keine Möglichkeit der politischen Reflexion finden. So bleiben denn nur einzelne Äußerungen in der Tragödie des Euripides über die Leiden des Krieges als Anknüpfungspunkte relevant. Daß die Aufführung der *Troerinnen*, noch dazu in der Fassung Werfels, von einer viel unmittelbareren politischen Brisanz in jenen Nachkriegsjahren gewesen sein muß, ist evident – leider steht für die Inszenierung in Kassel kein Material mehr zur Verfügung. Von packender Eindringlichkeit war die Aufführung der *Troerinnen* an den Hamburger Kammerspielen 1947 in der Regie von Ulrich Erfurth mit Ida Ehre als Hekabe, die den Zuschauer unter dem Eindruck einer zerstörten Stadt auf der Bühne in die Realität einer zerstörten Stadt entließ.

Die merkwürdigen Halbheiten, die für die ersten Nachkriegsinszenierungen antiker Tragödien charakteristisch sind, haben offenbar auch eine gewichtige Inszenierung des *König Oedipus* am Deutschen Theater in Berlin in der Regie von Karl Heinz Stroux (Premiere 22.12.1946) bestimmt, der ja im Kriege für die repräsentative *Antigone*-Inszenierung in Berlin verantwortlich gewesen war. Sein *Oedipus*, mit Gustaf Gründgens in der Titelpartie, schwankte – will man sich auf die Pressekritiken stützen[3] – zwischen Schicksalstragödie und Spiel von tragischer Schuld und exponiert damit die zentrale Problematik der Nachkriegsjahre, ohne sich indes zu entscheiden. Und so ist diese Aufführung denn auch als ganz zwiespältig empfunden und kritisiert worden. Man spielte die humanistisch durchtränkte Übersetzung von Heinrich Weinstock; Gründgens verkörperte die Gestalt des Oedipus mit so viel tragischer Größe, daß die ursprüngliche Absicht der Abrechnung mit dem Nichtwissen von Verbrechen überdeckt wurde. Immerhin ist es bemerkenswert, daß der *König Oedipus*, der im Deutschland der Kriegsjahre nur auf kleineren Bühnen gespielt wurde und deutlich hinter der *Antigone* zurücktrat, mit noch zwei weiteren gewichtigen Inszenierungen jetzt auf den Bühnen stand. Gustaf Gründgens begann seine Düsseldorfer Intendanzzeit mit einer weitgehenden Übernahme der Berliner *Oedipus*-Inszenierung (Regie wiederum Karl Heinz Stroux; Bühnenbilder wie in Berlin von Hertha Böhm, und Gründgens selbst spielte den Oedipus im selben Kostüm wie in Berlin), und im Mai 1949 ist die gleiche Tragödie in Hamburg von Wolfgang von Stas inszeniert worden. Das auffallende Interesse an dieser Tragödie in den ersten Nachkriegsjahren ist sicher mitbedingt durch die Möglichkeit der Verknüpfung der Tragödienproblematik mit der deutschen Schuldfrage. Denn das Stück des Sophokles ist ja seinerseits eine Art Vergangenheitsbewältigung, in der zunächst verdrängtes Geschehen aufgearbeitet wird. In den zahlreichen Pressekritiken zu diesen Aufführungen tauchen die politischen Schlagwörter dieser Jahre wie: individuelle oder kollektive Schuld, Katastrophe, jähes Hereinbrechen des Schicksals, plötzlicher Wahrheitseinbruch usw. auf. Zu einer wirklichen Auseinandersetzung auf der politischen Ebene kommt es indes nicht; es dominieren Neigungen, in dem Stück und den Aufführungen Fragen von Schuld und Verantwortung hinter der Unergründlichkeit des Schicksals und der Größe der tragischen Gestalt des zeitlosen Mythos zurückzustellen.

Ebenso zwiespältig blieben die Nachkriegsaufführungen der *Atridentetralogie* (bzw. ihrer einzelnen Teile) von Gerhart Hauptmann. Die einzelnen Dramen waren ja alle in den Jahren 1940–1945 entstanden, zuerst die *Iphigenie in Delphi*, zunächst als Einzeldrama konzipiert und erst später als letztes Stück der Tetralogie einverleibt, dann die *Iphigenie in Aulis*, das erste Glied der Tetralogie. Diese beiden Stücke sind im Kriege jeweils einzeln aufgeführt worden (vgl. S. 179) und konnten auch als selbständige Dramen gelten. 1942 begann Hauptmann damit, die inhaltliche Lücke zwischen den beiden Iphigenie-Dramen durch die erst 1948 veröffentlichten Einakter *Agamemnons Tod* und *Elektra* auszufüllen. Die komplizierte Entstehungsgeschichte mit noch dazu verschiedenen Entwürfen und Fassungen für jedes Drama hat es mit sich gebracht, daß in den ersten Nachkriegsjahren die Tetralogie nicht im ganzen aufgeführt wurde. Vielmehr erregten zunächst die beiden noch unbekannten Dramen *Agamemnons Tod* und *Elektra* das Interesse, die zusammen ein Jahr nach dem Tode des Dichters, aber noch vor der Buchveröffentlichung am 10. 9. 1947 in den Kammerspielen des Deutschen Theaters in Berlin unter der Regie von Heinz Wolfgang Litten ihre Uraufführung erlebten. Die darin dargestellte

Problematik der Ermordung Agamemnons nach dessen Rückkehr und der Rache durch den Muttermord Orests vermochte in dieser Beschränkung (also ohne die Lösung der aischyleischen *Eumeniden*) wohl auch die drängenden Fragen der Zeit nach ungesühnter Schuld im Spiegel der Dichtung zu reflektieren, doch hat die Inszenierung mit ihren «pompösen Klangeffekten, mit feierlich zerdehnten Auftritten, mit expressionistischen Gestikulationen, mit viel Geschrei und Gezeter, mit Leidenschaftsausbrüchen»[4] die Aktualität dieser Problematik nicht recht bewußt machen können.

Unterdessen hatten sich kleinere Bühnen wieder der *Iphigenie in Delphi* angenommen, so Wuppertal im November 1946 (mit wenig Erfolg), sodann im Dezember 1950 Bochum, worauf dann ebenfalls im Dezember 1950 Neuß folgte. Die Schwäche der Aufführungen wurde der Schwäche der Dramen zugeschrieben. Anläßlich des 90. Geburtstages des Dichters wurde dann im November 1952 in Frankfurt noch einmal die *Iphigenie in Delphi* aufgeführt, und zwar in der Regie von Lothar Müthel, der ja zehn Jahre zuvor die Aufführung am Wiener Burgtheater inszeniert hatte. Es ist nun ein interessantes Phänomen der epochenspezifischen Rezeption, daß das gleiche Stück, dessen Aufführung 1942 zu einem erschütternden Erlebnis geworden war, zehn Jahre später, präsentiert durch den gleichen Regisseur in Zusammenarbeit auch mit dem gleichen Bühnenbildner, auf die einhellige negative Kritik stieß, die sowohl das Werk selbst wie die Inszenierung traf, der Mangel an mythischer Tiefe, geschmacklose Fehlgriffe, provinzielles Niveau, ein überladen-kitschiges Bühnenbild nachgesagt wurden.[5] Dabei hatte Müthel hervorragende Schauspieler (Lola Müthel, Hannsgeorg Laubenthal, Klaus-Jürgen Wussow) zur Verfügung, denen es gleichwohl nicht gelang, das Chthonische, das Blutige und Düstere der Dichtung Hauptmanns im Jahre 1952 dem Publikum glaubhaft nahezubringen.[6]

Die Atridentetralogie als Ganze wurde erstmals von Erwin Piscator anläßlich des 100. Geburtstages Hauptmanns in einer aufsehenerregenden Inszenierung im Theater am Kurfürstendamm in Berlin am 7. 10. 1962 auf die Bühne gebracht. Die in den Nachkriegsjahren nur verhalten angedeutete politische Dimension der Dichtung wurde nun in der Regie des erst 1951 aus amerikanischem Exil zurückgekehrten Piscator kräftig ausgespielt und dabei entschieden überzogen. Piscator verstand die Tetralogie als «politisches Drama», das geeignet sei für eine «Durchlichtung einer Gegenwart, in die von den Deutschen bislang noch wenig Licht gehalten wurde».[7] Der 230 Druckseiten umfassende Text der Tetralogie wurde von Piscator rigoros gekürzt, zugleich aber durch Mittel des epischen Theaters angereichert. Die Aufführung wurde eingeleitet durch die Vorführung von drei Dias: Zuerst sah man die Totenmaske Gerhart Hauptmanns, dann sein Klagewort über die Zerstörung Dresdens und schließlich ein

Ruinenpanorama. Statt des Hundegebells und Froschgequakes, das Hauptmann als Kulissengeräusch vorgesehen hatte, ertönten Flugzeuglärm, Motorengeheul und Panzerdonnern. Das Bühnenbild bestand aus einer von unten angestrahlten Bühnenfläche, auf der im Hintergrund drei verschiebbare Rückwände angebracht waren, die für Projektionen benutzt wurden und auf denen sich die Schattenfiguren der Atriden abzeichneten. Piscator suchte unmittelbare Parallelen zwischen Gestalten des Dramas und historischen Personen: Agamemnon galt ihm als eine Art Hitler, Iphigenie als Sinnbild des unschuldigen Opfers, Klytämnestra als Konfiguration des antinazistischen Widerstandes, Orest als Ausdruck des im Umkreis des Widerstandes anzutreffenden Offiziergeistes. Hauptmann selbst hätte diese Analogien nicht explizit hervortreten lassen können, «weil unter dem Hitler-Terror naturgemäß die größte Vorsicht geboten war bei kritischen Anspielungen auf die Gegenwart» (Piscator). Es ist völlig evident, daß damit die Intentionen des Dichters nicht getroffen sind, dessen Bilder dunkler und zerstörerischer Kräfte sicher nicht derartige Personifizierungen zulassen. Gleichwohl bleibt die konsequente politische Ausdeutung (und Überzeichnung) der Tetralogie achtbarer, als es die sarkastischen Titel der durchweg vernichtenden Pressekritiken wie «Sturzkampfbomber über Hellas» (Tölzer Kurier 9. 10. 1962) oder «Hitler und die Atriden» (Die Welt 9. 10. 1962) erkennen lassen. Nach dieser eindringlichen, aber doch verfehlten Inszenierung hat keine Bühne von Rang sich mehr der *Atridentetralogie* angenommen.[8]

Von besonderer Bedeutung für die Problematik der Rezeption des antiken Dramas auf der Bühne der Gegenwart ist die *Antigone* Brechts und ihr Schicksal auf dem Theater gewesen, handelt es sich doch hier um den wohl einzigen konsequenten Versuch in der Zeit der ersten Nachkriegsjahre, in Bearbeitung wie Deutung dieser sophokleischen Tragödie und in ihrer Präsentation auf dem Theater in der Betonung der politischen Komponenten einen radikalen Neuanfang gerade auch in der Geschichte des Theaters zu setzen.[9]

Schon die Entstehungsgeschichte ist bemerkenswert genug. Brecht war im Herbst 1947 aus dem Exil in den USA zunächst nach Zürich gekommen und traf dort zufällig seinen alten Freund Hans Curjel, der vor 1933 unter Otto Klemperer Dramaturg an der Berliner Krolloper gewesen war, sich seitdem im Schweizer Exil aufhielt, seit 1946 als Direktor des Theaters in Chur. In einem Gespräch zwischen den beiden Freunden im November 1947 in Zürich entstand der Plan zur Aufführung der *Antigone* in Chur, wofür Brecht (gegen ein Honorar von 1000 Schweizer Franken) die Inszenierung übernehmen sollte. Brecht verlangte für diese seine erste praktische Theaterarbeit in Europa seit seiner Emigration aus Deutschland Caspar Neher, mit dem er schon vor 1933 zusammengearbeitet hatte, als Bühnenbildner und Helene Weigel für die Rolle der Antigone.[10] Neher, der Augsburger Jugendfreund, hatte inzwischen Hamburg verlassen und war seit Beginn der Spielzeit 1946/47 an das Schauspielhaus Zürich verpflichtet, wo er nun Brecht wiedertraf. Brecht hatte nur wenige Wochen Zeit, eine Bühnenfassung der *Antigone* herzustellen; als Textgrundlage wählte er die Übersetzung Hölderlins, auf die ihn Neher hinwies. «Ich finde schwäbische Tonfälle und gymnasiale Lateinkonstruktionen und fühle mich daheim. Auch Hegelisches ist da herum», so charakterisiert Brecht in seinem *Arbeitsjournal* (16. 12. 1947) die Übersetzung Hölderlins. Am 16. 1. 48 kam Brecht mit Helene Weigel und Caspar Neher in Chur an; sie stießen dort auf eine Gruppe junger, noch unroutinierter Schauspieler, mit denen intensiv geprobt wurde (obwohl der größte Teil der Schauspieler gleichzeitig für *Das Haus in Montevideo* von Curt Goetz proben mußte). Am 15. 2. 1948 war Premiere; das Echo war ganz gering. Die wenigen Aufführungen (nach der Premiere drei Wiederholungen und ein Gastspiel in Zürich) fanden vor einem halbleeren Zuschauerraum statt. Was wurde dem Publikum vorgesetzt?

Der vorangestellte Prolog (in ziemlich primitiven Knittelversen), in dem zwei Schwestern im April 1945 aus einem Berliner Luftschutzkeller zurück in ihre Wohnung kommen und dort ihren desertierten Bruder durch einen SS-Mann erhängt finden, wirkte wohl schon schockierend und zeigte unmißverständlich den aktuellen Bezug an. Der Zusatz zur Formulierung des Titels *Die Antigone des Sophokles:* «nach der Hölderlinschen Übertragung für die Bühne bearbeitet» legt zunächst den Eindruck nahe, es handle sich bei Brechts Stück lediglich um eine Einrichtung der Übersetzung Hölderlins für die Bühne. In Wirklichkeit liegt aber eine völlige Umgestaltung zu einem im Grunde ganz unantiken Stück mit einer starken Veränderung der Fabel vor. Brecht hat bekanntlich aus dem bei Sophokles zugrunde liegenden Rachefeldzug des Polyneikes gegen Theben einen noch im Gang befindlichen Aggressionskrieg Thebens unter Führung Kreons gegen Argos gemacht, wobei es um die Erzgruben von Argos geht. Polyneikes desertiert dabei und wird von Kreon erschlagen. Es ist klar, daß unter diesen Umständen die Tat der Antigone, die Bestattung des Bruders entgegen dem Verbot des Kreon, in etwas anderem Licht erscheinen muß als bei Sophokles. Brechts Fassung gewinnt so den Status einer regelrechten Bearbeitung, die grundsätzlich auf keiner anderen Stufe steht als z. B. die *Antigone*-Dramen von Hasenclever, Cocteau oder Anouilh. Von diesen unterscheidet sich aber die Fassung Brechts nicht nur darin, daß sie sich ausdrücklich auf eine Übersetzung bezieht, sondern vor allem in dem Anspruch, mit der als «Durchrationalisieren» verstandenen Veränderung der Fabel «aus dem ideologischen Nebel die höchst realistische Volkslegende» herauszudestillieren und damit zu dem (historischen?) Kern des Mythos («was von der Welt wirklich darinnen ist») unter Beseitigung der theologischen, metaphysischen und ideologischen Zutaten des Dichters vorzudringen. Für Brecht ist dies «die Rolle der Gewaltanwendung bei dem Zerfall der Staatsspitze».[11] Diesem Ziel dienen die zahlreichen Änderungen, die Brecht an dem Text Hölderlins vorgenommen hat. Sie lassen sich in den folgenden Haupttendenzen zusammenfassen.[12]

1. Brecht weicht natürlich überall dort von Hölderlin ab, wo er mit der Veränderung der «Fabel» (wie sie bei Sophokles vorliegt) seine eigene Version exponiert. Schon im Prolog heißt es (in Abweichung von Sophokles/Hölderlin), Kreon sei der, «der hinten einpeitscht sie alle in der Schlacht». Aber innerhalb Brechts eigener Version werden auch Formulierungen Hölderlins eingesetzt, so bei Brecht im Prolog: «die Dirzäischen Bäche durchquert», entnommen aus der Parodos (104) in der Formulierung Hölderlins: «gegangen über die Dirzäischen Bäche». Neben vielem anderen ist es für Brecht charakteristisch, daß die Anrede an Kreon mit ἄναξ, die Hölderlin stets mit «mein König» übersetzt hatte, nicht durchweg, aber mehrfach mit «mein Führer» wiedergegeben ist.

2. Bei der Eliminierung der theologischen Ebene hat Hölderlin Brecht unfreiwillig vorgearbeitet. Denn Hölderlin hat ja – eigentlich inkonsequenterweise – die griechischen Götternamen umschrieben, weil «die Nationalkonvenienz der Griechen uns fremd geworden» sei. So gibt er Zeus durch «Vater der Erde», Eros durch «Geist der Liebe» wieder; offenbar wollte er gemäß einer tief ins 18. Jahrhundert zurückreichenden Tradition über die Namen zu den Elementen und auf diese Weise zu den Sachen selbst gelangen. Brecht übernimmt aus völlig anderen Motiven diese Eigenart und setzt sie von sich aus fort, wenn er z. B. zu Beginn des Chorliedes über die Macht des Eros diesen – Hölderlin überbietend – mit «Geist der Lüste im Fleisch» wiedergibt, was um so provozierender wirkt, als die unmittelbare Fortsetzung bei Brecht («dennoch Sieger immer im Streit») wörtlich Hölderlin folgt. Ähnlich zu beurteilen ist auch Brechts Neigung, unter Beibehaltung von Hölderlins Wortkörper eine sinnverändernde Abwandlung anzubringen, so z. B. «großnamiger Sieg» (Hölderlin) – «großbeutiger Sieg» (Brecht).

3. Brecht verbessert mehrfach fehlerhafte Übersetzungen Hölderlins, offenbar nach dem griechischen Text. So z. B. ὁ παγκοίτας Ἅιδας (811) – Hölderlin: «der alles schweigende Todesgott», Brecht: «der alles bettet einst, der Todesgott»; ähnlich öfters. Andere Griechischfehler Hölderlins läßt Brecht stehen, in wieder anderen Fällen wird von Hölderlin richtig Übersetztes ohne erkennbaren Sinn verändert, so z. B. φίλη μετ' αὐτοῦ κείσομαι φίλου μέτα (73) – Hölderlin: «Lieb werde ich liegen bei den Liebenden», Brecht: «Gestillt werde ich liegen bei den Stillen», was eigentlich keinerlei Sinn ergibt.

4. Brecht brutalisiert den Text, am meisten in den Passagen, an denen die Fabel geändert ist. So z. B.: «Der Mitmensch reißt das Gekröse ihm

aus» (in dem berühmten Chorlied über die Größe des Menschen), oder: «Saures äzt den Gaumen, drum wirds geboten»; «abgehauen wird»; oder Kreon: «Zu den Geschäften», möglicherweise eine Reminiszenz aus dem Schluß der *Antigone* von Anouilh.

5. Im Gegenteil zum Brutalisieren findet sich vielfach bei Brecht ein gesuchtes Archaisieren, das Hölderlin geradezu zu überbieten scheint, so z. B. wenn Hölderlin bei Beginn des 1. Ismene-Auftritts die einfachen Worte δάκρυα λείβων durch «Tränen vergießend» wiedergibt, Brecht aber mit: «Aber die Zähre wäscht». Auf ähnlicher Stilhöhe sind die Worte: «Der Tränen Salz ist auch bemessen». Ganz seltsam ist das sich weder bei Sophokles noch bei Hölderlin findende einprägsame Bild: «Am lügenlosen Amboß stähle die Zunge» (Haimon gegenüber Kreon). Es stammt aus Pindar, *Pyth.* 1,86 (dort als Gnome Pindars gegenüber Hieron von Syrakus); Brecht hat es wohl in der Pindarübersetzung Hölderlins gelesen. Ganz merkwürdig und kaum verständlich ist das Chorlied, das anstelle des 2. sophokleischen Stasimon steht, aus dem lediglich einige Bilder und Metaphern aus dem Bereich der Natur (Thrakersturm, Pontische See, Wälzen des Meeres im Sturm) übernommen sind. Bei Sophokles handelt das Chorlied von der Ohnmacht des Menschen und der Macht des Zeus im Kontrast zu dem vorangegangenen Chorlied über die Möglichkeiten des Menschen. Brecht konnte den Kontrast nicht zum Ausdruck bringen, weil er schon im 1. Stasimon die religiöse Ebene eliminiert hatte. Sein Chorlied ist in den Einzelheiten nahezu unverständlich. Rätselhaft bleibt, wer die «Lachmyschen Brüder» sind, die gleich im 1. Vers vorkommen («Duldend saßen im feuerzerfressenen Haus die Lachmyschen Brüder»), die in der gesamten Antike nicht belegt sind. Die Fortsetzung: «und die Weiber ... saßen am Tage heimlich in Windeln purpurn» ist wieder ein nur leicht abgewandeltes Pindarzitat, diesmal aber ein ganz entlegenes (*Pyth.* 4.113: «mit Wehklagen der Weiber heimlich gesandt in Windeln purpurn»), im Wortlaut mit der Pindarübersetzung Hölderlins identisch. Jedenfalls ist dieses Chorlied aus sich heraus unverständlich.

Der Text Brechts im ganzen würde wohl erst transparent werden, wenn man einen minutiösen philologischen Kommentar schriebe, der die gesuchten Anspielungen und Zitate verifizierte und z. B. auch vermerkte, daß die letzten Worte des Brechtschen Stückes («weise zu werden im Alter») nicht Hölderlin entnommen sind (Hölderlin: «Sie haben im Alter gelehrt zu denken»), sondern aus der alten Übersetzung von Donner stammen.

Die *Antigone* von Brecht ist also im Unterschied zu der Übertragung Hölderlins ein Gemisch von Stilen, ein ganz komplizierter, ausgeklügelter Text, der sich von Hölderlin stärker entfernt, als es in Anbetracht der Veränderung der Fabel notwendig gewesen wäre. Keineswegs ist Brechts Text eine Vereinfachung, vielfach sogar eine Erschwerung bis zur Unverständlichkeit. Die kleineren und größeren Änderungen Brechts gegenüber dem Text von Hölderlin sind oft so raffiniert angebracht, daß man sie nicht gleich bemerkt und wohl auch nicht bemerken soll. Es ist mehr ein Manipulieren als ein Durchrationalisieren des Textes, der nur in minutiösem Quellenstudium mit den Mitteln der Philologie in seiner Eigenart erkennbar wird, wovon Brecht aber durch die Bemerkung: «Philologische Interessen konnten nicht befriedigt werden» eher abzuraten scheint.

In der Tat käme wohl kaum jemand unabhängig von Brecht darauf, dessen *Antigone* im Verhältnis zu Sophokles als das Ergebnis eines «Durchrationalisierens» anzusehen, wie denn auch eine ganz unzutreffende Einschätzung des Phänomens Mythos vorliegt.[13] Denn der Kern der Fabel, die Tat der Antigone als offensichtliche Erfindung des Sophokles, ist ja keine Angelegenheit unbegreiflich wirkender Schicksalsmächte, sondern vollzieht sich in der klaren Rationalität der Polis des perikleischen Zeitalters. Erst recht kann man durch Beseitigung von Götternamen und «ideologischem Nebel» nicht zum alten Kern des Mythos gelangen, der ja durch eine sehr viel stärkere Bindung des Geschehens an göttliche Mächte gekennzeichnet ist als die Tragödie des Sophokles. Der Prozeß läuft also gerade umgekehrt. Erst bei Sophokles wird aus dem mythischen Stoff ein politisches Stück mit einer Polisidee und einer Konfliktsituation im menschlichen Miteinander.

Wenn anläßlich von Theateraufführungen erst Brechts *Antigone* als das eigentlich politische Drama angesehen wird, so liegt es auch daran, daß bei Inszenierungen der sophokleischen *Antigone* (ob nun in der Übersetzung Hölderlins oder anderer) bis in die Nachkriegszeit hinein deren politische Dimension nicht voll ausgespielt wurde, sondern in den verschiedenen Bearbeitungen von Hasenclever an sozusagen aufgesetzt erschien. In Wirklichkeit ist Brecht weit entfernt von Sophokles und dem zugrundeliegenden antiken Mythos. Denn die *Antigone* Brechts ist nichts anderes als irgendeine andere Bearbeitung oder poetische Neuschöpfung der sophokleischen Fassung, und es ist wohl Ausdruck ein und derselben Denkweise, wenn die Gestalt des Kreon bei Hasenclever durch Wilhelm II., bei Anouilh durch Marschall Pétain und bei Brecht durch Hitler mitgeprägt ist. Auch ist Brechts Stück für sich genommen kaum ein Paradigma epischen Theaters – dazu sind die Änderungen insbesondere bei den Chorliedern viel zu änigmatisch –, es sei denn in dem weiten Sinne, in dem die griechische Tragödie im ganzen zum epischen Theater gerechnet wird, wie denn ja auch Brecht selber bekennt: «Die hellenische Dramaturgie versucht durch gewisse Verfremdung, besonders durch die Einschnitte für die Chöre, etwas von der Freiheit der Kalkulation zu retten.»[14] Theatergeschichtlich bedeutsam wurde die *Antigone* Brechts erst durch das Bühnenkonzept, das Brecht und Neher gemeinsam gestaltet und in dem *Antigonemodell* mit photographischen Aufnahmen jeder einzelnen Szene niedergelegt haben. Die darin enthaltenen Anweisungen zu den deiktischen Elementen des Theaters, zu dem abstrakten, vorhanglosen Bühnenraum, zur Begrenzung der Spielfläche durch die Pfähle, von denen die Skelette von Pferdeschädeln hängen, zu weiteren konkreten Einzelheiten, die als für Aufführungen verpflichtend bezeichnet wurden, haben Theatergeschichte gemacht. Die *Antigone* war Brechts erste Modellinszenierung, der dann in programmatischer und kontinuierlicher Arbeit nach Gründung des «Berliner Ensembles» 1949 in Berlin weitere Modellbücher und -inszenierungen, auch in Bearbeitungen älterer Stücke, folgten (Abb. 14 und 15).

Die deutsche Erstaufführung fand erst am 18. 11. 1951 in Greiz statt – Brecht war inzwischen «Nationalpreisträger der DDR» geworden –, einer ähnlich kleinen Stadt wie Chur. Die Regie führte Ernst Tickardt, die Bühnenbilder entwarf Hans Reichard, alles in Anlehnung an die im *Antigonemodell* von Brecht und Neher festgelegten Anweisungen, und in der Tat zeigt ein Vergleich der Aufnahmen der Bühnenbilder beider Aufführungen eine nahezu völlige Identität. Die (vorhanglose) Bühne war von Anfang an geöffnet und hell erleuchtet. Vier Pferdeköpfe auf hohen Stangen begrenzten die Spielfläche, im Hintergrund eine Rundmauer, davor Bänke, auf denen die Schauspieler Platz nahmen und von denen aus sie agierten, wenn sie in den Bezirk der Pferdeköpfe traten. Brecht hatte das *Vorspiel Berlin 1945* gestrichen, was offenbar eine gewisse Orientierungslosigkeit zur Folge hatte. Erst nach der Premiere hat Brecht dann aufgrund einer brieflich an ihn gerichteten Bitte des Greizer Ensembles einen neuen, kurzen Prolog geschrieben, in dem aus dem Munde des Sehers Teiresias die Problematik des Stückes und die Schauspieler kurz vorgestellt werden. Die durch die Pferdeschädel begrenzte Spielfläche wird darin als Schauplatz bezeichnet, «wo einst unter den Tierschädeln barbarischen Opferkultes urgrauer Zeiten die Menschlichkeit groß aufstand.» Offenbar wollte Brecht damit an einen etwas nebulös vorgestellten kultischen Ursprung der Tragödie erinnern, zugleich auch an den seiner Meinung nach alten Kern des Mythos, «wo die Menschlichkeit aufstand». Ob und wie dies verstanden wurde, bleibt ungewiß. Der Kritiker der «National-Zeitung» in Berlin (Ost) vom 23. 11. 1951 bemerkt dazu – wohl nicht ganz im Sinne Brechts –, es sei die Greizer Aufführung ein «herrlicher Dienst am Erbe der Antike», während in der gleichen Zeitung einen Tag später im gleichen Zusammenhang «die Fürsorge unserer Regierung um die Kunst» in einer Besprechung unter dem Titel: «Kleines Theater – große Aufgabe» hervorgehoben wird. Die westdeutsche Erstaufführung fand erst im Sommer 1958 statt, aber nicht in einem professionellen Theater, sondern auf der Studentenbühne der Universität Frankfurt. Die Schauspieler waren Studenten, selbst der Regisseur, ein Doktorand, der von einem Mitarbeiter Brechts beraten wurde. Man hielt sich relativ streng an das *Antigonemodell*, auch das ursprüngliche Vorspiel wurde beibehalten, das durchweg in der Presse ganz negativ beurteilt wurde. Aber auch das Stück selbst fand wenig Beifall. In der «Frankfurter Neuen Presse» vom 3.7.58 heißt es: «Brecht setzt mit seinen Verfremdungsmitteln, die noch den Hölderlinschen Sprachduktus in einen schematischen Rhythmus hinabzwingen, Sophokles und ein ganzes Kunstwerk hinter Gitter. Seine Zwangsaktualisierung mißlang, weil sie die Substanz des Stückes angegriffen hat.»

Es folgten dann Aufführungen in Eisenach (1952) und Gera (1959, mit einem Gastspiel im Sommer 1960 in Nürnberg), in den Jahren darauf einige Studioaufführungen (Oberhausen 1961) u. a., bis schließlich die *Antigone* Brechts erst 1965 in ein öffentliches Theater des Westens gelangte, zuerst in der Regie des damals noch ganz jungen Claus Peymann an der damals noch nicht so berühmten Schaubühne am Hallischen Ufer in Berlin, dann in einem Gastspiel des «Living Theatre» am 18.12.1967 in Krefeld mit einer blonden Ismene und einer dunklen Antigone, die mit anarchischem Pathos die traditionelle soziale Ordnung im Zeichen der Selbstbefreiung der Frau bekämpft.[15] Eine Reihe von durchweg als mäßig beurteilten Aufführungen in verschiedenen Theatern schloß sich an.[16] In einer Kritik über die Aufführung durch das Westfälische Landestheater Castrop-Rauxel heißt es: «Wer geht heute noch ausgerechnet ins Theater, um dort etwas zu sehen, was er längst schon weiß oder gar nicht wissen will» (Guckloch 51, April 1984); «zähes Bühnenbrot» meint die «Kölnische Rundschau» (30.3.76), in der die Kölner Aufführung «unfreiwillig komisch» genannt wird. Und der «Kölner Stadtanzeiger» fügt hinzu: «Einige verließen schon vor der Pause die Kölner Kammerspiele, und danach blieben noch weitere Plätze leer» (30.3.76).

Übrigens hält man sich in den meisten neueren Inszenierungen nicht mehr an das *Antigonemodell*, wohl vor allem deshalb, weil seine 1948 noch einigermaßen neuen Mittel und Formen inzwischen längst in die allgemeine Theaterpraxis eingegangen und weiterentwickelt worden sind.

Zunächst aber hat der verpflichtende Charakter des Modells mit seinen minutiösen Anweisungen wie z. B. «Eine der Alten holt vom Gerätebrett eine Schale mit Hirse und stellt sie vor Antigone» und vor allem dem eigenartigen Bühnenbild, das jeden künftigen Regisseur beengen mußte, der Verbreitung der *Antigone* Brechts unfreiwillig geschadet.

In der Tat: ein seltsames Theaterschicksal hat die Brechtsche *Antigone* genommen, deren Aktualität heute weit geringer ist als die der sophokleischen Tragödie selbst. Denn sie entspricht in keiner Weise unserer gesellschaftspolitischen Realität, während uns mit den Ursprungsbedingungen der sophokleischen *Antigone* kardinale Wesenszüge verbinden. Sophokles schrieb ja seine Tragödie als ein in sein Staatswesen mit der Form der Demokratie integrierter Bürger. Seine Tragödie reflektiert das Leben in einer noch nicht gefestigten Demokratie, in deren Nachbarschaft Machenschaften Realität sind, wie sie von Kreon praktiziert werden mit den Merkmalen politischer Furcht und Unterdrückung, dem Insistieren auf unbedingtem, nicht durch Argumente gestütztem Gehorsam und der Mißachtung einer religiös fundierten Norm,[17] wie ja auch ganz allgemein der Gedanke der Gefährdung des Menschen angesichts seines technischen Potentials uns heute aktueller erscheint als selbst noch vor wenigen Generationen. Der klassenkämpferische Impetus der *Antigone* Brechts dagegen ist verpufft, und er war es schon ziemlich schnell. Brecht wußte wohl, warum er das Stück nie in den Spielplan seines eigenen Ensembles aufgenommen hat, wo es auch nach seinem Tode nicht gespielt wurde.

Man hat Brechts *Antigone* eine ‹linke› Auslegung der sophokleischen Tragödie genannt,[18] und sie ist es wohl nur in der ganzen Widersprüchlichkeit dieser schlagwortartigen Bezeichnung. Wenn man nun auch nicht umgekehrt Orffs *Antigonae* eine ‹rechte› Interpretation nennen kann, so ist doch nichts lehrreicher als ein Vergleich beider Fassungen und ihrer Entstehungsgeschichte. Denn auch Orffs *Antigonae* verwirklicht ein eigenes Konzept, welches weit über eine bloße Vertonung eines Textes hinausgeht. Und außerdem hat Brecht sich über das ein Jahr nach seiner *Antigone* entstandene Werk Orffs geäußert, und zwar sehr kritisch: «Die sakrale Haltung des alten Werkes kann Orff nur als eine exotische gestalten. Schon dadurch verliert sie alle Bedeutung.» Brecht führt dann weiter aus, daß bei Sophokles die Tragödie nur teilweise im Kultischen, zum anderen Teil im Politischen wurzelt und fährt fort: «Diesen kostbaren Widerspruch bringt die Musik so nicht heraus».[19] Wie ist es dazu gekommen?

Orffs Überlegungen zu einer neuen musikalischen Gestaltung der sophokleischen Tragödie lassen sich mindestens auf das Jahr 1914 zurückverfolgen. Denn am 4.6.1914 besuchte er in München eine Festaufführung der sophokleischen *Elektra* in der Bearbeitung durch Hugo von Hofmannsthal und in der Opernfassung von Richard Strauß anläßlich des 50. Geburtstages des Komponisten. «Nach der Aufführung irrte ich noch stundenlang durch den dunklen Englischen Garten», berichtet Orff.[20] Es wurde ihm nun angesichts des hochromantischen Orchesters klar, «daß ein neuer Klangkörper gefunden werden mußte, der dem Wort seine zentrale Bedeutung auf der Bühne zurückgibt. Ich mußte neuen Boden finden ...»

Mit Spannung sah daher Orff einer Aufführung der sophokleischen *Antigone* entgegen, mit der die Münchner Kammerspiele die Spielzeit 1916/17 eröffneten, zumal Orff Sophokles «bisher nur in der genialen freien Nachdichtung von Hofmannsthals *Elektra*» kennengelernt zu haben bekennt.[21] Die Aufführung selbst in ihrer «Kammerspielfassung» mit der Wiedergabe der Chöre durch Einzelsprecher in verteilten Rollen sowie in dem Verzicht auf Musik und jedes musikalische Element war für Orff «nur ein Lehrstück, wie eine antike Tragödie nicht dargestellt werden kann.»[22] Der durch diese Enttäuschung erneut lebendig gewordene Wunsch nach einem anderen Weg, die *Antigone* mit den eigenen musikalischen Mitteln darzustellen, erhielt den entscheidenden Anstoß in Darmstadt, wo Orff von 1918 bis Herbst 1919 Kapellmeister war. Hier lernte er den Schauspieler und (späteren) Regisseur Lothar Müthel kennen, der ihn auf Hölderlins Übersetzung aufmerksam machte, von deren Existenz er bis dahin nichts gehört hatte: «Etwas Aufregenderes hätte mir Müthel nicht erzählen können. *Antigone* von Sophokles in einer Übertragung Hölderlins! Am selben Abend war das Buch bereits in meinen Händen! Ich stürzte mich darauf. An Schlaf war nicht zu denken. Ich las die ganze Nacht. Noch nie war ich einer Dichtung von solcher Sprachgewalt begegnet.» Nun wurde Orff deutlich, daß nur Hölderlins Übersetzung für seine eigenen Bemühungen in Frage kam, deren geistiger Hintergrund ihm von Wilhelm Michel erschlossen wurde. Man war in Darmstadt schon mit der geistigen Vorbereitung der Aufführungen von 1922/23 beschäftigt (vgl. S. 144). Zu diesen Aufführungen ist Orff, der inzwischen wieder in München lebte, seltsamerweise nicht gefahren, obwohl ihn die ganze Zeit über die *Antigone* beschäftigt hat: «Immer lag das Buch nachts griffbereit unter meinem Kopfkissen». Er scheint über die Aufführungen noch nicht einmal informiert gewesen zu sein. Daß Orff überhaupt einmal eine Aufführung der Hölderlinschen *Antigonae* gesehen hat, ist eigentlich einem Zufall zu verdanken. Es handelt sich um die berühmte Inszenierung von Lothar Müthel am Wiener Burgtheater am 1. 10. 1940 (vgl. S. 172). Orff plante ursprünglich eine Erholungsreise nach Italien, saß schon im Zug von München kommend in Richtung Innsbruck, griff zufällig zu einer neben ihm auf einem leeren Platz liegengebliebenen Zeitung, in der eine Besprechung der Wiener Aufführung stand. Noch am gleichen Tag fuhr er nach München zurück, telefonierte am nächsten Morgen mit Müthel, um dann eine der Wiederholungsvorstellungen (wahrscheinlich die 5. Aufführung am 8. 10.) selbst zu sehen. Wiederum wundert man sich, warum Müthel, der ja mit Orff befreundet war und von dessen musikalischen Plänen gewußt hat, ihn nicht informiert oder zur Premiere eingeladen hat. Jedenfalls war Orff von der Wiener Aufführung begeistert; diese Aufführung wurde ihm Modell für seine eigene musikalische Interpretation der *Antigonae*, die er nun unter Verzicht auf seinen Italienurlaub sofort in Angriff nahm. Orff war offenbar besonders fasziniert von dem ritualisierten, archaischen Spiel, das diese Tragödie von jedem möglichen Gegenwartsbezug weg in eine graue Vorzeit im Sinne einer zeit- und ortslosen Archaik versetzte.

Es ist nun ein reiner, von den Zeitereignissen kaum berührter Zufall, daß die 1940 begonnene Partitur im Frühjahr 1949 fertig wurde und dann unter allerlei auch für Orff widrigen Begleitumständen auf den Salzburger

Festspielen des gleichen Jahres ihre Uraufführung erlebte. Orff mußte sich mit Nachmittagsvorstellungen in der Felsenreitschule begnügen; es gab Besetzungsschwierigkeiten nach Absagen von Sängern und des Dirigenten; der damals noch relativ unbekannte Dirigent Ferenc Fricsay bekam nur drei Proben (einschließlich Generalprobe) zugestanden; auf dem Programmzettel fehlte das Wort: «Uraufführung»; Orff mußte zwischen der ersten und zweiten Aufführung noch kürzen, damit genug Zeit für die Abendvorstellung blieb. Er war entsprechend verärgert und reiste vorzeitig ab. Regie führte Oscar Fritz Schuh, für das Bühnenbild und die Kostüme war überraschenderweise Caspar Neher verantwortlich, der als das «alter ego» Brechts (so Brecht selber) mit diesem und seiner Konzeption so eng verbunden schien, daß man sich im Rückblick wundern mag, ihn bei einer ganz anderen, von Brecht scharf kritisierten *Antigonae* am Werke zu sehen.[23] Noch während der Salzburger Festspiele 1949 hielt der Musikwissenschaftler Thrasybulos Georgiades einen Vortrag: *Zur Antigone-Interpretation von Carl Orff*, in dem er die Wiedergewinnung der magisch-hieratisch-kultischen Dimension der griechischen Tragödie mit den musikalischen Mitteln Orffs in der Einheit von Musik, Wort und Gebärde und adäquat der Sprache Hölderlins hervorhebt. Orffs Musik kennzeichnet er als den Versuch «der verbindlichen, als Theater verwirklichten Interpretation einer griechischen Tragödie; als den Versuch, Sophokles' Geist über Hölderlins Hände unserem Hier und Jetzt als Gültiges zu vermitteln»[24] (Abb. 16).

Orffs Wunsch nach anschließenden Aufführungen, die gleichzeitig in beiden Teilen Deutschlands stattfinden sollten, erfüllte sich nicht. Die deutsche Erstaufführung am 27. 1. 1950 in Dresden unter der musikalischen Leitung von Joseph Keilberth und der Regie von Heinz Arnold war zugleich die erste ungekürzte Aufführung; man gab anschließend ein Gastspiel an der Berliner Staatsoper. Diese Aufführungen haben mehr Kritik als Zustimmung ausgelöst, Walther Ulbricht soll mit versteinertem Gesicht ohne jede Beifallsbekundung in der Loge gesessen haben,[25] und in der «Täglichen Rundschau» vom 16. 3. 1950 schreibt Karl Laux: «Diese *Antigonae* ist ein zutiefst asoziales Werk ... ohne musikalische Logik ... wilde Sprünge ... In der Behandlung der Musik ist Orff nichts Neues mehr eingefallen ... Trommelfeuer der Pauken, um ein Nichts an Einfall aufzuplustern.»[26]

Ganz anders die Reaktion auf die erste westdeutsche Aufführung am 10. 1. 1951 in München unter Georg Solti, ebenfalls in der Regie von Heinz Arnold. Hier war die Zustimmung einhellig. Der anwesende Wieland Wagner war tief beeindruckt, Heidegger dankte Orff für die «Wiedererweckung der antiken Tragödie»;[27] Karl Reinhardt, der ebenfalls anwesend war, hielt einen Tag später einen von der Bayerischen Akademie der Schönen Künste aus Anlaß der Aufführung gehaltenen Vortrag, in dem er allerdings die Musik Orffs mit Schweigen überging und nur über Hölderlin und Sophokles sprach.[28] Wolfgang Schadewaldt hat später mehrfach seine rückhaltlose Zustimmung ausgedrückt und in Sophokles, Hölderlin und Orff eine völlige Einheit gesehen.[29] Orff habe mit seiner Gestaltung die Tragödie in ihrer untrennbaren Dreiheit von Wort, Klang, Tanz als heilige Geschichte wiedergewonnen. Indem bei Orff das Spiel die einander überlagernden, einander ablösenden Kurven des Schreckens und des Jammers (des Phobos und des Eleos nach Aristoteles) durchmißt und endlich in der erleichternden «Reinigung», der Katharsis, «zur Ruhe kommt», ergibt sich eine völlige Identität mit Schadewaldts eigener Auffassung vom Wesen der Tragödie, wie sie denn auch in der (nur schwer nachvollziehbaren) Bemerkung zum Ausdruck kommt: «Hier wie nur je erweist sich Orffs Musik als eine aus dem Grunde kathartische.»[30]

So zeigt sich eine gewisse Affinität der Konzeption Orffs zu den Bestrebungen und Interessen der gleichzeitigen philologischen Tragödienforschung. Sie besteht darin, jenseits einer Konfliktdramatik moralischer, rechtlicher und politischer Art das Affektive, das Pathetische, das Rituelle, das Dämonische als den Urgrund der Tragödie zu begreifen. Zweifellos wird damit wirklich eine Dimension des griechischen Dramas zurückgewonnen, die verlorengeht, wenn man die Tragödie des Sophokles liest, als sei sie gestern geschrieben, und auf die Bühne bringt, als sei sie ein bürgerliches Trauerspiel.

Insbesondere die szenische Realisation der *Antigonae* Orffs hat dies sichtbar gemacht. Um das tänzerische Element des Chores im ursprünglich choregischen Sinn zum Vorschein zu bringen, hat man in München neben dem eigentlichen, statuarisch vor die Szene gesetzten Chor auf einer erhöhten Spielfäche einen zweiten, stummen Bewegungschor vorgesehen, der die entsprechenden Gesten und Tänze auszuführen hatte. Wieland Wagner indessen, der am 9. 3. 1956 das Werk an der Württembergischen Staatsoper noch einmal inszenierte, hat beide Funktionen in *einen* Chor gelegt, der mit Maskengesichtern von dämonischer Starre, mit Gesten und Bewegungen Beschwörung, Kontemplation, Ausbruch von Freude und fatalistische Ergebenheit auszudrücken vermochte. Signifikant auch die unterschiedliche Gestaltung der Spielfläche und Führung der Schauspieler in beiden Inszenierungen. Die Münchener Bühne bestand aus einer Fläche, die durch riesige Quader fliesenartig gegliedert war, auf der der Mensch gleichsam dem Schicksal ausgeliefert erschien, nur in Augenblikken wie in einer Bildvision durch eindringliche Beleuchtungseffekte herausgehoben. Wieland Wagner verzichtete auf derartige (von ihm in Bayreuth reichlich verwendeten) Effekte. Die Bühne war von Anfang bis zum Ende in helles Licht getaucht, als schiene die schattenlose Sonne Griechenlands auf das Geschehen. Eine granitene schmucklose Wand grenzte die Szene ab, um auch hier die Unentrinnbarkeit des Menschen vor dem

Schicksal anzudeuten. Im übrigen ging es Wieland Wagner nicht um ein spezifisch antikes Ambiente, sondern um die symbolische Gestaltung von Urerlebnissen im mythischen Raum. So möchte man eher an eine christliche Symbolik denken, wenn in der Stuttgarter Inszenierung Antigone ihren letzten Gang geht, an ein Brett gefesselt, das sie wie einen Kreuzesbalken hinter sich herschleppt, während in der gleichen Szene in München Heinz Arnold speertragende Wächter Antigone bedrohlich begleiten läßt[31] (Abb. 17).

Im ganzen stellen sich die Intentionen Orffs und ihre szenische Realisierung als organische Vollendung der Konzepte dar, von denen die *Antigonae*-Aufführungen in der Übertragung Hölderlins von Darmstadt über Wien (Lothar Müthel) mit ihren (scheinbar) zeitlosen Regiekonzepten getragen waren, in einer Kontinuität, die Orff selbst ausdrücklich betont hat. Jedenfalls liegt eine gewisse Konsequenz darin, daß Wieland Wagner, wie Orff bemerkt, «die *Antigonae* in prähistorischer Zeit spielen» läßt, «um die Zeitlosigkeit des Geschehens zu dokumentieren».[32]

In eine solche «prähistorische Zeit» verweisen auch die musikalischen Ausdrucksformen durch die Verwendung des fremdartigen, zum Teil afrikanischen Instrumentariums (afrikanische Holzschlitztrommeln, javanische Buckelgongs u. a.), durch die die «heilige Geschichte» der Antigone-Tragödie in eine Atmosphäre hineinverfremdet wird, in der sie weder bei Sophokles noch bei Hölderlin zuhause ist. Insofern hat Brecht mit seiner Kritik durchaus recht, Orff gestalte die sakrale Haltung des alten Werkes als eine exotische. Das Hämmernde der Schlaginstrumente, die rhythmisch scharf akzentuierten Klangfolgen mit ihrer fast brutalen Härte sollten jedenfalls in denkbar weiter Entfernung zur opernhaften Arie oder zum melodiösen Chorgesang den Eindruck des Ursprünglichen vermitteln. Die Musik Orffs weist dabei eine geringe Differenzierung zwischen Sprechpartie und Chorlied auf (ganz anders Mendelssohn), in Übereinstimmung mit Hölderlin, dessen Vers zwischen den gesprochenen und den lyrischen Partien nicht stark unterscheidet.[33] Die klangliche Differenzierung vollzieht sich bei Orff auf einer anderen Ebene, nämlich auf der zwischen ruhiger Betrachtung in sprechgesangartigem Psalmodieren und affektiver Erregung, wo immer diese im Verlaufe der Tragödie vorkommen mag.

Szenische Neuinszenierungen der *Antigonae* Orffs sind naturgemäß relativ selten, schon wegen des aufwendigen Klangapparates;[34] das gleiche gilt für konzertante Aufführungen, die neben der Platteneinspielung ein gewisses Eigenleben führen, indem die Musik (eigentlich gegen die Intention Orffs) sich vom Theater ablöst und auf diese Weise ‹klassisch› zu werden beginnt. Eben diese Musik ist bis heute gerade auch in ihrem Verhältnis zur griechischen Tragödie umstritten geblieben.[35] Die Auseinandersetzung hat sich dabei stets an der *Antigonae* entzündet, hinter der die beiden anderen Werke *Oedipus der Tyrann*[36] und *Prometheus*[37] zu Unrecht etwas zurückgetreten sind. Aber der Klangapparat und die musikalische Sprache waren nun einmal gefunden und mußten nur (durch Hinzufügung von Klavieren, Celesta, Glasharfe, Posaunen und Organon) erweitert werden. Trotz dieser Erweiterung ergibt sich aber doch der Eindruck einer Konzentration der musikalischen Mittel und einer Steigerung der Aussage, die konsequent von der Sprache Hölderlins zum griechischen Urtext fortschreitet, in dem die Bekundungen der Emotionalität des aischyleischen *Prometheus* sich unmittelbarer als durch das Medium der Übersetzung in Ton umsetzen lassen, zumal es für dieses Drama des Aischylos auch keine Hölderlin analoge Übersetzung gibt bzw. gab.[38] Überhaupt ist die archaische Sprache und Bilderwelt des Aischylos, seine affektgeladene Gestaltung des alten Mythos den zunächst an den Tragödien des Sophokles geformten musikalischen Ausdrucksformen Orffs ein adäquateres Urbild als die schon von geschliffener Rhetorik beeinflußte Sprache des jüngeren Tragikers, auch wenn Orff im *Prometheus* trotz der Verwendung des griechischen Originals dessen Versmaß auflöst und umstilisiert zugunsten einer eigenen Rhythmisierung des frei psalmodierenden Wortes. Die Verwendung der griechischen Sprache im *Prometheus* bedeutet natürlich den Verzicht auf die Information durch das Wort. Orffs Konzeption kommt dies durchaus gelegen, weil nun die numinose (und nicht rationale) Wirkkraft des griechischen Wortes als eines musikalischen Körpers in seiner rhythmischen Bewegung, befreit auch von der Struktur des griechischen Verses, sich voll entfalten kann. So ist Orff hier – auch in der Korrespondenz des nicht auf eine enge griechische Polis bezogenen Schauplatzes zu dem globalen Instrumentarium der Weltmusik – ganz bei sich selber.[39]

Orff und Brecht sind, für sich genommen, ganz unvergleichbare Größen. In der fast gleichzeitigen Gestaltung der *Antigone* des Sophokles auf der Grundlage der Übertragung Hölderlins kreuzen sich beider Wege in der Nachkriegsgeschichte des deutschen Theaters ein einziges Mal.[40] Gemeinsam ist beiden ‹Antigonen›, daß sie jeweils *eine* Dimension des antiken Dramas präsentieren, Brecht den aktualisierten politischen Konflikt, Orff den kultisch-rituellen Urgrund der heiligen Geschichte als fremdes, archaisches, apolitisches Gegenbild zu allen modernen Anverwandlungen der griechischen Tragödie. Damit sind die beiden Pole bezeichnet, innerhalb deren die Rezeption des antiken Dramas auf der Bühne sich in den folgenden Jahren vollzieht. Die apolitische Variante gewinnt zunächst die Oberhand, in Verbindung mit Regiekonzepten, die sowohl an Brecht, wie an Orff erprobt und gewonnen worden sind.

XI. Neue Sachlichkeit in den Fünfziger und Sechziger Jahren

Der Begriff ‹Neue Sachlichkeit› ist ursprünglich geprägt zur Bezeichnung einer bestimmten Phase der deutschen Literatur und des Theaters in den Zwanziger Jahren.[1] Er meint eine Gegenströmung zum ausgehenden Expressionismus und ganz allgemein eine Hinwendung zu Fakten (Technik, Sport, Reportage) und Sachen, auch zu den Erscheinungen des Alltags. Als Ausdruck eines bestimmten Regiestiles verwenden wir den Begriff der Neuen Sachlichkeit hier in einem etwas eingeschränkten Sinn zur Bezeichnung der Konzentration auf die Sache, auf das zeitlose Wort, ohne Annäherung an die Alltagswelt oder an ein bestimmtes politisches Geschehen, aber auch ohne die für die Zwanziger Jahre in der Konzeption des antiken Dramas auf der Bühne charakteristische Betonung der Innerlichkeit und der Schicksalhaftigkeit des dramatischen Geschehens, an deren Stelle jetzt ein magisch-rituelles Moment tritt.

Dieser freilich nur bis etwa 1965 dominanten Tendenz ist es sehr zugute gekommen, daß nun die von vornherein im Hinblick auf die Bühne konzipierten Dramenübersetzungen von Wolfgang Schadewaldt zu erscheinen begannen, die auch sogleich aufgeführt wurden.[2] Sie sind nach dem Prinzip der sogenannten dokumentarischen Übersetzung des Textes gestaltet, worüber sich Schadewaldt selbst mehrfach geäußert hat.[3] Er versteht darunter eine vollständige Übersetzung des Textes ohne Verkürzungen und Hinzufügungen unter Beibehaltung der originalen Vorstellungen, Begriffe und Bilder, ja, sofern möglich, ein Bewahren der Abfolge der einzelnen Wörter in Satz und Vers, geleitet von der Grundüberzeugung, daß das Dichtwerk sich nicht ohne Schaden in andere Konventionen transportieren läßt. Dieser Übersetzungsstil ist gleich weit entfernt sowohl von der antiquarischen Übersetzungsart «im Versmaß des Originals» eines Donner wie vor allem von jeder Art transponierender Übersetzung oder Bearbeitung in der Reduktion des Wortes auf die Wiedergabe der bloßen Begebenheit. Während z. B. der Zeushymnus des aischyleischen *Agamemnon* in der transponierenden Übersetzung von Wilamowitz wirklich wie ein protestantisches Kirchenlied klingt (und insofern adäquat in die moderne Vorstellungswelt transponiert ist), vertraut Schadewaldt auf die Kraft der inneren Aussage auch von heute nicht mehr voll verstandenen Mythologemen und hält im Unterschied zu nahezu allen anderen Übersetzungen an den vielfach gestuften Äußerungen der elementaren Emotionen (pheu, oi, oimoi, ai, otototoi usw.) wörtlich fest, um im Bewahren des rituellen Momentes die unmittelbare Manifestation des Tragischen zum Ausdruck zu bringen. Gerade im Bewahren des Hieratischen und der kultischen Dimension sind die Übersetzungen Schadewaldts den Übertragungen Hölderlins verwandt, von denen sie sich freilich durch die philologische ‹Richtigkeit› und die bessere Textgrundlage des griechischen Originals besonders im Hinblick auf die in der Übersetzung Schadewaldts genau erkennbare Struktur der Chorlieder unterscheiden.

Gewiß unterliegt das Urteil über jede Übersetzung den Veränderungen des Sprachwandels im Laufe der Zeit, doch wirken die Übersetzungen Schadewaldts nach fast einer Generation – auch auf der Bühne – genau so sachadäquat, gerade weil sie sich von allzu zeitbedingten Geschmackskonventionen freihalten.

Nun war und ist es durchaus umstritten, ob man für die Aufführung einer griechischen Tragödie eine derartige dokumentarische Übersetzung zugrunde legen soll. Der Unterschied zu den anderen Übersetzungen wird aber sofort erkennbar, wenn man die beiden am häufigsten heute und in den letzten Jahren für die Bühne verwendeten, etwa zur gleichen Zeit entstandenen deutschen Übersetzungen transponierenden Charakters in Betracht zieht, diejenigen von Walter Jens und von Ernst Buschor.

Die Übersetzungen von Jens,[4] einem wirklichen Kenner der griechischen Tragödie,[5] sind stilistisch uneinheitlich, glätten das Original, kommen dem Leser (oder Hörer) entgegen, sind ohne Komplikationen bühnenpraktikabel, überbrücken das Fremdartige des antiken Dramas, schaffen vertraute Nähe. Sie lassen bisweilen schwer Verständliches aus und enthalten zahlreiche verdeutlichende Zusätze und simplifizierende Änderungen.[6] Dabei sind die Sophoklesübersetzungen dem Text noch relativ nahe, während es sich bei der *Orestie* nach der Formulierung von Jens selbst um «eine freie Übertragung» handelt, die schon auf der Grenze zur Bearbeitung steht, welche bei der Übertragung der *Troerinnen* eindeutig überschritten wird, ist doch hier die Aussage des Euripides im Kern verändert.[7] Eine merkwürdige Mischung zwischen Freiheit und Bindung dem Text gegenüber stellt die Bearbeitung der *Lysistrate* des Aristophanes unter dem Titel *Die Friedensfrau* (nach der Formulierung Herders) dar, in der die Partie der Lysistrate für die Uraufführung in den Hamburger Kammerspielen (1986) seltsamerweise der seinerzeit 85jährigen Ida Ehre zugedacht war.

Ganz anders die Übersetzungen von Ernst Buschor. Der berühmte Archäologe (1886–1961) hat in wenigen Jahren sämtliche 31 erhaltenen griechischen Tragödien übersetzt. Die Sprache ist wuchtig, archaisch, Marmorstatuen vergleichbar, visionär, durchaus bühnenwirksam, aber voller Willkürlichkeiten, mit denen sich Buschor souverän und wohl auch sehr schnell über den Text hinweggesetzt hat.[8] Gerade darin berühren sich die Übertragungen Buschors mit denjenigen von Jens.[9] Etwa in der gleichen Zeit entstanden die Übersetzungen aischyleischer und euripideischer Dramen des in der DDR wirkenden Philologen Dietrich Ebener, die mehrfach, vorzugsweise auf Bühnen der DDR aufgeführt worden sind. Sie sind philologisch zuverlässig und von beachtlichem Niveau, für einige Tragödien allen anderen (gedruckten) Übersetzungen vorzuziehen.

So unterschiedlich diese (und viele andere in der gleichen Zeit gespielte) Übersetzungen sind – auf der Bühne der Fünfziger und Sechziger Jahre wurden sie vielfach im Sinne jener Neuen Sachlichkeit interpretiert. Mit den Übersetzungen Schadewaldts gelang dies am bruchlosesten; seiner Art der dokumentarischen Übersetzung entspricht ja auch eine dokumentarische Inszenierung, die den vollständig übersetzten Text auch ohne Änderung vollständig wiedergibt, den Chor in seiner Eigenart beläßt und ohne fremde Zutaten und Tendenzen ein angemessenes, von sachfremden Einflüssen freies Bild der griechischen Tragödie auf der Bühne zu vermitteln sucht.

Es ereignete sich dies in dem theatergeschichtlich bedeutsamen Zusammentreffen mit dem erfahrenen Regisseur Gustav Rudolf Sellner, der schon 1948 in Kiel die *Perser*, 1950 in Essen zur Eröffnung des wiederaufgebauten Theaters die *Antigonae* (in der Übersetzung Hölderlins) und 1951 in Hamburg die *Orestie* in der alten Übersetzung von Droysen inszeniert hatte. Sellner war inzwischen einer der prominentesten Regisseure für Klassiker (auch Shakespeare, Kleist, Goethe) geworden, als er – nun Intendant in Darmstadt – am dortigen Landestheater den *König Oedipus* in der Übersetzung von Schadewaldt inszenierte (Premiere am 18. 9. 1952). Die Wahl des Stückes in der Deutung von Schadewaldt (und anderer) als einer entdeckenden Frage nach der conditio humana entsprach dem, was Sellner suchte: «Und nach dem Krieg? Was war zunächst wichtiger als die Suche nach dem Wesen des Menschen, die Suche nach dem verlorengegangenen Menschenbild wieder aufzunehmen? Ich suchte den Zauberspruch, die Formel. Wenn irgendwo, so war sie, hoffte ich, in der antiken Tragödie zu finden».[10]

Dieser Konzeption entsprach die «ortlose Bühne», wie sie Franz Mertz in einem Prozeß der Entnaturalisierung von Bildlösungen inzwischen entworfen hatte.[11] Für den *König Oedipus* ist dies eine von Schadewaldt als «realsymbolisch»[12] bezeichnete, aus einem weißen Oval bestehende Bildfläche, die an den Rändern etwas angehoben war, so daß sich eine kaum merkbare Wölbung nach innen ergab. Darüber erhob sich eine ebenfalls weiße Doppelsäule ohne Kapitelle, über der ein geschwungenes, weißes Plafond wie ein Pilz sich erhob. Es war eine reine Spielfläche ohne jede Kulisse, auf der das Geschehen sich in der reinen Sachlichkeit überhaupt erst konstituierte. Entsprechend gab es auch keine Lichtveränderungen; klares Licht herrschte von Anfang bis zum Ende. Ebenso klar die Gestalten im Kontrast: die Schauspieler in weißen Gewändern ohne jede konkrete Ornamentik, der statuarisch geführte Chor in langen schwarzen Gewändern mit der Stabmaske am Stock ausgestattet – hierin der Antigone-Bühne von Brecht und Neher verpflichtet (Abb. 20).

Der Chor wurde statisch und rituell gehandhabt, und auch die Schauspieler waren im Blick auf die Choreographie geführt. Es war ja die in die Praxis umgesetzte Überzeugung Sellners, daß Zeremonie und Ritual die Dramaturgie des griechischen Theaters bestimmen und durch sie der Einzelfall des Stoffes in die Allgemeingültigkeit erhoben wird. Nichts lag Sellner ferner, als die Tragödie der Alltäglichkeit anzunähern. In diesen Grundpostulaten traf er sich mit den Anschauungen Schadewaldts, dessen Übersetzungen in der Folgezeit ihren Weg auch auf kleinere Bühnen gefunden haben.[13]

Sellner selbst hat in Darmstadt die Arbeit an der antiken Tragödie auch danach fortgesetzt; allerdings hat er sich konsequenterweise nicht mehr Aischylos zugewandt, sondern nur Sophokles und seinen Tragödien des menschlichen Irrens, aber auch des Zeigens und Zeichens. Zu einem weiteren Zusammenwirken mit Schadewaldt, der selbst an der Theaterarbeit aktiven Anteil nahm, kam es anläßlich der Inszenierung der *Elektra* (15. 3. 56), zu der Mertz eine ähnliche Bühne entwarf wie zum *Oedipus* (Abb. 21). Bei der *Antigone*, die Schadewaldt erst 1964 übersetzte, entschied sich Sellner auch bei seiner Darmstädter Inszenierung (28. 3. 57) für Hölderlin, während er *Die Frauen von Trachis* (von Schadewaldt erst später übersetzt) in der 1954 entstandenen, die Tragik in den Alltagsjargon transponierenden Nachdichtung von Ezra Pound, der bei der Premiere am 12. 12. 59 persönlich anwesend war, auf die Bühne brachte. Gleichwohl bevorzugte Sellner auch hier einen strengen Regiestil (die Schauspieler trugen Vollmasken) insbesondere in der Darstellung des würdevollen Sterbens des geplagten Herakles, der in Ezra Pounds Fassung alles Übermenschliche abgelegt hat. Insofern paßt diese Tendenz zur Grundidee von Sellners Antikenverständnis.

Sellner hat sich bei allem Ernst in der Betonung der rituellen Strenge zugleich stets einen Sinn für das parodistische Element bewahrt, sei es in der Komödie des Aristophanes, sei es in literarischen Produkten der ‹Sekundärantike› (*Amphitryon, Alkestiade*). Mit der Inszenierung der aristophanischen *Lysistrata* zuerst für die Schwetzinger Festspiele 1958, dann übernommen für Darmstadt (27. 5. 58), schließlich als Beitrag für die Berliner Festwochen 1958 und für die Weltausstellung in Brüssel, kam es erneut zu einer Zusammenarbeit mit Schadewaldt. Schadewaldts eher an der Tragödie geschulter Übersetzungsstil bewahrte die Komödie vor einem Abgleiten in einen kabarettistischen Ulk, und Sellner konnte in der Anwendung des parodistischen Elements der Komödie seinen eigenen Regiestil zitierend parodieren, zugleich aber auch die religiös-kultischen

Elemente, die die Alte Komödie ja auch hat, stärker als sonst bei Komödieninszenierungen üblich zur Geltung bringen.

Überblickt man das Jahrzehnt der Ära Sellner in Darmstadt (1951–61), so stellt es sich in der Rückschau als eine theatergeschichtlich bedeutende Epoche dar, in der in Anknüpfung an die Darmstädter Tradition der Zwanziger Jahre im Kontrast zu vielem, was in diesen Jahren sonst auf dem Theater üblich war, mit der Konzentration auf die Klassiker, unter denen die antike Tragödie einen bedeutenden, normgebenden Anteil hatte, großes Theater gemacht wurde.[14] Keine der philologischen Übersetzungen aus dieser Zeit ist so unmittelbar in einem so exemplarischen Kontext in eine Theaterkonzeption integriert worden wie diejenige von Wolfgang Schadewaldt. Sein Tragödienverständnis und Sellners Intention auf der Bühne bildeten eine Einheit. Es ist die Besinnung auf die Sprache des Dichters, die man in der strengen, alles Rituelle bewahrenden Übersetzung Schadewaldts unverfälscht zu vernehmen glaubt und die so keine individuelle Psychologie des Schauspielers zuläßt. Die in der Betonung einer strengen Choreographie gewonnene Steigerung des gestischen Ausdrucks und die Verwendung der Halbmaske (so in der *Elektra*) soll verdeutlichen, daß alles Denken und Erfinden nur Sprache ist und durch Sprache vermittelt wird.

Sellner mußte in Darmstadt angesichts des noch zerstörten Theaters (wiederaufgebaut erst 1962) in der Orangerie mit ihren nur 570 Plätzen arbeiten. Für ihn war dies eher ein Vorteil. Er brauchte die relativ hohe Rampe, um die in sich geschlossene Kunstwelt der Bühne als Spielinsel, als Kultraum gegen jede Form der Einbeziehung des Publikums abzusetzen. Aber die abstrakten Bauteile der stets hell erleuchteten Bühne mit der oft schrägen, nach hinten ansteigenden Platte, einer schwebenden Deckenform und einer Verbindung durch einen Träger oder ein Tor (so bei der *Elektra*), markieren zugleich die Abwendung von einem naturalistischen Illusionstheater. Das Spiel sollte als Beispiel verstanden und in diesem Sinne kontrastiv in den Erlebnisbereich der alltäglichen Gegenwart gestellt werden. Sellners Berufung als Generalintendant der Deutschen Oper Berlin (1961) setzte dieser Epoche zunächst ein Ende.[15]

Gleichwohl ist Sellner auch in den folgenden Jahren als Regisseur der Tragödien des Sophokles tätig gewesen, und zwar in dem bereits im Gange befindlichen Antikenzyklus am Wiener Burgtheater. Aber die Bedingungen waren gänzlich verändert. Sellner war gehalten, die Übersetzungen von Rudolf Bayr, einem Literaten und seinerzeit Leiter der Hauptabteilung Kultur und Wissenschaft im Österreichischen Rundfunk, gemäß einem 1944 (!) zwischen Bayr und Lothar Müthel geschlossenen Vertrag zugrundezulegen. Damals war also ein Aufführungszyklus griechischer Tragödien im Burgtheater geplant, der erst jetzt realisiert wurde. Nachdem vor nur halb besetztem Haus am 11. 10. 1952 der *Oedipus auf Kolonos* mit mäßigem Erfolg in Szene gegangen war, wurde nun Sellner geholt, der an der Burg 1961 die *Antigone*, 1963 die *Elektra* und mit dem Wiener Ensemble auf den Salzburger Festspielen 1965 die beiden *Oedipus*-Dramen inszenierte.

Doch waren diese Wiener Inszenierungen nicht von uneingeschränktem Erfolg begleitet. Das liegt nicht nur an der wohl zuverlässigen, aber doch hölzernen Übersetzung von Bayr,[16] sondern vor allem daran, daß Sellner in Fritz Wotruba einen Bühnenbildner vorfand, dessen eigenwillige Konzeptionen mit denen Sellners nicht eigentlich kommensurabel waren. Nun ist Wotruba ein bildender Künstler ersten Ranges, aber es fragt sich, ob seine geschichteten und getürmten Steinskulpturen ins Theater passen. Sellner war von Anfang an verblüfft von dem Selbstbewußtsein dieses Mannes, dessen dramatische Architektur aus Stein und Metallen sich vor die Konzeption des Regisseurs zu schieben drohte.[17] Wohl konnten die hochragenden Pfeiler und die Wände im *Oedipus* als Raumzeichen für Macht, Hybris und Sturz und die liegenden Metallteile in der *Antigone* als Symbole der Begrenzung und Abstoßung interpretiert werden, aber es war eben nicht mehr nur die Architektur der Sprache, die auf der Bühne zu vernehmen war.

In der Tat waren die plastischen Bühnenentwürfe kühn: gigantisch gegliederte Blöcke mit herausragenden Zinnen und Kanten; Mauerwerk, das im wahrsten Sinn des Wortes tönend wurde, indem der Chor – so im *König Oedipus* – teilweise hinter dem Steinwall stehend durch die Lücken im Mauerwerk sprach. Aber dies alles paßte nicht recht zu der Art, wie Sellner den Chor zu führen pflegte und wie die Schauspieler agierten. Selbst die Kopfbedeckung der Schauspieler und des Chores waren von Wotrubas Skulpturenstil geprägt. Vor allem für die Salzburger Aufführungen entwickelte er die sogenannte Skulpturmaske, die wie ein kubischer Fries den Choreuten zugedacht war. Elemente der Architektur sollten im Menschen wiederkehren. Das war aber nicht eigentlich die Konzeption Sellners, in der das Wort des Dichters absolut gesetzt war und nicht durch andere Symbole verdeckt werde sollte, ebenso wie sich Sellner gegen Bearbeitungen und Aktualisierungen des dichterischen Textes wandte, weil er darin nur Einschränkungen des zeitübergreifenden Werkes der griechischen Tragödie erblicken konnte, gerade hierin ganz mit Wolfgang Schadewaldt übereinstimmend.

Obschon Sellner in seiner Spielplangestaltung mit der besonderen Betonung des antiken Dramas und einem in Auseinandersetzung mit ihm entwickelten exemplarischen Regiestil in dieser Zeit einzig dasteht, finden sich doch die wesentlichen Elemente seiner Regiekonzepte als Signum der Zeit in diesen Jahren allenthalben auch bei anderen Regisseuren. So ist z. B. das Bühnenbild des *König Oedipus* in der Inszenierung von Karlheinz Streibling in Hannover von demjenigen der Aufführung des gleichen

Dramas durch Sellner in Darmstadt kaum unterscheidbar, und darüber hinaus würden wir heute vieles zusammenordnen, was damals als Divergenz empfunden worden ist.

Dazu gehört eine seinerzeit vielbeachtete Inszenierung des *König Oedipus* durch Rudolf Noelte am 20. 10. 1962 am Residenztheater in München, die freilich zunächst als Gegenentwurf zu den Tendenzen Sellners verstanden wurde.[18] Wenn das Bühnenbild jetzt nur noch ein Kasten ist, in dem alles Konkrete, aber auch alles Symbolische fehlt, so ist es doch nur ein konsequenter Schritt weiter über Sellner (jedenfalls den Sellner in Darmstadt) hinaus, aber in die gleiche Richtung. Noch schärfer war der Mensch auf sich gestellt – alle Schauspieler und der Chor traten in grauen Gewändern auf – und auf das Wort, das in der Übersetzung Hölderlins hier das tragende Element war. Entsprechend ist bei Oedipus nicht das Walten des blinden Schicksals betont, sondern eine Neugierde auf die Wahrheit, eine Ahnung, ein Prozeß, in dem Oedipus schon immer zu sich selbst unterwegs ist, ohne jedoch zum Objekt psychologischer Analyse zu werden. Es ist dies eine Aufführung, die heute (es existiert ein Videoband) nur noch durch die prägende Kraft der Sprache Hölderlins zu fesseln vermag.

Wenn in einer Besprechung dieser Inszenierung Ernst Wendt (der 1978 selbst den *Oedipus* inszenieren sollte) beklagt, daß «die antike Tragödie im Spielplan der deutschen Theater einen so unangemessenen bescheidenen Raum einnimmt»,[19] und dafür die «abweisende Kraft des Mythos und Kultus» sowie «die für uns zersplitterte Einheit religiöser, politischer und menschlicher Vorstellungen» verantwortlich macht, so stimmt diese Behauptung mit dem faktischen Befund nicht recht überein. Es wird jetzt allenthalben griechisches Drama gespielt, mehr als je zuvor, aber vielfach auf provinziellem Niveau und selten mit programmatischem Anspruch. Gerade die großen Regisseure (mit Ausnahme Sellners) wenden sich dem antiken Drama nur ganz gelegentlich zu.

Immerhin ist die griechische Tragödie auf dem Theater auch in das Kultur- und Bildungsbewußtsein der Fünfziger Jahre integriert worden, vor allem im Rahmen der 1946 unter dem Motto «Kunst gegen Kohle» gegründeten Ruhrfestspiele Recklinghausen, deren Theaterarbeit nicht nur in den Anfangsjahren «unter grundsätzlicher Aufrechterhaltung und Pflege eines positiven Kulturbewußtseins»[20] geleistet werden sollte. So standen in den ersten Jahren hier die großen Bildungsdramen von Shakespeare, Lessing und Schiller im Mittelpunkt, während erstmals 1957 eine griechische Tragödie Einzug in Recklinghausen hielt. Karl Heinz Stroux, nun als Nachfolger von Gründgens Intendant des Düsseldorfer Schauspielhauses, inszenierte wiederum (vgl. S. 170) die *Antigone* auf der Grundlage der Übertragung von Hölderlin, mit Jean Pierre Ponnelle als Bühnenbildner und glänzenden Schauspielern (Käthe Gold als Antigone, Werner Hinz als Kreon). Das Bühnenbild war ein nahezu leerer blaugrundiger Raum, in dem ein zinnoberrotes Tor die Verbindung von Vordergrund und Hinterszenischem markierte. Die Regie stellte Kreon besonders heraus. Er wurde als ein «echter König» empfunden,[21] und die Kritik meinte, das Stück hätte in dieser Inszenierung *Kreon* heißen müssen.[22] Antigone, in leuchtendes Gelb gekleidet, wurde nicht als kühne Empörerin gegen das Gesetz des Staates konzipiert, sondern fast versponnen wie ein schönes Traumgebilde, auf Wolken schwebend, eher einer Iphigenie angenähert. Ob es da doch gewisse Kontinuitäten mit der *Antigone*-Inszenierung von Stroux im Kriege in Berlin gab? Die Pressekritiken wissen davon nichts. Diese Inszenierung ist anschließend in zwölf Städten Westdeutschlands (vorwiegend im Rhein-Ruhr-Gebiet) gezeigt worden, und über das Gastspiel in Dortmund heißt es, es sei ein «kulturpolitisch ungemein bemerkenswertes Ereignis: 2000 Menschen aus der Stadt der Schwerstarbeiter sind mit verhaltenem Atem bedingungslos in den Bann antiker Bühnendichtung gezogen.»[23] Bedingungslos – damit ist wohl das Gegenteil aller Möglichkeiten des epischen Theaters bezeichnet. Die Distanz zwischen Spiel und Zuschauer erscheint aufgehoben. Im übrigen ist die griechische Tragödie auf den Ruhrfestspielen nicht heimisch geworden. In der Zeit bis 1971 gab es aus dem Bereich des antiken Dramas lediglich noch die *Perser* des Aischylos in der Fassung von Mattias Braun.

Mattias Braun hat außer den *Persern* auch die *Medea* und die *Troerinnen* bearbeitend übertragen, und namentlich die *Perser* verdanken ihre relativ häufige Präsenz auf verschiedenen Bühnen in dieser Zeit überhaupt dieser Fassung, von der es in einer Pressekritik heißt: «Einem Parkett gelehrter Altphilologen dürfte die Art, wie der junge Kölner Autor mit dem alten Aischylos umspringt, sicherlich mißfallen».[24] Die naheliegenden politischen Assoziationen werden schon im Text überdeutlich angelegt: Xerxes als Hitler, Susa als Reichshauptstadt, der Chor eine Art altpersischer Volkssturm zur Stärkung der Heimatfront mit der tröstlichen Botschaft, daß die Ur-Perser diejenigen von 1960 (in der politischen Analogie also das deutsche Volk von 1945) überdauern werden.[25] Die grandiose Uraufführung am Berliner Schiller-Theater unter Hans Lietzau im Sommer 1960 hatte ihren besonderen Glanz durch die Mitwirkung der 82jährigen Hermine Körner als Atossa, die hier auf den gerade 26jährigen Mattias Braun traf.[26] Es war ihre letzte Rolle; sie starb wenige Monate später. Wie sie durch ein bloßes Handaufheben die Kluft zwischen vergangenem Hochmut und gegenwärtiger, später Einsicht zu überbrücken verstand, hebt die Kritik rühmend hervor – ein großartiger Moment in der Geschichte der Schauspielkunst. Die Bühnenwirksamkeit der Bearbeitungen antiker Dramen durch Braun beschränkt sich allerdings auf wenige Jahre.

Nicht viel anders erging es den Bearbeitungen von Claus Bremer, welche vorzugsweise von dem Intendanten und Regisseur Ulrich Brecht[27] sowie seinem Spielleiter Kai Braak benutzt wurden. Während es Braun um die politische Aussage der griechischen Tragödie ging, sind die Fassungen von Bremer Ausdruck einer ‹Krise des Theaters›, welche in voller Schärfe in der zweiten Hälfte der Sechziger Jahre auch an den Aufführungen des antiken Dramas ablesbar ist. Skepsis und Mißtrauen gegen Bühnenpathos, kultische Theatralik und ästhetische Formen führten zu Übertragungen mit reinem Informationswert ohne ästhetischen Reiz. Allgemeine Sofortverständlichkeit ist das Ziel; die Tiefe des Textes wird in die Breite gezogen, jeder kann sich mit jeder Figur identifizieren. «Ich habe alles vermieden, was mitreißen könnte», bemerkt Bremer selbst. In der Zerschlagung der Form geht Bremer weiter als alle vergleichbaren Bearbeiter. Ideen und Menschen, wie sie bisher auf dem Theater vermittelt wurden, werden auf diesem Theater in Frage gestellt.[28] Es ist verständlich, daß ein derartiger Umsetzungsprozeß bei der Komödie, die ja ihrerseits das Pathos der Tragödie in Frage stellt, leichter gelingt, ist doch die Alltagssprache Bremers der Komödie adäquater als der Tragödie. Allerdings ebnen die Übertragungen Bremers die für Aristophanes charakteristische subtile Differenzierung zwischen den urbanen, elementaren, parodistischen und hochstilisierten Sprachebenen in Richtung auf eine allgemeine Banalität ein.

Die aristophanische *Lysistrata* in der Fassung von Claus Bremer eröffnete am 2. 10. 1966 die Kasseler Intendantenzeit von Ulrich Brecht. Das Bühnenbild mit einem weiblichen Riesentorso, der die Spielfläche einengte, wirkte als Symbol nicht unbedingt im Sinne Bremers; eher der im Alltagsgewand auftretende Chor und die Frauen mit ihren bunten Miniröcken und Kunstperücken und die Beat-Band, die am Schluß zur Friedensfeier aufspielte.[29] Brecht hat dann später in der Düsseldorfer Zeit mehrmals aristophanische Komödien in der Bearbeitung von Bremer in den Spielplan genommen, und zwar die auch auf anderen Bühnen gespielte *Frauenvolksversammlung* (*Ekklesiazusen*)[30] und den in Deutschland relativ selten aufgeführten *Plutos*.[31]

Nahezu gleichzeitig mit dem Amtsantritt von Ulrich Brecht in Kassel begann die Intendantenzeit von Günther Fleckenstein am Deutschen Theater in Göttingen. Seine Eröffnungspremiere (6 Tage nach der *Lysistrata* in Kassel) war die *Antigone* in der Übersetzung von Walter Jens. Das Bühnenbild: ein großer Tempel mit dorischen Säulen – ein Schritt hinter Sellner zurück. Der Chor bestand aus jungen Männern mit angeklebten Bärten, die in lange graue Gewänder gehüllt waren. Die Kritik wirft der Aufführung bei allem professionellen Ehrgeiz darstellerische Simplifikationen vor.[32]

Gegen diese und ähnliche Aufführungen richtet sich die Skepsis von Claus Bremer an Sinn und Wirksamkeit des konventionellen Theaters. «Treibt man damit nicht junge Leute aus dem Theater und lockt andere, zum Beispiel Arbeiter, gar nicht erst herein?», fragt Bremer.[33] Die Verarbeitung dieser als Krise empfundenen Situation erfolgte nun aber in einer höchst merkwürdigen Veranstaltung. Nachdem der Plan, die Spielzeit 1965/66 am Ulmer Theater mit der *Antigone* in der Übersetzung von Claus Bremer zu eröffnen, an Differenzen zwischen ihm (er war zugleich Chefdramaturg in Ulm), dem Regisseur und Mitarbeitern gescheitert war, kam es nach mehrfachen Anläufen am 12. 2. 1969 in Kassel (wohin das gesamte Team inzwischen übergesiedelt war) zu einem denkwürdigen Doppelabend. Vor der Pause sah man in der Inszenierung von Ulrich Brecht die *Antigonae* in der Übertragung von Hölderlin und im zweiten Teil des Abends die *Antigone* in der Übersetzung von Bremer und der Regie von Kai Braak. Dieses merkwürdige Experiment sollte offenbar die Möglichkeiten sichtbar machen, die das Theater in der hochpoetischen Version einerseits und der besonders unpoetischen Fassung andererseits bietet. Darüber hinaus sollten aber auch in der unpoetischen Version Fragen an den Text ermöglicht werden, die nach Meinung der Initiatoren dieses Experiments durch das museale Theater eher zugedeckt werden. Daher wurde die Fassung Hölderlins im Sinne einer leerlaufenden Theatralik ohne Masken, Musik und Tanz auf die Bühne gebracht, der Text Bremers dagegen in fragendem Tonfall vorgetragen, auch dort wo Sophokles eindeutig ist. Man wollte eine fragende, überprüfende Haltung dem Text gegenüber einnehmen und verschiedene Möglichkeiten ausprobieren. «Nichts hat mehr Möglichkeiten als der Mensch» – diese unpoetische Übersetzung des Anfangs des berühmten 1. Stasimon (πολλὰ τὰ δεινὰ κοὐδὲν ἀνθρώπου δεινότερον πέλει; bei Hölderlin: «Ungeheuer ist viel. Doch nichts ungeheuerer als der Mensch») – wird von einem Schauspieler als Motto der ganzen Aufführung mit Kreide an eine tafelähnliche Wand geschrieben, die die eigentliche Bühne von einer Rampe trennt. Hölderlins *Antigonae* wird auf der geometisch streng in schachbrettähnliche Raster gegliederten Spielfläche der Bühne gespielt, in deren Mitte fünf verschiebbare Säulen aufgerichtet sind. Raum- und Tiefenvorstellungen werden durch die Verschiebung der Säulenreihe und durch die unterschiedliche Aufstellung der ‹Figuren› erzielt. Bremers *Antigone* spielt nur auf der Rampe vor der Wand; die Schauspieler agieren in Straßenanzügen.[34] Entsprechend dem Grundsatz, daß jede Rolle von jedem gespielt werden kann, tritt während der Aufführung ein Rollenwechsel ein (Wächter/Kreon), oder ein und dieselbe Gestalt wird von mehreren Schauspielern verkörpert, so z. B. Teiresias von zwei sich umarmenden Gestalten, Kreon von einer sich allmählich aufbauenden Gruppe, deren Mitglieder abwechselnd sprechen und als Gruppe ein Diktatoren-Monstrum bilden. Die Fetzen der Chortexte werden durcheinander gesprochen (Abb. 22 und 23).

Das Experiment dieses Abends kann theatergeschichtlich einiges Interesse beanspruchen. Die theatralischen Mittel, die Bremer und sein Regisseur Braak im Sinne des Aufbrechens und Öffnens eines Fragehorizontes anwenden, werden nur im Medium der Übertragung von Bremer an das Stück herangetragen, nicht an die poetische Version Hölderlins, in der das Stück selbst unangetastet bleibt. Das Regietheater der Folgezeit ist direkter. Fragt man aber nach 20 Jahren, was von den seinerzeit vorgestellten Alternativen geblieben ist, so lautet die Antwort: von Bremer nichts, von Hölderlin alles.

Immerhin sind neben und nach Sellner Ulrich Brecht in Zusammenarbeit mit Kai Braak und Günther Fleckenstein die beiden einzigen deutschen Regisseure, die in den Fünfziger und Sechziger Jahren programmatisch und kontinuierlich sich des antiken Dramas angenommen haben. Beide hatten mehr Glück mit der aristophanischen Komödie als mit der griechischen Tragödie.[35] Fleckenstein hat sich mehrfach der Übersetzungen Schadewaldts bedient; Brecht bevorzugte auch weiterhin Bremer. Die Düsseldorfer Tragödienaufführungen blieben aber im Mittelmaß stecken und vermochten den Anspruch Bremers nicht einzulösen. Sie bewegten sich auf der gleichen Stufe der meist unaufregenden Spielweise wie die Inszenierungen Fleckensteins, obwohl doch die Textfassungen in ihrer völlig gegensätzlichen Eigenart zu ebenso konträren Inszenierungsstilen hätten führen müssen.

Auffallenderweise wird in den Sechziger Jahren relativ viel Aristophanes auf deutschen Bühnen gespielt; schon bei Brecht und Fleckenstein ist der Anteil an Inszenierungen der aristophanischen Komödien beträchtlich. Den eigentlichen Anstoß für die aristophanische Welle gab Peter Hacks mit der Bearbeitung des *Frieden*, der am 14. 10. 62 in der Regie von Benno Besson im Deutschen Theater in Berlin (Ost) uraufgeführt wurde.[36] Hier haben wir es mit einem theatergeschichtlichen Ereignis ersten Ranges zu tun. Die glänzende Inszenierung der Uraufführung wurde bei der Premiere mit einem 45 Minuten währenden ovationsartigen Beifall bedacht; das Stück blieb über zehn Jahre im Spielplan des Deutschen Theaters und erlebte allein dort über 250 Aufführungen; bedeutende Gastspiele (Hamburg, Wien, Venedig u. ä.) kamen hinzu. Die Fassung von Hacks ist allein bis zum Juli 1977 an verschiedenen deutschsprachigen Bühnen 32mal inszeniert worden.[37]

Die Ursachen für diesen außerordentlichen Erfolg sind vielschichtig. Sie liegen zunächst darin, daß es eine ernstzunehmende Aristophanesrezeption zumindest auf der deutschen Bühne vorher kaum gab. Die bis dahin meistgespielte aristophanische Komödie, die *Lysistrata*, ist als Amüsierstück, als biedere Ehekriegsgeschichte (auch in Bearbeitungen) oder nur als Stoff für komödiantischen Übermut (so bei Reinhardt, vgl. S. 126) verstanden worden. Andere Komödien des Aristophanes wurden kaum gespielt; in den Dreißiger und Vierziger Jahren wird es überhaupt still um Aristophanes. Nun wird erstmals der *Frieden* gespielt, jene Komödie, in der tatsächlich der Friede des Nikias aus dem Jahre 421 um einige Monate antizipiert und so im voraus gefeiert wurde. Übertragen auf die Gegenwart des Jahres 1962 versteht Hacks dies so: «Der Mensch unserer Jahrhunderthälfte, der zweifelt, ob er in der Zeit nach oder vor dem letzten Weltkrieg lebt, versteht den Dichter eines der frühesten Weltkriege.» Das Wort Frieden sei so wieder einmal «zum obersten aller sittlichen Begriffe» geworden. Und im Programmheft zu der Berliner Aufführung heißt es über den Sinn der Komödie *Frieden* des Aristophanes: «Man kann den Frieden nicht feiern, ehe man ihn hergestellt hat. Den Frieden herzustellen, kostet organisierte Anstrengung. Man kann den Frieden nicht genießen, bevor er funktioniert.» Hier wird also erstmals auf der Bühne die politische Dimension der Alten Komödie ernstgenommen, ohne daß der Charakter der Komödie zerstört wäre.[38] Nun ist Hacks der dezidierten Meinung, daß eine derartige Vermittlung der Komödie heute nur durch eine Bearbeitung möglich ist. Der Versuch, Aristophanes «in korrekter Übersetzung auf die Bretter zu bringen», sei «wirkungslos». Aber man dürfe nicht die aktuellen Vorgänge des Jahres 421 durch Begebenheiten einer jeweiligen Gegenwart ersetzen. Das sei der «meistbegangene und der schlechteste Weg». So komme es darauf an, verdeutlichend die poetischen Grundlinien herauszuarbeiten. Der prosodischen Freiheit des Aristophanes entspricht bei Hacks ein mehrfacher Wechsel zwischen Prosa und Vers, der in der antiken Komödie natürlich nicht vorkommt. Die inhaltlichen Veränderungen sind neben punktuellen Abweichungen vor allem die folgenden: Dem Beginn des aristophanischen Stückes (Mästen des Mistkäfers durch zwei Sklaven) ist ein Prolog vorangestellt, der mit den Worten: «Es ist Krieg, es ist Krieg» beginnt und endet. Dieser Prolog ist in der Berliner Aufführung im Halbdunkel hinter einem Gazevorhang sehr wirkungsvoll aus dem Hintergrund auf die Bühne gerufen worden. Dem Prolog korrespondieren die ebenfalls hinzugedichteten Worte des Chores: «Der Krieg ist vorbei...» am Schluß des Stückes und vor allem kurz zuvor in der Schlußszene im Friedenslied des Trygaios: «Der Krieg ist vorbei, es tönt die Schalmei, der Frieden zog ein, wir würzen den Wein mit Zimt und Salbei, die Oliven gedeihen, der Krieg ist vorbei» – ein Lied, das bei der Berliner Aufführung zusammen mit der Musik von André Asviel besonders eindrucksvoll gewesen ist. Damit ist die politische Dimension als ernster Rahmen um das Stück gelegt und *eine* Komponente der Komödie des Aristophanes verdeutlicht und verstärkt durch die Betonung einer weltkriegsähnlichen Situation mit dem Ablauf des Krieges in seiner Eigendynamik («Sparta wütet, weil es Sparta ist»). Im Verlaufe des Stückes sind die Friedensappelle des Trygaios gegenüber dem Original verstärkt, insbesondere durch eine größere Rede vor der Parabase, welche als Form beibehalten, aber im Inhalt verändert ist.

Auch aus der Rückschau im Abstand von nahezu 30 Jahren muß die

Bearbeitung des Stückes durch Hacks als sehr gelungen bezeichnet werden. Hacks' Fassung ist durchaus poetisch; sie verwendet kaum Anachronismen und hält sich frei von aktuellen Anspielungen auf tagespolitische Ereignisse. So gewiß der erst 1955 in die DDR übergesiedelte Peter Hacks seine Bearbeitung innerhalb der Friedensbewegung der DDR in die Pole zwischen Realität und Utopie eingespannt hat, so drängt sich doch gerade aus größerem Abstand die Frage auf, ob es sich wirklich um einen Beitrag zu einer sozialistischen Gesellschaft handelt und ob die Worte, welche der bei Hacks eingeführten Figur «Herbstfleiß» (sie entspricht etwa der «Opora» bei Aristophanes) in den Mund gelegt werden: «Ich meine es in vollem Ernst; der Frieden ist die Zeit, wo die Menschen wieder Spaß an der Arbeit genießen dürfen. Am Anfang mag es vielleicht kein Spaß sein, weil sie im Krieg so viel Spaß mit Einreißen vorweggenommen haben», wirklich auf die Situation der DDR von 1962 gemünzt sind.[39] Jedenfalls könnte man aus der Sicht z. B. des Jahres 1989 den Anfangsworten des Chores in der Parabase: «Wir aber, wir bleiben und machen von unserm Recht, endlos zu murmeln, Gebrauch» und vor allem der Rede des Trygaios über die «Fülle des Marktes» im zweiten Akt eine durchaus anders gerichtete Aktualität nicht absprechen. Der *Frieden* von Hacks ist dann alsbald auf zahlreichen Bühnen des Westens gespielt worden, doch nirgends hat die Regie das Niveau erreicht, das durch Besson in Berlin die Uraufführung geprägt hat. Auch die politische Brisanz des Stückes ist in den nachfolgenden Aufführungen nur abgeschwächt zum Ausdruck gekommen. Schon die westdeutsche Erstaufführung am 4. 11. 1963 in Köln präsentierte ein eher unverbindliches Musical, dessen zurückgenommene Aussagekraft durch Änderungen am Text zusätzlich bewirkt wurde. Während bei Hacks am Anfang der Chorführer als gleichsam über den Personen des Spieles stehende Figur die eindringlichen Worte: «Es ist Krieg» in das Publikum ruft, ist in Köln die Anfangsszene dem Trygaios gegeben, der erzählt, daß Krieg sei. Andere Textänderungen zerstören Bilder und Gedanken von Hacks. Aus den Worten: «An der (Leiter) klettert er hinauf und hinauf in Richtung Himmel, bis er sich den Kopf am Pflaster zerschlägt» wird in Köln: «... bis er hinunterstürzt und auf dem Pflaster sich den Kopf zerschlägt.» Das komische Bild vom gepflasterten Olymp ist auf diese Weise zerstört.[40] Diese Abschwächungen vermochten aber nichts daran zu ändern, daß mit dem *Frieden* von Hacks die politische Dimension der aristophanischen Komödie für die Bühne wiedergewonnen war.

Der nächste Schritt in der gleichen Richtung ist durch die seinerzeit vielbeachtete Inszenierung der sonst kaum je aufgeführten *Ritter* des Aristophanes durch den gerade 35jährigen griechischen Regisseur Stavros Doufexis zuerst in Nürnberg (Premiere am 14. 10. 67), dann auch in Kassel, Berlin (Freie Volksbühne) und Bielefeld markiert. Hier ist die aktuelle politische Brisanz ganz handgreiflich. Das Stück spielt an auf die Diktatur des Obristenregimes, das in Griechenland im April 1967 an die Macht gekommen war und auch Doufexis in die Emigration getrieben hatte. Hinzu kommen die Erfahrungen der beginnenden Studentenrevolte und der sogenannten außerparlamentarischen Opposition in Deutschland. Die Verarbeitung dieser Erfahrungen in einer nun *Reiter* genannten Fassung des aristophanischen Stückes hat gewisse Umakzentuierungen zur Folge. Die den Chor bildenden Ritter waren im Athen des 5. Jahrhunderts eine auf ihren Korpsgeist stolze konservative Elitetruppe; bei Doufexis wurde daraus eine Gruppe junger Intellektueller «mit langen Haaren» (wie die Regieanweisung ausdrücklich vorsieht), die in kurzen Kitteln, langen Hosen, weißen Dreiviertelmasken und schwarzer Mähne auf Stekkenpferden, wie man sie als Kinderspielzeug kennt, unter Begleitung von Beat-Musik auf die Bühne ritten, auf der vor einem weißen Rundhorizont mit verschiedenen Eingängen nur die kleine Hütte des Demos zu sehen war[41] (Abb. 19).

Mit der Veränderung des Chores ist die Parabase weitgehend neu gestaltet. Und doch kann Doufexis seinen Chor grundsätzlich das gleiche sagen lassen wie Aristophanes, nämlich die Warnung des Volkes vor Demagogen. Die Verführbarkeit des Volkes durch politische Agitation und die damit verbundene Gefährdung der Demokratie ist die zentrale Aussage, die Doufexis seiner Textgestaltung und Inszenierung zugrunde legt, womit er die Intention des Dichters auch wirklich trifft. In der Tat erreicht Doufexis eine Aktualisierung mit nur relativ wenigen Textänderungen auf der Grundlage der alten Übersetzung von Ludwig Seeger in einer freilich gegenüber der differenzierten Diktion des Aristophanes eher saloppen Sprache. Und wenn die mit den Zügen niedrigster Gemeinheit ausgestattete Bühnenfigur des «Paphlagoniers» bei Aristophanes dem ungeliebten Strategen Kleon entspricht, der in der Fiktion des Spieles abgesetzt wird, so ist die gleiche Figur bei Doufexis so gezeichnet, daß sie den damaligen Obristen-Machthabern wie Pattakos und Papadopoulos gleicht. Dieser Bezug wird besonders deutlich am Schluß. Der als Retter des Volkes gefeierte Agorakritos, der bei Aristophanes verkündet, der Demos werde im Glanz des alten Athen (d. h. des Athen der Perserkriege) neu erstrahlen, sagt bei Doufexis: «Wir wollen das neue Athen auf dem alten aufbauen, dem bewunderten, dem besungenen, der wahren Heimat des Demos.» In einer Verschiebung der Perspektive erscheint hier das antike Athen im ganzen als Idealbild im Hinblick auf die gegenwärtige Gefährdung der Demokratie, sichtbar gemacht an der Inszenierung eines antiken Dramas, das so völlig aus der Unverbindlichkeit der Aussage herausgeführt ist.

Die Reflexion politischer Probleme der Gegenwart durch das Medium der Aufführung eines antiken Dramas ist – jedenfalls wenn man die

Fünfziger und Sechziger Jahre im Blick hat – zuerst an der Komödie sichtbar geworden, während die griechische Tragödie erst in dem darauffolgenden Jahrzehnt in den gleichen Bezugsrahmen gestellt wurde, nun in stärkerem Maße unter den Bedingungen des modernen Regietheaters, in das die Inszenierungen von Doufexis überleiten. Jedenfalls ist seine Inszenierung der *Reiter* ein ungewöhnlicher, aufsehenerregender Erfolg gewesen, der sich nicht mehr im gleichen Maße bei seiner bearbeiteten Fassung der *Vögel* «nach Aristophanes, gegen Aristophanes, mit Aristophanes» (wie es im Untertitel heißt)[42] wiederholen sollte.

Wer in dieser Zeit an eine Inszenierung der *Vögel* durch einen griechischen Regisseur denkt, wird indessen auf Karolos Koun geführt, den wohl prominentesten griechischen Theatermann überhaupt. Der 1908 geborene Koun ist nahezu der einzige griechische Regisseur, der nicht in Deutschland studiert oder von deutscher Seite für seine Theaterarbeit Anregungen empfangen hat. Er schöpfte aus der kulturellen Tradition seines Volkes und suchte an den abgerissenen Faden der Antike innerhalb der griechischen Tradition wieder anzuknüpfen. Die Inszenierungen mit seinem 1941 gegründeten, aber erst 1954 wirklich etablierten «Theatron Technis» in Athen, aber auch in Epidauros haben exemplarischen Charakter. Koun folgte nie zeitgebundenen Trends, sondern blieb sich über Jahrzehnte in der Abkehr von einem klassizistisch konventionellen Stil und der Hinwendung zu einer volkstümlich-expressionistischen, aber nie ins Folkloristische abgleitenden Spielweise treu. Innerhalb dieses Rahmens hat Koun aber dann Kühnheiten gewagt, die weit über das hinausgingen, was man in Athen oder in Epidauros zu sehen gewohnt war. Man muß zunächst in Betracht ziehen, daß in Griechenland Aufführungen antiker Dramen in weit stärkerem Maße die Öffentlichkeit, die Medien und auch die Instanzen der offiziellen Politik tangieren als anderswo. In den Fünfziger und Sechziger Jahren waren die antiken Spielstätten in Griechenland zudem noch nicht primär Schauplatz touristischer Attraktionen, sondern es dominierte noch das griechische Publikum, das mit seinen (nahezu antiken) Emotionen das tragische oder komische Spiel unmittelbar begleitete. Als nun Koun im Jahre 1959 im Herodes-Atticus-Theater in Athen vor der Athener Gesellschaft die *Vögel* herausbrachte, kam es zu einem regelrechten Theaterskandal, der sich insbesondere an der Szene entzündete, in der ein Priester verhöhnt wird, der in dem neuen Vogelstaat Gebete, Weihen und Opfer den Vogelgottheiten darbringt (851–901). Koun gestaltete diese Szene in Anlehnung an die Zeremonien der orthodoxen Kirchenliturgie und erregte damit empörte Reaktionen des Publikums. Am Tage nach der Premiere wurden dann die weiteren Aufführungen durch den Ministerpräsidenten Tsatsos verboten, der das Verbot in der Tagespresse veröffentlichen ließ.[43] Es ist dies ein Vorgang, der uns heute kaum begreiflich erscheint und der auch damals nur aus den besonderen Voraussetzungen der griechischen Gesellschaft möglich war. Als Koun acht Jahre später erneut die *Vögel* inszenierte, wurden die Aufführungen ein zweites Mal verboten, jetzt aus rein politischen Gründen. Die Grundidee des Stückes – nicht eine Einzelszene –, also der Auszug aus einem suspekt gewordenen Athen und die Gründung des utopischen Wolkenkuckucksheimes, erschien dem Obristen-Regime gefährlich. Koun, der im Unterschied zu Doufexis sich für ein Verbleiben in Griechenland unter der Diktatur entschieden hatte, blieb seinem Regiekonzept auch hier grundsätzlich treu. Der Rückgriff auf Elemente aus der Tradition des eigenen Volkes (z. B. Männer, die mit einem Komboloi spielen), verband sich hier mit modernen Regieeinfällen (Poseidon mit weißen Handschuhen und Monokel, die Vögel-Schauspieler trugen die Federn wie Modeschmuck) und einem für Aufführungen an den antiken Spielstätten außergewöhnlichen Bühnenbild (einfache Holzgerüste, behängt mit Tüchern aus grobem Leinenstoff). Koun selbst verstand das Stück als Warnung vor dem stillschweigenden Akzeptieren von Machtstrukturen jeglicher Art (nur zwei Menschen widersetzen sich dem herrschenden System, und diese errichten im Vogelreich die gleichen Machtverhältnisse) und traf insofern tatsächlich die Diktatur in Griechenland an einer empfindlichen Stelle. Das Verbot weiterer Aufführungen dieser Inszenierung, dem Verbote von Inszenierungen der *Antigone*, ja selbst der aristophanischen *Frösche* folgten, zeigt die außerordentliche Brisanz, die dem antiken Drama innewohnen kann, wenn seine Aussage nicht als rein ästhetisches Phänomen verstanden, sondern die dem Drama selbst inhärente politische Kraft vernehmbar gemacht wird.

Man verdankt Karolos Koun (er ist 1984 gestorben) eine Reihe von bedeutenden Inszenierungen auch antiker Tragödien (ein *Oedipus* ist besonders hervorzuheben), doch hat er den Reichtum seiner Spielmöglichkeiten am stärksten an den aristophanischen Komödien (auch den *Acharnern*, dem *Frieden* und den *Fröschen*) entfaltet. Jedenfalls erheben sich seine Inszenierungen – neben den Arbeiten von Doufexis, Mouzenides (der auch in Deutschland garbeitet hat), Solomos, Minotis und einigen anderen – weit über das durchschnittliche Niveau der alljährlichen Aufführungen antiker Dramen im Herodes-Atticus-Theater, in Epidauros und neuerdings auch an einigen anderen Open-air-Theatern bei nun auch völlig gewandelten Rezeptionsbedingungen. Denn es kann ja kein Zweifel sein: Der Griechenlandtourist, der inmitten eines Sommerurlaubs in Epidauros ein griechisches Drama sieht, sucht ja nicht die Auseinandersetzung, sondern die Entspannung. Hat er tags zuvor die antiken Reste und Ruinen von Argos und Mykene gesehen, so wähnt er sich nun auch im Theater der Antike nahe. Die festlich gestimmte Menschenmenge im Halbrund des Amphitheaters, der laue und klare mediterrane Himmel, antikisierende Kostüme, dieses ganz andere Erlebnis als im heimischen

Stadttheater – das alles suggeriert dem Zuschauer den (natürlich falschen) Eindruck, so müsse es in der Antike auch gewesen sein. Das Open-air-Theater bekommt jetzt mit dem Aufkommen des Massentourismus in den Sechziger Jahren Hochkonjunktur. Nicht nur in den klassischen Theatern, sondern auch an anderen Orten, wo man Höfe, Treppen, Plätze und Ruinen aller Art für das Theater entdeckt, wird antikes Drama gespielt.

Die Voraussetzungen, Erwartungen, Realisierungsmöglichkeiten und die damit verbundenen Probleme sind jeweils ganz verschieden. Im ganzen gehen dabei das Repertoiretheater deutscher Prägung und das Open-air-Theater weitgehend getrennte Wege, weil die Traditionen und Aufgaben der beiden Institutionen ganz unterschiedlich sind. Das Open-air-Theater präsentiert aus festlichem Anlaß für ein entsprechendes Publikum ein oder zwei Dramen, während im Repertoiretheater das antike Drama in Konkurrenz zu modernen und zeitgenössischen Produktionen und in Rücksicht auf ein festes, zum Teil durch Abonnements festgelegtes Publikum innerhalb einer bestimmten Stadt und deren kultureller Situation ganz anders in das Gesamtphänomen Theater eingebunden ist, sich darin aber auch viel mühsamer durchsetzen muß. Daher können auch alle Versuche nicht befriedigen, Inszenierungen, die in regulären Theatern gemacht worden sind, auf antike Stätten zu exportieren (Heyme, Stein). Das gilt in gewisser Weise auch umgekehrt. Die in Griechenland für die antiken Theater unter freiem Himmel konzipierten Inszenierungen von Koun büßen einen Teil ihrer Aura ein, wenn sie auf Gastspielreisen nach Deutschland und Frankreich (so mit *Frieden* und *Oedipus*) in geschlossene Bühnenhäuser transportiert werden. Am ehesten mögen beide Stränge der Rezeption des antiken Dramas bei den im zweijährigen Rhythmus stattfindenden Spielen in Syrakus relativ eng beieinander liegen, schon weil das dortige Istituto Nazionale del Dramma Antico mit einer eigenen Schauspielerschule für eine professionelle Kontinuität garantiert und weil immer wieder Regisseure gewonnen werden, die im Theaterleben Italiens auch in ganz anderen Bereichen zu Ruhm gekommen sind, allen voran der Star des italienischen Theaters Vittorio Gassman, der als Schauspieler und Regisseur sich Shakespeare, Ibsen und auch der modernen Dramatik zugewandt und überdies in einer längeren Theaterpause nach 1968 nahezu ausschließlich als Filmschauspieler gearbeitet hat. Er ist mehrfach in Syrakus teils als Schauspieler (1950 in den *Persern* als Bote, im gleichen Jahr als Dionysos in den *Bakchen*, 1954 im *Prometheus* als Prometheus, 1960 als Agamemnon und als Orest in der *Orestie*), teils als Regisseur (*Orestie* 1960 in der Übersetzung von Pasolini, s. unten S. 220) tätig gewesen.

Die Syrakusaner Institution ist auch nie in den Sog des Massentourismus geraten. Man spielt nicht in der Hochsaison, sondern im Mai/Juni vor einem vorwiegend italienischen, meist jungen (freilich vielfach theaterunkundigen) Publikum und beeindruckt immer wieder durch faszinierende

Leistungen. Gleichwohl bleibt alles Open-air-Theater resistent gegen die Trends und Eigenarten des modernen Regietheaters und weist auf diese Weise eine Kontinuität über Jahrzehnte auf. Wer heute Szenenphotos von Syrakus, Epidauros und Athen sieht, könnte sie innerhalb eines Zeitraumes von 1950 bis in die unmittelbare Gegenwart (von Ausnahmen abgesehen) kaum mit einiger Sicherheit datieren. Eine allgemeine Entwicklung des Regiestils ist an ihnen nicht ablesbar.

Ähnliches gilt auch für die Bühnenmusik. Die Musik von Mikis Theodorakis z. B. zum *Aias* des Sophokles, zum *Orest* und zu den *Troerinnen* des Euripides ist von spezifisch griechischen Traditionen geprägt, die in der Volkskunst liegen und letztlich auf byzantinische Elemente zurückgehen, insofern also den Regiekonzepten eines Karolos Koun genau entsprechen. Diese Art von Bühnenmusik (ähnlich auch die Musik von Evangelatos, Michaelidis, Xenakis u. a) ist an die jeweilige Inszenierung gebunden und hat sich, von ihr abgelöst, im Sinne einer Eigengewichtigkeit nicht durchsetzen können. Dies ist grundsätzlich bei vielen Bühnenmusiken aus alter und neuer Zeit der Fall, doch gibt es bemerkenswerte Ausnahmen.

Dazu gehören die *Bassariden* nach den *Bakchen* des Euripides von Hans Werner Henze, unter der Bezeichnung «Opera seria» bei den Salzburger Festspielen 1966 unter der Regie von Sellner uraufgeführt, der im Herbst des gleichen Jahres die Aufführung an die Deutsche Oper in Berlin transportierte; dann folgten nach einer langen Pause einige wenige Aufführungen 1986 und 1989.[44] Allerdings hat der bedeutende englische Lyriker und Dramatiker Wystan Hugh Auden, der schon 1962 das Libretto für Henzes *Elegie für junge Liebende* verfaßt hatte,[45] in Zusammenarbeit mit Chester Kallmann den Text des Euripides in ein regelrechtes Libretto verwandelt, indem er insbesondere vier Szenen aus dem Drama des Euripides (Pentheus stößt auf den verkleideten Dionysos; Dionysos bringt Pentheus dazu, sich als Frau zu verkleiden und ins Gebirge zu ziehen; Agaue erwacht aus ihrer Trance und merkt, welch schreckliche Dinge sie angerichtet hat; Dionysos verbannt die königliche Familie aus Theben) unter Bewahrung der Kernhandlung der Tragödie in ein regelrechtes Opernlibretto (kurze Sätze, Wiederholungen, zahlreiche Ausrufe) umstilisiert hat, allerdings nicht im Sinne der Nummernoper, sondern als symphonisch angelegtes einaktiges Musikdrama. Auden, der nach Henzes Aussage über ein beträchtliches pädagogisches Talent verfügte, stellte als Bedingung für die Kooperation mit Henze, dieser müsse sich zuvor die *Götterdämmerung* Wagners in der Wiener Staatsoper anhören, was für Henze eine nicht geringe Zumutung bedeutete, ihn aber auf den Anspruch vorbereiten sollte, den der Librettist stellte: ein in den Beziehungsreichtum von Mythologie und Psychologie eingeflochtenes Musikdrama sich vor Augen zu führen und dann auch unter gewandelten Bedingungen zu komponieren. Gerade das ist Henze auch gelungen, denn die Aussage von

Text und Musik geht in ihrer Vielschichtigkeit weit über die Vergegenwärtigung griechischer Tragik, wie sie noch Orff vorgeschwebt haben mag, hinaus. Dieses Werk spiele, so hat Henze später bemerkt, «nicht nur in Theben, sondern in der ganzen Welt ... in der ganzen Zeit zwischen Euripides und heute».[46] So sind die Freudenschreie des Chores «Ayayalaya» aus der Eskimosprache, und am Schluß des Stückes erscheinen exotische Fruchtbarkeitsrituale. Henze, der offenbar auch das Drama des Euripides selbst gut kennt, fand in ihm die gerade in den Jahren um 1968 besonders brennenden Fragen nach dem, was eigentlich Freiheit, Unfreiheit, Repression und Revolution ist, gezeigt oder zumindest angedeutet. Die Librettisten, die ja auf den Komponisten hingearbeitet haben, stellten an dem Stoff die Ambivalenz des menschlichen Handelns und die Gespaltenheit der menschlichen Persönlichkeit heraus. Pentheus steht als der Mensch, der die ursprüngliche Symbiose zwischen den menschlichen Ordnungsbedürfnissen und exzessiver Triebhaftigkeit aufkündigt, und zwar aufgrund des Nichterkennens seiner eigenen Natur. Seine Unfähigkeit, die dionysischen Elemente in sich selbst zu verstehen, machen ihn zum leichten Opfer des Dionysos. Dieser Grundgedanke der in ihrer Deutung noch immer so umstrittenen Tragödie des Euripides ist hier bewahrt und ausgestaltet, allerdings auch übersteigert zu einem heute von Henze so nicht mehr getragenen Kulturpessimismus, der letztlich in einen Agnostizismus mündet. Der Schlußchor (der so bei Euripides nicht steht) «Ah! Ah! Incomprehensible mysteries, not for mortals to know; we see not, we hear not: we kneel and adore» betont eine pessimistische Resignation, derentwegen Henze, wie er heute versichert, später mit Auden nicht mehr zusammengearbeitet hätte.

Henzes *Bassariden* bleiben aber auch nach einem Vierteljahrhundert eine gültige Auseinandersetzung mit der griechischen Tragödie, welche modellhaft eine Möglichkeit zeigt, sich gegenwärtiger Problematik zu versichern. Das ist eine Grundfigur, die sich immer wieder findet und die mutatis mutandis für die griechische Tragödie selber gilt: Bedrängende Fragen der Gegenwart werden durch die Einbettung in den Mythos zur Allgemeingültigkeit erhoben und auf dieser Stufe ‹durchgespielt›. Hinsichtlich der Art der Antikenrezeption knüpft Henze keinesfalls an Orff an (dessen musikalische Mittel ohnehin ganz andere sind), sondern eher an Egon Wellesz, dessen zweiaktige Oper *Die Bakchantinnen* (1931) in ihrer vom Wiener Schönberg-Kreis beeinflußten Tonsprache freilich dem für die Zwanziger Jahre charakteristischen Geist verhaftet ist, gleichwohl aber auch heute (konzertante Aufführung in Wien 1986) zu beeindrucken vermag. Schwer auszumachen ist, ob Henze die Vertonung der gleichen Tragödie durch Giorgio Federico Ghedini (1948) gekannt hat, der auch zu Aufführungen von anderen Tragödien Bühnenmusiken geschrieben hat.[47] Der Unterschied dürfte zunächst der sein, daß Henze nicht eine Musik zu einer von Theaterleuten geplanten Aufführung einer Tragödie geschrieben hat, sondern ein Libretto zugrundelegen konnte, das auf ihn und seine geistige Physiognomie von vornherein zugeschnitten war.

Sucht man die – hier nur in wenigen Ausschnitten exemplarisch vorgestellten – Aufführungen antiker Dramen auf den Bühnen der Fünfziger und Sechziger Jahre insgesamt wenigstens annähernd in den Blick zu bekommen, so ist dafür ein repräsentativer Überblick hilfreich, der sich in der griechischen Zeitschrift «Thespis» vom Juni 1966 findet. Es handelt sich um eine umfangreiche, reich illustrierte Dokumentation aller in dieser Zeit aufgeführten antiken Tragödien und Komödien auf den verschiedensten Bühnen. Selbst wenn man gewisse Zufälle der Materialbeschaffung in Rechnung stellt, wird man doch der Synopse einen repräsentativen Charakter nicht absprechen wollen.[48] Der erste Eindruck ist der einer Ausweitung des Repertoires auf nahezu alle erhaltenen antiken Dramen. Nicht genannt sind lediglich die *Hiketiden* des Euripides und die *Ritter* des Aristophanes. Doch wurden auch diese Stücke gespielt. Denn ein Szenenbild der euripideischen *Hiketiden* findet sich sehr wohl in der Dokumentation. Es ist nur fälschlich unter *Troerinnen* eingeordnet. Das Photo (S. 150) gibt eine Aufführung der *Hiketiden* von 1955 in Essen wieder. Zugrunde lag die Übersetzung von Wilamowitz unter Verwendung seiner Formulierung des Titels: *Der Mütter Bittgang*. Regie führte Heinz Dietrich Kenter, der sich durch die Inszenierung der deutschen Erstaufführung von T. S. Eliots *Mord im Dom* 1947 in Göttingen (nach der deutschsprachigen Erstaufführung im Juni 1947 in Zürich) einen Namen gemacht hatte. Die Aufführung der *Hiketiden* war geprägt von «Einfachheit, Wahrheit, Sachlichkeit, Strenge» (so Kenter).[49] Das Bühnenbild war beherrscht von einer einfachen Spielfläche, auf der der Boden fliesenartig in Vierecke eingeteilt und im Hintergrund mit drei Stufen und drei Säulen ein Tempel angedeutet war. Die Konzeption hielt sich ganz im Rahmen der für die Fünfziger Jahre charakteristischen artifiziellen, apolitischen neuen Sachlichkeit. Für die *Ritter* indessen ist die Fehlanzeige in dem Überblick von 1966 berechtigt. Diese Lücke wurde aber ein Jahr später durch die Inszenierung von Doufexis geschlossen. So kann man feststellen: Gegenüber den thematischen Verengungen des 19. und der ersten Hälfte des 20. Jahrhunderts sind nun alle erhaltenen Dramen der drei großen Tragiker und des Aristophanes für die moderne Bühne wiedergewonnen, allerdings in unterschiedlicher Dichte. Bei weitem am häufigsten sind Aufführungen der *Antigone* weltweit dokumentiert; es folgen *König Oedipus* und in gewissem Abstand die *Orestie*. Unter den Komödien des Aristophanes hält die *Lysistrata* die Spitze. Damit entspricht der internationale Trend der deutschen Tradition, wie sie sich in Jahrzehnten herausgebildet hat.

Der weitere Eindruck von dieser Dokumentation ist die internationale

Ausweitung. Überall auf der Welt wird jetzt antikes Drama gespielt in einem Ausmaß wie nie zuvor. Außer aus den deutschsprachigen Ländern, Italien, Griechenland, Frankreich, den USA und Großbritannien sind Aufführungen dokumentiert aus Holland,[50] Belgien, Polen, Ungarn, Rumänien, Bulgarien, Portugal, Israel, der Sowjetunion, Indien, Türkei, Mexiko, Peru, ja sogar Japan, wo neuerdings das antike Drama eine besondere Blüte erlebt (vgl. 290ff.); in Tokio hat sich ein Greek Tragedy Study Club etabliert. Eine *Antigone* in Polen (1964 in Krakau), in Israel (Haifa 1965) oder in der Sowjetunion (Kiew 1965) muß auf dem Hintergrund anderer politischer und kultureller Verhältnisse besonders eindrucksvoll gewesen sein. Größte Neugierde müssen auch Inszenierungen z. B der *Perser* in Peru (Lima 1953) oder der *Medea* in Indien (Bombay 1961) wecken.

Von den 243 in der Zeitschrift dokumentierten Inszenierungen griechischer Tragödien und Komödien des Aristophanes aus der Zeit von 1950–1965 (die Aufführungen vor 1950 also nicht mitgezählt) entfallen 158 auf das geschlossene Theater (Repertoiretheater, Teatro stabile usw.) und 85 auf das Open-air-Theater (vor allem Griechenland und Italien, hier dazugerechnet die Universitätstheater in den USA). Daß diese Zahlen das Gesamtverhältnis der Inszenierungen an beiden Typen von Theatern weltweit widerspiegeln, kann nur vermutet werden. Auffallend ist die relative Homogenität des Inszenierungsstiles insgesamt und dann besonders innerhalb der beiden Varianten. Die Kostüme sind noch vielfach antikisierend, besonders bei den antiken Theatern in Griechenland und Italien. Das gleiche gilt für Bühnenbild und Requisiten.

Allenthalben finden sich auch Säulen zum Teil mit Kapitellen, Tempel mit teils antiken, teils abstrakten Ornamenten. Besonders merkwürdig ist eine *Antigone* im Erfurter Dom 1960, in den antike Säulen hineingestellt sind und wo aus dem Ineinander von griechischen und christlichen Symbolen die sakrale Atmosphäre gesteigert erscheint. Daneben steht – nun vorwiegend beim geschlossenen Theater – der hier als ‹Neue Sachlichkeit› charakterisierte Inszenierungsstil mit der aus Treppen, die überall sich besonderer Beliebtheit erfreuen, und Quadern bestehenden ortlosen Bühne und Kostümen, die aus langen und zeitlosen Gewändern bestehen. Kaum je gibt es Abweichungen von diesen wenigen Grundmustern, die erst das Regietheater der folgenden Jahre und Jahrzehnte aufgehoben und verwandelt hat. Nur ganz selten begegnet man Kühnheiten, so z. B. auffallenderweise beim Universitätstheater von Denver, das bei einer Aufführung der aristophanischen *Vögel* eine ganz moderne Kulisse (abstrakte Stockwerke mit Schrägen und Leitern) verwendet.[51]

Ganz aus dem Rahmen von Klassizismus, Historismus und Abstraktion fällt das seltsame, ohne nähere Kenntnis der Konzeption kaum decodierbare Bühnenbild einer Aufführung der *Orestie* 1960 im Teatro

Greco in Syrakus. Man erkennt eine die ganze Bühnenbreite einnehmende Rückwand, die aus einem Stahlgerüst mit streifenartigen Löchern bestand, vor der acht verschiebbare, sehr hohe Totempfähle angebracht waren, an denen riesige mit Schlangen umwundene Bronzemasken hingen. Der vordere Teil des Bühnenraumes war durch drei verstellbare Portale gegliedert, die mit archaisch anmutenden Bronzetüren versehen waren, davor und dahinter einige Stufen als Gliederungselemente des ganzen Bühnenraumes. Dahinter steht die Konzeption von Vittorio Gassman, deren Wurzeln in der Tat nicht in Syrakus, sondern in Rom lagen, und zwar im Teatro Popolare Italiano, das 1959 nach dem französischen Vorbild des Théâtre National Populaire des Jean Vilar gegründet worden war.[52] Gassman wollte mit seinem mobilen Theater neue Zuschauerschichten gewinnen und die aktuelle Situation Italiens in aufklärerisch-progressivem Sinne durch das Medium des Theaters reflektieren. Die politische und kulturelle Lage Italiens – geprägt durch soziale Probleme nach der faschistischen Ära in einer industriellen Revolution, die eine Kluft zwischen der hochentwickelten Industriegesellschaft im Norden und Überresten einer noch archaisch anmutenden, religiös bestimmten Gesellschaft im industriell rückständigen Mezzogiorno schärfer denn je hervortreten ließ – war denn auch das auslösende Moment für die *Orestie*-Inszenierung Gassmans, zu der er vom Istituto Nazionale del Dramma Antico nach Syrakus eingeladen wurde. Denn gerade im sizilianischen Ambiente ließ sich diese Trilogie, in der sich ja ihrerseits zwei entgegengesetzte gesellschaftliche und kultische Ordnungsmodelle gegenüberstehen, in der Aktualisierung besonders sinnfällig machen. Dies bedeutete zugleich aber auch einen Bruch mit der archäologisch-historisierenden Aufführungstradition in Syrakus. Früher als in Deutschland wurde hier die antike Tragödie in ihrer politischen Aussagekraft auf die unmittelbare Gegenwart bezogen, und zwar im Ausspielen des Handlungsverlaufes von einer primitiven Urgesellschaft zur Etablierung einer Demokratie, wobei in der Konzeption der Aufführung das umstrittene, in jedem Fall einseitig überzeichnete marxistische Modell der Aischylos-Interpretation von George Thomson[53] im Sinne der Entwicklung von der Stammesordnung matriarchaler Prägung zur patriarchalischen Ordnung der demokratischen Polis zwar aufgenommen, aber in der unverkennbaren Sympathie auch für die archaischen Urmächte höchst eigenständig abgewandelt wurde. Der Weg zur Demokratie und die Befreiung der Gesellschaft von einer Vendetta-Mentalität verbinden jedenfalls die *Orestie* mit der italienischen Wirklichkeit. Dieses in der Aufführungsgeschichte der antiken Tragödie in Italien epochemachende Konzept erforderte auch eine völlig neue Übersetzung, für die man den damals noch wenig bekannten, politisch engagierten Dichter Pier Paolo Pasolini gewann, der sich der Geisteswelt der Antike von Jugend an verbunden fühlte und der gerade an einer (nie vollendeten) Übersetzung der *Aeneis* Vergils arbeitete. Pasolini schuf in wenigen Monaten eine höchst eindrucksvolle Übertragung, die in voller Kongruenz mit der Konzeption Gassmans sich vor gezielten Aktualisierungen nicht scheute: «Zeus» wird mit «Dio di questa chiesa», «Tempel» mit «Kirche» («Chiesa») wiedergegeben; «Osianna» und «Erlöser» («mio salvatore») sind Begriffe, die sich in dieser Übersetzung in provozierender Anspielung auf die katholische Kirche Italiens finden. Die plastische Sprache der Übersetzung wollte die *Orestie* dem Publikum nahebringen, ohne den poetischen Rang der Vorlage preiszugeben.[54]

Die Aufführung selbst (Premiere 19. 5. 1960), für die man den deutschen Bühnenbildner Teo Otto gewonnen hatte,[55] ließ im *Agamemnon* nach dem Interpretationsmuster von Thomson die ekstatisch-barbarisch-atavistische Atmosphäre der Stammesgesellschaft durch wilde Tänze und dumpfes Urwaldgetrommel hervortreten – sehr eindrucksvoll, aber historisch unzutreffend. Weder die gesellschaftliche Situation zur Zeit des Aischylos noch die mythischen Verhältnisse in der Fiktion des Spieles entsprechen dieser Deutung. Anderes ist bedenkenswert: so etwa die Konzeption der Gestalt des Agamemnon als eines von vornherein geschlagenen Helden mit gedämpfter Stimme, begleitet von verwundeten Soldaten, als Lebender schon fast tot. Das hatte zur Folge, daß die faktische Ermordung nicht mehr im Mittelpunkt stand. Mehr Gewicht bekam der Rachemord an Klytaimnestra und Aegisth in den *Choephoren*; die Aktion wurde hier durch einen gewaltigen Volksaufstand begleitet. Am stärksten kam die politische Aussage in den *Eumeniden* zum Ausdruck. Hier war alles auf das Ziel einer demokratischen Gesellschaft hin angelegt: Die Götter wurden als Bühnenfiguren verdrängt, ihre Rollen von Schauspielern in moderner Alltagskleidung monoton vorgetragen; dafür gingen die Stufen des Areopags direkt über in das Rund der Zuschauer, die so symbolisch an dem demokratischen Entscheidungsprozeß aktiv teilnehmen sollten. Die Integration der alten Mächte in die neue Polisordnung sollte nicht von der Göttin Athene abhängen, die – in Abwandlung des Originals – am Schluß die Eumeniden zu ihrem attischen Kultort und zugleich die ganze Festversammlung zu einem rauschenden Volksfest führte, zu dem ein (schon zu Beginn des *Agamemnon* eingeführtes) Woodoo-Ballett mit schwarzen Tänzern und kreolischen Tänzerinnen auftrat – ein typisch mediterranes Finale in der optimistischen Vision einer demokratischen, sozial gerechten Zukunft, die zugleich ihre Verbindung mit einer ursprünglichen Religiosität nicht verleugnet.

Diese Aufführung – gewiß nicht mehr mit der Kategorie der Neuen Sachlichkeit faßbar – antizipiert Konzepte und Spielweisen, die im deutschsprachigen Raum erst ein Jahrzehnt später zur Entfaltung kommen sollten. Sie ist zugleich in einer nur selten vorkommenden Symbiose von politischem Regietheater und antiker Spielstätte ein legitimer Nachvollzug der Situation des griechischen Dramas, das seinerseits im Aufgreifen und Umformen des alten Mythos Probleme durchspielt, die die ganze Polis betreffen. Für die *Orestie* gilt dies in besonderem Maße.

Für Pasolini war die Mitarbeit am Projekt der *Orestie* in Syrakus die endgültige Befestigung in der Beschäftigung mit dem antiken Mythos und Drama. Gerade das Archaische, wie es bei der Aufführung der *Orestie* hervortrat, wurde für Pasolini die Alternative zur ‹kapitalistischen› Welt des heutigen Europa. Reisen nach Indien und Nordafrika bestätigten diese Haltung, die nun erneut Eingang fand in die Bemühung um die griechische Tragödie bzw. den Mythos. Neben dem Drama *Pilade* (1966), in dem aufgeklärter Rationalismus und archaische Gebundenheit in den Gestalten des Orest und der Elektra schroff gegenüberstehen – zwischen beiden steht Pylades – ist es nun vor allem der Film, der für Pasolini zum Medium seiner künstlerischen Aussage wird.[56] Unmittelbar an die Erfahrungen mit dem *Orest*-Projekt knüpft der kurze Film *Appunti per una Orestiade Africana* (1969) an, in dem die alten atavistischen Stammesriten in Kontrast zu den modernen, unmenschlichen afrikanischen Großstädten gesetzt werden, aus denen die alte mythische Weltordnung geschwunden ist. Ist hier der griechische Mythos nur Metapher und Anspielungshorizont, so bedeuten die Filme *Edipo Re* (1967) und *Medea* (1970) Vergegenwärtigungen der griechischen Tragödie selbst. Insbesondere im *Edipo Re* (der eine relativ weite Verbreitung auch in synchronisierter Form gefunden hat) sind die Grundkomponenten in der Hinwendung Pasolinis zur Antike, nämlich die Vergegenwärtigung der antiken Handlung und zugleich deren archaische Gebundenheit zu einer sinnfälligen Einheit gestaltet.[57] Die Vergegenwärtigung zeigt sich besonders am Anfang und am Ende des Filmes. Denn Anfang und Ende spielen in Bologna, der Heimat Pasolinis. Im Bologna der dreißiger Jahre wird ein Kind geboren, vom Vater brutal geschlagen. Das Kind beobachtet Jahre später eine nächtliche Umarmung der Eltern, eine instinktive Eifersucht kommt auf (Freud steht dahinter).[58] Dann markiert ein Wegstein mit der Aufschrift: «Theben» einen Szenenwechsel, und es beginnt das Spiel des Mythos in einer archaischen nordafrikanischen Wüstengegend (Marokko), nicht in der klassischen, griechischen Szenerie. In der Reihenfolge der Handlungssegmente folgt der Film nun dem Oedipus-Mythos, nicht der Tragödie des Sophokles, denn die Erschlagung des Vaters und die Überwindung der Sphinx wird nicht (im Sinne der Vorgeschichte) berichtet, sondern in der linear fortschreitenden Sagenchronologie filmisch vorgeführt.

Dabei tritt der Oedipus dieses Films keineswegs als intellektueller Heros auf, vielmehr erscheint er ganz archaisch gebunden. Der Schluß spielt wieder in Bologna. Der blinde Oedipus irrt durch die Straßen und Vororte von Bologna – hier ist der *Oedipus auf Kolonos* verarbeitet –, begleitet von einem Jungen. Der schenkt ihm eine Flöte, auf der Oedipus vor dem Dom in Bologna spielt. Durch die Transposition des mythischen Geschehens in eine Gegenwart wird eine streng abgegrenzte Lokalisierung aufgehoben und in ein grundsätzliches Überall verallgemeinert, wie es so nur der Film, ungebunden an Zeit, Ort und Handlung des Dramas an einen bestimmten Schauplatz, mit seinen Mitteln der Veränderung der Perspektiven zu leisten vermag. Auch die verwendete Musik weist auf eine Nichtlokalisierbarkeit. Neben dem Dissonanzenquartett von Mozart ertönt leitmotivartig rhythmische Pfeifen- und Trommelmusik; rumänische Volksweisen verbinden sich mit altjapanischer Ritualmusik.

Die Verfilmung des griechischen Dramas findet hauptsächlich in der Zeit von etwa 1956–1975 statt. Von den 20 einschlägigen Filmen[59] fällt nur einer (eine griechische Produktion des *Prometheus* von 1927, allerdings eine simple Verfilmung der Aufführung in Delphi vom 9. 5. 1927) nicht in diesen Zeitraum. Hinzuzufügen wäre, daß es schon in der Stummfilmära einen *König Oedipus* (1913) gab, wobei offenbleiben muß, ob er nach der Inszenierung Reinhardts gestaltet war (der Film ist nicht mehr erhalten).[60] Nach 1976 gibt es keinen eigenständigen Film nach einer griechischen Tragödie mehr;[61] an seine Stelle tritt in der Folgezeit das Fernsehen,[62] das in den meisten Fällen jedoch Theaterinszenierungen übernimmt oder leicht abwandelt, mit den bekannten Erscheinungen des Verlustes an Kontakten zwischen Bühnengeschehen und Publikum, an Aura eines lebendigen Theaterereignisses.

Der unabhängig von einer Theaterinszenierung produzierte Film verfügt indessen über Wirkungsmittel ganz eigener Art. Er ist nicht gebunden an die Regeln einer klassischen Poetik; er kann z. B in raschem Wechsel von Zeit und Ort die mythische Vorgeschichte eines Tragödienstoffes einbeziehen, er kann nicht-verbale optische Effekte von besonderer Intensität erzeugen; er kann ferner den suggestiven Eindruck des Dokumentarischen vermitteln. Dies leistet insbesondere der griechische Film, der unter den Verfilmungen antiker Dramen auch zahlenmäßig (10 Filme) an erster Stelle steht. Unter diesen ist wohl am eindrucksvollsten die euripideische ‹Trilogie› von Michael Kakojoannis mit den Filmen *Elektra* (1961), *Troerinnen* (1971) und *Iphigenie* (1976).

Kakojoannis, einer der erfolgreichsten griechischen Filmemacher (*Alexis Sorbas*), ist eigentlich nur zufällig auf die gegenüber dem Drama des Sophokles weit weniger beachtet *Elektra* des Euripides gestoßen. Denn versehentlich wurde ihm in einer Buchhandlung statt der sophokleischen *Elektra* die des Euripides eingepackt; erst zuhause merkte er die Verwechslung. Dann aber war er von der Tragik des Euripides gepackt; das Fehlen des «aristokratischen Pathos» beeindruckte ihn besonders.[63] Sehr geschickt wird in den drei ersten Einstellungen des Filmes die Vorgeschichte (Opferung Iphigenies, Trauer Klytaimnestras, Rückkehr Agamemnons, seine Ermordung) vorgestellt. Am Schluß dieser Szenen hält der kleine Orest, der von dem alten Erzieher in Sicherheit gebracht wird, das Schwert des Vaters in der Hand. Während diese Vorgeschichte offenbar in Mykene selbst gedreht ist, wechselt der Schauplatz auf das Land in der Argolis. Der Film folgt nun ziemlich genau der Handlungsführung des euripideischen Dramas. Am Schluß mochte Kakojoannis entsprechend seinem Konzept der natürlichen Sachlichkeit die phantastische Lösung des deux ex machina nicht übernehmen. So gehen im Film Orest und Elektra stumm in entgegengesetzte Richtungen auseinander. Die Originalität der Schauplätze erhöhte den Eindruck des Dokumentarischen. Die weite, karge Landschaft mit der noch heute in ländlichen Gegenden anzutreffenden typisch griechischen Einraumhütte übt in ihrem Wechsel von lieblicher Heiterkeit (Szene am Brunnen) und düsterer Bedrohung (insbesondere in den Schlußszenen) einen bezwingenden, fast beklemmenden Eindruck aus, wie es kein Bühnenbild vermag. Armut, dürftiges Leben, die Notwendigkeit des im Prolog aus der düsteren Hütte tretenden Bauern, sich abzurackern, wird hier wirklich erlebt. Und die kahlgeschorene, von Irene Pappas geradezu unheimlich verkörperte Elektra, erfüllt von Trotz und Rachedurst, ist ein Kraftfeld von Emotionen, das den Zuschauer unmittelbar packt. Überhaupt kommen die Emotionen in ihrer ganzen Tiefe vielfach durch nicht-verbale filmische Zeichen (‹Kineme›) zum Ausdruck: Ein minutenlanges stummes Sich-in-die-Augen-Sehen z. B. zwischen Elektra und Klytaimnestra vor der Hütte erzeugt ein Äußerstes an Spannung, wie dies so nur dem Film möglich ist. Die Musik von Mikis Theodorakis, gegründet auf Elemente der griechischen Volksmusik, vermischt mit Komponenten der griechisch-orthodoxen Kirchenmusik, gespielt auch auf typisch griechischen Instrumenten (u. a. Sandouri, Lyra, Toumbeleki, Karamouza), unterstreicht den Eindruck des Authentischen ebenso wie die Landschaft selber. Daß die Melodien der (im Film beibehaltenen) Chorlieder a cappella unter Beachtung der Struktur von Strophe und Antistrophe gesungen werden, ist gleichfalls ein Signum des Originalen. So gibt es wohl kaum einen Film, der dem Geist einer griechischen Tragödie nähersteht als diese *Elektra* von Kakojoannis, obwohl eigentlich nichts antikisiert oder historisiert wird und umgekehrt der Horizont möglicher Aktualisierungen (ganz anders als bei Pasolini) offenbleibt.[64] Damit ist dieser Film ein ganz anderer, mit dem Theater der gleichen Zeit kaum vergleichbarer Beitrag zum Thema ‹Neue Sachlichkeit›.

1. Das Teatro Olimpico in Vicenza, Bühnenansicht

2. Das Hoftheater in Potsdam

3. Simon Quaglio, Bühnenentwurf (Federzeichnung) zu: Sophokles, Antigone. Inszenierung: F. Dingelstedt, München 1851

4. Aischylos, Orestie. Übersetzung: U. von Wilamowitz. Regie: H. Oberländer, Berlin 1900 – Programmheft

5. Aischylos, Orestie. Übersetzung: U. von Wilamowitz. Regie: H. Oberländer, Berlin 1900 – Orest und vor ihm die ermordeten Klytaimnestra und Aegisth

6. Euripides, Medea. Übersetzung: U. von Wilamowitz. Regie: H. Oberländer, Berlin 1904 – Rosa Bertens als Medea

7. Sophokles/Hofmannsthal, König Oedipus. Regie: M. Reinhardt, Berlin 1910 – Eingangsszene: Oedipus und das Volk

8. Aischylos, Orestie. Übersetzung: K. G. Vollmoeller. Regie: M. Reinhardt, Berlin 1912 – Alexander Moissi als Orest

9. Hasenclever, Antigone. Regie: M. Reinhardt, Berlin 1920

10. Sophokles/Hölderlin, Oedipus der Tyrann. Regie: E. Keller, Darmstadt 1921

11. Aischylos, Orestie. Übersetzung. U. von Wilamowitz. Regie: L. Müthel, Berlin 1936 – Hilde Weißner als Athena in den Eumeniden

12. Aischylos, Orestie. Übersetzung: U. von Wilamowitz. Regie: L. Müthel. Bühnenbild: Traugott Müller, Berlin 1936 – Hermine Körner als Klytaimnestra in den Choephoren

13. Sophokles/Hölderlin, Antigonae. Regie: L. Müthel, Wien 1940

14. Brecht, Antigone. Uraufführung in Chur 1948 – Kreon und Haimon

15. Brecht, Antigone. Uraufführung in Chur 1948 – Helene Weigel als Antigone, Chor und Wächter

16. C. Orff, Antigonae (Sophokles/Hölderlin). Regie: O. F. Schuh, Uraufführung Salzburg 1949

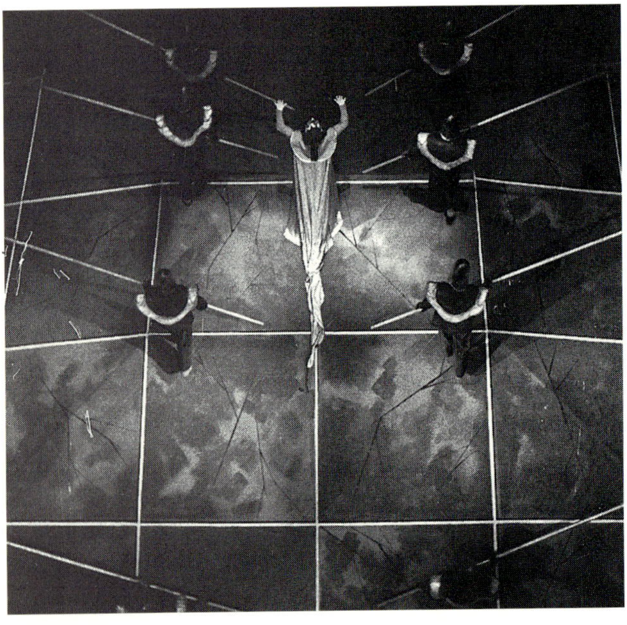

17. C. Orff, Antigonae (Sophokles/Hölderlin). Regie: H. Arnold, Westdeutsche Erstaufführung München 1951 – Antigone wird abgeführt

18. D. Milhaud, Aischylos, Orestie. Übersetzung: P. Claudel. Regie: G. R. Sellner, Deutsche Oper Berlin 1963 – Areopagszene in den Eumeniden. Thomas Stewart als Orest, Gladys Kuchta als Klytaimnestra

19. Aristophanes, Die Reiter (Ritter). Regie: St. Doufexis, Nürnberg 1967

20. Sophokles, König Oedipus. Übersetzung: W. Schadewaldt. Regie: G. R. Sellner, Darmstadt 1952

21. Sophokles, Elektra. Übersetzung: W. Schadewaldt. Regie: G. R. Sellner, Darmstadt 1956

22. Sophokles/Hölderlin, Antigonae. Regie: U. Brecht, Kassel 1969 – Kreon, Chor und Antigone

23. Sophokles, Antigone. Übersetzung: C. Bremer. Regie: K. Braak, Kassel 1969 – Kreon, Chor und Antigone, Kreon als ein Gebilde aus mehreren Personen

24. Sophokles, Antigone. Übersetzung: W. Schadewaldt. Regie: H. Heyme, Köln 1970

25. Sophokles, König Oedipus. Übersetzung: W. Schadewaldt. Regie: H. Heyme, Köln 1968 – Oedipus und Teiresias, links aufgeschüttete Leichenberge

27. Euripides, Bakchen. Übersetzung: W. Schadewaldt. Regie: H. Heyme, Köln 1973

26. Euripides, Bakchen. Übersetzung: W. Schadewaldt, Regie: K. Gruber, Berlin (Schaubühne) 1973 – Michael König als Dionysos

28. Sophokles/Hölderlin, Antigonae. Regie: N.-P. Rudolph, Berlin 1979 – Rotraut de Neve als ‹Chor› während des Chorliedes: «Ungeheuer ist viel...»

29. Euripides, Der Zyklop. Übersetzung: U. von Wilamowitz. Regie: R. Ciulli, Düsseldorf 1979

30. Aischylos, Orestie. Übersetzung und Regie: P. Stein, Berlin (Schaubühne) 1980 – Udo Samel als Orest in den Eumeniden

31. Aischylos, Orestie. Übersetzung und Regie: P. Stein, Berlin (Schaubühne) 1980 – Die Gerichtsszene in den Eumeniden

32. Aischylos, Orestie. Übersetzung: M. Untersteiner. Regie: Luca Ronconi, Belgrad 1972 – Marisa Fabbri als Klytaimnestra

33. Euripides, Phoenizierinnen. Übertragung: J. Berg. Regie: H. Heyme, Stuttgart 1981 – Margit Carstensen als Jokaste

34. Das Antike-Projekt des Mecklenburgischen Staatstheaters, Schwerin 1984

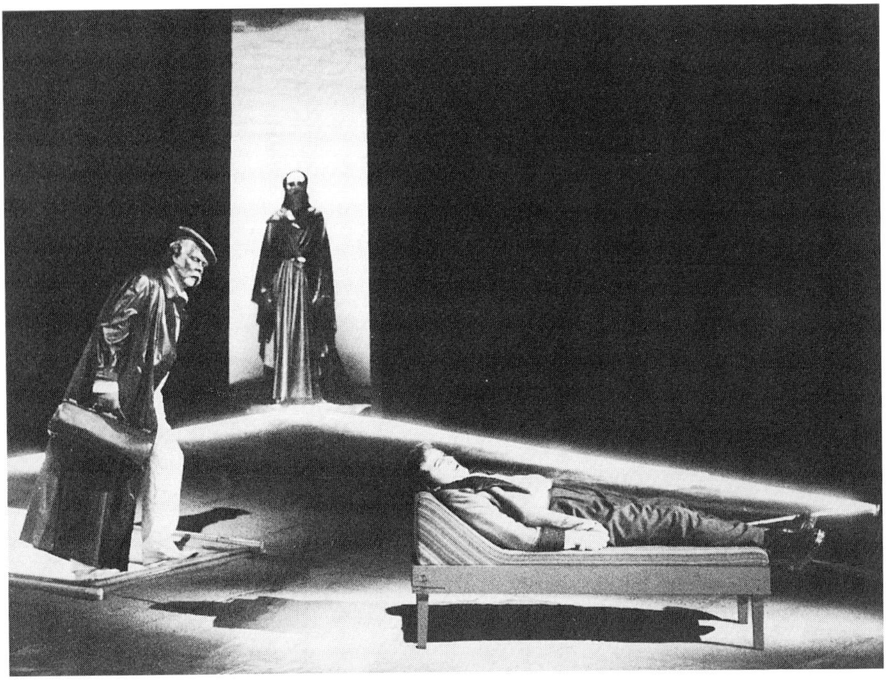

35. Wolfgang Rihm, Oedipus. Regie: G. Friedrich, Deutsche Oper Berlin 1987 – Oedipus und der Bote aus Korinth, im Hintergrund Jokaste

36. Brecht, Antigone. Regie: F. Bennewitz, Chur 1989 – Carmen-Maja Antoni als Antigone und Peter Kuiper als Kreon, Chor

XII. Das antike Drama unter den Bedingungen des modernen Regietheaters: Wege und Irrwege

Grundsätzliches

Natürlich hat es schon vorher, spätestens seit Max Reinhardt, Regietheater gegeben. Auch gab es schon immer Kontroversen über das Theater und regelrechte Theaterskandale. Aber mit gutem Grund hat man sich daran gewöhnt, die seit etwa 1968 bis in die unmittelbare Gegenwart reichende Phase des öffentlichen Theaters als «Regietheater» zu bezeichnen. Dabei gibt es gewiß auch Kontinuitäten und Übergänge und vor allem innerhalb dieser Phase Entwicklungen und Tendenzen. Regietheater bezeichnet dabei nicht immer dasselbe. Im Extremfall meint es die Sprengung der Form des Dramas, nie dagewesene Eingriffe in den Text (nicht nur Streichungen), den Aufbau einer völlig neuen Bildsymbolik und in Verbindung damit den Anspruch des Regisseurs, gleichberechtigt mit dem Autor, den Text als Material für eigenes Gestalten anzusehen, also keine dienende Rolle dem Dichter und seinem Drama gegenüber mehr einzunehmen. Manche Regisseure arbeiten mit extensiver Besessenheit, um im Drama bisher übersehene, in ihm aber angelegte Aspekte zum Vorschein zu bringen, andere wissen genau, daß sie dem Dichter und seiner Intention Gewalt antun. «Wir beschädigen ja die Bücher nicht», hat Hansgünther Heyme einmal gesagt. Gelegentlich wird die Willkür des Regisseurs mit dem Argument legitimiert, die Fachwissenschaft ändere alle paar Jahre ihre Auffassung von Stück und Dichter, also gebe es gar nichts Verläßliches. Andererseits sucht man die Kooperation mit der Philologie (auf die manche Regisseure auch wieder verächtlich herabschauen), und es kann auch sein, daß sich all diese gegenstrebigen Tendenzen im Kopfe ein und desselben Regisseurs vereinen. Diese Entwicklungen haben dazu geführt, daß es heute in unserer Gesellschaft keinen Konsens darüber gibt, wie man Theater spielen soll und welche Bandbreite dabei als tolerabel erscheint.

Nun könnte man zunächst meinen, das antike Drama mit seiner Formstrenge und seiner besonderen Eigenart sei gegen das moderne Regietheater resistent. Aber das Gegenteil ist der Fall. Die griechische Tragödie und Komödie ist in die modernsten Ausprägungen des Regietheaters ebenso einbezogen wie Shakespeare, die deutschen Klassiker und jede Art moderner Dramatik. Ohne eine ganze Anzahl von spektakulären Inszenierungen antiker Dramen wäre das Erscheinungsbild des modernen Regietheaters anders. In Ausweitung des Repertoires auf den gesamten erhaltenen Bestand an griechischen Tragödien und Komödien wird international mehr antikes Drama gespielt als je zuvor, auch als in den Fünfziger und Sechziger Jahren, in denen man doch noch ein ungebrochenes Traditionsverständnis haben konnte.

Es scheint gerade umgekehrt zu sein: Mit dem Rückzug der griechischen Sprache und Literatur aus dem allgemeinen Bildungskanon, mit den einschneidenden, der Rückbesinnung auf die Antike nicht gerade förderlichen Veränderungen im politischen und gesellschaftlichen Bewußtsein der Jahre um 1968 ist spiegelbildlich ein Anwachsen des antiken Dramas auf der Bühne zu verzeichnen, allerdings nun eben nicht mehr auf der Grundlage eines humanistischen Vorverständnisses, sondern eben in dem unkonventionellen Zugriff des Regietheaters. Die gleiche Paradoxie kehrt im großen wieder: Das 20. Jahrhundert ist das Zeitalter der Technik und des Mythos zugleich. In dem Maße, in dem die Ausprägungen des griechischen Mythos nicht mehr selbstverständlich ererbtes Bildungsgut sind, gewinnen sie an unmittelbarer Kraft als Symbole und Chiffren für die Probleme und Situationen unserer Zeit. «Die beherrschende Kraft und das lebendige Echo der griechischen Mythologie war jedoch niemals größer als heute gewesen», urteilt George Steiner.[1] Das Regietheater unserer Zeit versteht sich als eine Instanz, die die Symbolkraft des griechischen Mythos in der (dann gelegentlich als zufällig empfundenen und daher auch antastbaren) Gestaltung des Dramas durch den Dichter unmittelbar anwendet auf die Befindlichkeit des Menschen in der Gegenwart, und zwar zumeist in kritischer Funktion als «subventionierte politische Opposition» (so Heyme) oder als Kultur- und Gesellschaftskritik. Auf diesem Wege gelingt dem Regietheater die volle Wiederentdeckung der politischen Dimension der griechischen Tragödie.

Die Entwicklungen, die es innerhalb dieses Rahmens in einem Zeitraum von nun schon fast einem Vierteljahrhundert gibt, spiegeln sich in den Wegen und Irrwegen eines einzigen Regisseurs, Hansgünther Heymes, der wie kein Zweiter antikes Drama in bisher 16 Inszenierungen (moderne Stücke nach antiken Themen und die Dramatisierung der *Ilias* 1988/89 nicht mitgerechnet) auf die deutsche Bühne gebracht hat).[2] Heyme, 1935 geboren, Oberspielleiter und Intendant nacheinander in Wiesbaden (1963–1968), Köln (1968–1979), Stuttgart (1979–1985) und Essen (seit 1985), arbeitet wie ein Besessener, durch Erfolge und Mißerfolge unbeirrt, am Drama der Antike, zu dem er zunächst keine philologische Affinität hat. Aber er verwendet, wo es geht, die Übersetzungen von Wolfgang Schadewaldt, mit dem er auch persönlich befreundet war und dessen Rat er einholte. Die dokumentarischen Übersetzungen Schadewaldts haben auf diese Weise in Sellner und Heyme in ihrer Eigenart völlig verschiedene Regisseure gefunden.

Nächst Heyme hat Roberto Ciulli, der ab 1972 für einige Jahre Codirektor des Kölner Schauspielhauses mit Heyme gewesen ist, sich des antiken Dramas auf der deutschen Bühne angenommen. Der Italiener Ciulli, der seit einigen Jahren sehr erfolgreich das «Theater an der Ruhr» in Mühlheim ohne die garantierte staatliche Subvention als GmbH betreibt, bevorzugt in den Inszenierungen der *Alkestis*, des *Kyklops*, der *Medea* und der *Bakchen* des Euripides sowie der sophokleischen *Elektra* eine farbenreiche Bildlichkeit und greift in den Text viel unbekümmerter ein als Heyme. Andere bedeutende Regisseure haben sich nur ein oder zwei Mal dem antiken Drama zugewandt (Grüber, Wendt, u.a.); für sich allein steht die bereits jetzt legendäre *Orestie* von Peter Stein (seine einzige Inszenierung im Bereiche des antiken Dramas). Wieder andere wie Peter Zadek und Claus Peymann, die Triumphe u. a. in den Inszenierungen des weitgehend mythenlosen Shakespeare feierten, haben sich der griechischen Tragödie oder Komödie bisher völlig versagt.

Um die Erscheinungen des modernen Regietheaters angemessen zu beurteilen sowie die bisher sichtbar gewordene Entwicklung in Strömungen einzuteilen und diese zu benennen, mag die zeitliche Distanz als zu gering erscheinen. Bei aller Vorsicht lassen sich im Blick auf das antike Drama bis jetzt drei sich gegenseitig überlagernde Phasen bzw. Richtungen erkennen. In einer ersten Phase erscheint die griechische Tragödie stark ritualisiert, aber nicht – wie es in den Jahrzehnten davor mehrfach der Fall gewesen ist – um sich in der Abstraktheit mythischer Ferne zu erschöpfen, sondern mit einem starken politischen oder ideologischen Akzent. Im Lauf der Zeit wird dann die politische Dimension immer direkter ausgespielt; die griechische Tragödie wird dabei mehrfach unverhüllt auf die Ebene der Alltäglichkeit gezerrt und dazu benutzt, politische Verhältnisse des Augenblicks zu symbolisieren. Die Inszenierung der *Orestie* von Peter Stein 1980 markiert einen Wendepunkt, indem sie der Demontage der Tragödie Einhalt gebietet und das Werk des Dichters unverstellt erfahrbar macht. Seitdem kann man sich über die mit dieser Inszenierung gesetzte Norm nicht hinwegsetzen. Es kommt nun zu beachtlichen Inszenierungen, die vielfach wieder das Wort des Dichters klarer als zuvor hervorscheinen lassen.

Diese Einteilung ist ganz vage; es gibt Überschneidungen, die Grenzen und Übergänge sind fließend. Auch darf nicht vergessen werden, daß der Beginn des modernen Regietheaters mit einer allgemeinen Umbruchsituation zusammenfällt, von der auch ganz konkret das Theater als Institution betroffen war. Es ist die Zeit der Politisierung des Theaters, des Aufbrechens hierarchischer Strukturen in der Theaterleitung. Mitbestimmung des Ensembles über Spielplan- und Engagemententscheidungen (zuerst entwickelt von Palitzsch 1968 in Stuttgart, dann in Frankfurt und an der Berliner Schaubühne) bis hin zu Vollversammlungen waren die Forderungen. Die Politisierung des Theaters ging auf diese Weise mit der Politisierung der Inszenierungen Hand in Hand.

Ritual und Alltag

Für die ritualisierende Phase mögen nur wenige Beispiele stehen. Das erste ist die Inszenierung der *Antigone* des gerade 30jährigen Hansgünther Heyme 1965 in Wiesbaden (Premiere 15.9.1965), die erste Antikenarbeit von Heyme auf der Grundlage der Übersetzung von Wolfgang Schadewaldt, die man mit gewissem Recht auch noch in den Kontext der Inszenierungen der Fünfziger und Sechziger Jahre setzen könnte. Und doch es ist auch wieder etwas ganz Neues. Das Spiel war in eine abstrakte Urzeit verlegt; die Personen wirkten wie urtümliche Maskentänzer. Alle Darsteller trugen knöchellange Sackgewänder und Kothurne, deren unterschiedliche Höhe eine hierarchische Ordnung anzeigen sollte, die also ganz und gar nicht antikisierend gebraucht wurden. Die ganze Konzeption und auch das Bühnenbild waren angeregt durch die Entwürfe und Ideen von Oskar Schlemmer, konkret wohl durch die Ausstellung *Oskar Schlemmer und die abstrakte Bühne*, die in Zürich und München 1961 (dort Ausstellung von ca. 60 Bühnenentwürfen, Figurinen und Dokumenten zumeist aus den Zwanziger Jahren) gezeigt wurde.[3] Schlemmers Arbeiten mit Metall (*Metalltanz*, 1927 u. a.) haben denn auch das Bühnenbild der Wiesbadener *Antigone* von Frank Schultes beeinflußt. Eine spiegelnde Aluminiumfolie, metallverkleidete Auftrittsgassen, eine Mauer aus verlöteten Metallplatten waren während der ganzen Aufführung in gleißend helles Licht getaucht; ein und dasselbe Licht fiel auf Darsteller und Publikum, so daß aus Bühne und Zuschauerraum ein gemeinsamer Raum wurde, wie es in dem antiken Theater im Sonnenlicht (man spielte ja am Tage) auch gewesen war. Aber auch die Darsteller erinnerten in der seelenlosen Härte gleichsam geschlechtsloser Figuren, die auf einem Schachbrett hin- und hergezogen wurden, an Entwürfe von Schlemmer, z.B. zu seinem *Triadischen Ballett* (1922).[4] Und schließlich steht die Bühnentheorie Schlemmers mit den Maximen: Maske statt Physiognomie, Plastik statt der menschlichen Figur, Bewegung statt des gesprochenen Wortes[5] hinter dem Konzept Heymes. Entsprechend wird in dieser *Antigone* Erregung nicht gezeigt, nur an wenigen Stellen werden Emotionen spürbar. Das ganze Spiel ist betont nüchtern und hart; die Gestalten bleiben statuarisch, eine Entwicklung findet nicht statt. Alles atmet rituelle Strenge. Heyme wollte mit dieser Inszenierung unter Rückgriff auf ein theoretisches Modell der Zwanziger Jahr in der Umsetzung auf seine Zeit sich absetzen gegen alle Formen einer historisierenden oder gräzisierenden Aufführungskonvention, zugleich aber auch gegen jeden Anklang an das epische Theater oder an den Alltag. Die Struktur des Stückes sollte nur in den Versen sichtbar werden, und dazu paßte vorzüglich die Übersetzung von Schadewaldt, die die harten Fügungen des Textes nicht glättet oder für den Leser aufbereitet. So kann man in gewisser Weise diese Inszenierung noch als Ausprägung der für die Sechziger Jahre typischen ‹Neuen Sachlichkeit› bezeichnen, aber sie geht im Grad der Abstraktheit über deren Erscheinungen hinaus und bildet gleichsam den Übergang zur weiteren Entwicklung.

Ganz außerhalb einer derartigen ritualisierenden Bemühung, ihr geradezu entgegenlaufend ist allerdings der kühne, das moderne Regietheater ankündigende Versuch zu nennen, den Kurt Hübner im Sommer 1966 in Bremen gemacht hat, um die *Antigonae* in der Übertragung Hölderlins der Fremdheit zu entkleiden. 16 griechisch kostümierte Herren, die den Chor (dessen Texte allerdings gekürzt wurden) darstellten, nahmen im Parkett und im Rang Platz, sprachen teils in Gruppen, teils einzeln, redeten dabei auch das Publikum an («Was hättest du getan?»), um in Rede und Gegenrede die Zuschauer zur Reflexion anzuregen. Dem gleichen Ziel diente auch das seltsame Bühnenbild. Es war der Ausschnitt eines riesigen Kopfes mit einer Nase, die wie eine Säule auf dem Boden ruhte, und mit großen Augen, deren Blick von der Bühnenwand zurückgeworfen werden sollte auf das Publikum, während die Bühnengestalten (Hübner selbst spielte den besonders herausgestellten Kreon) sich wie kleine Marionetten auf einem von unten beleuchteten Glasboden bewegten. Der Versuch einer dialektischen Annäherung an das Publikum wurde für eine antike Tragödie auf einer deutschen Bühne hier erstmalig unternommen. Das Bremer Theater unter der engagierten Intendanz von Kurt Hübner (1962–1973) war seinerzeit führend in provokativ aktualisierenden Klassikeraufführungen (Zadek, Stein und Grüber inszenierten hier u. a. Shakespeare, Schiller und Goethe), für die *Antigonae* war es aber eher ein Vorklang des modernen Regietheaters, blieb doch das Bühnenbild unverständlich und das Verhältnis zwischen Bühne und Publikum zwiespältig.

Ein halbes Jahr später, am 31. 1. 1967, hat die aufsehenerregende Inszenierung des *König Oedipus* von Benno Besson am Deutschen Theater in Ost-Berlin das Signal für das Einsetzen des modernen Regietheaters im eigentlichen Sinne gegeben, jedenfalls im Bereich des antiken Dramas. Wie bei Heyme ist auch hier das Spiel streng archaisch ritualisiert, aber an die Stelle der Abstraktheit tritt eine neue, freilich ganz ungriechische Bildlichkeit. Zeichen asiatischer und afrikanischer Kultur werden in einer bunten Mischung auf die Bühne gebracht: afrikanisches Trommelschlagen, wilde Chortänze, Oedipus im Kostüm eines buddhistischen Mönches, Jokaste wie eine Indianerin, Teiresias wie ein Medizinmann eines totemistisch gebundenen Stammes. Die Schauspieler trugen phantastisch bearbeitete Ledermasken, die den ganzen Kopf bedeckten, aber doch individuelle Züge erkennen ließen. Sie sprachen unnatürlich, in monotonem Sprechsingsang ohne emotionale Erregung, begleitet von handgeschlagenen Trommeln und langgezogenen Flötentönen. Das Bühnenbild war ein durch weißes Leinen verkleidetes Gerüst aus hellen Brettern, davor Holzbänke mit Leintüchern locker bedeckt. Das Gerüst hatte drei Eingänge, die durch eine breite Treppe mit der unteren Fläche verbunden waren. Man hatte nicht den Eindruck eines griechischen Königspalastes, sondern einer Gruppe von drei Nomadenhütten. Es war der Versuch, nicht nur das herkömmliche Bühnenbild abzuschaffen, sondern eine neue, ungriechische Bildsymbolik aufzubauen. Das wirkte freilich wie eine Verlängerung der im Prähistorischen angesiedelten Inszenierungen der Vertonungen der *Antigonae* und des *Oedipus* von Orff mit dem fremdartig-afrikanischen Instrumentarium.[6] Die Absicht bestand darin, das Fremde der Antike durch das uns heute Fremde erfahrbar zu machen. Der Zuschauer sollte Erfahrungen aus der Konfrontation mit einer fremden Welt machen, ein klassizistisches Vorverständnis der Antike sollte ausgeschlossen werden. Dieser gezielte Traditionsbruch im Abstoßen von Traditionsschablonen, wohl auch in der Distanzierung von der spießigen Erbe-Diskussion in der DDR,[7] führte nun aber doch zu einer ganz anderen Erfahrung als zu der einer sophokleischen Tragödie. Denn hier wurde nicht Selbsterfahrung des Menschen als Menschen, nicht die Begegnung von Mensch und Schicksal, nicht ein Wissen-Wollen in einer tragischen Analysis vorgeführt, sondern ein Oedipus, der als Sonderling, als individualistischer Selbstdenker aus der Gesellschaft flieht, auf dem Höhepunkt symbolisiert durch die Blendung als Ausdruck äußerster Individualität und szenisch umgesetzt, indem Oedipus die mittlere Tür des Bühnenhauses förmlich durchbricht, um sich dann die breite Treppe herunterzustürzen.

Diese Konzeption steht in völliger Kongruenz mit dem zugrundegelegten Text. Es ist die Übersetzung von Hölderlin (auch dies eine Gemeinsamkeit mit Orff), bearbeitet von dem damals noch wenig bekannten Heiner Müller, dessen frühe sozialistische Stücke (*Der Lohndrücker; Die Korrektur; Der Bau*) gerade vom Zentralkomitee der SED kritisiert worden waren. Die Bearbeitung ist behutsam, aber doch weitreichend. Sie behält die Struktur des Dramas mit allen Chorliedern bei, ändert aber doch zahlreiche Einzelverse ab, ohne den Duktus der Sprache Hölderlins trotz einer deutlichen Zurücknahme des Hymnischen zu zerstören. Diese Fassung ist nun aber im Zuge der Probenarbeiten aus der praktischen Theatererfahrung heraus an 54 Stellen abgeändert worden.[8] Am auffälligsten ist, daß überall der Name «Oedipus» durch «Schwellfuß» ersetzt ist, so daß es gleich zu Anfang (Vers 8) heißt: «Mit Ruhm benannt nach meinem Übel Schwellfuß» (Hölderlin: «mit Ruhm von allen Oedipus genannt»). Diese Textänderung wird im Spiel sinnfällig: Oedipus (bzw. Schwellfuß) hebt beim Gehen bisweilen sein Gewand, zeigt seine Füße mit den Narben den anderen, die unterschiedlich darauf reagieren. Die Verkrüppelung wird zur Auszeichnung umstilisiert. Zu der Verwendung des Wortes «Schwellfuß» paßt es dann auch, daß die Schlußverse (1524–1530) nicht vom Chor, sondern von Oedipus (bzw. Schwellfuß) gesprochen

Neuerscheinungen
Herbst 1991

Verlag C.H. Beck

Urs Bitterli
Die Entdeckung Amerikas
Von Kolumbus bis Alexander von Humboldt. 1991. Ca. 550 S., 50 Karten. Ln. DM 58,–
ISBN 3 406 35467 X
Erscheint im Sept. 1991

Urs Bitterli legt hier eine äußerst lebendige, umfassende Darstellung der Entdeckung und Eroberung des gesamten amerikanischen Kontinents (Nord-, Mittel- und Südamerika) durch die europäischen Seemächte vom 15. bis zum 18. Jahrhundert vor. Er zeigt, wie vielgestaltig der Prozeß der Eroberung unter den jeweiligen geschichtlichen und geographischen Voraussetzungen verlaufen ist. Ein Lese- und Handbuch ist hier entstanden, das an die große Tradition erzählender Geschichtsschreibung anknüpft.

Alain Demurger
Die Templer
Aufstieg und Untergang 1118–1314. Aus dem Französischen von Wolfgang Kaiser. 1991. Ca. 390 S., 10 Abb. Geb. ca. DM 48,–
ISBN 3 406 35576 5
Erscheint im Okt. 1991

1118 wurde der erste geistliche Ritterorden gegründet: die «Templer». Das Buch schildert Aufstieg und Untergang dieser typischen Schöpfung des mittelalterlichen Abendlandes, die zu Mythen und Legenden Anlaß gegeben hat.

Urs Bitterli
Die «Wilden» und die «Zivilisierten»
Grundzüge einer Geistes- und Kulturgeschichte der europäisch-überseeischen Begegnung. 2., durchges. und erw. A. 1991. Ca. 500 S., 29 Abb. Br. ca. DM 48,–
ISBN 3 406 35583 8
Erscheint im Sept. 1991

Brian M. Fagan
Aufbruch aus dem Paradies
Ursprung und frühe Geschichte der Menschen. Übersetzt und für die deutsche Ausgabe eingerichtet von Wolfgang Müller. 1991. Ca. 240 S., 42 Abb. u. 32 Tafeln. Geb. DM 48,–
ISBN 3 406 35480 7
Erscheint im Sept. 1991

Wo stand die Wiege unserer Vorfahren, des Homo sapiens sapiens? Wann gelang es ihnen, die Meere zu überwinden, wie ertrugen sie den Kälteschock, den die Eiszeit auslöste? In seiner Art einmalig, im Stil eines Detektivromans, aber aus souveräner Kenntnis der Forschung, gibt Brian M. Fagan einen umfassenden Überblick über den Ursprung und die Ausbreitung der Menschen über die Erde. Reiches Bildmaterial unterstützt die Darstellung.

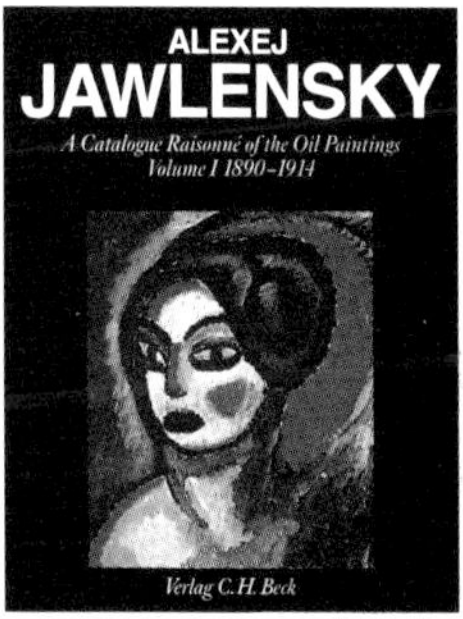

Leonie von Wilckens
Die textilen Künste
Von der Spätantike bis um 1500. 1991.
Ca. 420 S., ca. 400 Abb., davon ca. 60 in Farbe.
Format 24,0 x 27,0 cm.
Ln. ca. DM 298,-
ISBN 3 406 35363 0
Erscheint im Sept. 1991

Der Band bietet eine umfassende Darstellung der mittelalterlichen Textilkunst. Auf der Grundlage der Textiltechniken erläutert die Autorin alle wichtigen Gewebearten und ihr Material, dazu den Zeugdruck, die Stickerei und die Bildwirkerei. Über 400 Abbildungen zeigen die Schönheit der textilen Erzeugnisse, ihrer Muster und Darstellungen. Ausführliche Anmerkungen, eine Bibliographie, ein Glossar sowie detaillierte Register ergänzen dieses seit langem erwartete Handbuch.

Christiane Ziegler
Der Louvre
Die Ägyptische Sammlung. 1991. 96 S., 153 Farbabb. Br. DM 34,-
ISBN 3 406 35505 6
Erscheint im Okt. 1991

Die ägyptische, antike und orientalische Abteilung sind neben den Gemälden besondere Anziehungspunkte des Louvre. Dieser Führer, der erste von drei Bänden zu den archäologischen Sammlungen, gibt in historischen Einführungen und detaillierten Beschreibungen der Objekte sowie in mehr als 150 Farbreproduktionen einen hervorragenden Überblick über die ägyptische Kunst und Kultur vom Alten Reich bis in die Spätantike.

Maria Jawlensky
Lucia Pieroni-Jawlensky
Angelika Jawlensky
Alexej Jawlensky
Catalogue Raisonné of the Oil Paintings.
In englischer Sprache.
Band I: 1890–1914
1991. Ca. 640 S., ca. 630 Abb., davon ca. 238 in Farbe. Format 26,4 x 29,1 cm. Ln. Vorzugspreis bei Abnahme der Bände I–III ca. DM 530,-.
Normalpreis DM 620,-
ISBN 3 406 35647 8
Erscheint im Nov. 1991

Mehr als 600 Arbeiten umfaßt der erste Band des dreiteiligen Werkverzeichnisses der Ölgemälde Alexej Jawlenskys. Diese Dokumentation mit über 630, davon etwa 240 farbigen Abbildungen liefert für die kunsthistorische Forschung, den Kunsthandel sowie den Kunstsammler eine vollständige Übersicht über das Frühwerk eines der wichtigsten Maler des 20. Jahrhunderts.

Daniel Defoe

Glück und Unglück der berühmten Moll Flanders

Nach ihren eigenen Aufzeichnungen geschrieben. Mit 24 Zeichnungen von Heinz Zander und einem Nachwort von Helmut Findeisen.
1991. Ca. 450 S.
Ln. ca. DM 44,-
ISBN 3 406 34237 X
Erscheint im Okt. 1991

Defoe hat mit diesem Roman - den viele über den «Robinson Crusoe» stellen - eines der großen Werke der Weltliteratur geschaffen, ein Sittenbild der englischen Gesellschaft in der zweiten Hälfte des 17. Jahrhunderts. Das Leben der «besseren Gesellschaft» wird hier in ebenso lebensprallen Bildern dargestellt wie das der Halbwelt der Mätressen und Prostituierten und das der Unterwelt mit ihren Dieben und Verbrechern.

Cagliostro

Dokumente zu Aufklärung und Okkultismus. Hrsg. v. Klaus H. Kiefer. 1991. Ca. 770 S., ca. 32 zeitgenössische Abb.
Ln. ca. DM 48,-
ISBN 3 406 35321 5
Erscheint im Okt. 1991

Der 1743 in Palermo geborene Giuseppe Balsamo machte schon als junger Mann seine sensationelle Karriere als selbsternannter Graf Alessandro di Cagliostro. Er trat auf als Magier, Wunderdoktor und Hellseher. Verwickelt in die «Halsbandaffäre» um Marie-Antoinette, landete er schließlich im Kerker der römischen Inquisition, wo er 1795 starb. Der Bayreuther Germanist und Cagliostro-Forscher Klaus H. Kiefer kann zeigen, daß sich gerade das Jahrhundert der Vernunftgläubigkeit nur allzu bereitwillig dem Aberwitz des Übersinnlichen auslieferte.

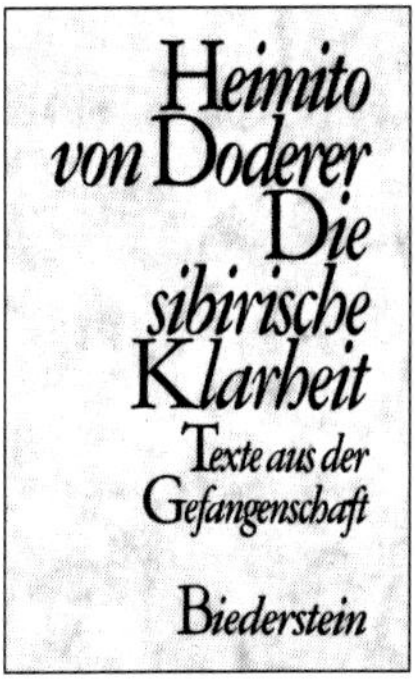

Heimito von Doderer

Die sibirische Klarheit

Texte aus der Gefangenschaft. Herausgegeben von Wendelin Schmidt-Dengler und Martin Loew-Cadonna. 1991.
Ca. 120 S., ca. 12 Abb.
Ln. ca. DM 34,-
ISBN 3 7642 02017
Erscheint im Okt. 1991
Biederstein Verlag

Zum 25. Todestag Heimito von Doderers am 23. Dezember 1991 werden erstmals seine frühen Texte aus der Zeit der russischen Kriegsgefangenschaft (1916-1920) veröffentlicht. Die Erfahrung der Gefangenschaft war für Doderer der entscheidende Anstoß, Schriftsteller zu werden. Schon in diesen Texten aus dem Lager ist das «Dodereske» - die Beschreibungsart und der eigentümliche Stil Doderers - erkennbar.

werden, der so am Ende in seiner Isolierung gezeigt wird – der Chor bleibt am Schluß anteillos – und selbst seinen Fall objektiviert, indem er von sich in der 3. Person spricht. Im übrigen hat man nun auch den Titel durch ein bloßes Satzzeichen geändert. Aus der Formulierung Hölderlins: *Oedipus Tyrann* wird durch ein hinzugefügtes Komma: *Oedipus, Tyrann*. Durch all diese Änderungen und auch schon durch die Bearbeitung von Heiner Müller wird die Tendenz der Aufführung sinnfällig: Gemeint ist die Flucht des Individualisten aus der Gesellschaft. Die auffällige Verlegung des Geschehens in prähistorische Fremde ist dann eine Form der Verschlüsselung, wie sie in Heiner Müllers Bearbeitung antiker Stoffe immer wiederkehrt.

Dies ist aber eigentlich nicht die Perspektive, unter der Besson das Stück und seine Aufführung gesehen hat. Er sieht im *Oedipus* die Ausbildung des Individuums als das historisch Neue gegenüber der alten Stammesgesellschaft. Schuldig werde Oedipus nicht eigentlich durch die Ermordung des Laios, sondern dadurch, daß er rückfällig wird und, nach den alten, üblichen Gesetzen der Stammesgesellschaft, «durch Mord auf einen Thron» und dann «über die Herrscherin» kommt.[9] Der Brecht-Schüler Besson sieht darin den Übergang von der Stammesordnung zur Klassengesellschaft, von mutterrechtlichen zu vaterrechtlichen Verhältnissen im Sinne marxistischer Geschichtstheorie und zugleich in der Herausbildung des Individuums etwas Progressives, die Konstituierung «im Reich des reinen Gedankens, im platonischen Sinne». Oedipus «erfindet das Reich der Abstraktion» (nicht die Wahrheit), allerdings meint er nicht sich allein, sondern: «er denkt für alle», trägt also auch nach der Blendung irgendwie das Ganze. «Dieses besondere Verhältnis von Individuum und Gesellschaft» sei heute wieder relevant in einer Zeit, «in der wir eine umgekehrte Bewegung haben, in der jetzt die Individuen beim Aufbau des Sozialismus versuchen, sich als Gesellschaftswesen zu begreifen». Nach dieser Auslegung wäre Oedipus nicht der Flüchtling aus einer Gesellschaft, an der er zerbrochen ist (so – vielleicht – die Sicht von Heiner Müller), sondern derjenige, der in historisch notwendiger Evolution in Absetzung von einer alten Gesellschaft (Stammesdenken, symbolisiert in dem heute Fremden der asiatischen und afrikanischen Kultur) ein (nicht privates) neues Denken der Abstraktion gefunden hat, das nun «vor dem VII. Parteitag der SED» in eine neue Gesellschaft einzubringen sei.

Daß diese dialektische Bewegung die Aussage der sophokleischen Tragödie sei, wird wohl niemand ernsthaft behaupten wollen. Zudem ist diese der Inszenierung zugrundeliegende Deutung durch die Aufführung nicht sinnfällig geworden, die den Zuschauer zwar außerordentlich beeindruckt, aber einigermaßen ratlos entlassen hat.[10]

Gleichzeitig hat Heyme seine Arbeit an den antiken Dramen fortgesetzt. Am 19. 2. 1967 ging in Wiesbaden der selten aufgeführte *Aias* des

Sophokles in Szene, wiederum war die Übersetzung von Wolfgang Schadewaldt die Textgrundlage. Die traditionelle Deutung dieser Tragödie ist die, daß Sophokles zeigt, wie der von Athene in Wahnsinn geschlagene Aias, der statt seiner Feinde eine Viehherde niedergemetzelt hat, stufenweise zu Klarheit und Erkenntnis über sich selbst und die Welt gelangt, mit der er eins wird, indem er aus dem Verlust seiner Ehre keinen anderen Ausweg als den des Selbstmordes sieht. Die äußere Wiederherstellung der Ehre erfolgt dann durch die gegen die Widerstände der Gegner des Aias durchgesetzte Bestattung. Heyme gibt sich mit dieser traditionellen Interpretation nicht zufrieden und setzt den Akzent ganz anders. Für ihn wird der *Aias* zu einem Lehrstück gegen den Krieg, und so betont seine Inszenierung den skeptischen Abstand zu den Personen des Dramas, zunächst im Prolog, in dem Athene dem Odysseus die Situation expliziert. Bei Heyme schwebt die Göttin im blaugoldenen Faltengewand einer Barockmadonna über die Bühne und flirtet regelrecht mit Odysseus, ein barocker Schock für Zuschauer und Kritiker, aber doch mit einem treffsicheren Sinn für eine Perspektive des Stückes, die in der Tat auf eine Demontage, eine Entwertung des Heldischen hinausläuft. Die Antithese: Frieden-Krieg durchzieht dann die ganze Inszenierung, wobei durchaus auch Akzente gegenüber Sophokles versetzt werden, indem Heyme z. B. im zweiten Teil des Stückes die Gegner des Aias zu militärischen Marionetten degradiert; Menelaos und Agamemnon wirken wie schwachköpfige Kompaniebullen. Die Tendenz der Inszenierung wird durch eine Textumstellung überdeutlich: die berühmte Verwünschung des Krieges durch den Chor (1185–1222) vor dem Auftritt des Agamemnon wird von Heyme an den Schluß der ganzen Tragödie gestellt und erhält damit ein noch größeres Gewicht.

Die Inszenierung ist von der Kritik zu Unrecht als nicht stimmig herabgesetzt worden;[11] sie deckt vielmehr in gewiß gelegentlich starker Überzeichnung Perspektiven des Stückes (Demontage des Heldischen, die Kriegsproblematik, Odysseus als Repräsentant einer neuen, modernen Geschäftigkeit) auf, so als hätte Heyme die erst einige Jahre später veröffentlichte eindringliche Interpretation von Jan Kott[12] schon vorweggenommen.

Mit der nächsten Inszenierung einer griechischen Tragödie knüpft Heyme (bewußt oder unbewußt) an die Deutung des *Oedipus* durch Besson an. Als Eröffnungspremiere der Spielzeit 1968/69 in Köln (12.9.1968) präsentierte Heyme als neuer Kölner Oberspielleiter die beiden Oedipus-Dramen an einem Abend wiederum auf der Grundlage der Übersetzung von Wolfgang Schadewaldt, die allerdings für den *Oedipus auf Kolonos* nicht unerheblich gekürzt wurde. Gestrichen wurde insbesondere die Rolle des Polyneikes, so daß die große Auseinandersetzung: Vater-Sohn in diesem Drama fehlte und der politische Gegner allein

Kreon wurde. Durch diese und andere Kürzungen, mit denen Schadewaldt – eigentlich entgegen seinen eigenen Prinzipien – einverstanden war, wurde diese späte Tragödie handlungs- und situationsärmer, so daß sie notwendig abfiel gegenüber dem *König Oedipus*, auf dem denn auch das Schwergewicht der Regie lag.

Heyme praktizierte in unbedingter Absage an jede Art säkularisierter Modernität rituelles Theater – wie Besson –, nur waren die Rituale nicht an Zeichen afroasiatischer Kultur gebunden, sondern durchaus auf eine in stilistischer Eigenwilligkeit allerdings ganz unklassizistisch gehaltene griechische Antike bezogen. Auf der Bühne war in Form eines nach hinten ansteigenden Brettergerüstes eine Art antikes Amphitheater mit einer Spielfläche in der Mitte errichtet. Die Schauspieler trugen Vollmasken aus Leder, die gleichwohl eine gewisse Individualität ihrer Träger zuließen, im ganzen aber fremd-archaisch, gelegentlich fratzenhaft wirkten. Alle Schauspieler und der Chor trugen antikisierende Gewänder und Kothurne, die – wie schon bei der *Antigone*-Inszenierung – als Stilelement benutzt wurden. Mit ihnen ließ sich das Humpeln des Oedipus («Schwellfuß» hieß er bei Besson), das Schreiten der Königin, der ritualisierte Tanz des Teiresias, das Schlurfen der Alten des Chores als gestischer Ausdruck anzeigen.

Die Konzeption Heymes basiert erwartungsgemäß nicht auf der traditionellen Interpretation des Oedipus als Paradigma des Menschen im Sinne des «Ecce homo», nimmt aber auch nicht Bessons kompliziert konstruiertes Verhältnis von einzelnem und Gesellschaft auf, sondern gelangt in einer in sich stimmigen und nachvollziehbaren Deutung zu einem Oedipus als Exempel für die Manipulierbarkeit des Menschen durch mehrdeutige Instanzen (Orakel, Weissagungen), für die Befangenheit aller Personen des Dramas im Kult, für die Unfähigkeit selbst eines Oedipus, sich aus mythischer Umklammerung mit Hilfe des menschlichen Geistes zu befreien. Das Schicksal des Oedipus ist auf diese Weise ein politisches und privates zugleich. Oedipus spürt von Anfang an die Fragwürdigkeit seiner Herrschaft aufgrund seiner Herkunft – in 15jähriger Ehe, in der Offenheit gemieden wird, ist Wissen verdrängt, aber latent spürbar (so Programmheft) – und aufgrund der Lage der Stadt, der zu Beginn des Stückes beklemmend ausgespielten Not durch die Pest als Ausdruck der Qual des Volkes. Gleich am Anfang werden in weiße Tücher gewickelte Mumien zu einem Leichenberg aufgeschichtet, der ebenso wie am Rand liegende, noch unbestattete Leichen während des ganzen Stückes auf der Bühne bleibt (Abb. 25). Weißer Rauch steigt aus Opferschalen auf. Auf diesem Hintergrund ist Oedipus von Anfang an nur der Noch-Herrschende auf schwankendem Thron, der sich nun im Auskosten seines Schicksals in den Rausch der Egozentrik rettet, in der die Blendung «eine egozentrische Illusion, eine Art der Verdunkelung, Rückzug in die Innerlichkeit» (Programmheft) ist. Ihm gegenüber steht das verführbare Volk in Gestalt von 13 Choreuten, die gelegentlich auf den unteren Stufen des Amphitheatergerüstes wie Zuschauer Platz nehmen, während Oedipus auf einem goldenen Thron vor einem farbenprächtigen Vorhang (der den Königspalast andeuten soll) in der Mitte der Spielfläche sitzt. Aber keineswegs bildet der Chor den «idealen Zuschauer», er ist vielmehr das betroffene abhängige Volk, das aber in seinen Äußerungen und Reaktionen (Furcht, Schmeicheln, Neugier, Entsetzen, Aufmucken, Freude, Hoffnung) auch Momente des Selbstbewußtseins erkennen läßt. Der von Heyme in Sprache und Gestik glänzend geführte Chor erscheint ganz im Sinne der Postulate Schadewaldts als unentbehrliche Komponente der Tragödie, hier konkret als das Volk, auf dessen Kosten die Aktionen der Großen ihren Lauf nehmen, mag es sich dessen bewußt sein oder nicht.

Diese Konzeption wird auch in dem (leider zu stark gekürzten) *Oedipus auf Kolonos* durchgehalten. Oedipus ist hier ein mürrischer Greis, der sein Schicksal auskostet, der hilflos, in seiner Hilflosigkeit aber auch mächtig ist, der Aufopferung von Antigone und Ismene verlangt, sein Schicksal zelebriert und es benutzt, um sich selbst zu bestätigen.

Die Inszenierung, die vier Stunden lang äußerste Konzentration vom Publikum verlangte, ist von diesem und der Presse zwiespältig aufgenommen worden. Man glaubte, Sophokles vor Heyme in Schutz nehmen zu müssen, und in der Tat ist die konsequente Denunzierung des Mythos und des Göttlichen als reaktionärer Ideologie wohl kaum die Intention des Dichters gewesen. Und doch hat Heyme auch hier, wie schon beim *Aias*, Aspekte des Dramas entdeckt, die heute die neueste philologische Forschung beschäftigen, welche in der Ablehnung der Deutung von Oedipus als einem Symbol existentieller Tragik und demzufolge in der Abwertung des Blendungsvorganges, ferner in der Spannung von vorgegebenem Mythos und Gestaltung aus dem Geiste einer neuen Zeit (des 5. Jahrhunderts) sich durchaus mit der Konzeption Heymes berührt.[13] Jedenfalls wäre die Behauptung unzutreffend, Heyme habe mit dem Recht des Theatermachers die alte Tragödie nur als beliebig manipulierbaren Stoff benutzt, um sich selber zu inszenieren. Im Widerspruch gegen eine klassizistische Tradition hat er die Tragödie des Sophokles hinterfragt und faszinierend auf die Bühne gebracht, so daß in der Betroffenheit des Zuschauers ein Nachdenken einsetzt, das nicht unbedingt in die Übernahme der Antworten Heymes münden muß. Es bleibt auch in der Rückschau eine der besten Inszenierungen einer antiken Tragödie der letzten Jahrzehnte, wie sie selbst Heyme später kaum noch geglückt ist.

Auch das nächste Kölner Antiken-Projekt Heymes war wieder ein Abend mit zwei Tragödien: Die *Sieben gegen Theben* von Aischylos und die von Heyme nun zum zweiten Mal inszenierte *Antigone*, wiederum ritualisiertes, kultisches Theater, wiederum beide Tragödien in der Übersetzung von Wolfgang Schadewaldt (Premiere am 24.4.1970). Die Zusammenstellung dieser beiden Tragödien ergibt sich durch den mythologischen Zusammenhang, wonach die *Antigone* die unmittelbare Fortsetzung der *Sieben* darstellt. Entsprechend hat Heyme weitgehend den Mythos inszeniert, insbesondere in den *Sieben*, nicht jedoch die Tragödie des Aischylos in ihrer Struktur, Problematik und Bedeutung (parteipolitischer Bruderkampf) für Dichter und Publikum des Jahres 467.[14] Das Stück spielt demnach etwa im 13. Jahrhundert v. Chr. in einer Zeit, die durch einen Umbruch vom Matriarchat zum Patriarchat gekennzeichnet sei, reflektiert in den Kämpfen um Theben. Bei der Aufführung wurde vom Chor und allen Darstellern «außer denen der Herrscherkaste» (übrigens alle wieder mit Ledermasken) zu Beginn, noch vor dem Prolog des Eteokles, ein Text aus einem Fragment der verlorenen Tragödie *Kresphontes* des Euripides[15] als Chor gesprochen: «Friede, Geber tiefen Reichtums! Schönster der seligen Gaben». Diese Worte sind eine Art Leitmotiv, weil die elementare Sehnsucht nach Frieden heißt, «die Rechtmäßigkeit der Herrscher anzweifeln, die diesen Krieg angezettelt haben». Insofern tritt das Volk von Theben «für einen kurzen Moment aus dem historischen Stand seines Bewußtseins» heraus, während es sonst in einen Kultraum, der das Bühnenbild ausmacht, magisch gebannt bleibt. Der Kultraum, mit Lehmboden bedeckt, ist durch Holzpfähle begrenzt, über die ein Querbalken errichtet wird, an dem Megareus, der sich für die Stadt geopfert hat, aufgehängt wird. Menschenopfer in kultischer Verstrickung steht am Anfang (nichts davon im Text des Aischylos). Betäubung durch Musik und verteilte Lorbeerblätter, gegenseitiges Auspeitschen mit Weidenruten, Bespucken des Opfers Megareus durch aus Schalen trinkende Frauen, dazwischen Eteokles, in den Händen eine Schale mit Vogelgedärmen – das sind magisch-rituelle Haltungen und Vorgänge, noch bevor das Drama eigentlich beginnt. Durch diesen Vorbau wird der Eindruck des Eteokles als eines Zauderers bestärkt, vor dem das Volk sich gleichwohl in den Staub wirft. In Eteokles manifestiert sich die Ambivalenz von Matriarchat und Patriarchat. Er ist zwar schon Herrscher in einer patriarchalisch bestimmten Gesellschaft, aber zugleich noch «matriarchatsgebunden», indem er von der chthonischen Gebundenheit der Thebaner spricht («Mutter Erde» als «Ernährerin»). Entsprechend ist er «mit einer gewissen Weichheit, mit runden Bewegungen ausgestattet», trägt eine Vogelfederstola, ist schließlich, als durch das Gegenübertreten der Brüder Polyneikes und Eteokles am siebenten Tor die Katastrophe unausweichlich scheint, in der «irrationalen Hingabe an die Normen des numinosen Schicksals» von unbändigem Selbsthaß und starkem Todeswunsch geleitet. Die ausweglose Verkettung an den Bruder wird darin sichtbar, daß die Leichen der beiden Brüder, die am Schluß auf die Bühne gebracht werden, ineinander verkrallt sind. Ähnlich waren schon in der Parodos die thebanischen

Frauen, die den Chor bilden, in dem Kultraum in panischer Angst zu einem Klumpen zusammengekrochen, wie ja tatsächlich Schrecken und Furcht die Grundstimmung des Chores ist, die von Heyme durchweg als eine rituelle, kultische Dynamik vorgeführt wird. Diese Dimension wird besonders ausgespielt in der Totenklage des Chores, der Antigone und der Ismene am Schluß. Die Frauen «benutzten die Kultgeste der Priesterinnen des Matriarchats», indem sie sich mit weitausholenden Gebärden in den Unterleib schlagen, begleitet durch die Klageschreie der Schwestern und liturgische Flötenmusik. Die Rolle des Boten, der zuvor die Nachricht vom Tode der Brüder überbringt, ist in dieser Inszenierung Kreon gegeben, der eingeführt ist, um einen Übergang zur *Antigone* zu schaffen (der unechte Schluß der *Sieben* mit der Ankündigung des Bestattungsverbotes ist natürlich weggelassen). Die Worte Kreons (bei Aischylos des Boten) von der Errettung der Polis werden als Position des Patriarchats gedeutet, dessen Durchsetzung gegenüber den Forderungen des alten Kultes nun als autonomes Interesse der Polis verstanden wird.

Die *Sieben gegen Theben* sind heute schwer auf die Bühne zu bringen. Das selten gespielte, handlungsarme Stück ist, losgelöst aus der bei Aischylos gegebenen Verbindung innerhalb der Trilogie, schwer angemessen rezipierbar. Heymes Inszenierung erhebt sich im Niveau weit über die wenigen anderen Versuche mit diesem Drama.[16] Die gewiß tief dringende Analyse und Konzeption, als deren Kronzeugen im Programmheft Ranke-Graves, Horkheimer, Adorno, Bloch, Freud genannt werden, erschließt aber das Werk nicht zutreffend, insbesondere nicht in der Zuspitzung der Problematik auf die Antinomie von Matriarchat und Patriarchat, verstärkt durch den Eingriff, den Boten durch Kreon zu ersetzen. Immerhin vermag die energische Herausarbeitung der kultischen Dimension der philologischen Forschung die Anregung zu vermitteln, sich in der Interpretation dieser Tragödie nicht nur auf das Moment der Verschränkung von göttlicher Bestimmung und menschlicher Entscheidungsfreiheit bei der Auswahl der sieben Verteidiger für die Tore Thebens zu beschränken.

Die Neuinterpretation der *Antigone* durch Heyme ist noch problematischer, ist sie doch bedingt durch die Deutung der vorangehenden *Sieben*, woraus der Kultraum als Bühne übernommen ist. So ist der Konflikt zwischen Antigone und Kreon eine einzige Auflehnung des Matriarchats gegen das Patriarchat; Teiresias erscheint als Priester des Mutterkultes von fetter, qualliger Gestalt, religiösen Druck ausübend; Haimon greift «naiv und plump» die Machtposition des Patriarchats an und korrumpiert «das von ihm erhobene Postulat der Vernunft durch den Rückfall in die Tabu-Welt des Matriarchats». Den Chor bilden «ausgemergelte, gichtige, gebrechliche, zittrige und seibernde Greise, Wracks, die die Beherrschung ihres Körpers und ihres Verstandes fast verloren haben». So agieren sie auch auf der Bühne: senil, hämisch lachend, selbstgefällig geifernd; Kreon läßt ihnen Weinsuppe reichen. Sentimental und unkritisch sind sie Kreon hörig, schwenken auf die neue Linie ein. Das berühmte, traditionellerweise als Stimme des Dichters interpretierte Stasimon «Vieles Gewaltige lebt...» wird hier als ein Lied vorgeführt, das Kreon den Greisen eingebleut hat. Er dirigiert die Greise förmlich, «gibt ihnen Zeichen zum Einsatz, zum devoten Verbeugen vor ihm, zum Tanzen». Das Lied wird zur Karikatur. In äußerster Konsequenz und in sich stimmig wird der Chor auf eine Linie gebracht, die interessanterweise (Heyme wahrscheinlich nicht bekannt) auch in der Philologie der gleichen Zeit hier und da vertreten wird, wenn der Chor als das irrende Werkzeug des Kreon[17] oder als Gestaltung des Phänomens angesehen wird, «wie die Masse der Menschen sich unter einem Tyrannen verhält».[18] Mögen derartige Thesen diskutabel sein (sie entsprechen auf keinen Fall der Auffassung von Wolfgang Schadewaldt, den Heyme sonst gern als Kronzeugen anführt), so ist doch das Überstülpen der Antithese Matriarchat-Patriarchat auf die *Antigone* gänzlich unakzeptabel.[19] Erst recht konnte nicht sinnfällig werden, wie sich in den durch diese Pole markierten Konflikten unsere Situation der «spätbürgerlichen Gesellschaft» spiegeln soll. Gewiß war daran gedacht, daß die Auflehnung der Antigone gegen politische «patriarchalisch» ausgeübte Macht als im Zeichen des «Matriarchats» stehend ein Spiegelbild des Widerstands gegen die Unterdrückungsmechanismen des heutigen «Patriarchats» sei; aber wie diese Komponenten sich nun zueinander verhalten (das Patriarchat gilt grundsätzlich auch für Heyme als die fortgeschrittene, rationale Stufe), das alles bleibt unklar. So hat denn nicht ganz unzutreffend ein Kritiker die Inszenierung dieser beiden Dramen einen «Kommentar ohne Text» genannt[20] (Abb. 24).

Drei Jahre später (am 14. 3. 1973) – dazwischen lagen zehn ganz andere Inszenierungen (Schiller, Ibsen) – präsentierte Heyme seine nächste Kölner Doppelinszenierung zweier antiker Dramen, der *Bakchen* des Euripides und der *Frösche* des Aristophanes, beide wieder in der Übersetzung von Wolfgang Schadewaldt, nach fast einjähriger Vorbereitungszeit. Die Zusammenstellung dieser beiden Dramen war weniger darin begründet, daß sie nahezu gleichzeitig entstanden und uraufgeführt sind (*Frösche* 405, *Bakchen* vielleicht im gleichen Jahr, jedenfalls postum nach dem Tod des Euripides 406), sondern eher darin, daß in beiden Stücken Dionysos auftritt, das Dionysische also eine Rolle spielt. Man hatte sich wieder gründlich vorbereitet, sich mit allerlei wissenschaftlicher und halbwissenschaftlicher Literatur herumgeschlagen. Nun sind insbesondere die *Bakchen* eine so schwierige, umstrittene und zu vielen Deutungen einladende Dichtung, daß auch die seriöseste Philologie keinen eindeutigen Weg weisen konnte. «Man rätselt bis heute daran herum» – dieses 1958 von Karl Reinhardt[21] geprägte Wort gilt im Grunde immer noch. So hat denn auch

Schadewaldt seine Ratgeberrolle dieses Mal auf den Wunsch beschränkt: «recht viele gute Einfälle für die Arbeit!».[22] Heyme und seine Mitarbeiter haben die ihnen geläufige Literatur (Ranke-Graves, Bloch usw.) herangezogen, außerdem die inzwischen erschienene *Bakchen*-Interpretation des polnischen Theater- und Literaturkritikers Jan Kott,[23] die nicht ganz ohne Mißverständnisse rezipiert wurde.[24] Vor allem aber waren sie auf die (durch keinen antiken Text belegte) These von Leo Kofler[25] gestoßen, wonach es ursprünglich eine Einheit von Apollinischem und Dionysischem gegeben habe, die dann aufgespalten sei. Die Überwindung dieser Spaltung bedeute eine immer wieder erneut anzustrebende Utopie. Vereinfacht ausgedrückt ist dies der Weg, den Heyme in den *Bakchen* und den *Fröschen* zusammen ausgedrückt sieht. Nun ist in der frühgriechischen Philosophie und Theologie (orphische Kosmogonie) die Denkfigur verbreitet, wonach ursprünglich «alles beisammen» in einer ungeschiedenen Einheit gewesen sei, woraus sich dann in einem Prozeß der Individuation die Dinge und Lebewesen im einzelnen ausgebildet haben, um schließlich wieder einmal in einer Einheit aufzugehen. Dieses allgemeine Schema kann wertende Aspekte erhalten, wonach z. B. die Vereinzelung eine «Strafe» sei, deren Überwindung dem Menschen aufgegeben bleibe. In der anthropologischen Dimension ist dafür das eindrucksvollste Zeugnis die Rede, die Platon in seinem *Gastmahl* gerade dem Aristophanes in den Mund gelegt hat, wonach der Mensch als Strafe der Götter geteilt ist und nun als «Fragment» kraft des Eros seine verlorene Hälfte sucht. Aus diesem Gedankenkomplex hat Heyme unter Verwendung wörtlicher Anklänge an die Reden des Aristophanes und des Agathon bei Platon dem Chor der *Bakchen* ein (im Text des Euripides so nicht vorhandenes) Eingangslied gegeben. Es heißt: «Denn es schienen die Menschen der wahren Kraft des Eros nicht innegeworden zu sein. Er allein bewirkt unter Menschen den Frieden und spiegelnde Glätte dem Meer und Schweigen der Stürme und freundliches Lager. Ohne ihn sucht ein jedes sein anderes, sucht jedes vergeblich ursprüngliche Einheit. Mit dir, Eros, trägt allen und alles die Erde!»[26] (Abb. 27).

Damit ist für die Konzeption Heymes eine Ausgangsbasis gewonnen, die freilich nicht zur Situation der *Bakchen* bei Euripides paßt. Die *Bakchen* sind für Heyme die Tragödie der Narrheit der Griechen, in der im Konflikt zwischen Pentheus und Dionysos eine Entzweiung des Apollinischen (unemotionale Rationalität) und des Dionysischen (Lust, Sinnlichkeit, Sexualität) in schrecklicher Gespaltenheit sichtbar wird. Die *Frösche* sind dann von Heyme als die Utopie des Beieinander von Apollinischem und Dionysischem verstanden, insofern Dionysos Aischylos (der offenbar das apollinische Prinzip vertreten soll) aus dem Hades heraufholt. Die Ausgangssituation dieser Komödie wird so gesehen: Die Kunst ist auf den Hund (= Frosch) gekommen; es gibt Nachwuchsprobleme. Zu retten ist das Theater nur durch die Verjüngung eines alten Dichters, es wächst kein neuer nach. Die den Chor bildenden Frösche geben «unverständliches Karnevalsgeblöke» von sich; Heyme denkt an die Rüdesheimer Drosselgasse und «vollgekotzte Fröhlichkeit». Der Weiher, an dem die Frösche quaken und den Dionysos überquert, um in die Unterwelt zu gelangen, wird für Heyme zum «Unflat und Kot, durch den der Fernsehzuschauer schreitet». Unversehens wird die Komödie des Aristophanes zum Instrument gegenwärtiger Kulturkritik. Heymes Theaterarbeit ist ja ein einziger Kampf gegen die Mediokrität, die das Theater beherrscht, und gegen die seichte Unterhaltung, die von der «Glotze» (so Heyme) kommt. Ihr glaubt Heyme insbesondere mit dem antiken Drama entgegenwirken zu können. In diesem Sinne hat er auch den «Jugendclub kritisches Theater» in Köln auf der Suche nach einem neuen Publikum gegründet und sehr erfolgreich betrieben. Das Fernsehen hat für Heyme demgegenüber eine Ventilfunktion wie der Karneval. Wäre das Fernsehen nicht erfunden worden, so glaubte Heyme jedenfalls damals, hätte es längst eine Revolution gegeben.

Mit der der Alten Komödie eigenen, phantastischen Irrealität erscheint jedenfalls in der Deutung Heymes nach dem theoretischen Modell von Kofler am Schluß der *Frösche* die nie ganz verwirklichbare Utopie der Vereinigung des Dionysischen mit dem Apollinischen. Mit dieser historisch unzutreffenden, aber klug ausgedachten Gedankenbewegung hat Heyme in einer in sich stimmigen Inszenierung bei aller Problematik wiederum stimulierend zum Nachdenken über beide Dramen angeregt. Historisch sind die *Frösche* gewiß nicht die Fortsetzung der *Bakchen*, aber die Zusammenordnung beider Dramen ist doch auch wieder erhellend. So wenig Pentheus auf das Prinzip des Apollinischen festgelegt werden kann (für Heyme ist das apollinische Prinzip zugleich das der repressiven Herrschaft), so sind doch die *Bakchen* in der Tat von einer Entzweiung des Rationalen vom Emotionalen bestimmt, während die *Frösche* in die Utopie der Wiederherstellung einer Situation münden, durch die die vom Dichter als desolat empfundene Krise überwunden wird, mit Hilfe des Dionysos. In der Aufführung selbst wurden die interpretatorischen Akzente fast überzogen zum Ausdruck gebracht. Um die Einseitigkeit eines jeden der beiden Prinzipien zu betonen, kamen deren Träger eingeengt zu Wort. In den *Bakchen* wirkte Dionysos engstirnig; er sprach teils leiernd, teils keifend, aber auch Pentheus als Repräsentant des Gegenprinzips, der einseitigen Polis-Vernunft, wurde wie eingeschnürt in erstarrter Pose vorgeführt; er stand auf einem silbernen Tablett wie eine Statuette. Der Übergang zu den *Fröschen* wurde bühnentechnisch so bewerkstelligt, daß ein großes, während der Aufführung der *Bakchen* über dem Bühnenpodest gespanntes Tuch nun herabgelassen wurde. Dionysos, der in den im übrigen stark gekürzten *Fröschen* herabgesetzt als Hanswurst agierte, stieß nun von unten auf die Spielfläche, wie auch der Chor aus den Löchern im Tuch erschien.[27]

Nach einer längeren Pause, in die Inszenierungen von Shakespeare, Goethe, Schiller u. a. fielen, hat sich Heyme mit den *Frauen von Trachis* (= *Trachinierinnen*) 1976 wieder dem antiken Drama zugewandt (Premiere am 26. 9. 1976 in den Kölner Kammerspielen). Diese sophokleische Tragödie war nun überhaupt zum ersten Mal auf einer öffentlichen deutschen Bühne, auf der das Stück sonst nur gelegentlich in der doch recht weitgehenden Bearbeitung von Ezra Pound zu sehen ist. Zugrunde lag die nachgelassene Übersetzung von Wolfgang Schadewaldt. Heyme hat das aktionsarme Stück (alles wird berichtet) von Liebe, Tod, Eifersucht und Mord weder antikisierend noch modernisierend, auch nicht mit kritischem Abstand auf die Bühne gebracht. Die ritualisierenden Momente waren nun fast ganz verschwunden, nur Deianeira trug eine lederne Halbmaske. Die metallverkleidete Bühne war leer und kahl, ausgefüllt durch knappe, eher zeichenhafte Gesten und Bewegungen der Schauspieler. Der aus neun Frauen bestehende Chor der Frauen von Trachis (einer Stadt in Thessalien am Fuße des Berges Oeta) saß fast während des ganzen Stückes an einer schwarz getünchten Längsseite des Zuschauerraumes auf einem Gerüst; die Frauen rührten in Töpfen einen Tonbrei, mit dem sie zwei Strohpuppen bemalten, eine Geste, die zunächst unverständlich blieb. Deianeira, die Frau des Herakles, in der sich alles Geschehen des Dramas spiegelt (als Aspektverschiebung vermutlich die Erfindung des Sophokles gegenüber einem alten Heraklesepos), erwartet Herakles nach 15monatiger Abwesenheit. Dieser schickt seine Geliebte Iole voraus; Deianeira sucht Herakles durch einen Liebeszauber an sich zu binden, indem sie das von Blut getränkte Gewand des von Herakles getöteten Kentauren Nessos schickt, ohne zu wissen, daß es vergiftet ist (durch den Giftpfeil des Herakles selbst). Das Gift frißt sich in den Körper des Herakles, er stirbt qualvoll. In verbrannter Plastikhaut wird er auf die Bühne mit allen Zeichen wehrlosen Leidens geschleppt durch den Sohn Hyllos, der ihn schließlich auf dem Berg Oeta verbrennen soll – eine drastische Abwandlung der – im vorsophokleischen Mythos vorausgesetzten – Apotheose des Herakles. Erst am Schluß betritt der Chor die Bühne und errichtet die Puppen, eine männliche und eine weibliche, mit übergroßen Geschlechtsmerkmalen, offenbar als Monumente menschlicher Triebkraft, die in ihrer puppenhaften Erstarrung auch wieder hinfällig sind, Zeichen von Begehren und Hinfälligkeit zugleich.

Was will Heyme zeigen? Das Endspiel einer archaischen Epoche, in der Helden aussterben, in der schwache Söhne (Hyllos wird mit zagender Stimme vorgestellt) die Bürde der Väter als drückende Last in einer nachwachsenden, vaterlosen Gesellschaft tragen, während Frauen mit Tricks um ihre Männer kämpfen müssen, die Frauen aber auch die

Erkennenden sind, die in die Zukunft weisen. Konkretere Aktualisierungen sind nicht sichtbar.

Entsprechend seiner Gewohnheit wollte Heyme auch diesmal ein zweites antikes Drama am gleichen Abend hinterhergeben; es war das kurze, eher antitragische Stück *Herakles 5* von Heiner Müller. Der Titel bezieht sich auf die fünfte der zwölf berühmten Heraklestaten, auf die Reinigung des Augiasstalles. Dabei sollte der Gegensatz deutlich werden: Der sophokleische Herakles in seiner Hilflosigkeit – dagegen bei Müller Herakles als Kraftprotz, der auf der Stilebene eines Satyrspieles in progressiver Gebärde Zeus die Worte entgegenschleudert: «Gestatte, daß ich Deine Welt ändere, Papa», um anschließend den Himmel einzurollen und ihn in die Tasche zu stecken. Aber das Kölner Ensemble unter Leitung des jungen Regisseurs Volker Geissler (dem Heyme die Einstudierung übertragen hatte) vermochte bis zum Premierentag keine adäquate szenische Form zu finden, und so kam es nur zu einer Lesung mit verteilten Rollen.

Nehmen wir noch den *Prometheus* von Heiner Müller (Premiere am 1.4.1978 in einer stillgelegten, schon zum Abbruch freigegebenen Brotfabrik in Köln-Ehrenfeld) dazu, so ist damit die Reihe der Kölner Antiken-Inszenierungen durch Heyme abgeschlossen. Wenn die Beschränkung des Aspektes nur auf die griechischen Dramen auch eine ungeheure Abblendung des reichen Spektrums der zahlreichen Inszenierungen des gesamten übrigen Repertoires sein mag, so wird darin doch eine Kontinuität und Entwicklung deutlich, wie sie sonst bei keinem anderen deutschen Regisseur zu finden ist.

Mit Heiner Müller ist derjenige zeitgenössische Dramatiker genannt, der neben ganz anderen Stücken und Shakespeare-Bearbeitungen am intensivsten aus der griechischen Tragödie und darüber hinaus aus der antiken Mythologie schöpft.[28] Die Variationsbreite des Zuganges ist groß. Während der *Prometheus* eine relativ textnahe, allerdings nicht unmittelbar aus dem griechischen Original gearbeitete, stark komprimierte Fassung der Tragödie des Aischylos darstellt[29] – der sich befreiende Mensch ist das Leitmotiv –, sind andere Stücke ganz freie, aktualisierende Gestaltungen verschiedener antiker Mythen.[30] Daneben stehen die kurzen, überaus subtilen, die Kohärenz der einzelnen Mytheme nachzeichnenden Kommentare zu *Oedipus, Tyrann* und *Elektra*. Am erfolgreichsten auf der Bühne war und ist der *Philoktet*, der nach der Uraufführung am Residenztheater in München 1968 in der Regie von Hans Lietzau in vielen Städten gespielt wurde und wird (auch in Polen, Jugoslawien, Bulgarien, Frankreich), in der DDR (wo das Stück 1965 in der Zeitschrift *Sinn und Form* zuerst veröffentlicht wurde) allerdings nach einer Leipziger Studentenaufführung 1974 erst 1978 am Deutschen Theater Berlin. Das Stück ist auch ins Englische übersetzt worden.[31]

Erst mit Heiner Müllers Version ist überhaupt eine Philoktet-Tragödie in nennenswertem Umfang (bisher mindestens 25 Inszenierungen) auf die neuzeitliche Bühne gelangt. Der *Philoktet* des Sophokles wird fast nie gespielt. Er war auch nicht in Einklang zu bringen mit den klassizistischen Vorstellungen, die man sich im 19. Jahrhundert von der griechischen Tragödie machte. Hegel gibt am Schluß seiner *Ästhetik* einer allgemeinen Überzeugung Ausdruck, wenn er formuliert: «Die Krankheit des Philoktet, die stinkenden Geschwüre an seinem Fuße, sein Ächzen und Schreien würden wir ebensowenig sehen und hören mögen, als uns die Pfeile des Hercules, um welche es sich vornehmlich handelt, ein Interesse einflößen könnten». So gab es denn seither ganz wenige Aufführungen fast nur an den antiken Spielstätten und an Universitätstheatern.[32] Moderne Bearbeitungen wie *Der Bogen des Philoktet* von Karl von Levetzow (1909) und *Philoktet* von Rudolf Pannwitz (1913) blieben folgenlos für die Bühne; selbst Andre Gides *Philoctète* (1898) brachte es nur zu einer Aufführung (in einem Privattheater in Paris 1919) und zwei szenischen Lesungen auf Pariser Bühnen. Jetzt, nachdem das klassizistische Bild von Harmonie, Ausgleich, Versöhnung der griechischen Tragödie zerstört ist, ist auch wieder Platz für einen *Philoktet* auf der Bühne, den nun aber Müller mit seinem Stück besetzt, so daß eben deshalb zumindest im deutschsprachigen Bereich die Tragödie des Sophokles weiterhin nicht auf die Bühne gelangt.

Die Änderungen, die Heiner Müller an der sophokleischen Vorlage vornimmt, sind beträchtlich.[33] Zunächst ist dem Stück ein Prolog vorangestellt, der von dem Darsteller des Philoktet in Clownmaske gesprochen wird: «Damen und Herren, aus der heutigen Zeit führt unser Spiel in die Vergangenheit, als noch der Mensch des Menschen Todfeind war, das Schlachten gewöhnlich, das Leben eine Gefahr. Und daß wirs gleich gestehn: es ist fatal; was wir hier zeigen, hat keine Moral; fürs Leben können Sie bei uns nichts lernen. Wer passen will, der kann sich jetzt entfernen.» – Saaltüren fliegen auf und gehen wieder zu. Der Clown demaskiert sich; sein Kopf ist ein Totenkopf. «Sie haben nichts zu lachen bei dem, was wir jetzt miteinander machen», heißt es weiter. Dann erst beginnt das Stück. In der Pause hatten zwei Clowns (die Darsteller des Odysseus und des Neoptolemos) bei Saallicht mit Holzschwertern einen Kampf vorzuführen. Das Publikum konnte bei geöffneten Türen zusehen oder nicht. Zur Schlußszene sollten nach Anweisung des Autors Bilder aus der Kriegsgeschichte vom troischen bis zum japanischen Krieg projiziert werden. Dies alles sind deiktische Elemente des epischen Theaters, die im Sinne Brechts eine Distanz zwischen Handlung und Zuschauer legen sollten.

Das Stück ist auf die drei Personen Philoktet, Odysseus und Neoptolemos konzentriert (wie übrigens auch schon der *Philoctète* von André Gide). Der Chor fehlt völlig; demzufolge auch der als Kaufmann verkleidete Matrose, aber auch Herakles und die ganze Schlußszene, in der dieser bei Sophokles als deus ex machina auftritt. Während bei Sophokles mit der von Herakles verkündeten Heilung des Philoktet und der Aussicht auf Rückkehr in die Heimat doch eine Art Versöhnung am Schluß steht, wird bei Müller Philoktet getötet, und zwar von Neoptolemos, der dem Philoktet das Schwert in den Rücken sticht und hinzufügt: «trauriger Ruhm, zu töten einen Toten». Am Schluß steht die Lügenfiktion des Odysseus, Troer seien auf Lemnos gelandet und hätten versucht, Philoktet mit Gold zu bestechen und zum Mitgehen zu bewegen. Als er sich weigerte, hätten sie ihn mit dem Schwert getötet.[34] Odysseus schleppt den toten Philoktet auf seinem Rücken, dann wird die Last Neoptolemos übertragen, der fast noch Odysseus getötet hätte («Gehts ohne den jetzt, gehts auch ohne dich»). Dafür tauscht Odysseus den Bogen des Philoktet ein und triumphiert zuletzt noch einmal als Meister der Lüge, indem er dem Neoptolemos in Aussicht stellt, ihm vor Troja die Lüge zu sagen, mit der er sich reinwaschen könnte, hätte er ihn jetzt getötet.

Sichtlich ist Müller an der Dialektik der Lüge interessiert, an dem blitzschnellen Umschlagen der Situationen in der Dialektik der Lüge, am Triumph des Gemeinen. Über weitergehende Intentionen, die Müller mit dem Philoktet verfolgt hat, gibt es kontroverse Diskussionen.[35] Aber es kann kein Zweifel bestehen, daß die vornehmlich von DDR-Kritikern vertretene These, es handle sich um ein Antikriegsstück bezogen auf die Zustände in vorsozialistischen Gesellschaften, nicht ausreicht. Vielmehr wird man die dem Drama schon von Sophokles her inhärente Problematik des aus der Gesellschaft Ausgestoßenen, der aber dann doch gebraucht wird, im Sinne Müllers auch auf die inneren Probleme des sozialistischen Systems beziehen dürfen, ist doch der Rückgriff auf den antiken Mythos des 1961 aus dem Schriftstellerverband der DDR Ausgestoßenen durch die Einsicht in die Unmöglichkeit, die Verhältnisse direkt zu kritisieren, mitbedingt, wenn nicht ausgelöst. Dann aber hat Müller mit Sophokles dies gemeinsam, daß die Tragödie *Philoktet* ihre jeweilige Aktualität aus der Auseinandersetzung mit den Grundhaltungen gewinnen kann, die die Menschen der Welt gegenüber einnehmen, wie sie in unterschiedlicher Weise zum Ausdruck kommen durch Odysseus als den lügnerischen, skrupellosen Realpolitiker, durch Neoptolemos als den zunächst Aufrechten, dann für fremde Ziele Mißbrauchten (hier sind die Akzente bei Müller anders als bei Sophokles gelegt) und durch Philoktet als den Ausgestoßenen, der sich der Gesellschaft verweigert, wenn diese ihn braucht. Durch die Eliminierung der sophokleischen deus-ex-machina-Schlußszene ist die Radikalität dieser Positionen bei Müller noch konsequenter herausgearbeitet.

Allerdings hat Müller sich auch wieder gegen eine simplifizierende Deutung seines *Philoktet* gewandt, wonach etwa die drei Gestalten Machtkämpfe in Führungskadern symbolisierten. Vielmehr sieht er die Personen seines Stückes in subtilen Brechungen und Verwandlungen, Philoktet als den, der einen schlauen Gebrauch von seiner Wunde macht, die er als Waffe einsetzt, um sich als «Lücke im System» zu verstehen, um sich den «Freiraum zwischen Tier und Maschine» neu zu erobern, Odysseus als die Figur der Grenzüberschreitung, dessen Gesicht die Folgen blinder Manipulation ahnen läßt, und Neoptolemos, der innerhalb seiner Grenzen bleibt und darin «das geflickte Selbstbewußtsein» repräsentiert, mit dessen Hilfe schließlich (anders als bei Sophokles) «der nicht mehr Integrierbare aus dem Verkehr gezogen» wird. Und schließlich folgt noch der «Gedankensprung des Odysseus von der Unersetzlichkeit des lebenden zur Verwerfung des toten Philoktet». Müller fand naturgemäß seine Intentionen in den verschiedenen Inszenierungen unterschiedlich adäquat realisiert. Und umgekehrt hat ihn manche Inszenierung sein eigenes Stück neu sehen gelehrt, so insbesondere die Aufführung am Dramatischen Theater in Sofia in der Regie von Mitko Gotscheff 1982, wo das erste Mal das Strukturproblem des Stückes, das Helene Weigel für unspielbar hielt, gelöst worden sei.[36]

Neben Heiner Müller ist als mehrfach an dem antiken Stoffrepertoire orientierter Dramatiker der DDR Hartmut Lange zu nennen, der – wie Peter Hacks – zunächst Dramaturg am Deutschen Theater in Berlin (Ost) war und 1965 die DDR verließ. Sein noch in der DDR vorbereiteter *Herakles* schließt sich nicht an eines der antiken Heraklesdramen an, sondern hat – wie der *Herakles 5* von Heiner Müller – eine der Heraklestaten (die Tötung des Iphitos, allerdings nicht eine der zwölf Arbeiten) zum Ausgangspunkt. Uraufgeführt ist das (umgearbeitete) Stück in der vom Autor zwingend vorgeschriebenen Verbindung mit dem Drama *Der Hundsprozeß* durch Heyme in der Schaubühne am Halleschen Ufer (Premiere: 26. 4. 1968). In beiden Stücken ist die gemeinte Gestalt im Mittelpunkt Stalin, wie überhaupt bei Lange viel vordergründiger als bei Müller die sozialistische Thematik und Gestalten des Sowjetregimes in die mythische Antike gespiegelt werden. Schon im Titel ist dies deutlich in dem Stück *Staschek oder das Leben des Ovid* (uraufgeführt am 21. 12. 1973 in Stuttgart), in dem der Flüchtling Staschek von jenseits der Elbe in die römische Antike verschlagen wird, wo er Ovid die Nachricht von der lebenslänglichen Verbannung überbringt und Zeuge von Dichterschicksalen in diktatorischen Zeiten wird. So sieht er mit an, wie Horaz mit Oden dem Oktavian schmeichelt, um zu Dichterruhm und Landsitz zu kommen, auf dem er dann mit der Freundin seines Sklaven schläft, aber gleichzeitig Zucht und Sitte besingt. Dies alles ist weit entfernt vom antiken Drama, das allerdings zugrundeliegt in dem Stück *Die Ermordung des Aias* (uraufgeführt am 17. 1. 1974 am Schillertheater in Berlin unter der Regie von Hans Lietzau), wo wiederum in viel stärkerer Umgestaltung der sophokleischen Tragödie als in Heiner Müllers *Philoktet,* der gleichwohl hier Langes großes Vorbild ist, die antiken Helden sowjetische Politiker repräsentieren, so Odysseus Stalin, Aias Trotzki, Achill (dessen Tod der Ausgangspunkt des Dramas ist) Lenin. Der Trojanische Krieg ist Metapher für die Weltrevolution.[37]

Dramen dieser Art, die über den Status von Bearbeitungen antiker Tragödien hinausgehen, haben etwas Ephemeres an sich und können ihre Lebendigkeit auf der Bühne nur in seltenen Fällen über einen längeren Zeitraum bewahren. Sie treffen aber in den Sechziger und Siebziger Jahren zusammen mit der Wiederentdeckung der politischen Dimension des antiken Dramas, die nun auf der Bühne voll ausgespielt wird.

Dabei ist das Bild, das die nach wie vor reiche Produktion antiker Dramen auf unseren Bühnen erkennen läßt, uneinheitlich, und es fällt schwer, dominante Tendenzen zu benennen und an einzelnen Aufführungen exemplarisch zu dokumentieren. Mehr denn je dürften jetzt einzelne Dramen als Chiffren für politische, aber auch anthropologische Grundsituationen im weitesten Sinne verstanden worden sein. Die *Troerinnen* des Euripides, die gleichzeitig in den verschiedensten Übersetzungen, Fassungen und Bearbeitungen (Werfel, Sartre, Braun, Jens) gespielt werden (mehrfach unter der Regie von George Tabori), werden im Zeichen atomarer Bedrohung erneuert und aktualisiert zur Warnung vor Krieg und Zerstörung. Die *Antigone* wird zum Symbol des Widerstandes einer Frau gegen die Staatsgewalt. Das war sie gewiß schon früher, doch gewinnt dieses Symbol nach den Vorgängen von 1968 eine neue Aktualität in zum Teil sehr pauschaler Form. Der *Oedipus* wird in psychologisierender Deutung zum Sinnbild des Menschen, der seinen Halt verliert und sich selber sucht; die *Bakchen* gewinnen ihre Beliebtheit aus der Faszination, die von der Gestalt des Dionysos ausgeht, die seit dem Ende der Sechziger Jahre eine wahre Renaissance erlebt und auf den alle Opposition gegen die technologisch geordnete Welt projiziert werden kann;[38] die *Vögel* können zum Sinnbild der höchst aktuellen Aussteigermentalität werden; die *Medea* steht für das Phänomen der unterdrückten Frau; andere Dramen geben Anlaß zu Kritik an Gesellschaft und zivilisatorischen Erscheinungen der verschiedensten Art.

Das alles gab es in gewissem Ausmaß auch früher schon. Jetzt aber wird die aktuelle Dimension viel entschiedener ausgespielt als je zuvor, mit der Folge, daß Bühnenbild und Konzeption sich von jeder Art klassizistischer oder ortloser Bühne, aber auch von rituell betonten Lösungen freimachen und von einer neuen, modernen Bildlichkeit getragen sind. Hand in Hand damit gehen teilweise starke Umakzentuierungen des antiken Dramas.

Eine merkwürdige Mischung von rituellen Restbeständen und abruptem modernem Psychologisieren liegt in dem Antikenprojekt I[39] der Berliner Schaubühne vor. Es handelt sich um zwei Abende mit insgesamt sieben Stunden Spieldauer in einer Ausstellungshalle auf dem Berliner Messegelände, deren erster unter Leitung von Peter Stein «Übungen für Schauspieler» betitelt war. Es folgten dann am zweiten Abend die *Bakchen* des Euripides in der Inszenierung von Klaus Michael Grüber (Premiere: 6./7. 2. 1974). So sinnvoll es sein mag, Schauspieler durch Lockerungsübungen, Bewegungen der Glieder, Durchatmen, allmähliches Aufstehen, gemeinsame Schwingung, krampfartige Grimassen und heftige Zerrungen auf die besonderen Anforderungen einer griechischen Tragödie vorzubereiten, so albern wirkten die stundenlangen Vorführungen dieser Übungen, deren chorische Rhythmik schließlich Opfer und Jagd darstellen sollte, im Programmheft garniert durch allerlei Zitate aus alter und neuer Zeit über Opfer- und Jagdriten in ihrer metaphorischen Bedeutung für Aggressionen und Spannungen.

Damit sollte wohl auf Grundelemente der *Bakchen* angespielt sein, die aber in der Inszenierung von Grüber nur ganz gelegentlich zum Vorschein kommen, z. B. wenn der Chor den Bühnenboden aufreißt und darunter Erde, Feuer und Wasser findet. Im Vordergrund stand eine psychologisierende Deutung: Dionysos wird als ein psychisch Kranker auf einem Klinikbett in einen kahlen, von gleißendem Neonlicht erhellten, aseptischen Raum geschoben; seine ersten Worte (man hatte die Übersetzung von Schadewaldt zugrunde gelegt) sind ein zerdehntes Gestammel, bis er zum Wort «Ich» gekommen ist («Gekommen bin ich, Sohn des Zeus, in dieses Land») und damit eine Identitätsfindung geleistet hat, begleitet durch Musik von Strawinsky. Pentheus, wie Dionysos nur mit einem Lendenschurz bekleidet, beginnt seinen Monolog mit Worten aus Tagebuchnotizen von Ludwig Wittgenstein (31. 5. 1915 und 8. 7. 1916). Er tritt eigentlich nicht als Kontrahent von Dionysos auf, sondern verschmilzt mit ihm fast zu einer Figur; beide küssen sich in einem homoerotischen Zeremoniell. Die Antithese zwischen ungezügelter Natur und kalter Ordnung kam eher dadurch zum Ausdruck, daß parallel zum Auftritt des Pentheus dessen Diener – an Raumfahrer erinnernde Männer in gelben Overalls – mit einer dieselnden Kehrmaschine ‹Ordnung› wiederherstellten. Die *Bakchen* als Beispiel für die «Identifikationsschwierigkeit eines Individuums» (Programmheft, S. 4), das mochte ein legitimer Aspekt sein, aber Dionysos auf dem Seziertisch des 20. Jahrhunderts in der Nacktheit des Spielraumes und der Spieler wurde in Formen vorgeführt, die es – trotz der Hilfen eines mit «Protokollen» von «Arbeitsgruppen» des Ensembles und Zitaten aller Art überladenen, 80 Seiten starken Programmheftes – dem Publikum schwer machten, hierin eine griechische Tragödie zu erkennen.[40] Die Kritiken schwanken zwischen «genial» und «Bilderrausch», «Bildungshochmut», «totale Willkür», «endloses Zerdehnen der Szene», «leeres Spiel mit Worten»; die negativen Charakteristika überwiegen[41] (Abb. 26).

Die psychologisierende Deutung der antiken Tragödie wird besonders sinnfällig an zwei *Oedipus*-Inszenierungen, derjenigen von Ernst Wendt an den Münchner Kammerspielen (11. 12. 1977), als deren Chefdramaturg Wendt in diesen Jahren mit einer ganzen Reihe von Inszenierungen hervorgetreten war, und derjenigen von Hans Neuenfels in Frankfurt (22. 4. 1979). Beide Inszenierungen sind von tiefenpsychologischen Deutungen getragen, die beim *Oedipus* besonders naheliegen; jedes antikische Element ist verschwunden zugunsten eines modernen Ambiente. Bei Wendt ist die Bühne mit Mobiliar und Geräten von gestern besetzt: ein Billardtisch, ein Gasherd, ein Kokshaufen, Koffer, Plattenspieler sind zu sehen. Das Stück spielt in unserer Gegenwart, die voll ist von Überbleibseln von gestern, welche das Gegenwartsbewußtsein belasten und überlasten.[42] Es beginnt mit einem stummen Vorspiel vor einer Rolltreppe, die zu einem Papierhandtuchspender führt. Zwei Männer kämpfen um den Vortritt, der jüngere bringt den älteren um. Assoziiert ist dabei die Ermordung des Laios am Kreuzweg. Dann erscheint Oedipus auf einer erhöhten Plattform mit einem Mikrophon in der Hand, die Bürger drängen sich in panischer Furcht und Flucht an der schmalen Rolltreppe. Der Chor besteht aus sechs Personen, von denen fünf auch je eine Rolle (Teiresias, Kreon usw.) übernehmen. Wendt benutzt die Übersetzung von Hölderlin in der von Heiner Müller bearbeiteten Fassung, ist aber von deren Uraufführung durch Besson denkbar weit entfernt. War dort das Fremde und das Rituelle geradezu überbetont, so ist beides jetzt, zehn Jahre später, dem Alltag von gestern und heute gewichen. Der griechischen Tragödie ist damit die ihr eigene Aura genommen, die z. B. in allen Inszenierungen Heymes zwar verwandelt, doch gewahrt erscheint.

Diese Tendenz ist noch gesteigert in der *Oedipus*-Inszenierung von Neuenfels, der die Übertragung von Hölderlin ohne die Bearbeitung von Müller zugrundegelegt und am gleichen Abend noch den *Oedipus auf Kolonos* in der Übersetzung von Buschor hinterhergegeben hat. Die Spielfläche ist hier in gleißendes Licht getaucht und bis zu den ersten Zuschauerreihen vorgezogen.[43] Gleich zu Beginn wird durch ein heftiges, schrilles Klingeln eine gereizte Atmosphäre erzeugt. Das Volk, wie bei Sophokles heterogen, alte Männer, Schüler, denen ein Lehrer kollektiv Hilferufe an Zeus einbleut, schreit nach Oedipus, umrahmt von livrierten Aufpassern. Oedipus erscheint aus einem Spalt des Vorhanges in weißem Tennisdreß. Gongschläge, Rufe und Brummgeräusche untermalen seinen ängstlichen Auftritt. Die Choreuten stellen laut tickende Wecker auf die Bühne: Die Zeit läuft. Teiresias erscheint als eine bis über das Gesicht in ein weißes Laken vermummte Figur. Schrittweise – analog zur Enthüllung des Geschehens in seinem Bericht – enthüllt er sich als Schreckfigur mit großen Brüsten und überlangem Penisschlauch, der wie ein Würgewerkzeug wirkt. Die Verstrickungen des Oedipus in inzestuöser Sexualität sollen auf diese Weise überdeutlich sichtbar werden. Jokaste fährt auf einem roten Bett in die Szene, in schwarzem, hautengem Plastikanzug mit schwarzweißem Fell. Oedipus wird durch den wiederholten Zuruf des Chores: «Drachentöter» gereizt und durch die schöne Frau neugierig gemacht. Die Aufklärung im zweiten Teil des Dramas, während der eine Krone in die Mitte der Szene gelegt wird, ist dann auch keine Wahrheitssuche, sondern Neugierde und das Verlangen, dem Schrecklichen auszuweichen. Nach der Erkenntnis und Blendung erscheint Oedipus mit Sonnenbrille und Blindenstock; Kreon kommt schließlich in Herrscherpose auf Jokastes Thronbett herein. Oedipus bleibt der junge, leicht benommene Mann, der in neurotischen Seelenzuständen befangen ist. «Infantilisierung des Mannes durch die Frau», hat man diesen Oedipus genannt,[44] die Geschichte eines Jünglings, dem sich alles Klare verwirrt, dessen Wirklichkeit sich umkehrt.

Man sieht auch hier, wie ganze Dimensionen der griechischen Tragödie abgeschnitten sind, indem die Inszenierung alles Archaische außer acht läßt und – im Sinne Freuds – zu einer Tiefenschicht des Seelisch-Leiblichen vorzudringen sucht, die in hektischer Zerrissenheit der Seelenzustände das Geschehen des Dramas überlagert.

Von einer derartigen Psychologisierung der antiken Tragödie war schon die Frankfurter *Medea*-Inszenierung von Neuenfels (27. 9. 1976) auf der Grundlage der allerdings mehrfach abgeänderten Übersetzung von Buschor getragen. Hier gelangten die Obszönitäten derart an die Oberfläche, daß die CDU Frankfurts intervenierte und Peter Iden in der «Frankfurter Rundschau» schrieb: «Die Aufführung ist sinnlos, widerwärtig, tatsächlich ekelhaft»; die schauspielerischen Darbietungen gehörten «auf die Reeperbahn».[45] So tritt in der Tat z. B. der Bote nackt auf, nur mit einem Zylinder «bekleidet» und mit einem schwarzen Papp-Penis, welcher durch den Mord der Kinder durch Medea ‹erregt› ist. Am Schluß kastriert sich der Bote auf der Bühne selbst, um auf diese Weise die Lösung des Konflikts anzuzeigen. Medea, einerseits die große Siegerin, die im Weggehen singend eine Kiste hinter sich herzieht, in die sie die ermordeten Kinder gelegt hat, kommt dann doch zu dem Schluß: «Ich arme Sau.» Die Beseitigung der für die griechische Tragödie konstitutiven Komponenten kommt auch in der Reduzierung des Chores auf nur eine Person zum Ausdruck: Eine plappernde Dame mit Sonnenschirm verzerrt naturgemäß die Anteilnahme und Sorge des Chores ins Banale. Daß vor dem Auftritt Kreons Frankfurter Hundezüchter ein Dutzend Hunde auf die Bühne und gleich wieder wegführen, soll offenbar in grotesker Überzeichnung männliches Imponiergehabe andeuten, welches als Ursache für die Tat der Medea angesehen wird.

Diese Inszenierungen dürften als (auch später nicht mehr überbotene) Übersteigerung eines die Form der Tragödie sprengenden Psychologismus angesehen werden, bei der zugleich die Welt des Alltags in die griechische Tragödie einbricht. Das Einziehen der Alltagswelt in das antike Drama vollzieht sich überhaupt (auch unabhängig von psychologisch fundierten Regiekonzeptionen) erst in den Inszenierungen der Siebziger Jahre. Häufig wird kurzerhand die Szenerie in die Gegenwart oder die jüngste Vergangenheit gelegt. Es ist dies sicher ein Signum des Theaters unserer Zeit auch bei Inszenierungen von Stücken aller Epochen, aber es fällt doch auf, wie stark das grundsätzlich auf eine Vergangenheit hin angelegte antike Drama von dieser Zeitströmung des Regietheaters betroffen ist. Sicher spielt dabei das Bedürfnis eine Rolle, das Werk aus einem als obsolet empfundenen Traditionszusammenhang herauszubrechen, aber ob die Trivialisierung und Privatisierung zumal der griechischen Tragödie im gleichzeitigen Ausweichen vor der Konfrontation mit der Fremdheit der Formen zu einer Neuentdeckung auch von nur einzelnen Aspekten führt, muß doch bezweifelt werden.

Ein Transport des szenischen Geschehens auf die Ebene der gegenwärtigen Aktualität liegt naturgemäß bei denjenigen antiken Dramen nahe, deren politische Komponente besonders ausgeprägt ist, vor allem bei den *Troerinnen* und der *Antigone*. Die Ansätze dazu lassen sich bis in die Ära Reinhardt zurückverfolgen; die Bearbeitungen von Hasenclever, Werfel und Anouilh (weniger Brecht) enthalten derartige Tendenzen schon im Text. Aber erst jetzt werden die Aktualisierungen mit einer ganz intensiven Entschiedenheit ausgespielt und neu als Provokation empfunden gegenüber einer vorangegangenen Phase des Regietheaters, in der das Geschehen in mythische Ferne oder abstrakte Zeitlosigkeit gerückt war. George Taboris Bremer Inszenierung der *Troerinnen* (Februar 1976) auf der Grundlage der allerdings stark gekürzten, umgestellten und veränderten Fassung von Mattias Braun (1957) hat die Aktualisierung nicht nur auf der militärischen Ebene gesucht (Schauspieler in Tarnanzügen von Fallschirmjägern), sondern die ganze Szene in unsere schablonenhaft verwaltete Welt verlegt: Der Bühnenraum ist ein Wartesaal; Helena, die abweichend von Euripides völlig stumm bleibt, läßt sich die Haare schneiden; der Bote Talthybios, ein Mann der Zivilverwaltung in schickem Anzug, bittet die gefangenen Frauen des troischen Königshauses zu einem Abschiedsdiner; Menelaos erscheint als verwundeter Offizier; zwischen ihm und dem auf offener Bühne ermordeten Sohn der Andromache, Astyanax, wird eine homoerotische Beziehung spürbar. Dazwischen agieren Reporter mit Blitzlicht, kurz: es waren so viele Eigenwilligkeiten über den Text gestülpt, daß das Premierenpublikum in Scharen das Theater verlassen hat, wohl ohne zu merken, daß Taboris Inszenierung in gewisser Hinsicht als eine Fortsetzung seiner eigenen dramatischen Bemühungen gelten kann, insbesonders des auf die Vorgänge in Auschwitz bezogenen Stückes *The Cannibals* (1968; deutsche Erstaufführung 1969 an der Werkstatt des

Schiller-Theaters Berlin). Immerhin ist es bemerkenswert, daß bei der Inszenierung der *Troerinnen* in der Fassung von Jens in den Münchner Kammerspielen von 1985 Tabori hinsichtlich des Transportes der gesamten Szenerie in die Gegenwart doch erheblich zurückhaltender war.

Die Sensibilität der Theaterwelt für die Beziehung des antiken Dramas auf die politische Atmosphäre der Gegenwart mag auch darin zum Ausdruck kommen, daß auf dem Berliner Theatertreffen der zehn interessantesten Inszenierungen 1979 allein dreimal die *Antigone* vertreten war. Selbst wenn man gewisse Zufälligkeiten und Verlegenheiten der Jury in Kauf nimmt, bleibt der Vorgang erstaunlich. Die drei Inszenierungen, zu denen noch die Stuttgarter von V. Jeker 1978 kommt, sind in ihren Verschiedenheiten und Gemeinsamkeiten symptomatisch. Prominente Regisseure (Ernst Wendt – Bremen, Nils Peter Rudolph – Berlin, Christof Nel – Frankfurt) sind hier am Werk, sie alle legen die Übertragung von Hölderlin zugrunde; zwei von ihnen (Wendt und Rudolph) hatten zuvor einen *Oedipus* inszeniert (Rudolph 1973 in Basel), sie zelebrieren modernes Regietheater in der eigenwilligsten Form, sie versetzen die Atmosphäre des thebanischen Königshauses in die Alltäglichkeit; mit dem Chor wissen sie nichts anzufangen. In der Bremer und der Berliner Inszenierung ist der Chor auf eine einzige Person reduziert, die in der Regie von Rudolph das Chorlied «Ungeheuer ist viel» an einem Balken mit dem Kopf nach unten hängend wie eine Artistin am Trapez spricht (Rotraud de Neve, die in der Frankfurter Inszenierung die Antigone spielt) (Abb. 28); Antigone wird dann von dem Wächter im Schwitzkasten vor Kreon gebracht; auf der Bühne wird allenthalben gekrochen und geschrieen; Teiresias (immerhin Bernhard Minetti) tritt im Leinenanzug und mit der Blindenbinde vor den Augen auf. In der Frankfurter Inszenierung ist der Chor überhaupt durch ‹Gruppengefühle› ersetzt, die ein Ersatzchor von sich gibt, der eher einer rheinischen Karnevalsgesellschaft gleicht. Ein Rocker, ein Tourist, zwei Clowns und eine Stripteuse singen anstelle des ersten Chorliedes: «Jeder singt auf seine Weise, einer laut, der andre leise.» Später geben sie zotige Latrinenwitze von sich. Dies alles sind Ergebnisse sogar im einzelnen begründeter Regieeinfälle,[46] die in dieser Übersteigerung die Tragödie nicht nur beschädigen, sondern ridiculisieren. Gleichzeitig aber ist die Frankfurter Inszenierung diejenige, die am entschiedensten auf ein aktuelles politisches Geschehen bezogen ist: Es sind die Unruhen der Jahre um 1968, der Tod von Benno Ohnesorg und das Attentat auf Rudi Dutschke in Berlin und dann vor allem die Vorgänge um die zunächst verweigerte förmliche Beisetzung der Terroristen Gudrun Ensslin, Andreas Baader und Jan Carl Raspe 1978 in Stuttgart unter strengen Sicherheitsvorkehrungen und unter Einsatz von mehr als 1000 zum Teil berittenen Polizisten. Mehrere Texte und Abbildungen von dieser Beisetzung und den sie begleitenden Polizeieinsätzen belegen gerade diesen Bezug. Im gleichen Jahr (1979) erschien Heinrich Bölls ‹Drehbuch› *Deutschland im Herbst* mit der Fiktion, der Rundfunkrat einer öffentlichen Anstalt verbiete einen Fernsehfilm *Antigone*, weil dessen Ausstrahlung als Sympathieerklärung mit den Terroristen der «Rote Armee Fraktion» verstanden werden könne. Das ist der politische Hintergrund dieser Frankfurter Inszenierung. Sie zeigt besonders deutlich, daß in der Vergegenwärtigung und wohl auch Umbildung der griechischen Tragödie Symbole pervertiert werden können. Die sophokleische Antigone ist überhaupt keine politische Widerstandskämpferin, aber selbst dort, wo sie in den Zeugnissen der Rezeption als eine solche erscheint, bleibt doch immer die Gewaltlosigkeit ihres Tuns das unangetastete Motiv. Für Gewaltakte von Terroristen/innen kann Antigone kein Symbol mehr sein. Dafür die Tragödie des Sophokles benutzen zu wollen, ist ein Irrweg.

Analog zu diesen Tendenzen wird nun auch die Verwendung der Übersetzung von Hölderlin politisch motiviert. Man fragt sich zunächst, warum in all diesen radikal untraditionellen Inszenierungen die feierliche, formstrenge Übersetzung von Hölderlin verwendet wird. Die Antwort gibt der Regisseur Christof Nel, indem er Hölderlin als Jakobiner apostrophiert, der «den Konflikt, der in diesem Stück beschrieben wird, selber noch einmal gelebt hat». Der Konflikt wird hier nicht mehr verstanden als ein Gegeneinander von Staat und Familie, von staatlichem Gebot und religiöser Pflicht, sondern von Staat und Individuum in dem Sinne, daß das Individuum in der Konfrontation mit dem Staat in Verzweiflung, in Wahnsinn und in den Tod getrieben wird. «Es war kein Zufall, daß dies die letzte Arbeit Hölderlins vor dem Turm ist», bemerkt Christof Nel. Mag es ein Zufall sein, daß ein Jahr zuvor (1978) die deutsche Fassung des Hölderlinbuches von Pierre Bertaux[47] erschienen war, mit der Revision des ‹Falles Hölderlin› und der (höchst kontroversen) These, daß die Gesellschaft Hölderlin gebrochen und krank gemacht habe – es paßt dies alles zusammen, und so lassen sich schließlich Antigone, Hölderlin und die Frauenbrigade der Rote Armee Fraktion auf eine Linie bringen: Andersdenkende werden «aus der Gemeinschaft der sich für die Norm haltenden Menschen ausgeschlossen».[48] Auf diesem Hintergrund wird in der Tat der Chor – in der griechischen Tragödie oft ein Moment der Integration – überflüssig, und die zotigen Witze des Ersatzchores bekommen ein makaber-schauriges Gewicht als Ausdruck völliger Inkommensurabilität mit der Ebene des antiautoritären Protestes in der Auseinandersetzung mit dem Staat.

Die Übersetzung Hölderlins aber behält auch losgelöst von derartigen Konzepten ihre Aktualität. Sie ist sogar (mit allen Fehlern) ins Französische übersetzt und 1979 in Straßburg aufgeführt worden,[49] wie ja Hölderlin in Frankreich ganz allgemein eine hohe Aktualität besitzt. Die Aufführrung in Straßburg fügt sich durchaus in den Kreis der *Antigone*-Inszenierungen des Jahres 1978 ein. Sie fand in einem schmutzigen, heruntergekommenen Industriegelände in der Nähe der Universität statt. Es wurden für jede Aufführung 240 Besucher zugelassen, die in Gruppen von 50 eingelassen wurden und über zahlreiche Treppen einen verwahrlosten, dämmrigen Saal erreichten, an dessen Fenster Antigone und Ismene in wallenden Gewändern standen und schon vor Beginn der Aufführung lange miteinander sprachen. Der Zuschauer aber mußte weiter über eine brüchige Betontreppe, an deren Geländer ein unverständlich brabbelnder Schauspieler mit einer roten Rose stand. Er stellte Hölderlin dar und irrte während der Vorstellung durchs Gelände, wärmte sich an einem Holzfeuer im Innenhof und durchquerte die Bühne, stand zwischen und hinter den Schauspielern. Er kletterte Feuerleitern hoch und kauerte in Winkeln; ein verwirrter und verstörter Mann mittleren Alters – vielleicht wirkte Bertaux' Hölderlindarstellung auf diesen Regieeinfall. Das Publikum erreichte schließlich den Innenhof, wo es eng und unbequem zusammengedrängt war und lauschte einem merkwürdigen Spiel.

Die Skala der Ausdrucksebenen, auf denen die Antigone-Übertragung Hölderlins auf dem Theater präsentiert wird, reicht in immer neuen Variationen von sakraler Feierlichkeit bis zur Banalität des Alltags. Gelegentlich muß sich Hölderlin ‹Bearbeitungen› gefallen lassen, neuerdings durch Martin Walser und den Regisseur Edgar Selge in einer Weise, daß im vermeintlich stärkeren Herausarbeiten des Konfliktes Rhythmus und poetische Kraft der Verse eingeebnet, ja teilweise zerstört werden.[50] Umgekehrt wird die Sprache Hölderlins in ihrer Feierlichkeit besonders betont, wenn sie in der Bochumer Inszenierung von Peter Mußbach (1988) nur für die Rede des Sehers Teiresias verwendet wird, während sonst die Tragödie in der Übersetzung von Schadewaldt gespielt wird.

Doch noch einmal zurück zum Antigone-Jahr 1979! Da gibt es noch eine neue *Antigone* von Heyme, die sich von allen gleichzeitigen Inszenierungen dieser Tragödie dadurch abhebt, daß sie in Calcutta gespielt wird. Heyme gehört wie die anderen führenden Regisseure unserer Zeit zu denen, die den schönen Schein verweigern, aber er verliert sich nicht an den Augenblick der Tagespolitik. *Antigone* in Calcutta – das war für Heyme Flucht aus dem Staatstheater und Suche nach neuen Ausdrucksformen «am Rande der Hölle».[51] Wie immer bei Heyme ist auch hier die Sorgfalt, die auf die Textgrundlage verwendet wird, groß. Die Übersetzung von Wolfgang Schadewaldt wurde Vers für Vers ins Bengalische (von Alokeranjan Dasgupta) übersetzt und dann mit einer Rohübertragung verglichen, die ein französischer Jesuitenpater aus dem Griechischen ins Französische hergestellt hatte. Die Konstellation war singulär: Ein hochintellektueller, für alles Rituelle aufgeschlossener deutscher Regisseur und indische Laien-Schauspieler brachten in 30 ausverkauften Vorstellungen vor insgesamt 15 000 Zuschauern die *Antigone* in einem großen Zelt unter unbeschreiblich provisorischen, notvollen Verhältnissen zu Gehör. Heyme hatte die bengalischen Beerdigungsriten studiert, wonach der Tod nicht tabuisiert wird, der tagelange Abschied vom Toten ganz körpernah ist. Die Aufführung selbst war eine Verbindung von Brechtschem Theater und einheimischen Riten. Der Chor, zunächst in die Erde Calcuttas eingegraben, gräbt sich aus Erdlöchern hervor, kommt allmählich in die Mitte des Spielplatzes, animiert, gestützt auf Thyrsosstäbe, das Publikum, mitzusprechen, vollführt rituelle Handlungen (Entzündung von Kultfeuer aus Knochen, Federn, Räucherstäben am Sitz des Teiresias). Die Schauspieler sitzen (schon in Kostüm und Maske) im Publikum verteilt, kommen nach und nach hervor. Die Bühne sollte wirklich eine Poliskultstätte, Tanzplatz der Alten, Kultplatz des Teiresias und «Friedhof der gelebten Anschauungen, Prinzipien» zugleich sein. Die publizierten Photos belegen eine bezwingende Eindringlichkeit, deren Ernst und Würde bei aller Einfachheit doch einen gewissen Kontrast zu den gleichzeitigen deutschen *Antigone*-Aufführungen bildet. Die Aktualität der antiken Tragödie außerhalb der von den Griechen ausgehenden Tradition wird jedenfalls hier exemplarisch deutlich. Für Heyme war dies der Versuch, «einen verschwindend kleinen Utopierest zu verwirklichen, wie er dringlicher, in aller scheinbaren Absurdität und Ohnmacht, letztlich nirgends anders zu sein vermag...»

Neben der psychologisierenden und der politischen Deutung des antiken Dramas auf der Bühne macht sich nun gegen Ende der Siebziger Jahre eine Strömung bemerkbar, in der eine Verbindung von modernen, zivilisatorischen Gegebenheiten mit dem griechischen Drama gesucht wird. Über den politischen Bereich im engeren Sinne hinaus werden ganz konkrete Einrichtungen oder Symptome der Zeit in die antiken Verhältnisse teils hineingetragen, teils aus ihnen herausgearbeitet. Gelegentlich ist damit der Versuch verknüpft, das Publikum von ihm geläufigen Vorstellungen aus in das Spiel einzubeziehen, jedenfalls die Kluft zwischen dem Fremden der dargestellten Welt und der Welt des Zuschauers zu überbrücken. Für die an aufsehenerregenden Aufführungen antiker Dramen so reichen Jahre 1978–88 sind in dieser Hinsicht mindestens vier signifikante Inszenierungen zu nennen.

Zunächst sind im Herbst 1979 in dem kleinen, aber ambitionierten Schloßtheater in Moers in der Regie von Holk Freytag, der sich wiederholt der griechischen Tragödie zugewandt hat und jetzt in Wuppertal wirkt, die in den unterschiedlichen Realisierungen auf der Bühne so facettenreichen *Bakchen* aufgeführt worden, und zwar als eine Art Peepshow. Die Zuschauer wurden nach Geschlecht getrennt, die männlichen in Einzelkabinen von Platzanweiserinnen geführt, die später den Chor der schwärmenden Bakchen bildeten. Die Frauen mußten zusammen im hinteren Teil des

Theaters Platz nehmen, und das Publikum bekam eine Rolle. Die weiblichen Zuschauer wurden zu Schwestern der rasenden Mänaden, die männlichen zu Komplizen des Königs Pentheus, der als Techniker der Macht im schwarzen Overall mit dem Publikum auf Einlaß wartet und dann bis zu seinem ersten Auftritt, wie das männliche Publikum, in einer Kabine sitzt. Beim Einlaß spielt ein Barpianist; es ist, wie sich später herausstellt, Teiresias. Die Nachtclubatmosphäre stellt sich vollends ein, wenn dann auf Geheiß des Dionysos die schwärmenden Mänaden wie Go-Go-Girls tanzen. Merkwürdigerweise wird die Atmosphäre im zweiten Teil des Dramas urplötzlich weggewischt, und es wird jetzt ganz ernsthaft Tragödie gespielt. Der Kunstgriff ist eindrucksvoll: Ein Ambiente aus der Gegenwart des Zuschauers wird evoziert und umgebrochen in der Konfrontation mit dem Fremden.

In die gleiche Richtung geht die Inszenierung des selten gespielten euripideischen Satyrspiels *Kyklops* durch Roberto Ciulli (Premiere am 28.9.1978 in Köln, dann in erweiterter Form in einer Düsseldorfer Messehalle am 7.9.1979 und ab 31.12.1981 in Mühlheim in erneut veränderter Form). Ciulli, der in Göttingen schon den *Frieden* (1966/67) und die *Ekklesiazusen* (1971/72) inszeniert hatte, hat hier eine ganz eigene, für seinen Inszenierungsstil überhaupt charakteristische Bildsprache und eine nachdenkenswerte Deutung gefunden. Zunächst aber ist die Aufführung – jedenfalls in der Düsseldorfer Fassung – durch eine starke Einbeziehung des Publikums in das Spielgeschehen gekennzeichnet. Man suchte eine dem Satyrspiel als abschließendem Fest adäquate Form der Beteiligung und Integration der Zuschauer zu finden. Zu diesem Zweck wurde ein Prolog hinzugedichtet, der mit dem Auftritt eines Bänkelsängers beginnt, durch den allerlei Belustigungen dem Publikum angeboten werden: Man kann mit einem Wurfspieß auf das Zyklopenauge in der Mitte einer Zielscheibe werfen und bei richtigem Treffen ein T-Shirt mit dem Aufdruck «Zyklop» gewinnen, man kann sich in einer Nachbildung des einäugigen Riesen in Kunststoff photographieren lassen, wobei man seinen Kopf durch den Mund des Ungeheuers steckt – kurz: es ist ein Touristenmarkt; Mythos und Markt sollen miteinander in Verbindung gebracht werden, wobei die Auffassung zugrunde liegt, «daß Mythen selber schon Marktformen waren, so wie der Markt heute ja auch neue Mythen produziert» (Programmheft). Während dieser Prolog noch im Foyer spielt, wird dann das Publikum unter der Fiktion, es sei die Schafherde, in den Zuschauerraum ‹getrieben›. Der Chor der Satyrn besteht aus nur 4 Schauspielern, individualisiert als 4 verschiedene Kleinbürger, «deren Einheit nur dann präsent wird, wenn das Verhalten von Angst bestimmt ist oder aber gemeinsam bestimmte Lüste zu gewinnen sind» (Programmheft). Der Zyklop wird von einer Frau gespielt, um die Unglaubwürdigkeit der Figur zu denunzieren. Das Publikum wird während des ganzen Spiels näher an das Geschehen herangerückt: Die Satyrn suchen Kontakt mit einzelnen Zuschauern zu gewinnen, aus deren Kreis auch die Gefährten des Odysseus genommen werden, die der Zyklop verspeist. Dieses offene Spiel hält das Publikum in Spannung. Am Schluß, nach der Blendung des Polyphem, brechen geradezu menschlich-tragische Akzente durch (Abb. 29).

Für die Wahl des Stückes wird der Umstand angeführt, «daß man nicht genötigt ist, einer festgeformten Aufführungstradition entgegenzuarbeiten», wie es sie für eine *Antigone* und einen *Oedipus* gibt. Ciulli sieht sich ausdrücklich nicht als Fortsetzer einer solchen Tradition, die er als Verkrustung empfindet. In seiner Inszenierung des *Kyklops* ist nun auch wirklich ein Aspekt des Stückes wiederentdeckt worden. Aktualisierung und Modernisierung liegen hier von der Sache her nahe: Euripides selbst hatte ja den Stoff aus der homerischen *Odyssee* in den ganz anderen Kontext des Satyrspiels versetzt, mit starken Akzentverschiebungen. Während man darin bisher die grotesk-komischen Züge, das unbekümmerte Treiben der Satyrn, trivial-burleske Heiterkeit, Milderung des Grausigen der Blendung durch Komisches gesehen hat, gewinnt das Stück in der Regie von Ciulli beklemmend tragische Züge. Die Konzeption setzt mit der Betonung der gänzlich anderen Rolle an, die Odysseus – ähnlich wie im *Aias* und im *Philoktet* des Sophokles – bei Euripides spielt.[52] Während in der *Odyssee* die Intelligenz des klugen listigen Odysseus gegen die rohe Gewalt siegt und die Gefährten rettet, erscheint bei Euripides das Unternehmen als Akt der Willkür, als Versuch, mit den Mitteln der Vernunft in naturhafte Lebensweisen einzudringen und Fremdes unter Kontrolle zu bringen. Diese im Kern nicht unzutreffende Interpretation wird dahingehend aktualisiert und dann auch übersteigert, daß Odysseus in kolonialistischer Herrscherpose im Zeichen des technisch-zivilisatorischen Fortschritts unter Einsatz der zum bloßen Herrschaftsinstrument verkümmerten Vernunft in letzte Naturreservate einbricht und diese zerstört.[53] In der Aufführung ist dieser Aspekt besonders herausgearbeitet: Odysseus erscheint im Ledermantel, in Lederstiefeln und mit Peitsche wie ein höherer Funktionär oder ein Kolonialoffizier; Parallelen mit modernen kolonialen Erscheinungen, ferner mit neuesten Diskussionen über die Problematik einer ungebrochenen Fortschrittsgläubigkeit, mit der ‹grünen› Bewegung werden explizit gezogen.

Man merkt dieser aktuellen, mit modernen Substituten arbeitenden Inszenierung – der Weinschlauch des Odysseus ist ein riesiger Gartenschlauch mit einem Benzinhahn – nicht an, daß ihr die alte (von dem Dramaturgen Helmut Schäfer kaum veränderte) Übersetzung von Ulrich von Wilamowitz-Moellendorff zugrundeliegt, dessen Übersetzungsart mit ihren unterschiedlichen Stilebenen allerdings besser für ein Satyrspiel als für eine Tragödie paßt.

Hatte sich Ciulli hier ziemlich getreu an eine ältere Übersetzung gehalten, so ist in der Inszenierung der *Alkestis* «nach Euripides» – wie es vorsichtshalber heißt – (Düsseldorf 1980) vom Text bzw. irgendeiner Übersetzung nicht mehr viel übrig geblieben. Das Bühnengeschehen ist eine moderne Party mit kaltem Buffet und seichtem Geschwätz, in das nur einige Fetzen aus Euripides eingeflochten sind, wie auch der Chor gänzlich fehlt. Zwei Gestalten spielen Schach und trinken Whisky, ein Schlagzeuger und Conférencier kündigt die «Oper Admet» an, Thanatos (der Alkestis abholen will, die als einzige für ihren Mann Admet zu sterben bereit ist) fährt mit dem Finger in eine Saucière mit Schlagsahne auf dem Buffet. Jedes antike Element ist verschwunden; nur das Handlungsgerippe und die Namen lassen ahnen, daß eine griechische Tragödie zugrundeliegt. Aber ähnlich wie beim *Kyklops* hat Ciulli auch hier einen Aspekt des Dramas herausgearbeitet, der ein Problem unserer Gesellschaft darstellt: die Verdrängung und Tabuisierung des Todes. Während in der philologischen Forschung die Frage nach der Umsetzung der Märchenmotive (Liebesopfertod, Besiegung des ‹Sensenmannes›)[54] und in den verschiedenen Rezeptionen des Stoffes (Wieland, Goethe, Hofmannsthal/Strauß) das edle Motiv der Gattentreue und die Eigenart der übrigen Charaktere im Vordergrund stehen, hat Ciulli eben dieses eine Problem der Verdrängung des Todes isoliert herauspräpariert und durch das moderne Ambiente – möglicherweise beeinflußt durch T. S. Eliots *Cocktail Party* (1949), die ja bereits eine verformende Umsetzung des Alkestisstoffes in die Gegenwart, allerdings mit ganz anderer Akzentuierung, darstellt – als ein Thema unserer Gesellschaft aufgedeckt. Denn die Party ist eine von Alkestis gegebene Abschiedsparty, deren Gäste in schwarzer Abendkleidung durch Klatsch, Flirts und Affären eben den Anlaß ihrer Zusammenkunft ebenso verdrängen wie der Feigheit und Schmerz in Alkohol und Obszönitäten ertränkende Admet, der schließlich die von Herakles errettete Alkestis gar nicht mehr haben will, in handgreiflicher Umdeutung des Euripides, bei dem die Zurückhaltung des Admet auf Gattenliebe beruht, weil er in der ihm von Herakles gebrachten Gestalt eine andere Frau als Alkestis vermutet. Nur eine Geste bleibt am Schluß: Admet legt seinen Arm um Alkestis' Schultern und geht stumm ab, ohne den Ausdruck der Freude und des Glücks, mit dem die Tragödie des Euripides endet. In dieser die Distanz zwischen Leben und Kunst und erst recht zwischen Gegenwart und Antike aufhebenden, radikalen Inszenierung erscheint – im Unterschied zur Arbeit am *Kyklops* – um des einen gesellschaftskritischen Themas wegen dann doch nicht nur in der Form und im Sprachenmaterial, sondern auch im Gehalt das euripideische Drama stark umgestaltet.

In die Reihe der gesellschaftskritischen Inszenierungen antiker Dramen gehört schließlich die brillante Regiearbeit, mit der Hansgünther Heyme, inzwischen Schauspieldirektor in Stuttgart, am 18.4.1980 die *Vögel* des Aristophanes herausgebracht hat. Diese Inszenierung ist am ehesten derjenigen des *Kyklops* von Ciulli an die Seite zu stellen, wird doch an beiden ungefähr zur gleichen Zeit gedichteten Stücken (*Vögel* 414 v. Chr., *Kyklops* nicht sicher datiert) die gleiche Problematik herausgearbeitet, denn es geht auch in den *Vögeln* um das Eindringen in die Natur, die unter das Gesetz der Eindringlinge gezwungen wird. Während auch hier die philologische Forschung geneigt ist, in der zeitlosen Märchenhaftigkeit und im Schwung des poetischen Höhenfluges das Stück zu leicht zu nehmen, sind die von Heyme herausgearbeiteten Leitideen das Leiden der Vögel unter Menschen und reziprok das Leiden der Menschen unter Vögeln, die dem Menschen Beeren und Saatkorn vernichten und in ihrer zunächst feindseligen Haltung und in gewaltigen Vogelfederstürmen so bedrohlich dargestellt werden, daß man unwillkürlich an den Film von Hitchcock denkt.

Die beiden Athener Pisthetairos und Euelpides werden nicht als utopische Schwärmer eingeführt, sondern als protestierende Aussteiger der alternativen Szene oder wie Emigranten zur Jahrhundertwende nach Amerika, so jedenfalls behängt mit Koffern, Krügen, Töpfen und Reisetaschen. Die im Prolog geschilderte Verkommenheit der athenischen Justiz steht dabei als Synonym für die (angenommene) totale Rechtsunsicherheit. Den Chor bildeten 18 Mitglieder der Staatlichen Schauspielschule Stuttgart, die in den verschiedensten Vogelkostümen (Habicht, Fasan, Eule, Falke, Dompfaff usw.) erschienen; dazu spielte dezent eine veritable Zigeunerkapelle (das Titi-Winterstein-Quintett) – ein Hinweis auf unterdrückte, ins Abseits geschobene Gruppen. Der erste Auftritt der Vögel (Parodos) erfolgte in Form eines gestischen, der jeweiligen Vogelart angepaßten Vokabulars, offenbar als Ergebnis genauer ornithologischer Studien (Stelztanz, Hüpftanz usw.) des Regisseurs. Die Chorlieder wurden hinreißend schön gesungen, und es zeigte sich erneut, wie wenig die Wirkung der Lieder dadurch beeinträchtigt ist, daß einige tagespolitische Anspielungen dem heutigen Zuschauer unverständlich bleiben. Denn die Textfassung des Dramaturgen Peter Kleinschmidt (der auch selbst die *Vögel* in Windhuk/Namibia inszeniert hat) hält sich relativ nah an das Original; allerdings ist sie, wie es neuerdings immer mehr Mode wird, aus verschiedenen vorliegenden Übersetzungen gearbeitet. Neben kleineren Streichungen vor allem im zweiten Teil fällt auf, daß die Rolle des Euelpides, der in Vers 846 abgeht, weil Aristophanes den Schauspieler für die Episodenrollen brauchte, verlängert ist, und so ist hinzugefügt, daß Euelpides am Schluß der Komödie mit Herakles gegrilltes Geflügel verspeist. Der makabre Duft des Hähnchengrills, der sich in den Zuschauerraum hinein verbreitete, sollte noch einmal das Leiden der Vögel unter den Menschen (Hühnerfabrik, Wienerwald) beklemmend symbolisieren. Durch diesen Zusatz ist die Komödie am Schluß gewichtiger gemacht als sie ist (Ciulli verfuhr ähnlich mit dem *Kyklops*), aber die Dialektik der gegenstrebigen Bewegung: Auszug in die Natur und paradox dazu Entzauberung der Natur durch deren Bezwingung mit Hilfe menschlich-politischer Institutionen und Regelungen im Sinne einer gebrochenen Utopie ist hier mit einem der Dichtung des Aristophanes adäquaten Ernst (in dem die komischen und vor allem die lyrischen Elemente nicht untergingen) überzeugend auf die Bühne gebracht.

Überblickt man die Inszenierungen antiker Dramen in den Siebziger Jahren, so erscheinen im Herausarbeiten der psychologischen, politischen und gesellschaftskritischen Dimensionen die Möglichkeiten des Regietheaters in einer kaum noch steigerbaren Weise voll ausgespielt. Daß die vorgeführten Beispiele dem deutschsprachigen Theater entstammen, hat seinen Grund auch darin, daß die extremen Ausprägungen des Regietheaters in der Anwendung auf das antike Drama insbesondere dem deutschen Theater eigen zu sein scheinen, während in den übrigen europäischen Ländern entsprechend den anderen Produktionsbedingungen die Inszenierungen doch im allgemeinen konservativer sind.

Man mag dies an demjenigen italienischen Regisseur antiker Dramen sehen, der dem Regietheater deutscher Prägung noch relativ am nächsten steht, an Luca Ronconi, der, aus Tunesien stammend, zunächst längere Zeit bei Vittorio Gassman als Schauspieler arbeitete, bis er mit fast 40 Jahren zum ersten Mal als Regisseur eines antiken Dramas hervortrat.[55] Es war eine seinerzeit viel beachtete Inszenierung der *Orestie*, die Ronconi mit seinem Ensemble Cooperativo Tuscolano (Rom) in Kooperation mit dem Beograd International Festival, dem Pariser Théâtre des Nations, dem Teatro Stabile in Rom und dem Festival in Spoleto herausgebracht hat. Sie wurde zuerst in Belgrad (Premiere 20. 9. 1972) gezeigt und mit dem dortigen Theaterpreis ausgezeichnet.

Ronconi ist von psychologischen Deutungskategorien (hier die Deutung des Orest-Mythos von C. G. Jung als Mutter-Komplex analog zum Oedipus-Komplex) nicht unbeeinflußt, aber nicht beherrscht. Eigentlich interessiert ihn die Frage nach dem Verlust von Ritualen, die Frage also, ob Rituale für immer verloren sind oder von einer alten in eine neue Zeit hinübergerettet werden können. Die Technik, die Ronconi in diesem Rahmen anwendet, ist die der Stilmischung, und so inszeniert er die drei Stücke der Trilogie in drei verschiedenen Spielweisen, den *Agamemnon* in archaisch-ritueller Strenge, vorgeführt in wuchtigen Bildern, die *Choephoren* als bürgerliches Rachestück in bloßem Nachahmen des alten Konfliktes und die *Eumeniden* als in die Zukunft gerichtete Utopie. Als Text lag die Übersetzung eines Philologen zugrunde, des bekannten Gräzisten Mario Untersteiner, und zwar offenbar nahezu ungekürzt, denn das Spiel auf einer einfachen, als Holzgerüst aufgebauten Fläche dauerte von 19 Uhr bis 1 Uhr 30 nachts. Die Bühne war ein einfaches, montierbares Holztheater mit einer variablen Rückwand, die die Palastfront darstellte und aus der eine Treppe ausgefahren wurde. Das Prinzip der Stilmischung kommt auch in der teils antikischen, teils modernen Kostümierung sowie in den Dekorationen zum Ausdruck. Neben rituellen Requisiten (Opferbrot, das gebrochen wird; ein ausgeweidetes Lamm, in dessen Blut die einzelnen Gestalten und der Chor ihre Hand tauchen, dunkler Sand, der wie geronnenes Blut über die Treppe geschüttet ist) sind moderne Gegenstände (Cello, Spinett, Schreibmaschine, Bücher) auf der Bühne zu sehen. Archaisches und Aktualität sollten zugleich bewußt werden (Abb. 32).

Ronconi hat nach den Aufführungen der *Orestie* angekündigt, er wolle sich vom Theater zurückziehen. Er konnte die Absicht schon deshalb nicht ohne Einschränkung verwirklichen, weil er bereits einen Dreijahresvertrag mit dem Wiener Burgtheater abgeschlossen hatte, an dem er, wiederum an der Leitfrage nach dem Verlust des Ritus interessiert, zunächst die *Bakchen* inszenierte (9. 6. 1973), dann die aristophanischen *Vögel* (19. 4. 1975) und schließlich noch einmal die *Orestie* (im Februar 1976), wiederum in einer kaum gekürzten philologisch korrekten Übersetzung, nämlich der alten Übertragung von Droysen, die in Wien von 15–22 Uhr gespielt wurde.

Das Mittel der Stilmischung bestimmt auch diese Inszenierungen. Die *Bakchen* werden gezeigt als ein Spiel im Ablauf verschiedener Kulturperioden von Szene zu Szene fortschreitend, beginnend mit der Renaissance. An verschiedenen, aufeinanderfolgenden Bildern (elisabethanisches Bühnenhaus, Teatro Olimpico, Kithairon-Landschaft, Menschen in moderner Tracht) wurde dies veranschaulicht. Die Ewigkeit des Konfliktes in den Epochen unterschiedlicher kultureller Ausprägung sollte so veranschaulicht werden. Die *Vögel* werden in das ausgehende 19. Jahrhundert gelegt; Fräcke, Zylinder, Federboas, Spitzen, Rüschen beherrschen die Kostüme der Akteure. Die unpolitische, ästhetisierende Inszenierung verharmlost die Komödie; ein Bezug zur Gegenwart stellt sich nicht ein. Schließlich wird das ganze Spiel auf ein somnambules Erlebnis reduziert: Die beiden Aussteiger träumen ihre Vogelwerdung nur. Kinderträume von Luft und Himmel! In der *Orestie* endlich wird die Arbeiter- und Bürgersituation der Gründerjahre in das archaische Geschehen hineingespiegelt. Das Hauptrequisit ist ein großes Förderband.

Ronconi, zunächst zu internationaler Berühmtheit gelangt durch das in Markt- und Sporthallen ganz Europas 1969 gezeigte Spektakel *Orlando Furioso* (das Heldenepos Ariosts *Der rasende Roland* in der Bearbeitung von Sanguinetti), 1974 als Leiter der Biennale Venedig berufen, wo er 1975 ein aus fünf Komödien von Aristophanes zusammengesetztes Stück *Utopia* als eine Art Straßentheater herausbrachte und in den Werften der Lagunenstadt zeigte, gründete dann die Theaterwerkstatt Laboratorio in

Prato (1977), wo er neben dem *Turm* von Hofmannsthal und *Calderon* von Pasolini noch einmal die *Bakchen* inszenierte. Dazu kommt schließlich noch eine zwischen Antike und Alltag angesiedelte *Medea* in Zürich (1981) mit einer wiederum charakteristischen Stilmischung von modernen und klassischen Formelementen, auch mit allerlei fingierten Einfällen. So hat am Schluß eine der den Chor bildenden Frauen von Korinth ein Kind geboren und wiegt es auf dem Arm – das Leben geht also weiter. Daß die Schauspieler in bedeutungsvollen Bildern eingerahmt wie von einer statuarischen Choreographie geführt wirkten, findet seine Erklärung wohl auch darin, daß Ronconi seit 1975 hauptsächlich Opernregie in Florenz, Mailand, Paris, Nürnberg und Ost-Berlin geführt hat (Verdi, Bellini, Rossini, Gluck, Wagner, Stockhausen). Im ganzen dürfte Ronconi derjenige italienische Regisseur (neben Ciulli) sein, der sich am stärksten dem antiken Drama auf dem Theater (außerhalb der antiken Spielstätten wie Syrakus) zugewandt hat. Den Italienern gilt er als Vertreter des extremen Regietheaters; doch seine ständige Rückkoppelung an den antiken Ritus und die durch das Prinzip der Stilmischung gegebene Reflexion auf das Stilphänomen überhaupt, wobei die politische Komponente weitgehend außer acht bleibt, lassen seine Inszenierungen doch noch weniger extrem erscheinen als die kühnsten Ausprägungen des deutschen Regietheaters.

Neue Erfahrung der griechischen Tragödie: Die *Orestie*

Nimmt man alle hier als signifikant für die Siebziger Jahre besprochenen Erscheinungen zusammen, so ist der Ausgangspunkt bezeichnet, bei dem die epochemachende Inszenierung der *Orestie* von Peter Stein an der Berliner Schaubühne zunächst noch am Halleschen Ufer einsetzt (Premiere am 18. 10. 1980 mit Gastspielen in Paris, Stuttgart, Caracas, Warschau, Rom, Athen). Mit ihr ist denn auch das neue Haus am Lehniner Platz 1981 eingeweiht worden. Fragt man nach den Gründen für diesen gravierenden Einschnitt in der Theatergeschichte überhaupt, so mag das Schlagwort von der Rückkehr zum Dichter nach den Überspitzungen des Regietheaters in den vorangegangenen Jahren eine erste Antwort geben. Doch ist damit nicht viel erklärt. So gab es kurz zuvor (im März 1979) eine durchaus eindrucksvolle *Orestie* am Residenztheater in München in der Regie von Franco Enriquez auf der Grundlage der freien Übersetzung von Walter Jens (mit vielen Kürzungen, auf zwei Abende verteilt), die ganz frei von den Modernismen des Regietheaters der Siebziger Jahre war. Man spielte in zeitlosen, langen Gewändern, die Schauspieler und Choreuten trugen Halbmasken, letztere einen langen Stab. Das Bühnenbild (von Jack Frankfurter) war abstrakt; im Hintergrund deutete eine große Zahl kleiner und großer schwarzer Platten und Stangen den Atridenpalast an. Man fühlte sich an die Inszenierungen der frühen Sechziger Jahre erinnert; die

Wiener Antiken-Inszenierungen von Sellner dürften die nächste Analogie sein. Aber diese Inszenierung hat keine Theatergeschichte gemacht. Steins Art der Rückkehr zum Dichter ist nicht eine Wiederaufnahme früherer Regiestile, sondern hat die modernsten Ausprägungen des Regietheaters verarbeitet, ist selbst modernes Regietheater und hat auf dieser Ebene die Aussage eines großen Textes bewahrt, ohne Umdeutungen, ohne fremde Texteinsprengsel, ohne modernistische Verfremdungen. Rückkehr zum Dichter bezeichnet hier keinen antiquarischen oder historisierenden Vorgang, sondern macht das Wort des Dichters so vernehmbar, daß der Zuschauer auch im Medium moderner Regiemittel eine antike Tragödie erfährt.

Hinzu kommt die Qualität der Schauspieler und des Chores. In 1½jähriger Probenarbeit, in der Berge von Probenprotokollen produziert wurden, hatte man sich mit dem Text und der philologischen sowie religionsgeschichtlichen Literatur auseinandergesetzt, hatte Übersetzungen miteinander verglichen, so daß «die wahrscheinlich am längsten geprobte Inszenierung der deutschen Bühnengeschichte» (Peter Iden, Frankfurter Rundschau, 21. 10. 1980) herausgekommen ist. Es war aber auch eine der längsten Aufführungen; man spielte am Wochenende von 14 Uhr bis 23 Uhr 30 (mit zwei längeren Pausen) und unter der Woche an drei aufeinanderfolgenden Tagen. Am Text wurde nichts gestrichen; zugrunde lag eine von Stein nicht nur aus dem griechischen Text, sondern auch aus vorhandenen Übersetzungen erarbeitete Prosa-Fassung in klarem, verständlichem Deutsch, in der die Bilder, Sprachelemente und Argumentationsketten des Originals weitgehend bewahrt blieben, ohne die Abgründe der Geschmacklosigkeiten, die den meisten Übersetzungen gerade der *Orestie* anhaften.

Allerdings steht die Textfassung Steins gerade mit der Länge der Aufführung und natürlich auch mit der Regiekonzeption in einem engen Zusammenhang. Stein bemerkt, er habe sich bemüht, in der Übersetzung «widersprüchliche Meinungen der Forschung nebeneinander zu verarbeiten». Das führt nun aber dazu, daß auch ganz unstrittige Aussagen des Textes durch variierende Wiederholungen zerdehnt werden. Wenn gleich zu Beginn der Wächter sagt: «Die Götter bitte ich um eine Änderung, um ein Ende meiner Mühen, um ein Ende ...», so ist die einfache Aussage des griechischen Textes verdreifacht. Noch stärker macht sich dies bei den Chorliedern bemerkbar. So ist der berühmte Zeus-Hymnos im *Agamemnon* (160–182) in der Fassung Steins doppelt so lang wie der griechische Text und erheblich länger als andere Übersetzungen.[56] Bei den Aufführungen klaffen die Divergenzen noch weiter auseinander. Während in fast allen anderen *Orestie*-Aufführungen noch gekürzt wird, erscheint hier das Chorlied durch die fugato-ähnliche Vortragsweise des Chores zerdehnt. Einer spricht einen Satz, andere wiederholen ihn, einzelne Worte werden mehrfach wiederholt, zwischen andere gesprochen. Das Ganze ist von großer Wirksamkeit, gleich weit entfernt von der donnernden Massivität des unisono-Sprechens und der völligen Auflösung des Chores. Der Chor als ganzer bleibt erhalten, aber er erlangt eine gewisse Geschwätzigkeit, die wiederum sehr gut zu Steins Konzeption paßt. Denn es sind die nicht nach Troja eingezogenen Alten, einfache Männer, die gigantische Worte nicht predigen, sondern nachdenklich, fast fragend, gelegentlich zögernd-ängstlich in den Mund nehmen. In schwarzen, abgewetzten Sonntagsanzügen gleichen sie, Komboloi spielend, den das Tagesgeschehen diskutierenden Männern im griechischen Kapheneion. Sie schlurfen durch den Zuschauerraum, lassen sich mitten im Publikum an einem Tisch, ihrem Stammtisch, nieder, wo sie die Ereignisse weitschweifig diskutieren. Das Reflektierende des Geschehens, das neben der bloßen Handlung steht, kommt in dieser Aufführung wie sonst nie bezwingend zum Ausdruck. Keineswegs wird die Distanz des Fremdartigen in der Alltäglichkeit aufgehoben. Durch gelegentliches geheimnisvolles, ja geradezu magisches Summen des Chores – dies sind die einzigen musikalischen Mittel der Aufführung – und durch kleine rituelle Gesten wird die Distanz archaischer Unheimlichkeit evoziert. In den *Choephoren* erscheint dann das rituelle Moment gesteigert durch die Opfer- und Klagesymbolik der Frauen, möglicherweise studiert an traditionellen Klageriten, wie man sie heute in Griechenland findet. Konnte der Chor im *Agamemnon* streckenweise bieder-gemütlich wirken, so sind die Frauen in den *Choephoren* in ihrer starken, durch den Ritus gebändigten Emotionalität von dunkler Unheimlichkeit. Beides korrespondiert der voll ausgespielten Drastik des Geschehens. Das dem *Agamemnon* beigegebene Motto: «Der Schlächter wird geschlachtet» wird schonungslos auf der Bühne umgesetzt; die ganze Grausamkeit des Blutvergießens wird auch optisch erlebbar, wenn Klytaimnestra, noch das Schwert in der Hand, zwischen den auf der Bühne sichtbaren Leichen von Kassandra und Agamemnon mit hochgeschürztem Rock, blutbeschmierten Beinen und leidenschaftlich verzerrtem Gesicht steht. Das Bühnenbild ist einfach: Eine hohe, schwarze, abweisende Wand deutet den Königspalast an; sie öffnet sich einen Spalt für die Auftritte von innen. Davor eine leere Bühne, etwas erhöht durch treppenähnliche Gebilde mit vier Sprossen; schräg durch den Zuschauerraum erstreckt sich eine Auftrittsrampe für einzelne Schauspieler. Agamemnon kommt in einem schmucklosen Wagen auf die Bühne. In der Mitte des Raumes ein abgewetzter, klobiger Tisch, darauf Schreibtischlampen, zehn Stühle darum für den Chor. Die gleiche Stelle nimmt in den *Choephoren* das Grab Agamemnons ein.

Das ganze Theater ist zunächst dunkel; die Sitze sind aus dem Zuschauerraum herausgenommen, man kauert fast acht Stunden mit gekrümmtem Rücken auf dem in niedrigen Stufen ansteigenden Fußboden, womit wohl eine Art antikes Sitzgefühl suggeriert werden soll. «Ein Orthopäde wurde nicht zu Rate gezogen», heißt es in einer Pressekritik (FAZ 20. 10. 80).

Das letzte Stück der Trilogie, die *Eumeniden,* an dem einst Max Reinhardt gescheitert war, bietet für die szenischen Umsetzungen besondere Schwierigkeiten, zumal wenn man – wie Stein – am Text keinerlei Kürzungen vornimmt. Hatte Peter Stein den *Choephoren* den Untertitel «Der Befreier wird wahnsinnig» gegeben, so lautet das Motto für die *Eumeniden* «Die Vampire segnen die Stadt». In der Tat sind es ekelhafte Monster in schwarzen Lederanzügen, deren larvenähnliche Köpfe Reptiliengesichter tragen. Sie umringen den aus dem Tempeltor herausfahrenden Nabelstein von Delphi, auf dem Orest sitzt. Apoll kommt in einer Art Fahrstuhl heruntergefahren, und schließlich ist das ganze Spiel auf die Gerichtsverhandlung konzentriert, angeführt von Athene, die wie eine Artistin über die Zuschauer hinweg auf die Bühne schwebt. Der Schlüssel für die Konzeption Steins liegt in der Abstimmungszeremonie des von Athene eingesetzten Areopags, dessen Richter bei Stimmengleichheit nach dem von Athene verkündeten Rechtsgrundsatz Orest freisprechen. Als das Spiel zu Ende ging, während die Zuschauer schon den Saal verließen, wiederholten die Richter in stummer Gebärde mit ihren weißen und schwarzen Stimmsteinen den Abstimmungsvorgang immer wieder. Dies kann nur meinen, daß Blutrache abgelöst wird durch Rechtsstaatlichkeit, die bei Aischylos begründet und als Rechtssprechung durch die Bürger im Sinne der damals neu gewonnenen Demokratie fortan eben auch in unserem modernen Rechtsbewußtsein bewahrt werden soll. Diesen affirmativen Gestus des Theaters haben einige Kritiker Steins verwundert zur Kenntnis genommen, und in der Tat ist mit diesem Antikenprojekt II eine auch für die Geschichte der Schaubühne überraschende Antithese zu dem Antikenprojekt I gesetzt. War dieses eher Auflösung von Ordnung, ist jenes Etablierung von Ordnung und zugleich Wiederherstellung großen Theaters gegenüber den Entartungserscheinungen des Regietheaters, wie sie kurz zuvor für die spektakulären *Antigone*-Inszenierungen charakteristisch waren. Stein widersetzt sich jeder durchaus naheliegenden Versuchung kurzgegriffener Aktualisierungen und modischer Akzentuierungen. Die Größe seiner Inszenierung, die auch für ihn selbst einen Höhepunkt seiner Theaterarbeit darstellen dürfte, liegt gerade darin, daß das moderne Regietheater in den Dienst eines ohne Kürzungen und Zutaten freigelegten Textes gestellt wurde. Der Erfolg war überwältigend; das zunächst so fremde Spiel zog vor allem ein junges, nicht theaterspezifisches Publikum in seinen Bann.

Und doch muß hinsichtlich der Affirmation im Sinne der politischen Demokratie, wie sie diese Inszenierung nahelegt, eine Einschränkung gemacht werden. Denn gerade bei dem Abstimmungsvorgang hat Stein ein einziges Mal den griechischen Text geändert und dahingehend umgestellt, daß sich durch die Abstimmung der Richter des Areopag eine Stimmengleichheit ergibt, zu der Athene ihre Stimme hinzugibt, während sich nach dem unbezweifelbaren Text des Aischylos erst mit der Stimme der Athene eine Stimmengleichheit ergibt, mithin nach rein menschlicher Rechtsprechung Orest hätte verurteilt werden müssen.[57] Der Hergang bei Aischylos ist der folgende: 1. Einsetzung des Areopags als Gerichtshof durch Athene. Sie selbst wählt Richter aus, die diesen Rechtsstreit durch Abstimmung entscheiden, aber auch in Zukunft über das Recht wachen sollen (681–710). 2. Die Richter stimmen verdeckt ab. 3. Athene verkündet noch vor der Auszählung, daß Orest obsiegen wird, falls sich Stimmengleichheit ergibt (741–42). 4. Athene legt ihren Stimmstein für Orest dazu. 5. Athene verkündet das Ergebnis: Orest wird freigesprochen, da sich Stimmengleichheit ergeben hat (752–53). In der Aufführung der Schaubühne wird der Text umgestellt und abgeändert. Gleich nach 1) und 2) wird das Ergebnis der Stimmengleichheit verkündet, aber nicht, wie in den griechischen Handschriften, durch Athene, sondern durch einen Richter; erst danach legt Athene ihren Stimmstein dazu.

Aber diese Auffassung von dem Hergang führt zu Schwierigkeiten: Athene erscheint mitten im Verfahren als über den Parteien stehend; ihre Stimmabgabe muß als rein symbolisch angesehen werden, denn es soll ja der Rechtsgrundsatz in dubio pro reo bei Stimmengleichheit gelten, die angeblich schon durch die menschlichen Richter erreicht sei. Nur so kann das Ganze als Grundsteinlegung der Demokratie verstanden werden, während nach dem Text des Aischylos die Menschen allein es eben nicht schaffen und auf göttliche Mitarbeit angewiesen bleiben. Daher kann Aischylos hier auch kaum das Mündigwerden des attischen Bürgers preisen, ganz abgesehen von dem merkwürdigen Umstand, daß vier Jahre vor der Aufführung der *Orestie* im Zeichen der Demokratie der Areopag als alter Adelsrat seiner politischen Befugnisse entkleidet und auf die Blutgerichtsbarkeit reduziert wurde. Darum geht es zwar im Falle des Orest, aber es bleibt doch ein merkwürdiger Kontrast zwischen der Zurückdrängung des Areopags als einer nicht-demokratischen Instanz und der feierlichen Einsetzung dieses Gremiums als zentraler Rechtshüterin in der Dichtung, mit der von Athene gegebenen Begründung, «weder der Anarchie noch der Despotie sich zu beugen» (Vers 696 in der Formulierung Steins), was eher an Rechtsverhältnisse nach Art des Solon oder des Kleisthenes als an eine Empfehlung der Demokratie denken läßt, die allerdings in die Prozedur der Abstimmung hineinreicht, so daß ein sehr komplexes Gewebe entsteht. Der Gegensatz von Alt und Neu wird im Grunde zweimal ausgetragen, einmal in der Überwindung der Blutrache durch die Einsetzung des Areopags als eines Rechtsinstitutes in mythischer Zeit und ein weiteres Mal in der Zurückdrängung der Befugnisse des archaischen Areopags durch demokratische Formen und Institutionen in der geschichtlichen Wirklichkeit zur Zeit der Abfassung der *Orestie*. Aischylos spiegelt nun Elemente des historischen Vorganges seiner Zeit in die mythischen Begebenheiten hinein, und eben dadurch entsteht die komplexe Fiktion.[58] Aber wie immer man den Abstimmungsvorgang im einzelnen beurteilen oder darstellen mag, keine Inszenierung hat den Ablösungsprozeß von Alt zu Neu in seiner Tiefe so adäquat auf die Bühne zu bringen vermocht wie diejenige von Peter Stein an der Berliner Schaubühne (Abb. 30 und 31).

Dabei erregt die *Orestie* in diesen Jahren die Aufmerksamkeit gerade der interessantesten Regisseure. Der inzwischen 72jährige Karolos Koun bringt die allerdings stark gekürzte Trilogie erstmals 1981 in Epidauros mit Melina Mercouri als Klytaimnestra in einer dem Spielort angemessenen, relativ konservativen Inszenierung auf die Bühne, während Italien durch Ronconi und noch früher durch Pasolini/Gassman vorangegangen war. Besonders interessant ist die Situation in England. Hier hatte Kenneth McLeish im Jahre 1979 bei der BBC eine Fernsehproduktion der *Orestie* unter dem Titel *The Serpent Son* mit Diana Rigg in der Rolle der Klytaimnestra herausgebracht, die 4–5 Millionen Zuschauer erreicht hat.[59] Das eigentliche Gegenstück zu der Inszenierung Steins ist aber die (gewiß schon länger vorbereitete) *Orestie* von Peter Hall, dem damaligen Direktor des London National Theatre, auf der Bühne des dem Theater in Epidauros genau nachgebauten, nur sehr viel kleineren und geschlossenen Olivier Theatre. Vorausgegangen war aber 1980 eine merkwürdige Veranstaltung. Der Freund Halls, John Barton, zeitweilig gemeinsam mit diesem künstlerischer Leiter der Royal Shakespeare Company, der Erneuerer der Shakespeare-Interpretationen auf der englischen Bühne, hat mit der Royal Shakespeare Company am Londoner Aldrych-Theatre nach 14jähriger Vorbereitungszeit ein Stück mit dem Titel *The Greeks* herausgebracht, dem der Stoff der Atridensage zugrunde liegt. In einer achtstündigen Aufführung zog sie in einer bunten Mischung aus Homer und den drei Tragikern wie eine farbige, turbulente Show als eine Liebes- und Mordgeschichte aus unserer Zeit am Zuschauer vorbei.

Ganz anders nun aber die Inszenierung der *Orestie* (1981) von Peter Hall, der als der wohl bedeutendste Schauspiel- und Opernregisseur in England nach Laurence Olivier zu gelten hat und sich später durch seine Inszenierung von Wagners *Ring* 1983 in die Annalen Bayreuths einschreiben sollte. Dem nur fünfstündigen Spiel lag die Übersetzung des Lyrikers Tony Harrison zugrunde. Die sehr einprägsame, rhythmisch prägnante Übersetzung ist von wuchtigen Versen getragen, die gelegentlich in die Alltagssprache abgleiten. Es dominieren aber doch die Elemente eines feierlichen Sprachduktus: Alliterationen, neue Wortprägungen, Reimschemata, Rhythmen. Die Aufführung ist durch den Dreiklang Masken, Musik, Männer bestimmt, während man bei Stein Blut und nackte Gesichter sieht. Mit der durchgängigen Verwendung von Masken ist die Anonymität der Gestalten gesteigert; die Masken wirken aber merkwürdig unantik, artistisch manieriert. Es paßt dazu, daß auch die Frauenrollen von Männern gespielt werden, was nicht in erster Linie ein Mittel des Archaisierens als vielmehr Ausdruck des männlichen Standpunktes des Aischylos sein soll. Anders als bei Stein gibt es eine regelrechte, von H. Birtwistle komponierte Bühnenmusik. Vor der Bühne links und rechts war ein Orchester plaziert (Schlagzeug, Bläser, Harfe), das in pulsierenden Rhythmen das Zeremonielle der Aufführung betonte. Zwölf Choreuten (wie bei Aischylos selbst) bewegten sich gemessen mit archaisch-rituellen Gesten. Es war im ganzen ein statuarisches Oratorium für Masken mit Musik. Die Aufführung erreichte nicht die Geschlossenheit der Konzeption Steins; sie blieb zwiespältig. Neben der durchgängigen Neigung zum Archaisieren standen einige moderne Details: Aegisth erschien im Zweireiher, seine in schwarze Montur gekleidete Leibwache marschierte im Gleichschritt hinter ihm her. Die Inszenierung ist seinerzeit lebhaft gefeiert worden.[60] Gegenüber der direkten, individualisierenden Konzeption Steins sollte wohl angedeutet werden, daß die griechische Tragödie nur in der Distanz der anonymisierenden Verfremdung heutzutage rezipiert werden könne.[61] Es mag sein, daß nationale Aufführungstraditionen für die eine oder die andere Auffassung den Ausschlag gaben. Diese *Orestie* war aber halb Epidauros, halb modernes Regietheater.[62]

Die deutschen *Orestie*-Inszenierungen der Achtziger Jahre stehen im Schatten Steins. Eigene Akzente setzen am ehesten noch Holk Freytag in Moers (1985) und Heyme (1988) in Essen. Doch beide kürzen die Übersetzungen stark (in Moers diejenige von Dietrich Ebener, in Essen Buschors von Heyme nur halbherzig übernommene Übertragung). Zum zehnjährigen Jubiläum des kleinen und ambitionierten Schloßtheaters in Moers sah der Zuschauer im *Agamemnon* eine weiß gedeckte Tafel mit Rotwein und Brot zur Feier der Heimkehr des Feldherrn vor sich; in den *Choephoren* war die Spielfläche knietief unter Wasser gesetzt – der Muttermord fand gleichsam auf einer Insel statt –; in den *Eumeniden* nahmen die nur 80 Zuschauer an dem mit grünem Tuch bespannten Richtertisch des Areopag Platz und stimmten selber über die Tat des Orest ab – das Ergebnis war durch die Regie natürlich vorprogrammiert.

Heymes Inszenierung der *Orestie* zur Eröffnung des Essener Aalto-Theaters (26. 11. 1988) erinnert vor allem im *Agamemnon* streckenweise an Stein, unterscheidet sich von diesem aber durch eine Zurücknahme der Emotionen und der archaischen Kraft zugunsten nicht leicht zu enträtselnder Symbole, so z. B. der Gestaltung des Grabmals des Agamemnon als riesiger sitzender Statue in Uniform, auf der Orest und Elektra gelegentlich klettern wie Kinder auf einem Kriegerdenkmal. Das Neue der sich etablierenden Rechtsordnung wird in dieser Inszenierung – über Aischylos hinausgehend – in Frieden, Frauenrecht und gerechter Besitzverteilung gesehen. So streut Heyme in den *Eumeniden* einige Verse aus den *Ekklesiazusen (Frauenvolksversammlung)* des Aristophanes ein, und Athene mit weißer Baskenmütze (im übrigen tragen alle Frauen Hosen) spricht am Schluß zum Publikum die Worte: «Es ist nötig, daß es nur einen Besitz gibt, den Besitz von allen. Alles gehört allen.» Natürlich weiß Heyme, daß das nicht Aischylos ist.

Die Achtziger Jahre in Deutschland

Sucht man sich eine auch nur annähernde Vorstellung von der Präsenz des antiken Dramas auf der Bühne in den Achtziger Jahren zu machen, so ist der erste Eindruck der einer erneut stark gewachsenen Fülle der Erscheinungen in internationaler Ausweitung. Ein statistisches Exempel kann dies belegen. Allein an den deutschsprachigen Bühnen (DDR-Theater nicht mitgezählt, also Bundesrepublik, Österreich, Schweiz) gibt es in den Achtziger Jahren pro Spielzeit etwa 440 Aufführungen antiker Dramen. Nimmt man die 7 Spielzeiten 1981/82–1987/88 (die hier als statistisches Beispiel dienen sollen) zusammen, so ergeben sich folgende Zahlen: Aischylos 505 Aufführungen in 26 Inszenierungen; Sophokles in 58 Inszenierungen 934 Aufführungen (davon über die Hälfte allein *Antigone*); Euripides in 37 Inszenierungen 669 Aufführungen (davon fast die Hälfte *Medea*); Aristophanes in 55 Inszenierungen 989 Aufführungen,[63] d.h. 177 Inszenierungen und 3097 Aufführungen in 7 Jahren nur im deutschsprachigen Raum. Nimmt man die Theater der DDR, des übrigen Europa, der USA und neuerdings Japans dazu, so ergibt sich eine unübersehbare Anzahl von Inszenierungen, die sich einer knappen Darstellung entzieht und nur das exemplarische Herausheben einiger signifikanter Theaterereignisse gestattet. Und doch ergibt die angeführte Statistik, daß die jährlich etwa 440 Aufführungen nur 1–2% (Schwankungen je nach Einbeziehung von Boulevard- und Tournee-Theatern) des gesamten Bühnenrepertoires ausmachen und damit deutlich weniger als Shakespeare (ca. 3,5%) und etwa gleich viel wie andere ‹Klassiker› (Molière und Goethe je ca. 2%, Schiller ca. 1,5%, Lessing und Kleist je ca. 1%). Der weit überwiegende Anteil geht auf das Konto der modernen Dramatik, was natürlich nur für das geschlossene Repertoire-Theater gilt; beim Open-air-Theater sähe das Bild ganz anders aus.

Wollen wir aus dieser Fülle auch nur einige theatergeschichtlich signifikante Ereignisse andeutend charakterisieren, so verfolgen wir zunächst den weiteren Weg Hansgünther Heymes, der kontinuierlich am antiken Drama weitergearbeitet hat. Heyme hat in seiner Stuttgarter Zeit (1980–1984) sich viermal dem griechischen Drama zugewandt; nach den *Vögeln* kamen 1981 die *Phoenizierinnen* des Euripides, 1982 die *Iphigenie bei den Tauriern* (allerdings in einer sehr freien Bearbeitung von Jochen Berg) und 1983 zur Eröffnung des Neuen Kammertheaters die *Perser* heraus. Hinzu kommt noch der von Jochen Berg zu einem Drama gestaltete Mythos der *Niobe* (1983).

Nach den glänzenden *Vögeln* waren die *Phoenizierinnen* (30.4.1981) trotz außerordentlicher schauspielerischer Leistungen (allen voran die von Heyme vielfach als Protagonistin verwendete Margit Carstensen in der Rolle der Jokaste), trotz einer immensen Vorbereitungsarbeit (Heyme hatte allein vier Professoren der Klassischen Philologie zu einleitenden Vorträgen eingeladen) ein Mißerfolg. Heyme wollte das Gebrochene der Tragödie des Euripides zeigen, in der die Gestalten des Dramas aus der Bahn geworfen sind und nicht mehr zueinander finden. Er tat dies aber mit so artifiziellen Regieeinfällen, daß die Symbole nicht mehr sinnfällig wurden und unverstanden blieben, obwohl das erklärende Programmheft zu einem stattlichen Band angewachsen war. Für den Gesamteindruck wesentlich mitverantwortlich war der von Heyme engagierte Happeningkünstler Wolf Vostell, der nicht nur das Bühnenbild, sondern auch eine besondere ‹audiovisuelle Konzeption› entworfen hatte. Die Idee dazu kam ihm während eines kurzen Amerikaaufenthaltes. Auf dem Hinflug im Jumbo las er (zum ersten Mal) die Tragödie des Euripides (in der Übersetzung von Berg); in Los Angeles wurde er Zeuge eines Verkehrsunfalles auf einem Highway, auf dem Rückflug wurde ihm klar, daß eben dieser Autounfall das Bühnenbild für die Stuttgarter Aufführung sein sollte. So sah man denn eine rote Glitzerlimousine, die die Leitplanken durchbrochen hatte und auf eine Böschung herabgeglitten war. Davor war eine riesige Öllache, in der sich zeitweilig der Chor wälzte. Außerdem hatte Vostell zahlreiche von der Decke herabhängende Mikrophone anbringen lassen, in die die Schauspieler sprachen: Die Menschen finden nicht direkt zueinander – das sollte wohl angedeutet werden. Jokaste beschmiert sich das Gesicht mit Erde; es wird viel mit Wasser gespritzt; die Darsteller des Chors (sieben junge Damen) entkleiden sich völlig (ebenso auch Kreon) und bemalen zwischen Autowrack und Schlamm ihre Körper mit bunten Farben und bepudern sie mit Mehlstaub. Alle Figuren erscheinen verkleinert. Jokaste plaudert auf der Schaukel, die Söhne Polyneikes und Eteokles sind belanglose Jünglinge, der Bote ist betrunken, Kreon kann über alles, was er erfährt, nur schallend lachen. Man ahnt, was Heyme zeigen will. Der Machtkampf der Oedipus-Söhne Eteokles und Polyneikes nach der Blendung des Oedipus und der vergebliche Versöhnungsversuch der Mutter Jokaste erscheinen aktualisiert in der Problematik: Bruderkrieg, Eifersucht, politische Ansprüche, Gewalt, nur mühsam zugedeckt durch Kosmetik. Die Helden sollen entlarvt, der Lächerlichkeit preisgegeben werden – eine Tendenz, die ja tatsächlich bereits der Tragödie des Euripides innewohnt. Aber dies alles wurde angesichts der Vielzahl sich unabhängig aneinander reihender happeningartiger Gags nicht nachvollziehbar. Auch blieb weitgehend verborgen, was Jochen Berg mit seiner nicht aus dem griechischen Original gearbeiteten und von diesem sich vielfach entfernenden Bearbeitung zum Ausdruck bringen wollte. Für den damals erst 32jährigen, durch Heiner Müller und Peter Hacks geprägten DDR-Autor wird die umkämpfte Stadt Theben zum Symbol für das zweigeteilte Berlin, und die Sympathie gehört Polyneikes, dem aus der Stadt vertriebenen Bruder, der nun zurückkehrt und seine Ansprüche geltend macht. Aber der ganze sprachliche Bereich wurde in dieser Aufführung in den Hintergrund gedrängt durch die zahlreichen Gags, hinter denen keine Verbindung sichtbar wurde. Die für Heyme früher so wichtige rituelle Komponente war ganz verschwunden; das Fremde der griechischen Tragödie wurde nicht spürbar. Das Publikum hat die Aufführung nicht angenommen; man spielte ein Dutzend Mal tapfer vor fast leerem Haus; es war ein Exempel dafür, wie griechische Tragödie heute nicht sinnfällig gemacht werden kann (Abb. 33).

Nach einer ruhigeren *Iphigenie* von Jochen Berg, der in noch weiterer Entfernung von der Tragödie des Euripides den Mythos in schöner Sprache nacherzählt hatte, gewann die gleichwohl eigenwillige Inszenierung der *Perser* (2. 10. 1983; Gastspiele in Delphi, Athen und Thessaloniki) wieder den Charakter einer nachvollziehbaren Auseinandersetzung mit der Tragödie des Aischylos. Aber das sonst für Heyme so wichtige rituelle Moment, ferner das Archaisieren des Mythos, das alles war nun aus seinen Inszenierungen des antiken Dramas verschwunden. Zwar spielte man wieder die Übersetzung von Wolfgang Schadewaldt, war also ganz nah am Text, aber doch weit entfernt von Aischylos. Besonders deutlich war dies am Chor: Statt der alten persischen Würdenträger traten sechs junge blasse Frauen mit sorgfältig ondulierten Haaren auf, die über glitzernden Abendkleidern feldgraue Wehrmachtsoffiziersjacken trugen und die die bei Aischylos schweren Eingangsanapäste wie ein Kinderlied summten. Noch im Laufe der Eingangsszene ertönt gloriose Hymnenmusik, die Chordamen sammeln sich zur Betrachtung eines Riesengemäldes, das später auch beschmiert wird. Es ist ein 100 Jahre alter Historienschinken, *Kleopatra am Nil* von Hans Makart (das riesige Gemälde befindet sich in der Stuttgarter Staatsgalerie). Die Kopie ist schräg gegen die Oberbühne gelehnt und bildet als Aufsichtsfläche das Zentrum der gesamten Bühne; durch die Schrägstellung in perspektivischer Verzerrung soll die ornamentale Pracht des Perserhofes von Susa als falsch und hohl denunziert werden. Die Chordamen haben inzwischen die Uniformjacken von sich geworfen, stimmen sich Tango tanzend auf das Kommen der Atossa ein und wälzen sich auf dem Kleopatra-Bild hin und her. Atossa, auch sie im Abendkleid, erscheint nervös aufgekratzt, hysterisch, wie eine Konversationsdame in morbider Dekadenz; erst am Schluß steigert sie sich zu wirklichem Mitleiden mit dem geschlagenen Sohn Xerxes, vor dem sie kniet, dem sie in der Schlußszene einen zu großen Helm aufsetzt, in einer stummen Geste, zu der sie (abweichend von Aischylos) noch einmal auf die Bühne kommt. Hier wird auch deutlich, was Heyme zeigen will. Es ist die Abrechnung mit Sieger- und Verliererhaltungen, die gleichermaßen aus Leiden nichts lernen. Nur der Chor fühlt sich am Schluß wie befreit und erfährt die Niederlage als Ansatzpunkt für die eigene Befreiung. Auch deshalb besteht er bei Heyme aus Frauen. Zu dieser Inszenierung hat Heyme erstmals die Methode des Zurückschreitens in verschiedene, konkrete Stufen der jüngeren Geschichte angewandt. Am deutlichsten kommt dies zum Ausdruck in der Szene, in der der von Atossa beschworene Geist des Dareios auftritt. Er wird als Mumie von einem Chor auf einer Lafette auf die Bühne gefahren, eingehüllt in übereinandergelegte Fahnen, die nacheinander entfernt werden, von der Hakenkreuzfahne über die alte Reichskriegsflagge bis zum Preußenadler. Dareios selbst erscheint dann wie eine Karikatur des Alten Fritz mit gelben Stöckelschuhen. Der Bote mit dem Bericht von der Niederlage bei Salamis ist wie ein kalter Kriegsberichterstatter angelegt; Xerxes schließlich kommt wie ein Fallschirmjäger vom Schnürboden heruntergefallen. Von Feuchtwanger bis Mattias Braun ist die Grundsituation der *Perser* mit einzelnen Konstellationen der Zeitgeschichte (Erster und Zweiter Weltkrieg) in Verbindung gebracht worden. Heyme geht darüber hinaus, indem er die einzelne Analogie ins Grundsätzliche wendet und eine Militärwelt evoziert, die sich immer wiederholt und die Sieger und Besiegte gleichermaßen einholt. Wohl steht die Friedensbewegung im Hintergrund, auch Heiner Müllers *Germania Tod in Berlin* mag eingewirkt haben. Die eindrucksvolle Inszenierung vermag Aspekte der Tragödie des Aischylos bloßzulegen, benutzt aber den treu bewahrten Text zu Aussagen, die weit über Aischylos hinausgehen. Während dieser die Tragik in der Hybris des Xerxes begründet, zeigt Heyme zwischen und in allen Personen Macht- und Abhängigkeitsstrukturen (Herrscher/Volk; Bote/Hörer; Mann/Frau; Trauer/Lebenswille), deren Ausprägungen letztlich zu der (impliziten) These führen, daß nur Aufhebung von Macht wirkliche Bewältigung von Trauer erlaubt. Das ist sicher nicht die These des Aischylos, aber es lohnt doch, diese älteste griechische Tragödie mit der Erfahrung dieser Aufführung neu zu lesen.

Heyme, der in Stuttgart vielen lokalen Anfeindungen ausgesetzt war, kämpfte zu dieser Zeit schon mit dem Rücken zur Wand. Zwei Jahre später ging er nach Essen an ein weit weniger renommiertes Theater mit viel bescheideneren Mitteln. Es reizte ihn die Chance des Neubeginns in dem krisengeschüttelten, aber kulturell so aufgeschlossenen Ruhrgebiet, in dem die Situation des Theaters in unserer Gesellschaft offener erfahrbar ist als anderswo. Nach einer Übernahme des *Nathan* aus Stuttgart war die erste in Essen neu realisierte Inszenierung Heymes wieder ein Abend mit zwei antiken Dramen, der *Iphigenie in Aulis* in der eher einer Nachdichtung als einer Übersetzung gleichenden Fassung Schillers und den *Troierinnen* (merkwürdigerweise in dieser Formulierung) in der von Heyme nur leicht veränderten Übersetzung von Buschor. Wie schon bei der Inszenierung der *Perser* wird das Geschehen der *Iphigenie* in die jüngere Vergangenheit verlegt, in das Ambiente der Gründerjahre im Ausgang des 19. Jahrhunderts. Den Hafen von Aulis hatte Heyme (und sein Bühnenbildner Wolf Münzner) auf der engen Vorbühne in ein großbürgerliches Wohnzimmer mit einem runden Tisch verlegt. Neben antiken Waffenrequisiten war ein Schiffsmodell zu sehen. Iphigenie trat im weißen Brautkleid auf (ihr war ja die Hochzeit mit Achill versprochen); auch die Frauen des Chores, die das Geschehen mit lächelnder Teilnahmslosigkeit begleiteten, trugen lange Abendkleider. Heyme wollte die Zweifel des Euripides an dem alten Mythos verstärken, indem er die Auseinandersetzung zwischen opportunistischer Staatsraison und hohler Vaterlandsehre mit zärtlich-unschuldigen Familienbindungen scharf herausarbeitete.

Die *Troerinnen* (bei Heyme: *Troierinnen*) vermochten weniger zu überzeugen, weil im Unterschied zu wohl allen anderen Inszenierungen dieses Dramas aus der gleichen Zeit die politische Aussage merkwürdig abgebogen war. Im Vordergrund stand nicht das Leiden der unglücklichen Frauen, die vor den Toren ihrer brennenden Stadt auf den Abtransport in die Sklaverei warten, sondern ein an Beckett erinnerndes Endspiel, in dem die Frauen, in prachtvolle türkische Gewänder gehüllt (es sind ja Mitglieder der Königsfamilie) aus dem Wohlstandsmüll ihrer einst prächtigen Stadt ihre Habe sammeln, sich keifend gegen Tod und Verzweiflung auflehnen und schließlich mit dem Anflug eines Lächelns ohnmächtig gegen eine absurde Welt sich ihrem Schicksal fügen – absurdes Theater. Den Zweifel des Euripides gegen das Walten der Götter verstärkt Heyme auch hier. Sie haben eigentlich abgedankt; bei Heyme tragen sie (Athene und Poseidon) aseptische Mullbinden vor dem Mund, und Poseidon wirkt wie ein heruntergekommener Clochard. Das Gebrochene gegenüber alten und traditionellen Bindungen in der Tragödie hat Heyme auch hier zum Mittelpunkt seiner Inszenierung gemacht in bezwingenden Bildern bei großen schauspielerischen Leistungen, aber das Fremde und damit das Charakteristische der griechischen Tragödie war doch in den Kölner Inszenierungen viel stärker spürbar.

Nach der *Orestie* von 1986 hat Heyme dann die *Ilias* Homers dramatisiert und mit einem Riesenaufgebot von 72 Schauspielern in einer Koproduktion Essen/Düsseldorf auf die Bühne gebracht (Premiere in Düsseldorf am 29. 4. 1989). In 54 Bildern wird die natürlich stark gekürzte Übersetzung von Wolfgang Schadewaldt gesprochen; das aufwendige Programmbuch gibt peinlich genau über die Textgrundlage Auskunft. Keineswegs hat Heyme nur die herausragenden Dialogszenen herausgegriffen; vielmehr herrscht Schlachtengetümmel vor, und die Grausamkeit der Kämpfe wird drastisch ausgespielt. Die Götter sind auch hier entthront; es sind junge, auf einer Oberbühne agierende Schauspieler in Kostümen von Jugendlichen der Zwanziger Jahre. Wie man hört, bereitet Heyme eine *Odyssee* für die Bühne vor. Man darf darauf gespannt sein, ob und wie er zur griechischen Tragödie zurückfindet. Angesichts des Fehlens jeglicher Voraussetzungen beim Zuschauer müsse man, so hat er in einer Diskussion gesagt, ganz von vorn anfangen, und es ginge nur noch darum, die Texte zu retten. Hoffentlich können wir Heyme beim Wort nehmen.

Roberto Ciulli hat bei seinen Inszenierungen des antiken Dramas – mit Ausnahme des *Kyklops* von 1978 – viel unbekümmerter in den Text eingegriffen, ja ihn eigentlich neu geschrieben, wobei von der antiken Vorlage nur Fetzen und das mythische Handlungsgerippe übrigblieben. Das wurde dann in ein ganz unantikes Ambiente gelegt, aber nicht in der Reflexion auf eine historische Stufe, sondern in einer bunten Mischung der Bilder. Die Inszenierung der *Medea* 1981 in Stuttgart ist dabei ein Beitrag zur Trivialisierung der Antike. Medea ist hier Bewohnerin einer schlampigen Wohngemeinschaft; im Morgenrock telephoniert sie mit Jason, dem sie emotionsgeladen ihre Meinung sagt. Kaum hat sie aufgelegt, ruft Jason zurück. «Ich ziehe ein normales Leben eurer Scheißwohngemeinschaft vor», sagt er. Medea legt nach dem Mord an den Kindern eine Platte mit Trauermusik auf. Der Schluß ist verändert: Es fehlt die euripideische deus-ex-machina-Lösung mit dem Drachenwagen. Das Ganze wird dargestellt wie eine Kinovorführung, also noch einmal gebrochen. Medea als Opfer der Gesellschaft – das sollte wohl die Botschaft sein. Wie schon bei der Inszenierung der *Alkestis* wird ein Aspekt des Dramas bloßgelegt und von den Bindungen auch an die Form der griechischen Tragödie (die Heyme fast immer bewahrt hat), abgeschnitten. In der bunten Stilmischung ist Ciulli seinem Landsmann Ronconi verwandt.

Ganz ähnlich Ciullis Inszenierung der sophokleischen *Elektra* nun im Theater an der Ruhr in Mühlheim (Premiere am 5. 11. 1983). Das Bühnenbild ist ein weißer Raum, im Hintergrund sieht man eine Bar, in der drei Männer sich an Flipperautomaten vergnügen. Diese drei Männer bilden den Chor; bei Sophokles sind es (allerdings von Männern gespielte) Frauen aus Mykene. Dafür ist das Drama im ganzen als Frauenstück inszeniert. Orest erscheint als Werkzeug von Elektra, die zuvor von Aegisth über die Bühnenbretter geschleift wurde. Zu Beginn des Stückes sitzt Elektra trauernd in einem Erdhaufen – Becketts Stück *Glückliche Tage* lieferte die Idee dazu –, um dann in einer Art liturgischem Sprechgesang ihrer Klage Lauf zu lassen, hohlwangig, blaß, am Rande des Wahnsinns. Im Gegensatz dazu ist Klytaimnestra mondän gekleidet, selbstsicher sich herablassend zu Elektra, gestisch verdeutlicht in einem einprägsamen Moment der Regie, in dem die Mutter die Tochter in dem Erdhaufen mit Essen versorgt, aber so, daß die Abhängigkeit der Tochter von der mächtigen Königin in dem Vorgang der Verteilung von Futterbrocken sinnfällig wird. Im Grunde hat Ciulli die Gestalt der Elektra ähnlich konzipiert wie die Medea zwei Jahre zuvor in Stuttgart. Denn auch Elektra ist hier Relikt in einer absurden Welt, als deren Opfer sie sich empfindet. Sie ist weniger die Leidende, die aus Liebe zum Vater nach dem Bruder ruft, als die an der Absurdität der Welt irre gewordene Autistin. Beckett ist näher als Griechenland; Jan Kotts Interpretation der griechischen Tragödie als absurden Theaters steht im Hintergrund. Man hat sich hier zwar an die von Helmut Schäfer bearbeitete alte Übersetzung des Goethe-Freundes Karl Wilhelm Ferdinand Solger (im Programmheft fälschlich «Soger») gehalten, die aber vielfach abgeändert wurde. Der Schluß wurde ganz gestrichen, so daß am Ende nur Elektra auf der Bühne ist als eine Übriggebliebene in einer normierten Welt, übergehend in eine Pantomime, als wäre sie die Elektra Hofmannsthals.

Die gleiche unverwechselbare Handschrift Ciullis zeigt sich auch in der Inszenierung der *Bakchen* (Premiere am 12.9.1988 in Düsseldorf) «nach Euripides», wie es hier erneut heißt, sind doch Texte von Baudelaire, Cesare Pavese und Nietzsche in die Tragödie eingestreut. Die Aufführung hat ein Vorspiel. Zu dröhnender Musik der Matthäuspassion sieht man einen Christus am Kreuz, der zunächst an Oberammergau erinnert; vielleicht dachte man an den im Mittelalter mit Dionysos identifizierten *Christus patiens.*[64] Offensichtlich sollte die sakral-rituelle Atmosphäre der antiken Tragödienaufführung auch mit ihrer musikalischen Komponente drastisch evoziert werden. Dann aber entpuppt sich die Szene als Film- oder Fernsehaufzeichnung; Scheinwerfer werden abgestellt, Christus klettert vom Kreuz und wischt sich das ‹Blut› ab. Es ist dies ein häufig bei Ciulli zu beobachtendes Stilmittel, die Illusion des Theaters zu durchbrechen, indem die Fiktionalität durch das Mittel des ‹Theaters im Theater› bewußt gemacht und dadurch zugleich eine Reflexion auf das Theater eingeleitet wird. Bei der Aufführung der *Bakchen* selbst wird dies deutlich z. B. dadurch, daß das erste Stasimon des Chores durch zwei Schauspieler als Kasperletheater vorgeführt wird, und vor allem durch das Herstellen einer Zirkusatmosphäre im ganzen ersten Teil des Stückes. So läuft ein Liliputaner mehrfach auf die durch allerlei Zirkusrequisiten besetzte Bühne, in deren Hintergrund ein italienischer Friedhof zu sehen ist. Daneben spielen andere Momente herein, so psychische Extremsituationen; Dionysos kommt schreiend auf die Bühne und gebärdet sich wie ein Drogenabhängiger; Agaue tritt als fast Irre auf, ihre Worte sind schwer zu verstehen. Dazwischen stehen sakrale Elemente, so wenn der Botenbericht mit der Nachricht vom Tode des Pentheus vor einer langen Tafel gegeben wird, an der die Gestalten auf der Bühne wie zu einem Abendmahl Platz genommen haben. Vor allem aber ist wie schon bei der

Inszenierung der *Elektra* die Schlußszene abgeschnitten, in der bei Euripides Agaue aus dem Wahn erwacht und zur Einsicht ihres Tuns gelangt. Damit ist der Schlüssel zum Verständnis der Tragödie des Euripides beiseite gelegt.

Aber nach Werktreue darf man bei Ciulli nicht fragen. Der Text ist für ihn nur Ausgangspunkt für aufregendes Theater mit kräftigen Bildern, die schlagartig einzelne Aspekte des Dramas zu sinnlicher Anschauung bringen. Daß Philologie auf der Bühne irgendein Recht hätte, bestreitet Ciulli energisch; er ordnet sich dem Text nicht unter, sondern schaltet frei mit ihm. Seine Aufführungen antiker Dramen sind im allgemeinen große Publikumserfolge, weil er die griechischen Mythen als Antworten auf Ängste versteht, die die Menschen immer haben. Bisweilen gelingt es ihm, in der Freilegung einzelner Aspekte des Mythos schlagartig ein Licht auf das Drama zu werfen. Aber auch im Widerspruch zu seinen Lösungen zeigt sich die Lebendigkeit seines Theaters.

Wir haben die Wege der beiden prominentesten in Deutschland wirkenden Regisseure nachgezeichnet, die sich kontinuierlich dem antiken Drama zugewandt haben. Aus der Fülle der Inszenierungen antiker Dramen durch andere Regisseure aus den letzten Jahren kann nur noch weniges herausgegriffen werden.

Mit dem programmatischen Anspruch: «ANTIKE-Entdeckungen» trat in den Jahren 1982–1987 das Mecklenburgische Staatstheater Schwerin hervor, dessen Direktor Christoph Schroth vier antike Dramen inszenierte, die an einem Tag von 17–23 Uhr gezeigt wurden. Mehrere Gastspielreisen teils mit allen vier Dramen (Berlin, Wuppertal, Köln, Essen, Duisburg, Nancy, Wien), teils nur mit den *Troerinnen* (Athen, Delphi) schlossen sich an die Schweriner Premiere (5. 12. 1982) an. Vor den Theatern wurde jeweils ein überlebensgroßes (trojanisches?) Pferd postiert, auf dessen Rumpf mit dicken Lettern ANTIKE gemalt war. Als «Entdeckungen» verstand man die Stücke, weil infolge der Vertreibung jeglicher an der Antike orientierter Bildung aus Schulen und Hochschulen der DDR die griechischen Dramen als etwas ganz Neues empfunden wurden. So wirkten sie jedenfalls in der Aktualisierung der Bühne auf das vorwiegend jugendliche Publikum, das – so war zu erfahren – in großen Scharen nach Schwerin reiste und auf Zeltplätzen campierte, um das «Theaterfest zum Lobe des Friedens» zu erleben (Abb. 34).

In einer Matinee am Premierentag in Schwerin las Christa Wolf im Theater aus der Erzählung *Kassandra.*[65] Der Ablauf der Aufführung war an das antike Vorbild der Tetralogie angelehnt. Man sah drei Tragödien und am Schluß anstelle eines Satyrspieles eine Komödie.[66] Zunächst war das ganze Publikum für die *Iphigenie in Aulis* (in der Fassung Schillers) beisammen. Durch aus rohem Holz gezimmerte Stege sollte die Hafenszene imaginiert werden; über den Orchestergraben war ein Netz gespannt, aus dem heraus sich mehrfach fanatisierte Soldaten zu Wort meldeten. In einer anschließenden Pause gab es Suppe aus einer Gulaschkanone; wer einen Löffel mit der Gravur T erwischte, mußte sodann die *Troerinnen* (in der Fassung von Sartre) sehen, während die mit A gekennzeichneten Löffel zu dem gleichzeitig hinter dem Eisernen Vorhang gezeigten *Agamemnon* (in der bearbeitenden Übersetzung von Gerhard Kelling) einluden. In den *Troerinnen*[67] kommen die Frauen aus einer Bodenluke in einen gleißend ausgestrahlten Raum, der zunächst wie ein großer Raubtierkäfig wirkt, aber doch ein Konzentrationslager darstellen soll, hinter dessen Drahtzaun die Gestalten in langen schwarzen Kleidern mit um den Hals gehängten Häftlingsnummern agieren. Die Aufführung des *Agamemnon* kann das (dem Regisseur bekannte) Vorbild der Inszenierung Steins nicht verleugnen, kommt aber an deren Niveau nicht heran. Allein die intensive Gestaltung der Kassandra ragt heraus; hier mag der Impetus der auch im Programmheft mehrfach zitierten Christa Wolf wirken. Schließlich kamen alle Zuschauer wieder zusammen, um die Komödie *Acharner oder der Private Frieden* «nach Aristophanes» in der Fassung von Kurt Bartsch zu sehen. Das war der schwächste Teil der ganzen Unternehmung, wurde doch einerseits der Privatfrieden, den der Bauer Dikaiopolis kurzerhand mit den Spartanern schließt, zu einem albernen Saunaspaß in einem großen Holzzuber mit einer nackten Blondine degradiert, während andererseits die politischen Anspielungen des Aristophanes durch moderne Assoziationen (atomare Nachrüstung) ersetzt wurden, die schon zum Zeitpunkt der Aufführung bei den Gastspielen des Jahres 1987 nicht mehr aktuell waren.

Das ehrgeizige Projekt, das von den Diskussionen über Rüstung, Kriegsgefahr und Friedenssehnsucht der frühen Achtziger Jahre inspiriert war, wurde bei den Gastspielen gänzlich anders rezipiert als in der DDR selber. Mögen auch Charakterisierungen wie «die schlecht geführten Akteure rattern und rackern sich durch den Stoff», «verquältes Aufsage- und Brülltheater», «Tragödie im Schnellkurs, Antike im handlichen Viererpack» (A. Rossmann in der FAZ vom 15. 6. 87) zu hart sein, so verblaßt die übrigens immer nur an bearbeiteten Stücken unternommene «Entdeckung» der Antike doch hinter den Theaterereignissen ersten Ranges (auch der DDR). Zu einer Fortsetzung dieser Bemühungen ist es nicht gekommen; der Regisseur Christoph Schroth, die Dramaturgin Bärbel Jaksch und das Schweriner Ensemble sind nicht mehr beisammen.

Weniger spektakulär, aber doch von einer programmatischen Hinwendung zum antiken Drama waren in den gleichen Jahren die Bemühungen des «Theaters der Veröffentlichung» unter Gerd Udo Feller in München geleitet. Man spielte betont außerhalb des normalen Theaterbetriebes Open-air-Theater, zumeist im Innenhof der Münchner Glyptothek, wo in der Brechung von Klassik durch Klassizismus (angesichts des Baus von

Leo von Klenze) die ästhetische Erfahrung sich ganz natürlich ergab, daß der Raum Haltung und Ausdruck provoziert. Entsprechend versteht sich das «Theater der Veröffentlichung» als antipsychologisch, nicht naturalistisch und nicht symbolisch, vielmehr als «Veröffentlichung» der Gemeinsamkeit von Sprache und Körper in ihrer sinnlichen Würde. Ob dieser Anspruch bei den Aufführungen der sophokleischen *Elektra* (1982) in der Übersetzung von Wolfgang Schadewaldt, der aristophanischen *Ekklesiazusen* (1984)[68] und der *Antigonae* (1985) in der Übertragung Hölderlins (letztere auf der Seebühne im Westpark) eingelöst werden konnte, mag man je nach Inszenierung mehr oder weniger bezweifeln; eine viel zu stark gekürzte Fassung von Hauptmanns *Atridentetralogie* (1986) war jedenfalls einigermaßen mißlungen. Neben einem Stück von Bruno Bayern über Schliemann wurden auch Goethes *Clavigo* und *Iphigenie auf Tauris* gespielt, ferner *Das Hotel* von Max Beckmann. Doch das «Theater der Veröffentlichung» existiert nicht mehr; es konnte sich als frei finanzierte Vereinigung nicht behaupten.

Wollen wir noch einige Inszenierungen antiker Dramen prominenter Regisseure zunächst im deutschsprachigen Bereich wenigstens andeutend charakterisieren, so erleben wir noch einmal die Fortführung der alten Tradition, antikes Drama bei gewichtigen Zäsuren in der Arbeit eines Regisseurs auf die Bühne zu bringen. So hat Hans Neuenfels, der früher mit psychoanalytischem Zugriff die griechische Tragödie extrem verfremdet hatte, nun in etwas ruhigeren Bahnen – inzwischen gereift wohl auch durch eindrucksvolle Operninszenierungen (vor allem Verdi) – seine Tätigkeit als Intendant der Freien Volksbühne Berlin mit Inszenierungen antiker Dramen sowohl begonnen als auch beendet, und zwar jeweils in der Kombination eines antiken Dramas mit einem modernen. Zu Beginn seiner ersten Berliner Spielzeit war es die als Dichtung bis heute immer noch weit unterschätzte, selten aufgeführte *Elektra* des Euripides (Premiere am 14. 12. 1986) in Verbindung mit dem jeweils ein oder zwei Tage später gespielten Stück *Gerettet* von Edward Bond. Die *Elektra*-Inszenierung ist von der Presse zwiespältig aufgenommen worden, aber es hat den Anschein, als ob ein Teil der Kritik in der Unkenntnis der Problematik des Stückes seine Ursache hat. Jedenfalls ist Neuenfels der griechischen Tragödie hier näher als bei seinen *Medea*- und *Oedipus*-Inszenierungen der Siebziger Jahre. Ihr Niveau gewinnt die Aufführung auch durch die überragenden schauspielerischen Leistungen von Elisabeth Trissenaar als Elektra und Lola Müthel als Klytaimnestra. Die Gestalt der Elektra ist bei Euripides anders als bei Sophokles; sie ist haßerfüllter, von eiserner Entschlossenheit, von unbedingter Härte, am Mordplan und dessen Ausführung aktiver beteiligt, zugleich aber in der Verstoßung auf die einsame Landhütte erniedrigt. Es kann kein Zweifel sein, daß gerade diese euripideische Situation in der Inszenierung zwingend zum Ausdruck kommt.

Die schwarzgewandete, struppige Elektra, in Sack und Asche gehüllt, ihr grausiges Morgenritual verrichtend, von dem ihr angetrauten Bauern naiverweise als Wasser-Holen für den Haushalt mißverstanden; der Bauer selbst, auf der nackten Erde schlafend – weil ja die Ehe nicht vollzogen werden darf –, während Elektra aus der unterirdischen Behausung nur ihre Arme ins Dämmerlicht reckt; dann die Begegnung mit einer (bei Euripides) gewandelten Klytaimnestra in stolzen roten und weißen Gewändern, wobei für einen kurzen Moment die Tochter in den Armen der Mutter liegt; ferner ein Orest, der kein Heldenbruder, sondern Medium der Tat ist – diese spezifisch euripideischen Konstellationen sind hier scharf erfaßt, gelegentlich überzeichnet. Im übrigen ist der Text nicht angetastet, man spielt die hochpathetische (gerade für die euripideische *Elektra* allerdings nicht sonderlich geeignete) Übersetzung von Buschor.

Am Ende der von allerlei Turbulenzen begleiteten Intendantenzeit von Neuenfels an der Freien Volksbühne steht wieder ein Doppelabend: Die *Frösche* des Aristophanes und das Stück *Ich und Ich* von Else Lasker-Schüler (Premiere am 25.3.1990). Die *Frösche* (in der Übersetzung von Heinz Heubner) sind stark gekürzt. Nach der Eingangsszene folgt gleich der zweite Teil mit dem Dichteragon zwischen Aischylos und Euripides in der Unterwelt. Es fehlt also die Hadesfahrt des Dionysos mit den damit verbundenen Abenteuern. Diese absolviert stellvertretend das Publikum, das durch eine Seitentür des Foyers in den Garten und dann durch einen langen, schmalen Gang in das Theaterinnere gelangt. Während des Weges durch den Gang hört man aus Lautsprechern Froschgequake und Wassergeplätscher: Der Zuschauer geht den Weg des Dionysos und wird nun im Theater nicht nur Zeuge, sondern Beteiligter des Dichterwettstreits. Neuenfels behält (anders als Aristophanes) die glänzend kostümierten Frösche als Chor auch im zweiten Teil bei; sie begleiten die Redeschlacht zwischen Euripides und Aischylos; beide weiß gekleidet als Gestalten der Unterwelt, Euripides mit einer bescheidenen Urne seiner sterblichen Überreste unter dem Arm, während Aischylos neben seinem mächtigen Sarkophag steht. Es ist deutlich, was Neuenfels ausdrücken will. Aristophanes sucht in der krisengeschüttelten Stadt seiner Zeit einen Dichter und findet ihn nicht unter den Lebenden. Und Neuenfels deutet auf diese Weise indirekt an, daß er seine Zweifel hat, ob es unter den Lebenden einen Würdigen gibt, die Leitung der Freien Volksbühne in Berlin zu übernehmen. Antikes Drama wird zur Chiffre für die eigene Theatersituation.

Anders als bei dem Doppelgespann: *Elektra – Gerettet* läßt Neuenfels jetzt beide Stücke gleichsam zusammenwachsen. Der Schauplatz ist der gleiche; die Waage, auf der die griechischen Tragödienverse gewogen werden, wird in *Ich und Ich* zum Schachbrett für Goethe (verkörpert vom Schauspieler des Aischylos) und Mephisto (verkörpert vom Schauspieler des Euripides). Goebbels, Göring und schließlich auch Hitler werden zur Hölle geschickt – der Hades wird zur Hölle der Deutschen.

Ähnlich wie Hans Neuenfels hat auch Klaus Michael Grüber nach einer modernistischen Inszenierung eines antiken Dramas in den Siebziger Jahren (*Bakchen* 1974) auf einem langen Weg, auf dem neben der eigenartigen *Winterreise im Olympiastadion* (1977; Texte aus Hölderlins *Hyperion*), neben dem *Empedokles* Hölderlins (1975) und vielem anderen ebenfalls Operninszenierungen (Wagner in Paris und Florenz) lagen, zu einer ruhigeren Betrachtung der griechischen Tragödie gefunden. Gemeint ist der *Prometheus* des Aischylos, inszeniert für die Salzburger Festspiele 1986. Bedeutsam war diese Aufführung vor allem durch die eigens für die Felsenreitschule im heimischen Salzburg konzipierte Übersetzung von Peter Handke, der den Titel der Tragödie mit *Prometheus, gefesselt* wiedergibt.[69] Nach einer Woge von Textbearbeitungen durch Regisseure und Dramaturgen, die sich nicht scheuen, ihre Produkte auch ohne Rekurs auf den Urtext gelegentlich «Übersetzungen» zu nennen, worin Willkürlichkeiten und Texteinsprengsel aus modernen Texten aller Art sich finden, liegt dieser Inszenierung eine geschlossene, aus dem griechischen Text verantwortungsvoll gearbeitete und im ganzen gelungene Übersetzung zugrunde, die im Durchschaubarmachen der griechischen Syntax die Bildlichkeit des Originals mit einem eigenen Rhythmus verbindet, der die Anklänge an die deutsche Klassizität der meisten anderen Übersetzer klug vermeidet.[70] Handke selber hat dabei von seinen frühen ‹Sprechstücken› im Sinne der Rebellion gegen Theater, Publikum und Literatur zur klassischen Form zurückgefunden. Er hat sich antike Theater in der Türkei angesehen, um ein Gefühl für den Bezug des griechischen Prometheus-Mythos zur Landschaft zu gewinnen, und er hat die ihn von Anfang an bestimmende Sprachkritik durch die Hinwendung zu diesem antiken Drama der Rebellion in der Übersetzung sublimiert.[71] Grüber, der die Übersetzung ganz unangetastet ließ, hat mit seinem Bühnenbildner Antonio Recalati einen unwirklichen mythischen Raum für eine schlichte Choreographie von puritanischer Strenge geschaffen. Es wird viel mit Lichteffekten gearbeitet, wovon am stärksten der Augenblick haften bleibt, in dem am Schluß ein einsamer Punktscheinwerfer zum letzten Mal das weniger schmerzverzerrte als hochmütig-kalt triumphierende Gesicht des Prometheus beleuchtet. In allen Phasen stand die durchweg gerühmte Inszenierung im Dienste des Textes und damit der Dichtung des Aischylos. Ein Jahr später wurde diese Inszenierung in den Messehallen des Berliner Funkturms gezeigt, dort wo ein Dutzend Jahre zuvor Grüber in ganz anderer Weise die *Bakchen* inszeniert hatte. Der Schauspieler, der damals den Pentheus spielte (Bruno Ganz), war jetzt der Prometheus.

Zu dem Bilde der Präsenz des antiken Dramas zunächst noch auf den deutschsprachigen Bühnen gehören zwei musikalische Gestaltungen der griechischen Tragödie, die zu den bedeutendsten Erscheinungen ihrer Art nach Orffs Vertonungen gerechnet werden müssen. Es sind die *Troades* von Aribert Reimann und der *Oedipus* von Wolfgang Rihm. Die Brücke von Orff zu diesen Erscheinungen hatte aber zuvor schon der Orff-Schüler Wilfried Hiller mit seinem nur im Fernsehen (Erstsendung im August 1977; seitdem mehrfach) gezeigten, mit dem Opernpreis der Stadt Salzburg 1977 ausgezeichneten «Ritual» *Niobe* geschlagen. Carl Orff hatte Hiller auf einen Aufsatz von Wolfgang Schadewaldt aufmerksam gemacht, in dem dieser ein 1932 auf einem Papyrus gefundenes Fragment aus der *Niobe* des Aischylos analysiert, das 24 zu Beginn der Zeilen mehrfach verstümmelte Verse enthält.[72] Dieses Fragment schildert die Verzweiflung Niobes am Grabe ihrer von Apollon und Artemis getöteten vierzehn Kinder und ihre stolze Auflehnung gegen die Götter, die sie in dieses Unglück gestürzt haben. Zusammen mit sieben weiteren Fragmenten, welche neben Klagelauten die Namen der Kinder enthalten, ergab sich das Textmaterial mit dem größeren Fragment im Mittelpunkt. Hiller ging es nicht um die (kaum mögliche) Rekonstruktion des Stückes, vielmehr um die Möglichkeiten, Fragmentarisches durch Musik auszudrücken. So verwandelt Hiller einen Buchstabenrest in den Klageschrei Niobes; nicht mehr rekonstruierbare Wortfetzen werden zu verzweifeltem Stammeln; einzelne Buchstaben formen sich zu unartikulierbaren Klagelauten während der Versteinerung. Natürlich liegt der griechische Urtext zugrunde; neben der Unübersetzbarkeit von Buchstaben und Klagelauten ist es die Klangwirkung der griechischen Sprache, die – ähnlich wie in der musikalischen Gestaltung des *Prometheus* durch Orff – zur Konzeption dieses «Rituals» gehört. Dabei verhalten sich Wort und Musik reziprok zueinander: Wo das Wort unversehrt erhalten ist (so in der Tantalos-Szene), fehlt die Musik. Je bruchstückhafter die Texte werden, desto stärker setzt die Musik (Flöten, Trompeten, Schlagzeug, Glocke, Harfe, Orgel, Klavier, Streicher) ein. Neben Niobe, Amphion und Tantalos treten Sprecher und ein in zwei Gruppen geteilter Männerchor auf. Am Schluß erklingt wie eine Musik aus einer anderen Welt ein Zitat aus der Schlußarie der *Niobe* von Agostino Steffani (1688), das plötzlich abreißt. Niobe ist zu Stein erstarrt.

Keineswegs ist die Vertonung von Fragmenten aus einer griechischen Tragödie in der Fernsehfassung eine antiquarische Angelegenheit. Vielmehr wird mit den optischen Möglichkeiten des Fernsehens eine zweite Ebene imaginiert, auf der der scheinbar so unwirkliche Mythos aktualisiert wird. Durch Kameraeinblendungen werden Symbole moderner Technik (Raketen, Flugzeuge), Bilder technischer Zerstörungen (zerstörte Städte), ferner Dürrekatastrophen, hungernde Kinder in Afrika sowie verendende Tiere gezeigt – Zeichen der Zerstörung von Fruchtbarkeit, moderne Analogien zur Zerstörung der Fruchtbarkeit Niobes. Zur gleichen Thematik gehört auch ein auf der Bühne vorgeführter Fruchtbarkeitstanz einer barbusigen Schwarzen.[73]

Gänzlich in sich ruhend, ohne ausdrückliche Aktualisierungen, bleibt die Oper *Troades* von Aribert Reimann, mit der die Münchner Opernfestspiele am 7. 7. 1986 eröffnet wurden.[74] Reimann hat die hochpathetische Bearbeitung von Franz Werfel (die er zusammen mit dem Dirigenten Gerd Albrecht noch einmal überarbeitet und komprimiert hat) zugrundegelegt und allein dadurch die antike Klage als Metapher für eine moderne Antikriegshaltung interpretiert.[75] Regie und Ausstattung von Jean-Pierre Ponnelle bleiben betont konventionell. Das Bühnenbild besteht aus dem Inneren des troischen Königspalastes, der bis auf die grauen Quadersteine zerstört ist und in der Mitte der Rückwand ein großes Loch aufweist. Nur Athene und Poseidon erscheinen im Prolog in den Proszeniumslogen als Angehörige der besseren Gesellschaft ironisch distanziert; sie sollen – wie ja bei Euripides selbst – als Götter nicht mehr glaubwürdig erscheinen. Reimann hat sie als Sprecherrollen (dazu Orgelmusik auf Tonband) angelegt, ebenso auch die Chorführerin, während die Klagemonologe der Kassandra, Andromache und Helena hochdramatische Koloratursoprane sind. Hatte Hiller die Klage der Niobe mit ganz wenigen musikalischen Mitteln sparsam vertont, öffnet sich hier eine Farbigkeit und Vielfalt des Klanges sowohl der menschlichen Stimme bis an die Grenze ihrer Möglichkeit an Stimmkraft, Stimmhöhe und Koloraturbeweglichkeit als auch der orchestralen Instrumentierung.

Wie sehr die dramatischen Klageausbrüche zusammen eine einzige große Klage darstellen, so sind sie doch untereinander durchaus differenziert. In der Helena-Szene zeigen die kalte Geläufigkeit der Koloraturen und die grellen Orchesterfarben die Ambivalenz dieser Gestalt. Ganz in der Isolation ist Kassandra, deren Auftritt mit über 20 Minuten Dauer den Höhepunkt der Klagen darstellt. Hekabes Klagen sind trotz dramatischer Expressivität von melodischen Bögen getragen; durch ihre Altstimme ist sie herausgehoben aus dem Klagefluß der drei anderen Frauen, den sie gleichsam umklammert. Werfels Übersetzung in ihrem dramatischen Pathos kommt der musikalischen Konzeption Reimanns entgegen (die christlichen Assoziationen sind in der Bearbeitung durch Albrecht und Reimann zurückgedrängt), wie analog die Musik in dem Abwechseln des vollen Orchestersatzes mit kammermusikalisch-solistischen Passagen, die a cappella-Führung des Chores und vor allem die Tonwerdung der Klage dem Gegenstand der euripideischen Tragödie adäquat sind, während das Vertonen von Handlungsdialogen im *Lear* und in der *Gespenstersonate*, den vorangegangenen Kompositionen Reimanns für die Opernbühne, die musikalische Sprache ausmachte.[76]

Seit Wagner gibt es für das Opernlibretto keinen Gattungszwang mehr.

Hatte Reimann eine komplette Übersetzung als Textgrundlage, so zeigt der *Oedipus* von Wolfgang Rihm, uraufgeführt am 4. 10. 1987 in der Deutschen Oper Berlin, einen typischen Umgestaltungsprozeß von Texten in eine allerdings ganz unkonventionelle Librettoform (natürlich völlig ohne Arien, Duette usw.) in kurzen, abgehackten Segmenten, vielfach in brachylogischer Zersplitterung, aber mit Wiederholungen einzelner Wörter. Zugrunde liegt die entsprechend veränderte Übersetzung Hölderlins, in die aber Textsplitter aus Nietzsches nachgelassenem Fragment *Oedipus. Reden des letzten Philosophen mit sich selbst* und aus dem *Ödipuskommentar* von Heiner Müller eingestreut sind, allerdings nicht mit der Willkür mancher Regisseure antiker Dramen, sondern zur Bezeichnung von drei verschiedenen Darstellungsebenen. Immer dann, wenn das Geschehen zur szenischen Handlung wird, liegt Hölderlins Übersetzung zugrunde. Diese dramatischen Szenen werden unterbrochen durch vier «Selbstgespräche» unter Verwendung des Nietzsche-Textes und fünf sehr kurze «Kommentare» in der Formulierung von Heiner Müller. Der Wechsel zwischen diesen drei Darstellungsebenen wird optisch dadurch erkennbar, daß Oedipus bei Kommentar und Selbstgespräch jeweils in ein auf der Bühne angebrachtes Lichtdreieck aus Neonröhren tritt.

Es ist nicht eine einfache Umsetzung und Darstellung des Oedipus-Mythos wie in der Oper von George Enescu; vielmehr folgt Rihm in der Reihenfolge der Szenen und im ganzen Duktus der Tragödie des Sophokles. An den Stellen, an denen bei Sophokles die Vorgeschichte erzählt wird, erfolgen als eine zweite Spielebene Rückblendungen in raffinierter Optik (Oedipus als Kind erscheint als besondere Gestalt), Erzählung wird in Bild umgesetzt. Die Chorlieder sind aufgelöst, einige Splitter davon bewahrt; überhaupt wird das ganze Geschehen nicht, wie in der Tragödie des Sophokles, durch die Chorlieder gegliedert. Es ergibt sich vielmehr ein kompliziertes, verschachteltes Gebilde der Filterung, Zersplitterung, Raffung und Dehnung zugleich, der literarischen und musikalischen Montage, der Bedeutungsspaltung und Sinnschichtung, wie Wolfgang Rihm kurz zuvor mit der musikalischen Gestaltung der *Hamletmaschine* von Heiner Müller bereits mit Brechungen, Spiegelungen und Verschachtelungen gearbeitet hatte.

Der ersten Szene, mit der die Tragödie bei Sophokles beginnt, ist ein Bild vorangestellt, das Oedipus mit der Sphinx zeigt. Die ersten, lang zerdehnt gesungenen Worte lauten: «Der Mensch», das Lösungswort des Rätsels der Sphinx. Oedipus wird für Rihm zum Sinnbild des Menschen aller Zeiten (die Texte von Nietzsche und Müller verstärken diese Sicht), dessen Leben, Wissenwollen, Schuld, Tod, Ängste, Zustände des Entsetzens in schneidend schmerzenden Klangfiguren mit einer unerhörten Schärfe Ausdruck gewinnen. Von dem gleichen Oedipus-Verständnis ist auch die kongeniale Regie von Goetz Friedrich getragen. Dabei ist in den

Diskussionen und Kritiken völlig unbeachtet geblieben, daß Friedrich als eine seiner seltenen Schauspielinszenierungen im Jahre 1980 die beiden Oedipus-Dramen des Sophokles am Wiener Burgtheater herausgebracht hat (Premiere 7. 6. 1980). Für den *König Oedipus* hatte er die Textfassung Hölderlins in der Bearbeitung von Heiner Müller zugrunde gelegt; die Chorlieder hatte Siegfried Matthus, seinerzeit Hauskomponist der Komischen Oper Berlin, unisono vertont. Einige Elemente dieser Regiearbeit kehren nun signifikant wieder, so die von den musikalischen Strukturen her gehandhabte gehobene, das Pathos nicht scheuende Gestaltung der Sprache, die auffallende Charakterisierung der Figuren durch Gebärden und Haltungen (der gekrümmte Körper des Oedipus, die erhobenen Arme der klagenden Jokaste) und die Begrenzung der Spielfläche durch hohe Metallwände, die das Geschehen reflektieren und zugleich begrenzen. Die gleiche, nun sehr viel weiter ausgeschriebene Handschrift prägt die Berliner Inszenierung, so wenn Oedipus auf eine große, herabhängende Metallplatte mit nackten Fäusten einschlägt oder wenn Oedipus in der Rückblende als Kind mit metallenen Schuhprothesen über die Bühne klappert. Das alles erscheint jetzt verstärkt, auch im buchstäblichen Sinne, wenn Geräusche über Lautsprecher hohl durch den Raum tönen (Abb. 35).

Es ist kaum möglich, die stark an das Optische gebundene Inszenierung verbal angemessen zu skizzieren. Einige Bilder haben sich nachhaltig eingeprägt, so wenn Oedipus bei dem zweiten «Selbstgespräch» und dem anschließenden Bericht des Boten aus Korinth mit der Meldung des Todes des (angeblichen) Vaters Polybos auf einer Freudschen Couch liegt und in einem Prozeß der Selbsterfahrung in sich hineinhorcht, und dann vor allem die auf offener Bühne gezeigte Selbstblendung, begleitet von grellen, den Zuschauer geradezu schmerzenden Lichtstrahlen, wozu dann plötzlich zwei Soloviolinen neu in das Ensemble eintreten – die Geiger sollen entsprechend der Partituranweisung stehend spielen – und eine schneidend grausige Musik ertönen lassen, die hinter den Augenhöhlen schmerzhaft hervorzutreten scheint. «In den Augenhöhlen begräbt er die Welt» – diese Worte Heiner Müllers, von einem Sprechchor unmittelbar nach der Blendung durch Tonband auf die Bühne transportiert, bezeichnen das Symbolhafte im Schicksal des Oedipus. Friedrich will – in Übereinstimmung mit Nietzsche, Freud, Heiner Müller und Wolfgang Rihm (der ja das Textbuch selbst zusammengestellt hat) – zeigen, daß Oedipus, der schließlich mit Stock und Blindenbrille auftritt, nie stirbt, sondern mit uns und in uns überlebt. Diese Aussage geht über Sophokles hinaus, und so ist es kein Zufall, daß die Oper unsophokleisch mit den von Kreon gesungenen, durch ruckartige Lachanfälle und Weinkrämpfe unterbrochenen Worten Heiner Müllers endet: «Seht sein Beispiel ... der aus blutigen Startlöchern aufbricht in der Freiheit des Menschen ...»

Leider wird man diesen bedeutenden Beitrag zur musikalischen Gestaltung der griechischen Tragödie in der Form der Oper so bald nicht wiedersehen, weil der immense technische und künstlerische Aufwand von kleineren Bühnen kaum geleistet werden kann und auch das Niveau der exemplarischen Berliner Aufführung unter der musikalischen Leitung von Christoph Prick schwerlich wieder erreicht werden dürfte.

Die Fülle der Inszenierungen antiker Dramen allein im deutschsprachigen Bereich in den letzten Jahren kann unmöglich erschöpfend dargestellt werden. Es dürfte auch schwer fallen, ein gemeinsames Signum zu ermitteln; den Text bewahrende Inszenierungen stehen neben Willkürlichkeiten und immer neuen Regieeinfällen. Exemplarisch kann dies an drei grundverschiedenen *Oedipus*-Inszenierungen deutlich werden. Jürgen Gosch hat zusammen mit dem Bühnenbildner Axel Manthey 1984 in Köln ein archaisches Spiel mit Masken in konservativer Feierlichkeit in der Übersetzung von Hölderlin mit Ulrich Wildgruber (dem Protagonisten von Peter Zadek) auf die Bühne gestellt, während Matthias Langhoff 1988 am Burgtheater in Wien einen *Oedipus* in der Fassung Heiner Müllers präsentiert hat, in dem Oedipus mit dem Fahrrad auf die Bühne kommt, eine langbeinige Kellnerin Espresso serviert, viel geraucht und zwischendurch geduscht wird. Ein Jahr später konnte man in Heidelberg in einer sehr freien, schwer zu entschlüsselnden Choreographie von Johann Kresnik einen blutigen Oedipus sehen, wohl nur zu verstehen im Kontext der gestischen Zeichensprache Kresniks überhaupt (vorher u. a. *Hamletmaschine; Lear*), handelt es sich doch hier um eine ganz unarchaische, nonverbale, von Zeichen und Stilzitaten geprägte Tragödienrezeption.

Hinzuweisen wäre auf die erste und bisher einzige Antiken-Inszenierung von Peter Palitzsch, der als 67jähriger 1985 mit dem Bonner Schauspiel in einer Halle in Beuel eine eigenartige *Antigone* herausgebracht hat, in der die Rolle des Teiresias fehlt und der letzte Akt im Hades spielt.

Die eindrucksvollste deutsche *Antigone* der letzten Jahre war 1988 in Bochum in der Regie von Peter Mußbach (der jetzt vornehmlich Opernregie führt) zu sehen. Es wird ruhig und nachdenklich ohne modische Aktualisierungen, aber auch ohne jedes musikalische Element die Übersetzung von Schadewaldt unter Auslassung des kurzen Auftrittes der Eurydike gespielt – nur für die Rede des Teiresias ist sehr wirkungsvoll die Übertragung von Hölderlin genommen worden. Der greise Seher erscheint so über die Welt der anderen in sakraler Feierlichkeit erhöht. Im übrigen zeigt diese Aufführung mit prinzipieller Klarheit die grundlegende Differenz zwischen dem Spiel der antiken Tragödie auf dem offenen Theater inmitten der mediterranen Landschaft und einer Aufführung in einem deutschen Stadttheater. Die griechische Tragödie spielt «draußen»; Vorgänge von innen werden berichtet oder nach draußen transportiert. Diese Gegebenheit kann das geschlossene Theater nachahmen, indem es das «Draußen» künstlich imaginiert. Hier geschieht konsequent das Gegenteil: Die Szene wird nach innen verlegt in ein Zimmer mit hohen Türen im Stil der Gründerzeit; es brennt ein Kaminfeuer, dessen flackerndes Licht durch Spiegel auf rote Wände reflektiert wird. Die Handlung wird von außen durch eine Tür nach innen geführt. Eine starke Farbsymbolik verdeutlicht das Bühnengeschehen, nimmt es teilweise voraus. Ist die Tür geöffnet, fällt Licht von außen in den Raum. Der aus fünf halbnackten Männern bestehende Chor hält sich zunächst ganz am Rande des Raumes in der Nähe des Kamins auf; erst im letzten Chorlied betritt er die Mitte des Raumes und wird damit Handelnder. Diese Inszenierung folgt keinem ideologischen Konzept, sie will vielmehr die Fülle der Bedeutungsnuancen offenhalten. Aber eine auch in der Philologie bisher kaum beachtete Gedankenbewegung und zugleich Affektverschiebung wird eindrucksvoll herausgestellt. Kreon, der zunächst selbstsicher als politischer Theoretiker auftritt, wird zum Individualisten; er scheitert nicht am Staat, sondern als Vater. Mußbach – als ausgebildeter Nervenarzt – gestaltet die Schlußszene so, daß Kreon nach anfänglicher Kohärenz in seiner Rede verwirrt ist, von Übelkeit befallen wird, lallt, in zunehmendem Sprachverfall bis an die Grenzen der Aphasie gerät, während er seinen toten Sohn Haimon im Arm hält und über ihm zusammenbricht. Analog und zugleich reziprok ist Antigone zu Beginn erst ebenfalls ihrer Sache ganz sicher, die sie für sich allein verficht, während sie dann in ihrem großen Kommos in Todesangst klagt und nun die Polis anruft, die vorher in ihrer Argumentation keine Rolle gespielt hat. Für Mußbach sind dies zwei Seiten ein und derselben Sache. Aber weiter legt er sich nicht fest; der eher bürgerliche Raum darf offenbar nicht als lehrhaftes Klassenzimmer mißverstanden werden. Jedenfalls gehört diese Inszenierung zu den ruhigen, am Text orientierten Aufführungen, die in den letzten Jahren doch wieder häufiger werden, auch auf den kleineren Bühnen, die sich dem antiken Drama in redlicher Arbeit zuwenden, auch wenn diese nicht immer durch Schlagzeilen begleitet wird. Hier finden wir auch die selten aufgeführten Stücke, z. B. den euripideischen *Orest* in einer bemerkenswerten Freiburger Inszenierung von Günther Gerstner aus dem Jahre 1989; vorausgegangen war dort eine beachtliche *Antigonae* (Hölderlin) in der Inszenierung von Lore Stefanek, die zuletzt die selten gespielten *Hiketiden* des Aischylos in Darmstadt herausgebracht hat (25. 1. 1991).

Auf eine große Zahl aufregender und weniger aufregender Inszenierungen an großen und kleinen Bühnen wäre noch hinzuweisen, z. B. auf die kluge, aber eigenwillige Zusammenstellung der *Medea* (in starker Veränderung bei völliger Streichung des Chores und der Rolle der Amme) mit Goethes *Stella* und Strindbergs *Totentanz* zu einer Trilogie der Leidenschaft durch Alexander Lang im Deutschen Theater in Berlin (Ost) 1986, oder – um ein ganz anderes Beispiel zu nennen – auf eine bemerkenswerte

Inszenierung der *Bakchen* durch Paul Anderhub 1985 in Luzern, wo enge Ordnung und überbordende Fasnacht nahe beieinander sind, in einer zuverlässigen und gut spielbaren Übersetzung des Schweizer Philologen Kurt Steinmann, der auch die *Troerinnen* übersetzt hat.

Natürlich ist auch die Komödie des Aristophanes immer wieder auf die Bühne gelangt. Beachtenswert sind zwei Inszenierungen am Wiener Burgtheater: Zur Eröffnung der Wiener Festwochen 1986 hat Piero Bordin die *Ekklesiazusen* in ziemlich freier Adaptation unter dem Titel *Damenwahl* inszeniert, während der sonst hauptsächlich als Bühnenbildner bekannte Axel Manthey 1989 am gleichen Theater die *Vögel* herausgebracht hat mit Ulrich Wildgruber als Pisthetairos (in dieser Aufführung «Ratgeb»; Euelpides wird mit «Hoffmann» wiedergegeben), mit leichten Anspielungen auf den Übersiedlerstrom, der im Herbst 1989 über Ungarn zuerst in Richtung Österreich einsetzte und Wien übervölkerte wie Athen im Peloponnesischen Krieg. Demzufolge sind es zwei Wiener, die ihrer Stadt entfliehen wollen; im Burgtheater sitzen sie in der ersten Reihe, und ihre Sitze werden in der wirkungsvollen Eingangsszene in luftige Höhe gehoben. Es war eine bunte Aufführung mit vielen schönen Einfällen (eine schwarze Jazzsängerin spielte die Nachtigall), bei der das leichte Schweben dieser Komödie betont wurde.

Die internationale Szene

Einen ähnlichen, immer stärker anschwellenden Strom von Aufführungen antiker Dramen, wie er für das deutschsprachige Theater charakteristisch ist, finden wir in den anderen Ländern kaum in der vergleichbaren Theaterszene, wohl aber bei den von Jahr zu Jahr zunehmenden Aufführungen in den antiken Theatern in Griechenland, Italien und (in begrenztem Maße) auch in Frankreich, und zwar nicht nur in Athen und Epidauros, sondern auch in Mittel- und Nordgriechenland, wo sich eigene Theater etabliert haben;[77] nicht nur in Syrakus (dort jedes zweite Jahr), sondern auch in Segesta und Gibellina,[78] schließlich überall in Europa, wo Höfe, Treppen, Ruinen, Gärten und Freilufttheater, auch in Verbindung mit dem inflationären Festspielgedanken, dazu benutzt werden, unter anderem gelegentlich antikes Drama zu spielen. All diese Erscheinungen können hier nicht dokumentiert oder gar untersucht werden, zumal es dafür besondere Institutionen gibt.[79]

In Frankreich wurden Aufführungen antiker Dramen lange Zeit von der Groupe de Théâtre Antique de la Sorbonne bestritten, die sich jedoch 1966 auflöste.[80] Im professionellen Theater erscheinen antike Tragödien und Komödien seltener als im deutschsprachigen Bereich, auch infolge der völlig anderen Theaterstruktur. Diese ist – abgesehen von den festspielartigen Aufführungen in den antiken Theatern – durch eine starke, erst neuerdings etwas gelockerte Zentrierung auf die Hauptstadt geprägt und durch Theatergruppen, die innerhalb der vorhandenen Institutionen sich als anti-institutionelles Theater verstehen und als Gegengewicht eher zu einer Dezentralisierung und Regionalisierung beitragen. Zudem wird überall mehr en suite als in wechselndem Repertoire gespielt. Der wohl bedeutendste Regisseur ist gegenwärtig Jean-Pierre Vincent, der bis 1983 Direktor des Théâtre National de Strasbourg (TNS) war, des einzigen französischen Nationaltheaters außerhalb von Paris, und der seit 1983 die Comédie Française leitet. Obwohl der Schwerpunkt seiner Regietätigkeit auf der modernen Dramatik liegt (gelegentlich allerdings auch Inszenierungen von Molière und Shakespeare), hat er sich auch dem antiken Drama zugewandt. Hatte es schon im Straßburger Nationaltheater unter seiner Leitung 1982 eine beachtenswerte Inszenierung der euripideischen *Phoenissen (Les Pheniciennes)* gegeben – hier führte Philippe Lacoue-Labarthe, der Übersetzer der *Antigone*-Übertragung Hölderlins ins Französische, zusammen mit Michel Deutsch Regie –, so präsentierte Vincent in eigener Regie in dem von Patrice Chêvreau geleiteten Nouveau Théâtre des Amandiers in Nanterre bei Paris im Herbst 1989 eine Art Trilogie mit den beiden *Oedipus*-Tragödien und einer freien Bearbeitung der *Vögel* des Aristophanes unter dem Titel *Cité des Oiseaux* (mit Gastspielen in mehreren französischen Städten). Die etwas problematische Begründung für die Zusammenstellung der drei Dramen ist die, daß Pisthetairos in den *Vögeln* im Eindringen in eine ihm fremde Stadt eine Art kleiner Oedipus ist (Programmheft: «un Oedipe au petit pied»), als komische Version des großen tragischen Helden, ohne dessen Scheitern, sondern im allerdings utopisch überhöhten Gelingen seiner Königsherrschaft. Dabei ist die *Cité des Oiseaux* eine sehr freie Adaptation der aristophanischen Komödie (es tritt auch Dionysos auf), wie sie für die französische Tradition ohnehin charakteristisch ist. Ein neueres Beispiel dafür ist ein 1988 im Théâtre du Lierre in Paris gegebenes, auf den *Choephoren* und *Eumeniden* des Aischylos aufbauendes Stück *Le procès d' Oreste* von Farid Paya.

Auf der anderen Seite gibt es in neuerer Zeit einige Aufführungen, die mit philologischer Hilfe zustandekamen und daher in stärkerem Maße den Charakter des Dokumentarischen tragen. Zu einer regelrechten Zusammenarbeit in der Vorbereitung einer Inszenierung des *König Oedipus* kam es zwischen der Groupe Interdisciplinaire de Théâtre Antique (GITA) und dem Théâtre avant Quart in Laroque-de-Fâ in der Region Hautes Corbières unter seinem Direktor J. P. Cathalla, der eine wörtliche Übersetzung hergestellt hatte. Das ganze Unternehmen ist mit viel Sorgfalt unter Zuhilfenahme neuerer philologischer Interpretationen und archäologischer Entdeckungen vorbereitet worden,[81] blieb aber nicht im Antiquarischen stecken, sondern war symbolisch auf die Gegenwart gerichtet. Die von der Pest geplagte Stadt zu Beginn des Stückes wurde zum Symbol für öffentliche Unsicherheit und politische Bedrohung; die Eingangsszene mit der ockerbraunen Verfärbung des Sonnenlichtes sollte an Hiroshima nach dem Abwurf der Atombombe erinnern.

Zu den auf philologisch genauen Übersetzungen beruhenden Inszenierungen in Frankreich gehört die in Deutschland noch nie gespielte *Hekabe (L'Hécube)* 1988 im Théâtre de Gennevilliers in Paris unter der Regie von Bernard Sobel. Die Übersetzung hat, zusammen mit François Rey, Nicole Loraux angefertigt, die als Gräzistin in Paris mit Arbeiten zur griechischen Tragödie und zur Funktion der Leichenrede in der griechischen Polis hervorgetreten ist.

Das überragende Ereignis einer philologischen Übersetzung auf einer französischen Bühne fand schon einige Jahre vorher statt. Es war die Aufführung des *König Oedipus* – diese Tragödie steht in der französischen Tradition von jeher an erster Stelle weit vor der in Deutschland beliebteren *Antigone* – in der Übersetzung von Jean Bollack 1985 zunächst in dem kleinen Théâtre Saint Paul in Lille und dann in dem renommierten Théâtre d' Odéon in Paris. Die Aufführung besorgte das Avantgarde-Theater «Le Salamandre» in Lille (Bollack war Professor und Direktor des Centre de Recherche Philologique an der Universität Lille) unter der Regie von Alain Milianti. Die Theatergruppe, die zuvor Gorkis *Nachtasyl* und modernste Stücke herausgebracht hatte, wandte sich dem *König Oedipus* zu, um erklärtermaßen mit der klassizistischen Tradition der Theatergruppe an der Sorbonne und deren *Oedipus*-Aufführungen mit Peplos, Kothurnen und Masken zu brechen. Man probte schon, kam aber mit der zunächst benutzten konventionellen Übersetzung nicht zurecht und wandte sich dann an Jean Bollack, dessen Übersetzung nicht an der rhetorischen Tradition Frankreichs, sondern eher an Hölderlin und Paul Celan orientiert ist. Sie vermeidet Glätte, wo diese im griechischen Original nicht gegeben ist, und betont das Emotionale, ja Grausige des Textes in einer Rhythmik, die archaisch und modern zugleich ist.[82] Gleichwohl war die Aufführung vergleichsweise konventionell. Der Bühnenbildner Gildas Bourdet imaginierte ein griechisches Ambiente mit blauem Himmel und mykenischen Steinquadern. Ein arabischer Einschlag war unverkennbar, man fühlte sich an Pasolini erinnert. Und in der Tat sprach der Chor (meist nur der Chorführer) arabisch, dessen letztes Lied vor der Katastrophe ein Freudentaumel mit Phallussymbolen war. Alle Rollen wurden von Männern gespielt, ohne Masken. Wie in der Antike verkörperte ein Schauspieler mehrere Rollen; man kam mit insgesamt vier Schauspielern (ohne Chor) aus. Mit erstaunlicher Wandlungsfähigkeit spielte ein und derselbe Schauspieler (André Wilms) den Priester im Prolog, Jokaste, Teiresias und einen der beiden Hirten. Milianti wollte einen Oedipus «sans complexe» (Programmheft) auf die Bühne bringen, aber die Selbstentdeckung des Oedipus war doch als eine Bewußtwerdung angelegt, die die enorme

Bedeutung der Psychoanalyse in Frankreich gerade für die Interpretation der griechischen Tragödie nicht verleugnete. Dies wurde auch spürbar in einem wissenschaftlichen Colloquium zwischen Philologen, Theaterleuten und Psychoanalytikern, das die Pariser Aufführung begleitete.

Aus den USA, wo nach wie vor das antike Drama hauptsächlich auf dem Universitätstheater gespielt wird, kommt als interessanteste Inszenierung der letzten Jahre eine sehr eigenwillige Adaptation des sophokleischen *Aias* unter der Regie des jungen Peter Sellars, der als Student in Harvard über 40 Stücke inszeniert hat, mit 27 Jahren in Washington Direktor des American National Theatre im Kennedy Center mit drei Bühnen wurde und gegenwärtig mit seinen Operninszenierungen schockiert. Zu einem Gastspiel im Rahmen des Stuttgarter Festivals «Theater der Welt» kam er 1987 mit einer *Cosi fan tutte* und dem rigoros in die amerikanische Welt des Alltags versetzten *Aias.* Die Szenerie wurde vor die beleuchtete Fassade des Pentagon versetzt, der Chor bestand aus GIs in tarnfarbenen Kampfanzügen, Athene war eine Schwarze im silbernen Abendkleid, und Aias wurde von einem Taubstummen (Howie Seago) gespielt, in durchaus gesuchter Symbolik. Aias erscheint wie ein amerikanischer General, der Blutvergießen zu verantworten hat, vor einem amerikanischen Untersuchungsausschuß. Sein Tun hat ihm förmlich die Sprache verschlagen, er schweigt lange, steht zu Anfang in einer Art Käfig bis zu den Waden im Blut der von ihm gemetzelten Viehherde, geht dann zu einer expressiven Gestik über, die von rasenden Kampfbewegungen ausgehend in Reflexion und Kommunikation führt, schließlich zu Selbstgefühl und Leidensfähigkeit. Der Text ist hier in nicht nachlassender Spannung in eine Gebärdensprache aufgelöst, die von wechselnden Mitgliedern des Chores sparsam über Lautsprecher verbalisiert wird. Die Sprache der Tragödie ist eine sehr freie Adaptation in teilweise ordinärem Umgangsamerikanisch, frei von jeder Erhabenheit, und auch weit entfernt von wörtlicher Treue gegenüber dem Original. Aber die Grundstruktur der Tragödie bleibt erhalten, auch im zweiten Teil in dem Streit um die Bestattung des Aias. Nach dem Tod des Aias rinnt Wasser über die leicht abfallende Bühne als Kontrast zu dem Blut der ersten Aiasszene; dann wird die Auseinandersetzung um das Grab zu einer Frage der Bestattung auf dem Heldenfriedhof in Arlington. Die griechischen Helden sind hier amerikanische Offiziere, die teils den Vorfall zu vertuschen suchen, teils – so Odysseus – die Wandelbarkeit der öffentlichen Meinung zu bedenken geben und die Bestattung durchsetzen. Die durchweg positiven (deutschen) Kritiken heben die Konsequenz und Eindringlichkeit hervor, mit der es Sellars gelingt, die alte Tragödie wie selbstverständlich in zwingender Politisierung in die amerikanische Gegenwart zu vermitteln, nicht in enger Beziehung zum Vietnam-Krieg, sondern in einer für das Amerika des ausgehenden 20. Jahrhunderts permanent typischen Situation. Peter Sellars macht, so hat er in Stuttgart mitgeteilt, in Washington «Theater für die Leute, die über die Welt entscheiden». Also Hoftheater, nur mit viel provozierenderer Schärfe als in früheren Jahrhunderten, aber Sophokles und seinem Publikum vielleicht doch näher als manche affirmative Inszenierung.

Von ganz anderer Art ist der nach Peter Halls *Orestie* interessanteste Beitrag, der aus England kommt. Toni Harrison, der Übersetzer der Londoner *Orestie,* hat ein ganz eigenartiges und wohl auch typisch englisches Stück mit dem Titel *The Trackers of Oxyrhynchus* («Die Spurensucher von Oxyrhynchus») geschrieben und selber mit dem Ensemble des Londoner Royal National Theatre inszeniert. Es ist eigentlich für Delphi geschrieben und dort im antiken Stadion oberhalb des Theaters im Sommer 1988 im Zusammenhang mit der Tagung des europäischen Kulturzentrums (Harrison gehört zu den regelmäßigen Teilnehmern) zuerst aufgeführt worden, dann vom 27. 3. 1990 an im Olivier Theatre in London mit 18 Wiederholungen und im Mai 1990 in Carnuntum (an der Donau östlich von Wien) im Rahmen der Reihe «Art Carnuntum».[83] Kern des Stückes ist das in den Sophokleshandschriften nicht überlieferte Satyrspiel *Ichneutai* («Spurensucher», «Spürhunde»), von dem größere Bruckstücke insbesondere aus dem ersten Teil 1907 auf Papyrus gefunden und 1912 publiziert sind,[84] so daß der Inhalt rekonstruierbar ist. Um dieses Satyrspiel hat Harrison nun eine Rahmenhandlung gelegt, die mit dem Vorgang der Entdeckung der Papyrusfragmente beginnt. Demgemäß spielt das Stück zunächst im Jahre 1907: Die Papyrologen und Philologen Bernard Grenfell und Arthur Hunt, die von 1896 an alljährlich die (antike) Müllhalde der mittelägyptischen Stadt Oxyrhynchos unter Zuhilfenahme von etwa 100 Fellachen als Arbeitern durchstöbert haben, finden in der Altpapierstadt das sophokleische Satyrspiel. Ausführlich wird in komödiantischer Manier britisches Forscherleid und -glück auf die Bühne gebracht, das sich hier verbindet mit typischer Kolonialherrenpose der Ausgräber gegenüber den als stumpf und verständnislos angesehenen einheimischen Hilfskräften. Die beiden Gelehrten versteigen sich so sehr in ihrer Griechenlandbegeisterung, daß sie eine Metamorphose in die Protagonisten des Satyrspieles erleben. Grenfell verwandelt sich in Apollon und Hunt in Silen, den Anführer des für jedes Satyrspiel charakteristischen Satyrchores, der in diesem Stück aus den Arbeiter-Fellachen hervorgegangen ist. Übermütig spielt der Chor Fußball mit Papyrusklumpen (so jedenfalls in der Aufführung in Delphi) – die beiden Ebenen: Entdeckung, Erforschung und der Gegenstand der Erforschung, das Satyrspiel des Sophokles, werden in hintergründiger Ironie aufeinander bezogen. Nun beginnt also das Stück des Sophokles. Der junge Hermes – hier dargestellt als Riesenbaby mit Papyrus-Pampers-Windeln (wieder ein Ineinanderschieben der beiden Ebenen) – stiehlt dem Apollon die Rinderherde, der dem Silen und den Satyrn Freiheit und Gold verspricht, falls sie die Herde wiederfinden.

Hermes aber hat die Spuren verwischt (daher der Titel) und konstruiert inzwischen in der Grotte der Nymphe Kyllene aus dem Gedärm der Rinder die Leier. Mit dem Eintreffen der Satyrn und einem Streit mit der Nymphe bricht der Papyrus ab, aber es kann kein Zweifel sein, daß am Schluß die Versöhnung der göttlichen Brüder stand und Apollon die Leier, die Satyrn aber die Belohnung und die Freiheit erhielten.

Harrison läßt die Satyrn mit antiker Drastik und Kostümierung einschließlich der langen Phalloi und mit beachtlichen artistischen und tänzerischen Leistungen agieren, leitet aber durch einen von Sophokles sich entfernenden Schluß in eine kulturkritisch betrachtete Gegenwart zurück. Apollon wird in handfester Umdeutung zum Herrenmenschen der exklusiven Hochkultur. Er entlohnt die Satyrn mit in Gold verpackten Transistorradios; aus den in ihrem ursprünglichen Kulturbewußtsein gebrochenen Satyrn werden verwahrloste Jugendliche, die ihre Kultur mit Spraydosen und Kraftausdrücken artikulieren. Sie werden gleichsam wieder zurückgestuft auf die dumpfe Bewußtseinsstufe der Fellachen in Oxyrhynchos. Apollon dagegen wird zum Inbegriff der elitären Hochkultur – auf einer Leinwand (jedenfalls bei den Aufführungen in Carnuntum) erscheinen die Wiener Staatsoper und das Burgtheater. Wie in einer Zeitmaschine gelangt die Handlung des Stückes wieder in die Gegenwart, und so verbinden sich durch den Rahmen, der um das Satyrspiel gelegt ist, in der kritischen Distanz die britische Kolonialpolitik mit der Kulturpolitik im England Margaret Thatchers. Das Stück von Harrison ist hintergründiger, als es auf den ersten Blick erscheint. Ähnlich wie Hiller mit seiner *Niobe* verbindet Harrison den Reiz des Fragmentarischen mit der Möglichkeit, in spielerischer Aus- und wohl auch Umdeutung des Mythos[85] eine doppelte Gegenwart am Anfang und am Ende in den Kern des Stückes hineinzuspiegeln und dabei insbesondere das Verhältnis der Menschen unserer Zeit zu ihrem historischen und kulturellen Erbe kritisch zu beleuchten.

Es sind dies nur wenige Beispiele für nationale Besonderheiten in der international zu beobachtenden Zunahme der Aufführungen antiker Dramen in den letzten Dezennien nahezu überall auf der Welt,[86] neuerdings sogar in Ländern, deren Kultur nicht auf der von der griechisch-römischen Antike ausgehenden Tradition beruht. Von einer wirklichen Rezeption und kulturellen Transformation kann allerdings nur in Japan die Rede sein. Japan, das jahrhundertelang kulturell von der abendländischen Tradition abgeschnitten war, erlebte eine erste «westliche» Theateraufführung im Jahre 1885 durch eine Inszenierung von Shakespeares *Kaufmann von Venedig*, nachdem eine erste japanische Shakespeare-Übersetzung schon 1871 erschienen war. In der Folgezeit öffneten sich mehrere halbprofessionelle Theatergruppen der westlichen Tradition, jedoch nicht dem antiken Drama, das erst durch Tadashi Suzuki auf die japanische Bühne gelangte.[87] Suzuki gründete 1966 in Tokio das Wasedo-Sho-Gekijo-Theater, auf dem er als erste griechische Tragödie 1974 die *Troerinnen* inszenierte. Er integrierte dabei zwei uralte Strömungen des japanischen Theaters, das mehr volkstümliche Kabuki-Theater und das eher elitäre No-Theater. Im No-Theater haben Kriegs- und Frauenstücke einen festen Platz, ebenso ein nicht in die Handlung eingreifender Chor, während im Kabuki-Theater rituell gebundener Tanz, Pantomime und Rezitation im Vordergrund stehen. Beiden Richtungen ist die Verwendung der Maske und männlicher Schauspieler für weibliche Rollen gemeinsam. Dies alles sind Elemente, die das japanische mit dem griechischen Theater verbinden, das nun aber vorgeführt wird in japanischen Kostümen, in japanischen Bewegungen, mit kleinen, abgemessenen Schritten. Das eigentlich Problematische ist aber die im japanischen Theater in viel geringerem Maße als im Abendland mögliche Übernahme der griechischen Götter und der griechischen Religion, wozu wir durch die Tradition der deutschen Klassik und Romantik trotz unserer christlich geprägten Religiosität ein natürlicheres Verhältnis haben. Entsprechend hat Suzuki den Prolog der Götter Poseidon und Athene in den *Troerinnen* gestrichen und durch ein stummes japanisches Vorspiel ersetzt. Die Szenerie ist darin ein durch amerikanische Bomben zerstörter japanischer Friedhof – das ist die aktuelle Analogie zur Situation der *Troerinnen* –, den der Gott Jizo, der Schutzgott der Kinder, betritt, gefolgt von drei schwarz gekleideten Männern; sie symbolisieren die Todesfurcht. Es folgen sieben Männer und Frauen, offensichtlich Flüchtlinge, ferner drei Wachmänner in der typischen Kostümierung der Banditen, wie sie in den Samurai-Kriegsstücken des No-Theaters stereotyp sind. Sie gerieren sich als Sieger und lassen die anderen ihre Macht spüren. Eine alte Frau, die Mann und Kinder verloren hat, kommt mit einem Sack, der ihre Habseligkeit enthält, auf die Bühne und beschwört mit rituellem Klagen unter Flötenbegleitung die Toten. Dann kommt Hekabe aus dem Totenreich, und die Tragödie des Euripides beginnt. Sie ist Beschwörung der antiken Welt in eine Gegenwart; das Vorspiel hat die Funktion, diese Brücke herzustellen. Die alte Frau bleibt die ganze Zeit über auf der Bühne und macht durch Fragen, Anreden und Anrufungen die Fiktion des Spieles, in das auch sonst moderne Einlagen, z. B. Lieder, eingeführt sind, deutlich.[88] Die Wirkung des Spiels war außerordentlich; Gastspiele in Paris, Rom, Berlin, Portugal, den USA und Griechenland schlossen sich an.

Im Jahre 1976 schloß Suzuki sein Theater in Tokio und gründete 600 km entfernt in dem Bergdorf Togamura ein eigenes «Toga-Theater», das als genaue Imitation des griechischen Amphitheaters konzipiert war und Suzukis Wendung zum Open-air-Theater markierte. Seitdem hält er in Togamura jeden Sommer Festspiele ab, in deren Rahmen er dann 1977 die *Bakchen* (diese jedoch zuerst in Tokio) und 1983 eine Tragödie mit dem

Titel *Klytaimnestra* inszenierte. Sie enthält zunächst das Zusammentreffen von Orest und Elektra und die Ermordung der Klytaimnestra, also den Inhalt der entsprechenden Dramen von Aischylos, Sophokles und Euripides. Dann aber kehrt Klytaimnestra als Geist zurück, um die beiden Kinder zu töten. Wieder setzt die Änderung Suzukis bei einem theologischen Problem der griechischen Tragödie ein, hier bei dem Rachegebot Apolls. Suzuki hat die Inszenierung der drei Tragödien als seine «klassische Trilogie» bezeichnet; die *Bakchen,* die auch in den USA gezeigt wurden, sind eine ganz merkwürdige Mischung von östlicher und westlicher Welt. Die Textfassung ist eine bilingue Version: Die Schauspielerin (hier sind es also nicht nur männliche Schauspieler) Shiraishi spielt in erstaunlicher Wandlungsfähigkeit die Rollen der Agaue und des Dionysos in japanischer Sprache, während Pentheus und der Bote Englisch sprechen. Der Chor spricht halb Englisch, halb Japanisch. Die griechische Tragödie ist wieder dort am stärksten verändert, wo der Gott Dionysos ins Spiel kommt. Er ist in dieser japanischen Version nur das Symbol der Träume und Sehnsüchte der Menschen nach Freiheit und Befreiung von tyrannischen Herrschern. Um ihren Wünschen Ausdruck zu verleihen, führen sie die *Bakchen* des Euripides auf – wieder wird die griechische Tragödie eingebettet in ein Spiel, mit dem das Stück beginnt. Doch der Schluß dieser *Bakchen* mit der Rahmenhandlung ist bitter: Pentheus kommt zurück und tötet die Menschen, die sich von ihm befreien wollten. Wie schon bei den *Troerinnen* erscheint auch hier die griechische Tragödie in einer fast ironischen Distanz, so als könne sie nicht direkt in die japanische Wirklichkeit dringen.

Suzuki hat in Togamura eine Schauspielschule errichtet, in der seine Schauspieler ein für unsere Verhältnisse unerhört hartes Training zu absolvieren haben, mit dem Ziele einer rigorosen Körperbeherrschung. Und in der Tat nimmt in seinem Theater die stumme Gebärdensprache den ersten Platz ein, vor dem Spiel mit Worten.

Von anderen japanischen Regisseuren ist die griechische Tragödie weniger beachtet worden, mit Ausnahme einer *Medea* von Ninagawa, die streng in der Kabuki-Tradition gehalten ist (alle Rollen von Männern gespielt), aber nicht die Brücke zwischen griechischer Antike und japanischer Gegenwart schlägt, wie das für die Produktionen von Suzuki charakteristisch ist. Immerhin ist schon 1959 im Theaterinstitut in Yokohama die *Antigone* von Brecht aufgeführt worden – Brechts episches Theater mit seinen Verfremdungsmitteln weist eine gewisse Nähe zum No-Theater auf, deren Brecht sich auch bewußt gewesen ist –, wie überhaupt Brecht sich in Japan einiger Beliebtheit erfreut. Zur gleichen Zeit gab es auch schon eine Inszenierung des *König Oedipus* in Osaka durch Kinji Ooka und das Theater Chroyo und noch einmal 1971 unter der Regie von Hisao Kanze in der Textbearbeitung von Hisao Kanze. Im ganzen ist die Symbiose von griechischem und japanischem Geist ein Vorgang, wie er so in der europäischen Kultur gar nicht möglich wäre. Weil es keine von der Antike ausgehende Tradition gibt, kann es auch keine klassizistische Attitude geben; eben deshalb bleibt bei aller Hinwendung zur griechischen Tragödie die japanische Komponente letztlich dominant.

Inzwischen ist das antike Drama sogar nach China gelangt; aufgeführt wurde aber bisher nur der *König Oedipus* in chinesischer Übersetzung, und zwar zuerst 1980 durch eine Studentengruppe der Pekinger Universität und dann durch die Central Drama Academy, die 1985 mit dieser Aufführung in Delphi gastierte. Umgekehrt war 1979 das griechische Nationaltheater mit dem *Prometheus* und den *Phoenissen* in Peking zu Gast. Wie ein griechisches Drama auf der Bühne zur Entfaltung gelangt, konnte man in China hier überhaupt ein erstes Mal erfahren. Dieses Gastspiel hat dann stimulierend auf den chinesischen *Oedipus* gewirkt, den Luo Niansheng schon 1935 übersetzt hatte. Seine Übersetzung ist inzwischen in mehreren Auflagen mit insgesamt über 100000 Exemplaren gedruckt worden; auch die meisten anderen antiken Dramen liegen inzwischen in chinesischen Übersetzungen vor, vorwiegend von Luo Niansheng.[89] Wie auch im Falle der japanischen Hinwendung zum antiken Drama ist es die unmittelbare Begegnung mit Griechenland (Niansheng war bereits 1933 ein erstes Mal in Griechenland) und mit dem griechischen Theater, die das Engagement auf der Bühne des eigenen Landes prägte. Probleme der Vermittlung griechischen Geistes ergaben sich auch in China im Bereiche der Darstellung und Bezeichnung der Götter. Da den Chinesen die antike Mythologie völlig fremd ist und irgendeine Götterlehre jenseits ihrer Vorstellungskraft liegt, hat man kurzerhand in der der Aufführung des *König Oedipus* zugrundeliegenden Übersetzung für alle Gottheiten den Namen Apollon eingesetzt, weil dieser den Chinesen von der amerikanischen Raumfähre Apollo bekannt war. Aber auch lyrische Passagen und Chorlieder wurden gekürzt und chinesischen Gewohnheiten angepaßt, mag es auch einige strukturelle Gemeinsamkeiten zwischen der klassischen chinesischen Oper und dem griechischen Chor geben. Gerade die sogenannte Peking-Oper hat ja mit der griechischen Tragödie dies gemeinsam, daß die Fabel vorher bekannt ist, daß es stereotype Figuren gibt und daß auch die Formen des Spiels einer festgefügten Überlieferung entstammen.[90] Das moderne chinesische Sprechtheater, das als Gegenbewegung zu den alten Singspiel-Formen entstand und sich der zeitgenössischen Thematik zuwandte, war indessen eher von Ibsen, Shaw und Hauptmann (deren Stücke in chinesischen Übersetzungen auch aufgeführt wurden) als von antiken Dramen beeinflußt.

Auch in Indien beginnt die griechische Tragödie Fuß zu fassen. Nach Heymes *Antigone* in Calcutta 1980 ist inzwischen eine allerdings wenig überzeugende *Antigone* des Avadh-Theaters herausgekommen – das Gastspiel 1986 in Delphi war enttäuschend –, und das Theater der Stadt Sopanam hat einen *Prometheus* auf die Bühne gebracht mit wiederum veränderten Götternamen: Prometheus ist der neue indische Gott Pramada und Zeus der Götterkönig Indra.[91] Auch sonst ist manches am Stück verändert, vor allem der Schluß. Die Göttin Mohini (= Hera) nimmt das von Prometheus den Göttern geraubte Feuer wieder zurück in den Götterhimmel. Es ist eine ganz eigentümliche, nur bedingte Art der Rezeption der griechischen Tragödie auf dem Theater; der indische Glaube sperrt sich gegen die Präsentation griechischer Anschauungen selbst in der Fiktion des Spieles. Wie in Japan ist es auch hier eine ganz eigentümliche Mischung antiker und einheimischer Anschauungen.

Prinzipiell das gleiche Verhältnis läßt sich beim Eindringen der griechischen Tragödie in die multiethnische Kultur Indonesiens beobachten. Hier ist es insbesondere der Dichter und Theatermann Rendra, der mehrere griechische Tragödien übersetzt und seit Mitte der Siebziger Jahre die *Antigone*, den *König Oedipus* und den *Prometheus* im Begkal Teater in Jakarta inszeniert hat. Sein Konzept ist die Demonstration eines alternativen Konzeptes zum Leben in der eigenen Kultur, und zwar betont auch in politischer Hinsicht.[92] Gleichwohl sind auch dies Zeugnisse einer «interkulturellen» Inszenierungsweise, werden doch balinesische Tänze zwischen die Aktionen der in javanischen Kostümen auftretenden Gestalten der griechischen Tragödie eingelegt.

Fügen wir noch hinzu, daß der Oedipus-Mythos inzwischen bis in die Karibik gelangt ist,[93] so stehen wir vor dem erstaunlichen Phänomen, daß das griechische Drama analog zu seiner wachsenden Ausbreitung in der westlichen Welt seit etwa 1980 in Kulturen mit einer ganz anderen Tradition eindringt und dort in einem Prozeß kultureller Transformation auf der Bühne adaptiert wird aufgrund bestimmter struktureller Gemeinsamkeiten zwischen der griechischen Tragödie und den nationalen Theatertraditionen, auf die man sich gegenwärtig sowohl in Japan wie in China stärker zurückbesinnt. Die Aufnahme der griechischen Tragödie als «Gesamtkunstwerk» wird auch dadurch begünstigt, daß es in den klassischen Theaterformen vor allem Japans und Chinas keine der europäischen Theaterentwicklung analoge Trennung der Gattungen (Sprechtheater, Oper, Ballett) gegeben hat, daß vielmehr im No- und Kabuki-Theater und ebenso in der Peking-Oper Musik-, Tanz- und Sprech- bzw. Worttheater – wobei das Wort der Geste untergeordnet ist – eine Einheit darstellen. Wenn nun neuerdings auch das europäische Gegenwartstheater stärker denn je in die fremden Kulturen eindringt,[94] so leistet mit diesem zusammen auch das antike Drama einen Beitrag zu einer Interkulturalität im Sinne eines kosmopolitischen Welttheaters, das als Universalsprache des Theaters in allen Kulturen der Erde verstanden werden kann. In diesem

Sinne kommt dem antiken Drama heute eine ganz neue, erst auf der Grundlage der gegenwärtigen internationalen politischen, wirtschaftlichen und soziologischen Gegebenheiten (rascher Kommunikationsfluß, internationale Theaterfestivals, Überwindung von Nationalismen, Warenaustausch) formulierbare Aufgabe zu, und zwar auf dem Theater, nicht nur wegen seiner Dominanz über eine heute überall im Rückgang begriffene, in einigen Kulturen nie vorhandene Lesekultur, sondern weil nur in der Realisierung aller Komponenten eines Dramas auf der Bühne die interkulturelle Verbindung aller Elemente eines ja auch ursprünglich für das Theater geschriebenen Textes erfahrbar gemacht werden kann.

Antigone und der Sozialismus

Doch verlangt die jüngste politische Entwicklung, die vom Theater wie von einem Seismographen registriert und reflektiert wird, noch einmal ein Zurücklenken von einer Vision eines Welttheaters zu einer nationalen, bis zu einem gewissen Grade immerhin europäischen Dimension.

Die bedeutendsten *Antigone*-Versionen aus der unmittelbaren Nachkriegszeit, die Vertonung der Übersetzung Hölderlins von Orff und die aktualisierende Bearbeitung der gleichen Übersetzung von Brecht, sind am Ort ihrer Uraufführungen etwa 40 Jahre nach ihrer Entstehung noch einmal aufgeführt worden, beide im Sommer 1989, die eine bei den Salzburger Festspielen, die andere im Stadttheater der kleinen Schweizer Stadt Chur. Orffs *Antigonae* wurde jetzt zwar ungekürzt, aber konzertant aufgeführt. Vergessen waren die demütigenden Einschränkungen, denen Orff bei der Uraufführung ausgesetzt war; die Stadt Salzburg hatte ihm längst die Ehrenbürgerwürde verliehen. Aber die konzertante Aufführung war doch ein Zeichen dafür, daß die Musik sich von der Szene abgelöst hatte oder umgekehrt, daß eine szenische Aufführung mit der Musik Orffs heute den Charakter einer quasi-historischen Rekonstruktion hätte. Und die musikalische Gestaltung (ORF-Orchester unter Ulf Schirmer) war jetzt weicher, eingängiger, nicht mehr so stark archaische Härte betonend, jedenfalls unserem Ohr nicht mehr so fremd.

Die Aufführungen von Brechts *Antigone* in Chur (Premiere am 13.4.1989), jetzt in der Inszenierung von Fritz Bennewitz aus Weimar, war ganz betont im Gedenken an die 41 Jahre zurückliegende Uraufführung angelegt. Ein großflächiges Szenenbild der Brechtschen Inszenierung von 1948 hing vor der Aufführung der Neuinszenierung als eine Art Vorhang vor der Bühne. Ein Schauspieler der alten Aufführung wirkte auch jetzt mit: Hans Gaugler, der damals die Rolle des Kreon verkörperte und in der Zwischenzeit u. a. als Intendant des Landestheaters Württemberg-Hohenzollern in Tübingen mehrfach antikes Drama inszeniert hatte, spielte jetzt als 76jähriger den Boten, so als hätte er als Überlebender die

Botschaft des damals Geschehenen zu überbringen. Die übrigen Schauspieler kamen teils aus beiden Teilen Deutschlands (die kleine, zarte, aber kraftvolle Antigone Carmen-Maja Antoni aus der DDR vom Berliner Ensemble, wo sie noch von Helene Weigel ausgebildet wurde), teils waren es Schweizer. Die Inszenierung hielt sich nicht streng an das Antigone-Modell Brechts, bewahrte aber Elemente seines epischen Theaters.[95] Hinweistafeln bezeichnen, was auf der Bühne zu sehen ist; das Bühnenhaus ist eine gläserne Pyramide. Der Rand der Bühne ist von Schädeln übersät, das Spielfeld ist die Stadt als Ort des Lebens und das Schlachtfeld als Ort des Sterbens zugleich. Der Chor besteht aus vier Männern (genau wie bei der Uraufführung 1948) in Militärmänteln mit Orden an der Brust. Die Regie betont einen Gegensatz von Männer- und Frauenwelt: Während alle Männer in ledernen Stiefeln auftreten, sind die Frauen barfuß. Wie zur Zeit der Uraufführung muß das Churer Theater auch jetzt mit ganz wenigen Mitteln sparsam wirtschaften, aber man spielt nicht mehr im alten Rätus-Kino, sondern im eigenen Haus und vor allem: Die Resonanz ist nun eine ganz andere. Ausverkaufte Vorstellungen, ein Rahmenprogramm mit einem wissenschaftlichen Symposion, eine ganze Brecht-Woche – Zeichen dafür, daß man sich bewußt geworden ist, wie nachhaltig Chur Theatergeschichte gemacht hat. Von diesen Aufführungen und Aktivitäten ging eine Signalwirkung aus. Die kleine Graubündener Kantonalstadt ist nun stolz auf das lange vernachlässigte Theater; eine beträchtliche Budgeterhöhung ist die Folge (Abb. 36).

Zu einem Politikum wurde diese Inszenierung aber erst durch die beiden Gastspiele, die das Ensemble aus Chur anläßlich der «Berliner Festtage» in Ost-Berlin am 9. und 10. Oktober 1989 im Deutschen Theater gegeben hat. Einer der Schauspieler (Felix Benesch, einer der «Männer von Theben») berichtet: «Wir... begannen während der letzten Proben in den Räumen des Deutschen Theaters endlich zu spüren, daß wir brisante und hochaktuelle Texte sprechen» (Bündner Zeitung vom 13. 10. 89). Und in der Tat: Es waren die letzten Tage des alten DDR-Regimes, als der Flüchtlingsstrom über Ungarn und über die Botschaft in Prag in vollem Gange war, als Demonstrationen auf Straßen und in Kirchen der DDR nicht mehr übersehen werden konnten (die entscheidende Leipziger Demonstration war am Tage des ersten Gastspieles), als die Theaterschaffenden der DDR in der Berliner Volksbühne (am 7. 10. 1989) eine Resolution verfaßten, in der sie von ihrer Regierung die Garantie der Menschenrechte forderten, als der Staatsratsvorsitzende Erich Honecker in Anwesenheit von Michael Gorbatschow sich ein letztes Mal aus Anlaß des vierzigjährigen Bestehens der DDR wenige Tage zuvor feiern ließ. Es war eine gespenstische Situation. Als die Churer Theatergruppe am 7. Oktober in Berlin eintraf, waren ganze Straßenzüge gesperrt, rollten Kolonnen von Panzern und Raketenträgern durch eine nahezu menschenleere Stadt, um die DDR zu feiern.[96] Am Tage der ersten Aufführung brachte das «Neue Deutschland» in großer Aufmachung Bilder von jubelnden Menschenmassen anläßlich der 40-Jahr-Feier. Doch die wirkliche Stimmung der Menschen war eine andere. Man konnte sie auf den Demonstrationen und in den Kirchen erfahren – aber auch im Theater. Dies alles war nicht abzusehen, als die Einladung nach Berlin erging und man nun auf ein hochsensibles Publikum stieß, welches Worte wie: «Weniger sind es geworden, seit Du herrschst» (so Antigone zu Kreon) oder: «Die Stadt ist voll von innerer Unlust» (Teiresias) mit lautstarkem Beifall und den Auftritt des Kreon mit unüberhörbaren Buhrufen begleitete. Die damals noch linientreue DDR-Presse hat übrigens diese Reaktionen bagatellisiert, teils sogar verfälscht.

In einer derartig brisanten Situation hätte wohl auch jede andere *Antigone*-Aufführung (z. B. die Bochumer von 1988) derartige Reaktionen ausgelöst, doch entbehrt es nicht einer tragischen Paradoxie, daß es gerade die Version Brechts war, die nun dazu Anlaß gab, in Kreon den Betonkopf des Herrschers im realen Sozialismus zu sehen, während er ja bei Brecht Inkarnation nicht nur des Faschismus, sondern auch des Kapitalismus ist. Nun aber muß Antigone die individuellen Menschenrechte gegen den Sozialismus einklagen. Dies war natürlich weder die Intention Brechts noch die Absicht der Churer Inszenierung, aber die Berliner Gastspiele wurden so rezipiert.

Die Schweizer Gäste konnten kaum wissen, daß es zu dieser Zeit bereits mehrere *Antigone*-Inszenierungen in der DDR gab, die im Zeichen von Glasnost und Perestroika schon so angelegt waren, in Kreon die Symbolfigur einer in Dogmen erstarrten sozialistischen Staatsmacht und entsprechend in Antigone die Vertreterin des Anspruches auf individuelle Freiheit und der Verweigerung von staatlicher Autorität zu sehen. Von 1985 bis 1989 gab es in der DDR allein acht derartige Wende-*Antigone*-Inszenierungen (z. B. in Dessau 1987, in Schwedt 1988), die ubrigens auch eine ganz andere Darstellungsweise verlangten (stärkere Emotionalität), als es der von Brecht praktizierten Technik der Verfremdung entsprochen hätte. Dieser Paradigmawechsel zeigt erneut die seit dem *Frieden* des Aristophanes von 421 bewiesene Fähigkeit des Theaters, politische Veränderungen zu antizipieren, die dann auch wirklich eintreten.

Die erste und wohl auch bedeutendste *Antigone*-Inszenierung dieser Art kommt aus Polen und stammt schon aus dem Jahre 1984, und zwar von Andrzej Wajda mit dem Krakauer Theater. Das Besondere dieser Inszenierung liegt in einem eigentümlichen Kontrast zwischen typisch griechischen Elementen (Antigone und Ismene tragen schwarze Kleider und Kopftücher, nur das Gesicht bleibt unverhüllt; Säulen und der Fries eines antiken Tempels werden in die Kulisse einbezogen) und politischen Bezügen auf die gegenwärtige polnische Situation. Ein außerordentlicher

Kunstgriff des Regisseurs liegt darin, den Chor bei jedem Chorlied in wechselnden Rollen und jeweils anderen Kostümen auftreten zu lassen. Zuerst sind es siegreiche Soldaten in Kampfuniformen mit Maschinengewehren, dann Staatsbeamte im Anzug mit Hut und Aktenkoffern, die sich beeilen, dem neuen Herrscher ihre Aufwartung zu machen, später besteht der Chor aus demonstrierenden Jugendlichen in Bluejeans, die Transparente mit dem Bild Antigones tragen; in der Schlußszene sind es Werftarbeiter aus Danzig in blauen Arbeitsanzügen mit Schutzhelmen, sie tragen die Fahne der Gewerkschaft «Solidarnosc», im Hintergrund die Sicherheitskräfte Kreons. Sehr geschickt sind dabei die Stimmungsveränderungen in der Haltung des Chores der sophokleischen Tragödie mit den Stationen der Entwicklung eines sozialistischen Staates seit 1945 in eine überraschende Parallele gesetzt. Auch eine Reihe anderer Anspielungen auf die polnische Gegenwart sind – anders als bei der Churer Inszenierung – intendiert und natürlich entsprechend rezipiert worden. Die parteiamtliche Presse («Tribuna Ludu») hat – wie 1989 die DDR-Presse – die Aufführung bagatellisiert und in Kreons Sicherheitskräften eine amerikanische Invasionstruppe sehen wollen – aber hier wie überall erweist sich letztlich das Drama selbst und das Theater als die stärkere Macht. Als George Steiner im gleichen Jahr, als die polnische *Antigone*-Inszenierung zuerst in Krakau gezeigt wurde (1989 gab es ein Gastspiel in Delphi), den Satz formulierte: «Neue Antigonen werden heute ersonnen, gedacht, gelebt; und so wird es auch morgen sein»,[97] konnte wohl keiner ahnen, in welcher Weise sich diese Worte in den folgenden Jahren erfüllen sollten.

Epilog

Das antike Drama ist in das moderne Regietheater nicht nur integriert; es repräsentiert dieses in gewissem Grade sogar. Wohl mag es sein, daß bestimmte Erscheinungen des Regietheaters in Inszenierungen anderer Stücke früher einsetzen, daß ferner bestimmte Exzentritäten der Darbietung woanders noch drastischer gezeigt werden – im allgemeinen aber spiegeln die Inszenierungen antiker Dramen in den vergangenen Jahrzehnten stärker als in früheren Zeiten (z. B. als im 19. Jahrhundert) den Weg wider, den das Theater im ganzen gegangen ist.[98] Da aber gerade dieser Weg den heftigsten Kontroversen ausgesetzt ist, sind Inszenierungen antiker Dramen nicht nur von pauschaler Kritik gegen das Regietheater überhaupt mitbetroffen, sondern auch in die ‹Krise des Theaters› in ihrer Faktizität einbezogen.

Soll man nun Normen oder Postulate aufstellen, wie eine griechische Tragödie oder Komödie heute auf dem professionellen Theater zu spielen sei? Dies wäre ein problematisches Unterfangen, zeigt doch die Geschichte derartiger Vorschriften von Aristoteles an, daß das Theater sich im allgemeinen daran nicht hält. Gewiß galten die theoretischen Anweisungen der Antike (Aristoteles, Horaz) der Komposition von Dramen, also dem Dichter, aber der Regisseur unserer Tage würde sich für seine Inszenierung an von außen kommende Empfehlungen ebensowenig halten, zumal wenn er sich dem Dichter und der Dichtung gegenüber als autonom empfindet.

Und doch mögen einige Überlegungen legitim sein, die natürlich nur *eine* Position, noch dazu aus der Sicht eines Philologen, markieren.

Kriterium für die Beurteilung einer Inszenierung eines griechischen Dramas kann nicht der Grad der Annäherung an die antiken Aufführungsbedingungen sein. Eine solche Annäherung ist zwar früher mit wechselndem Erfolg immer wieder versucht worden, aber das – im übrigen nie zu erreichende – Ziel der Wiederherstellung der antiken Verhältnisse kann nur unter Verzicht auf die Produktions- und Rezeptionsbedingungen einer jeweiligen Gegenwart erstrebt werden, in die hinein das antike Drama wirken soll. Es ist außerdem ein pseudohistorisches Unterfangen, wie man gerade an den Aufführungen an den antiken Spielstätten sehen kann.

Denn das bloße «Platznehmen im antiken Theater» durch den modernen Besucher täuscht «das Schauen mit antiken Augen» nur vor; wenige der Zuschauer machen sich klar, daß sie in Athen im Herodes-Atticus-Theater in einem Bau aus dem 2. Jahrhundert nach Chr. sitzen, der überhaupt kein Theater und zudem ursprünglich überdacht war, daß das Theater in Epidauros aus dem frühen 3. Jahrhundert vor Chr. stammt (und also hellenistisch, nicht jedoch klassisch ist) und daß das neuerdings auch bespielte Theater in Dodona in der Zeit des Molosserkönigs Pyrrhos entstanden ist. Nimmt man hinzu, daß überall abends gespielt wird, daß demzufolge die antiken Theater mit modernen Schweinwerfern ausgeleuchtet werden, daß ferner zumindest in Athen Luft und Landschaft auch nicht mehr den antiken Verhältnissen entsprechen, so mag das «vorübergehende Eintauchen» in die Antike ein nicht ungefährliches Mißverständnis sein,[99] durch das eine Auseinandersetzung mit dem antiken Drama eher verdeckt als gefördert wird.

Mögen auch bestimmte Elemente des Spieles (Rhythmus, Musik, Chor, Ritual) in den antiken Theatern auf eine letztlich bis in die Antike reichende, wenn auch mehrfach unterbrochene Tradition zurückgehen, so kann doch ein partielles Archaisieren nicht zur Norm für die Beurteilung von Inszenierungen antiker Dramen auch auf unseren Theatern erhoben werden, bei denen die punktuelle Annäherung an antike Verhältnisse zudem eher den Charakter des anspielenden Zitats oder des Mittels der Verfremdung hat, als daß es dem Bestreben entsprungen wäre, es möglichst so zu tun, wie es die Alten gemacht haben.

Auf der anderen Seite kann aber auch nicht jeglicher Willkür das Wort geredet werden. Es muß vielmehr sorgfältig differenziert werden. Wo es vornehmlich darum geht, lediglich den antiken Mythos in seiner Flexibilität und Adaptionsfähigkeit in einer Gestaltung zu vermitteln, deren Grundlage nicht eine bestimmte Tragödie des Aischylos, Sophokles oder Euripides ist, mag jeder Regisseur verfahren, wie er will. Wenn aber eine konkrete, mit Titel und Dichter bezeichnete griechische Tragödie auf dem Spielplan steht, sollte die Verpflichtung zu einer Angemessenheit in der Darstellung der Problematik eingeschlossen sein, wenn auch mit allen Mitteln des modernen Theaters. Das bedeutet, daß Obszönitäten und Ridiculisierungen bei der Aufführung einer griechischen Tragödie (im Unterschied natürlich zur Komödie) fehl am Platze sind. Auch die beliebige Veränderung des Textes, die Vermischung eines Grundtextes mit anderen Texten ist eine problematische Angelegenheit, selbst dann wenn es z. B. heißt: «nach Euripides» (eine Differenzierung, die leicht übersehen wird). Ein derartiges Zurechtmachen der Tragödie ist im Grunde ein Rückfall ins 18. Jahrhundert und verhindert die Erfahrung der Fremdheit des antiken Dramas und die eben daraus (und nicht aus der Alltäglichkeit der eigenen Welt) gewonnene Betroffenheit.

Bei aller Vorläufigkeit der Annäherung an ein antikes Drama sollte der Zuschauer doch erfahren können, daß er – gewiß in vielerlei Brechungen – eine Tragödie des Sophokles oder Euripides vor sich hat. Der Regisseur mag einzelne, ihm wichtig erscheinende Aspekte der Tragödie überstark herausarbeiten und andere abblenden; er kann sich auch irren wie der Philologe, aber eine Veränderung der Problematik einer Tragödie wider besseres Wissen ist kein empfehlenswerter Weg. Der Text sollte nicht zu einer beliebigen Manipulationsmasse werden, die der Regisseur in Umkehrung der natürlichen Rangfolge zwischen Dichter und Regisseur so behandelt, als handelte es sich um Materialien zu einem erst noch zu formenden und durch Ingredienzien ganz anderer Provenienz zu würzenden Werk. Ein solcher Weg wäre legitim in einer in aller Form auch so bezeichneten Bearbeitung von eigenem literarischem Rang, wie sie bei Hofmannsthal, Hasenclever, Cocteau, Anouilh, Brecht u. a. vorliegt. Dann aber sind deren Texte Grundlage für die Arbeit des Regisseurs. Wenn aber eine Tragödie des Aischylos, Sophokles oder Euripides angekündigt ist, dann sollte eine förmliche Übersetzung die Basis sein. Nun sind die Übersetzungen nicht das Original und im allgemeinen zeitgebunden und auch Ausdruck ihrer Zeit. Übersetzungen z. B. von Donner und Wilamowitz sind der Problematik einer griechischen Tragödie ferner als manche Paraphrase aus unseren Tagen. Die dokumentarische Übersetzung im Stile von Schadewaldt ist gewiß langlebiger, aber ihre Bühnentauglichkeit muß sie stets aufs neue erweisen. So mag es ein gutes Verfahren sein, daß Übersetzungen in innerem Zusammenhang mit Inszenierungen entstehen und so selbst zu einem Teil der Inszenierung werden, wie es in der Geschichte des Theaters auch immer wieder vorgekommen ist. Die praktische Theaterarbeit wird dabei stets Streichungen und kleinere Modifikationen verlangen. «Man muß ein alter Praktikus sein, um das Streichen zu verstehen»,[100] hat Goethe einmal gesagt, als er für die Aufführung seines *Torquato Tasso* als Theaterleiter 727 Verse, also über ein Fünftel des Stückes, strich. Indessen mögen die Verhältnisse bei den «bretterkundigen» Dichtern der Antike etwas anders sein, und man kann immerhin darauf verweisen, daß auch die gewagtesten Inszenierungen von Opern selbst eines Peter Sellars (der Opern von Mozart und Verdi an Tankstellen, in Rauschgifthöhlen und Vorstadtslums spielen läßt) nicht eine einzige Note abändern. Modernstes Regietheater ist also auch so möglich.

Bei Inszenierungen antiker Dramen sollten sich Streichungen in engen Grenzen halten und nicht dazu dienen, integrale Bestandteile der griechischen Tragödie wie z. B. den Chor, die Klagen mit den vielen Interjektionen zu eliminieren und durch fremde Einsprengsel, mögen sie sich als «intertextuell» oder «postmodern» zu legitimieren versuchen, zu ersetzen. Gerade die Auseinandersetzung des modernen Regisseurs mit den alten Formen und Gegebenheiten begründet die Wirkung, die heute und wohl auch in Zukunft vom antiken Drama auf der Bühne einer jeweiligen Gegenwart in der Spannung zwischen einst und jetzt ausgehen kann. Dies ist kein Plädoyer für einen rückwärts gewandten Klassizismus; dem Regisseur bleibt vielmehr ein ganz weiter Spielraum, wie die in dieser Hinsicht Maßstäbe setzenden Inszenierungen z. B. Heymes vor allem der Kölner Zeit und besonders Steins *Orestie*-Inszenierung eindrucksvoll zeigen.

Ein Problem für sich stellt dabei das Phänomen der sogenannten «interkulturellen Inszenierungen»[101] antiker Dramen in anderen als den abendländischen Kulturen dar. Die Integration einer griechischen Tragödie in Theatertraditionen z. B. der Peking-Oper, des japanischen No- oder Kabuki-Theaters nimmt in Riten und Gesten, in Maske, Kostüm, Dekoration und Musik uns zunächst fremde Elemente auf. Damit ist aber nicht notwendig bereits die Veränderung des Textes im Sinne einer Collage aus dem stark zusammengestrichenen Dramentext mit japanischen, persischen, tibetanischen und anderen Mythen gegeben, die dann mit dem so enthistorisierten griechischen Mythos auf eine gemeinsame anthropologische Grundkonstellation bezogen und reduziert werden. Jedenfalls hat Heyme 1980 in Kalkutta gezeigt, daß die Verbindung von indischem Ritual und unangetasteter und unvermengter griechischer Tragödie (in bengalischer Übersetzung) eine starke Wirkung und auch Betroffenheit auszuüben vermochte. Aber vielleicht bedurfte es dazu des deutschen Regisseurs, und Suzuki mag über die Möglichkeiten seiner Theatersprache anders denken. Es ist schwer abzuschätzen, wie hier die Dinge sich weiter entwickeln werden.

Aber die Beachtung des Rituellen, die angemessene Wiedergabe der Problematik ist doch bei all diesen Erscheinungen streng gewahrt, und so ist darin ein Grundpostulat der Inszenierungen antiker Dramen auch auf den außereuropäischen Bühnen gewahrt.

Wenn das antike Drama ein unverzichtbares Element gerade des modernen Theaters ist, so kann seine Realisierung auf der Bühne in der Wahrung der hier skizzierten Grundgegebenheiten ein Moment der Konsolidierung sein, das eine von vielen Antworten auf die vielbeschworene Krise des Theaters darstellt.

Anhang

I.
Adresse* an den Königlich Preußischen Generalmusikdirector Herrn Dr. Felix Mendelssohn Bartholdy.

Die Verwirklichung der von einem eben so erhabenen als reichbegabten Monarchen ausgegangenen Idee, durch eine scenische Darstellung der Sophokleischen Antigone den Versuch zu machen, die tragische Muse der Griechen aus dem Dunkel einer längst verschwundenen Zeit wieder heraufzuzaubern, hat durch die Genialität der ausgezeichneten Meister, welche mit der Ausführung derselben beauftragt worden, unterstützt, in ihrem Erfolge den Beweis geliefert, daß unser Zeitalter noch im Stande ist, die großartigen Schöpfungen des griechischen Alterthums in ihrer unvergänglichen Hoheit zu würdigen, und sich in möglichst treuer Nachbildung anzueignen.

Dieses Ereigniß, das bei dem scheinbar dem classischen Alterthum von Tag zu Tag immer fremder werdenden Geiste der Zeit ein kaum erwartetes genannt werden konnte, haben alle Diejenigen, welche die Ansicht hegen, daß das Alterthum in seinen erhabenen, großen Schöpfungen ein heiliges und unvergängliches Vermächtniß für die Nachwelt sei, um so freudiger begrüßt, als sie in der außerordentlichen Wirkung, welche die Verwirklichung jener großartigen Idee durch ganz Deutschland hervorgerufen hat, das unverkennbare Zeichen eines neu belebten Interesses für das Alterthum und die darauf gegründeten Studien zu gewahren geglaubt haben.

Dieselbe Erfahrung zu machen ist auch der diesjährigen Versammlung deutscher Philologen und Schulmänner Gelegenheit gegeben worden, als eine Recitation der Sophokleischen Antigone, von der musikalischen Begleitung getragen, welche Ihr Genius, Hochverehrter Mann, in heiliger Weihe geschaffen, unter Leitung eines geist- und kunstverwandten Meisters, an ihr vorüber geführt ward. Erfüllt von dem Gefühl der innigsten Dankbarkeit für den hohen Genuß, welchen dieselben aus diesem so glücklich unternommenen Versuche, die Vergegenwärtigung einer antiken Tragödie durch die Macht der Tonkunst zu bewirken, empfanden, haben die hier versammelten Philologen und Schulmänner in ihrer Sitzung vom 4. October den Beschluß gefaßt, diese ihre Empfindungen des innigst gefühlten Dankes Ihnen besonders auch in der Absicht auszusprechen, auf daß auch von dieser Seite dem Verdienste diejenige Anerkennung gewährt werde, welche den Schöpfungen eines wahrhaft von den Musen geliebten Mannes gebührt.

Cassel, den 5. October 1843.

* Vorgetragen in der dritten öffentlichen Versammlung. Wurde auf eine Pergamentrolle geschrieben, von dem Präsidium unterzeichnet und am 18. October 1843 abgesendet.

Antwortschreiben* des Herrn Generalmusikdirectors Dr. Felix Mendelssohn Bartholdy

Hochgeehrter Herr Director!

Die Auszeichnung, welche mir der diesjährige Philologen-Verein zuerkannt hat, ist mir so überraschend gewesen, daß ich wahrlich nicht weiß, wie ich meinen Dank für eine so hohe Ehre genügend aussprechen kann. Auf Entschuldigung meiner Kühnheit hatte ich wohl gehofft, als ich es unternahm, die Chöre der Antigone in Musik zu setzen; aber daß dieser Versuch auf eine solche Belohnung Anspruch machen dürfe, hätte ich nimmermehr gedacht. Wohl weiß ich selbst am besten, wie viel dabei noch überall zu wünschen bleibt; doch muß ich glauben, daß die Begeisterung, ja ich möchte sagen die Andacht, mit der mich das wunderbare Trauerspiel erfüllte, als ich es seit meinen Knabenjahren zuerst wieder las und so ganz neu empfand, sich hier und da in meiner Musik ausgesprochen habe, und daß ich eben diesem Gefühl von der übergroßen Herrlichkeit des Gedichtes den Beifall allein zu verdanken habe, dessen der Verein meine Composition würdigte.

Erlauben Sie mir, meine innigsten Danksagungen dafür an Sie zu richten und Sie zu bitten, den Ausdruck herzlichster Erkenntlichkeit dem Vereine in meinem Namen darbringen zu wollen. Genehmigen Sie die vollkommenste Hochachtung, mit welcher ich die Ehre habe zu sein

E. Hochwohlgeboren

ergebenster

Felix Mendelssohn Bartholdy.

Leipzig, den 23. October 1843.

* An den Präsidenten gerichtet.

II.
Der Zeushymnus im *Agamemnon* des Aischylos (160–182)

Innerhalb einer längeren Chorpartie steht der berühmte Zeushymnus, zu dem hier verschiedene, auf der Bühne gesprochene Übersetzungen vorgeführt werden, deren Differenzen die unterschiedliche Art der Rezeptionsvorgaben für den Zuschauer zeigen mögen. (Vgl. auch M. Schmidt/F. Schuh, Hephaistos 3, 1981, 134–138).

Zunächst der griechische Text:

Ζεὺς ὅστις ποτ' ἐστίν, εἰ τόδ' αὐ-
    τῶι φίλον κεκλημένωι,
τοῦτό νιν προσεννέπω·
οὐκ ἔχω προσεικάσαι
    πάντ' ἐπισταθμώμενος
πλὴν Διός, εἰ τὸ μάταν ἀπὸ φροντίδος ἄχθος
χρὴ βαλεῖν ἐτητύμως·

οὐδ' ὅστις πάροιθεν ἦν μέγας,
 παμμάχωι θράσει βρύων,
οὐδὲ λέξεται πρὶν ὤν·
ὃς δ' ἔπειτ' ἔφυ, τρια-
 κτῆρος οἴχεται τυχών·
Ζῆνα δέ τις προφρόνως ἐπινίκια κλάζων
τεύξεται φρενῶν τὸ πᾶν,

τὸν φρονεῖν βροτοὺς ὁδώ-
 σαντα, τῶι πάθει μάθος
θέντα κυρίως ἔχειν·
στάζει δ' ἀνθ' ὕπνου πρὸ καρδίας
μνησιπήμων πόνος· καὶ παρ' ἄ-
 κοντας ἦλθε σωφρονεῖν·
δαιμόνων δέ που χάρις βιαίως
 σέλμα σεμνὸν ἡμένων.

Es folgt als Verständnisgrundlage eine anspruchslose Interlinearversion:

«Zeus, wer er auch immer sei, wenn es ihm gefällt, so angerufen zu werden, so rede ich ihn damit (mit dem Namen Zeus) an. Ich kann ihm nichts vergleichen, wenn ich auch alles erwäge, außer Zeus (selbst), wenn man die vergebliche Last der Sorge wirklich wegwerfen muß (d. h. wenn man sich wirklich von Angst und Sorge freimachen will, so geht dies nur in der Einsicht, daß Zeus höher und größer als alles Vergleichbare ist).

Und nicht der, der früher mächtig war, von alltrotzender Kühnheit strotzend, von ihm wird nicht gesprochen werden, der früher war; der aber danach erwuchs, (auch) er wich, auf den Sieger treffend (angespielt ist auf den Sieg des Kronos über Uranos und dann des Zeus über Kronos). Wer aber auf Zeus geneigten Sinnes Siegeslieder ertönen läßt, der wird auf gesunden Sinn treffen ganz und gar,

(auf Zeus), der den Menschen den Weg zur Einsicht gewiesen hat, indem er ‹durch Leiden Lernen› gesetzt hat als gültiges Gesetz. Es tröpfelt statt Schlaf vor das Herz an Leid erinnernde Pein. Auch gegen unseren Willen kommt sie, so daß wir zur Einsicht gelangen. Das aber ist sicherlich die Gunst der Götter, die unerbittlich auf der heiligen Ruderbank sitzen (d. h. die Götter halten gleichwohl unerbittlich das Steuerruder des Weltenregiments).»

Wilamowitz (1899):

Zeus, Zeus.
Mit diesem Namen ruf' ich ihn,
mit jedem, den er hören mag.
Und ob ich alles wäge,
zu leicht befind ich alles.
Von Sorgen und von Sinnen
und Zweifel löst das Herze
mir Zeus allein.

Hin, hin,
vergessen ist, der einst geherrscht,
der Urwelt ungeheurer Gott.
Titanenlist bezwang ihn.
Auch sie fand ihren Meister.
Doch aller Weisheit Ende
ist andachtvoll zu preisen
des Zeus Triumph.

Er wies den Weg zur Weisheit;
uns zwingt die ew'ge Satzung,
durch Leiden lernen.
Auf unser müdes Herze
senkt quälend sich und ängstigend
statt Schlummers Reue.
Auch wider Willen kommt der Mensch zur Einsicht.
Gott lenkt das Weltenregiment gewaltsam
doch Gott ist gütig.

Es ist die vollkommene Transposition in den Stil des protestantischen Kirchenliedes mit Trivialitäten («zu leicht befind ich alles»), Verinnerlichung (bei Aischylos meint der Singular den ganzen Chor) und christlichen Glaubenselementen («Reue»; «Gott ist gütig»), insofern konsequent, als ja auch die Haltung des alten Chores eine sakrale ist. Bei der Aufführung 1900 in Berlin (vgl. S. 114ff.) sind folgende Worte des Chores (die sich in der gedruckten Übersetzung von Wilamowitz nicht finden) vorangestellt: «Lieder und Gebete stimmen ein in Deinen Gottesdienst». Max von Schillings hatte dazu eine Instrumentalbegleitung durch je zwei Flöten, Oboen, Klarinetten und Fagotte vorgesehen.

Walter Jens (1979):

Zeus, Zeus, wer du auch seist,
Wenn es dir lieb ist, so genannt zu sein,
Will ich dich gerne so rufen,
Nichts ist dir vergleichbar, Zeus,
Erwäge ich alles – außer dir selbst.
So nenn ich dich: Zeus,
Um die Last des vergeblichen Denkens
Von mir zu werfen.

Denn Zeus verständig zu preisen,
Bedeutet vernünftig zu sein,
Um Frieden zu finden.

Er führt die Menschen zum Denken,
Belehrt sie durch Leiden,
Gibt ein Gesetz.
Wenn auch die Sorge, Unglück erweckend,
Den Schlaf vom Herzen vertreibt:

Am Ende naht sich das Wissen auch dem,
Der sich sträubt. Göttliche Gnade steuert gewaltig und ernst
mit den Schlägen des Ruders
Das Schicksal der Menschen.

Jens übernimmt von Wilamowitz das doppelte «Zeus, Zeus» und verwandelt durchgehend in der ganzen ersten Strophe die 3. in die 2. Person. Damit wird das Ganze zu einem direkten Anruf, während im griechischen Text «Zeus» kein Vokativ, sondern ein proleptisch dem Relativsatz vorangestellter Nominativ ist, also eigentlich: «Wer Zeus auch immer sei...»

Die zweite Strophe hat Jens kurzerhand weggelassen und in Umwandlung lediglich der beiden letzten Verse die Friedensthematik eingeführt. In der folgenden Strophe ist das Zusammengehörige «durch Leiden Lernen» auseinandergerissen von dem «Gesetz» (eigentlich: «indem er gesetzt hat, es in gültiger Weise zu haben»). Die Worte: «gibt ein Gesetz» hängen in der Luft. Mit «göttlicher Gnade» kommt wieder ein christliches Kolorit herein, nicht nur durch das Wort «Gnade», sondern auch durch die Verwendung des monotheistisch klingenden Adjektivs «göttliche» statt «der Götter». Die zahlreichen Änderungen lassen sich nur teilweise mit dem Bestreben erklären, das Verständnis zu erleichtern.

Ernst Buschor (1953):

Zeus! so ruf ich,
Wenn er es will,
Unbekannten,
Ungenannten Gott.
Leg ich alles auf die Waage,
Nichts wiegt schwer wie Zeus.
Er nur kann von Zweifels Last
Wahrhaft befreien.

Den einst Macht des
Siegers geschwellt,
Ging von dannen,
Name ist verraucht.
Der ihm folgte, den Bezwinger
Fand auch er und ging –
Rufst du Zeus zum Sieger aus,
Wird dir Gewißheit.

Zeus führt uns der Weisheit Pfad:
Leid ist Lehre,
Ewig steht dies Wort.
Statt schmerzvergessenden Schlafes
Rieselt die Qual im Herzen
Und widerstrebend
Werden wir klug;
Gewaltsam führen die Götter die Ruder,
Verleihen die Weisheit.

Die Übersetzung entfernt sich im Sprachduktus stark vom Original, insbesondere durch die wuchtigen Verkürzungen. «Unbekannten, ungenannten Gott» erinnert an Vorstellungen von einem deus absconditus, die nicht der Aussage des griechischen Textes entsprechen.

In der Bühnenfassung von Heyme (Aufführung 1988 in Essen) ist in nochmaliger Verkürzung nur Folgendes übriggeblieben:

«Zeus! Ihn ruf ich!
Rufe unbekannten,
ungenannten Gott.
Nichts wiegt schwerer denn Zeus.
Er nur kann von Zweifels Plage befreien.

Zeus, er führt der Einsicht Pfad:
Leid ist Lehre,
Ewig steht dieses Wort.
Gewaltsam führen die Götter die Ruder,
Verleihen die Weisheit.»

Dies ist noch nicht einmal die Hälfte des griechischen Textes und nur ca. ein Fünftel der Fassung von Stein.

Peter Stein (1980):

Zeus,
wer er auch immer sein mag –
Zeus,
wenn er diesen Namen liebt,
will ich ihn gerne so nennen.
Ich habe nichts Vergleichbares,
erwäge und ermesse ich auch alles,
was mich, wenn es not tut,
wenn ich es nicht mehr aushalten kann,
von der Last
des vergeblichen nichtigen Denkens,
von der Last des ewigen Zweifelns
und des dauernden, ausweglosen Grübelns
wirklich und sicher befreien kann,
außer Zeus.

Der früher so groß war,
Uranos,
der gewaltige, alles besiegende Herrscher
am Anfang der Welt –
keiner spricht mehr von ihm.
Er war.
Der nach ihm kam und ihn bezwang,
Kronos, der Krummes Sinnende,

auch er fand seinen Bezwinger
und ist nicht mehr.

Wer aber an Zeus denkt,
den Sieger,
und ihn preist als den Sieger,
der gewinnt Einsicht,
Verständnis des Ganzen.

Er brachte die Menschen
auf den Weg zum Denken,
zum richtigen Denken.
Er gab das Gesetz:
Durch Leiden lernen.
Tun, leiden, lernen.
Selbst in den Schlaf tropft die Sorge
und rinnt zum Herzen,
Sorge,
die das Leid nicht vergessen kann,
und es wächst wider Willen weiser Sinn,
Irgendwie aufgezwungen
ist die gütige Gabe der Götter,
die erhaben am Weltruder thronen.

Die Übernahme des doppelten «Zeus» von Wilamowitz und Jens kommt der Neigung Steins zu Wiederholungen entgegen. Im Folgenden wird der bei Aischylos jeweils einmal formulierte Gedanke verdreifacht. In der zweiten Strophe sind zur Verdeutlichung die Namen «Uranos» und «Kronos, der Krummes Sinnende» hinzugesetzt; ebenfalls hinzugefügt: «Am Anfang der Welt». Auch in der letzten Strophe wieder Reduplikationen («Tun, leiden, lernen»). In der ausgebreiteten Verbosität das Gegenteil von der harten Fügung Buschors, aber ohne Verfälschung des aischyleischen Gedankens. Es ist sicher die am besten überlegte Fassung.

III.
Sophokles und Hölderlin

Angesichts der heute so beliebten Hölderlinübersetzung der *Antigone* und des *Ödipus* auf dem Theater sei an einem Beispiel dargelegt, wie stark sich im Grunde Hölderlin von Sophokles entfernt. Es ist das berühmte erste Stasimon der *Antigone*.

Χο. πολλὰ τὰ δεινὰ κοὐδὲν ἀν- στρ.
θρώπου δεινότερον πέλει·
τοῦτο καὶ πολιοῦ πέραν
πόντου χειμερίῳ νότῳ
χωρεῖ, περιβρυχίοισιν

περῶν ὑπ' οἴδμασιν, θεῶν
τε τὰν ὑπερτάταν, Γᾶν
ἄφθιτον, ἀκαμάταν ἀποτρύεται,
ἰλλομένων ἀρότρων ἔτος εἰς ἔτος
ἱππείῳ γένει πολεύων.

κουφονόων τε φῦλον ὀρ- ἀντ.
νίθων ἀμφιβαλὼν ἀγρεῖ
καὶ θηρῶν ἀγρίων ἔθνη
πόντου τ' εἰναλίαν φύσιν
σπείραισι δικτυοκλώστοις,
περιφραδὴς ἀνήρ· κρατεῖ
δὲ μαχαναῖς ἀγραύλου
θηρὸς ὀρεσσιβάτα, λασιαύχενά θ'
ἵππον ὑπαξέμεν ἀμφίλοφον ζυγὸν
οὔρειόν τ' ἀκμῆτα ταῦρον.

καὶ φθέγμα καὶ ἀνεμόεν στρ.
φρόνημα καὶ ἀστυνόμους
ὀργὰς ἐδιδάξατο καὶ δυσαύλων
πάγων ὑπαίθρεια καὶ
δύσομβρα φεύγειν βέλη
παντοπόρος· ἄπορος ἐπ' οὐδὲν ἔρχεται
τὸ μέλλον· Ἅιδα μόνον
φεῦξιν οὐκ ἐπάξεται·
νόσων δ' ἀμαχάνων φυγὰς
ξυμπέφρασται.

σοφόν τι τὸ μαχανόεν ἀντ.
τέχνας ὑπὲρ ἐλπίδ' ἔχων
τοτὲ μὲν κακόν, ἄλλοτ' ἐπ' ἐσθλὸν ἕρπει,
νόμους περαίνων χθονὸς
θεῶν τ' ἔνορκον δίκαν·
ὑψίπολις· ἄπολις ὅτῳ τὸ μὴ καλὸν
ξύνεστι τόλμας χάριν.
μήτ' ἐμοὶ παρέστιος
γένοιτο μήτ' ἴσον φρονῶν
ὃς τάδ' ἔρδοι.

Es folgt die den Text korrekt wiedergebende Übersetzung von Wolfgang Schadewaldt:

Viel Ungeheures ist, doch nichts
So Ungeheures wie der Mensch.
Der fährt auch über das graue Meer
Im Sturm des winterlichen Süd
Und dringt unter stürzenden Wogen durch.
Und der Götter Heiligste, die Erde,

Die unerschöpfliche, unermüdliche,
Plagt er ab,
Mit wendenden Pflügen Jahr um Jahr
Sie umbrechend mit dem Rossegeschlecht.

Und der leicht-sinnigen Vögel Schar
Holt er mit seinem Garn herein
Und der wilden Tiere Völker und
Die Brut des Meeres in der See
Mit netzgesponnenen Schlingen:
Der alles bedenkende Mann. Er bezwingt
mit Künsten das draußen hausende Wild,
Das auf Bergen schweift,
Und schirrt das rauhnackige Pferd
An dem Hals unters Joch
Und den unermüdlichen Bergstier.

Auch die Sprache und den windschnellen
Gedanken und städteordnenden Sinn
Bracht er sich bei, und unwirtlicher Fröste
Himmelsklarheit zu meiden und bösen Regens
Geschosse, allerfahren. Unerfahren
Geht er in nichts dem Kommenden entgegen.
Vor dem Tod allein
Wird er sich kein Entrinnen schaffen.
Aus Seuchen aber, unbewältigbaren,
Hat er sich Auswege
Ausgesonnen.

In dem Erfinderischen der Kunst
Eine nie erhoffte Gewalt besitzend,
Schreitet er bald zum Bösen, bald zum Guten.
Achtet er die Gesetze des Lands
Und das bei den Göttern beschworene Recht:
Hoch in der Stadt! Verlustig der Stadt,
Wem das Ungute sich gesellt
Wegen seines Wagemuts! –
Sitze mir nicht am Herd
Noch habe Teil mit mir am Rat,
Wer so tut!

Zum Vergleich Hölderlins gedruckte Übersetzung von 1804 (die Erstfassung bleibt hier unberücksichtigt)

Ungeheuer ist viel. Doch nichts
Ungeheuerer, als der Mensch.
Denn der, über die Nacht
Des Meers, wenn gegen den Winter wehet
Der Südwind, fähret er aus
In geflügelten sausenden Häusern.

Und der Himmlischen erhabenen Erde,
Die unverderbliche, unermüdete,
Reibet er auf; mit dem strebenden Pfluge,
Von Jahr zu Jahr,
Treibt sein Verkehr er, mit dem Rossegeschlecht,
Und leichtträumender Vögel Welt
bestrickt er, und jagt sie;
Und wilder Tiere Zug,
Und des Pontos salzbelebte Natur
Mit gesponnenen Netzen,
Der kundige Mann.
Und fängt mit Künsten das Wild,
Das auf Bergen übernachtet und schweift.
Und dem rauhmähnigen Rosse wirft er um
Den Nacken das Joch, und dem Berge
Bewandelnden unbezähmten Stier.

Und die Red von den luftigen
Gedanken und städteherrschenden Stolz
Hat erlernet er, und übelwohnender
Hügel feuchte Lüfte, und
Die unglücklichen zu fliehen, die Pfeile. Allbewandert,
Unbewandert. Zu nichts kommt er.
Der Toten künftigen Ort nur
Zu fliehen weiß er nicht,
Und die Flucht unbeholfener Seuchen
Zu überdenken.
Von Weisem etwas, und das Geschickte der Kunst
Mehr, als er hoffen kann, besitzend,
Kommt einmal er auf Schlimmes, das andre zu Gutem.
Die Gesetze kränkt er, der Erd und Naturgewaltger
Beschwornes Gewissen;
Hochstädtisch kommt, unstädtisch
Zu nichts er, wo das Schöne
Mit ihm ist und mit Frechheit.
Nicht sei am Herde mit mir,
Noch gleichgesinnt,
Wer solches tut.

Die zahlreichen Abweichungen vom griechischen Text sind teils poetische Vertiefungen («über die Nacht des Meeres», «wenn gegen den Winter weht»), teils einfache Griechischfehler («in geflügelten, sausenden Häusern»: Verwechslung von οἴδμασι mit οἰκήμασι), teils Ergebnis der fehlerhaften Textvorlage Hölderlins (der Juntina von 1555); die damals neueste und viel bessere Ausgabe von Brunck von 1786 hatte Hölderlin nicht zur Verfügung.[1] Neben punktuellen Fehlern sind es vor allem zwei aufeinander bezogene kardinale falsche Textgestaltungen, denen Hölderlin im guten Glauben an die Zuverlässigkeit seiner Vorlage folgt: Vers

359–362 gibt Hölderlins Version: «Allbewandert. Unbewandert. Zu nichts kommt er» das Gegenteil dessen wieder, was bei Sophokles steht. Bei Sophokles ist παντοπόρος («allbewandert») das Résumé aus dem Vorausgegangenen. Danach steht ein Punkt, und die Fortsetzung wiederholt den gleichen Gedanken in der Form der Litotes («Unerfahren … in nichts»). Indem Hölderlin der falschen Interpunktion der Juntina folgt[1], kommt in seiner Übertragung ein ganz anderes Menschenbild heraus. Der Mensch mit seiner Kunstfertigkeit ist zwar in seiner Kunst «allbewandert», zugleich aber «unbewandert»; «er kommt zu nichts», er kann gegen die Naturgewalten nichts machen. So ergibt sich ein Gegensatz von Kunst (Mensch) und Natur. Im Folgenden ist τὸ μέλλον zu Hades gezogen («der Toten künftigen Ort nur zu fliehen weiß er nicht»), was sprachlich unmöglich ist. Der folgende Satz («und die Flucht unbeholfener Seuchen zu überdenken»), für sich schon ziemlich unverständlich, ist offenbar noch in die Negation einbezogen, wodurch wieder das Gegenteil des sophokleischen Gedankens herauskommt.

Von den vielen Seltsamkeiten in der Übersetzung der letzten Antistrophe ist am gravierendsten wiederum aufgrund falscher Interpunktion und Textgestaltung der Juntina: «Hochstädtisch kommt, unstädtisch zu nichts er, wo das Schöne mit ihm ist und mit Frechheit». An der gleichen Stelle wie in der vorangegangenen Strophe fehlt auch hier das Komma, so daß bei Hölderlin ein und derselbe (nämlich der Mensch) zugleich «hochstädtisch» und «unstädtisch» ist, während bei Sophokles von zwei entgegengesetzten Alternativen die Rede ist: a) wer das Gesetz und die Götter achtet (bei Hölderlin falsch «kränkt») ist «hochstädtisch», b) wer das nicht tut, ist «unstädtisch». Bei Hölderlin ist es ein und derselbe; er gebärdet sich «hochstädtisch», ist aber «unstädtisch». Die Worte: «kommt … zu nichts er» stehen hier überhaupt nicht im griechischen Text, sie sind aus der vorangegangenen Strophe hierher gezogen. Die Worte: «wo das Schöne mit ihm ist und mit Frechheit» sind überhaupt unverständlich, aber eine getreue Übersetzung der falschen Textgestaltung in der Juntina, die hier τὸ μὲν statt τὸ μὴ καλόν im Text hat. Wiederum ergibt sich in der Version Hölderlins ein ganz anderes Menschenbild. Es ist eine negative Gesamtbewertung. Der Mensch ist in der Krise, religiöse Bindungen und Strukturen werden aufgelöst, er «kränkt» die Gesetze, er vergeht sich gegen Götter, Recht, «Gewissen» (!) und Natur. Die Gesetze sind das Gewissen der Erde und Naturgewalten; sie halten Himmel und Erde zusammen (dazu gibt es viele Parallelen bei Hölderlin); dagegen vergeht sich der Mensch. Das alles ist nicht der Gedanke des sophokleischen Chorliedes, sondern die Deutung Hölderlins, die auf das engste mit seiner fehlerhaften Textvorlage zusammenhängt.

Man fragt sich, wie wohl Hölderlin übersetzt hätte, wenn ihm die Ausgabe von Brunck zur Verfügung gestanden hätte. Wäre dann auch seine Deutung eine andere gewesen? Es erscheint ausgeschlossen, daß Hölderlin absichtlich sozusagen archaisch zu der älteren Textvorlage gegriffen hat, weil er bei den Pindarübersetzungen die neueste ihm greifbare Ausgabe benutzt hat und nur für die Fragmente auf eine ältere Ausgabe zurückgreifen mußte.

Man muß sich also klarmachen, was man tut, wenn man heute Hölderlins Übersetzung auf der Bühne spielt oder in Orffs *Antigonae* singt. Man hat zwar einen hochpoetischen Text vor sich, aber zumindest streckenweise nicht Sophokles. Im übrigen sind all diese Fehler auch in die 1979 aufgeführte Übersetzung von Lacoue-Labarthe (vgl. S. 251 f.) eingegangen. Die beiden entscheidenden Passagen lauten: «Expert en tout, inexpert. Il n'arrive à rien», und: «Haut dans la cité, incivil: il n'arrive à rien quand le beau est avec lui et l'insolence.»

Brecht, der einzelne Fehler Hölderlins berichtigt, stellt die Version Hölderlins und die richtige Fassung nebeneinander: «Allbewandert. Unbewandert. Zu nichts kommt er» (das ist Hölderlin). «Überall weiß er Rat. Ratlos trifft ihn nichts» (das ist Sophokles); beides zusammen aber widerspricht sich.

Auch Heidegger folgt – wider besseres Wissen – in seiner eigenen Übersetzung, die wie seine erst jetzt durch die Publikation der Vorlesungen voll erkennbare Interpretation des Chorliedes einer eingehenden Untersuchung bedarf, Hölderlin, ja überbietet ihn: «überall hinausfahrend unterwegs, erfahrungslos ohne Ausweg kommt er zum Nichts» ... «Hochüberragend die Stätte, verlustig der Stätte ist er, dem immer das Unseiende seiend der Wagnis zugunsten».

Während Hölderlin in ehrlichem Vertrauen auf die Zuverlässigkeit seiner (fehlerhaften) Textvorlage übersetzt hat, standen Heidegger moderne Ausgaben und Hilfsmittel zur Verfügung. Er wußte, daß er hier Hölderlin und nicht Sophokles folgt, verschweigt dies aber in seiner Interpretation (in der er durchaus auf Hölderlin sonst auch kritisch eingeht) und versteigt sich in wissenschaftsverachtender Geste zu der Behauptung, er wisse es besser als die Philologen.

Anmerkungen

Vorwort

1 Constantine Trypanis, Modern Productions of Ancient Drama, in: Proceedings of the British Academy 65, 1979, 481–496.

2 Allein der Titel der relativ kurzen Abhandlung von Wolfgang Schadewaldt, Antikes Drama auf dem Theater heute, Pfullingen 1969 (Nachdruck in: Hellas und Hesperien, Zürich [2]1970, 622–650) läßt eine ähnliche Behandlung des Themas erwarten. Doch handelt es sich im wesentlichen um die Begründung der eigenen Übersetzungen Schadewaldts mit einigen Bemerkungen über deren Schicksal auf der Bühne.

I. Zur Erinnerung: die antiken Aufführungsbedingungen

1 Es kann sich hier nur um eine knappe Zusammenfassung handeln. Das Material ist sehr heterogen und von ganz unterschiedlichem Gewicht (Inschriften, Anspielungen in der Komödie, Zitate vor allem bei den Rednern des 4. Jhdts., Bemerkungen in den Viten der Tragiker und bei späteren antiquarischen Schriftstellern). Wichtigste Literatur: A. Pickard-Cambridge, The dramatic festivals of Athens, Oxford 1953, 2. Auflage 1968 (mit z. T. erheblichen Änderungen von J. Gould und D. M. Lewis); 3. Auflage 1988 (mit Ergänzungen); H.-D. Blume, Einführung in das antike Theaterwesen, Darmstadt 1978 (neugr. Übersetzung, Athen 1986); H. J. Newiger, Drama und Theater, in: G. A. Seeck (Herausg.), Das griechische Drama, Darmstadt 1979, 434–503.

2 Vgl. H. Patzer, Die Anfänge der griechischen Tragödie, Wiesbaden 1962; R. P. Winnington-Ingram, The origins of tragedy, in: P. Easterling/B. Knox, The Cambridge history of classical literature, Cambridge 1985, 258–263; F. Stoessl, Die Vorgeschichte des griechischen Theaters, Darmstadt 1988; Chr. Meier, Die politische Kunst der griechischen Tragödie, München 1988.

3 Vgl. S. Goldhill, The Great Dionysia and civic ideology, Journ. of Hellenic Stud. 107, 1987, 58–76 (dort weitere Lit.). Zum griechischen Drama vgl. G. A. Seeck (Herausg.), Das griechische Drama, Darmstadt 1979; B. Zimmermann, Die griechische Tragödie, München 1986; S. Goldhill, Reading Greek tragedy, Cambridge 1986.

4 Gegenwärtig entstehen neue, vorbildliche Fragmentsammlungen der Tragiker und Komiker: Tragicorum Graecorum Fragmenta (TGrF), herausg. von B. Snell, St. Radt und R. Kannicht (erschienen sind 4 Bände, es fehlt noch Bd. 5 mit den Euripidesfragmenten, die R. Kannicht herausgibt); Poetae Comici Graeci, herausg. von C. Austin und R. Kassel; davon erschienen Bd. IV

(1983), V (1986) und III 2 (1984) mit den Aristophanesfragmenten, VII (1989). Ferner: Comicorum Graecorum Fragmenta in Papyris reperta (1973).

5 Vgl. G. Xanthakis-Karamanos, Studies in fourth-century tragedy, Athen 1980.

6 Im Jahre 1979 hat der griechische Regisseur Stavros Doufexis einer Aufführung der *Iphigenie in Aulis* des Euripides in dem als Theater hergerichteten Rathaus von Kaisariani bei Athen einen Proagon vorangestellt, in dem nach antikem Vorbild das Stück und die Mitwirkenden vorgestellt wurden.

7 Vita Eurip. 2 (= Sophokles, K 54, TrGF IV, p. 54 Radt).

8 Wörtl. «Mitwohner», die ständig in Athen wohnhaften Freien, die aber nicht das volle Bürgerrecht hatten, da sie von auswärts stammten.

9 Es ist dies die wahrscheinlichere Annahme als daß jede Phyle nur *einen* Dithyrambos aufgeführt hätte. Der entscheidende Text (Demosthenes 21,10) ist hier nicht ganz klar.

10 Die Bezeugung für diese Maßnahme ist relativ schwach, so daß die Kürzung des Komödien-Agons mit beachtlichen Argumenten auch bestritten worden ist, so von W. Luppe, Die Zahl der Konkurrenten an den komischen Agonen zur Zeit des Peloponnesischen Krieges, Philologus 116, 1972, 53–75.

11 Besonders weit gegangen ist dabei S. Melchinger, Die Welt als Tragödie, Bd. I: Aischylos. Sophokles, München 1979; Bd. II: Euripides, 1980. Wiewohl der Grundsatz richtig ist, die Tragödie als theatralische Darbietung aus den besonderen Produktions- und Rezeptionsbedingungen zu erklären, ist das Werk doch ganz allgemein reich an haltlosen Phantasien. Ein krasses Beispiel ist I 272 über die Aufführung des *König Oedipus:* «... auf einem Sessel in den ersten Reihen ... saß wohl zum ersten Mal nicht mehr der Mann der viele Jahre lang das Geschick der Polis fast allein ... bestimmt hatte: Perikles». Perikles war 429 gestorben und der zitierte Satz trifft natürlich nur unter der Voraussetzung zu, der *König Oedipus* sei 428 aufgeführt worden. Nach Ausweis der Hypothesis II zum *Hippolytos* des Euripides war Sophokles aber 428 nicht am tragischen Agon beteiligt (es waren Euripides, Iophon und Ion), vgl. TGrF (Anm. 4) 8 und 46.

12 Neben der knappen Darstellung in den Handbüchern findet man eine ausführliche Behandlung der z. T. kontroversen Details in älteren, aber doch wertvollen Arbeiten, wie H. Sauppe, Die Wahl der Richter in den musischen Wettkämpfen an den Dionysien, in: Berichte d. Sächs. Ak. d. Wiss., phil.-hist. Klasse, Leipzig 1855, 1–22; E. Petersen, Über die Preisrichter der Großen Dionysien zu Athen, Progr. Dorpat 1878.

13 Dabei muß allerdings berücksichtigt werden, daß ja die ganze Trilogie (bzw. Tetralogie) beurteilt worden ist, so daß die Entscheidung der Richter sich auch auf die anderen (uns unbekannten) Stücke stützen kann, die mit dem *König Ödipus* zusammen aufgeführt wurden. Antike Zeugnisse über ungerechtfertigte Wertung in: TGrF IV, p. 50 Radt (Sophokles, T Hd 39.40). Eine weitere aufsehenerregende Entscheidung war die Plazierung der *Wolken* des Aristophanes auf den 3. Platz, worüber sich Aristophanes selbst in der bearbeiteten Fassung seines Stückes beschwert hat (*Wolken* 575 ff.).

14 Wiederaufführungen von Tragödien scheint es im 5. Jhdt. vorzugsweise an den kleineren attischen Landtheatern (Thorikos, Rhamnus) gegeben zu ha-

ben. Einzelheiten sind umstritten, vgl. H. J. Newiger, Drama und Theater, in: G. A. Seeck (Herausg.), Das griechische Drama, Darmstadt 1979, 443–445.

15 Platon, *Gesetze* 659 B kritisiert, daß in Sizilien der Sieger durch Abstimmung sämtlicher Zuschauer ermittelt wurde. Wie es woanders war, wissen wir nicht, aber das klassische System war an Athen und das Dionysostheater gebunden.

16 Vgl. Rösler, Polis und Tragödie, Konstanz 1980, 26f.

17 Vgl. C. W. Müller, Zur Datierung des sophokleischen Ödipus, in: Abhandl. d. Akad. d. Wiss. u. Lit. Mainz, Geistes- und Sozialwiss. Klasse 1984, 60–77.

18 Besonders instruktiv hierzu: W. Jens (Herausg.), Die Bauformen der griechischen Tragödie (Beihefte zu Poetica 6), München 1971.

19 Über die Schauspieler, ihre soziologische Stellung (Differenzierung von Protagonisten und übrigen Schauspielern) braucht hier nicht gehandelt zu werden, vgl. P. Ghiron–Bistagne, Recherches sur les acteurs dans la Grèce antique, Paris 1976.

20 Die Verwendung von Porträtmasken ist umstritten, vgl. K. H. Dover, Portrait-Masks in Aristophanes, in: H. J. Newiger (Herausg.), Aristophanes und die Alte Komödie, Darmstadt 1975, 155–169, dessen Skepsis mir zu weit zu gehen scheint.

21 Den Anstoß für die gegenwärtige Diskussion hat gegeben E. Pöhlmann, Die Proedrie des Dionysostheaters im 5. Jhdt. und das Bühnenspiel der Klassik, in: Museum Helveticum 38, 1981, 129–146. Natürlich ist es nicht möglich, die einzelnen Argumente und Standpunkte hier auszubreiten. Gute Zusammenfassung bei H. J. Newiger, in: Gnomon 57, 1985, 401–408. Ob für die Stücke vor der *Orestie* die sog. Pagos-Bühne (natürlicher Fels als Hintergrund) vorauszusetzen ist (mit der Annahme einer danach erfolgten Drehung der Achse der Anlage um 90°) bleibt vorläufig noch umstritten.

22 Eine derartige Form weisen auch die kleineren attischen Theater im 5. Jhdt. (Trachones, Thorikos) auf, wohl in Abhängigkeit vom Dionysostheater in Athen (Pöhlmann).

23 Noch Melchinger (Anm. 11) bezieht in seinen imaginären ‹Inszenierungen› alle Tragödien auf das lykurgische Theater.

24 Von Pöhlmann ist ein Buch mit derartigen Analysen zu erwarten, vgl. vorläufig E. Pöhlmann, Philologie und Theater, in: Das Neue Erlangen 61, 1983, 47–55 und: Bühne und Handlung im *Aias* des Sophokles, in: Antike und Abendland 32, 1986, 20–32.

25 Besonders wichtig: K. Reinhardt, Aischylos als Regisseur und Theologe, Bern 1949.

26 Neben den Arbeiten von Melchinger, Pöhlmann u. a. ist hier besonders hervorzuheben: O. Taplin, The Stagecraft of Aeschylus, Oxford 1977 und Greek Tragedy in Action, London 1978 (2. Aufl. 1985).

27 Vgl. P. Arnott, Greek scenic conventions in the 5th century B.C., Oxford 1962 (2. Aufl. 1978) und G. Monaco, La scena allargata, in: Dioniso 53, 1982, 5–18.

28 Vgl. A. M. Dale, Seen and unseen on the Greek stage. A study in scenic conventions, Wiener Stud. 69, 1956, 96–106; deutsche Übers. in H. Diller

(Herausg.), Sophokles, Darmstadt 1967, 239–251; ferner K. Jordan, Zur Bedeutung des Außer- und Hinterszenischen, in: W. Jens (Anm. 18).

29 Vgl. die Arbeiten von E. Pöhlmann, Griechische Musikfragmente, Nürnberg 1960; Denkmäler altgriechischer Musik, Nürnberg 1970; Die Notenschrift in der Überlieferung der griechischen Bühnenmusik, Würzburg Jahrb. 2 NF 1976, 53 und 73 und (mit ausführlicher Bibliographie) A. J. Neubecker, Altgriechische Musik, Darmstadt 1977.

30 Der neueste Versuch durch den spanischen Musikwissenschaftler G. Paniagua (Harmonia Mundi, France 1015) enthält zugegebenerweise «Klangfarbe unserer Phantasie». Es klingt verdächtig nach Orff.

31 Neubecker 154.

32 Vgl. H. Flashar, Musik zum antiken Drama – Überlegungen eines Philologen, in: M. v. Albrecht (Herausg.), Musik in Antike und Neuzeit (= Quellen und Studien zur Musikgeschichte von der Antike bis in die Gegenwart, Bd. 1, 1987) 183–194.

33 G. Steiner hat in seinem Antigone-Buch (deutsche Fassung: Antigonen, München 1988, 208) in einer glänzenden Skizze den tragischen Chor der Griechen «als eine Art Zugbrücke» bezeichnet, die sowohl zum Publikum herabgelassen wie zur Schaffung einer Distanz hochgezogen werden kann.

34 In der unendlichen Literatur über den Mythos wird oft sehr pauschal argumentiert. Wichtig ist vor allem, sich in Erinnerung zu rufen, daß der Mythos überhaupt nur in immer neuen Gestaltungen greifbar (im Sinne von Blumenbergs Wort von der «Arbeit am Mythos») und daher ständig im Fluß ist. Schon Homer ändert überkommene Mythenversionen ab; in den kleineren Dichtungen der sog. frühen Lyrik wird die epische Heldensage zum Exemplum für neue Zusammenhänge; die bildende Kunst entwickelt den Mythos weiter und setzt ihn zu privaten und öffentlichen Situationen der Polis in Bezug; neben der Tragödie und gleichzeitig mit ihr werden im Dithyrambos alljährlich in Athen zahlreiche mythische Begebenheiten aufgeführt. Die Umsetzung des epischen Mythos in die neuen Funktionszusammenhänge durch die Polis ist demnach nur eine von vielen gleichzeitigen Verfahrensweisen. Auch enthält keineswegs jede Tragödie einen derartigen Umsetzungsprozeß, sind doch jüngere Tragödien meist Auseinandersetzungen mit bereits vorliegenden tragischen Gestaltungen des Mythos (so im Verhältnis: Aischylos–Sophokles–Euripides bzw. gelegentlich Euripides–Sophokles) und greifen nicht ihrerseits noch einmal auf das Epos zurück, von den besonderen Verhältnissen der Lokalmythen einmal abgesehen (z. B. in fast nur dem Titel nach bekannten Tragödien des Sophokles wie *Kydalion*, *Rhizotomoi*, *Manteis* usw.).

35 Vgl. jetzt vor allem Chr. Meier, Die politische Kunst der griechischen Tragödie, München 1988. Auch in den USA ist gegenwärtig eine lebhafte Diskussion über das Verhältnis von Tragödie und Polis zu beobachten, vgl. die in Anm. 3 genannten Arbeiten von Goldhill und die beiden von J. P. Euben herausgebenenen Sammelbände Greek tragedy and political theory, Berkeley/Los Angeles/London 1986 und The tragedy of political theory, Princeton 1990.

II. Oedipus in Vicenza

1 Literatur: L. Schrade, La Représentation d'*Edipo Tiranno* au Teatro Olimpico, Paris 1960 (grundlegend, mit Abdruck der Übersetzung von Giustiniani und der Noten der Musik von Gabrieli); A. Gallo, La prima rappresentazione al teatro Olimpico con i progetti e la relazione dei contemporanei, Milano 1973 (mit Darstellung der zeitgenössischen Berichte über die Aufführung); P. Vidal-Naquet, Oedipe à Vicence et à Paris, in: Quaderni di Storia 14, 1981, 3–29. N. Pirotta, I cori per l'«Edipo Tiranno», in: Andrea Gabrieli e il suo tempo, in: Atti del convegno internazionale (1985), a cura di Francesco Degrada, Firenze 1987, 273–293; A. Beyer, Andrea Palladio, Teatro Olimpico. Triumpharchitektur für eine humanistische Gesellschaft, Frankfurt 1987. L. Puppi, I costumi per la recita inaugurale del Teatro Olimpico à Vicenza (e altre questioni), in: Storia dell'arte 61, 1987, 189–204. Wichtig auch die Erläuterung auf der bisher einzigen Schallplatteneinspielung (Audite 6341 [1989]), insbesondere von St. Kunze.

2 W. Osthoff, Zur musikalischen Tradition der tragischen Gattung im italienischen Theater (16.–18. Jh.), in: H. Eggebrecht/M. Lütolf (Hg.), Studien zur Tradition in der Musik, München 1973, 129.

3 Vgl. H. Koch, Vom Nachleben Vitruvs, Baden-Baden 1951.

4 G. Marzari, La historia di Vicenza, Venetia 1591, 160.

5 Vgl. G. Nogara, Cronache degli spettacoli nel Teatro Olimpico di Vicenza dal 1585 al 1970, Vicenza 1972 (mit Listen aller Inszenierungen).

III. Die mittelbare Präsenz des antiken Dramas

1 Vgl. G. Skopnik, Das Straßburger Schultheater, sein Spielplan und seine Bühne, Frankfurt 1935. Zu den Aufführungen griechischer Dramen im einzelnen vgl. auch A. Jundt, Die dramatischen Aufführungen im Gymnasium zu Straßburg, Programm des protest. Gymn. Straßburg 1881, 1–68.

2 Vgl. W. Flemming, Geschichte des Jesuitentheaters in den Landen deutscher Zunge, in: Schriften der Gesellschaft für Theatergeschichte 32, Berlin 1923; J. Müller, Das Jesuitendrama in den Ländern deutscher Zunge vom Anfang (1555) bis zum Hochbarock (1665), I, Augsburg 1930 (mit ausführlichen Listen der aufgeführten Stücke); R. Wimmer, Jesuitentheater, Didaktik und Fest, Frankfurt 1982 (mit umfangreicher Bibliographie).

3 Vgl. R. Alewyn, Vorbarocker Klassizismus und griechische Tragödie. Analyse der «Antigone»-Übersetzung von Martin Opitz, Heidelberg 1926.

4 Vgl. den knapp gefaßten Überblick bei M. Fuhrmann, Einführung in die antike Dichtungstheorie, Darmstadt 1973, bes. 212–250; D. Borchmeyer, Corneille, Lessing und das Problem der ‹Auslegung› der aristotelischen *Poetik*, in: Deutsche Vierteljahrsschr. 51, 1977, 422–435.

5 Bei A. Schreiter, Die Behandlung der Antike bei Racine, Diss. Leipzig 1899 finden sich Einzelvergleiche zwischen den entsprechenden Tragödien Racines und ihren antiken Quellen mit allerdings sehr naiven und unzureichenden Wertungen.

6 Vgl. A. de Baeker, Bibliothèque de la Compagnie de Jésus, 10 Bde., Bd. 1–9 Bruxelles 1890–1912, Bd. 10 Paris 1900 (Nachdruck Bruxelles 1950); über de Folard vgl. Bd. 3, Sp. 825–828.

7 Vgl. C. Dahlhaus, Euripides, das absurde Theater und die Oper, in: C. D., Vom Musikdrama zur Literaturoper, München 1989, 228–266, hier: 228.

8 Ein deutlicher Anklang an das berühmte Chorlied: «Vieles Gewaltige lebt» der sophokleischen *Antigone* findet sich am Schluß des dritten Aktes des *Orfeo* im Geisterchor. Alessandro Striggio/Claudio Monteverdi: *L'Orfeo* Dritter Akt, Schluß:

Geisterchor	Coro di spiriti
Nichts unternimmt der Mensch vergebens,	Nulla impresa per uom si tenta invano,
noch kann sich seiner erwehren die Natur.	né contr'a lui più sa natura armarse.
Der unebenen Erde	Ei de l'instabil piano
pflügte er die hügeligen Felder, und er streute den Samen	Arò gli ondosi campi e 'l seme sparse
seiner Arbeit, worauf er goldene Ernte erzielte.	di sue fatiche, ond'aurea messe accolse.
Damit Erinnerung	Quindi, perchè memoria
an seine Größe sich fortpflanze, löste der Ruhm seine Zunge, von ihm zu erzählen,	vivesse di sua gloria, la fama a dir di lui sua lingua sciolse,
denn er bezwang das Meer mit zerbrechlichem Holz	ch'ei pose freno al mar con fragil legno,
und verachtete die Wut der Winde.	che sprezzò d'Austro e d'Aquilon lo sdegno.
Sinfonia	*Sinfonia*

Der Librettist Alessandro Striggio und wohl auch Monteverdi müssen die *Antigone* gekannt haben. (Freundlicher Hinweis von E. Voß, München).

9 St. Kunze, Die europäische Musik und die Griechen, in: Antike und europäische Welt. Aspekte der Auseinandersetzung mit den Griechen, Bern 1984, 281–314, hier: 293.

10 In erster Linie kommen mythologische Handbücher in Frage; Hygin mag eine gewisse Rolle gespielt haben (vgl. J. Brock, Hygins Fabeln in der deutschen Literatur, München 1913); auch die Quellen des berühmten Benjamin Hederich, Gründliches mythologisches Lexikon, Leipzig 1770 (Nachdruck Darmstadt 1967) mögen von Einfluß gewesen sein.

11 Verzeichnis der Komponisten, Librettisten und Werktitel in: F. Stieger, Opernlexikon, 11 Bde., Tutzing 1975–83; E. Thiel, Libretti. Verzeichnis der bis 1800 erschienen Textbücher, Frankfurt 1970. Zur Struktur des Opernlibretto vgl. K. G. Just, Das deutsche Opernlibretto, in: Poetica 7, 1975, 203–220.

12 Zu diesen Differenzen zwischen Oper und Tragödie vgl. C. Dahlhaus (Anm. 7), 237f.

13 Das Titelblatt des gedruckten Libretto lautet: «Antigona. Ein musicalisches Schauspiel. So an dem Churfürstl. Pfälzischen Hof auf den erfreulichsten höchsten Geburtstag der Durchläuchtigsten Frauen Churfürstin den 17. Januarii 1752 auf Befehl Ihro Churfürstl. Durchläucht aufgeführt worden. Mannheim, gedruckt in der Churfürst. Hof und Cantzley=Buchdr. bey Nicolaus Pierron».

14 Im Sommer 1988 ist die *Antigone* von Traetta auf dem 31. Festival dei due mondi in Spoleto aufgeführt worden (unter Mitwirkung des Westminster-Chores in der Regie von Werner Schröter).

15 Über die relative Affinität der Oper zur Tragödie des Euripides (der deus ex machina entspricht dem glücklichen Opernausgang) vgl. auch Dahlhaus (Anm. 7), 232–237.

16 Vgl. O. Pöggeler, Hauptstadt der zivilisierten Welt: Paris, in: Hegel in Berlin. Katalog der Ausstellung, Berlin 1981, 165.

17 Brief Hegels an seine Frau vom 26. 3. 1827 (in: Briefe von und an Hegel. Hrsg. von J. Hoffmeister, Bd. 3, Hamburg 1954, 193).

18 Vgl. C. Schäfer/C. Hartmann, Die Königlichen Theater, Berlin 1886. Aus neuerer Zeit ist mir nur eine Inszenierung durch das Opernhaus Wuppertal (in der deutschen Übersetzung von K. Honulka) in der Spielzeit 1965/66 bekannt.

19 Komponist und Titel des Balletts konnte ich nicht ermitteln.

IV. Antikes Drama in Weimar

1 Vgl. W. Flemming, Goethe und das Theater seiner Zeit, Stuttgart 1968. – Dort ältere Lit. und ein Verzeichnis der wichtigsten Aufführungen in Weimar; sehr instruktiv auch J. Göres (Herausg.), Gesang und Rede, sinniges Bewegen. Goethe als Theaterleiter (Katalog einer Ausstellung des Goethe-Museums Düsseldorf 1973). Für die durch Goethe eingeleitete Wende vgl. auch Sybille Maurer-Schmoock, Deutsches Theater im 18. Jahrhundert, in: Studien zur Deutschen Literatur 71, Tübingen 1982.

2 Vgl. dazu ausführlich Christa Bürger, Der Ursprung der bürgerlichen Institution Kunst. Literatursoziologische Untersuchungen zum klassischen Goethe, Frankfurt 1977.

3 Vgl. H. Huesmann, Goethe als Theaterleiter. Historisches Umfeld und Grundzüge, in: J. Nohl (Herausg.), Ein Theatermann. Festschrift zum 70. Geburtstag von R. Badenhausen, München 1977, 143–158.

4 Erster Druck: Propyläen 3, 1800, 66–109; dann in: W. v. H., Werke, herausgeg. v. A. Leitzmann, II, Berlin 1904, 377–400. Darin ausdrückliche Parallele zwischen der Entwicklung der griechischen Tragödie und des französischen Dramas, vgl. 397: «Wunderbar ist es, daß die sonst so verschiedenen Griechen einen ähnlichen Weg gingen.» Gleichwohl ist Humboldt weit davon entfernt, die französische «haute tragédie» den Deutschen zu empfehlen.

5 Im einzelnen: Terenz, *Adelphen* (bearb. Einsiedel) 15 Vorstellungen ab 24. 10. 1801; *Die Fremde aus Andros* (bearb. Niemeyer) 5 Vorstellungen ab 6. 6. 1803; *Heautontimoroumenos* (bearb. Einsiedel) 4 Vorstellungen ab

30.4.1804; *Eunuchus* (bearb. Einsiedel) 4 Vorstellungen ab 19.2.1803; ferner Plautus, *Mostellaria (Gespenst;* bearb. Einsiedel) 3 Vorstellungen ab 23.4.1803. Zu den näheren Einzelheiten vgl. die Münchener Dissertation von Barbara R. Kes, Die Rezeption der Komödien des Plautus und Terenz im 19. Jhdt., Amsterdam 1988.

6 Kritische Schriften und Briefe, herausg. von E. Lohner, Stuttgart 1967, 314.

7 Vgl. zu den Einzelheiten U. Petersen, Goethe und Euripides. Untersuchungen zur Euripides-Rezeption in der Goethezeit, Heidelberg 1974, bes. 106–116. Ein ausführlicher Vergleich zwischen beiden Dramen findet sich in der Bochumer Staatsexamensarbeit von B. R. Kes, A. W. Schlegels *Ion.* Text und Kontext (1984).

8 W. Schmid, Geschichte der griechischen Literatur, I3, München 1940 (Nachdruck 1961), 559.

9 Goethe, Weimarisches Hoftheater (1802); abgedruckt bei E. Grumach, Goethe und die Antike I, Potsdam 1949, 272.

10 Über die weiteren Kritiken und die näheren Zusammenhänge vgl. O. Fambach, Das große Jahrzehnt in der Kritik seiner Zeit, Berlin 1958 (Ein Jahrhundert deutscher Literaturkritik, 1750–1850. Ein Lesebuch und Studienwerk, Bd. 4: Das große Jahrzehnt 1796–1805). Dort auch alle Belege.

11 Über die Bedeutung der *Braut von Messina* im dramatischen Schaffen Schillers vgl. W. Schadewaldt, Antikes und Modernes in Schillers *Braut von Messina,* in: Jahrbuch der Deutschen Schillergesellschaft 13, 1969, 286–307, Nachdruck in: W. S., Hellas und Hesperien, 2. Aufl. Zürich 1970, 144–166. Ergänzend und modifizierend vgl. U. Petersen, Goethe und Euripides. Untersuchungen zur Euripides-Rezeption in der Goethezeit, Heidelberg 1974, bes. 116–127.

12 Schiller an Iffland 24.2.1803.

13 Schiller an Körner 6.2.1803.

14 Schiller an Iffland 22.4.1803.

15 Schiller an Iffland 12.7.1803. Schillers Euripidesübersetzungen spielten in diesem Zusammenhang keine Rolle. Während Goethe die Dramen Schillers zum größten Teil erstmals auf die Weimarer Bühne gebracht hat, ist die Übersetzung der *Phoenizierinnen* unter Goethe nie gespielt worden und diejenige der *Iphigenie in Aulis* nur einmal auf dem Sommertheater in Lauchstädt (am 31.8.1807). Sie entstand auch nicht im Hinblick auf das Theater, sondern auf Wunsch der Witwe des Landjägermeisters von Lengefeld und seiner beiden Töchter Karoline und Charlotte (der späteren Frau Schillers) in Rudolstadt, wo sich Schiller im Spätherbst des Jahres 1787 wiederholt aufhielt. Man las dort Euripides in der französischen Übersetzung des Paters Brumoy (vgl. S. 38), wollte aber zu gemeinsamer Lektüre einen deutschen Text haben. Schiller hatte zwar den griechischen Text zur Hand, stützte sich aber weitgehend auf die lateinische Übersetzung des Josua Barnes (Schiller: «mein eigentliches Original»), sowie auf die französische Übertragung von Brumoy und die deutsche Prosafassung von Steinbrüchel (1763). Entsprechend weicht Schillers Text vom griechischen Original vielfach ab; zudem hat Schiller sowohl den Prolog des Agamemnon wie auch den Botenbericht am Schluß weggelassen. Dies sollte bedacht werden, wenn gelegentlich heutzu-

tage diese Tragödie des Euripides in der Fassung Schillers gespielt wird. Vgl. R. Schmidtmayer, Schillers *Iphigenie in Aulis* und ihr Verhältnis zum gleichnamigen Drama des Euripides, in: 19. Programm des k. k. deutschen Staatsgymnasiums in Budweis 1890, 3–63 und M. Gerhard, Schiller und die griechische Tragödie, Weimar 1919.

16 Goethe an Rochlitz 30. 10. 1802.

17 Zum Folgenden vgl. H. Ehinger, Friedrich Rochlitz als Musikschriftsteller, Leipzig 1929 und P. Wimmer, Friedrich Rochlitz, in: Jahrbuch des Wiener Goethe-Vereins, Neue Folge der Chronik 76, 1972, 86–104.

18 Die im Folgenden verwendeten Zeugnisse sind zusammengestellt in: W. von Biedermann (Herausg.), Goethes Briefwechsel mit Friedrich Rochlitz, Leipzig. Diese Sammlung ist ausführlicher als E. Grumach, Goethe und die Antike, Bd. 1, Potsdam 1949, 257–259.

19 Goethe an Rochlitz 1. 2. 1809.

20 Rochlitz an Goethe 23. 11. 1808.

21 Vgl. die Zusammenstellung der Zeugnisse bei W. Schadewaldt, Hölderlins Übersetzung des Sophokles, in: Hellas und Hesperien, Zürich [2]1970, 275–332, hier 227f. und bes. F. Seebaß, Hölderlins Sophoklesübertragungen im zeitgenössischen Urteil, in: Philologus 77, 1921, 413–421. – Einige Urteile: «Eine der possierlichsten Ausgeburten des Pedantismus»; «in jeder Hinsicht unter die schlechten (Übersetzungen) zu zählen»; «Ist der Mensch rasend oder stellt er sich nur so» (H. Voß); «Seinen verkommenen Zustand drückt die Übersetzung des Sophokles ganz aus» (Schelling); «abenteuerliche Ausschweifungen» (Solger).

22 Brief von H. Voß an Abeken vom November 1804 (Grumach Bd. 1, 257).

23 Hölderlin an Schelling 28. 9. 1803.

24 Goethe an Rochlitz 30. 10. 1808.

25 An Rochlitz 30. 10. 1808.

26 Gedruckt erst 1821; F. Rochlitz: *Antigone.* Tragödie in drey Abtheilungen. Nach Sophokles. In: Auswahl des Besten aus Friedrich Rochlitz' sämmtlichen Schriften. Vom Verfasser veranstaltet, verbessert und herausgegeben in 6 Bänden, Bd. 2, Züllichau 1821, 3–66.

27 Goethe an Rochlitz 1. 2. 1809.

28 Goethe an Rochlitz 1. 2. 1809.

29 Ein eingehender Vergleich der Fassung von Rochlitz mit dem Text des Sophokles ist bisher offenbar noch nicht angestellt worden.

30 Solger an Abeken 13. 4. 1809: «Was Du mir von der aufgeführten *Antigone* geschrieben, hat mich amusirt», in: F. Solger, Nachgelassene Schriften und Briefwechsel, 162. Weitere Einzelheiten bei M. Lechner, Sophokles auf der Bühne, in: Verhandlungen der 41. Versammlung deutscher Philologen und Schulmänner in München vom 20.–23. 5. 1891, Leipzig 1892, 91–102.

31 Goethe an Rochlitz 26. 12. 1808 (Grumach Bd. 1, 258).

32 Im Druck 1820 erschienen, in: A. Klingemann, Theater Bd. 3, Stuttgart und Tübingen 1820.

33 In: Zeitung für die elegante Welt 1803, Nr. 57/58.

34 Braunschweig 1802. Einer der wichtigsten Grundsätze ist hier die Aufnahme leicht verständlicher Dramen, um das Publikum auf schwierige Stücke vor-

zubereiten. Klingemann wendet sich gegen das Theater als «moralische Anstalt».

35 Vgl. C. Schäfer/C. Hartmann, Die königlichen Theater in Berlin. Vom 5.12.1786–31.12.1885, Berlin 1886. Die beiden Aufführungen fanden am 8. und 13.10.1812 statt. Vielleicht hatte Goethe von diesen Aufführungen Kenntnis und von daher die Anregung für die Aufnahme der Aufführung in den Weimarer Spielplan gewonnen.

V. Griechische Tragödie in Preußen

1 Vgl. die forschungsgeschichtlichen Nachweise bei J. U. Schmidt, Größe und Grenze der Antigone, in: Saeculum 31, 1980, 345–379.

2 Vgl. H. Oeben, Hegels Antigone-Interpretation (masch. Diss.). Bonn 1953; O. Pöggeler, Hegel und die griechische Tragödie, in: Hegel-Studien. Beiheft 1 (1964), 285–305.

3 Durch die Freundlichkeit von O. Pöggeler sind mir einige Vorlesungsnachschriften zugänglich gewesen. – Die beiden im Text folgenden Zitate stammen aus einer anonymen Nachschrift: Ästhetik nach Prof. Hegel. 1826. Ms. 208 (Besitzer: Stadtbibliothek Aachen; im folgenden zitiert Aachen 1826. Ms.) und aus: Philosophie der Kunst oder Ästhetik nach Hegel. Im Sommer 1826. Ms. 434 (Besitzer Universitätsbibliothek Jena; im Text zitiert Kehler 1826. Ms.).

4 Aachen 1826. Ms. 208f.

5 Hegel hat übrigens in Jena die *Braut von Messina* von Schiller gesehen und dazu in der Vorlesung von 1826 bemerkt: «Man hat den Chor als unnütz verkannt, als störend; Schillers Einführen war nicht gerade ganz glücklich im Sinne der Alten». (Kehler 1826. Ms. 450) Ähnlich in der gedruckten Fassung der *Ästhetik*.

6 Aachen 1826. Ms. 207. Ähnlich auch in der gedruckten Fassung der *Ästhetik*. Hegel meint das «Wunderbare, Phantastische, Märchenhafte» (*Ästh.* 3.524), das wir als Rezeptionserwartung mit der modernen Oper verbinden, nicht aber die «sinnliche Totalität» der antiken Theateraufführung, die er auch «Oper» nennt.

7 Von Hegel insbesondere dargestellt in dem Kap. VI: «Der Geist» in der *Phänomenologie des Geistes*, worin mehrfach teils explizit, teils implizit mit der *Antigone* exemplifiziert wird. Die Auffassung Hegels im Verhältnis zu ihrem Gegenstand, der griechischen Tragödie, soll hier nicht bewertet werden; das ist oft geschehen, zuletzt bei G. Steiner: Antigones, Oxford 1984, 19–42. (Deutsche Ausgabe 1988, 34–53).

8 O. Pöggeler: Hegels Bildungskonzeption im geschichtlichen Zusammenhang, in: Hegel-Studien 15 (1980), 259.

9 Aachen 1826. Ms. 215 (in der gedruckten Fassung nicht enthalten). Hegel bezieht sich auf die Hypothesis zur *Antigone* des Grammatikers Aristophanes, wonach der Erfolg der *Antigone* dem Sophokles die Wahl zum Strategen eingebracht habe.

10 Kehler 1826. Ms. 434.

11 O. Pöggeler: Hegels Bildungskonzeption, 241–269 (s. o. Anm. 8).

12 Eckermann 21/28. 3. 1827. Abgedruckt auch bei Grumach, Bd. 1, 262–266 (Kap. IV, Anm. 9).

13 Für die historischen Zusammenhänge zwar weitgehend überholt, aber noch nicht ersetzt: E. Lewalter, Friedrich Wilhelm IV. Der Romantiker auf dem Thron, Berlin 1938 (leider ohne Anmerkungen und Nachweise), bes. 247ff. Vgl. jetzt Th. Nipperdey, Deutsche Geschichte 1800–1866. Bürgerwelt und starker Staat, München 1983, 396, und neuerdings W. Bussmann, Zwischen Preußen und Deutschland. Friedrich Wilhelm IV., Berlin 1990, der allerdings auf die Theaterfragen nicht eingeht.

14 Vgl. H. Ottmann, Individuum und Gemeinschaft bei Hegel, Berlin 1977, bes. 126ff.

15 Vgl. die Übersichten bei H. A. Frenzel, Brandenburgisch-Preußische Schloßtheater, in: Schriften der Gesellschaft für Theatergeschichte 59, 1959, 233f.; ferner F. D. Hadamowsky, Die Wiener Hoftheater Wien I 1966, II 1975. Eine Neuorientierung in der Oper leitete der im Frühjahr 1842 nach Berlin berufene Meyerbeer ein, der jedoch noch 1845 ein Immediatgesuch an Friedrich Wilhelm IV. zugunsten der deutschen Oper richten mußte; vgl. H. und G. Becker (Herausg.), G. Meyerbeer, Briefwechsel und Tagebücher III, Berlin 1975, 561. Vgl. auch H. Fetting, Die Geschichte der deutschen Staatsoper, Berlin 1955; ferner L. Schirmer, Theater und Antike, in: W. Arenhövel/Ch. Schreiber (Herausg.), Berlin und die Antike, Berlin 1979, 303–349.

16 Der Verlag Winter (Heidelberg) mußte dafür seine Einwilligung geben, vgl. F. Mendelssohn Bartholdy, Briefe I, herausg. von R. Elvers, Berlin 1968, Nr. 385.

17 Die letzte mir nachweisbare Aufführung der *Antigone* in der Übersetzung von Donner war im Jahre 1972 in Karl-Marx-Stadt (= Chemnitz).

18 U. von Wilamowitz-Moellendorff, Was ist übersetzen?, in: Reden und Vorträge I, Berlin 1925, 1–36, hier: 9 (Nachdruck in: H. J. Störig [Herausg.], Das Problem des Übersetzens, Darmstadt 1963, 139–169, hier: 145).

19 W. von Humboldt, Gesammelte Schriften I 8, Berlin 1909, 119–146 (Nachdruck in: H. J. Störig [Herausg.], Das Problem des Übersetzens, Darmstadt 1963, 71–96). Die «Einleitung» stammt aus dem Jahre 1816.

20 Man vergleiche nur (als beliebig herausgegriffenes Beispiel):

Solger V. 223ff.:

O Fürst, mitnichten sag ich, daß ich atemlos
Vom Lauf, den eilig leichten Fuß erhebend, kam,
Indem mir vielfach mein Gedank entgegenstand
Und auf dem Herweg kreisend mich zurücktrieb.

Donner V. 223ff.:

Herr, ich will nicht sagen, daß ich athemlos
Vor Eile komme mit behend erhob'nem Fuß;
Denn viel Bedenken schuf mir manchen Aufenthalt,
Und oft zur Rückkehr wandt' ich unterwegs mich um.

Solger war mit Tieck befreundet, aber schon 1819 gestorben. Zu den Einzelheiten vgl. W. Henckmann, Solger und die Berliner Kunstszene, in: Hegel-Studien. Beiheft 22 (Bonn 1983), 199–228 (allerdings hier keine Behandlung der Sophoklesübersetzung). Tieck wollte zunächst die Übersetzung von Solger zugrundelegen: «Ich hätte lieber die Übertragung meines Freundes Solger dargestellt, wenn mir nicht alle meine Freunde von diesem Versuch abgerathen hätten» (Anm. 46), 289.

21 Zu Böckh: nach dem älteren, biographisch angelegten Werk von M. Hoffmann, August Böckh, Leipzig 1901 und einigen neueren Spezialuntersuchungen ist jetzt besonders auf den vorzüglichen von B. Schneider besorgten Katalog zu der Ausstellung «August Böckh. Altertumsforscher, Universitätslehrer und Wissenschaftsorganisator im Berlin des 19. Jahrhunderts. Ausstellung zum 200. Geburtstag, 22. November 1985 – 18. Januar 1986» (Staatsbibliothek. Preußischer Kulturbesitz, Ausstellungskatalog 26) zu verweisen. Zu Tiecks Aktivitäten vgl. E. H. Zeydel, Ludwig Tieck, The German Romanticist, Princeton 1935, Kap. 18: «Last Years in Berlin» (324–342) und R. Paulin, Ludwig Tieck. Eine literarische Biographie, München 1988 (urspr. engl. 1985), Kap. 13: «Tod des Dichters» (288–301), allerdings wenig ergiebig.

22 Neben zahlreichen älteren und neueren Arbeiten zu Mendelssohn vgl. jetzt W. Konold, Felix Mendelssohn Bartholdy, Regensburg 1984, bes. Kap. XI: «Der König und der Komponist» (206ff.). Daneben weiterhin unentbehrlich: H. E. Jacob, Felix Mendelssohn Bartholdy und seine Zeit, Frankfurt 1959 und E. Werner, Mendelssohn, Leben und Werk in neuer Sicht, Zürich 1980. Zu einigen Einzelheiten vgl. H. Flashar, F. Mendelssohn Bartholdys Vertonung antiker Dramen, in: W. Arenhövel/Ch. Schreiber (Herausg.), Berlin und die Antike, Berlin 1979, 351–361.

23 Heyse (der Vater des Dichters) war Sprachwissenschaftler; sein Hauptwerk ist ein «Lehrbuch der deutschen Sprache» (1838). Es ist dies der 2. Band zu einer «Theoretisch-praktischen deutschen Grammatik», deren erster Teil von dem Vater Joh. Chr. A. Heyse stammt und schon 1814 erschienen war. Die 5. Auflage (1839–1849) ist von K. W. Heyse im ganzen völlig umgearbeitet (Nachdruck 1962).

24 Vgl. den Briefwechsel Mendelssohns mit Droysen: Ein tief gegründet Herz, herausg. von C. Wehner, Heidelberg 1959.

25 Die Übersetzung ist von Heyse herausgegeben, der neben einer Einleitung und Anmerkungen noch seine Übersetzung der Satire I 9 des Horaz beigesteuert hat. Das Titelblatt lautet: Terenz, Das Mädchen von Andros, in den Versmaßen des Originals übersetzt von F***x, herausgegeben von K. W. L. Heyse. Angehängt ist die 9. Satire des Horatius, übersetzt vom Herausgeber, Leipzig 1826. In der Vorrede von Heyse heißt es: «Der junge Übersetzer, den natürlicher Beruf und denselben angemessene Bildung zu einer anderen verwandten Musenkunst bestimmten, widmete dieser Arbeit wenige Mußestunden.» Dies mag untertrieben sein; die Übersetzung ist äußerst geschmeidig und zeugt von hohem Sprachvermögen.

26 Brief an Ferdinand David vom 21. 10. 1841, in: Felix Mendelssohn Bartholdy, Briefe aus Leipziger Archiven, herausgeg. von H. J. Rothe und R. Szekus, Leipzig 1972, 169f.

27 Vgl. M. Cullen. Leipziger Straße Drei – Eine Baubiographie, in: Mendelssohn-Studien 5, 1982, 9–74.

28 Die Übersetzungen Mendelssohns sind nicht ediert; sie befinden sich teilweise in Privatbesitz (R. Elvers, Berlin), teilweise in der Bodleian Library, Oxford. Die Diskussion zwischen Böckh und Mendelssohn über die *Antigone* und die Metrik der griechischen Tragödie ist später brieflich und wohl auch mündlich fortgesetzt worden. Tieck scheint sich daran weniger beteiligt zu haben, wohl aber Eduard Devrient, der Jugendfreund Mendelssohns, der bei der denkwürdigen Aufführung der Matthäuspassion unter Mendelssohn den Jesus sang und jetzt in der *Antigone* den Haimon spielte; vgl. E. Devrient, Meine Erinnerungen an Felix Mendelssohn Bartholdy, Leipzig 1869, 218–226. An anderer Stelle berichtet Devrient von Tiecks «Unfähigkeit, irgendetwas beim Einstudieren der *Antigone* zu leisten» (E. Devrient, aus seinen Tagebüchern herausg. v. R. Kabel, Weimar 1964, I 121.)

29 A. Böckh, Encyclopädie und Methodologie der philologischen Wissenschaften, herausg. von E. Bratuschek, Berlin 1877, 161: «Wenn die Philologie anfängt zu übersetzen, hört sie ... auf Philologie zu sein. Da somit das Übersetzen von der eigentlichen philologischen Arbeit abzieht, würde ich abrathen sich ohne besonderen Beruf viel damit zu befassen.» Böckh hat außer der *Antigone* nichts übersetzt.

30 Des Sophokles *Antigone*, Griechisch und Deutsch herausgegeben von A. Böckh, Leipzig 1843, ^{2}1884. Der Ausgabe sind die beiden früheren Akademieabhandlungen zur *Antigone* beigegeben.

31 F. Mendelssohn an seinen Leipziger Verleger Kistner am 5.6.1842 aus London (Briefe I, Berlin 1968, Nr. 384, herausg. von R. Elvers): «Ich möchte, daß durchgängig (nur mit Ausnahme des f-moll Allegros in No. 3) der Donnersche Text wieder unterlegt würde, da ich es doch einmal nach dem componiert habe. Verbessern mags sichs jeder nachher, wie er will.» In der Tat folgt der Text der Partitur der Übersetzung von Donner ganz wörtlich mit nur ganz kleinen Retouchen; nur in der 2. Strophe des 2. Stasimon (Vers 604–614) liegt die Übersetzung von Böckh zugrunde, wobei allerdings an *einer* Stelle (Vers 614f.) Böckh wieder mit Donner und eigenen Änderungen vermischt wird; Donner: «nie waltet im Leben das Glück lauter und frei vom Leide», Böckh: «nur mindeste Zeit wandelt er sonder Unheil», Mendelssohn: «nur flüchtige Zeit wandeln wir frei vom Leide.» Diese Änderungen sind aber eher Ausnahmen. Da Donner in den späteren Auflagen manches geändert hat, darf hier zum Vergleich nur die 1. Auflage von 1839 herangezogen werden.

32 Die Griechische Archäologische Gesellschaft begann 1839 mit Grabungen am Dionysostheater. Selbst erste Ergebnisse konnten 1841 in Berlin nicht bekannt sein. Genelli hatte 1801–1804 «Exegetische Briefe über des M. Vitruvius Pollio Baukunst» veröffentlicht. Vgl. auch H. Ebert, Über Christian Genelli und seine Beziehungen zum Berliner Kultur- und Geistesleben um 1800, in: Forschungen und Berichte. Staatl. Museen zu Berlin 17, 1976, 177.

33 In der Sophoklesvita § 4 ist von 15 Choreuten die Rede (1 Chorführer und 2 Halbchöre zu je 7 Sängern). Mendelssohn brauchte 16 Sänger, geteilt in 2 Halbchöre mit je 2 Sängern für die je 4 Stimmen, wie aus dem in Anm. 26 zitierten Brief hervorgeht.

34 Vgl. A. Böckh, Über die Darstellung der Antigone, in: Allg. Preuß. Staatszeitung 15. 11. 1841, 83 (= Des Sophokles *Antigone*, herausg. von A. Böckh, Leipzig [2]1884, 262): «Der Leichnam der Eurydike wurde in der Vorstellung durch Öffnen der Haupttür des Palastes gezeigt: es war ein unvergleichliches Bild.»

35 F. Förster in: A. Böckh, E. H. Toelken, F. Förster, Über die *Antigone* des Sophokles und ihre Darstellung auf dem königl. Schloßtheater im Neuen Palais bei Sanssouci, Berlin 1842, Vorwort, V.

36 E. Devrient (Anm. 28), 121ff.

37 Diese Gespräche sind leider nicht sehr gut bezeugt. H. E. Jacob (Anm. 22), 328f. bringt eine farbenfrohe Schilderung des Details: «Tieck erbleichte unter seinem Toupet. Sein rundes Gesicht begann zu vibrieren, und die Augen schielten leicht gegeneinander...»

38 Erste und bisher einzige Platteneinspielung bei audite 634 (Studioproduktion des Hessischen Rundfunks vom 23. 2. 1984).

39 W. Konold (Anm. 22), 217.

40 E. Devrient (Anm. 28), 225.

41 E. Devrient (Anm. 28), 224.

42 Vgl. Th. Nipperdey (Anm. 13), 535.

43 F. Förster (Anm. 35), XIV.

44 G. Droysen (Anm. 54), 148.

45 Wiederaufführung in Potsdam am 6. 11. 1841, dann am 5. 3. 1842 in Leipzig und erst danach im April 1842 6 Aufführungen im Königlichen Schauspielhaus in Berlin; später im Laufe der Jahre zahlreiche Wiederholungen (insgesamt bis 1883 62mal), vgl. C. Schäfer/C. Hartmann, Die Königlichen Theater in Berlin vom 5. 12. 1786 – 31. 12. 1885, Berlin 1886.

46 L. Tieck, Kritische Schriften IV, Leipzig 1852, 373 (geschrieben 1851).

47 Eine personelle Verbindung zu der Weimarer Aufführung gab es immerhin: Die Schauspielerin der Antigone unter Goethe (Frau Wolff) spielte jetzt – nach 32 Jahren – Eurydike, die Frau Kreons.

48 E. Devrient, Geschichte der Schauspielkunst V, Leipzig 1874, 157. Devrient wurde später Theaterdirektor in Dresden und Karlsruhe, wo er in 18 Jahren Intendanz exemplarische Inszenierungen herausgebracht hat, darunter mehrfach die *Antigone* mit der Musik von Mendelssohn. Er erhob als erster die Forderung nach einer Theaterschule, gründete einen Schauspielerverein für die sozialen Belange der Schauspieler. Vgl. R. Goldschmitt, Eduard Devrients Bühnenreform am Karlsruher Hoftheater, in: Theatergeschichtl. Forschungen 32, Leipzig 1921.

49 Dies hat überzeugend nachgewiesen H. Lübbe, Wilhelm von Humboldt und die Berliner Museumsgründung 1830, in: Jahrbuch Preußischer Kulturbesitz 17, 1980, 87–109.

50 W. Müller-Seidel, Antigone im deutschen Expressionismus, in: Genius huius loci. Dank an L. Petersen, herausg. von D. Kuhn und B. Zeller, Wien 1982, 363–389 projiziert zu Unrecht derartige Gedanken aus einer Aufführung von 1886 in diejenige von 1841. Daß in den Aufführungen von 1841/42 Kreon gegenüber Antigone abgewertet sei, wird sogar zum Punkt der Kritik in der Tagespresse (offenbar im Sinne Hegels) gemacht: «Kreon hätte von vornher-

ein wohl noch etwas würdiger und vorteilhafter genommen werden können: er ist durchaus kein Bösewicht, er ist nur starr und kann keinen Widerspruch ertragen» (Berlinische Zeitung, 30. 10. 1841).

51 Fr. Förster (Anm. 35), Vorwort I.

52 Vgl. W. Schulze-Reimpell, Die Königlichen Schauspiele zu Berlin unter dem Generalintendanten Karl Theodor von Küstner (1842–1851), Diss. (masch.) FU Berlin 1955, 42.

53 In dieser Schrift (vgl. Anm. 35) ist Böckh nur der antiquarisch-philologische und H. Toelken der archäologisch-bühnentechnische Anteil übertragen. Friedrich Förster, engster Vertrauter Hegels und später Kustos der Kunstkammer im Neuen Museum, gibt eine ausführliche Analyse der *Antigone* im Horizont der Deutung Hegels, ausgehend von dem delphischen Spruch «Erkenne dich selbst» in dem Sinne, daß der Dichter «die bewegenden Mächte seines Dramas hervortreten läßt, damit das versammelte Volk und somit auch der einzelne darin eine Anschauung seiner eigenen Wesenheit erhalte» (5). Dieser Gedanke wird dann auf die unmittelbare Gegenwart angewendet (unter ausdrücklicher Erwähnung der Berufung Schellings nach Berlin) in einer Mixtur von Gedanken und Philosophemen von Hinrichs, Solger und Schelling selbst. Ganz im Sinne Hegels sind Antigone und Kreon «in unauflöslichem Widerspruch und beiden müssen wir zugestehen, daß sie mit gleicher Berechtigung ihre Überzeugung geltend machen» (10f.). Hier finden wir die philosophische Legitimierung eines Unternehmens, das Hegel selbst für seine eigene Zeit als nicht möglich angesehen hatte.

54 Droysen hat eine Besprechung über die erste Berliner Aufführung veröffentlicht in: Berlinische Nachrichten von Staats- und gelehrten Sachen vom 25. 4. 1842 (Nachdruck in G. D., Kleine Schriften zur Alten Geschichte II, 1894, 146–152). Droysen beschreibt anschaulich die Wirkung des Fremdartigen, die von dieser Aufführung ausging: «Der Eindruck des ganzen ist unerwartet und fremdartig genug, um die bekannten Trivialitäten der Kunstkennerei unanwendbar zu machen; großartig, lawinenartig genug, um das Herz am tiefsten zu erfassen und nachhaltig zu beschäftigen.» Man muß eben völlig von unseren Theatererfahrungen absehen, um derartige Äußerungen zu verstehen.

55 Vgl. Droysen an Mendelssohn am 8. 1. 1844 (Anm. 24): «Man wünscht hier die Tragödie nicht aufzuführen, aber doch Deine Musik zu exekutieren und das Weitere dazu lesen zu lassen.» Mendelssohn ließ für Droysen die Partitur abschreiben. Droysen schrieb übrigens den Text eines «Griechischen Oratoriums» mit dem Titel *Odysseus und Nausikaa*, wozu Mendelssohn die Musik komponieren sollte. Darüber wird mehrfach in den Briefen verhandelt (bei der Ballspielszene am Anfang des 6. Buches der *Odyssee* fände sich die «Musik von selbst», auch die Gestalt des Sängers Demodokos reize Mendelssohn), die Sache ist aber nicht zur Ausführung gekommen. Schon am 2. 12. 1841 schrieb Mendelssohn an Droysen über die Musik zur *Antigone:* «Die Sache war eigentlich ein Privatspaß, den ich mir machte und der so herrlich ausfiel, daß ich fürs erste zu keinem ähnlichen Lust habe... Ich hatte eine unbändige Freude daran, die ich nie vergessen werde.»

56 Die «Philologen und Schulmänner» verabschiedeten in der Mitgliederver-

sammlung vom 4. 10. 1843 eine Grußadresse an Mendelssohn, die diesem auf einer Pergamentrolle übersandt wurde (vgl. Anhang I). Der konzertanten Aufführung wurde hier übrigens die Übersetzung von Böckh zugrunde gelegt (aus diesem Anlaß naheliegend), vgl. R. Sietz, Musikalische Streiflichter 14, 1960, 48f.

57 Devrient, Tagebücher (Anm. 28), II 268. Die Aufführung war am 5. 3. 1858 (mit Wiederholungen). Auf der Bühne stand ein mannshohes Gerüst mit einer Doppeltreppe als Logeion für die Schauspieler, vgl. Goldschmitt (Anm. 48), 81.

58 Gedenkmedaillen für einzelne Aufführungen sind ganz selten (sonst nur bekannt für die *Schöpfung* von Haydn); zahlreich dagegen Komponistenmedaillen, vgl. K. Andorfer/R. Epstein, Musica in nummis, Wien 1907, Nr. 495; P. Niggl, Musiker-Medaillen, Hofheim 1965, Nr. 1303.

59 Die Aufnahme in den Orden erfolgte am 31. 5. 1842, freilich nicht allein wegen der *Antigone*-Musik. Über die näheren Zusammenhänge der Begründung des Ordens vgl. T. Schieder, Der Orden Pour le mérite für Wissenschaft und Künste I, 1975, VIIff. Aus Anlaß der Aufnahme von z. B. Mendelssohn und Meyerbeer schreibt die «Frankfurter Oberpostamtszeitung» vom 8. 6. 1842: «Mit herzlicher Freude ist jeder Freund des Fortschritts dadurch erfüllt worden, daß weder auf den Glauben, noch auf die politische Richtung Rücksicht genommen worden ist. Wo ein Jude zum ‹stimmfähigen Ritter aus der deutschen Nation›, wo ein Mitglied der äußersten Linken der französischen Deputiertenkammer zum ‹ausländischen Ritter› ernannt wird, da hat es keine Noth mehr» (zitiert bei H. und G. Becker [Herausg.], Meyerbeer, Briefe und Tagebücher, Berlin 1975, III 733f.).

60 A. Glasbrenner, Berlin wie es ist und – trinkt, Leipzig 1842, Darin: *Antigone in Berlin, frei nach Sophokles.* Der Zusatz: «Die Vorstellung findet ohne Musik statt» dürfte eine Spitze gegen Mendelssohn sein. Es werden neue Personen (Buchbinder, Schlosser, Philologe) eingefügt. Der Schlosser sagt: «Na, so soll mir doch der Deibel holen, wenn ick von des Zeugs eene Sylbe verstehe!» Am Schluß ruft das Publikum: «Hinunter mit den Griechen».

61 Selbst Lortzing hat dies nicht getan, vgl. sein Brief vom 10. 11. 1847 an H. Schmidt, in dem Lortzing berichtet, daß er selbst in Dresden die Chöre der *Antigone* einstudierte. «Wir wollten nämlich Mendelssohn ... durch die Darstellung der *Antigone* ehren.» Erschüttert über den gerade 6 Tage zurückliegenden Tod Mendelssohns fügt Lortzing hinzu: «Nun müssen wir das Werk ohne ihn geben! Er wird sich's von oben anhören, aber wie es ihm gefallen, werden wir nicht erfahren!» Vgl. Albert Lortzing, Gesammelte Briefe, herausgeg. v. G. R. Kruse, Regensburg 1913, 186f. und Draheim (Anm. 71), 37f. Über die näheren Umstände vgl. H. Schirmag, Albert Lortzing, Berlin 1982, 156–160.

62 Aus dem nichtedierten Briefwechsel: Böckh-Mendelssohn sind mir zufällig bekannt geworden: 1. ein Brief Böckhs vom 12. 11. 1841 (also kurz nach der ersten *Antigone*-Aufführung) und 2. ein Brief Mendelssohns vom 17. 1. 1843, aus dem hervorgeht, daß er auch zu dieser Zeit sich intensiv mit den metrischen Fragen beschäftigt hatte. Die näheren Einzelheiten bei H. Flashar, August Böckh und Felix Mendelssohn Bartholdy, in: W. Schmidt-Biggemann

(Hrsg.), Disiecta membra. Studien, Karlfried Gründer zum 60. Geburtstag, Basel 1989, 66–81 (Nachdruck in: H. F., Eidola, Amsterdam 1989, 581–596).

63 Bothe war Klassenkamerad Tiecks am Friedrich-Werder-Gymnasium in Berlin. Er veröffentlichte eine Euripidesübersetzung (Berlin 1800–1803) und neben einer Sophoklesausgabe (Leipzig 1806) *Antikgemessene Gedichte* (Berlin 1812). Er war dann im Schuldienst in Mannheim und leitete nach seiner Pensionierung in Leipzig ein Studentenwohnheim. Bewegend ist der letzte Brief Tiecks an ihn vom 24.11.1848 (in: Letters of Ludwig Tieck hitherto unpublished 1792–1853, collected and edited by E. Zeydel/P. Matenko/R. Fife, New York 1937, 561–563.)

64 Vgl. Jacob, Mendelssohn (Anm. 22), 174. Edition des Liedes in: W. Taubert, Lieder, Berlin 1840.

65 Vgl. L. Schirmer (Anm. 15), 306f.

66 Vgl. C. Schäfer/C. Hartmann (Anm. 45).

67 Zu den *Medea*-Dramen Corneilles und Grillparzers vgl. bes. K. von Fritz, Die Entwicklung der Jason-Medeasage und die *Medea* des Euripides, in: Antike und Abendland 8, 1959, 33–106 (Nachdruck in: K. v. F., Antike und moderne Tragödie, Berlin 1962, 322–429).

68 L. Tieck (Anm. 46), 293.

69 Für die Einzelheiten vgl. B. W. Wessling, Meyerbeer, Düsseldorf 1984, 209.

70 Tieck, der mit Müller in Verbindung stand, teilt in einem Brief am 19.1.1844 an den König mit, daß er ihm die Übersetzung von Müller beilege. Tieck fährt fort: «Gewiß könnte ein poetischer Musiker Wunder aus diesen Chorgesängen heraus zaubern, und Mendelssohn ist wohl dieser Poet.» (Vgl. Letters of Tieck, 469).

71 Ausführliche Dokumentation dieses Komplexes jetzt bei J. Draheim, Vertonungen antiker Texte vom Barock bis zur Gegenwart, Amsterdam 1981, 24–28.

72 Eine zwischen Mendelssohn und dem König vermittelnde Rolle hat der Mendelssohn seit langem vertraute Geheimrat Christian Karl Josias von Bunsen gespielt (der den König schon 1840 auf Mendelssohn aufmerksam gemacht hatte). Er schreibt am 28.4.1844 an Mendelssohn: «Sie haben den König sehr betrübt durch ihre Weigerung, die *Eumeniden* zu setzen. Ich war bei ihm, als Graf Redern ihm das Buch zurückgab... Vielleicht hielten sie dafür, man müsse die ganze Trilogie setzen. Seine Majestät erwiederte: Das wäre desto besser, allein das konnte Mendelssohn nicht hindern, die *Eumeniden* zu componiren, die einen so herrlichen Abschluß für sich haben.» Daß in dieser Äußerung des Königs der politische Kontext (Konsens der Bürger; neue Rechtsordnung) gemeint ist, steht wohl außer Frage.

73 Mendelssohn an Cabinettsrat von Müller am 12.3.1845.

74 Meyerbeer verwies auf Mendelssohn, der das besser könne; Brief an August Morel vom 30.7.1844. Besonders aufschlußreich der ausführliche Brief an Dr. Schucht (den späteren Biographen Meyerbeers) vom 12.12.1852, in dem Meyerbeer rückblickend das mehrfache Insistieren des Königs und seine eigenen Bedenken schilderte. Meyerbeer verwies vor allem darauf, «daß die griechische Sagenwelt mit ihrem ganzen Götterstaat dem Publikum zu fern (liegt) ... ohne totale Umgestaltung ... könnte man gar keine Musik dazu

schreiben.» Vgl. zu all diesen Äußerungen die vorbildliche Edition der Briefe und Tagebücher durch H. und G. Becker (Anm. 59). Übrigens hat Meyerbeer privat bei Böckh Griechisch gelernt, vgl. M. Hoffmann, August Böckh, Leipzig 1901, 11.

75 Vgl. B. Wessling (Anm. 69), 218.

76 Vgl. C. Schäfer/C. Hartmann (Anm. 45).

77 Im gleichen Jahre erschien die Übersetzung im Druck: Sämmtliche Tragödien des Sophokles. Metrisch übertragen von Franz Fritze, Berlin 1845. Tieck schrieb dazu eine Einleitung, die wiederabgedruckt ist in: Kritische Schriften II, 1848, 419–424.

78 Der Regisseur war wieder (wie auch bei der Aufführung der *Antigone*) Stawinsky, der jetzt gleichzeitig den Kreon spielte.

79 Vossische Zeitung vom 31.10. (Vorbericht), 3.11. (über die Potsdamer Aufführung) und 12.11.1845 (über die Berliner Aufführung).

80 Dramatische Blätter 302.

81 Brief an Geheimrat Bunsen vom 4.5.1844.

82 Tieck an Friedrich Wilhelm IV. vom 15.8.1846: «Leider bin ich seit dem Herbst 1842 durch den Schlag-Anfall ein verwandelter Mensch, so daß Heiserkeit, Schwindel, Erschöpfung mich auch gehindert haben, das Wenige, was die Gnade Eurer Majestät mir auftrugen, auszurichten». (in: Letters of Ludwig Tieck, vgl. Anm. 63).

83 Vgl. besonders die Briefe an Friedrich Wilhelm IV. zu dessen Geburtstag am 15.10. in den Jahren 1847–1850 (Letters of Tieck [Anm. 63] 473–475).

84 In einer Rede Böckhs an Studenten im Sommer 1844 sind Differenzen zu König und Regierung das Thema, vgl. M. Hoffmann, August Böckh, Leipzig 1901, 96.

85 Die Paulinerkirche, zugleich Leipziger Universitätskirche, hat den 2. Weltkrieg unbeschadet überstanden, ist aber von dem SED-Regime der ehemaligen DDR am 30.5.1965 gesprengt worden. Über diesen Vorgang vgl. die Schilderung von H. Fritzsch, Flucht aus Leipzig, München 1990, 58–68.

VI. Griechische Tragödie für das Bildungsbürgertum des 19. Jahrhunderts

1 Vgl. C. Paulsen, Geschichte des gelehrten Unterrichtes, Bd. 2, 3. Aufl. Berlin/Leipzig 1921, 609.

2 Vgl. das Verzeichnis der deutschen *Antigone*-Übersetzungen seit Opitz in: R. Wagner, Versuch einer stilgerechten Übersetzung der sophokleischen *Antigone*, Progr. Esslingen 1902, 48–58.

3 Über die Aristophanesrezeption im 19. Jh. vgl. W. Süß, Aristophanes und die Nachwelt, in: Das Erbe der Alten 2/3, Leipzig 1911; P. Friedländer, Aristophanes in Deutschland, in: Die Antike 8, 1932, 229–253; 9, 1933, 81–104 (Nachdruck in: P. F., Studien zur antiken Literatur und Kunst, Berlin 1969, 531–571); W. Schmid, Griechische Literaturgeschichte I 4, München 1959, 450–474. Die Abhandlung von H. Zelle, Die Beurteilung des Aristophanes im 19. Jahrhundert, in: Supplément au Programme des Cours du Collège

Royal Français, Berlin 1900, 1–21 behandelt die Fragen der historischen Beurteilung.

4 Vgl. M. Carlson, The French Stage in the Nineteenth Century, Metuchen, N. J. 1972 und H. L. Nostand, Le théâtre antique et l'antique en France de 1840 à 1900, Paris 1934 (leider mit vielen, z. T. absurden Fehlern).

5 F. Hebbel, Tagebücher, Historisch-kritische Ausgabe von R. M. Werner II (1842–47), Leipzig 1926, 390.

6 P. Meurice/A. Vacquérie, *Antigone,* Tragedie de Sophocle, Paris 1844. In dem späteren Druck von 1893, *Antigone,* Tragedie de Sophocle, mise à la scène par P. Meurice et A. Vacquérie, Paris 1893 findet sich auf S. 2 eine Liste der Darsteller der Aufführung von 1844; auf S. 1 sind die Darsteller der Aufführung von 1893 verzeichnet. Meurice und Vacquérie waren Literaten und Journalisten. Beide waren Redakteure von «L' Evènement», der Zeitschrift Victor Hugos und seiner Familie.

7 Vgl. N. Gallini, Importante inedito rossiniano: La musica di scena dell' *Edipo a Colono* di Sofocle ritrovata nella sua integrità, in: La Scala. Rivista dell' Opera 31, Milano 1952, 19–26; H. Weinstock, Rossini. A Biography, New York 1968, 231–233; 460–461. Es existiert eine Schallplatteneinspielung (Italia. Fonit Cetra. ITL 70054; Mai 1978). Vorzügliche Erstedition in: Edizione critica delle opere di Gioacchino Rossini; Sezione seconda, vol. I: *Edipo Coloneo*, ed. L. Tozzi/P. Weiss, Pesaro 1985, mit ausführlicher Einleitung und farblicher Differenzierung zwischen den Noten Rossinis und späteren Ergänzungen. Die zugrundeliegende Handschrift befindet sich in der Pierpont Morgan Library New York und ist erst seit ca. 1970 zugänglich.

8 Die Gründe dafür sind vielfältig und liegen nur teilweise in der für beide Länder unterschiedlichen Situation der Altertumswissenschaft; vgl. J. Bollack, Pour une histoire sociale de la critique, in: M. Bollack/H. Wismann (Herausg.), Philologie und Hermeneutik im 19. Jahrhundert II, Göttingen 1983, 17–24.

9 *Oedipe Roi.* Tragédie en cinq actes, traduite littéralement de Sophocle par J. Lacroix, Paris 1858. Die bei der Aufführung weggelassenen Partien sind in der gedruckten Übersetzung durch einen Stern gekennzeichnet. Vgl. auch Nostand (Anm. 4), 81–83

10 Entsprechende Hinweise finden sich in den Anmerkungen der Übersetzung, so z. B. zu «strophe première» der Hinweis: «récité par Mademoiselle Favart».

11 So wird die berühmte Stelle, an der Jokaste die Zweifel des Oedipus mit den Worten zu zerstreuen sucht: «Schon viele haben sich in Träumen mit der Mutter verbunden» (980f.) von Lacroix übersetzt durch: «L'hymen incestueux qu' Apollon te presage ne le redoute point», dazu findet sich die Fußnote: «Variante plus exacte, mais peut-être inadmissible au théâtre: ... déjà plus d'un mortal, en songe, a cru monter dans le lit maternel.»

12 Mounet-Sully (eigentlich Jean-Sully Mounet) hat allerdings in der Aufführung von 1858 noch nicht mitgewirkt, sondern erst später die Rolle des Oedipus übernommen. Ab 1884 war er «Sociétaire» des Théâtre Français. Sein berühmtester Auftritt war zweifellos als Oedipus im römischen Theater von Orange. In der Antigoneaufführung von 1893 spielte er den Kreon. Auch

in Griechenland feierte er als Oedipus bei Aufführungen in den antiken Theatern Triumphe, vgl. Sideris (Anm. 23), 142–160.

13 Diese Aufführung hat wahrscheinlich André Gide gesehen, der mit dem Übersetzer Pierre Quillard befreudet war. Von daher ging dann wohl die Anregung für Gides eigenen *Philoktet* aus, vgl. O. Mandel, Philoctetes and the fall of Troy, London 1981, 148.

14 Die Partitur ist 1893 (schon vor der Uraufführung) gedruckt. Leider gibt es keine Platteneinspielung. Über die Musik zur *Antigone* am ausführlichsten O. Neitzel, Camille Saint-Saëns, Berlin 1899, 65–68. Über seine jugendlichen Sprachstudien vgl. J. Harding, Saint-Saëns and his circle, London 1965, 21. Vgl. im übrigen die Handbücher.

15 F. A. Gevaert, Histoire de la théorie de la musique de l'antiquité, Gand I 1875, II 1881.

16 O. Neitzel (Anm. 14), 67. Ausführliche Besprechungen dieser Aufführung: J. Claretie, Le théâtre *Antigone* de Paul Meurice et Auguste Vacquérie, in: Revue Encyclopédique 1894, 6–11; L. Ganderax, *Antigone,* mise à la scène par Meurice et Auguste Vacquérie, in: Revue Hebdomadaire, Ière Série, Vol. 19, décembre 1893, 464–471; 617–625; 779–787 (eingehende Besprechungen des Stückes mit Rückblicken auf die Aufführung von 1844).

17 Vgl. G. Grove, A dictionary of music and musicians, London 1900, II 228 (mit Nachweisen). Mendelssohns Musik war in England so verbreitet, daß R. Jebb in der Einleitung seiner kommentierten *Antigone*ausgabe (Cambridge 1900, XLIf.) bemerkt: «To most lovers of music Mendelssohn's *Antigone* is too familiar to permit any word of comment here».

18 Vgl. E. Beyfuß, Das Fortleben der Antigone-Sage in der Weltliteratur, Diss. (masch.) Leipzig 1921, 84.

19 G. Nogara, Cronache degli spettacoli nel teatro Olimpico di Vicenza dal 1585 al 1970, Vicenza 1972, 272.

20 Vgl. A. Rehm, Kierkegaards Antigone, in: Begegnungen und Probleme, Bern 1957, 274–316; G. Steiner, Antigones, Oxford 1984, 51–66 (Deutsche Übers. 1988, 69–86).

21 Vgl. die knappen Andeutungen bei H. Kindermann, Theatergeschichte Europas, VII. Band, Salzburg 1965, 289, 293, 305 (dort Abbildung des Bühnenbildes einer *Antigone*-Aufführung im Königlichen Theater zu Stockholm 1884).

22 So wurde schon am 28. 2. 1818 in Odessa der *Philoktet* des Sophokles aufgeführt, vgl. den Bericht der in Wien erschienenen Zeitschrift Λόγιος Ἑρμῆς, Heft 9 vom 1. 5. 1818, 194ff., wo es fälschlich heißt, daß die Übersetzung von Nikolaos Pikkolos aus dem Französischen gemacht sei, wogegen sich der Übersetzer in einem Brief vom 20. 5. 1818 mit der Versicherung verwahrt, er sei Grieche und Philologe; selbstverständlich sei die Übersetzung direkt aus dem Original (Λόγιος Ἑρμῆς, Heft 11 vom 1. 6. 1818, 271f.); von der französischen Version von La Harpe seien nur die Einteilung in 3 Akte sowie einige kleinere Veränderungen übernommen (freundlicher Hinweis von L. Benakis, Athen).

23 Vgl. das umfangreiche Werk von G. Sideris, Τὸ ἀρχαῖο θέατρο στὴ νέα Ἑλληνικὴ σκηνή, Athen 1976.

24 So werden z. B. die *Charaktere* Theophrasts in der neugriechischen Literatur

als Gattung weiterentwickelt mit der deutlichen Absicht, in ihnen Züge von Nationalcharakteren im Rückgriff auf die Antike zu erkennen, vgl. G. D. Kapsalis, Die Typik der Situationen in den *Charakteren* Theophrasts und ihre Rezeption in der neugriechischen Literatur, Diss. Bochum 1982.

25 Vgl. Sideris (Anm. 23), 25 aus einem Zeitschriftenartikel des Jahres 1850: ... ἴσως ἤλπιζεν ἡ Εὐρώπη ... ὅτι ἡ Ἑλλάς, μετὰ τὴν ἀναγέννησίν της, θέλει φιλοτιμηθῆ ν' ἀναβιβάσῃ ἐκ νέου εἰς τὴν σκηνὴν τ' ἀμίμητα ἀριστουργήματα τοῦ Αἰσχύλου, τοῦ Σοφοκλέους καὶ τοῦ Εὐριπιδου.

26 Wichtig hierfür sind die Memoiren von A. Rangabis, Ἀπομνημονεύματα, Bd. 2, Athen 1895, 164f.

27 Vgl. Sideris (Anm. 23), 43.

28 Vgl. Sideris (Anm. 23), 81.

29 Vgl. die einzelnen Nachweise bei Sideris. Bei den letzten Aufführungen der *Antigone* mit der Musik von Mendelssohn ist die Rolle der Antigone gespielt worden von der erst kürzlich verstorbenen Kivelli Adrianou, der zweiten Frau des bekannten, 1968 verstorbenen Politikers Georgios Papandreou.

30 In Dresden ist die *Antigone* mit der Musik Mendelssohns im 19. Jahrhundert in 4 Inszenierungen 33mal aufgeführt worden; der *Ödipus in Kolonos* brachte es mit der Musik Mendelssohns zu 9 Vorstellungen in 3 Inszenierungen. Sogar der *König Oedipus* mit der Musik von Lachner ist in Dresden im Jahre 1881 6mal aufgeführt worden; vgl. P. Piens, Griechische Tragödie im Dresdner Staatsschauspiel, Dresden 1987.

31 Vgl. A. S. Füller, Das Schauspielrepertoire des Mannheimer Hof- und Nationaltheaters im Geschmackswandel des 18. und 19. Jahrhunderts (1779–1870), Diss. Heidelberg 1935. Interessant sind die Relationen: in dieser Zeit wurde 1870mal Kotzebue, 486mal Schiller, 181mal Goethe, 52mal Molière und überhaupt nicht antike Tragödie gespielt, diese erst 1872 in der ‹Trilogie› *König Oedipus, Oedipus auf Kolonos, Antigone,* wovon nur die *Antigone* einige Male wiederholt wurde. Wagner, der eine Vorstellung sah, fand die Musik von Mendelssohn «scheußliche Liedertafelmusik», vgl. E. L. Stahl, Das Mannheimer Nationaltheater, Berlin 1929, 63.

32 Vgl. H. Kaiser, Das Großherzogliche Hoftheater zu Darmstadt 1810–1919, Darmstadt 1964. Hier gelangte das antike Drama erst 1875 auf die Bühne, wurde dann aber mit 21 Aufführungen (die beiden *Oedipus*-Dramen, *Antigone, Elektra*) relativ intensiv gepflegt. Der Aufführung des *König Oedipus* wurde seltsamerweise die Ouvertüre zu *Idomeneo* von Mozart vorangestellt.

33 Vgl. O. Büthe, Theater und Schauspielkunst in Bremen seit der Goethezeit, Diss. (masch.) Mainz 1957. Danach nur *eine* Inszenierung der thebanischen ‹Trilogie› 1893. Vgl. F. Weiß, Das Basler Stadttheater 1834–1934, Basel 1935. Danach im 19. Jahrhundert nur eine Inszenierung der *Antigone* am 23. 6. 1865 (mit der Musik Mendelssohns).

34 Das Zitat bei O. Liebscher, Franz Dingelstedt. Seine dramaturgische Entwicklung und Tätigkeit bis 1857 und seine Bühnenleitung in München (Diss. München), Halle 1909, 73.

35 Vgl. H. W. J. Thiersch, Friedrich Thiersch's Leben, II (1830–1860), Leipzig/Heidelberg 1866, 504f.

36 Schilderung der Szenerie bei O. Liebscher (Anm. 34), 73f.

37 Damit erfüllte sich wenigstens teilweise der Wunsch des Dichters und Philologen Johannes Minckwitz nach Aufführung seiner Sophoklesübersetzungen. Einen entsprechenden Wunsch hatte Minckwitz in mehreren Briefen aus den Jahren 1841–44 vergeblich an Tieck gerichtet (vgl. K. v. Holtei, Briefe an Ludwig Tieck, Breslau 1864, II 351–359), der immerhin in Dresden die *Antigone* (1835), die euripideische *Iphigenie auf Tauris* (1837) und die sophokleische *Elektra* (1842) in der Übersetzung von Minckwitz öffentlich vorgelesen hatte.

38 Eine Aufführung der *Oedipus*-Musik Lachners fand am 26. 1. 1990 in einem öffentlichen Konzert des Bayerischen Rundfunks statt. Von seinem umfangreichen Werk ist lediglich das Nonett in f-moll und die erste Symphonie auf Schallplatte verfügbar; dazu jetzt (1991) der *Oedipus*.

39 A. Wilbrandt, Aus der Werdezeit, Stuttgart/Berlin 1907, 193.

40 Vgl. M. Grube, Geschichte der Meininger, Stuttgart 1926 (engl. Übers. durch M. Koller, The Story of the Meininger, Coral Gables [Florida] 1963); St. de Hart, The Meininger Theater 1776–1926, Ann Arbor 1979, [2]1981, dort Appendix A: der Spielplan.

41 K. Frenzel, Berliner Dramaturgie, Erfurt 1877, II 81.

42 Vgl. W. Schadewaldt, Antike Tragödie auf der modernen Bühne, SB Heidelberg 1957, 48 (Nd. in W. S., Hellas und Hesperien, [2]Zürich 1970, II 633).

43 Vgl. die Aufstellung bei St. de Hart (Anm. 40) in Appendix A.

44 Vgl. C. Schäfer/C. Hartmann, Die Königlichen Theater in Berlin vom 5. 12. 1786–31. 12. 1885, Berlin 1886; und für die Folgezeit G. Droescher, Die vormals Königlichen, jetzt Preußischen Staatstheater zu Berlin. Statistischer Rückblick auf die künstlerische Tätigkeit und die Personalverhältnisse vom 1. 1. 1886–31. 12. 1935, Berlin 1936. Vgl. ferner Edith Neise, Das Königliche Schauspielhaus in Berlin unter Botho von Hülsen (1851–1869) unter besonderer Berücksichtigung der zeitgenössischen Theaterkritik, Diss. Berlin 1956; Charlotte Klinger, Das Königliche Schauspielhaus unter Botho von Hülsen (1869–1886), Diss. Berlin 1954.

45 Vgl. K. Kaiser, Das Großherzogliche Hoftheater zu Darmstadt 1810–1910, Darmstadt 1964, 92–95 (mit einer Abbildung des Bühnenbildes der Darmstädter Inszenierung vom 9. 3. 1875 mit Theodor Wünzer als Oedipus, der zuvor in Meiningen die gleiche Rolle und den Kreon in der *Antigone* gespielt hatte). Zur Berliner Aufführung vom 20. 9. 1873 gibt es eine kurze, ziemlich nichtssagende Besprechung von Th. Fontane in: Gesammelte Werke, Zweite Serie Bd. 8, Kritische Causerien über das Theater, Berlin 1904, 1–3. Es ist eines der eindeutigsten Zeugnisse für das Verständnis des *König Oedipus* als reiner Schicksalstragödie.

46 Elektrisches Licht auf der Bühne wurde erstmals für die Prophetensonne im Finale des 3. Aktes in Meyerbeers *Prophet* 1849 in Paris verwendet, wozu eigens eine Bogenlampe konstruiert wurde, vgl. H. Becker, Giacomo Meyerbeer in Selbstzeugnissen und Bilddokumenten, Reinbek b. Hamburg 1980, 101.

47 Dieses und die vorangegangenen Zitate bei K. Frenzel (Anm. 41), II 67–72.

48 Die Zitate stammen aus: H. Laubes gesammelte Werke in fünfzig Bänden. Unter Mitwirkung von A. Hänel herausg. von H. H. Houben, Bd. 31: Das

norddeutsche Theater, Leipzig 1909, 45–47. Ähnlich auch H. Laube, Schriften über Theater, herausg. von der Deutschen Akademie der Künste zu Berlin. Ausgewählt und eingeleitet von E. Stahl-Wisten, Berlin 1959, 251.

49 Vgl. die Berichte von R. Tyrolt (Burgschauspieler, der unter Wilbrandt im *Oedipus* den Boten spielte), Chronik des Wiener Stadttheaters 1872–1884. Ein Beitrag zur deutschen Theatergeschichte, Wien 1889, 83f.; ferner in: R. T., Aus dem Tagebuch eines Wiener Schauspielers 1842–1902. Erinnerungen und Betrachtungen, Wien/Leipzig 1904, 110.

50 Vorausgegangen war im Burgtheater nur die Euripides und Seneca kontaminierende Bearbeitung der *Trojanerinnen* von J. E. Schlegel vom 17.6.1782 mit insgesamt nur 3 Vorstellungen. Vgl. hierzu und zum folgenden G. A. Lorenz, Die antike Tragödie im Spielplan des Burgtheaters, Diss. (masch.) Wien 1959.

51 Die Daten nach: 175 Jahre Wiener Burgtheater, Wien 1955 und M. Alth, Burgtheater 1776–1976, 2 Bde., Wien 1979.

52 A. Wilbrandt, Erinnerungen, Stuttgart 1905, 43f. Die handschriftl. (!) Diss. von N. Choroba, Sophokles' *König Oedipus* in der Übersetzung von A. Wilbrandt, Wien o.J. ist ganz wertlos.

53 Vgl. E. Jones, The life and work of Sigmund Freud, 1964, 168f. Freud selbst zitiert übrigens in seiner Deutung die Übersetzung von Donner, nicht diejenige von Wilbrandt.

54 O. Brahm, Sophokles, *Antigone*; in: Kritische Schriften über Drama und Theater, Bd. 1, Berlin 1913, 86–93.

55 Wirklich deutlich wird dies in den (so schwer zu dokumentierenden) Schulaufführungen zumindest an *einem* Beispiel. Im «Vorspruch» der Ausgabe von Johann Simon, *Antigone.* Ein Trauerspiel in acht Szenen zur Aufführung in Schulen und Vereinen der gleichnamigen Tragödie des Sophokles in gedrängter Kürze nachgebildet als verbindender Text zu Mendelssohns Chören, Berlin 1903, wird – in positivem Sinne – das Kaiserreich unter Wilhelm II. direkt mit Athen unter Perikles in Parallele gesetzt, hier allerdings in unfreiwilliger Komik: «...heut klingt es laut hinaus in alle Lande aus Kaiser Wilhelms frommem Sehermund... Wenn er von hoher Warte ... machtvoll spricht, dann lauschet seinen Worten eine Welt... So schaltete im alten Griechenland ein Bürger unter Bürgern: Perikles. So hing ganz Hellas auch an seinen Lippen, wenn er ausstrahlte seines Geistes Glut.» Das Ausspielen der Staatskomponente (Kreon als legitimer Vollzieher der Staatsraison) bei Aufführungen der *Antigone* im Wilhelminischen Kaiserreich darf aber nicht bereits auf die Aufführung von 1841 übertragen werden, wie es W. Müller-Seidel, Antigone im deutschen Expressionismus (Kap. V, Anm. 50) will.

56 U. von Wilamowitz-Moellendorff, Inwieweit befriedigen die Schlüsse der erhaltenen griechischen Trauerspiele? Valediktionsarbeit von 1867, herausgeg. von W. Calder III, Leiden 1974, 77.

57 U. von Wilamowitz-Moellendorff, Die griechische Tragödie und ihre drei Dichter, in: Griechische Tragödien, übers. von U. v. W.-M., IV. Band, Berlin 1923, 324.

58 Vgl. Carla Rohde, Das «Berliner Theater» von 1888–1899, Diss. Berlin 1966, 38–40; 143.

59 F. Mauthner, Tote Symbole (Deutsche Schriften für Literatur und Kunst, 2. Reihe, Heft 1), Kiel/Leipzig 1892, 23.

60 G. Prellwitz, *Oedipus oder das Rätsel des Lebens,* Freiburg 1898. Spätere Neuausgabe: *Oedipus.* Ein Weihespiel in 5 Aufzügen von Gertrud Prellwitz. Woltersdorf bei Erkner-Berlin. Niedergeschrieben im Jahr 1896. Neuausgabe im Notjahr 1919.

61 Vernichtende Besprechung von H. Stümcke, in: Bühne und Welt, 3. Jahrgang, Berlin 1901, 526.

62 Vgl. W. Schadewaldt, Richard Wagner und die Griechen, in: W. S., Hellas und Hesperien, Zürich, 2. Aufl. 1970, II 341–405; M. Ewans, Wagner and Aeschylus. The *Ring* and the *Oresteia,* London 1982.

63 Vgl. hierzu und zum Folgenden die grundlegende Studie von D. Borchmeyer, Das Theater Richard Wagners, Stuttgart 1982, bes. 232ff. Zur Kritik an der Wiederholbarkeit der griechischen Tragödie 76ff. Dort auch die Belege.

64 In *Oper und Drama.* Zu den Einzelheiten vgl. Borchmeyer (Anm. 63), 232–238.

65 Dies ist die (mir mündlich mitgeteilte) Vermutung von E. Voß, dem Wagnereditor und -forscher. Es muß sich dann um die Aufführung vom 12.4.1844 (mit den Dekorationsentwürfen von Semper) handeln, vgl. P. Piens (Anm. 30). Jedenfalls führte Wagner in Dresden mehrfach Werke von Mendelssohn auf (1848 die Schottische Symphonie und den 42. Psalm), und es gab zu seiner Dresdner Zeit eine Aufführung der *Antigone*-Musik, der auch Spontini «widerwillig» beiwohnte, wie Wagner später (1879) in dem Essay *Über das Opern-Dichten und Componieren im besonderen* bemerkt. Wagner sollte seinerzeit eine Musik zur *Helena* des Euripides schreiben, hat sich aber geweigert. Noch in Bayreuth hat er 1876 die Reformationssymphonie aufgeführt.

66 Das komplizierte Verhältnis Mendelssohn–Wagner kann hier natürlich nicht im einzelnen dargelegt werden, vgl. das Kap.: «Die Antipoden: Mendelssohn und Wagner» in: E. Werner, Mendelssohn, Leben und Werk in neuer Sicht, Zürich 1980, 366–376. Zum Komplex des Judentums vgl. D. Borchmeyer, Richard Wagner und der Antisemitismus, Freiburg 1984.

67 J. von Werther, Erinnerungen und Erfahrungen eines alten Hoftheater-Intendanten, Stuttgart 1911, 95.

68 Vgl. S. Melchinger, Aischylos auf der Bühne der Neuzeit, in: H. Hommel (Herausg.), Wege zu Aischylos I, Darmstadt 1974, 443–475, hier: 457.

69 Vgl. D. E. Pluggé, History of Greek Play Production in American Colleges and Universities from 1881 to 1936, New York 1938 (mit tabellarischen Übersichten der gespielten Stücke). Der Andrang zu diesen Aufführungen war so groß, daß die Karten mit einem Aufschlag von 500% auf dem Schwarzen Markt gehandelt wurden.

70 Vgl. P. E. Easterling, Greek Plays at Cambridge, in: Le Théâtre antique de nos jours (Internationales Symposium Delphi 1981), Athen 1984, 89–93. Zu einer Aufführung des *König Ödipus* 1887 in Cambridge hat Charles Villiers Stanford eine beachtenswerte Musik geschrieben, die in den Zeitungsberichten mit Wagner verglichen wurde.

71 Symptomatisch für diese Zeit dürften Aufführungen in dem Anm. 55 skizzier-

ten Stil sein. Einige Schulaufführungen sind durch die Veröffentlichung von Textbüchern bzw. Bearbeitungen dokumentiert, so z. B., H. Dütschke, Anleitung zur Inscenierung antiker Tragödien, I: Sophokles, *König Oedipus*, Leipzig 1884. (Rezensiert von N. Wecklein in der Berliner Philolog. Wochenschrift 5, 1884, 10f.); R. Martens, *Oedipus auf Kolonos*, Verbindender Text zur Aufführung der Chöre in Mendelssohns Musik, in: Königliches Gymnasium zu Marienburg. Bericht über das Schuljahr 1887/88, Marienburg 1888, 1–15.

VII. Neue Impulse zu Beginn des Jahrhunderts und ihre Auswirkungen auf die Präsentation des antiken Dramas (1900–1920)

1 Zusammenstellung der wichtigsten Programmschriften bei M. Brauneck (Herausg.), Theater im 20. Jahrhundert. Programmschriften, Stilperioden, Reformmodelle, Reinbek b. Hamburg 1982, bes. 39–84.

2 Hans Oberländer (geb. am 14. 3. 1870 in Prag), Sohn des damals bekannten Schauspielers Heinrich Oberländer, hat in Berlin und Rostock studiert und wurde dort 1896 mit der Dissertation Die Theorie der deutschen Schauspielkunst im 18. Jahrhundert. Ihr Ursprung und ihre Entwicklung zum Dr. phil. promoviert. Diese Arbeit ist dann in umgearbeiteter Form erschienen unter dem Titel Die geistige Entwicklung der deutschen Schauspielkunst im 18. Jahrhundert (Theatergeschichtliche Forschungen. 15), Hamburg/Leipzig 1898; Nachdruck Nendeln 1977. Die Art, wie Oberländer in der Einleitung über den Fortfall des Wortes «Theorie» reflektiert, zeigt, daß er schon damals Bühnenpraktiker war. In die gleiche Richtung weist auch die Widmung: «Dem Reformator und Förderer der deutschen Schauspielkunst, dem Herzog Georg II. von Sachsen-Meiningen, Hoheit, in tiefster Ehrfurcht gewidmet vom Verfasser», wonach Bekanntschaft mit der Meininger Bühne zu vermuten ist. In der Tat hatte er 1898 ein Engagement als Regisseur am Hoftheater in Gera. In Zusammenarbeit mit Reinhardt wurde er dann 1901 zum Konzessionsträger und Direktor des Kleinen Theaters (Schall und Rauch, Unter den Linden 44) bestellt. Unter seinen Regieleistungen verdient besonders *Salome* (1902) hervorgehoben zu werden. In einem Brief an Wilamowitz vom 16. 5. 1906 bittet Oberländer um eine Empfehlung im Zusammenhang mit einer Bewerbung um die Direktion des Stadttheaters zu Kiel, die nicht zum Erfolg geführt zu haben scheint. Er hat offenbar weiterhin in Berlin an verschiedenen Stellen gewirkt; ab 1914 im Vorstand der «Vaterländischen Schauspiele Berlin». Sein letztes nachweisbares Engagement war 1933 am Deutschen Theater (unter Reinhardt); 1934 wird er zum letzten Mal im Deutschen Bühnenjahrbuch als Mitglied der Bühnengenossenschaft erwähnt (ohne Angabe von Engagement und Adresse, nur mit Mitgl.-Nr.). Da sich dann seine Spur verliert, liegt die Annahme erzwungenen Rückzuges (Emigration?) nahe.

3 Vgl. G. Reinhardt, Der Liebhaber. Erinnerungen seines Sohnes Gottfried Reinhardt an Max Reinhardt, München/Zürich 1973, 239.: «Er nahm Verbindung mit der Universität auf, doch nicht zu irgendwelchen Seminaren,

sondern um in Vorstellungen aufzutreten, die eine Studentenvereinigung veranstaltete ... Diesem Verein gehörten hauptsächlich Studenten an – einer von ihnen hieß Hjalmar Schacht –, aber auch ältere Theaterleute und junge Kritiker. Bei diesen Veranstaltungen wurden die griechischen Tragödien in der Übersetzung des großen Altphilologen Wilamowitz-Möllendorff und unter dessen Aufsicht aufgeführt.»

4 Der ganze Komplex mit allen Nachweisen ist behandelt bei H. Flashar, Aufführungen von griechischen Dramen in der Übersetzung von Wilamowitz, in: W. M. Calder III/H. Flashar/Th. Lindken (Herausg.), Wilamowitz nach 50 Jahren, Darmstadt 1985, 306–357. (Nachdruck in: H. F., Eidola, Amsterdam 1989, 649–702). Darauf basiert im wesentlichen die folgende Darstellung im Text.

5 Aischylos, *Orestie.* Griechisch und deutsch, II: *Das Opfer am Grabe,* von Ulrich von Wilamowitz-Möllendorff, Berlin 1896, 44.

6 Bericht über diesen Vortrag in: Deutsche Bühnengenossenschaft 29, 1900, 39f.: «Das Todte interessire ihn nicht, um das Lebendige und Neuzubelebende sei es ihm zu thun». Bei früheren Aufführungen sei es grundfalsch gewesen, «daß man damals den Doppelzweck setzte, die griechischen Dramen neu zu beleben und sie zugleich genau so aufzuführen, wie es die Alten gethan. Diese letztere antiquarische Richtung lähme das Unternehmen». Wilamowitz empfahl, «sich bei einer Neubelebung nicht an antiquarische Forderungen zu halten, sondern nur an das Lebendige und Lebensfähige zu denken, dabei aber freilich die innere Forderung der Dichtung, den Stil, einzuhalten ... Das Schulmäßige müsse zurücktreten, das geistig Lebendige, Nachzuempfindende den Ausschlag geben». Eine kurze Notiz über den Vortrag findet sich auch in der Beilage der Vossischen Zeitung vom 1. 3. 1900.

7 Über Schillings vgl. A. Richard, Max Schillings (Zeitgenössische Komponisten. 7), München 1922. Schillings (1864–1933) hat u. a. 3 Opern, Bühnenmusiken (u. a. zu Goethes *Faust*) und zahlreiche Kammermusiken geschrieben. Er wurde 1908 Württembergischer Hofkapellmeister, 1911 Generalmusikdirektor in Stuttgart, 1912 geadelt, 1919 Intendant der Berliner Staatsoper, später Präsident der Akademie der Künste in Berlin. In seiner Geburtsstadt Düren (Rheinland) gibt es ein «Max von Schillings-Archiv» (dem ich für Auskünfte und Verleih der Partituren dankbar bin), mit dessen Hilfe aber nicht zu erfahren war, wie es zu der Verbindung mit dem «Akademischen Verein» gekommen ist.

8 H. Stümcke, Von den Berliner Theatern XII, in: Bühne und Welt 2 (1899–1900), 515–519; Zitat: 515.

9 H. Stümcke (Anm. 8) 515f.: «Auch in der Massenbewegung wurde im löblichen Eifer zu viel gethan. Zwischen den Greisen Thebens und der Plebs in der Forumscene in *Julius Caesar* ist denn doch ein Unterschied.» Mit der Erwähnung von *Julius Caesar* ist natürlich auf die Darstellung des Shakespeareschen Stückes durch die Meininger angespielt.

10 H. Stümcke (Anm. 8) 515: «Das Unisono-Sprechen der thebanischen Männer bot keine befriedigende Lösung ... Die Herren von der alma mater ... boten gewiß ihr bestes, aber ... [es] blieb der Inhalt der Chorlieder namentlich für den ferner Sitzenden lediglich ein polyphoner Effekt.»

11 So die Kritik in der 1. Beilage der Vossischen Zeitung vom 1. 3. 1900, der auch die folgenden Zitate im Text entnommen sind.

12 Vgl. M. Fiedler, Max Reinhardt in Selbstzeugnissen und Bilddokumenten (Rowohlts Monographien 228), Reinbek 1975, 17, mit dem Hinweis, daß schon der Siebzehnjährige gern alte Männer spielte, mit der Reinhardtschen Begründung: «... da konnte ich meine Schüchternheit hinter einem langen weißen Bart verstecken.»

13 Es ist schwer zu sagen, ob hinter derartigen Konzeptionen die Auffassung von Wilamowitz steht. Immerhin heißt es in der Einleitung zu *Ödipus,* in: Griechische Tragödien I ([6]1911), 9–26, hier: 25: «Auf unserer Bühne wirken die letzten Scenen nach der Blendung leicht etwas zu gräßlich, nicht nur, weil wir kein Interesse daran haben, daß der delphische Gott recht behalten hat, sondern auch, weil der Dichter selbst nur den gebrochenen Menschen zeigt.»

14 Vossische Zeitung vom 1. 3. 1900.

15 Die mir bekannt gewordenen Aufführungen sind: Annaberg, Stadttheater (18. 9. 1901); Gera (23. 11. 1901); Kassel (Januar/Februar 1911, 3 Aufführungen im Residenztheater, 2 Aufführungen im Freilichttheater), Düren (1911/12; wohl auf Anregung des aus Düren stammenden Max Schillings); Düsseldorf (1911/12, 11 Aufführungen).

16 Am 11. 3. 1905 im Deutschen Theater in Berlin. Arthur Kahane, der Sekretär Reinhardts, erbittet im Brief vom 26. 3. 1903 an Wilamowitz die Erlaubnis zur Aufführung von dessen Übersetzung im Kleinen Theater und fügt die Bitte hinzu, Wilamowitz möge «ein andres griechisches Stück empfehlen, kürzer und mehr heiterer Art, das den Ödipus-Abend stilentsprechend abschließen könnte». Es scheint aber der *König Ödipus* im Kleinen Theater nicht aufgeführt worden zu sein; ob die Aufführung unter Heine mit den ursprünglichen Plänen des Kleinen Theaters zusammenhängt, entzieht sich meiner Kenntnis.

17 Dies geht jetzt aus dem Brief von Wilamowitz an Warren hervor: «Unter meiner Mitwirkung sind hier vor ein paar Jahren der *König Ödipus* und die *Antigone* gegeben, zum Teil von hervorragenden Schauspielern.» Vgl. W. M. Calder III, Ulrich von Wilamowitz-Möllendorff on Sophocles: A letter to Sir Herbert Warren, in: California Studies in Classical Antiquity 12 (1979) 51–63, Zitat: 55. (Nachdruck in: U. von Wilamowitz-Möllendorff, Selected Correspondence 1869–1931, edited by W. M. Calder III., Antiqua 23 (Napoli 1983), 283.

18 Bader war Gymnasialprofessor in Jever (Oldenburg) und als Herausgeber eines Bismarck-Liederbuches bekannt geworden.

19 H. Stümcke, Von den Berliner Theatern 1899/1900 XIV, Bühne und Welt 2, 1899–1900, 605f., hier: 606: «Des Herrn von Hofmannsthal der *Antigone* vorausgeschickten, ebenso überflüssigen wie unverständlichen Prolog übergeht man am besten mit Stillschweigen.» In der ersten Beilage der Vossischen Zeitung vom 29. 3. 1900 heißt es: «Das Vorspiel scheint mir wie die meisten Hofmannsthalschen Verse zu jener Art Dichtung zu gehören, die aus einem Mangel einen Vorzug macht, ... die ihre Unfähigkeit, zu bestimmten, scharf gesehenen, dem Anschauungsvermögen unverlierbaren Bildern durchzudringen, gerade als die besondere Feinheit, die nur dem Experten wahrnehmbare Delikatesse ihrer Kunst erscheinen lassen möchte.» Das in der Tat höchst

merkwürdige Vorspiel (Dramen I [Gesammelte Werke], hrg. von H. Steiner, Frankfurt a.M. 1964, 273–284; Erstdruck in: Die Insel 1, 1900, Nr. 8 [Mai], 230–241) handelt von zwei Studenten, die von einer Probe zur *Antigone* kommen, und einem «Genius», welcher einen der beiden Studenten «anhaucht», der dann durch diese ‹Weihe› in die Lage versetzt wird, auf das tragische Geschehen der *Antigone* vorbereitend hinzudeuten. Daß dies in der Tat nicht zu Sophokles paßt, wird man auch heute sagen müssen.

20 Vossische Zeitung vom 29. 3. 1900: «Die Mendelssohn-Bartholdysche Musik leitete von diesem dunklen Vorspiel in die hellen Bezirke des eigentlichen Spiels hinüber.» Zu Luise Dumont vgl. Kindermann, Theatergeschichte Europas VIII, Salzburg 1968, 106–109. Der Aufruf der «Centralstelle» ist abgedruckt in: Deutsche Bühnengenossenschaft 28, 1899, 137.

21 Vossische Zeitung vom 29. 3. 1900. Ob es zu derartigen Matineen gekommen ist, konnte ich nicht in Erfahrung bringen.

22 Das Theater des Westens (in der späteren Kantstraße; heute Operettentheater, davor Haus der Städtischen Oper) lag damals noch an der Peripherie Berlins. Zu dem ‹Zug nach Westen› um die Jahrhundertwende in Bau, Verkehr, Geschäftswelt, aber auch im Theaterleben Berlins vgl. E. Winterstein, Mein Leben und meine Zeit, Berlin 1947, II 13ff.

23 U. v.Wilamowitz-Moellendorff, Erinnerungen 1848–1914, Leipzig 1928, 2. Aufl. 1929, 255: «... niemals kam der Erfolg der *Orestie* gleich, weil bei ihr die frische Wirkung eines unbekannten großen Kunstwerkes in Darstellern und Zuschauern eine geradezu andächtige Stimmung erzeugte. Aischylos war wirklich so gut wie unbekannt...»

24 In der mir vom Max-von-Schillings-Archiv freundlich zur Verfügung gestellten Partitur der Bühnenmusik ist vermerkt, das Regiebuch sei beim Verlag Felix Bloch Erben, Berlin, erhältlich. Der Verlag teilte mir mit, daß seine Bestände im Krieg völlig vernichtet seien. In den von mir besuchten Theaterarchiven und -sammlungen war das Regiebuch nicht vorhanden; möglicherweise befindet es sich irgendwo in Privatbesitz.

25 H. Oberländer, Das antike Drama auf der modernen Bühne, Deutsche Bühnen-Genossenschaft 30 (1901), 85–87.

26 In der Partitur ist auf die «vom Übersetzer autorisierte Bühnenbearbeitung» Bezug genommen. Vgl. Wilamowitz, Erinnerungen, 254: «Er (sc. Oberländer) verhandelte mit mir, ich nahm Streichungen an dem Texte vor und besprach vielerlei, die Auffassung der Charaktere, die Bühnenbilder, die Chöre...» Soweit aus der Partitur erkennbar, ist der Wortlaut der Übersetzung nur an ganz wenigen Stellen geändert worden, am auffälligsten ist in *Agamemnon*, V.25, die Wiedergabe von ἰοὺ ἰού durch: «Hallo, hallo!», während bei Wilamowitz: «Hurra, hurra!» steht.

27 Die meisten Aufführungen der *Orestie* basieren auf Fassungen, deren Umfang der Dauer eines Spielabends entspricht, es sei denn, die Aufführung wird auf 2 oder 3 Abende verteilt. Reinhardts Inszenierung der *Orestie* (1919) dauerte von 8 Uhr bis 1 Uhr 30 nachts. Heinrich Stümcke bemerkt anläßlich der Wilamowitz-Oberländer-Aufführung: «An eine ungekürzte Aufführung der Trilogie wäre nur im Rahmen eines Spiels nach Oberammergauer Art zu denken, und ich würde mir weder Genuß noch künstlerischen Gewinn davon

versprechen können.» (Die *Oresteia* des Aischylos auf der modernen Bühne, Bühne und Welt 3, 1900–1901, 276–281, Zitat 277).

28 Oberländer, Das antike Drama auf der modernen Bühne, 85: «Einen allgemein-giltigen Stil in der Behandlung des Chores für alle antiken Dramen hinzustellen, wäre unsinnig. Die Bedürfnisse sind jedesmal anderer Natur. Aus dem Geist der *Orestie*-Trilogie ergaben sich z. B. ganz andere Vortragsformen als solche für *Oedipus* und *Antigone* möglich waren ...»

29 Mendelssohn hatte das Melodram den epirrhematischen Szenen der griechischen Tragödie vorbehalten, wobei der Chor (oder Chorführer) singt und ein Schauspieler unter Begleitung von Streichinstrumenten sprechend antwortet.

30 Oberländer, Das antike Drama auf der modernen Bühne (Anm. 25), 85.

31 Ebd.; es heißt dort weiter (86): «Zunächst studirt der Regisseur allein mit dem Chordirigenten am Klavier. Nur so findet er, wie Deklamation und Gebärde sich dem Rhythmus anpassen. Mit sich selbst und der Materie fertig, tritt er dann vor den Chor, giebt ihm die technische Eintheilung der Rede (Tempo, Athem, Pausen), wie die Musik sie gebietet, und dringt sofort auf den Ausdruck im Affekt, weil er sich anders kein sicheres Urtheil über die Richtigkeit der technischen Eintheilung bilden kann.»

32 86: «Der Tanz wird gleich weit von der Zierlichkeit des Balletts, wie von der Wildheit des Indianers entfernt sein ...»

33 Ebd.: «Für den Kirchhof im II. Theil der *Orestie* empfiehlt Wilamowitz eine öde Felsengegend in den Bergen von Mykene oder oberhalb Argos, aber ein düsterer Friedhof mit Cypressen möchte, so unhellenisch er auch sei, dem Publikum die rechte Stimmung geben.» Daß auch dieser Vorschlag («Friedhof mit Cypressen») von Wilamowitz stammt, geht hervor aus: Aischylos, *Orestie*, Griechisch und deutsch, II: *Das Opfer am Grabe,* von Ulrich von Wilamowitz-Moellendorff, Berlin 1896 (Nachdruck 1969), 44–48.

34 Die Vossische Zeitung vom 25. 11. 1900 bemerkt: «Es ist Schillings gelungen, seiner Musik einen stark archaistischen Zug zu verleihen, ohne in ihr im übrigen den modernen Musiker zu verleugnen.» Kritik geübt wird in der gleichen Besprechung an dem Schluß der *Eumeniden,* «wo Herr Schillings, der bis dahin so ängstlich Taktvolle, seinen Takt verlor und so etwas wie ein Opernfinale zu Wege brachte. Daß der Chor schließlich anfängt zu singen, nachdem er nur immer gesprochen hat, ist eine nicht zu rechtfertigende Stillosigkeit.» Die Musik im ganzen kann man in ihrer Mixtur mit Anklängen an Wagner, Richard Strauß und andere nur als epigonal bezeichnen.

35 Vgl. oben, Anm. 20.

36 Vossische Zeitung vom 25. 11. 1900.

37 Vgl. Winterstein, Mein Leben und meine Zeit (Anm. 22), in allerdings sehr oberflächlicher Darstellung (übrigens ohne Erwähnung der *Orestie*-Aufführung von 1900).

38 Vgl. S. Jacobsen, Jahre der Bühne, Theaterkritische Schriften (herausg. v. W. Karsch), Reinbek 1965, 77: «... ein Schauspieler, dem in der *Orestie* nichts weiter als der Bericht von der Opferung der Iphigenie zugefallen war, hatte sich über Nacht selber entdeckt ... ward ... der Erneuerer ... des Berliner Theaters. Er hieß Max Reinhardt.»

39 Schlenther war Mitbegründer der «Berliner Freien Bühne». Er ist vor allem auch als Biograph Hauptmanns bekannt geworden.

40 Das Zitat stammt aus dem unten, mit Anm. 45 angeführten Vortrag.

41 Vgl. das Kapitel «Wiener Theatersituation um 1900» bei Wenig, Der Beitrag der akademisch-dramaturgischen Vereinigungen. Zur Entwicklung des deutschen Theaters von 1890 bis 1914 (masch.) Diss. München 1954.

42 A. Lindner, Bühne und Welt 3 (1900–1901), 220f., Zitat: 220.

43 Zitat aus dem unten, Anm. 45 angeführten Vortrag.

44 So in einem Brief (Staatsarchiv. Akten d. Generalintendanz 1900. ZI. 1655, abgedruckt bei Lorenz, Die antike Tragödie [Kap. VI, Anm. 50], 116): «Die vielen und sorgfältigen Proben des großen Aischylos'schen Werkes *Die Orestie* waren in Decorations Hinsicht, von Seiten der Direktion, der Regie und der zugezogenen wissenschaftlich-pädagogischen Beiräthe den rigorosesten Prüfungen unterworfen. Die fortwährende Abänderung und Richtigstellung der Stylart, als auch die großen räumlichen Bühnenverhältnisse des k. k. Hofburgtheaters, haben einer merklichen Überschreitung des Kostenvoranschlags Veranlassung gegeben ... [es] war durch die Inszenierung des Pferdegespannes ein Steinteppich auf Sackleinwand bedingt, da ein geröthlichter Bodenbelag schon während der Proben Schaden gelitten hatte.»

45 Abgedruckt in: Neue Freie Presse (Wien) vom 5. und 6. 11. 1900. Daraus auch die folgenden Zitate im Text.

46 Es befindet sich im Archiv des Wiener Burgtheaters, wo ich es einsehen konnte. Benutzt ist für die folgenden Aufführungen auch Lorenz (Anm. 44).

47 Die Zeichnung weicht allerdings erheblich von dem wirklichen Bühnenbild ab.

48 Wilamowitz spricht von einer «Wartezeit..., die der Verstand zwischen dem Morgen nach der Eroberung Troias und der Ankunft Agamemnons verlangt, und über die der Dichter, der Bühnensitte seiner Zeit gemäß, durch den Aktschluß hinwegspringt...» (Einleitung zum *Agamemnon,* in: Tragödien II, 9–47, Zitat: 33.)

49 Einleitung zum *Agamemnon,* 33, Anm. 2: «Er kommt ohne Begleitung; er ist ja nur mit einem Schiffe gelandet, und es ist für das Gelingen des Mordes nötig, daß er keine Bedeckung hat. Wie falsch also, ihn mit seinen Kriegern einen Siegeseinzug halten zu lassen.» Diese, nach der 11. Auflage (1929) zitierte Anmerkung fehlt noch in der 9. Auflage von 1922, so daß der Grund für deren Aufnahme unklar bleibt.

50 Oberländers Bemerkung (Das antike Drama auf der modernen Bühne, 86, [vom 22. 2. 1901]): «Den Vorgang zu Delphi aus dem Heiligthum nach Athen zu verlegen, wäre nur als Spekulation auf die Sorglosigkeit des Theaterpublikums zu entschuldigen», scheint eine Anspielung auf Schlenthers Inszenierung zu sein.

51 Einleitung zu den *Eumeniden,* in: Griechische Tragödien, Berlin 1899, II 211–253, Zitat: 251.

52 Die erste Inszenierung ist bis zum 12. 5. 1906 13mal gegeben worden, die zweite bis zum 14. 1. 1916 4mal. 6 Tage nach Wilamowitzens Besuch des Burgtheaters brachte Schlenther dort (am 18. 5. 1909) die *Elektra* des Sophokles heraus, bezeichnenderweise in der Übersetzung von Wilbrandt.

53 Erinnerungen (Anm. 23), 254; vgl. auch Griechische Verskunst, Berlin 1921, 17, Anm. I.

54 L. A. Terne in der Wiener Sonn- und Montagszeitung vom 10. 12. 1900, abgedruckt bei Lorenz, Die antike Tragödie (Anm. 44), 131; vgl. auch M. Burckhardt, Die *Orestie* des Aischylos im Burgtheater (6. Dezember 1900), in: M. B., Theater. Kritiken, Vorträge und Aufsätze I: 1898–1901, Wien 1905, 211–215, der über die Bühnenbearbeitung urteilt (S. 212): «...ein verstümmelter Torso, gerade hinreichend, den äußern Gang der Handlung entnehmen zu lassen.»

55 Wichtig sind hier zwei unveröffentlichte Briefe von Oberländer an Wilamowitz vom 9. 12. und 30. 12. 1900, zu denen leider die entsprechenden Briefe von Wilamowitz nicht auffindbar sind. Ich hebe hier nur das Auffallendste hervor: Schon in dem ersten Brief (also drei Tage nach der Wiener Premiere) steht sowohl für Oberländer wie für Wilamowitz das negative Urteil über die Fassung Schlenthers fest; offenbar aufgrund der Pressestimmen, wobei sich Oberländer auch auf positive Kritiken beziehen kann. Wilamowitz scheint die Bühnenfassung von Schlenther schon vor der Aufführung gekannt zu haben, wie hätte er sonst «in ziemlicher Erregung» sagen können: «Lassen Sie den Herrn mit seiner Arbeit nur reinfallen»? Ferner: der Ton der beiden Briefe ist einigermaßen gereizt: «Die Situation ist sehr unangenehm»; «Gehen Sie also, hochverehrter Herr, nicht mit uns, so muß Schillings seine Musik aufgeben» usw. Die Dringlichkeit der Bitte Oberländers geht auch daraus hervor, daß er sie im zweiten Brief vom 30. 12. 1900 dahingehend modifiziert, seine Fassung möge nur für Aufführungen der ganzen *Orestie* als die einzig autorisierte bezeichnet werden. In die vom Verlag Felix Bloch Erben publizierte Partitur ist die Formulierung aufgenommen: «Die Musik zur *Orestie* des Aeschylos schließt sich an Dr. H. Oberländer's Bühnenbearbeitung der im Verlage der Weidmann'schen Buchhandlung in Berlin erschienenen Übersetzung von Ulrich von Wilamowitz-Moellendorff an. Das vollständige Regiebuch der, die Trilogie in 7 Akte teilenden, vom Übersetzer autorisierten Bühnenbearbeitung sowie das gesammte Notenmaterial ist zu beziehen durch Felix Bloch Erben, Verlag in Berlin». Oberländer hat sich also nicht durchsetzen können.

56 *Orestie*-Aufführungen in dieser Fassung: 4. 10. 1901 in Straßburg (5 Aufführungen); 3. 5. 1901 in Bremen (9 Aufführungen); 4. 3. 1902 in Bromberg (6 Aufführungen); 19. 4. 1902 München, Hof- und Nationaltheater (4 Aufführungen, durch Schillings vermittelt); 24. 3. 1904 in Bonn; 15. 3. 1907 in Düsseldorf (3 Aufführungen). In all diesen Städten handelt es sich jeweils um erste öffentliche Aufführungen der *Orestie* in deutscher Sprache. Die erste Straßburger Aufführung hat der Philologe und Homerforscher Georg Finsler gesehen. Er schreibt darüber am 27. 12. 1901 an Wilamowitz: «Im Oktober hatte ich die Freude, in Straßburg die *Orestie* in Ihrer Übersetzung aufgeführt zu sehen. Was mich dabei am meisten in ..., war der gewaltige Eindruck, den die *Choephoren* machten, und daß die *Eumeniden* viel mehr einem unserer Festspiele glich, als ich beim Lesen je vermutet hätte.» (Mitteilung von W. M. Calder III).

57 *Orestie*-Aufführungen in dieser Fassung: 5. 10. 1906 in Coburg (2 Aufführun-

gen); 25. 2. 1907 in Gotha (1 Aufführung). Die Berliner Fassung hat also viel mehr gewirkt.

58 Vgl. Wenig (Anm. 41), 102ff. Von Euripides war in Wien bislang nur der *Kyklops* in der Übersetzung von Wilbrandt im Burgtheater aufgeführt worden (1882; 10 Aufführungen).

59 Nur durch den Umstand, daß die Aufführung vom Wiener Akademischen Verein für Kunst und Literatur veranstaltet wurde, ist erklärbar, wie die griechische Tragödie an das Theater in der Josefstadt kommen konnte, in dessen Repertoire sie sonst kaum integrierbar wäre. Nicht beachtet ist dies bei Gustav Naue, Josef Jarno. Schauspieler, Regisseur, Theaterdirektor und Schauspieler-Dramatiker (masch.) Diss. Wien 1964, 255: «Selbst Euripides wurde unter Jarno aufgeführt, am 6. Januar 1902 mit seinem Lustspiel [sic!] *Herakles.*»

60 Neue Freie Presse (Wien) vom 7. 1. 1902: «Es war ... ein kleines literarisches Fest, sagen wir getrost, ein großes ... Überhaupt ließ die Tragödie einen tiefen Eindruck zurück und fand echten Beifall, der während des Actes athemlos an sich hält, um sich am Schluße in einem Sturm Luft zu machen.»

61 Wiener Abendpost vom 7. 1. 1902: Dort heißt es weiter: «Euripides war in seiner Kunst Demokrat.» Das demokratische Organ Neues Wiener Tagblatt enthält am gleichen Tage im Feuilleton einen höchst seltsamen Beitrag von Hermann Bahr mit dem Titel «Herakles», in dem der *Herakles* zu den «schwarzen Dramen» des Euripides gerechnet wird, die denen gleichen, «die der alternde Shakespeare in seiner Erbitterung geschaffen hat» (wiederabgedruckt in: Hermann Bahr, Rezensionen. Wiener Theater 1901–1903, Berlin 1903, 112–120, Zitat: 112).

62 Premiere war am 7. 11. 1902 im Theater an der Wien. Weitere Aufführungen des *Hippolytos* in der Übersetzung von Wilamowitz: Stadttheater Zürich 3. 3. 1907; Altona (Hamburg), Stadttheater 1. 10. 1910 (2 Wiederholungen am 10. und 26. 10.); Bonn, Stadttheater 7. 3. 1920. Der *Hippolytos* war schon mit 3 Aufführungen 1851 in der Übersetzung von F. Fritze auf der Bühne des Königl. Schauspielhauses Berlin, vgl. S. 81. Einzige mir bekannte Aufführung aus neuerer Zeit auf der deutschsprachigen Bühne: Städtische Bühnen Bielefeld, Spielzeit 1979/80.

63 Vgl. Wenig (Anm. 41), 106f.

64 Heine (geb. 16. 11. 1867 in Braunschweig) wurde 1906 nach München verpflichtet und war 1918–1921 Direktor des Burgtheaters. Heute steht neben der Festtreppe im Theater eine Bronzeplastik Heines; vgl. E. Häussermann, Das Wiener Burgtheater, Wien/München/Zürich 1975, 91ff. Er trat im Burgtheater 2700mal auf. Gestorben ist er am 13. 4. 1948 in Westerland an der Nordsee, wo er «buchstäblich verhungert» ist (Häussermann 92). Heine hat unmittelbar nach Antritt seiner Burgdirektorstelle die *Antigone* inszeniert (September 1918; 6 Wiederholungen), in der Übersetzung von Donner. Dann ist für lange Zeit keine antike Tragödie mehr im Burgtheater gespielt worden.

65 Nach Kindermann, Theatergeschichte Europas VIII 448f., wollte Reinhardt «ergründen, ob auch eine ausgesprochene Übersetzung antiker Dramen – nicht eine modernisierende Bearbeitung – ein allgemeines Echo zu finden vermöchte. Deshalb ließ er durch seinen Mitarbeiter Oberländer die Euripi-

deische *Medea* ... inszenieren.» Wilamowitz berichtet, wie nach dem Besuch einer Vorstellung der *Medea* Grillparzers der Wunsch nach einer Aufführung des Euripideischen Dramas wachgeworden ist: «Der Versuch soll gewagt werden» (Die *Medea* des Euripides, Das litterarische Echo 6, 1903–1904, Sp. 842–847, Zitat: Sp. 842); die Initiative zur Aufführung geht also von Wilamowitz aus.

66 Die *Medea* des Euripides war in Berlin lediglich mit 7 Aufführungen von 1843–1862 auf der Bühne des Kgl. Schauspielhauses in Berlin; im übrigen spielte man die *Medea* von Grillparzer; vgl. C. Schäffer/C. Hartmann, Die Königlichen Theater in Berlin. Statistischer Rückblick auf die künstlerische Thätigkeit und die Personal-Verhältnisse während des Zeitraums vom 5. December 1786 bis 31. December 1885, Berlin 1886.

67 Vgl. Wilamowitz, Exkurse zu Euripides' *Medeia*, Hermes 15, 1880, 481–523 (= Kl. Schr. I, 17–59), wo er die Szene in ihrer Unmotiviertheit als Wiederholung aus dem (angeblich) früheren *Aigeus* als allenfalls erträglich für das athenische Publikum erklärt. Aristoteles tadelt die Szene *Poetik* 25, 1461b20f. Über die Bedeutung der Szene vgl. H. Erbse, Über die Bedeutung der euripideischen *Medea*, Wiener Studien 79, 1966, 120–133. Zum Typus der «Bittszene mit Erzählstichomythie» vgl. E.-R. Schwinge, Die Verwendung der Stichomythie in den Dramen des Euripides (Bibliothek der Klassischen Altertumswissenschaften. N. F., 2. Reihe 27), Heidelberg 1968, 197f. Zur Einteilung der Tragödie in zwei Akte vgl. Wilamowitz, Erinnerungen, 255.

68 Weitere Informationen bei Kindermann, Theatergeschichte Europas VIII, 448f.

69 Wilamowitz, Erinnerungen (Anm. 23), 255: «Die Bühne hatte ich aber, allerdings gegen Euripides, für uns passend angeordnet, so daß der Königspalast und das ärmliche Haus Medeas beide sichtbar waren.»

70 Vgl. den Brief Oberländers vom 25. 1. 1904. Wilamowitz berichtet, er habe »das Unumgängliche irgendwie kurz zusammengefaßt.»

71 Daß der Chor Helios anruft (1251ff.), schien nicht zu stören, denn «das Licht der Gottheit muß nicht sichtbar sein» (Oberländer).

72 Wilamowitz, Erinnerungen (Anm. 23), 255: «Daß die *Medea* durchfiel, war zum Teil meine Schuld.»

73 Sie war die Kassandra in der Berliner *Orestie* von 1900 und hatte ein Jahr zuvor die Klytaimnestra in Hofmannsthals *Elektra* unter Reinhardt gespielt, dem sie in zahlreichen Rollen zur Verfügung stand. 1907 spielte sie in Zürich die *Alkestis* in der Übersetzung von Wilamowitz. Kurz nach der *Medea*-Aufführung äußert sie sich in einem Brief an Wilamowitz vom 22. 2. 1904 außerordentlich positiv über Stück, Übersetzung und Aufführung. In einem Brief vom 3. 12. 1904 an Wilamowitz berichtet sie von einer Unterredung mit Reinhardt, der auf ihren Vorschlag, die *Medea* in der Übersetzung von Wilamowitz neu zu inszenieren, ausweichend mit der Bemerkung antwortete, es «ginge sein sehnlichster Wunsch dahin, eine altgriechische Komödie aufzuführen». Dieser Wunsch realisiert sich erst 1908 mit der Auführung der *Lysistrata*.

74 Vgl. Kindermann, Theatergeschichte Europas VIII 449.

75 In Bühne und Welt 6, 1904, 520f., wird aus Anlaß dieser Aufführung

dargetan, «daß das Zurückgreifen auf die Urform ... eine Fehlgriff war und daß der Medeastoff die unserem modernen Empfinden adäquate Behandlung in Grillparzers Trilogie erfahren hat.» Weiter heißt es: «Wir vermögen der euripideischen Gestalt ... keine Teilnahme entgegen zu bringen ... kurz wohin wir blicken, Unmöglichkeiten, Kruditäten und Lächerlichkeiten für unser Empfinden.» Über die Aufführung: «Medeas Drachenflug mißlang durch teilweises Versagen der Apparate, der Wechsel der Tageszeiten war recht unlogisch, die Wolkenwand des zweiten Aktes gar zu unklar und phantastisch.»

76 Aufführungen der *Medea* in der Übersetzung von Wilamowitz am 9. 1. 1918 im Stadttheater Nürnberg (anschließend wurde am gleichen Abend *Der eingebildete Kanke* von Molière gespielt) unter der Regie von Johannes Tralow (der 1923 in Frankfurt die *Orestie* inszeniert hat); ferner im Januar 1919 im Schauspielhaus Köln, ebenfalls unter Tralow. Die im übrigen sehr positive Kritik in der Kölnischen Zeitung vom 8. 1. 1919 weiß zu berichten, Medea sei erschienen, «in einem roten, von seltsamen Stickereien und leise klingenden Messingglöckchen behangenen Kleid; mit schwarzen Schlangenlocken ... sah sie prächtig aus».

77 Am 8. 5. 1909 als Sondervorstellung für die Mitglieder des Württembergischen Goethe-Bundes. Der Berliner Börsen Courir vom 14. 5. 1909 weiß zu berichten: «Eine wirkliche Freude konnten die Hörer haben an der von Wilamowitz-Moellendorff herrührenden Übersetzung, welche, ein Muster der Übertragungskunst, ihre Stärke nicht in philologischen Spitzfindigkeiten sucht, sondern, den Sinn des Originals getreulich wahrend, sprachlich wie eine Neuschöpfung wirkt.» Es war die erste Aufführung der Euripideischen *Alkestis* in deutscher Sprache überhaupt; die *Alkestis* erscheint bis heute ganz selten auf deutschsprachigen Bühnen; neuerdings (1979/80) im Schauspielhaus Düsseldorf (Inszenierung: R. Ciulli).

78 R. Metajka, Max Reinhardts Antike-Inszenierungen. Darstellung und Versuch einer Analyse, (masch.) Diss. Wien 1969. Ferner: H. Kindermann, Max Reinhardt und die Welt der Antike, in: Dioniso 45, 1974, 442–459. Für die Inszenierungen von Reinhardt ist jetzt durchweg heranzuziehen: H. Huesmann, Welttheater Reinhardt. Bauten, Spielstätten, Inszenierungen (Materialien zur Kunst des 19. Jahrhunderts 27), München 1983.

79 Brief von Hofmannsthal an Ernst Hladny, in: E. H., Hugo von Hofmannsthal's Griechenstücke I, Progr. Leoben 1910, 22. Hofmannsthals Äußerung ist auch auf dem Hintergrund des neuen Antikenbildes zu sehen, das sich in der Abwendung von klassizistischer Harmonie gerade in Wien um 1900 durch Hofmannsthal, Hermann Bahr, Freud und andere formte und das durch die «Hinwendung zum Religiösen, zu Kult, Opfer und Ritual, zur Toten- und Gräberwelt, zum Chthonischen, zur Archaik, dem Vorgriechischen und Vorhomerischen» (E. Stärk, Hermann Nitschs Orgien Mysterien Theater und Hysterie der Griechen. Quellen und Traditionen im Wiener Antikenbild seit 1900, München 1987, 9f.) charakterisiert ist. Wortführer dieser Bewegung war der Kritiker und Literat Hermann Bahr, der sich 1881 an der Wiener Universität für Klassische Philologie immatrikuliert hatte und das Studium wegen der textkritisch-grammatikalischen Ausrichtung der Philologie alsbald

wieder abbrach. Er hat alle wichtigen Wiener Inszenierungen griechischer Dramen (einschließlich der Stücke Hofmannsthals) besprochen (vgl. Anm. 61).

80 Vgl. H.-J. Newiger, Hofmannsthals *Elektra* und die griechische Tragödie, Arcadia 4, 1969, 138–163 und die Lit. zu Anm. 85.

81 Schon in dieser Aufführung sind die Reinhardtschen Prinzipien der Licht- und Toneffekte, der Dekorationen und Kostüme mit ihrer symbolhaften Funktion voll verwirklicht. Im Regiebuch heißt es: «Noch hinter geschlossener Gardine wird Glucks Iphigenien-Ouvertüre in der R. Wagnerschen Bearbeitung gespielt.» Dann erklingt «bei völlig verdunkeltem Haus barbarisch, archaisch erscheinende Musik aus disharmonischen Posaunenakkorden und dunklen Paukenwirbeln.» Dazu das zunächst ungriechisch anmutende Bühnenbild (ohne Treppen und Säulen).

82 Offenbar scheint aber Reinhardt selber nicht als Regisseur fungiert zu haben, da die Aufführung bei Huesmann (Anm. 78) nicht verzeichnet ist. Kurze Besprechung der Aufführung in: Bühne und Welt 8, 1905–1906, 611f., wo allerdings der Regisseur nicht genannt ist (Rosa Bertens spielte die Antigone). Die (unpublizierte, mir in der handschriftlichen Fassung des Autors bekannt gewordene) *Antigone* Vollmoellers weist starke Kürzungen auf. Insbesondere sind die Chorlieder überhaupt weggelassen mit Ausnahme der Parodos und von Teilen des Dionysoshymnus. Formulierungen wie: «solches mein Wille» (Kreon) oder: «Nicht mitzuhassen, mitzulieben lernt' ich» sowie die Anlage des Ganzen lassen es nicht bedauerlich erscheinen, daß Vollmoellers *Antigone* nie gedruckt wurde.

83 Die sehr freie Bearbeitung von Greiner gliedert den Text nach Auftritten. Eine Person ist hinzuerfunden (ein Schreiber); die politische Satire wird ausgemerzt (nicht durch moderne ersetzt); der phallische Bereich wird auf ein bescheidenes Maß reduziert. Das so reichlich farblose Lustspiel ist für Reinhardt nur das Material für seine überschäumende komödiantische Inszenierung. Im Prolog von Hofmannsthal heißt es, man wolle spielen, «als ob es ein Stück von heute wäre; als ob Jahrtausende nicht existierten». Greiner bemerkt zu seiner Übersetzung (gedruckt 1910) im Vorwort: «Der vorliegenden Bearbeitung der attischen Komödie, die auch dort, wo sie das Original in freier Weise verändert und ausbaut, ausschließlich von dramaturgischen Gesichtspunkten beherrscht wird, wurde neben dem Urtext stellenweise die vortreffliche Übersetzung von J. Chr. Donner zugrunde gelegt.» Gespielt wurde dazu eine Bühnenmusik von Engelbert Humperdinck, deren (nicht gedruckte) Partitur sich im Humperdinck-Archiv in Frankfurt befindet. (Es ist ausschließlich Blasmusik). Wilamowitz hat eine Aufführung der *Lysistrate* in dieser Inszenierung gesehen (Aristophanes, *Lysistrate*, erklärt von U. v. W.-M., Berlin 1927, 7) und berichtet darüber (Die griechische Literatur des Altertums, Berlin 1905, [3]1912, 91): «Die *Lysistrate* ist jüngst auf die moderne Bühne gekommen: was hat unser wohlanständiges Jahrhundert gemacht? Die groben Worte gestrichen, und die Versöhnung und die Tänze auch; aber eine ekelhafte, lüsterne, kitzelnde Musik zugefügt (sc. die Musik von Humperdinck!), die das Motiv der Kinesiasszene zu Ende führte und dem gekitzelten wohlanständigen Publikum die beruhigende und unausgesprochene Gewiß-

heit gab, daß Myrrhine nun artig geworden war, und Kleonike auch, und Lysistrate, der Herr Ballhorn (sc. Greiner) einen Mann gegeben hatte, auch» (dieser Absatz ist erst in der 3. Auflage hinzugefügt).

84 Der *König Oedipus* wurde zunächst vom 25.9.–9.10.1910 (3 Vorstellungen) in der 3000 Menschen fassenden Musikfesthalle in München gegeben (u. a. mit Tilla Durieux als Jokaste und Winterstein als Kreon) und später in den Zirkus Schumann nach Berlin verlegt. Mit dem *König Ödipus* unternahmen Reinhardt und sein Ensemble Gastspielreisen in viele europäische Städte (u. a. in Petersburg, Moskau, Riga, Warschau, Kiew, Odessa, Helsinki).

85 Das komplizierte Verhältnis Hofmannsthals zum antiken Drama kann hier nicht dargelegt werden, zumal es Hofmannsthal nicht eigentlich um die Erneuerung der griechischen Tragödie ging. Im einzelnen handelt es sich um: *Alkestis* (1893/94; Uraufführung erst am 14.4.1916 in den Münchner Kammerspielen; Opernfassung von Egon Wellesz 1921); *Elektra* (Uraufführung am 30.10.1903 im Kleinen Theater, Berlin; Umgestaltung des Textes für die Opernfassung mit der Musik von Richard Strauß, Uraufführung am 25.01.1909 in Dresden); *Ödipus und die Sphinx* (Uraufführung am 02.02.1906 am Deutschen Theater, Berlin); *König Oedipus* (Uraufführung am 25.09.1910 in der Neuen Musikhalle, München). Die beiden letztgenannten Dramen sollten mit der unausgeführt gebliebenen *Antigone* (fertiggestellt nur die unpublizierte Eingangsszene) eine Trilogie bilden. Alle diese Stücke haben sich auf der Bühne nicht als lebensfähig erwiesen: sie wurden gelegentlich bis ca. 1930 aufgeführt. Heutzutage begegnet man auf dem Theater nur der *Elektra* und auch dieser nur in der Opernfassung von Richard Strauß und auch nur um der Oper willen. Zur Bedeutung der (von der zeitgenössischen Kritik überwiegend negativ bewerteten) Griechendramen Hofmannsthals vgl. W. Jens, Hofmannsthal und die Griechen, Tübingen 1955; E. Steingruber, Hugo von Hofmannsthals Sophokleische Dramen (Diss. Zürich), Winterthur 1956; G. Pickerodt, Hofmannsthals Dramen. Kritik ihres historischen Gehalts, Stuttgart 1968 (darin die Kap. X und XI über *Elektra* und *Oedipus*); K. G. Esselborn, Hofmannsthal und der antike Mythos, München 1969; G. Baumann, Vereinigungen. Versuche zu neuerer Dichtung, München 1972 (darin 75–114 über *Elektra*); H. Politzer, Hugo von Hofmannsthals *Elektra.* Geburt der Tragödie aus dem Geist der Psychotherapie, in: Dtsche. Vierteljahrsschr. 7. Lit.-Wiss. und Geistesgesch. 47, 1973, 94–119; H. Steffen, Die Paradoxie von Selbstbehauptung und Selbsthingabe in *Oedipus und die Sphinx* von Hofmannsthal, in: Etudes Germ. 29, 1974, 206–223; W. Nehring, Szenische Bemerkungen zu Hofmannsthals Griechendramen, in: Euphorion 71, 1977, 169–179; R. Schlötterer, Elektras Tanz in der Tragödie Hugo von Hofmannsthals, in: Hofmannsthal-Blätter 33, 1986, 47–58. Über Hofmannsthals Stellung zu dem neuen Wiener Antikebild und zur Psychotherapie vgl. E. Stärk (Anm. 79), bes. 76–97.

86 Da zahlreiche Regiebücher Reinhardts (darunter auch zum *König Oedipus* und zur *Orestie)* erhalten sind, läßt sich die Verfahrensweise Reinhardts genau studieren. Die Regiebücher befinden sich in der «Reinhardt-Forschungs- und Gedenkstätte» in Salzburg (eine Kopie auch im Theaterwissenschaftlichen Institut der Universität München).

87 Vgl. Kindermann, Theatergeschichte Europas VIII, 458ff.

88 Die *Orestie* ist zuerst wieder in der Münchner Musikfesthalle am 31. 8. 1911 gegeben und am 25. 1. 1912 in den Zirkus Schumann, Berlin, verlegt worden. (Für die Aufführungsdaten und Besetzungslisten vgl. jetzt die monumentale Dokumentation von Huesmann, Welttheater Reinhardt [Anm. 78]). Übrigens sind die *Eumeniden* bei der ersten Aufführung in München gegeben, dann aber in Berlin weggelassen worden. Auch sonst ist experimentiert worden. Für die 1. Inszenierung hatte Otto Klemperer eine Bühnenmusik (große orchestrale Besetzung) geschrieben, die aber nicht aufgeführt wurde, weil sie dem Komponisten und Dirigenten Alexander Zemlinsky (dem Schwager Schönbergs) mißfiel (er sollte die Aufführung leiten). Die Musik ist nicht erhalten (briefliche Mitteilung von Frau Lotte Klemperer vom 16. 6. 1980 an mich); statt dessen wurde die Musik von Einar Nilsson gespielt, der auch später viel mit Reinhardt zusammenarbeitete. Die zweite Inszenierung (jetzt mit den *Eumeniden*) ist zuerst in einer nichtöffentlichen Eröffnungsvorstellung des Großen Schauspielhauses vor geladenen Gästen gegeben worden und dann vom 29. 11. 1919 an in der Spielzeit 1919/20 73mal (!) wiederholt worden. Eine für den Sommer 1920 geplante Riesenveranstaltung auf dem Marsfeld in München ist nicht zustande gekommen.

89 Zu Vollmoeller vgl. H. Flashar (Anm. 4), 340f., Anm. 117 (Nachdruck in: Eidola, 683f.).

90 So ist z. B. der gesamte Zeushymnos im *Agamemnon* gestrichen, statt dessen ruft der Chor lediglich: «Zeus! Zeus!».

91 Vgl. Matejka, (Anm. 78), 87–137, bes. 89–107.

92 In der Art, wie Reinhardt den Text auf die Bühne brachte, stand er im Grunde Wilbrandt und Schlenther näher als z. B. seinem Mitarbeiter Oberländer.

93 Dabei ist bei den persönlichen Relationen zwischen Wilamowitz und Oberländer diesem, Reinhardt und Vollmoeller völlig klar, daß Wilamowitz aus konzeptionellen Gründen übergangen wurde. Während man bei *Antigone, Elektra* und *Lysistrata* nicht auf eine Übersetzung von Wilamowitz zurückgreifen konnte, wird dies bei dem schon 1905/06 dem Philologen Vollmoeller erteilten Auftrag zur Übersetzung der *Orestie* völlig deutlich. Denn hier war ja die Maxime von Wilamowitz erfüllt: «Nur wenn wir Philologen sie machen, können Übersetzungen der hellenischen Poesie, die existenzberechtigt sind, entstehen.» (in: Was ist übersetzen? in: Reden und Vorträge I, Leipzig 1925, 3.) Ob wohl Wilamowitz die *Orestie* im Zirkus Schumann oder im Großen Schauspielhaus gesehen hat?

94 Besonders eindringlich wird dies manifestiert in den verschiedenen Beiträgen der aus Anlaß der Eröffnung des Großen Schauspielhauses herausgegebenen Schrift: Das Große Schauspielhaus. Zur Eröffnung des Hauses hrsg. vom Deutschen Theater Berlin (Die Bücher des deutschen Theaters. 1), Berlin 1920; vgl. darin: H. Hildebrandt, Die Wiedererweckung des griechischen Dramas (89–104), und C. Vollmoeller, Zur Entwicklungsgeschichte des großen Hauses (15–21), wo u. a. die Aufführung des *Mirakel* als organischer Schritt «auf Grund der vom hellenischen Theater neu gewonnenen Aufführungsform ... ins Christliche» (20) bezeichnet wird.

95 Dabei muß bedacht werden, daß das antike Drama im Gesamtspektrum der

Inszenierungen Reinhardts quantitativ einen ganz kleinen Raum einnimmt (sämtliche Inszenierungen antiker Komödien und Tragödien sind oben im Text aufgeführt). Wohl aber markieren diese Inszenierungen bedeutungsvolle Höhepunkte sowohl im Schaffen Reinhardts als auch in der Darstellung der theatralischen Absichten in der Öffentlichkeit.

96 Die Angabe bei M. Schadewaldt in: W. Schadewaldt, Sophokles, *Antigone*, Frankfurt 1974, 143, wonach Reinhardt 1921 die *Antigone* (Übersetzung von W. Amelung) inszeniert haben soll, trifft nicht zu (vgl. Kap. VIII, Anm. 1).

97 Vgl. zu den Einzelheiten G. Giertz, Kultus ohne Götter, Emile Jacques-Dalcroze und Adolphe Appia. Der Versuch einer Theaterreform auf der Grundlage der Rhythmischen Gymnastik, Diss. München 1975.

98 Vgl. H. Meister, Franz Werfels Dramen und ihre Inszenierungen auf der deutschsprachigen Bühne, Diss. Köln 1964, 55–93.

99 Allgemein über Hasenclever vgl. Miriam Raggam, Walter Hasenclever. Leben und Werk, Hildesheim 1973. Zur *Antigone:* W. Müller-Seidel, Antigone im deutschen Expressionismus (Kap V, Anm. 49) und H. Meyer, Walter Hasenclevers *Antigone,* in: H. H. Krummacher/F. Martini/W. Müller-Seidel (Hrsg.), Zeit der Moderne. Zur deutschen Literatur von der Jahrhundertwende bis zur Gegenwart. B. Zeller zum Gedächtnis, Stuttgart 1984, 161–170 (mit dem Nachweis, daß die *Antigone* eine Wiederholung der Thesen des *Sohnes* auf anderer Ebene sei).

100 So Müller-Seidel (Anm. 99), 381.

101 So Meyer (Anm. 99), 166.

102 Über Romagnoli vgl. A. La Penna, L' influenza della Filologia classica tedesca sulla Filologia classica italiana..., in: M. Bollack/H. Wismann (Herausg.), Philologie und Hermeneutik im 19. Jahrhundert II, Göttingen 1983, 232–274, bes. 264–268 und 274. Romagnoli kritisierte die deutsche Klassische Philologie scharf, er warf ihr Unfähigkeit vor, die ästhetische Dimension der Dichtung zu empfinden, und sprach von «teutonischer Bestialität».

103 Für die Einzelheiten vgl. D. Wilson, Gilbert Murray, Oxford 1987, bes. das Kap. 13: Theatrical and literary life 1908–1914. Vgl. auch G. Murray, An unfinished autobiography, London 1960, bes. 151–170. Die meisten Aufführungen von Übersetzungen Murray's fanden bis ca. 1923 statt, danach nur noch vereinzelt (1927 die *Medea* beim internationalen Theaterfestival in Paris, zuletzt die *Troerinnen* 1937 in London). Zu Murray vgl. jetzt auch R. L. Fowler, G. M., in: W. W. Briggs/W. M. Calder III (Herausg.), Classical Scholarship, New York/London 1990, 321–334 (dort auch die Erscheinungsdaten der Editionen und Übersetzungen, leider nicht der Inszenierungen). Glänzend ist der Essay über Murray in H. Lloyd-Jones, Blood for the ghosts, London 1982, 195–214.

104 Zu Claudels Aischylos-Übersetzung vgl. W. H. Matheson, Claudel and Aeschylus, Michigan 1964; zu Milhaud vgl. dessen Autobiographie Noten ohne Musik, München 1962 (Urspr. Notes sans musique, Paris 1953), 40ff., ferner St. Kunze, Die Antike in der Musik des 20. Jahrhunderts, Auseinandersetzungen mit der Antike 6, Bamberg 1987, 12f. (Nd. in: H. Flashar [Hrsg.], Auseinandersetzungen mit der Antike, Bamberg 1985–1990, 163–200, hier 173f.) und die Programmhefte vor allem zu der Berliner Aufführung.

105 Für die griechischen Verhältnisse vgl. G. Sideris (Kap. VI, Anm. 23), 186ff. Zu den Unruhen anläßlich dieser Aufführung vgl. auch K. Krumbacher, Die Äschylos-Revolte in Athen (1904), in: K. K., Populäre Aufsätze, Leipzig 1909, 49–64.

106 Konstantin S. Stanislawski, Briefe 1886–1939, herausgeg. von H. Hellmich, Berlin 1975, 340.353.357. Für die weiteren Zusammenhänge vgl. Christine Edwards, The Stanislavsky Heritage, London 1966; M. Kesting, Stanislawski–Meyerhold–Brecht, in: Forum Modernes Theater 4, 1989, 122–138.

107 Über eine Inszenierung der *Antigone* durch H. Sanin im Alexander-Theater in Petersburg wird in der Zeitschrift Vesy (= Die Waage) 1906, Nr. 60–62 sehr kritisch berichtet. Die Theaterkritik ist mit dem Pseudonym «Aurelius» unterzeichnet, hinter dem sich Valerij Ja. Brjuson (1873–1924), einer der führenden Gestalten des russischen Frühsymbolismus verbirgt, der neben einer *Aeneis*-Übersetzung (erchienen erst 1933) Essays, Theaterstücke und Romane zur Antike schrieb. (Freundl. Hinweis von Frau Prof. Herta Schmid, München).

108 Vgl. M. Bieber, The history of the Greek and Roman theater, Princeton 1961, [4]1971, mit den Einzelnachweisen und dem instruktiven Kap. XVI: The influence of the ancient theater on the modern stage (254–270).

109 Vgl. die einzelnen Nachweise bei H. Kindermann, Theatergeschichte Europas IX2, Salzburg 1970, 418.573.671.

VIII. Die Zwanziger Jahre: Feierliche Innerlichkeit und Schicksalswalten

1 Die Angabe von M. Schadewaldt bei W. Schadewaldt, Sophokles, *Antigone* (Übersetzung mit Anhängen), Frankfurt 1974, 143, Reinhardt hätte 1921 die *Antigone* in der Übersetzung von W. Amelung am Burgtheater neu inszeniert, ist unzutreffend. Es handelt sich um eine Inszenierung von Jürgen Fehling an der Volksbühne am Bülowplatz Berlin (9. 4. 1921). Luci Mannheim spielte die Ismene; Heinz Hilpert war im Chor der thebanischen Greise. Die Zeitungskritiken (Fehling hat in seiner Regiekonzeption sich betont von Reinhardt abgesetzt) sind vorwiegend negativ (so H. Ihering vom Berliner Börsen-Courier vom 10. 4. 1921). Nach der Inszenierung von A. Heine (mit den Bühnenbildern von Roller) am 18. 9. 1918 stand die *Antigone* erst 1940 wieder auf dem Spielplan des Burgtheaters.

2 Vgl. F. Seebaß, Hölderlins Sophoklesübertragungen im zeitgemäßen Urteil, in: Philologus 77, 1921, 413–421. Zum Folgenden vgl. H. Flashar, Hölderlins Sophoklesübersetzungen auf der Bühne in: C. Jamme/O. Pöggeler (Hrsg.), Jenseits des Idealismus. Hölderlins letzte Homburger Jahre (1804–1806), Bonn 1988, 291–317 (Nachdruck in: H. F., Eidola, Amsterdam 1989, 621–647).

3 A. Ehrenstein, Trauerspiele des Sophokles, übersetzt von F. Hölderlin, Weimar 1918, X.

4 H. Kindermann behauptet in dem leider ganz unzulänglichen Buch: Hölderlin und das Theater, Wien 1943, 44, die *Antigonae* in der Übersetzung von

Hölderlin sei schon in Köln 1912/13 aufgeführt worden. Bei dieser Aufführung (2. 5. 1913) wurde aber die Übersetzung von Donner gespielt. Unrichtig auch F. Beißner, Hölderlin, Sämtliche Werke V, Stuttgart 1952, 456 (offenbar aus Kindermann übernommen).

5 E. Keller, Theater als Berufung und Verpflichtung, Bern 1962, 18. Der zweite Teil dieses Buches stammt von E. Stadler und trägt den Titel: Ein Leben im Dienste des Theaters. Eugen Keller 1880–1948. Keller hat zunächst als Schauspieler in Hamburg und Düsseldorf gewirkt. Im Sommer 1916 hielt er Sprachkurse für Kieferverletzte der Düsseldorfer Lazarette ab. 1922 inszenierte er in Darmstadt (u. a.) die *Lysistrate* von Aristophanes in der Bearbeitung von L. Greiner, die in der Reinhardtschen Inszenierung gewaltige Bühnentriumphe gefeiert hatte. 1924 ging Keller nach München, später nach Heidelberg, Würzburg und Bern.

6 W. Michel, Friedrich Hölderlin, Weimar 1925. Neben zahlreichen weiteren Arbeiten Michels zu Hölderlin von 1911–1943 (vgl. bes.: Das Leben Friedrich Hölderlins, Bremen 1940; darin über die Sophoklesübersetzungen 402ff.) ist besonders zu beachten: Der Hölderlinsche Sophokles. Zur Aufführung der *Antigone*. Blätter des Burgtheaters, Wien, Oktober 1940.

7 W. Michel, Friedrich Hölderlin, Weimar 1925, 137.

8 Gewiß ist *eine* Wurzel des Buches von Reinhardt Hölderlin (der darin freilich nur einmal am Rande erwähnt wird), im ganzen aber ist die Grundkonzeption Reinhardts (Sein-Schein-Antithese usw.) eine ganz andere als diejenige Hölderlins, der z. B. (wie Hegel) auch in Kreon eine tragische Gestalt sieht, mit Antigone «gleichberechtigt, nur der Zeit nach verschieden» (Anmerkungen zur *Antigonae*). Ohne Abgrenzung zur eigenen Position bespricht Reinhardt die Übersetzung Hölderlins in: K. R., Hölderlin und Sophokles, in: Jahrb. d. Bayr. Akad. d. Schönen Künste, München 1951, 78–102; Nd. in: K. R., Tradition und Geist, Göttingen 1960, 381–397. Hier sehr wohl Beachtung und Erklärung des Politischen bzw. Patriotischen bei Hölderlin. Zur Bedeutung von Reinhardts Buch innerhalb der klassischen Philologie vgl. H. Lloyd-Jones, Introduction to the English edition, in: K. R., Sophokles, translated by H. und D. Harvey, Oxford 1979, XV–XXVIII.

Informativ auch das von A. Momigliano 1975 in Pisa veranstaltete Seminar über Reinhardt. Abdruck der einzelnen Beiträge in: Annali della Scuola Normale Superiore di Pisa, ser. III, vol. V 4, 1975, 1307–1441 (über das Sophoklesbuch 1373–1408).

9 Für die Sophoklesforschung erreicht die hier nur angedeutete Interpretationsart ihren Höhepunkt (allerdings an das Niveau Reinhardts nicht heranreichend) bei St. Weinstock, Sophokles, Leipzig 1931 mit einer (Hölderlin nicht fernstehenden, aber auch von Heidegger beeinflußten) Deutung des *Oedipus* im Sinne einer bloß existentiellen Schuld, ja einer «Allverschuldung». Charakteristisch für die Deutungskategorien der Zwanziger Jahre ist auch die berühmte, von Werner Jaeger geleitete Naumburger Fachtagung (1930) über den Begriff des Klassischen, vgl. W. Jaeger (Herausg.), Das Problem des Klassischen und die Antike, Leipzig 1933 (Nachdruck Stuttgart 1961), mit der Definition des jungen Wolfgang Schadewaldt: «Klassik ist Adel geistigen Menschentums zum Gesetz der Form erhoben» (31).

10 Daß die von Döblin dem Studienrat Dr. Becker in den Mund gelegte Sophoklesdeutung mit der Position von Rudolf Bultmann, Polis und Hades in der Antigone, in: Theol. Aufsätze, Karl Barth zum 50. Geburtstag, 1936, 78–89 (Nd. in: R. B., Glaube und Verstehen, Tübingen, II 20–31 und H. Diller (Herausg.), Sophokles, Darmstadt 1967, 311–324) eng verwandt ist, war mir schon früher deutlich und wird jetzt auch durch G. Steiner, Antigones, Oxford 1984, 189 (deutsche Ausgabe 1988, 234) bestätigt. Der Roman Döblins ist zwischen 1939–1941 im französischen Exil entstanden. Zu Döblins Roman vgl. jetzt H. Kiesel, Literarische Trauerarbeit. Studien zum Spätwerk Döblins, Tübingen 1986, mit umfassenden Analysen der *November 1918*-Tetralogie und H. D. Osterle, Auf den Spuren der Antigone, in: W. Stauffacher (Herausg.), Internationale Alfred Döblin-Kolloquien (Basel 1980, New York 1981, Freiburg 1983), Bern 1986, 85–115.

11 Vgl. F. Brown, Ein Skandal fürs Leben, Bern/München 1980, 223ff.

12 Vgl. zu den Einzelheiten D. Cooper, Picasso et le théâtre, Paris 1967, 53 (leider nur spärliche Angaben). Es ist nur ein Photo der rechten Seite der Bühne erhalten; leider kein Entwurf.

13 Die Zitate stammen aus Gides *Journal*, niedergeschrieben nach der von Gide besuchten Vorstellung vom 15.1.1923; vgl. Jean Cocteau, Lettres à André Gide avec quelques réponses d' André Gide; Préf. et comm. de J.-J. Kihm, Paris 1970, 134. Dort auch der Briefwechsel zum gleichen Thema. Zum Verhältnis Cocteau–Gide vgl. die umfangreiche Dokumentation von A. K. Peters, Jean Cocteau and André Gide. An abrasive friendship, New Brunswick 1973.

14 Eine Schallplatteneinspielung liegt erst seit 1986 vor (Bourg Records 3015 Paris, nach einer Aufnahme von 1960).

15 Zu den Problemen des Textes vgl. W. Schubert, Prima le Parole, dopo la Musica? Igor Strawinsky, Sophokles und die lateinische Sprache im *Oedipus Rex*, in: Antike und Abendland 29, 1983, 1–25 (dort weitere Lit.); wichtig vor allem: D. Müller, Jean Cocteau und Igor Strawinsky, Hamburg 1981.

16 Vgl. zu diesen Zusammenhängen St. Kunze, Die Antike in der Musik des 20. Jahrhunderts, in: Münchner Thyssen-Vorlesungen, herausg. v. H. Flashar, Heft 6, Bamberg 1987 (Nd. in: H. Flashar [Hrsg.], Auseinandersetzungen mit der Antike, Bamberg 1985–1990, 163–200).

17 Der *Oedipus* in der Übersetzung Hölderlins wurde in der Folgezeit lediglich noch einmal im Nationaltheater Mannheim inszeniert (10.11.23 mit 4 anschließenden Vorstellungen im gleichen Monat).

18 Der Dirigent, Rudolf Schulz-Dornburg (übrigens der Begründer der Essener Folkwang-Schule) hat sich in der Essener Theaterzeitschrift Der Scheinwerfer, Heft 7, Dezember 1928, 3–9 ausführlich über Stück und Musik geäußert. Wenn die im übrigen ganz konkrete Analyse des Werkes mit dem Satz beginnt: «Entschlossen, von der feierlichen Erhöhung der Bühne herab Allgemeines zu künden, Erschütterungen von monumentalster Wirkung auf Viele zu bewirken, stehen wiederum die großen Werke der Antike in ewiger Zeitlosigkeit dem Schöpferischen unserer Zeit vor Augen», – so sind mit der Bedeutung der Zeitlosigkeit und Monumentalität typische Verständniskategorien der Zwanziger Jahre bezeichnet.

19 Vgl. H. Müllenmeier, Leopold Jessner, Geschichte eines Regiestils, Diss. (masch.) Köln 1956. Vgl. auch Leopold Jessner, Schriften. Theater der Zwanziger Jahre, herausgeg. v. H. Fetting, Berlin 1979. Zu der *Oedipus*-Inszenierung Jessners und der Kritik von Brecht vgl. auch G. Lohse, Der *König Oedipus* des Sophokles und die deutsche Vergangenheitsbewältigung, in: Hephaistos 5/6, 1983/4, 163–226, hier: 170–172.

20 Vgl. St. Kunze, (Anm. 16).

21 Fleg (urspr. Flegenheimer) ist 1874 in Genf geboren, studierte in Paris an der Sorbonne Philosophie, Germanistik und vergl. Literaturwissenschaft; er galt als Kenner der antiken Literatur. Der *Oedipe* war unter seinen 11 Oeuvres Dramatiques das Hauptwerk. In seinen Tagebüchern geht es um das Verhältnis von jüdischem Glauben und Freiheit; von daher wird deutlich, daß autobiographische Momente (Hadern mit dem Schicksal) in den *Oedipe* hineinprojiziert sind. Der Briefwechsel: Fleg-Enescu ist noch unveröffentlicht.

22 Es existiert eine rumänische Platteneinspielung (bei Electrocord) nach einer Aufführung in Bukarest im Juni 1964. Zur Entstehungsgeschichte des Werkes vgl. B. Gavoty, Les souvenirs de George Enescu, Paris 1955.

23 Die Deutsche Staatsbibliothek in Berlin (Ost), wo auch der Nachlaß von Tralow verwaltet wird, hat 1967 eine Ausstellung mit Dokumenten seines Lebens und Schaffens veranstaltet, vgl. J. Tralow, Leben und Werk; Katalog, herausgeg. von der Deutschen Staatsbibliothek 1968. Vgl. auch J. Tralow, Der Beginn, Berlin 1958, ^{2}1960.

24 J. Tralow, Die *Orestie*, in: Der Kreis, Zeitschrift für Künstlerische Kultur 3, 1926, 375–378; Die aeschyleische *Orestie*, in: Die Scene, Blätter für die Bühnenkunst 19, 1929, 313–315.

25 Die Fortsetzung bei Tralow macht den kritischen Bezug auf Max Reinhardt besonders deutlich: «Es ist folgerichtig der Versuch gemacht worden, das Stück als Torso zu geben und mit einer großen Rede des Apoll gegen die Erynien zu schließen». (Dies war in der Bühnenfassung Reinhardts der Fall).

26 J. Tralow, Die *Oresteia* des Aischylos, Köln 1920: München 1926. Tralow schrieb die «Nachdichtung» «im letzten Toben des ersten Weltkrieges», vgl. J. T., Leben und Werk (Anm. 23) 19, weil er sich angesichts der Problematik der Perpetuierung von Rache «gerade in dieser Zeit ... diesem ... von mir bewunderten Werk mit ganzer Seele hingab.»

27 Als Beispiel für die Beseitigung alles konkreten Kolorits in der Fassung Tralows sei nur die Wiedergabe von *Choeph.* 973f., zitiert: ἴδεσθε χώρας τὴν διπλῆν τυραννίδα/πατροκτόνους τε δωμάτων πορθήτορας. Wilamowitz: «Da seht sie, unseres Vaterlands Tyrannenpaar, die vatermordend mir das Elternhaus zerstört». Tralow: «Ich schlug sie beide! Beide schlug ich sie!»

28 In: Die Rampe. Blätter des Deutschen Schauspielhauses in Hamburg, Spielzeit 1924/25, Nr. 8, 113f.

29 Vgl. Kap. VII, Anm. 67.Die Szene wird schon von Aristoteles, *Poetik* 25, 1461b 20f. getadelt. Tralow urteilt (mit Recht): «Häufig genug wird gerade von prominenten Altphilologen die Forderung erhoben, die Aigeusszene als unorganisch zu streichen, und dies Verlangen geht weit genug, nämlich auf

einen kritischen Einwand von Aristoteles, zurück. Es ist Zeit, mit diesem Vorurteil aufzuräumen, will man dem Stück nicht Wesentliches nehmen» (a.O. Anm. 28).

30 In der ersten Rede der Medea sind allein 11 Verse hinzugedichtet. Wo Griechisches nicht eliminiert ist, wird es verdeutlicht. So wird ein einfaches «Zeus» bei Tralow wiedergegeben durch: «Allvater Zeus, der du auf dem Olympos thronst». In einer Pressekritik heißt es: «Wer eine der großen Reden des Jason oder der Medea liest, dem käme nie der Gedanke, daß ein Original des Euripides zugrunde läge; er würde auf Seneca raten oder vielleicht auf Racine».

31 Im Entstehungsjahr der *Medea* nahm Jahnn an der ersten deutschen Organistentagung in Hamburg und Lübeck teil, die auf Anregung von Jahnn (und dem späteren Thomaskantor Günther Ramin) zustande kam; 1931 wurde Jahnn zum Leiter der Experimentalabteilung des deutschen Orgelrates und zum Orgelsachverständigen der Stadt Hamburg ernannt.

32 Die Zitate aus Bd. 7 (Tagebücher, Gespräche) der Gesamtausgabe der Werke von Jahnn (Hamburg 1974, 250f.; im Bd. 4 die *Medea*). «Die von mir geschriebene *Medea* ist eine Schicksalstragödie» (233), betont Jahnn ganz im Einklang mit den Tendenzen der Zwanziger Jahre. Vgl. auch S. Hohl, Das Medea-Drama von Hans Henny Jahnn, Diss. München 1966. Dort auch Angaben zur Inszenierungsgeschichte und ausgewählte Kritiken.

33 Es war zugleich die erste Auseinandersetzung Heymes mit einem antiken Stoff.

34 Zu den Einzelheiten vgl. W. R. Volbach, Adolphe Appia. Prophet of the modern theatre: a profile, Middletown 1968, 158ff.

35 Sie stammt von Max Goitein (Wien) und ist abgedruckt im Baseler Programmheft der *Prometheus*-Aufführung.

36 M. E. Liehburg, Aischylos, Prometheus, Zürich [2]1928 (mir ist nur die 2. Aufl. zugänglich). Als Beispiele für die Übersetzungsart seien nur aufgeführt: Vers 2 ἄβροτον εἰς ἐρημίαν (wörtl.: «in die menschenleere Einsamkeit»): «von Menschen leer, von Schweigen voll». Vers 11 φιλανθρώπου δὲ παύεσθαι τρόπου (wörtl.: «aufzuhören mit der menschenfreundlichen Art»): «und aufhör' mit dem Kinderspiel. die Menschen lieben». Übrigens ist der Übersetzung ein Nachwort mit dem Titel: «Prometheus und Christus» beigegeben, in dem «Prometheus und Christus als die polaren Gegensätze im Menschen selbst» (73) dargestellt sind.

37 Vgl. E. Piscator, Das Politische Theater (1929), Nd. Reinbek 1963.

38 Aristophanes wird in den Zwanziger Jahren auffallend wenig rezipiert; ob eine Inszenierung der *Lysistrata* durch Piscator (über die ich nähere Einzelheiten nicht in Erfahrung bringen konnte) politische Akzente trug, vermag ich gegenwärtig nicht zu beurteilen.

39 Leicht kommt anläßlich solcher Aufführungen ein Zweifel am Sinn der Vergegenwärtigung des antiken Dramas überhaupt auf; so heißt es in einer Pressekritik anläßlich der *Agamemnon*-Aufführung unter Leyhausen (v. Jacobi, 12.03.31, Zeitung unbekannt): «Die qualvollste Problematik unserer Zeit liegt auf ganz anderem Gebiet ... wir stehen uninteressiert vor dieser Orgie von Individualismus: um der privatesten Privatschicksale einer kleinen

Familie willen ... und immer wieder die gräßliche Geschichte von Thyest und Atreus ... Was geht uns das heute an?»

Übrigens hat Leyhausen nach seiner Emeritierung an der Humboldt-Universität Berlin 1950 in Mainz ein «Delphisches Institut» gegründet, eine Art Zentrale internationaler Studententheater, mit denen er (und nach seinem Tode 1953 seine Frau, eine Schauspielerin) mit wechselndem Glück 10 «Delphiaden» in verschiedenen Städten (Verona, Lyon, Saarbrücken, Bristol, Dijon, Coimbra, Mainz) veranstaltet hat, wo auf zumeist Amphitheatern vornehmlich griechische Tragödien aufgeführt wurden. Die Urteile darüber schwankten.

40 Vollständiger Abdruck der Rede in der Zeitung Embros vom 12. 5. 1927. Zu den Delphischen Spielen im ganzen vgl. G. Sideris, (vgl.Kap. VI Anm. 23) 342–366; Ch. Gugliemo, Il dramma antico nella Grecia moderna, Bologna 1963, 13; N. Mössner, Antikes Drama in Griechenland heute, Münchner Magisterarbeit 1987, 38–45.

41 Vgl. dazu die Detailangaben bei Sideris (Anm. 40).

IX. Griechische Tragödie unter der Herrschaft des Nationalsozialismus

1 Vgl. B. Drewniak, Das Theater im NS-Staat. Szenarium deutscher Kriegsgeschichte, Düsseldorf 1983.

2 Nach einer leider nicht näher belegbaren Mitteilung von Prof. M. Lüthi (Bern) hat Fritz Jessner, der Vetter des Regisseurs Leopold Jessner, entweder 1933 noch in seiner Intendantenzeit in Königsberg oder zwischen 1933 und 1936 im Jüdischen Kulturbund (dessen Theaterabteilung er leitete) die *Antigone* unter deutlichem Ausspielen der politischen Dimension inszeniert (er hatte am 18. 4. 1920 in Hasenclevers *Antigone* den Kreon gespielt). Fritz Jessner emigrierte 1936 zunächst in die Schweiz (wo er am Stadttheater in Bern Spielleiter wurde), dann 1940 in die USA. Vgl. W. Röder, Biographisches Handbuch der deutschsprachigen Emigration nach 1933, München I 1980, 567f. und H. Freeden, Jüdisches Theater in Nazideutschland, Tübingen 1964, 68; 77–81.

3 Darstellung der Ziele vor allem bei dem «Reichsdramaturgen» Rainer Schlösser, Politik und Drama, Berlin 1939. Zum «Thingtheater» vgl. P. Hoffmann, Die Entwicklung der theatralischen Massenregie in Deutschland von den Meiningern bis zum Ende der Weimarer Republik, Diss. (masch.) Wien 1966, Anhang: 230–247.

4 Müthel wurde im gleichen Jahr (1936) in das Kuratorium der Dr.-Josef-Goebbels-Stiftung *Künstlerdank* (Startkapital 2 Millionen RM) berufen, vgl. J. Wulf, Theater und Film im Dritten Reich, Frankfurt 1983, 94. Er gehörte auch dem Präsidialrat der Reichstheaterkammer an (Wulf 110); ferner hatte er 1935 das Thingspiel *Der Weg ins Reich* von Kurt Heynicke für die Aufführung in der Heidelberger Thingstätte eingerichtet (Wulf 186). Müthel bekannte sich als «Schauspieler des Dritten Reiches» (Wulf 239).

5 Eine Textfassung befindet sich im Theaterwissenschaftlichen Institut der Freien Universität Berlin. Es handelt sich dabei um ein Exemplar der Überset-

zung von Wilamowitz, in das Müthel handschriftlich Streichungen und Änderungen eingetragen hat. Die umfangreichen Streichungen betreffen vor allem die lyrischen Partien insbesondere der Chorlieder, von denen einige ganz gestrichen sind, obwohl in der Behandlung der Chöre gerade die besondere Stärke Müthels lag. An mehreren Stellen sind Verse umgestellt. In den *Eumeniden* entfallen mit der Streichung von V. 490–565 auch die Worte: «Wo die Scheu vor dem Heiligen schwand, kommt Frevel und Umsturz unfehlbar» (V. 534f.). Wirkliche Änderungen der Übersetzung finden sich nur selten. Aus «hurra, hurra» (*Ag.* 25) ist «Heil, heil» geworden (bei Oberländer: «Hallo»); sonst sind nur ungebräuchliche Formulierungen wie «jetzo» (*Cho.* 784) abgeändert. In der Presse (die mir vorliegenden Zeitungsabschnitte enthalten z. T. keine Angabe des Verfassers und der Zeitung) heißt es: «Er (Müthel) korrigierte ... den Universitätshumanismus der Übertragung» ... «Er hat da gestrichen, wo der große Gelehrte (sc. Wilamowitz) zu sehr als Christ gefühlt hat.»

6 Abgedruckt in: Reden und Vorträge, Berlin 1901, 4. Aufl. 1925 (Nachdruck 1967) 135–149, hier: 136f. Vgl. dazu A. Košenina, Die Germanisierung des Hellenentums. Ein ungedrucktes Gratulationsgedicht von Ulrich von Wilamowitz-Moellendorff zu Wilhelm Raabes 70. Geburtstag, in: Quaderni di storia 31, 1990, 121–127.

7 Dies bezeugte mir Gotthilf Kachler, der die Aufführung gesehen und als späterer Direktor des Theaters von St. Gallen die *Orestie* selber inszeniert hat.

8 Ein Teil der Kritiken ist abgedruckt bei K. H. Ruppel, Großes Berliner Theater, Velber (b. Hannover) 1962, 10f., allerdings mit erschreckender Kritiklosigkeit, wie sie z. B. aus der den Kritiken hinzugefügten Bemerkung über die Aufführung der *Eumeniden* spricht: «Hier regiert das Staatsdenken des Politikers» – ohne ein Wort zum Zeitbezug.

9 G. F. Hering, Die *Orestie* des Aischylos, in: Magdeburgische Zeitung vom 6. 8. 1936.

10 Vgl. L. Schirmer, Theater und Antike. Probleme der Antikenrezeption auf Berliner Bühnen vom Ende des 18. Jahrhunderts bis zur Gegenwart, in: W. Arenhövel/Chr. Schreiber (Herausg.), Berlin und die Antike, Berlin 1979, 303–349, hier: 313.

11 Vgl. L. Schirmer (Anm. 10), 330: «Der Spielplan an den Theatern in Berlin 1939/40 mutet fast wie ein theatergeschichtliches Seminar oder wie ein allgemeiner Ausverkauf von Klassik an.»

12 Alle Belege und Einzelheiten bei K. G. Kachler/G. J. Haeger, Lebendiges Theater in schwieriger Zeit, Basel 1982.

13 Vgl. R. Löhrer, Mienenspiel und Maske in der griechischen Tragödie, in: Studien f. Geschichte und Altertum 14, Paderborn 1927. Der Verf., ein Engelberger Benediktiner, änderte seine Meinung, nachdem er die Aufführungen unter Kachler gesehen hatte, vgl. G. Kachler (Anm. 12), 10.

14 Ausführliche Dokumentation bei K. G. Kachler, Maskenspiele aus Basler Tradition, Basel 1986, mit zahlreichen Abbildungen. Vgl. auch K. G. Kachler, Inszenierungsprobleme antiker Stücke im römischen Theater von Augst, in: Provincialia. Festschr. R. Laur-Belart, Basel 1968, 110–128.

15 L. Schirmer (Anm. 10), 334f. mit Belegen.

16 Stadttheater Göttingen 26. 2. 1942 (mit Wiederholungen), also mitten im Kriegswinter, der die ersten Schwierigkeiten an der Ostfront gebracht hatte.
17 Bayerisches Staatsschauspiel München, Premiere in der Tonhalle am 13. 11. 1943 (mit Wiederholungen bis zum 5. 1. 1944).
18 Stadttheater Düren 23. 1. 1944.
19 München, Prinzregententheater 17. 12. 1941 (mit Wiederholungen); Stadttheater Guben 22. 2. 1941; Stadttheater Göttingen 18. 4. 1941 (als Gastspiel in Hannover); Schauspielhaus Düren 8. 9. 1941 (mit Wiederholungen); München Staatsschauspiel (im Studentenhaus) 10. 11. 1943 (mit Wiederholungen bis 23. 4. 1944).
20 Staatstheater Schwerin 4. 1. 1939; Darmstadt 1. 10. 1940; Leipzig Neues Theater 5. 4. 1941; Aachen Stadttheater 19. 6. 1941, hier noch einmal in der Übersetzung von Wilamowitz; Chemnitz, Städtisches Opernhaus 19. 12. 1941; Brandenburg 14. 9. 1943 (jeweils mit Wiederholungen).
21 Schauspielhaus Frankfurt 30. 9. 1941 (mit Wiederholungen; in der Übersetzung von Ludwig Wolde); Preußisches Staatstheater Kassel 19. und 26. 5. 1942.
22 Die Übersetzung (Sophokles, Tragödien, übertragen von Roman Woerner, Leipzig 1937) ist nüchtern, sachlich, gut zu sprechen. Das Fremde ist eingedeutscht; man soll den Charakter der Übersetzung nicht merken. Bezeichnende Beispiele: *Antig.* 100: ἀκτὶς ἀελίου, τὸ κάλλιστον ... φάος (wörtl.: «Strahl des Helios, das schönste Licht»): «Morgensonne so strahlend schön». *Antig.* 332: πολλὰ τὰ δεινά: «Viel sind der Wunder», hier den Sinn nicht treffend, vgl. Hölderlin: «Ungeheuer ist viel»; Heidegger: «Vielfältig das Unheimliche»; Schadewaldt: «Viel Ungeheures». Die Übertragung von Woerner gehört zum Typ der transponierenden, das Fremde beseitigenden Übersetzung; sie findet heute kaum noch Beachtung.
23 Darmstadt 2. 6. 1939; Berlin, Staatstheater am Gendarmenmarkt 3. 9. 1940; Wien, Burgtheater 1. 10. 1940; Frankfurt, Schauspielhaus 18. 4. 1941; Düren 1. 10. 1941; Duisburg 23. 11. 1941; Essen, Städt. Bühnen 7. 12. 1941; Saarbrücken, Gautheater Westmark 3. 4. 1942; Königsberg 9. 2. 1942; Leipzig Opernhaus 8. 11. 1942; Dessau 8. 11. 1942; Memel Stadttheater 24. 3. 1943; Gera, Preuß. Theater 4. 4. 1943; Göttingen 20. 1. 1944; Stuttgart 23. 1. 1944 (jeweils mit Wiederholungen).
24 Das ergibt mein (möglicherweise unvollständiges) Material.
25 R. Bultmann, Polis und Hades in der *Antigone* des Sophokles (Anm. 10).
26 Daß Bultmann in den Chorliedern der *Antigone* «offenbar die Akklamationen, wie sie damals Hitler entgegengebracht wurden» (so O. Pöggeler, Kontingenz und Rationalität in der phänomenologischen Wissenschaftstheorie, in: Phänomenolog. Forschungen 19, 1986, 10–34, hier: 26) gemeint habe, kann ich der Interpretation Bultmanns nicht entnehmen (der nur einmal beiläufig erwähnt, daß der Chor «in diesem Punkte ... das durchschnittliche Urteil der Bürger vertritt»).
27 Heidegger hat im Sommersemester 1935 in der Vorlesung Einführung in die Metaphysik (zuerst veröffentlicht 1935) und dann 1942 in der Vorlesung über Hölderlins Hymne *Der Ister* (erst 1984 veröffentlicht) die *Antigone* und dabei besonders das berühmte 1. Stasimon interpretiert.

28 Vgl. W. Frühwald, Antigones Tat. Die «Weiße Rose» und der Traum vom anderen Deutschland, in: D. Borchmeyer/T. Heimeran (Hrsg.), Weimar am Pazifik, Festschr. W. Vordtriede, Tübingen 1985, 146–162.
29 B. E. Werner, *Antigone,* Eröffnung des Staatstheaters, in: Deutsche Allgemeine Zeitung 5.9.1940. Die ganze Besprechung ist erstaunlich differenziert, besonders auch in der Bemerkung, die Darstellung der Gründe der Antigone «stellt ... dem heutigen Theater eine schwere, kaum völlig zu lösende Aufgabe».
30 Vgl. G. A. Lorenz, Die antike Tragödie im Spielplan des Burg-Theaters, (masch.) Diss. Wien 1959.
31 Vgl. E. Haeussermann, Das Wiener Burgtheater, Wien 1975, 121.
32 K. Kindermann, Hölderlin und das Deutsche Theater, Wien 1943, 46.
33 Kindermann (Anm. 32), 47.
34 Hier ist insbesondere auf die Aktion «Schickt Bücher ins Feld» zu verweisen, bei der Hölderlin als «guter Kampfbegleiter für unsere Soldaten» propagiert wurde, vgl. die Dokumentation der Marbacher Ausstellung: Klassiker in finsteren Zeiten, 2 Bde. Marbach 1983 (herausg. v. B. Zeller), bes. das Kap.: «Hölderlin im Tornister» (II 300–335).
35 Müthel kannte natürlich die Arbeiten Michels (vgl. Kap. VIII, Anm. 6 und 7) und gewiß sind die entscheidenden Untersuchungen erst nach dem Kriege erschienen. Damals hätte aber z. B. benutzt werden können: E. Emmert, Hölderlin und die griechische Tragödie, Diss. Freiburg 1928. F. Beißner, Hölderlins Übersetzungen aus dem Griechischen, Stuttgart 1933 ist auf die Erhellung der Textfassung konzentriert.
36 Vgl. dazu jetzt vor allem M. Flügge, Verweigerung oder neue Ordnung. Jean Anouilhs *Antigone* im Kontext der Besatzungszeit, Rheinfelden 1982 (eine etwas weitschweifige, mehr historische als literaturwissenschaftliche Arbeit mit vielen wertvollen Informationen, die im Texteil benutzt sind). In der darin enthaltenen «Dokumentation» befindet sich auch ein Brief des ja erst 1987 gestorbenen Anouilh an Flügge vom 15.5.1979 mit einigen interessanten Aussagen zur Entstehung der *Antigone* (im Textteil mehrfach zitiert).
37 F. K. Prieberg, Musik im NS-Staat, Frankfurt 1982, 39f.
38 Vgl. M. Flügge, Friedrich Sieburg. Frankreichbild und Frankreichpolitik 1933–1945, in: J. Sieß (Herausg.), Vermittler. H. Mann, Benjamin, Groethuysen, Kojève, Szondi, Heidegger, Goldmann, Sieburg in Frankreich (Deutsch-französisches Jahrbuch 1), Frankfurt 1981, 197–218. Dort u.a. auch das Zitat aus dem Vortrag: «Hier, in Ihrem lieben Frankreich, hat sich mein Gemüt verhärtet. Meine Erfahrungen mit Frankreich haben mich zu einem Kämpfer und Nationalsozialisten gemacht.» Druck des ganzen (französisch gehaltenen) Vortrages in deutscher Übersetzung in: F. Schonauer, Deutsche Literatur im Dritten Reich. Versuch einer Darstellung in polemisch-didaktischer Absicht, Olten/Freiburg 1961, 169–175.
39 Zu den Einzelheiten vg. E. Jäkel, Frankreich in Hitlers Europa. Die deutsche Friedenspolitik im Zweiten Weltkrieg, Stuttgart 1966.
40 Anouilh in dem Brief an Flügge (Anm. 36): «Je vivais depuis mes quinze ans avec l'*Antigone* de Sophocle».

41 Anouilh berichtet in dem Brief an Flügge (Anm. 36) darüber und fährt fort: «nous vivions au temps d'Antigone et j'ai commencé tout de suite...»

42 Vgl. G. Steiner, Antigones. The 12th Jackson Knight Memorial Lecture, Exeter 1979, 13. Leider gibt es noch keinen Beleg dafür, weil der Nachlaß von Kojève derzeit unzugänglich ist. Sein Werk Introduction à la lecture de Hegel, Paris 1947, gibt einen Eindruck von seiner Hegelinterpretation, aber keine Informationen über die spezielle Frage, um die es hier geht. Zu Kojève vgl. J.-L. Pinard-Legry, Alexandre Kojève. Zur französischen Hegel-Rezeption, in: J. Sieß (Hrsg.), Vermittler (Anm. 38), 105–117.

43 Dazu ausführlich M. Flügge (Anm. 36).

44 Anouilh in dem Brief an Flügge (Anm. 36): «Je ne savais rien de celle (sc. *Antigone*) de Cocteau».

45 Dies bezeugt Anouilh selbst in dem Brief an Flügge (Anm. 36): «On m'a dit – je ne sais pas si c'est vrai, que c'était Friedrich Sieburg (Dieu est-il français?) qui avait alerté les gens de làbas (gemeint ist Berlin) en disant qu'on jouait une pièce à Paris devant parterre tous les soirs renouvelé d'officiers et de soldats allemands qui ne devaient peut-être pas entendre des choses pareilles.»

46 Vgl. Schirmer (Anm. 10), 343 mit Belegen.

47 Hauptmann arbeitete zunächst bis Februar 1941 an der *Iphigenie in Delphi*, dem ersten Stück, noch ohne feste Konzeption einer Tetralogie. Von 1940–1943 entstand die *Iphigenie in Aulis* (bei Suhrkamp 1944 im Druck erschienen) in zahlreichen immer wieder verworfenen und verbesserten Fassungen; es schlossen sich die Einakter *Agamemnons Tod* (1942) und *Elektra* (1944–45) an, die erst nach dem Kriege im Verband der ganzen Tetralogie aufgeführt wurden, in der dann die *Iphigenie in Delphi* das letzte Stück wurde. Vgl. F. A. Voigt, Gerhart Hauptmann und die Antike, Berlin 1965; ders., Gerhart Hauptmann unter der Herrschaft des Nazismus, in: H. J. Schrimpf (Herausg.), Gerhart Hauptmann, Darmstadt 1976, 116–123; K. Alt, Die Erneuerung des griechischen Mythos in Gerhart Hauptmanns Iphigenie-Dramen, Grazer Beiträge 12/13, 1985–86, 337–368; ferner mehrere Beiträge in dem von Schrimpf herausgegebenen Sammelband.

48 Allerdings hat man nach der Aufführung in den Münchner Kammerspielen vom 8.9.1942 sogleich gefragt, «ob Hauptmann mit den schnellen Rossen der Zeit mitgehalten oder ob diese Stufe der Deutung des Iphigenie-Mythos nicht schon wieder hinter uns liege» (Ernst Meunier im Völkischen Beobachter vom 10.9.1942).

49 K. Lahm, Hauptmanns *Iphigenie* nunmehr in Wien, 16.2.1942 (Zeitung unbekannt). Ähnlich gehalten ist die Uraufführung der *Iphigenie in Aulis* am 15.11.1943 am Wiener Burgtheater wiederum in der Regie von Müthel.

50 Vgl. L. Schirmer (Anm. 10), 335–337.

X. Nachkriegserscheinungen

1 Vgl. F. Hadamowsky, Caspar Nehers szenisches Werk. Ein Verzeichnis des Bestandes der Theatersammlung der Österreichischen Nationalbibliothek, in: Museion, Veröffentlichungen der Österr. Nationalbibliothek, 1. Reihe, Bd. 5,

1972, wo jedoch die Hamburger *Antigone* nicht erwähnt ist. Neher hatte 1933 zunächst einige Schwierigkeiten, konnte dann aber in Frankfurt, Berlin und Wien wirken. Bei den Wiener Festwochen 1941 auch Uraufführung seiner eigenen Oper *Johanna Balk* (Musik von R. Wagner–Regeny), die der auch anwesende «Reichsleiter» Baldur von Schirach in einer Rede vom 6.4.41 besonders hervorhob. 1944 wurde Neher zur Wehrmacht eingezogen. Zu Nehers früher Antigone-Arbeit vgl. auch S. 151. Über Nehers bühnenbildnerisches Wirken vgl. auch den Katalog zur Ausstellung «Bertolt Brecht–Caspar Neher» im Hessischen Landesmuseum Darmstadt vom 5.4.–4.6.1963.

2 Vgl. B. Werner, Die Spielzeit 1945/46 Hamburg, in: Der Theateralmanach. Deutsches Jahrbuch der Bühnenkunst 1946/47, 299–307, hier: 309f., der von «einem Bildungserlebnis, d.h. also nicht so sehr dem unmittelbaren Angesprochensein und der inneren Aufgewühltheit der Zuschauer» dieser Inszenierung spricht und (wohl zu Unrecht) meint, daß man die *Antigone* so «ebensogut vor einem halben Jahrhundert hätte spielen können».

3 Belege bei L. Schirmer, Theater und Antike. Probleme der Antikenrezeption auf Berliner Bühnen vom Ende des 18. Jahrhunderts bis zur Gegenwart, in: W. Arenhövel/Chr. Schreiber (Herausg.), Berlin und die Antike, Berlin 1979, 303–349, hier: 339f. Vgl. auch Chr. Trilse, Antike und Theater heute, Berlin 1975, [2]1979, 69, G. Lohse (Kap. VIII, Anm. 19) 185–204 mit ausführlichen Erörterungen über die kulturelle und politische Situation der Nachkriegsjahre in Deutschland.

4 W. Harich in: Tägliche Rundschau 12.9.1947. Vgl. auch Schirmer (Anm. 3), 340f.

5 Die Einzelheiten hat dargestellt meine Schülerin Margret Lohmann in einer Magisterarbeit: Aischylos und die Antike in der *Atridentetralogie* Gerhart Hauptmanns – Zur Rezeption eines antiken Tragödienstoffes auf der Bühne des 20. Jahrhunderts, München 1987.

6 Es kann dies auch kaum daran gelegen haben, daß Müthel etwa die düstere Atmosphäre Hauptmanns in der Inszenierung 1942 kritisch gegen das offizielle Antikenbild des Nationalsozialismus ausgespielt hätte (was die positive Wirkung erklären könnte), hat er doch gerade in einem Brief an Hauptmann dessen *Iphigenie in Delphi* als zu düster und deprimierend kritisiert, vgl. C. F. W. Behl, Zwiesprache mit Gerhart Hauptmann (Tagebuchblätter), München 1949, 159ff.

7 E. Piscator, Gerhart Hauptmanns *Atridentetralogie*, in: E. P., Schriften II. Aufsätze, Reden, Gespräche, Berlin 1968, 294.

8 Die stark zusammengestrichene Fassung: *Die Atriden. Tragödie in 4 Sätzen* und deren wenig eindrucksvolle Aufführung durch das «Theater der Veröffentlichung» im Innenhof der Glyptothek in München (Premiere 30.7.86) bedarf kaum der Erwähnung.

9 Brecht selber hat nicht nur den Neuanfang mit der *Antigone* immer wieder betont, sondern sich gegen «die Unverschämtheit, daß sie einfach weitermachten, als wären bloß ihre Häuser zerstört» gewandt, vgl. M. Frisch, Tagebuch 1966–1971, Frankfurt 1972, 36.

10 Vgl. den Bericht von H. Curjel in: B. Brecht, Gespräch auf der Probe. Mit Szenenbildern von Brechts eigenen Inszenierungen, Zürich 1961, 9f. Der

1974 gestorbene Curjel ist auch Verfasser zahlreicher Aufsätze über moderne Musik und Literatur gewesen, vgl. seine Sammlung: Synthesen. Vermischte Schriften zum Verständnis der neuen Musik, Hamburg 1966.

11 Alle Zitate aus dem Vorwort zum *Antigonemodell 1948*, zuerst 1949 erschienen, dann in: B. Brecht, Die *Antigone* des Sophokles. Materialien zur *Antigone* (Edition Suhrkamp 134), Frankfurt 1965, [8]1976, 67–77 und in B. B., Gesammelte Werke, Frankfurt 1967, Bd. 17, 3, 1211–1220.

12 Ausführlicher Textvergleich bei H. Flashar, Durchrationalisieren oder Provozieren? Brechts *Antigone*, Hölderlin und Sophokles, in: I. NoltingHauff/ J. Schulze (Herausg.), Das fremde Wort. Studien zur Interdependenz von Texten, Festschrift K. Maurer, Amsterdam 1988, 394–410. Nachdruck in: H. F., Eidola, Amsterdam 1989, 729–745.

Zu dem Verhältnis: Sophokles–Hölderlin–Brecht vgl. auch W. Rösler, Zweimal Antigone. Griechische Tragödie und episches Theater, in: Der Deutschunterricht 31, 1979, 42–58; U. Weisstein, Imitation, Stylization and Adaption. The Language of Brecht's *Antigone* and its Relation to Hölderlin's Version of Sophocles, in: German Quarterly 46, 1973, 581–604. Wichtig auch R. Pohl, Strukturelemente und Entwicklung von Pathosformen in der Dramensprache Bertolt Brechts, Bonn 1969, bes. 126–131, der auf zwei weitere Einsprengsel aus Hölderlins Pindarübersetzung in Brechts *Antigone* aufmerksam macht (die oben aufgeführten Zitate sind ihm entgangen) und dann urteilt: «Dem nicht eben auf Pindar spezialisierten Hörer, mit dem Brecht zweifellos rechnet, muß die subtile Umfunktionierung entgehen.» Das Pathos von Sprachklang und Vergleich, das durch die Pindarzitate eindringt, ist das Gegenteil von Durchrationalisierung und epischem Theater.

13 Vgl. auch W. Barner, «Durchrationalisierung» des Mythos? Zu Bertolt Brechts *Antigonemodell 1948*, in: P. M. Lützeler (Herausg.), Zeitgenossenschaft. Festschr. für Egon Schwartz, Frankfurt 1987, 191–210.

14 *Antigonemodell 1948*, Vorwort. Zur Problematik der theoretischen Begründung des epischen Theaters im Verhältnis zur griechischen Tragödie vgl. H. Flashar, Aristoteles und Brecht, in: Poetica 6, 1974, 17–31; G. A. Seeck, Aristotelische Poetik und Brechtsche Theatertheorie, in: Gymnasium 83, 1976, 389–404. Zum *Antigonemodell* in zeitgenössischer Zustimmung P. Rilla, Literaturkritik und Polemik, Berlin 1950, 343–349.

15 Vgl. C. Molinari, Storia di *Antigone* di Sofocle al Living Theatre, Bari 1977, 185ff.

16 Darmstadt 1968; Augsburg 1968; Wilhelmshaven 1969; Bochum 1969; Eßlingen 1971, Paderborn 1971; Saarbrücken 1974; Dortmund 1974; Nürnberg 1975; Kiel, Studiobühne 1975/76; Köln 1976; Münster 1976, Göttingen, Castrop-Rauxel, Westfälisches Landestheater 1984; Baden-Baden 1986. Dazu kommen 8 Inszenierungen in der DDR und 5 in Frankreich. Eine vollständige Liste der Aufführungen in: Brechts *Antigone* des Sophokles, herausg. von W. Hecht, Frankfurt 1988, 302–305. Dort auch alle Materialien zu Stück, Aufführung und Modell.

17 Vgl. zu dieser fundamentalen Gegensätzlichkeit zwischen Sophokles und Brecht W. Rösler (Anm. 12).

18 Vgl. G. Steiner, Antigone – auch morgen, in: Thyssen – Vorträge 3, München

1986, 14 (Nd. in: H. Flashar [Hrsg.], Auseinandersetzungen mit der Antike, Bamberg 1985–1990, 61–81, hier 73).

19 Gesammelte Werke, Bd. 19 (Schriften zur Literatur und Kunst 2), Frankfurt 1976, 490.

20 C. Orff, Abendländisches Musiktheater (Dokumentation), in: Carl Orff und sein Werk VII, Tutzing 1981, 9ff. Daraus auch die im Text folgenden Zitate.

21 Abendländisches Musiktheater 10. Orff hatte das Wittelsbacher Gymnasium verlassen, bevor im Griechisch-Unterricht die *Antigone* gelesen wurde, die er später zunächst in der Übersetzung von Donner kennengelernt hatte.

22 Es handelt sich dabei (von Orff nicht mitgeteilt) um die längst vergessene (mir bisher nicht zugängliche) Übersetzung von August Mayer, die ebenso wie die Aufführung selbst (unter der Regie von Hermann Sinsheimer mit den Bühnenbildern von Leo Pasetti) von der Kritik außerordentlich gelobt wurde: «Entscheidend für den unerwartet großen Eindruck war die metrisch glänzend bewältigte Übersetzung Mayers ... wundervoll besonders das Erosgedicht ... die Darsteller bestrebten sich zu stärkerer Vergeistigung des Wortes ...» (Vossische Zeitung, Berlin 15.9.1916). Im Programmheft waren neben einem Beitrag des Übersetzers August Mayer *Idee und Drama bei den Griechen* übrigens die *Anmerkungen zur Antigonae* Hölderlins auszugsweise abgedruckt, und es ist seltsam, daß Orff auf diesem Wege nicht zur Kenntnis der Übersetzung Hölderlins gelangt ist, die ja auch durch die Edition von Norbert von Hellingrath einer größeren Öffentlichkeit bekannt geworden war.

23 Neher war freilich ohnehin schon mit den Salzburger Festspielen verbunden, hatte sich zeitlebens für die unterschiedlichsten Projekte zur Verfügung gestellt, und wechselte dann wiederholt seine Wirkungsstätte: 1950 lehnte er die Verlängerung seines Vertrages als Ausstattungschef und Bühnenbildner des «Berliner Ensembles» ab (unmittelbar nach Genehmigung seines Planes für den Bau von «Eigenheimen für die deutsche Intelligenz« durch die DDR-Regierung), um in Berlin (West) für das Schloßparktheater, das Schillertheater und ab 1953 für das Theater am Kurfürstendamm zu arbeiten; doch verließ er 1954 enttäuscht und verbittert Berlin. Auch die anschließende Arbeitsphase in München brach Neher enttäuscht ab, um 1957 nach Wien zu gehen, vgl. F. Hadamowsky (Anm. 1), XXIVf.

24 Abdruck des Vortrages bei C. Orff, Abendländisches Musiktheater (Anm. 20), 180–185 und Th. G. Georgiades, Kleine Schriften, Tutzing 1977, 227–231.

25 Mündliche Mitteilung von Heinz Arnold.

26 Ähnliche Kritik allerdings auch schon nach der Salzburger Uraufführung: «Die Ohren tun mir jetzt noch weh. Das Herz auch ... Orffs Musik ... klingt nicht, sie schlägt tot» (Ernst Meister in der Stimme Tirols vom 3.9.49).

27 Vgl. H. W. Petzet, Auf einen Stern zugehen, Frankfurt 1984, 171. Orff war Heidegger offenbar persönlich vorher nicht begegnet, – er hielt den kleinen Mann zunächst für einen Bühnenarbeiter. Ich halte es für ausgeschlossen, daß Orff Heideggers *Antigone*- bzw. Hölderlininterpretation gekannt hat.

28 Hölderlin und Sophokles. Gestalt und Gedanke, in: Jahrb. d. Bayr. Akad. d. Schönen Künste 1951, 78–102; Nachdruck in: K. Reinhardt, Tradition und

Geist, Göttingen 1960, 381–397. Reinhardt soll von der Musik Orffs entsetzt gewesen sein und geäußert haben, sie habe mit der griechischen Tragödie nichts zu tun (Mitteilung der Reinhardt-Schülerin Karin Alt).

29 W. Schadewaldt, Carl Orff und die griechische Tragödie, in: Hellas und Hesperien, 2. Aufl. Zürich 1970, II 423–435; Schadewaldt hat ferner eine Einführung zu der Schallplatteneinspielung der *Antigonae* Orffs (1961) geschrieben (im Plattenalbum).

30 So in der Einführung zur Schallplatte. Im übrigen war es ein weit verbreiteter Fehler, die griechische Tragödie hinsichtlich ihrer affektiven Erregungskurve distanzlos aus den Angaben in der aristotelischen *Poetik* (der berühmten Katharislehre also) zu interpretieren; vgl. H. Flashar, Die *Poetik* des Aristoteles und die griechische Tagödie, in: Poetica 16, 1984, 1–23, hier: 17–20 (Nd. in: H. F., Eidola, 147–169, hier 163–166).

31 Einzelheiten bei W. Panofsky im Donau Kurier vom 13. 3. 56, abgedruckt bei C. Orff, Abendländisches Musiktheater (Anm. 20), 190f.

32 C. Orff, Abendländisches Musiktheater (Anm. 20), 190.

33 Es hängt dies auch mit der Textvorlage Hölderlins zusammen, in der die metrische Struktur der Chorlieder noch nicht erkannt war (vgl. S. 312f.). Überhaupt muß ja daran erinnert werden, daß bei Orff natürlich auch alle Griechischfehler Hölderlins (ob nun produktiv oder nicht) in Klang verwandelt sind.

34 Weitere Inszenierungen: 5. 7. 1967 in Stuttgart (im September 1967 Gastspiel im Herodes-Atticus-Theater in Athen); 10. 7. 1975 in München; daneben mehrfach konzertante Aufführungen (u. a. 1967 in New York).

35 G. Steiner, Die Antigonen (deutsche Übersetzung der englischen Ausgabe von 1984), München 1988, 212, hat es so formuliert: «Orffs Werk» (gemeint ist die *Antigonae*) «hat Anlaß zu kritisch-psychologischem Unbehagen gegeben. Viele fanden es verführerisch brutal; andere nur brutal.»

36 Uraufführung am 11. 12. 1959 in Stuttgart, Regie: Günther Rennert (wiederum mit den Bühnenbildern von Caspar Neher); weitere Inszenierungen: 29. 5. 1960 in Nürnberg; 31. 1. 1960 in Münster; 23. 3. 1961 in München (wiederum in der Regie von Heinz Arnold); 27. 4. 1961 in Wien (das Bühnenbild wiederum von Caspar Neher).

37 Uraufführung am 24. 3. 1968 in Stuttgart (Regie: G. R. Sellner). Zunächst erstaunlich, aber doch sehr eindringlich ist die Aufführung des *Prometheus* als Marionettenspiel im Marionettentheater in München zu der Musik Orffs (Schallplatte).

38 Die Übersetzung von D. Bremer, *Prometheus in Fesseln*, Frankfurt 1988 kommt in der Bewahrung der harten Fügung des Originals am ehesten dem nahe, was Orff als Grundlage hätte dienen können.

39 Vgl. F. Willnauer (Herausg.), *Prometheus*. Mythos Drama Musik. Beiträge zur Carl Orffs Musikdrama nach Aischylos, Tübingen 1968; W. Thomas, In entwurzelter Zeit ... Carl Orff und die Antike, in: M. v. Albrecht/W. Schubert (Herausg.), Musik in Antike und Neuzeit I, Frankfurt 1987; D. Bremer, Mythos, Wort und Musik in Carl Orffs Umsetzung griechischer Tragödien, in: Bayer. Akad. d. Schönen Künste, Jahrbuch 2, München 1988, 214–223.

40 Versuch eines Vergleiches bei H. Flashar, Brecht und Orff – zweimal *Antigone* auf der Bühne unserer Zeit, in: P. Neukam (Herausg.), Exempla Classica, München 1987, 78–89.

XI. Neue Sachlichkeit in den Fünfziger und Sechziger Jahren

1 Vgl. H. Lethen, Neue Sachlichkeit, Stuttgart 1970. Lethen bezieht sich insbesondere auf die Literatur des sog. «Weißen Sozialismus» 1924–1932.

2 Schadewaldt hat sämtliche Tragödien des Sophokles übersetzt (davon im Druck noch nicht erschienen: *Die Frauen von Trachis, Philoktet, Oedipus auf Kolonos*), ferner von Aischylos *Die Perser* und die *Sieben gegen Theben* (leider nicht die *Orestie*), von Aristophanes *Acharner, Lysistrata, Vögel* und *Das Schiedsgericht* von Menander. Die gedruckten Übersetzungen sind zusammengefaßt in: Griechisches Theater, Frankfurt 1964.

3 So bereits in dem öffentlichen Habilitationsvortrag: Das Problem des Übersetzens, gedruckt in: Die Antike 3, 1927, 287–303 (mehrfach nachgedruckt); ferner in: Antike Tragödie auf der modernen Bühne, Heidelberg 1957; und in: Griechisches Theater (vgl. Anm. 2), 494–500.

4 Jens hat übersetzt (bzw. bearbeitet): Aischylos, *Orestie* (1962; gedruckt 1979), Sophokles, *Aias* (1965), *Antigone* (1958, bisher nur als Bühnenmanuskript im Verlag K. Desch, München zugänglich), *König Ödipus* (1963, nur Bühnenmanuskript), die *Bakchen* des Euripides, *Alkestis* und *Troerinnen* (unter dem Titel Untergang, nach den *Troerinnen* des Euripides, München 1982); ferner: *Die Friedensfrau* (die *Lysistrate* des Aristophanes), München 1986.

5 Jens ist mit einer Arbeit Die Stichomythie in der frühen griechischen Tragödie (1955) promoviert worden; er hat mehrere Aufsätze zur griechischen Tragödie verfaßt und vor allem das wichtige Buch Bauformen der griechischen Tragödie (1971) konzipiert, eingeleitet und herausgegeben. Seine Einleitungen bzw. Nachworte zu den Übersetzungen sind glänzend.

6 Man beachte, wie Jens gleich im ersten Vers der *Antigone* die schwierige Anrede Ὦ κοινὸν αὐτάδελφον Ἰσμήνης κάρα gemäß unserem Sprachgebrauch zur Sofortverständlichkeit glättet: «Ismene! Schwester! Meine Schwester!» Dagegen Schadewaldt: «Gemeinsames, der eignen Schwester, o Ismenes Haupt!» Hölderlin: «Gemeinsamschwesterliches! O Ismenes Haupt!» Donner in der Konvention des 19. Jahrhunderts: «Ismene, traute Schwester, vielgeliebtes Haupt!» Unter den zahlreichen Zusätzen von Jens besonders im *Aias* z. B.: «Brettspiele mit dem Tod: man schiebt den Stein, man zieht den Stein zurück, was soll's?» Christliche Begriffe ohne Pendant im griechischen Text: «Übe Barmherzigkeit» (*Aias* 1333: μή ... ἀναλγήτως); «Demut zu erlernen» (*Aias* 1350: εὐσεβεῖν).

7 Die entscheidende Änderung gegenüber Euripides ist die, daß Hekabe und Andromache nicht in die Gefangenschaft geschleppt werden, sondern Selbstmord begehen. Um dies zu motivieren, tritt am Schluß (anders als bei Euripides) nach dem Vorbild der Fassung von Jean Paul Sartre (1965) Poseidon noch einmal auf, während die Gestalt der Athene (bei Euripides im

Prolog) gestrichen ist. Bei der Uraufführung in den Hamburger Kammerspielen am 6. 1. 1983, die unter der Regie von Jan Aust im Auditorium maximum der Universität stattfand, werfen sich Hekabe (Ida Ehre) und Andromache mit ihrem Sohn Astyanax in die Flammen der brennenden Stadt; in der Regie von George Tabori an den Münchner Kammerspielen (Premiere am 19. 12. 1985) begießen sich beide mit Benzin aus Kanistern und zünden sich dann an.

8 Zum Beispiel des Zeushymnus im *Agamemnon* vgl. S. 306f.

9 Auffallende Übereinstimmungen von Buschor und Jens in den Übertragungen der *Troerinnen* gerade in den Abweichungen vom griechischen Text, z. B. 867 κεῖνος μὲν οὖν δέδωκε σὺν θεοῖς δίκην, wörtl.: «jener (Paris) hat mit Hilfe der Götter gebüßt»; Buschor: «Die Götter selber rächten deine Tat», Jens: «Nein, die Götter waren es ...»; 909: συντεθεὶς ὁ πᾶς λόγος, wörtl. «die ganze zusammengefaßte Rede»; Buschor: «Ihr Maß ist übervoll», Jens: «Das Maß ist voll», 967: πειθὼ διαφθείρουσα τῆσδ', wörtl.: «zerstörend ihre Überredungskunst», Buschor: «Zerreiße dieses Netz», Jens: «Zerreiß' das Lügennetz». Die Reihe der Beispiele ließe sich fortsetzen; offenbar hatte Jens die Übersetzung von Buschor vor sich.

10 Vgl. G. R. Sellner/W. Wien, Theatralische Sendung, Bremen 1962, 27.

11 Vgl. zu diesem Prozeß K. Klinger, Moderne Bühnenbilder für antike Dramen auf dem deutschen Theater, in: Dioniso 45, 1971, 395–418.

12 W. Schadewaldt, Antikes Drama auf dem Theater heute, Pfullingen 1970, 35 (= Hellas und Hesperien, 2. Aufl. II, 667).

13 Inszenierungen in Tübingen, Hannover, Heidelberg, Kiel, Bielefeld, Trier, Würzburg, Oldenburg. Die Übersetzungen von Jens gelangten in dieser Zeit zunächst noch nicht auf große Bühnen oder zu bedeutenden Regisseuren (*Antigone* zuerst 1958 in Karlsruhe, *König Ödipus* 1963 in Celle, *Aias* allerdings 1965 in Hamburg und die *Orestie* zuerst 1962 in Hannover). Die *Orestie*-Übersetzung wurde 1972 als nur zweistündiges Fernsehspiel gegeben und am Karfreitag des gleichen Jahres im Rundfunk gesendet, vielleicht nicht unpassend zu dem auch hier reichlich verwendeten christlichen Vokabular («Schuld», «Sühne», «Erlösung» usw.). Die in der gleichen Zeit entstandenen Sophoklesübersetzungen des Züricher Germanisten Emil Staiger (im Stil denen Buschors verwandt, aber näher am Text) sind überhaupt seltener aufgeführt worden.

14 Vgl. G. Hensch, Kritiken. Ein Jahrzehnt Sellner-Theater, Darmstadt 1962, 11: «Die unablässige Bemühung um die attische Tragödie gehört zu den erregendsten Theatererlebnissen des Sellner Jahrzehnts.» Sellner selbst in: Theatralische Landschaft (Anm. 10), 28, das antike Drama sei «Bestimmung und Maßstab» seiner Theaterarbeit.

15 Aus der Rückschau ist schwer vorstellbar, daß es damals auch vehemente Kritik gegen Sellner gab. In Darmstadt formierte sich eine «Freunde des großen Theaters» sich nennende Anti-Sellner-Bewegung, die ihm «abseitige Werkwahl», Auslöschen der Individualität des Schauspielers und Verlust der Gegenwart vorwarf.

16 Vgl. R. Bayr, Delphischer Apollon, Salzburg 1973 (Nachdruck in dtv, München 1974) mit dem Abdruck der beiden *Oedipus*-Dramen in der Über-

setzung Bayrs und (zu spärlichen) Angaben über die Aufführungen mit einigen Szenenphotos.

17 Das Verhältnis Sellner–Wotruba hat K. Klinger (vgl. Anm. 11), 409–418 skizziert; dort ist vom «Kniefall der Regie vor dem architektonischen Willen eines Bildhauers» die Rede (415). Allerdings hat Sellner Wotruba später für Wagners *Ring* an die Deutsche Oper Berlin geholt (1967).

18 So E. Wendt, Die realistische Antike, in: Theater heute, Dezember 1962, 32f.

19 Wendt (Anm. 18).

20 So B. Tacke (der Gewerkschaftsfunktionär) in: Report. Ruhrfestspiele Recklinghausen 1971, 7.

21 Lüdenscheider Nachrichten 23.7.57.

22 Rheinische Post 5.7.57.

23 Ruhr-Nachrichten 27.6.57.

24 Aachener Nachrichten 23.6.60.

25 Die Kölnische Rundschau vom 4.5.60 sieht darin «Geschichtsklitterung unter Zufallsperspektiven».

26 Hermine Körner hatte 1958 bereits die Hecuba in den *Troerinnen* in der Bearbeitung von Braun ebenfalls in der Regie von Lietzau gespielt. Weitere Aufführungen der *Perser* in der Fassung von Braun in der Zeit von 1961–63 in Ingolstadt, Neuß, Gießen, Gera, Hildesheim, Oldenburg, Konstanz, später (1968) in Weimar und (1969) in Dresden. Dagegen hat man in Stuttgart am 16.3.63 auf die ältere Bearbeitung der *Perser* von Lion Feuchtwanger aus dem Jahre 1915 mit ihrer Schützengraben-Mentalität zurückgegriffen. Hier spielte Elisabeth Flickenschildt die Atossa, die die gleiche Rolle bei der Uraufführung der Übersetzung von Buschor in Münster (18.1.1967) verkörperte. Zahlreiche Aufführungen auch der *Troerinnen* in der natürlicherweise als Warnung vor dem Krieg angelegten Fassung Brauns. Kaum je aufgeführt ist das eigene Stück Brauns *Elektras Tod* (1970), eine Art Endzeitstück ohne Klytaimnestra und Aegisth; dafür tritt Iphigenie auf, die sich als Geopferte gegen Opfer wendet, und der Feldherr Sarpedon, den Elektra tötet.

27 Brecht war von 1951–54 Dramaturg bei Sellner in Darmstadt; dann als Intendant in Ulm (1962–66), Kassel (1966–72), Düsseldorf (1972–76), Essen (1976–83), Freiburg (1983–89).

28 Vgl. dazu Bremer selbst in: Theater heute 1966, 11, 1–4 und vor allem in seinem Buch: Thema Theater, Frankfurt 1969.

29 Näheres darüber bei H. Rischbieter, Antike, dilettantisch oder professionell? in: Theater heute 1966, 12, 35f.

30 Vorbereitet zunächst für Bremen, wo es 1968 unter widrigen Begleiterscheinungen (Streit der Schauspieler untereinander) zu einer Aufführung nicht kam, dann 1969 auf dem Berliner Forum-Theater und erst 1973 in Düsseldorf. Hier wurden – wie in der Antike – die Frauenrollen von Männern gespielt.

31 Premiere in der Regie von Kai Braak in Düsseldorf am 3.4.76.

32 Vgl. H. Rischbieter (vgl. Anm. 29).

33 In der Anm. 34 genannten Veröffentlichung 92.

34 Ausführliche Dokumentation in: Sophokles/Friedrich Hölderlin, Sophokles/Claus Bremer, *Antigonae/Antigone*, Steinbach/Gießen 1969.

35 Die wichtigsten Inszenierungen antiker Dramen in der Ära Fleckenstein in

Göttingen: Aristophanes, *Frieden* (Hacks, 27. 5. 67); Euripides, *Troerinnen* (Sartre 28. 9.68); Aristophanes, *Vögel* (Schadewaldt, 1. 10. 69); Aischylos, *Orestie* (Jens 1. 10. 70); Aristophanes, *Frösche* (Schadewaldt, 30. 9. 1971); Aristophanes, *Lysistrata* (Schadewaldt, 29. 9. 72); Sophokles, *König Ödipus* (Schadewaldt, 20. 10.73); Aristophanes, *Ritter* (Seeger, 28. 9. 76); Aristophanes, *Wolken* (Fuhrmann 3. 12. 1977); unter Brecht in Düsseldorf: Sophokles/B. Brecht, *Antigone* (8. 1.72); Aischylos, *Perser* (Bremer, 29. 9. 72); Aristophanes, *Frauenvolksversammlung* (Bremer, 9. 9. 73); Sophokles, *Elektra* (Bremer 1. 12.74; der Chor kam über Lautsprecher, das Modernistische war oberflächlicher Anstrich); Aristophanes, *Plutos* (Bremer 3. 4. 76). Ulrich Brecht hat übrigens in Frankfurt die *Acharner* in der Übersetzung von Schadewaldt inszeniert (26. 6. 69).

36 Buchausgabe mit wichtigem Nachwort: Leipzig, o. J. (ca. 1966).

37 Ausführliche Besprechung der Inszenierungen von 1962–69 in einer (ungedruckten) Diplomarbeit von P. Fix, Der *Frieden* von Aristophanes in der Bearbeitung von Peter Hacks – dreizehn Inszenierungen und ihr Echo bei Publikum und Presse, Leipzig 1970 (mir zugänglich durch die Freundlichkeit von Prof. J. Werner, Leipzig). Fleckenstein hat übrigens das Stück zweimal inszeniert (in Hannover und Göttingen); erwähnenswert eine Inszenierung von Jean-Pierre Ponnelle an den Münchner Kammerspielen 1964.

38 Eine Politisierung des Aristophanes hatte vorher Fritz Kortner in einer außerordentlich umstrittenen Fernsehsendung der stark bearbeiteten, durch eine Rahmenhandlung (mit Romy Schneider und Barbara Rütting) in die Gegenwart transponierten *Lysistrata* am 17. 1. 1961 der z. T. heftig protestierenden Öffentlichkeit vorgestellt. Es ging (explizit) um die Frage der atomaren Aufrüstung.

39 Vgl. Ch. Trilse, Antike und Theater heute, Berlin 1972; 2. Aufl. 1979, 198: «Damit trifft er in vollem Maße unsere Situation: die vor zwanzig Jahren, als es nach dem Kriege wenig Spaß gemacht hatte, und die heutige, wo der Mensch beginnt, Schöpfer seiner selbst zu sein.» Sollte Hacks das wirklich gemeint haben, wäre es eine wohl auch damals erkennbare Fehldiagnose. Hacks befand sich seinerzeit bereits im Konflikt mit der offiziellen Politik; wenige Monate nach der Premiere des *Friedens* wurde ihm wegen der Vorgänge um das Stück *Die Sorgen um die Macht* als Dramaturgen des Deutschen Theaters gekündigt. Zu den Einzelheiten vgl. H. Rischbieter/E. Wendt, Deutsche Dramatik in West und Ost, Velber 1965 101–118.

40 Allerdings muß dem Regisseur, Peter Kleinschmidt, zugute gehalten werden, daß die Kölner Aufführung unter ungünstigen Bedingungen (Streit mit dem ursprünglich vorgesehenen, dann zurückgetretenen Mitregisseur Rolf Wiest über Textfassung und Konzeption) zustande kam.

41 Ausführliche Besprechung der Inszenierung bei Chr. Trilse (Anm. 39), 216–224.

42 Premiere wiederum in Nürnberg am 9. 2. 1969. Doufexis ist nach Beendigung der Diktatur nach Griechenland zurückgekehrt und inszeniert dort (aber auch in anderen Ländern) erfolgreich, gelegentlich auch antike Tragödien. Eine Zeitlang hatte er in Athen eine eigene Theatergruppe.

43 Nea Estia vom 15. 9. 1959.

44 Konzertante Aufführung bei den Berliner Festwochen 1986; dann Aufführungen durch die Stuttgarter Staatsoper 1989 mit Gastspielen bei den Ludwigsburger Schloßfestspielen und in Moskau. Der Titel *The Bassarids* meint die *Bakchen.* Aischylos hat ein (verlorenes) Drama *Bassariden* geschrieben (Inhalt: Zerreißung des Orpheus).

45 Auden hat dann 1968 für Henzes *Moralitäten* (3 szenische Spiele) den Text nach Fabeln des Aesop verfaßt. Er hatte bereits 1948 den Text für Strawinskys *The Rake's Progress* geliefert.

46 Programmheft Stuttgart 1989, 21.

47 Ghedini (1892–1965) brachte eine dreiaktige Oper *Le Baccanti* zuerst in Mailand am 21.2.1948 zur Aufführung. Bühnenmusiken hat er für jeweils einzelne Inszenierungen des Open-air-Theaters (zu Euripides, *Iphigenie in Tauris* im Teatro Romano in Tripolis 1938; zu Euripides, *Medea* im Teatro Romano in Ostia 1939; zu Aischylos, *Perser* in Syrakus 1950) komponiert.

48 In die Dokumentation aufgenommen sind die meisten Inszenierungen Sellners, übrigens auch die Ost-Berliner Uraufführung des aristophanischen *Friedens* in der Bearbeitung von Hacks. Leider finden sich darin allenthalben zahlreiche Druckfehler und Irrtümer.

49 Zu den Einzelheiten vgl. H. Flashar, Aufführungen von griechischen Dramen in der Übersetzung von Wilamowitz (Kap. VII, Anm. 4).

50 Vgl. zu holländischen Aufführungen A. C. Haak, Melpomene en hets Nederlands Toncel, Diss. Utrecht 1977, mit Listen von Aufführungen antiker Dramen in Holland von 1885 (*Antigone* in Antwerpen mit der Musik von Mendelssohn!) – 1975.

51 Besonders auffällig das Bühnenbild zu einer Inszenierung des *König Oedipus* in Prag 1963, das aus einer riesigen Treppe mit unzähligen Stufen besteht, auf denen die Menschen geradezu winzig wirken.

52 Über die *Orestie*-Aufführungen in Syrakus hat mir mein Schüler Anton Bierl wertvolle Informationen zur Verfügung gestellt, die im Text benutzt sind.

53 G. Thomson, Aeschylus and Athens, London 1946 (Deutsch: Berlin 1957).

54 Der Text in: L'*Orestiade* di Eschilo nella traduzione di P. P. Pasolini, Torino 1960. Pasolini hatte neben dem griechischen Text die Übersetzungen von P. Mazon (1925) und M. Untersteiner (1949) zur Hand. Philologische Kritik gegen die Übersetzung von Pasolini bei E. Degani, Eschilo, *Orestiade,* traduzione di Pier Paolo Pasolini, in: Rivista di filologia e d'istruzione classica 89 = N.S. 39, 1961, 187–193, dagegen N. Fagioli, L'*Orestiade* di Pasolini, in: Resine. Quaderni Liguri di cultura NS 3, 1980, 9–18. Zur Aufnahme antiker Stoffe bei Pasolini überhaupt vgl. J. Lindner, Pasolini als Dramatiker (Bonner Romanische Arbeiten 10), Frankfurt 1981.

55 Vgl. T. Otto, Wie das Bühnenbild zur *Orestie* in Syrakus entstand, in: Theater heute 3, 1962, 26f.

56 Daneben ist für das dramatische Konzept Pasolinis entscheidend sein Teatro di parola, geprägt von dem Manifesto per un nuovo teatro (in: Nuovi Argumenti NS 9, 1968, 6–22) mit seiner Absage sowohl an das Theater Brechts, als auch an das experimentelle Theater.

57 Im Jahre 1965 war Pasolinis Filmtheorie (Absage an das klassische Erzählkino; bewußtes Spürenlassen der Kamera) erschienen; deutsche Übers.: P. P.

Pasolini, Das Kino der Poesie, München 1983. Weitere Orientierung bei R. J. White, Myth and mise-en-scène: Pasolinis *Edipo Re,* in: Literature/Film Quarterly 5, Nr. 1, 1977, 30–37.

58 Pasolini selbst sagt, er habe «die Psychoanalayse auf den Mythos projiziert». Zu den näheren Zusammenhängen vgl. J. Schütte, Pasolini, München 1983, 144.

59 Aufgezählt und kurz besprochen bei K. Mac Kinnon, Greek tragedy into film, London 1986. Auf die vielfältigen Probleme, die sich für die Verfilmung von Dramen ergeben, kann hier nicht eingegangen werden.

60 Zu den Einzelheiten vgl. G. Werner, *König Ödipus* als Film? Reinhardt, Hofmannsthal und der frühe deutsche Stummfilm, in: Hofmannsthalblätter 35/36, 1987, 121–128. Dort auch der Hinweis auf zwei weitere *Ödipus*filme aus der Zeit des Stummfilms: 1910 in Milano und 1912 in Paris (mit dem berühmten Mounet-Sully in der Titelpartie).

61 Allenfalls ließe sich noch der schweizerisch-griechische Film *A dream of passion* von 1978 (mit Melina Mercouri in der Hauptrolle) dazurechnen, der allerdings eine sehr freie Adaption der euripideischen *Medea* darstellt.

62 Vgl. K. McLeish, Classical drama and mass media, in: Τὸ ἀρχαῖο θέατρο σήμερα (Intern. Symposion Delphi 1981), Athen 1984, 199–209.

63 Vgl. A. Mitropoulos, Hellenikos Kinematographos, Athen 1980, 159.

64 Auf dem Hintergrund der politischen Verhältnisse der Zeit in Griechenland mag ganz allgemein die Thematik von Macht, Machtmißbrauch, erzwungener Emigration (Kakojoannis war Zypriote, war während des 2. Weltkrieges in der Emigration in London, dort Ansager der griechisch-zypriotischen Sendungen der BBC) anklingen. Aber es ist nichts festgelegt. Etwas anders der Film *Troerinnen,* der in einem ehemaligen spanischen Militärgefängnis gedreht ist, das Kakojoannis an das verlassene und zerstörte Troja erinnerte.

XII. Das antike Drama unter den Bedingungen des modernen Regietheaters: Wege und Irrwege

1 G. Steiner, Antigone – auch morgen, in: Thyssen-Vorträge. Auseinandersetzungen mit der Antike 3 (herausg. von H. Flashar), Bamberg 1986, 3 (Nd. in: H. Flashar [Hrsg.], Auseinandersetzungen mit der Antike, Bamberg 1985–1990, 61–81, hier 62).

2 Vgl. G. Erken, Hansgünther Heyme. Regie im Theater, Frankfurt 1989.

3 Zu Oskar Schlemmer vgl.die umfassende Darstellung und Dokumentation von K. v. Maur, 2 Bde., München 1979. Anregungen vielleicht auch aus der Berliner Ausstellung: Poelzig–Endell–Moll und die Breslauer Akademie, die vom 25.4.–10.6.1965 gezeigt wurde.

4 Die Bühnenentwürfe Schlemmers zu ca. 20 Stücken beziehen sich hauptsächlich auf Ballette und Pantomimen, daneben auf einige Dramen *(Hamlet)* und auf eine Oper (Verdi, *Falstaff*), aber in keinem Fall auf einen antiken Stoff.

5 Vgl. K. v. Maur (Anm. 3), 171.

6 Vgl. zu allen Einzelheiten C. Orff, Abendländisches Musiktheater VII, Tutzing 1981.

7 Vgl. z. B. M. Nössig, Die Schauspieltheater der DDR und das Erbe, Berlin 1976.

8 Vgl. die Dokumentation: Heiner Müller, Sophokles, *Oedipus Tyrann* nach Hölderlin, Berlin/Weimar 1969 mit dem kompletten Text, einer Auflistung der Änderungen, einer Einleitung des Dramaturgen Karl-Heinz Müller und der Wiedergabe einer Diskussion, die am 10. 4. 1967 im Pankower Klubhaus *Erich Weinert* mit Benno Besson stattfand. Zur Aufführung vgl. auch Ch. Trilse, Antike und Theater heute, Berlin, 2. Aufl. 1979, 90–98, ferner E. Wendt, Sind Brecht-Schüler Formalisten? in: Theater heute 1967, 18–23 und G. Piens, Gewinnung der Antike, in: Theater der Zeit 22, 1967, 14–17.

9 Dieses und die folgenden Zitate stammen aus Bessons Beiträgen zu der Diskussion, die in der Dokumentation (Anm. 8) enthalten ist.

10 Einige Beiträge aus der für eine Interpretation des *König Oedipus* heute übrigens sehr fruchtbaren Diskussion (Anm. 8): «... nach dem wunderbaren, herzhaften *Frieden*, ... den ich mir eher noch zehnmal anschauen würde als noch einmal diesen *Ödipus*» (141). «Mir wurde Ihr Anliegen nicht sichtbar. Ich habe wirklich versucht, es zu entdecken.»

11 Z. B. R. Michaelis, Angst vor der Tragödie? in: Theater heute 1967, 4, 367: «vorgekaute Interpretation», die hinten und vorne nicht stimmt.

12 J. Kott, Gott–Essen. Interpretationen griechischer Tragödien, München 1970, darin das Kap.: Der dreifach betrogene Aias oder der absurde Heroismus (50ff.).

13 Vgl. E. Lefèvre, Die Unfähigkeit, sich zu erkennen: Unzeitgemäße Bemerkungen zu Sophokles' *Oedipus Tyrannos*, in: Würzburger Jahrb. f. d. Altertumswiss. NF 13, 1987, 37–58 und A. Schmitt, Menschliches Fehlen und tragisches Scheitern. Zur Handlungsmotivation im Sophokleischen *König Oedipus*, in: Rheinisches Museum 131, 1988, 7–30.

14 Die *Sieben* sind das letzte Stück der thebanischen Trilogie; vorausgegangen waren die verlorenen Tragödien *Laios* und *Oedipus*, es folgte das Satyrspiel *Sphinx*. Chr. Meier hat in seinem Buch Die politische Kunst der griechischen Tragödie (München 1988) die *Sieben* als einzige der erhaltenen Tragödien des Aischylos nicht behandelt, obwohl es sich doch um ein durchaus politisches Stück handelt.

15 Vgl. Frgm. 453 N[2] (= Tragicorum Graecorum Fragmenta ed. F. Nauck, Leipzig, 2. Aufl. 1889). Es handelt sich um insgesamt 12 Verse. Absicht des Regisseurs und Hergang der Aufführung sind in gedruckten «Probennotizen» in großer Ausführlichkeit dokumentiert. Daraus wird im Text zitiert.

16 Erwähnenswert eine Aufführung des Stückes durch das «Berliner Ensemble» 1969 in der Fassung und Regie von Manfred Karge und Matthias Langhoff (unter Weglassung von Antigone und Ismene, dafür aber mit dem unechten Schluß), vgl. dazu H. Kuch, Aischylos in Berlin. Zur Antikenrezeption auf der sozialistischen Bühne, in: Das Altertum 16, 1970, 61–64.

17 So insbesondere in dem Kommentar von G. Müller, Sophokles, *Antigone*, Heidelberg 1967.

18 E. R. Schwinge, Die Rolle des Chores in der sophokleischen *Antigone*, in: Gymnasium 78, 1971, 294–321, hier: 320.

19 Übrigens ersetzt Heyme ganz ähnlich wie bei den *Sieben* auch in der *Antigone* die Partie eines Boten durch eine andere Dramenperson: den Tod der Eurydike berichtet nicht, wie bei Sophokles der Bote, sondern Ismene, damit «eine vollgültige Vertreterin des Matriarchats» ein letztes Mal dem Kreon gegenübersteht.

Die Problematik: Matriarchat-Patriarchat, durch das grundlegende Werk von Bachofen Mutterrecht (1861) aus dem Geiste des Evolutionismus des 19. Jh. der Wissenschaft aufgegeben, dann durch die Philologie weitgehend verdrängt (Wilamowitz), müßte heute ohne ideologische Vorgaben neu dargestellt werden. Neuerdings durch die Frauenfrage virulent, gingen in den Sechziger und Siebziger Jahren für die Mutterrechtsthematik starke Impulse von E. Bloch, Das Prinzip Hoffnung (Frankfurt 1959) aus (dort Deutung der *Antigone* als «erinnertes Matriarchat», II 613).

20 S. Melchinger, Theben als Modell, in: Theater heute 7, 1970, 18–19.

21 K. Reinhardt, Die Sinneskrise bei Euripides, in: Eranos Jahrbuch 26, 1958, 279–313, hier: 313 (Nachdruck in: K. R., Tradition und Geist, Göttingen 1960, 227–256).

22 In einem Brief an Heyme vom 23. 3. 1972. Schadewaldt hat mit Heyme Fragen der Übersetzung und des Textverständnisses ausführlich diskutiert, sich aber hinsichtlich der szenischen Realisierung bei allen Inszenierungen Heymes viel stärker zurückgehalten als bei der Kooperation mit Sellner. Die Aufführung hat sich Schadewaldt nicht mehr angesehen (er starb 1974).

23 Jan Kott (vgl. Anm. 12), darin das Kap.: Das Gott-Essen oder die *Bakchen* (198–244). Jan Kott war schon vorher vor allem durch sein Buch Shakespeare heute (1961) bekannt geworden, das auch auf die Theater-Konzeptionen der Stücke Shakespeares gewirkt hat.

24 Aus der im Dionysoskult verwurzelten Omophagie (Essen von rohem Fleisch), auf die Kott aufmerksam macht, wird in einem Papier Heymes eine nirgends belegte «Homophagie» (Gleiches-Fressen) und daran die Inzestproblematik geknüpft. Die Stelle bei Kott, auf die sich Heyme bezieht, lautet: «Die Omophagie des Sohnes durch seine Mutter ähnelt dem Inzest und ist doch zugleich seine strukturelle Umkehrung» (a. O. 211). Heyme hat mir dankenswerterweise seine Arbeitspapiere zur Auswertung überlassen.

25 L. Kofler, Das Apollinische und das Dionysische in der utopischen und antagonistischen Gesellschaft, in: Festschr. f. G. Lukács, herausg. von F. Benseler, Neuwied/Berlin 1965, 556–587.

Kofler, mit zahlreichen Arbeiten zum Marxismus hervorgetreten, leitete von 1948–51 das Institut für historischen Materialismus in der DDR. Seit den Siebziger Jahren ist er Honorarprofessor an der Ruhr-Universität-Bochum, lebt aber in Köln, wo ihn Heymes Dramaturg Peter Kleinschmidt zu einem Gespräch aufsuchte, das für Kleinschmidt allerdings enttäuschend verlief. Kofler kannte weder die *Bakchen* noch die *Frösche*. Nach einer Lektüre des spekulativen Aufsatzes von Kofler heute wundert man sich darüber, daß die Kölner Theaterleute so stark davon beeindruckt waren.

26 Der Text ist eine Kombination aus Platon, Symp. 189C (Rede des Aristophanes) und 197C (Rede des Agathon, darin ein nicht verifizierbares Dichterzitat).

27 Vgl. die Besprechung von G. Jäger, Herabgesetzte Götter, befehdete Herrscher, in: Theater heute 1973, 5, 12–19. Diese und andere Inszenierungen antiker Dramen der gleichen Zeit bespricht auch Chr. Trilse, Antike-Adaptionen des spätbürgerlichen Theaters, in: Das Altertum 19, 1973, 38–55 und 20, 1974, 41–64, mit vielen wertvollen Informationen, zumeist aber unter dem Aspekt Revolution und Klassenkampf. Daher über Heymes Inszenierung der *Bakchen* und der *Frösche:* «Nicht beantwortbar bleibt die Frage: Wozu der Aufwand?» (52).

28 Die Texte (bis 1969) in: Chr. Trilse (Herausg.), Heiner Müller, Stücke nach der Antike, Berlin 1969. Vgl. dazu W. Schivelbusch, Sozialistisches Drama nach Brecht, Darmstadt 1974.

29 Müller hatte als Vorlage eine Interlinearversion von P. Witzmann. Die Wahl der Tragödie liegt in der marxistischen Tradition; Im Sinne des vielzitierten Wortes von Marx: «Prometheus ist der vornehmste Heilige und Märtyrer im philosophischen Kalender» sieht Trilse (Anm. 8), 104 in Müllers Fassung Zeus als das Prinzip der «Klassengesellschaft», Prometheus als «Sinnbild des Revolutionären». Uraufführung 18. 9. 1969 in Zürich (Regie: Max P. Ammann). Der Text des Aischylos ist stark gekürzt, die Chorlieder sind fast ganz gestrichen. Bedeutende Inszenierung des Stückes durch Manfred Karge und Matthias Langhoff 1978 im Théâtre de Carouge in Genf.

30 Dazu gehört neben dem *Herakles 5* die pantomimische Szene *Medeaspiel* (1974) und vor allem das szenische Triptychon *Verkommenes Ufer Medeamaterial Landschaft mit Argonauten* (1982). Uraufführung 22. 4. 1983 in Bochum (Regie: Manfred Karge / Matthias Langhoff). Hinzu kommen die kurzen Prosastücke *Die Rache des Achill, Die Befreiung des Prometheus, Herakles 2 oder die Hydra,* die in das Stück *Zement* (1973) eingelegt sind. Im Programmheft der Bochumer Aufführung sind auch alle neueren Texte Müllers abgedruckt.

31 Von Oskar Mandel, der auch selber schon vor Müller ein Philoktetdrama mit dem Titel *The Summoning of Philoctetes* (1961) geschrieben hat; beides in: O. Mandel, Philoctetes and the fall of Troy, London 1981.

32 Einzelnachweise von Aufführungen im 19. Jh. bei O. Mandel (Anm. 31), 147–149. Die einzigen mir nachweisbaren Aufführungen an Theatern außerhalb der antiken Stätten: 1963 in Stockholm; 1964 in London (National Theatre); ferner in Italien, aufgeführt durch Teatri Uniti (Napoli) 1987 in einer Grotte in Santarcangelo di Romagna (Regie: Martone, Übersetzung: Guido Paduano, philologische Mitarbeit: Massimo Fusillo). Übrigens war die Philoktetsage bei den attischen Tragikern beliebt, auch Aischylos und Euripides schrieben einen *Philoktet,* ferner auch die Tragiker Philokles und Theodektes.

33 Ausführlich analysiert von M. Kraus, Heiner Müller und die griechische Tragödie, in: Poetica 17, 1985, 299–339.

34 Es ist dies die nur leicht abgewandelte Version des Euripides (bekannt durch eine Paraphrase in der 52. Rede des Dion von Prusa), die Müller also gekannt haben muß. Was bei Euripides Teil der wirklichen Handlung ist, wird bei Müller als Lüge entlarvt und Odysseus in den Mund gelegt; bei Sophokles fehlt das Motiv völlig.

35 Ausführlich exponiert bei Kraus (Anm. 33), 334–339.

36 H. Müller in einem Brief an den Regisseur M. Gotscheff, der in Theater heute 9, 1983, 34–36 abgedruckt ist. (Daraus auch die Zitate im Text).

37 Der volle Titel heißt: *Die Ermordung des Aias oder ein Diskurs über das Holzhacken,* weil in dem Stück drei griechische Holzhacker vorkommen, die einen Baumstamm schleppen, aus dem das Trojanische Pferd gemacht wird. Über das Stück, das sich im ganzen viel stärker von Sophokles entfernt als Heiner Müllers *Philoktet* vgl. W. Schivelbusch (Anm. 28), 180–201.

38 Programmatisch ist das Buch von J. Brun, Le retour de Dionysos, Paris 1969. Mein Schüler Anton Bierl hat in einer Münchner Dissertation Dionysos und die griechische Tragödie, Classica Monacensia 1, Tübingen 1991, das Phänomen umfassend untersucht.

39 Zunächst hieß es nur «Antikenprojekt»; mit dem Zusatz I versehen im Rückblick (Steins Inszenierung der *Orestie* ist dann «Antikenprojekt II») in: Schaubühne am Halleschen Ufer, am Lehniner Platz 1962–1987, Frankfurt 1987, 138.

40 Über Grübers Arbeiten im ganzen vgl. U. B. Carstensen, Klaus Michael Grüber, in: Regie im Theater, Frankfurt 1988.

41 Besonders negativ der längere Artikel von B. Brock, Für dieses leere Spiel mit Worten sollt Ihr Buße tun! in: Theater heute, Sonderheft 1974, 40–43.

42 Vgl. H. Rischbieter, Der Freudsche Ödipus, in: Theater heute 1978, 2, 6–8.

43 Vgl. G. Rühle, Leiden eines jungen Drachentöters, in: Theater heute 1979, 6, 6–8.

44 Nach dem Bericht von H. Rischbieter, Was das Schauspiel Frankfurt (nicht) bewirkt, in: Theater heute, 1976, 12, 8–14.

45 Zitiert in: Theater heute 1976, 12, 8.

46 So in einem Interview mit Chr. Nel, in: Theater heute, Sonderheft 1979, 40.

47 P. Bertaux, Friedrich Hölderlin, Frankfurt 1978.

48 Bertaux (Anm. 47), 13.

49 Übersetzt von Philippe Lacoue-Labarthe in: Hölderlin, L'*Antigone* de Sophocle, Paris 1978. Die Aufführung fand im Théâtre National in Straßburg im Juni 1978 statt.

50 Gedruckt als Inseltaschenbuch (it 1248), 1989. Hier nur eines von zahlreichen Beispielen der Bearbeitung. Hölderlin: «Doch er, der König der Gegend, Kreon, Menoikeus' Sohn, neu nach der Götter neuen Verhängnissen, kommt wohl um einen Rat zu sagen, da er zusammenberufen und verordnet hier der Alten Versammlung.» Walser/Selge: «Dort kommt er, Kreon, Menoikaus' Sohn, der neue König des Landes, nach dem, was gerade die Götter verfügt. Was will er uns sagen, daß er öffentlich einberuft der Bürger Versammlung». Wenige Verse danach Hölderlin: «Dies ist der Lohn»; Walser/Selge: «Das kann ihm blühen». Die Bearbeitung lag einer wenig geglückten Inszenierung Selges bei den Bad Hersfelder Festspielen 1989 zugrunde.

51 Hansgünther Heyme, *Antigone* in Calcutta, Köln 1980 (umfassende Dokumentation).

52 Um die euripideische Deutung der Odysseus-Gestalt zu verdeutlichen, sind im Programmheft Auszüge aus dem Platonischen *Hippias Minor* abgedruckt (sophistische Gestalt des Odysseus als Lügner).

53 Bei Euripides steht die im letzten Viertel des 5. Jhdts. diskutierte Nomos-Physis-Antithese (Aufwertung der «Natur» gegenüber einer als brüchig und willkürlich empfundenen Welt des «Gesetzes») im Hintergrund.

54 Vgl. die ausführlichen, auch die Rezeption (vor allem Wieland) einbeziehenden Darlegungen von K. v. Fritz, Euripides' *Alkestis* und ihre modernen Nachahmer und Kritiker, in: K. v. F., Antike und moderne Tragödie, Berlin 1962, 256–321.

55 Zu Ronconi und seiner Theaterarbeit bis 1972 vgl. F. Quadri, Il Rito perduto, Torino 1973. Ronconi begann seine Regietätigkeit mit Goldoni (1963), wandte sich vornehmlich ‹Klassikern› (Shakespeare, Kleist), aber auch dem römischen Drama (Terenz, *Heautontimoroumenos,* 1965; Seneca, *Phaedra,* 1969) zu.

56 Das Verhältnis: Text-Aufführung ist ausführlich behandelt bei M. Schmidt/F. Schuh, Bericht über die Aufführung der *Orestie* des Aischylos durch die Schaubühne am Halleschen Ufer in Berlin, in: Hephaistos 3, 1981, 127–144. Zur Aufführung im ganzen vgl. auch J. M. Bremer, Drie opfoeringen van Aeschylos' *Oresteia* kritisch beschouwd, in: Lampas 16, 1983, 131–155; U. Albini, Four theatrical interpretations of Oresteia, in: International Meeting of Greek Drama (1987), Athen 1989, 100–108. Zum Zeushymnos vgl. Anhang I.

57 Diese Frage ist früher auch in der Philologie umstritten gewesen. K. O. Müller hatte sich einst im Anhang zu seiner zweisprachigen Ausgabe der *Eumeniden* (Göttingen 1834) unter der Überschrift «Calculus Minervae» nach eingehender Prüfung des Materials für die Lösung entschieden, wonach schon die Areopagrichter Stimmengleichheit erzielen (also so wie jetzt Stein), aber es ist heute allgemein akzeptiert, daß diese Auffassung mit dem Text nicht vereinbar ist; so auch Chr. Meier, der sonst ganz im Sinne Steins interpretiert, in: Die politische Kunst der griechischen Tragödie, München 1988, 129: «gegen die Mehrheit der irdischen Richter». Das Buch ist der Berliner Schaubühne gewidmet.

58 Grundlage der Diskussion über diese Fragen ist jetzt natürlich Chr. Meier, (Anm. 57), 113–156.

59 Zu den Einzelheiten vgl. K. McLeish, Classical drama and the mass media, in: Τὸ ἀρχαῖο θέατρο σήμερα, Athen 1984, 199–209. Erwähnenswert auch eine holländische *Orestie* (s'Gravenhage 1978), vgl. dazu J. M. Bremer (Anm. 56).

60 Unter den zahlreichen Besprechungen sowohl in der Presse wie in wissenschaftlichen Zeitschriften ist am ausführlichsten R. B. Parker, The National Theatre's *Oresteia*, 1981–82, in: Greek Tragedy and its Legacy. Essays presented to D. J. Conacher, Calgary (Canada) 1986, 337–357.

61 Für einige szenische Einzelheiten (Auf- und Abgänge) hat offenbar O. Taplin, The Stagecraft of Aeschylus, Oxford 1977 Anregungen gegeben.

62 In der Tat ist die Aufführung als erste nichtgriechische Produktion in Epidauros (am 18. und 19. 6. 1982) gegeben worden.

63 Die Angaben basieren auf der Werkstatistik des Deutschen Bühnenvereins (von 1956–1980/81 in der Zeitschrift Die Deutsche Bühne, ab 1981/82 in selbständig publizierten Heften), für mich zusammengestellt von Günther Erken, dem ich auch sonst für Rat und Hilfe dankbar bin.

64 *Christus patiens* ist ein aus 2640 iambischen Versen bestehendes, fälschlich dem Gregor von Nazianz zugeschriebenes Drama, das zu ca. einem Drittel aus Versen von sieben Tragödien des Euripides zusammengesetzt ist, darunter auch aus den *Bakchen*. Dies war der Ausgangspunkt für eine Beziehung: Dionysos-Christus.

65 Es ist auffallend, wie wenig Christa Wolfs dichterische Schöpfung der Kassandragestalt auf Aufführungen des *Agamemnon* gewirkt hat (am ehesten noch auf die Schweriner Produktion). Die in den letzten Jahren entstandenen dramatisierten Fassungen der *Kassandra* bleiben hier außer Betracht. Vielleicht hat Christa Wolfs Fiktion, im Hinterland von Troja würde inmitten des Krieges ein «großer Markt» stattfinden, auf dem Freund und Feind sich gegenseitig mit Konsumgütern versorgen, den Schwerinern die Idee eingegeben, die *Acharner* den Tragödien vom troianischen Krieg hinterherzugeben, weil hier die Hauptperson Dikaiopolis im Kriege einen Freimarkt zwischen Athen und Sparta eröffnet. Zu den Frankfurter Poetik-Vorlesungen von Christa Wolf unter dem Titel *Voraussetzungen einer Erzählung: Kassandra* vgl. die hinsichtlich der Deutung von Partien der *Orestie* recht kritische Rezension von M. Fuhrmann in: Arbitrium. Zeitschr. f. Rezensionen zur germanischen Literaturwissenschaft 2, 1983, 209–215.

66 Ich beziehe mich auf das Gastspiel anläßlich der 11. Duisburger Kulturakzente 1987, ohne zu wissen, ob der Ablauf in Schwerin oder bei den anderen Gastspielen der gleiche war.

67 Die Fassung von Sartre, die unter dem Eindruck des Algerienkrieges 1965 entstanden war, ist hier noch einmal abgeändert worden, so z. B. am Schluß, wo die gegenüber Euripides hinzugefügten Worte Poseidons: «Pallas! Pallas Athene! Pallas! Ans Werk! Nun solltet ihr bezahlen. Führt nur Krieg, ihr Sterblichen, verwüstet die Felder, die Städte, schändet die Tempel und Gräber, foltert die Besiegten: ihr werdet dran verrecken. Alle» der Hekabe in den Mund gelegt sind, was als deren «Erkenntnisfortschritt» (Programmheft) gedeutet wird. Übrigens hat Heyme bei seiner Inszenierung der gleichen Tragödie 1986 in Essen der Übersetzung von Buschor diesen Schluß von Sartres Fassung (also aus dem Munde des Poseidon) hinzugefügt.

68 Hier hatte sich Feller der professionellen Hilfe der beiden Münchner Professoren Dieter Bremer und Niklas Holzberg versichert, die die Übersetzung erstellt haben.

69 Handke wollte sich – vielleicht nach dem Vorbild von Heiner Müller *(Oedipus, Tyrann)* – von der meist gewählten Titelformulierung *Der gefesselte Prometheus* absetzen. Handkes Übersetzung ist 1986 im Suhrkamp-Verlag erschienen. Im gleichen Verlag (bzw. Verlagsgruppe: Insel) wurde 1988 eine zweisprachige Ausgabe mit einer neuen, im Manuskript schon 1986 abgeschlossenen Übersetzung von Dieter Bremer unter einer neuen Variation des Titels *Prometheus in Fesseln* veröffentlicht.

70 Ausführliche Analyse der Übersetzung durch B. Schnyder, «Ja, das sind so die seltsamen Abenteuer des Übersetzens.» Zu Peter Handkes *Prometheus*-Übersetzung und seiner Begegnung mit der Antike, in: Poetica 20, 1988, 1–31.

71 Handke äußert sich kritisch über die vorhandenen philologischen Überset-

zungen: «Da wird oft eine deutsche Klassizität verbreitet, unverständlich untreu der griechischen Wörtlichkeit». Daneben aber steht die Bemerkung: «Ich möchte mich nicht mit den Philologen anlegen, weil ich große Achtung vor ihnen habe.» Dann aber: «Es ist doch ein Jammer, daß in unserem Jahrhundert alles Antike ein Beutegut der Gymnasien und der Universitäten geworden ist; es schreit ja danach, daß einer von heute es neu zu heben versucht».

72 W. Schadewaldt, Die *Niobe* des Aischylos, in: Sitzungsber. d. Heidelb. Ak. d. Wiss., phil.-hist. Kl. 1933/34; Nachdruck in: Hellas und Hesperien, 2. Aufl. Zürich 1970, I 284–308. Dazu eine Fülle neuerer Literatur, verzeichnet in der neuen Fragmentsammlung von St. Radt, TrGF (= Tragicorum Graecorum Fragmenta, Göttingen 1985) vol. 3, 265–280 (= F 154a–167b).

73 Das Stück selber stammt von Wilfried Hiller und Elisabeth Woska, die auch die Niobe spielte. Die Fernsehfassung besorgte Peter Windgassen, der auch Regie führte.

74 Als Schallplatte erschienen bei EMI (2905123); leider aus dem Programm gestrichen.

75 Zu Werfels bearbeitender Übersetzung vgl. oben S. 131f. Ergänzend und zum Verhältnis: Euripides–Werfel–Reimann vgl. S. Zeilfelder, Euripides' *Troades* auf der Opernbühne, in: Würzburger Jahrb. für die Altertumswiss. NF 15, 1989, 67–81.

76 Vgl. die ausführliche Analyse von G. Uecker im Programmheft. Anders urteilt St. Kunze, Die Antike in der Musik des 20. Jahrhunderts (= Thyssen-Vorträge 6), Bamberg 1987, 17 (Nd. in: H. Flashar [Hrsg.], Auseinandersetzungen mit der Antike, Bamberg 1985–1990, 163–200, hier 178).

77 Das Theater von Thessaloniki hat 1988 eine eindrucksvolle, ganz von epichorischen Riten getragene *Elektra* des Euripides herausgebracht.

78 In Gibellina ist 20 Jahre nach der Zerstörung des Ortes durch Erdbeben 1987 auf einer neuerbauten Freilichtbühne die *Orestie* aufgeführt worden, allerdings in einer sehr stark gekürzten Fassung mit der Musik von Jannis Xenakis. 1988 folgten neben Konzerten und modernen Stücken die *Troerinnen*.

79 Vor allem das Istituto Nazionale del Dramma Antico in Syrakus, das jährlich alternierend einen wissenschaftlichen Kongreß ausrichtet und im folgenden Jahr die Aufführungen betreut. In Delphi hat sich ein europäisches Kulturzentrum etabliert, das sich in Kongressen und in der Präsentation von Aufführungen international des griechischen Dramas auf der Bühne der Gegenwart annimmt. In Frankreich hat die Professorin Paulette Ghiron-Bistagne (Universität Montpellier) 1982 eine «Groupe Interdisciplinaire du Théâtre Antique» (GITA) gegründet, die sich um die Aufführungen in Frankreich kümmert. Die Zeitschrift «Cahiers du GITA» gibt Auskunft über die wichtigsten Inszenierungen. Weitere Besprechungen von neueren Aufführungen in: Dioniso 59, 1989, 377–417.

80 Vgl. A. Burgaud, L'expérience du groupe de théâtre antique de la Sorbonne, in: Τὸ ἀρχαῖο θέατρο σήμερα, Athen 1984, 67–82.

81 Für die Einzelheiten vgl. den Bericht von P. Ghiron-Bistagne, in: Cahiers du GITA 5, 1989, 213–215.

82 Soeben ist als Ergebnis langjähriger Forschungen ein umfangreicher Kom-

mentar von Jean Bollack zum *König Oedipus* erschienen (Paris 1991). Ferner hat Bollack gerade (1990) die *Iphigenie in Aulis* für die Bühne übersetzt; das Stück wird gegenwärtig (1990/91) in der Regie von Ariane Mnouchkine in Paris gespielt. Die *Orestie* soll folgen, das Ganze hat dann den Titel *Die Atriden.*

83 Das Zustandekommen von «Art Carnuntum» ist dem in Wien lebenden Regisseur Piero Bordin zu verdanken. Zwar ist es ihm nicht gelungen, das große Amphitheater der römischen Anlage von Carnuntum als Spielort zu erhalten, aber auf einem Platz vor dem danebenliegenden Schloß Petronell konnte eine annehmbare Aufführungsstätte gewonnen werden.

84 Die Fragmente mit allen Ergänzungen liest man jetzt in TrGF IV F 313–318 (vgl. Kap. I, Anm. 4). Erstpublikation durch B. Grenfell/A. Hunt, in: Oxyrhynchos Papyri 9, 1912. Die beiden Gelehrten waren Herausgeber der Oxy. Pap. von 1896 bis 1924 (Hunt bis 1927).

85 Harrison hat in den nicht erhaltenen Schluß des sophokleischen Satyrspiels die Geschichte des Flötenspielers Marsyas eingeflochten, der Apollon zum künstlerischen Wettstreit herausgefordert und dem der Gott nach dessen Niederlage bei lebendigem Leib die Haut abgezogen hat. Diese Geschichte, die bei Harrison Silen erzählt, soll hier den Hochmut Apollons verstärken, der allein bestimmt, was Kunst ist.

86 Die Aufarbeitung des entsprechenden Materials wäre Aufgabe einer Institution, wie sie von Prof. Filippo Amoroso (Palermo/Syrakus) auf europäischer Basis schon 1986 vorgeschlagen wurde, bisher leider ohne Erfolg. Für Frankreich findet sich viel Material in den «Cahiers du GITA» (Anm. 79); für Jugoslawien vgl. D. Rnjak, Anticki Repertoar i Nasa Pozorista u Svetlu Pozorisnie Zbivanja u Europi, in: Anticki Teatar na tlu Jugoslavije, Novi Sad 1981, 273–304.

87 Vgl. M. McDonald, Tadashi Suzuki's Chthonic Theatre, in: 2. International Meeting of Ancient Greek Drama (Delphi 1986), Athen 1989, 36–60.

88 Für die Einzelheiten vgl. McDonald (Anm. 87), deren Ausführungen hier verwendet sind. Erika Fischer-Lichte, Das Theater auf der Suche nach einer Universalsprache, in: Forum Modernes Theater, 2, 1989, 115–121 rechnet die Inszenierungen von Suzuki zum Typ der «interkulturellen Inszenierung».

89 Vgl. die allerdings sehr knappen Ausführungen von Zhang Quan Quan, Stylization in Greek Theatre and Chinese Opera; Lino Kedui, The Greek Drama in China; Luo Ninasheng, *Ödipus Rex:* its Production and Translation, sämtlich in: II. International Meeting of Ancient Greek Drama (Anm. 87), 77–82.

90 Nach der westdeutschen Erstaufführung der *Antigonae* von Orff schrieb ein Chinese in sein Tagebuch: «Antigonae, wunderbar – wie in Peking vor 5000 Jahren». Mitgeteilt von W. Riezler, Neue Horizonte. Bemerkungen zu Carl Orffs *Antigonae,* in: Jahrb. d. Bayr. Akad. d. Schönen Künste 1, 1951, 103–116.

91 Vgl. die für das Theater allerdings unergiebigen Ausführungen von S. Sharma, Ancient Greek and Indian Drama, in: III and IV. International Meetings of Ancient Greek Drama, Athen 1989, 57–68.

92 Vgl. für die Einzelheiten R. Carle, Greek tragedy's part on the Indonesian

Stage, in: E. Fischer-Lichte/J. Riley/M. Gissenwehrer, The dramatic touch of difference (= Forum Modernes Theater, Schriftenreihe Bd. 2) Tübingen 1990, 189–202.

93 Vgl. E. Leon, Oedipus in the Caribbean, in: III and IV. International Meetings (Anm. 91), 188–193, wo von einer Aufführung des *König Oedipus* in Macaraibo (allerdings sehr vage) berichtet wird.

94 Im Jahre 1977 entstand in Chur der Plan, anläßlich des dreißigjährigen Jubiläums der Uraufführung von Brechts *Antigone* eine originalgetreue Neuinszenierung nach dem Antigone-Modell ins Werk zu setzen. Der Plan gelangte nicht zur Aufführung, stattdessen war das Theaterereignis durch eine Gedenktafel in Chur verewigt worden (Bündner Zeitung vom 2. 4. 1977).

95 Vgl. auch den Bericht von Chr. Lemke (Dramaturgin des Churer Theaters) in: Musik und Theater 12, 1, Dezember/Januar 89/90, 30–33.

96 Für wertvolle Mitteilungen hierzu bin ich Prof. Ernst Schumacher (Berlin) zu Dank verpflichtet.

97 Hier zitiert nach der deutschen Übersetzung von 1988 (G. Steiner, Die Antigonen, München 1988, 379), aber so schon in der englischen Originalausgabe 1984 formuliert.

98 Die Geschichte der Rezeption Shakespeares auf der Bühne verlief jedenfalls weitgehend analog, vgl. die komprimierte Skizze von G. Erken, Das Werk auf der Bühne, in: I. Schabert (Herausg.), Shakespeare-Handbuch. Die Zeit, der Mensch, das Werk, die Nachwelt, 2. Aufl. Stuttgart 1978, 777–840.

Für eine ähnliche Entwicklung bei den Aufführungen der Dramen Schillers vgl. F. Piedmont (Herausg.), Schiller spielen: Stimmen der Theaterkritik 1946–1985, Darmstadt 1990.

99 Vgl. dazu W.-D. Heilmeyer, Vom modernen Mißverständnis antiker Theaterbauten, in: Antike Welt 18, 1987, 22–29.

100 Eckermann am 5. 4. 1830.

101 Vgl. E. Fischer-Lichte, Das Theater auf der Suche nach einer Universalsprache, in: Forum Modernes Theater 4, 1989, 115–121, die die Frage offen läßt, ob aus der Montage von Texten aus verschiedenen Kulturen eine Universalsprache des Theaters entwickelt werden kann oder ob dieses Verfahren «nicht vielmehr in den Kontext des Postmodernismus zu stellen ist» (120).

Anhang

1 Gegenüberstellung des Textes der Juntina mit der Übersetzung von Hölderlin jetzt in der Frankfurter Hölderlinausgabe Bd. 16, 1988.

Bildnachweis

Autor und Verlag haben sich bemüht, die Rechtsinhaber der einzelnen Abbildungen ausfindig zu machen. Nicht in allen Fällen ist das gelungen. Der Verlag ist selbstverständlich bereit, eventuell bestehende Ansprüche angemessen zu entgelten.

Berlin, Ilse Buhs 18, 28
–, Kranichphoto 35
–, David Vostell 33
–, Ruth Walz 26 (Copyright Helga Kneidl, Hamburg) 30, 31
Chur, Archiv des Theatervereins Chur 14, 15
–, Peter de Jong 36
Darmstadt, Hessische Landes- und Hochschulbibliothek 10, 20 (Theaterfotoarchiv Pit Ludwig), 21 (wie 20)
Düsseldorf, Lore Bermbach 29
Kassel, Staatstheater Kassel, 22 (Foto Sepp Bär), 23 (wie 22)
Köln, Stefan Odry 25, 27
–, Theatermuseum des Instituts für Theaterwissenschaft der Universität Köln 6, 9, 11, 12, 13, 24
München, Deutsches Theatermuseum 3
–, Orff-Zentrum München 16, 17
Salzburg, Max Reinhardt Forschungs- und Gedenkstätte 7, 8
Schwerin, Sigrid Meixner 34

Register

1. Namen und Werke (soweit im Textteil erwähnt)

2. Inszenierungen
In Text und Anmerkungen erwähnte Inszenierungen antiker Dramen, einschließlich von (auch freien) Bearbeitungen

Abkürzungen
Ü: Übersetzung
B: Bearbeitung (freie Bearbeitung, Einrichtung für die Bühne, Opernlibretto)
M: Musik (Schauspielmusik und Oper)
R: Regie (für die ältere Zeit auch Bezeichnung der Theaterdirektion)
Werktitel von Bearbeitungen, die nicht mit dem Titel der antiken Dramen übereinstimmen, sind in Klammern gesetzt.

Aischylos *Agamemnon*

Aischylos *Choephoren*

Aischylos *Eumeniden*

Aischylos *Hiketiden*

Aischylos *Orestie*